Merriam-Webster's

Arabic-English Dictionary

Merriam-Webster's

Arabic-English Dictionary

Merriam-Webster, Incorporated
Springfield, Massachusetts

Merriam-Webster ISBN: 978-0-87779-260-4

Collins ISBN: 978-0-00-870306-6

Typeset by Lingea S.R.O

Printed in Canada

1st Printing: Marquis, Toronto, ON 07/2024

Contents

Preface

MERRIAM-WEBSTER'S ARABIC–ENGLISH DICTIONARY is a new dictionary designed to meet the needs of English and Arabic speakers in a time of ever-expanding communication among the countries of the world. It is intended for language learners, teachers, office workers, tourists, and business travelers – anyone who needs to communicate effectively in the Arabic and English languages as they are spoken and written today.

This dictionary provides accurate and up-to-date coverage of current vocabulary in both languages, as well as abundant examples of words used in context to illustrate usage. The dictionary includes standard Arabic words and phrases as they are spoken in the Arabic world. The English vocabulary and spellings included here reflect American English usage. Entered words that we have reason to believe are constitute trademarks have been designated as such with the symbol ®. However, neither the presence nor absence of such designation should be regarded as affecting the legal status of any trademark.

The front matter of this dictionary begins with an Introduction that includes notes about how to use this dictionary followed by a list of abbreviations used in the dictionary. The list includes both Arabic and English abbreviations in a single list that gives both the Arabic and the English meanings of all of the abbreviations. This is followed by a listing of English irregular verbs, and a section on numbers, days and months. The front matter concludes with a table of the Arabic alphabet and one showing the symbols from the International Phonetic Alphabet (IPA) relating to English. This appears immediately before the first page of the dictionary.

This dictionary is the result of a unique collaboration between Collins and Merriam-Webster. It is based on the Collins Arabic–English database and reflects the bilingual lexicographical expertise of Collins editors and contributors. In addition, it has been thoroughly reviewed by editors at Merriam-Webster to ensure its accurate treatment of American English spelling, vocabulary, and idioms. The editors of Collins and Merriam-Webster offer this new dictionary in the belief that it will serve well those who want a concise and handy guide to the Arabic and English languages of today.

Explanatory Notes

Arabic-to-English Section

Headwords

The words you look up in the dictionary – "headwords" – are listed alphabetically and set flush right with the right-hand margin of each column. Since Arabic reads from right to left, the first letter of the Arabic alphabet appears at the end of the book and the Arabic–English side finishes in the middle. The guidewords appearing at the top of each page indicate the first and last headword on that page.

If a headword can function as more than one part of speech, the different parts of speech are covered at the same entry, separated by an open triangle.

Please note that verbs in the Arabic–English section are listed under their simple past form.

Pronunciation

Where the phonetic spelling is given, it appears in square brackets immediately after the headword or phrase. The phonetic spelling used is given in the International Phonetic Alphabet (IPA). A list and explanation of these symbols together with the equivalent Arabic letter is given on page 17a.

Grammatical Information

Part of speech labels are given in abbreviated form in italics and are shown between the English translation and phonetic spelling. An explanation of the abbreviations used is found on page 9a.

Translations

Translations are shown in normal roman type, and where more than one meaning or usage exists, they are separated by a comma. If the translation word can have more than one meaning, it is followed by a word or short phrase in italics and parentheses to indicate which use of the translation word is appropriate.

Phrases and Related Words

Common phrases and compound words in which the headword appears are shown within the entry for the headword, separated by a semicolon.

English-to-Arabic Section

Headwords

Headwords are listed alphabetically and set flush left with the left-hand margin of each column. They are printed in bold type for easy identification. The guidewords appearing at the top of each page indicate the first and last headword on that page.

If a headword can function as more than one part of speech, the different parts of speech are covered at the same entry, separated by an open triangle.

Pronunciation

Where the phonetic spelling of headwords is given, it appears in square brackets immediately after the headword. The phonetic spelling is given in the International Phonetic Alphabet (IPA). A list and explanation of these symbols is given on page 19a.

Grammatical Information

Part of speech labels are given in abbreviated form in italics following the phonetic spelling. An explanation of the abbreviations used is found on page 9a.

Translations

Translations are given in both Arabic characters and their phonetic transcription. Where more than one meaning or usage exists, they are separated by a comma. If the translation word can have more than one meaning, it is followed by a word or short phrase in italics and parentheses to indicate which use of the translation word is appropriate.

Phrases and Related Words

Common phrases and compound words in which the headword appears are shown within the entry for the headword, separated by a semicolon.

ABBREVIATIONS | الاختصارات

abbreviation	*abbr*	اختصار
adjective	*adj*	صفة
adverb	*adv*	ظرف
article	*art*	أداة تعريف
conjunction	*conj*	حرف عطف
exclamation	*excl*	تعجب
feminine	*f*	مؤنث
masculine	*m*	مذكر
noun	*n*	اسم
plural	*pl*	جمع
preposition	*prep*	حرف جر
pronoun	*pron*	ضمير
verb	*v*	فعل
intransitive verb	*vi*	فعل لازم
transitive verb	*vt*	فعل متعدٍّ

ENGLISH IRREGULAR VERBS

present	past tense	past participle
arise (arising)	arose	arisen
awake (awaking)	awoke	awoken
be (am, is, are; being)	was, were	been
bear	bore	borne
beat	beat	beaten
become (becoming)	became	become
begin (beginning)	began	begun
bend	bent	bent
bet (betting)	bet	bet
bid (bidding)	bid	bid
bind	bound	bound
bite (biting)	bit	bitten
bleed	bled	bled
blow	blew	blown
break	broke	broken
breed	bred	bred
bring	brought	brought
build	built	built
burn	burned (o burnt)	burned (o burnt)
burst	burst	burst
buy	bought	bought
can	could	(been able)
cast	cast	cast
catch	caught	caught
choose (choosing)	chose	chosen
cling	clung	clung
come (coming)	came	come
cost	cost	cost
creep	crept	crept
cut (cutting)	cut	cut
deal	dealt	dealt
dig (digging)	dug	dug
do (does)	did	done
draw	drew	drawn
dream	dreamed (o dreamt)	dreamed (o dreamt)
drink	drank	drunk
drive (driving)	drove	driven
eat	ate	eaten
fall	fell	fallen
feed	fed	fed

feel	felt	felt
fight	fought	fought
find	found	found
flee	fled	fled
fling	flung	flung
fly (flies)	flew	flown
forbid (forbidding)	forbade	forbidden
foresee	foresaw	foreseen
forget (forgetting)	forgot	forgotten
forgive (forgiving)	forgave	forgiven
freeze (freezing)	froze	frozen
get (getting)	got	got, (US) gotten
give (giving)	gave	given
go (goes)	went	gone
grind	ground	ground
grow	grew	grown
hang	hung (o hanged)	hung (o hanged)
have (has; having)	had	had
hear	heard	heard
hide (hiding)	hid	hidden
hit (hitting)	hit	hit
hold	held	held
hurt	hurt	hurt
keep	kept	kept
kneel	knelt (o kneeled)	knelt (o kneeled)
know	knew	known
lay	laid	laid
lead	led	led
lean	leaned, (Brit) leant	leaned, (Brit) leant
leap	leaped (o leapt)	leaped (o leapt)
learn	learned, (Brit) learnt	learned, (Brit) learnt
leave (leaving)	left	left
lend	lent	lent
let (letting)	let	let
lie (lying)	lay	lain
light	lit (o lighted)	lit (o lighted)
lose (losing)	lost	lost
make (making)	made	made
may	might	–
mean	meant	meant
meet	met	met
mow	mowed	mown (o mowed)
must	(had to)	(had to)
pay	paid	paid
put (putting)	put	put

quit (quitting)	quit (o quitted)	quit (o quitted)
read	read	read
rid (ridding)	rid	rid
ride (riding)	rode	ridden
ring	rang	rung
rise (rising)	rose	risen
run (running)	ran	run
saw	sawed	sawn
say	said	said
see	saw	seen
seek	sought	sought
sell	sold	sold
send	sent	sent
set (setting)	set	set
shake (shaking)	shook	shaken
shall	should	–
shine (shining)	shone	shone
shoot	shot	shot
show	showed	shown
shrink	shrank	shrunk
shut (shutting)	shut	shut
sing	sang	sung
sink	sank	sunk
sit (sitting)	sat	sat
sleep	slept	slept
slide (sliding)	slid	slid
sling	slung	slung
slit (slitting)	slit	slit
smell	smelled, (Brit) smelt	smelled, (Brit) smelt
sow	sowed	sown (o sowed)
speak	spoke	spoken
speed	sped (o speeded)	sped (o speeded)
spell	spelled, (Brit) spelt	spelled, (Brit) spelt
spend	spent	spent
spin (spinning)	spun	spun
spit (spitting)	spat	spat
split (splitting)	split	split
spoil	spoiled, (Brit) spoilt	spoiled, (Brit) spoilt
spread	spread	spread
spring	sprang	sprung
stand	stood	stood
steal	stole	stolen
stick	stuck	stuck
sting	stung	stung
stink	stank	stunk

strike (striking)	struck	struck
strive (striving)	strove	striven
swear	swore	sworn
sweep	swept	swept
swell	swelled	swollen (o swelled)
swim (swimming)	swam	swum
swing	swung	swung
take (taking)	took	taken
teach	taught	taught
tear	tore	torn
tell	told	told
think	thought	thought
throw	threw	thrown
thrust	thrust	thrust
tread	trod	trodden
wake (waking)	woke (o waked)	woken (o waked)
wear	wore	worn
weave (weaving)	wove (o weaved)	woven (o weaved)
weep	wept	wept
win (winning)	won	won
wind	wound	wound
write (writing)	wrote	written

NUMBERS الأعداد

zero	0	صفر	٠
one	1	واحد	١
two	2	اثنان	٢
thee	3	ثلاث	٣
four	4	أربع	٤
five	5	خمس	٥
six	6	ست	٦
seven	7	سبع	٧
eight	8	ثمان	٨
nine	9	تسع	٩
ten	10	عشر	١٠
eleven	11	أحد عشر	١١
twelve	12	اثنا عشر	١٢
thirteen	13	ثلاث عشر	١٣
fourteen	14	أربع عشر	١٤
fifteen	15	خمس عشر	١٥
sixteen	16	ست عشر	١٦
seventeen	17	سبع عشر	١٧
eighteen	18	ثمان عشر	١٨
nineteen	19	تسع عشر	١٩
twenty	20	عشرون	٢٠
twenty one	21	واحد وعشرون	٢١
twenty two	22	اثنان وعشرون	٢٢
twenty three	23	ثلاث وعشرون	٢٣
thirty	30	ثلاثون	٣٠
thirty one	31	واحد وثلاثون	٣١
forty	40	أربعون	٤٠
fifty	50	خمسون	٥٠

sixty	60	ستون	٦٠
seventy	70	سبعون	٧٠
eighty	80	ثمانون	٨٠
ninety	90	تسعون	٩٠
one hundred	100	مائة	١٠٠
one hundred ten	110	مائة وعشر	١١٠
two hundred	200	مائتان	٢٠٠
two hundred fifty	250	مائتان وخمسون	٢٥٠
three hundred	300	ثلاثمائه	٣٠٠
one thousand	1,000	ألف	١٠٠٠
one million	1,000,000	مليون	١٠٠٠٠٠٠

DAYS OF THE WEEK | أيام الأسبوع

Monday	الاثنين
Tuesday	الثلاثاء
Wednesday	الأربعاء
Thursday	الخميس
Friday	الجمعة
Saturday	السبت
Sunday	الأحد

MONTHS | الشهور

January	يناير
February	فبراير
March	مارس
April	أبريل
May	مايو
June	يونيو
July	يوليو
August	أغسطس
September	سبتمبر
October	أكتوبر
November	نوفمبر
December	ديسمبر

ARABIC ALPHABET

Isolated Letter	Name	End	Mid.	Beg.	Explanation	IPA
ا	alif	ـا	ـا	ا	m**a**n	ʔ
ب	baa	ـب	ـبـ	بـ	**b**oy	b
ت	taa	ـت	ـتـ	تـ	**t**oy	t
ث	thaa	ـث	ـثـ	ثـ	**th**ree	θ
ج	jeem	ـج	ـجـ	جـ	gara**g**e - vi**si**on	ʒ
ح	ħaa	ـح	ـحـ	حـ	pronounced from the middle of the throat with back tongue a little higher	ħ
خ	kha	ـخ	ـخـ	خـ	pronounced with back tongue in a position between the position for /h/ and that for /k/ like (lo**ch**) in Scots	x
د	dal	ـد	ـد	د	**d**ay	d
ذ	dhal	ـذ	ـذ	ذ	**th**e	ð
ر	raa	ـر	ـر	ر	**r**un	r
ز	zay	ـز	ـز	ز	**z**oo	z
س	seen	ـس	ـسـ	سـ	**s**orry	s
ش	sheen	ـش	ـشـ	شـ	**sh**ow	ʃ
ص	ṣaad	ـص	ـصـ	صـ	heavy /s/	sˤ
ض	ḍaaḍ	ـض	ـضـ	ضـ	heavy /d/	dˤ
ط	ṭaa	ـط	ـطـ	طـ	heavy /t/	tˤ
ظ	ḍhaa	ـظ	ـظـ	ظـ	heavy /Dh/	zˤ
ع	,aeen	ـع	ـعـ	عـ	**a**rm but pronounced with back tongue a little lower	ʕ

غ	gheen	ـغ	ـغـ	غـ	**g**irl but pronounced with back tongue a little lower	ɣ
ف	faa	ـف	ـفـ	فـ	**f**ree	f
ق	,qaaf	ـق	ـقـ	قـ	**q**uarter but with back tongue a little higher	q
ك	kaaf	ـك	ـكـ	كـ	**c**amp	k
ل	lam	ـل	ـلـ	لـ	**l**eg	l
م	meem	ـم	ـمـ	مـ	**m**oon	m
ن	noon	ـن	ـنـ	نـ	**n**ight	n
هـ	haa	ـه	ـهـ	هـ	**h**igh	h
و	wow	ـو	-ـو	-و	**w**ow	w
ي	yaa	ـي	ـيـ	يـ	**y**ear	j

ENGLISH PRONUNCIATION
النطق باللغة الإنجليزية

VOWELS

	English example مثال للغة الإنجليزية	*Explanation* الشرح
[ɑ]	father	صوتٌ طويل بألف ممدودة مثل: بات /مات
[ʌ]	but, come	فتح خفيف قصير مثل: مَن /عَن
[æ]	man, cat	صوتٌ طويل يشبه الألف الممدودة اللينة مثل: مشى
[ə]	father, ago	فتحة قصيرة مثل: أَب
[ɜ]	bird, heard	كسر طويل
[ɛ]	get, bed	كسر طويل وخفيف
[ɪ]	it, big	كسر قصير قوي
[i]	tea, see	[ياء مد] مثل: يأتي / صائمين
[ɒ]	hot, wash	ضمّ قصير بفَتحِ الشّفتين مثل نطقه مع الهمزة في: أنس.
[ɔ]	saw, all	ضم ممدود
[ʊ]	put, book	ضمٌّ قصير مع زمّ الشّفتين مثل: مُستعد /قُم
[u]	too, you	[واو مد] مثل: يولد / يوجد

DIPHTHONGS

	English example مثال للغة الإنجليزية	*Explanation* الشرح
[aɪ]	fly, high	ألف فتح منتهية بياء ساكنة محيايْ
[a]	how, house	ألف فتح منتهية بضم مثل: واو
[ɛə]	there, bear	كسر طويل خفيف منتهٍ بياء مفتوحة مثل: بِيَدي
[eɪ]	day, obey	فتحٌ بالإمالة يُسمع في بعض اللّهجات العامّيّة.
[ɪə]	here, hear	مدّ الياء مثل: مثير، خطير
[o]	go, note	ضم قصير مثل: مُنتهي

[ɔɪ]	boy, oil	ضم منتهٍ بياء ساكنة يُسمع فقط في اللّهجات العامّيّة
[ə]	poor, sure	ضم ممدود مثل: حضور، فطور

CONSONANTS

	English example مثال للغة الإنجليزية	Explanation الشرح
[b]	big, lobby	[ب] مثل: باب /مبلغ /العب
[d]	mended	[د] مثل: دخل /مدح /أباد
[g]	go, get, big	[ج] بدون تعطيش كما تنطق في العامية المصرية
[ʤ]	gin, judge	[ج] مع المبالغة في التعطيش لتنطق وكأنها / د+ج/
[ŋ]	sing	تشبه حكم إخفاء النون في قراءة القرآن الكريم كما في قوله تعالى „ناصيةٍ كاذبه"
[h]	house, he	[هـ] مثل: هو /ملهى /أخرجه
[y]	young, yes	[ى] /الألف اللينة/ مثل يجري /هذيان/ جرى
[k]	come, mock	[ك] مثل: كامل /تكلم / ملك
[r]	red, tread	[ر] مثل: رمى /مرمى /مر
[s]	sand, yes	[س] مثل: سمير/مسمار/رأس
[z]	rose, zebra	[ز] مثل: زعم/مزروع /فاز
[ʃ]	she, machine	[ش] مثل: شارع /مشروع /معاش
[tʃ]	chin, rich	[تش] مثل:
[v]	valley	[ڤ]مثل [ف] ولكن تنطق بوضع الأسنان العلوية على الجزء الخارجي من الشفاه السفلية: مثل الريفيرا
[w]	water, which	[و] مثل: وجد /موجود
[ʒ]	vision	تنطق ما بين [ش] و [ج] بحيث يكون الفك العلويملامسا للشفاه السفلى واللسان قريب من اللثة العليا ثميخرج الهواء محدثاً صوتاً إحتكاكياً
[θ]	think, myth	[ث] مثل: ثرى /مثلث
[ð]	this, the	[ذ] مثل ذئب /مذيب /ملاذ

English–Arabic Dictionary

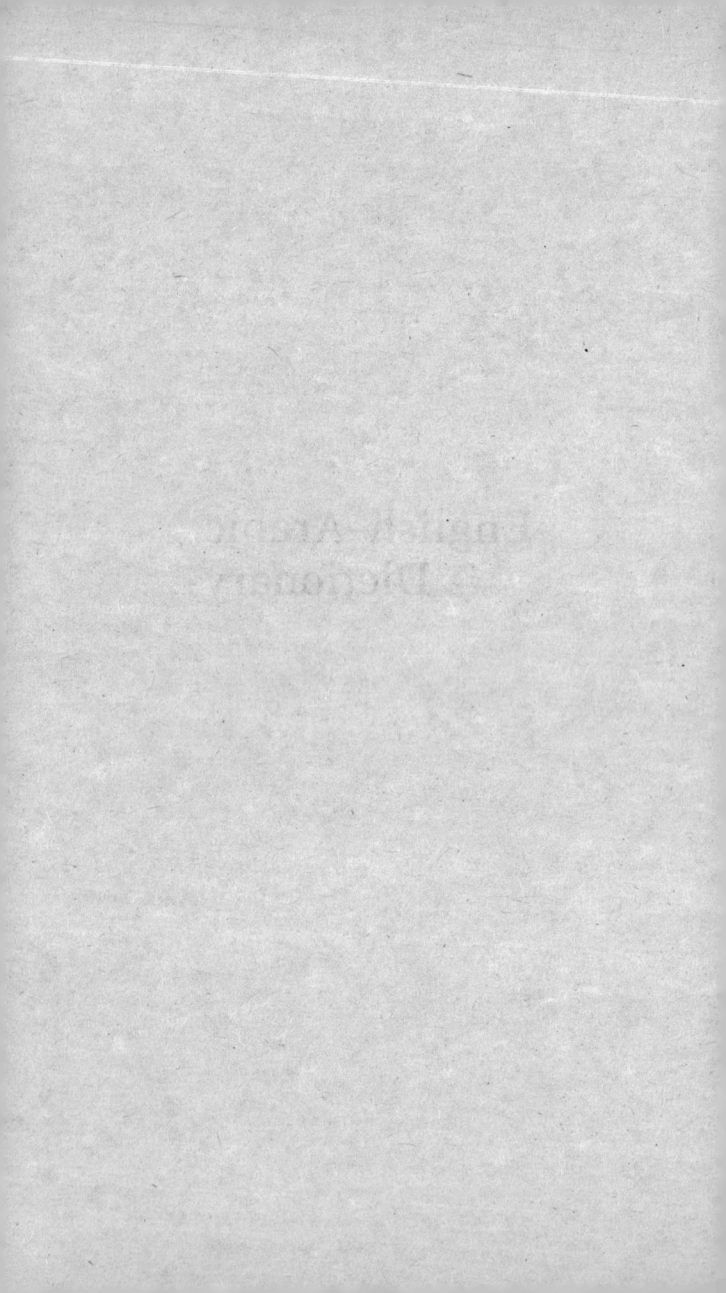

A

a [ə, STRONG eɪ] *art*; **This is a gift for you** إنها هدية لك [inaha hadyia laka]

abandon [əbændən] *v* يَهْجر [jahʒaru]

abbey [æbi] *n* دَيْر الرهبان [Deer al-rohban]

abbreviation [əbrivieɪʃən] *n* اختصار [ixtisˤa:r]

abdomen [æbdoʊmən] *n* بَطْن [batˤn]

abduct [æbdʌkt] *v* يَخطَف [jaxtˤafu]

ability [əbɪlɪti] *n* قدرة [qudra]

able [eɪbəl] *adj* قادِر [qa:dirun]

abnormal [æbnɔrməl] *adj* غير طبيعي [Ghayer ṭabe'aey]

abolish [əbɒlɪʃ] *v* يلغي [julɣi:]

abolition [æbəlɪʃən] *n* إلغاء [ʔilɣa:ʔ]

abortion [əbɔrʃən] *n* إجهاض [ʔiʒha:dˤ]

about [əbaʊt] *adv* حوالي [ħawa:laj] ▷ *prep* عن [ʕan]

above [əbʌv] *prep* فوق [fawqa]

abroad [əbrɔd] *adv* بالخارج [Bel-kharej]

abscess [æbsɛs] *n* خُرَّاج [xurra:ʒ]

absence [æbsəns] *n* غياب [ɣija:b]

absent [æbsənt] *adj* غائب [ɣa:ʔibbun]

absentminded *adj* شارِد الذهن [Shared al-dhehn]

absolutely [æbsəlutli] *adv* بكل تأكيد [Bekol taakeed]

abstract [æbstrækt] *adj* نظري [nazˤarij]

absurd [æbsɜrd, -zɜrd] *adj* سَخيف [saxi:fun]

Abu Dhabi *n* أبو ظبي [ʔabu zˤabj]

abuse *n* [əbyus]سوء استعمال [Sooa este'amal] ▷ *v* [əbyuz]يُسيء استخدام [Yosea estekhdam]; **child abuse** سوء معاملة الأطفال [Soo mo'aamalat al-aṭfaal]

abusive [əbyusɪv] *adj* مؤذي [muʔði:]

academic [ækədɛmɪk] *adj* أكاديمي [ʔaka:di:mij]; **academic year** عام دراسي ['aam derasey]

academy [əkædəmi] *n* أكاديمية [ʔaka:di:mijja]

accelerate [æksɛləreɪt] *v* يُسْرِع [jusriʕu]

acceleration [æksɛləreɪʃən] *n* تسريع [tasri:ʕ]

accelerator [æksɛləreɪtər] *n* معجل [muʕaʒʒil]

accept [æksɛpt] *v* يَقْبَل [jaqbalu]

acceptable [æksɛptəbəl] *adj* مقبول [maqbu:lun]

access [æksɛs] *n* وصول [wusˤu:l] ▷ *v* يَدخُل [jadxulu]

accessible [æksɛsɪbəl] *adj* سهل الوصول [Sahl al-woṣool]

accessory [æksɛsəri] *n* كماليات [kama:lijja:t]

accident [æksɪdənt] *n* حادث [ħa:diθ]; **accident insurance** تأمين ضد الحوادث [Taameen ḍed al-hawaadeth]; **I've had an accident** تعرضت لحادث [ta'aar-ḍto le-ḥadith]; **There's been an accident!** كانت هناك حادثة [kanat hunaka ḥadetha]; **What do I do if I have an accident?** ماذا أفعل عند وقوع حادث؟ [madha af'aal 'aenda wi-'qoo'a ḥadeth?]

accidental [æksɪdɛntəl] *adj* عرضي [ʕaradˤij]

accidentally [æksɪdɛntli] *adv* بالصُدْفَة [Bel-ṣodfah]

accommodate [əkɒmədeɪt] *v* يُجهِز [juʒahhizu] (يوفر)

accommodations [əkɒmədeɪʃənz] *n* مسكن [maskan]

accompany [əkʌmpəni] *v* يُرافق [jura:fiqu]

accomplice [əkɒmplɪs] *n* شريك في جريمة [Shareek fee jareemah]

according [əkɔrdɪŋ] *prep*; **according to** وِفقاً لِ [wifqan-li]

accordingly [əkɔrdɪŋli] *adv* بناء على [Benaa ala]

accordion [əkɔrdiən] *n* أكورديون [ʔaku:rdju:n]

account [əkaʊnt] *n (in bank)* حساب [ħisa:b], *(report)* بيان [baja:n] (بالأسباب) ; **account number** رقم الحساب [Ra'qm al-hesab]; **bank account**

حساب بنكي [Hesab bankey]; **checking account** حساب جارى [Hesab tejarey]; **joint account** حساب مشترك [Hesab moshtarak]

accountable [əkauntəbəl] *adj* مسؤول [masʔu:lun]

accountancy [əkauntənsi] *n* مُحَاسَبَة [muħa:saba]

accountant [əkauntənt] *n* محاسب [muħa:sib]

account for *v* يُبَرِر [jubariru]

accuracy [ækyərəsi] *n* دِقّة [diqqa]

accurate [ækyərɪt] *adj* دقيق [daqi:qun]

accurately [ækyərɪtli] *adv* بِدِقّة [Bedae'qah]

accusation [ækyʊzeɪʃən] *n* اتهام [ittiha:m]

accuse [əkyuz] *v* يَتّهم [jattahimu]

accused [əkyuzd] *n* متهم [muttaham]

ace [eɪs] *n* واحد [wa:ħid]

ache [eɪk] *n* أَلَمْ [ʔalam] ▷ *v* يؤلم [juʔlimu]

achieve [ətʃiv] *v* يُحقِق [juħaqqiqu]

achievement [ətʃivmənt] *n* إنجاز [ʔinʒa:z]

acid [æsɪd] *n* حمض [ħimdˁ]; **acid rain** أمطار حمضية [Amṭar ḥemdeyah]

acknowledgment [æknɒlɪdʒmənt] *n* اعتراف [iʕtira:f]

acne [ækni] *n* حب الشباب [Hob al-shabab]

acorn [eɪkɔrn] *n* ثمرة البلوط [Thamarat al-baloot]

acoustic [əkustɪk] *adj* سَمعي [samʕij]

acre [eɪkər] *n* أكْر [ʔakr]

acrobat [ækrəbæt] *n* أكروبات [ʔakru:ba:t]

acronym [ækrənɪm] *n* اسم مُختَصَر [Esm mokhtaṣar]

across [əkrɔs] *prep* عبر [ʕabra]; **across the street** تِجَاه [tiʒa:ha]

act [ækt] *n* فِعل [fiʕl] ▷ *v* يَقُوم بعمل [Ya'qoom be]

acting [æktɪŋ] *adj* نائب [na:ʔibbun] ▷ *n* تمثيل [tamθi:ll]

action [ækʃən] *n* فِعْلٌ [fiʕl]

active [æktɪv] *adj* نشيط [naʃi:tˁun]; **active vacation** أجازة لممارسة الأنشطة [ajaaza lemomarsat al 'anshe ṭah]

activity [æktɪvɪti] *n* نشاط [naʃa:tˁ]

actor [æktər] *n* ممثل [mumaθθil] (عامل)

actress [æktrɪs] *n* ممثلة [mumaθθila]

actual [æktʃuəl] *adj* فعلي [fiʕlij]

actually [æktʃuəli] *adv* في الواقع [Fee al-wa'qe'a]

acupuncture [ækyʊpʌŋktʃər] *n* وخز بالإبر [Wakhz bel-ebar]

ad [æd] *abbr* إعلان [ʔiʕla:nun] ▷ *n* إعلان [ʔiʕla:n]; **classified ads** إعلانات صغيرة [E'alanat ṣaghera]

AD [eɪ di] *abbr* بعد الميلاد [Ba'ad al-meelad]

adapt [ədæpt] *v* يَتَكَيف [jatakajjafu]

adapter [ədæptər] *n* مُحَوِّل كهربي [Moḥawel kahrabey]

add [æd] *v* يُضْيف [judˁi:fu]

addict [ædɪkt] *n* مدمن [mudmin]; **drug addict** مدمن مخدرات [Modmen mokhadarat]

addicted [ədɪktɪd] *adj* مُدمن [mudminun]

additional [ədɪʃənəl] *adj* إضافي [ʔidˁa:fij]

additive [ædɪtɪv] *n* إِضَافة [ʔidˁa:fa]

address [ædrɛs] *n (location)* عنوان [ʕunwa:n], *(speech)* خِطَاب [xitˁa:b]; **address book** دفتر العناوين [Daftar al-'aanaaween]; **home address** عنوان المنزل ['aonwan al-manzel]; **web address** عنوان الويب ['aonwan al-web]; **Could you write down the address, please?** هل يمكن لك أن تدون العنوان، إذا تفضلت؟ [hal yamken laka an tudaw-win al-'aenwaan, edha tafaḍalt?]; **My email address is...** عنوان بريدي الالكتروني هو... ['ainwan ba-reedy al-ali-kitrony howa...]; **Please forward my mail to this address** من فضلك قم بتحويل رسائلي إلى هذا العنوان [min faḍlak 'qum be-taḥweel rasa-ely ela hadha al-'ainwan]; **The website address is...** عنوان موقع الويب هو... ['ainwan maw-'q i'a al-web howa...]; **What's your email address?** ما هو عنوان بريدك الالكتروني؟ [ma howa 'ain-wan bareed-ak al-alikit-rony?]

add up *v* يُجَمِع [juʒammiʕu]

adjacent [ədʒeɪsənt] *adj* مجاور [muʒa:wirun]

adjective [ædʒɪktɪv] *n* صفة [sˁifa]

adjust [ədʒʌst] *v* يَضْبِط [jadˁbitˁu]

adjustable [ədʒʌstəbəl] *adj* يُمْكِن ضبطه [Yomken ḍabṭoh]

adjustment [ədʒʌstmənt] *n* ضَبْط [dˁabtˁ]

administration [ædmɪnɪstreɪʃən] *n* إدارة [ʔida:ra]

administrative [ædmɪnɪstreɪtɪv] *adj* إداري

[ʔidaːrij]

admiration [æ̲dmɪre̲ɪ̲ʃən] *n* إعجاب [ʔiʕʒaːb]

admire [ədma̲ɪə̲r] *v* يُعجب بـ [Yo'ajab be]

admission [ædmɪ̲ʃən] *n* اعتراف [iʕtiraːf]; **admission charge** رَسْم الالتحاق [Rasm al-elteha'q]; **admission fee** رَسْم الدخول [Rasm al-dokhool]

admit [ædmɪ̲t] *v (allow in)* يَسمَح بالدخول [Yasmaḥ bel-dokhool], *(confess)* يُقِر [juqiru]

admittance [ædmɪ̲təns] *n* اذن بالدخول [Edhn bel-dekhool]

adolescence [æ̲dəlɛ̲səns] *n* سِن المراهقة [Sen al-moraha'qah]

adolescent [æ̲dəlɛ̲sənt] *n* مراهق [muraːhiq]

adopt [ədɒ̲pt] *v* يَتَبَنى [jatabannaː] (يُقر)

adopted [ədɒ̲ptɪd] *adj* مُتَبَنًّى [mutabannaː]

adoption [ədɒ̲pʃən] *n* تَبَنٍّ [tabanniː]

adore [ədɔ̲r] *v* يَعْشق [jaʕʃaqu]

Adriatic [e̲ɪ̲drɪæ̲tɪk] *adj* أدرياتيكي [ʔadrijaːtiːkiː]

Adriatic Sea *n* البحر الأدرياتيكي [Albahr al adriateky]

adult [ədʌ̲lt] *n* بَالِغْ [baːliɣ] *(mature)* ; **adult education** تعليم الكبار [Ta'aleem al-kebar]; **adult learner** طالب راشد [Ṭaleb rashed]

advance [ædvæ̲ns] *n* تَحَسُن [taħass] ▹ *v* يَتقَدم [jataqadamu]; **advance reservation** حجز مقدم [Hajz mo'qadam]

advanced [ædvæ̲nst] *adj* متقدم [mutaqaddi-mun]

advantage [ædvɑ̲ntɪdʒ, -væ̲n-] *n* ميزة [miːza]

advent [æ̲dvɛnt] *n* نزول المسيح [Nezool al-maseeḥ]

adventure [ædvɛ̲ntʃər] *n* مغامرة [muɣaːmara]

adventurous [ædvɛ̲ntʃərəs] *adj* مُغامر [muɣaːmirun]

adverb [æ̲dvɜrb] *n* ظرف [zˤarf]

adversary [æ̲dvərsɛri] *n* خَصْم [xasˤm]

advertise [æ̲dvərtaɪz] *v* أذاع [ʔaðaːʕa]

advertisement [æ̲dvərta̲ɪ̲zmənt] *n* إعلان [ʔiʕlaːn]

advertising [æ̲dvərtaɪzɪŋ] *n* صناعة الإعلان [Ṣena'aat al e'alan]

advice [ædva̲ɪ̲s] *n* نصيحة [nasˤiːħa]

advisable [ædva̲ɪ̲zəbəl] *adj* من مستحسن [Men al-mostahsan]

advise [ædva̲ɪ̲z] *v* ينصح [jansˤaħu]

aerobics [ɛəro̲u̲bɪks] *npl* أيروبكس [ʔajruːbiːk]

aerosol [ɛ̲ə̲rəsɔl] *n* هباء جوي [Habaa jawey]

affair [əfɛ̲ə̲r] *n* شأن [ʃaʔn]

affect [əfɛ̲kt] *v* يُؤثر [juaθθiru]

affectionate [əfɛ̲kʃənɪt] *adj* حنون [ħanuːnun]

afford [əfɔ̲rd] *v* يقدر [jaqdiru]

affordable [əfɔ̲rdəbəl] *adj* يُمْكِن شراؤه [jumkinu ʃiraːʔuhu]

Afghan [æ̲fgæn] *adj* أفغاني [ʔafɣaːnij] ▹ *n* أفغاني [ʔafɣaːnij]

Afghanistan [æfgæ̲nɪstæn] *n* افغانستان [ʔafɣaːnistaːn]

afraid [əfre̲ɪ̲d] *adj* خائف [xaːʔifun]

Africa [æ̲frɪkə] *n* إفريقيا [ʔifriːqjaː]; **North Africa** شمال أفريقيا [Shamal afreekya]; **South Africa** جنوب أفريقيا [Janoob afree'qya]

African [æ̲frɪkən] *adj* أفريقي [ʔifriːqij] ▹ *n* إفريقي [ʔifriːqij]; **Central African Republic** جمهورية أفريقيا الوسطى [Jomhoreyat afre'qya al-wosṭa]; **North African** شخص من شمال إفريقيا [Shakhs men shamal afree'qya], من شمال إفريقيا [Men shamal afree'qya]; **South African** جنوب أفريقي [Janoob afree'qy], شخص من جنوب أفريقيا [Shkhṣ men janoob afree'qya]

Afrikaans [æ̲frɪkɑ̲ns] *n* اللغة الأفريكانية [Al-loghah al-afreekaneyah]

Afrikaner [æ̲frɪkɑ̲nər] *n* جنوب أفريقي من أصل أوربي وخاصة من المستوطنين الهولنديين [ʒanuːbu ʔifriːqijjin min ʔasˤlin ʔuːrubbiː waxaːsˤsˤatan mina al-mustawtˤiniːna al-huːlandijjiːna]

after [æ̲ftər] *conj* بَعْد [baʕda] ▹ *prep* بَعْدَما [Ba'dama]

afternoon [æ̲ftərnu̲n] *n* بَعْد الظهر [Ba'ada al-ḍhohr]

aftershave [æ̲ftərʃeɪv] *n* عِطْر الكولونيا ['aeṭr alkoloneya]

afterwards [æ̲ftərwərdz] *adv* بَعْد ذلك [Ba'ad dhalek]

again [əgɛ̲n, əge̲ɪ̲n] *adv* مرة ثانية [Marrah thaneyah]

against [əgɛ̲nst, əge̲ɪ̲nst] *prep* ضد [dˤiddun]

age [eɪdʒ] *n* سِن المرء [Sen al-mara]; **age limit** حد السّن [Had alssan]; **Middle Ages** العصور الوسطى [Al-'aoṣoor al-woṣṭa]

aged [eɪdʒd, eɪdʒɪd] *adj* مُسِن [musinnun]

agency [eɪdʒənsi] *n* وكالة [wika:la]; **travel agency** مكتب وكيل السفريات [Maktab wakeel al-safareyat], وكالة سفريات [Wakalat safareyat]

agenda [ədʒɛndə] *n* جدول أعمال [Jadwal a'amal]

agent [eɪdʒənt] *n* وكيل [waki:l]; **real estate agent** سِمسار عقارات [Semsaar a'qarat]; **travel agent** وكيل سفريات [Wakeel safareyat]

aggressive [əgrɛsɪv] *adj* عدواني [ʕudwa:nij]

ago [əgoʊ] *adv*; **a month ago** منذ شهر [mundho shahr]; **a week ago** منذ أسبوع [mundho isboo'a]

agony [ægəni] *n* ألَمٌ [ʔalam] (سكرة الموت)

agree [əgri] *v* يَقْبَل [jaqbalu]

agreed [əgrid] *adj* مُتفق عليه [Moṭafa'q 'alayeh]

agreement [əgrimənt] *n* اتفاق [ʔittifa:q]

agricultural [ægrɪkʌltʃərəl] *adj* زراعي [zira:ʕij]

agriculture [ægrɪkʌltʃər] *n* زِرَاعة [zira:ʕa]

ahead [əhɛd] *adv* قُدُماً [qudumaan]

AI [eɪ aɪ] *abbr (=artificial intelligence)* الذّكاء الاصطناعيّ [Azzakaa' al estinaa'ey]

aid [eɪd] *n* عون [ʕawn]; **first aid** إسعافات أولية [Es'aafat awaleyah]; **first-aid kit** أدوات الإسعافات الأولية [Adawat al-es'aafaat al-awaleyah]; **hearing aid** وسائل المساعدة السمعية [Wasael al-mosa'adah al-sam'aeyah]

aide [eɪd] *n*; **teacher's aide** مساعد المدرس [Mosa'aed al-modares]

AIDS [eɪdz] *n* الإيدز [alʔi:dz]

aim [eɪm] *n* هدف [hadaf] ▷ *v* يَسعَى إلى [Yas'aaa ela]

air [ɛər] *n* هواء [hawa:ʔ]; **air-traffic controller** مراقبة جوية [Mora'qabah jaweyah]; **Air Force** سلاح الطيران [Selaḥ al-ṭayaran]; **Could you check the air, please?** هل يمكن مراجعة ضغط الهواء في الإطارات من فضلك؟ [hal yamken mura-ja'aat ḍaghṭ al-hawaa fee al-eṭaraat min fadlak?]

air bag *n* وِسَادة هوائية [Wesadah hwaaeyah]

air-conditioned [ɛərkəndɪənd] *adj* مُكيف الهواء [Mokaeyaf al-hawaa]

air conditioning *n* تكييف الهواء [Takyeef al-hawaa]

aircraft [ɛərkræft] *n* طائرة [tˤa:ʔira]

airline [ɛərlaɪn] *n* شركة طيران [Sharekat ṭayaraan]

airmail [ɛərmeɪl] *n* بريد جوي [Bareed jawey]

airport [ɛərport] *n* مطار [matˤa:r]; **airport bus** أتوبيس المطار [Otobees al-maṭar]; **How do I get to the airport?** كيف يمكن أن أذهب إلى المطار [Kayf yomken an adhhab ela al-maṭar]; **How much is the taxi to the airport?** ما هي أجرة التاكسي للذهاب إلى المطار؟ [ma heya ejrat al-taxi lel-thehaab ela al-maṭaar?]; **Is there a bus to the airport?** هل يوجد أتوبيس يتجه إلى المطار؟ [Hal yojad otobees yatjeh ela al-maṭaar?]

airsick [ɛərsɪk] *adj* دوار الجو [Dawar al-jaw]

airspace [ɛərspeɪs] *n* مجال جوي [Majal jawey]

airtight [ɛərtaɪt] *adj* مُحكم الغلق [Moḥkam al-ghal'q]

aisle [aɪl] *n* ممشى [mamʃa:]

alarm [əlɑrm] *n* إنذار [ʔinða:r]; **alarm clock** منبه [munabbihun]; **false alarm** إنذار كاذب [endhar kadheb]; **fire alarm** إنذار حريق [endhar Haree'q]

alarming [əlɑrmɪŋ] *adj* مُرْعِبٌ [murʕibun]

Albania [ælbeɪniə] *n* ألبانيا [ʔalba:nja:]

Albanian [ælbeɪniən] *adj* ألباني [ʔalba:nij] ▷ *n (language)* اللغة الألبانية [Al-loghah al-albaneyah], *(person)* ألباني [ʔalba:nij]

album [ælbəm] *n* ألبوم [ʔalbu:m]; **photo album** ألبوم الصور [Albom al ṣewar]

alcohol [ælkəhɔl] *n* كحول [kuħu:l]; **Does that contain alcohol?** هل يحتوى هذا على الكحول؟ [hal yaḥ-tawy hadha 'aala al-kiḥool?]; **I don't drink alcohol** أنا لا أشرب الكحول [ana la ashrab al-koḥool], لا أتناول المشروبات الكحولية [la ata-nawal al-mashro-baat al-kiḥol-iyah]

alcohol-free *adj* خالي من الكحول [Khaley men al-koḥool]

alcoholic [ælkəhɔlɪk] *adj* كحولي [kuħu:lij] ▷ *n* سكير [sikki:r]

alert [əlɜrt] *adj* منتبه [muntabihun] ▷ *v* يُنَبه [junabbihu]

Algeria [ældʒɪəriə] *n* الجزائر [ʔal-ʒaza:ʔiru]

Algerian [ældʒɪəriən] *adj* جزائري [ʒaza:ʔirij] ▷ *n*

شخص جزائري [Shakhṣ jazayry]

alias [eɪliəs] *adv* اسم مستعار [Esm mostaar] ▹ *prep* الشهير بـ [Al-shaheer be-]

alibi [ælɪbaɪ] *n* دفع بالغيبة [Dafa'a bel-ghaybah]

alien [eɪliən] *n* أجنبي [ʔaʒnabij]

alive [əlaɪv] *adj* على قيد الحياة [Ala 'qayd al-hayah]

all [ɔl] *adj* جميع [ʒami:ʕ] ▹ *pron* كُلّ [kulla]

Allah [ælə, ælɑ] *n* الله [allahu]

allegation [ælɪgeɪʃən] *n* إدّعاء [ʔiddiʕa:ʔ]

alleged [əlɛdʒd] *adj* مَزْعوم [mazʕu:mun]

allergic [əlɜrdʒɪk] *adj* مثير للحساسية [Mother lel-hasaseyah]

allergy [ælərdʒi] *n* حساسية [ħasa:sijja]; **peanut allergy** حساسية تجاه الفول السوداني [Hasaseyah tejah al-fool alsodaney]

alley [æli] *n* زُقاق [zuqa:q]

alliance [əlaɪəns] *n* تَحالُف [taħa:luf]

alligator [ælɪgeɪtər] *n* تمساح أمريكي [Temsaah amreekey]

allow [əlaʊ] *v* يَسمَح [jasmaħu]

all right *adv* على ما يُرام ['aala ma yoram]

ally [ælaɪ] *n* حليف [ħali:f]

almond [ɑmənd, æm-, ælm-] *n* لوز [lawz]

almost [ɔlmoust] *adv* تقريباً [taqri:ban]

alone [əloʊn] *adj* وحيد [waħi:dun]

along [əlɔŋ] *prep* على طول [Ala ṭool]

aloud [əlaʊd] *adv* بصوت مرتفع [Beṣot mortafe'a]

alphabet [ælfəbɛt, -bɪt] *n* أبجدية [ʔabaʒadijja]

Alps [ælps] *npl* جبال الألب [ʒiba:lu al-ʔalbi]

already [ɔlrɛdi] *adv* بالفعل [bi-al-fiʕli]

also [ɔlsoʊ] *adv* أيضا [ʔajdˤan]

altar [ɔltər] *n* مذبح الكنيسة [madhbaḥ al-kaneesah]

alter [ɔltər] *v* يُبَدل [jubaddilu]

alternate [ɔltɜrnɪt] *adj* مُتَناوب [mutana:wibbun]

alternative [ɔltɜrnətɪv] *adj* بَدِيل [badi:lun] ▹ *n* بديل [badi:l]

although [ɔlðoʊ] *conj* بالرغم من [Bel-raghm men]

altitude [æltɪtud] *n* عُلُوّ [ʕuluww]

altogether [ɔltəgɛðər] *adv* تماماً [tama:man]

aluminum [əlumɪnəm] *n* ألومونيوم [ʔalu:minju:m]

always [ɔlweɪz] *adv* دائما [da:ʔiman]

a.m. [eɪ ɛm] *abbr* صباحا [sˤaba:ħan]; **I shall be leaving tomorrow morning at ten a.m.** سوف أغادر غدا في الساعة العاشرة صباحا [sawfa oghader ghadan fee al-sa'aa al-'aashera ṣaba-han]

amateur [æmətʃɜr, -tʃʊər] *n* هاوٍ [ha:win]

amaze [əmeɪz] *v* يُذهِل [juðhilu]

amazed [əmeɪzd] *adj* مندهش [mundahiʃun]

amazing [əmeɪzɪŋ] *adj* رائع [ra:ʔiʕun]

ambassador [æmbæsədər] *n* سَفير [safi:r]

amber [æmbər] *n* كهرمان [kahrama:n]

ambition [æmbɪʃən] *n* طُموح [tˤamu:ħ]

ambitious [æmbɪʃəs] *adj* طَموح [tˤumu:ħun]

ambulance [æmbyələns] *n* سيارة إسعاف [Sayarat es'aaf]

ambush [æmbʊʃ] *n* كمين [kami:n]

amenities [əmɪnətiz] *npl* أسباب الراحة [Asbab al-rahah]

America [əmɛrɪkə] *n* أمريكا [ʔamri:ka:]; **Central America** أمريكا الوسطى [Amrika al wostaa]; **North America** أمريكا الشمالية [Amreeka al-Shamaleyah]; **South America** أمريكا الجنوبية [Amrika al janobeyiah]

American [əmɛrɪkən] *adj* أمريكي [ʔamri:kij] ▹ *n* أمريكي [ʔamri:kij]; **modified American plan** نصف إقامة [Neṣf e'qamah]; **North American** شخص من أمريكا الشمالية [Shkhṣ men Amrika al shamalyiah], من أمريكا الشمالية [men Amrika al shamalyiah]; **South American** جنوب أمريكي [Janoob amriky], شخص من أمريكا الجنوبية [Shakhṣ men amreeka al-janoobeyah]

ammunition [æmyʊnɪʃən] *n* ذَخِيرة [ðaxi:ra]

among [əmʌŋ] *prep* وسطَ [wasatˤa]

amount [əmaʊnt] *n* مبلغ [mablaɣ]

amp [æmp] *n* أمبير [ʔambi:r]

amplifier [æmplɪfaɪər] *n* مكبر [mukabbir]

amuse [əmyuz] *v* يُسَلي [jusalli:]

an [ən, STRONG æn] *art* أداة تنكير [ʔada:tu tanki:r]

analysis [ənælɪsɪs] *n* تحليل [taħli:l]

analyze [ænəlaɪz] *v* يُحلِل [juħallilu]

ancestor [ænsɛstər] *n* سَلف [salaf]

anchor [æŋkər] *n* مرساة [mirsa:t]

anchovy [æntʃoʊvi] *n* أنشوجة [ʔunʃu:da]

ancient [eɪnʃənt] *adj* قديم [qadi:mun]

and [ənd, STRONG ænd] *conj* و [wa]; **a whiskey and soda** ويسكي بالصودا [wesky bil-ṣoda]; **in black and white** باللون الأسود والأبيض [bil-lawn al-aswad wa al-abyaḍ]

Andes [ændiz] *npl* جبال الأنديز [ʒiba:lu al-ʔandi:zi]

Andorra [ændɒrə] *n* إمارة أندورة [ʔima:ratu ʔandu:rata]

anemic [ənimɪk] *adj* مُصاب بالأنيميا [Moṣaab bel-aneemeya]

anesthetic [ænɪsθɛtɪk] *n* مُخَدِّرٌ [muxaddir]; **general anesthetic** مُخَدِر كلي [Mo-khader koley]; **local anesthetic** عقار مخدر موضعي ['aa'qar mokhader mawde'aey]

angel [eɪndʒəl] *n* ملاك [mala:k]

anger [æŋgər] *n* غضب [ɣadˤab]

angina [ændʒaɪnə] *n* ذبحة صدرية [dhabhah ṣadreyah]

angle [æŋgəl] *n* زاوية [za:wija]; **right angle** زاوية يُمنى [Zaweyah yomna]

Angola [æŋgoʊlə] *n* أنجولا [ʔanʒu:la:]

Angolan [æŋgoʊlən] *adj* أنجولي [ʔanʒu:lij] ▷ *n* أنجولي [ʔanʒu:lij]

angry [æŋgri] *adj* غاضب [ɣa:dˤibun]

animal [ænɪməl] *n* حيوان [ħajawa:n]

aniseed [ænɪsid] *n* يانسون [ja:nsu:n]

ankle [æŋkəl] *n* رُسغ القدم [rosgh al-'qadam]

anniversary [ænɪvɜrsəri] *n* ذِكْرى سنوية [dhekra sanaweyah]; **wedding anniversary** عيد الزواج ['aeed al-zawaj]

announce [ənaʊns] *v* يُعلن [juʕlinu]

announcement [ənaʊnsmənt] *n* إعلان [ʔiʕla:n]

annoy [ənɔɪ] *v* يُضايق [judˤa:jiqu]

annoying [ənɔɪɪŋ] *adj* مضايق [mudˤa:jiqun]

annual [ænyuəl] *adj* سنوي [sanawij]

annually [ænyuəli] *adv* كل عام [Kol-'aaam]

anonymous [ənɒnɪməs] *adj* غير مسمى [ghayr mosama]

anorexia [ænərɛksiə] *n* فقدان الشهية [Fo'qdaan al-shaheyah]

anorexic [ænərɛksɪk] *adj* مُفقِد للشهية [Mof'qed lel-shaheyah]

another [ənʌðər] *adj* آخَر [ʔa:xaru]

answer [ænsər] *n* إجابة [ʔiʒa:ba] ▷ *v* يُجيب [juʒi:bu]

answering machine [ænsərɪŋ məʃin] *n* تليفون مزود بوظيفة الرد الآلي [Telephone mozawad be-waḍheefat al-rad al-aaley]

ant [ænt] *n* نملة [namla]

antagonize [æntægənaɪz] *v* يُعادي [juʕa:di:]

Antarctic [æntɑrktɪk] *adj* القارة القطبية الجنوبية [Al-'qarah al-'qoṭbeyah al-janoobeyah] ▷ *n* قطبي جنوبي ['qoṭbey janoobey]

antelope [æntəloʊp] *n* ظبي [zˤabjj]

antenna [æntɛnə] *n* هوائي [hawa:ʔij]

anthem [ænθəm] *n* نشيد [naʃi:d]

anthropology [ænθrəpɒlədʒi] *n* الأنثروبولوجيا [ʔal-ʔanθiru:bu:lu:ʒja:]

antibiotic [æntibaɪɒtɪk, -taɪ-] *n* مضاد حيوي [Moḍad ḥayawey]

antibody [æntibɒdi, æntaɪ-] *n* جسم مضاد [Jesm moḍad]

antidepressant [æntidiprɛsənt, æntaɪ-] *n* مضاد للاكتئاب [Moḍad lel-ekteaab]

antidote [æntidoʊt] *n* ترياق [tirja:q]

antifreeze [æntifriz, æntaɪ-] *n* مانع للتجمد [Mane'a lel-tajamod]

antihistamine [æntihɪstəmɪn, æntaɪ-] *n* مضاد للهستامين [Moḍad lel-hestameen]

antiperspirant [æntipɜrspirənt, æntaɪ-] *n* مضاد لإفراز العرق [Moḍad le-efraz al-'aar'q]

antique [æntik] *n* عتيق [ʕati:q]; **antique store** متجر المقتنيات القديمة [Matjar al-mo'qtanayat al-'qadeemah]

antiseptic [æntəsɛptɪk] *n* مُطهر [mutˤahhir]

antivirus [æntivaɪrəs] *n* مضاد للفيروسات [Moḍad lel-fayrosat]

anxiety [æŋzaɪɪti] *n* توق شديد [Too'q shaded]

any [ɛni] *adj* أي [ʔajju] ▷ *pron* أي من [Ay men]; **Do you have any vegan dishes?** هل يوجد أي أطباق نباتية؟ [hal yujad ay aṭbaa'q nabat-iya?]; **I don't have any cash** ليس معي أية أموال نقدية [laysa ma'ay ayat amwaal na'q-diya]

anybody [ɛnibɒdi, -bʌdi] *pron* أي شخص [Ay shakhṣ]

anyhow [ɛnihaʊ] *adv* بأي طريقة [Be-ay ṭaree'qah]

anyone [ɛniwʌn] *pron* أحد [ʔaħadun]
anything [ɛnɪθɪŋ] *pron* أي شيء [Ay shaya]; **Do you need anything?** هل تحتاج إلى أي شيء؟ [hal taḥtaaj ela ay shay?]
anyway [ɛniweɪ] *adv* على أي حال [Ala ay ḥal]
anywhere [ɛniwɛər] *adv* في أي مكان [Fee ay makan]
apart [əpɑrt] *adv* بشكل مُنفَصِل [Beshakl monfaṣel]
apart from *prep* بخلاف [Be-khelaf]
apartment [əpɑrtmənt] *n* شَقّة [ʃuqqa], مُسَطّح [musatˤtˤaħ]; **efficiency apartment** شقة بغرفة واحدة [Sh'qah be-ghorfah waḥedah]; **studio apartment** شقة ستديو [Sha'qah stedeyo]
aperitif [æpɛrɪtif] *n* مشروب فاتح للشهية [Mashroob fateḥ lel shaheyah]
aperture [æpərtʃər] *n* ثقب [θuqb]
apologize [əpɒlədʒaɪz] *v* يعتذر [jaʕtaðiru]
apology [əpɒlədʒi] *n* اعتذار [ʔiʕtiðaːr]
apostrophe [əpɒstrəfi] *n* فاصلة علوية [Faṣela a'olweyah]
app [æp] *n (IT: = application)* تَطبيق [Tatbeeq]
appalling [əpɔlɪŋ] *adj* مروع [murawwiʕun]
apparatus [æpərætəs, -reɪ-] *n* جهاز [ʒihaːz]
apparent [əpærənt] *adj* ظاهر [zˤaːhirun]
apparently [əpærəntli] *adv* من الواضح [Men al-waḍeḥ]
appeal [əpil] *n* استئناف [ʔistiʔnaːf] ▷ *v* يَستأنِف حكما [Yastaanef al-hokm]
appealing [əpilɪŋ] *adj* ساحر [saːħirun]
appear [əpɪər] *v* يَظْهَر [jazˤharu]
appearance [əpɪərəns] *n* مظهر [mazˤhar]
appendicitis [əpɛndɪsaɪtɪs] *n* التهاب الزائدة [Eltehab al-zaedah]
appetite [æpɪtaɪt] *n* شهية [ʃahijja]
appetizer [æpɪtaɪzər] *n*; **I'd like pasta as an appetizer** أريد أن أبدأ بالمكرونة لفتح شهيتي [areed an abda bil-makarona le-fatiḥ sha-heiaty]
applaud [əplɔd] *v* يُطْرِي [jutˤriː]
applause [əplɔz] *n* تصفيق [tasˤfiːq]
apple [æpəl] *n* تفاحة [tuffaːħa]; **apple pie** فطيرة التفاح [Faṭeerat al-tofaaḥ]
appliance [əplaɪəns] *n* جِهاز [ʒihaːz]
applicant [æplɪkənt] *n* مُقدم الطلب [Mo'qadem al-ṭalab]
application [æplɪkeɪʃən] *n* طلب [tˤalab]; **application form** نموذج الطلب [Namozaj al-ṭalab]
apply [əplaɪ] *v* يَتقَدم بطلب [Yata'qadam be-ṭalab]
appoint [əpɔɪnt] *v* يُعين [juʕajjinu]
appointment [əpɔɪntmənt] *n* موعد [mawʕid]; **Can I have an appointment with the doctor?** هل يمكنني تحديد موعد مع الطبيب؟ [hal yamken-any taḥdeed maw'aid ma'aa al-ṭabeeb?]; **Do you have an appointment?** هل تحدد لك موعدًا؟ [hal taḥa-dada laka maw'aid?]; **I have an appointment with...** لدي موعد مع.....؟ [la-daya maw-'aid m'aa...]; **I'd like to make an appointment** أود في تحديد موعد [awid fee taḥdeed maw'aid]
appreciate [əpriʃieɪt] *v* يُقَدِر [jaqdiru]
apprehensive [æprɪhɛnsɪv] *adj* خائف [xaːʔifun]
apprentice [əprɛntɪs] *n* مهني مبتدئ [Mehaney mobtadea]
approach [əproutʃ] *v* يَقْتَرِب [jaqtaribu]
appropriate [əproupriɪt] *adj* ملائم [mulaːʔimun]
approval [əpruvəl] *n* موافقة [muwaːfaqa]
approve [əpruv] *v* يوافق [juwaːfiqu]
approximate [əprɒksɪmət] *adj* تقريبي [taqriːbij]
approximately [əprɒksɪmətli] *adv* تقريبا [taqriːban]
apricot [eɪprɪkɒt] *n* مشمش [miʃmiʃ]
April [eɪprɪl] *n* أبريل [ʔabriːl]; **April Fools' Day** يوم كذبة أبريل [yawm kedhbat abreel]
apron [eɪprən] *n* مريلة مطبخ [Maryalat maṭbakh]
aquarium [əkwɛəriəm] *n* حوض سمك [Hawḍ al-samak]
Aquarius [əkwɛəriəs] *n* الدلو [addaluː]
Arab [ærəb] *adj* عربي الجنسية ['arabey al-jenseyah] ▷ *n (person)* شخص عربي [Shakhṣ 'arabey]; **United Arab Emirates** الإمارات العربية المتحدة [Al-emaraat al'arabeyah al-motaḥedah]
Arabic [ærəbɪk] *adj* عربي [ʕarabij] ▷ *n (language)* اللغة العربية [Al-loghah al-arabeyah]
arbitration [ɑrbɪtreɪʃən] *n* تحكيم [taħkiːm]

arch [ɑrtʃ] *n* قنطرة [qantˤara]

archaeologist [ɑrkiɒlədʒɪst] *n* عالم آثار ['aalem aathar]

archaeology [ɑrkiɒlədʒi] *n* عِلم الآثار ['Aelm al-aathar]

archbishop [ɑrtʃbɪʃəp] *n* رئيس أساقفة [Raees asa'qefah]

architect [ɑrkɪtɛkt] *n* معماري [miʕmairjj]

architecture [ɑrkɪtɛktʃər] *n* فن العمارة [Fan el-'aemarah]

archive [ɑrkaɪv] *n* أرشيف [ʔarʃi:f]

Arctic [ɑrktɪk] *n* قطبي شمالي ['qoṭbey shamaley]; **Arctic Circle** الدائرة القطبية الشمالية [Al-daerah al'qoṭbeyah al-Shamaleyah]; **Arctic Ocean** المحيط القطبي الشمالي [Al-moḥeeṭ al-'qoṭbey al-shamaley]

area [ɛəriə] *n* مجال [maʒa:l]; **area code** كود الاتصال بمنطقة أو بلد [Kod al-eteṣal bemanṭe'qah aw balad]; **pedestrian area** منطقة مشاه [Menta'qat moshah]; **service area** منطقة تقديم الخدمات [Menta'qat ta'qdeem al-khadamat]

Argentina [ɑrdʒəntinə] *n* الأرجنتين [ʔal-ʔarʒunti:n]

Argentine [ɑrdʒəntin, -taɪn] *adj* أرجنتيني [ʔarʒunti:nij] ▹ *n (person)* أرجنتيني [ʔarʒunti:nij]

argue [ɑrgyu] *v* يُجادل [juʒa:dilu]

argument [ɑrgyəmənt] *n* مشادة كلامية [Moshadah kalameyah]

Aries [ɛəriz] *n* الحَمَل [alħamal]

arm [ɑrm] *n* ذِرَاع [ðira:ʕ]

armchair [ɑrmtʃɛər] *n* كرسي مزود بذراعين [Korsey mozawad be-dhera'aayn]

armed [ɑrmd] *adj* مُسلح [musallaħun]

Armenia [ɑrminiə] *n* أرمنيا [ʔarminja:]

Armenian [ɑrminiən] *adj* أرمني [ʔarminij] ▹ *n (language)* اللغة الأرمنية [Al-loghah al-armeeneyah], *(person)* أرمني [ʔarminij]

armor [ɑrmər] *n* دِرْع [dirʕ]

armpit [ɑrmpɪt] *n* إِبِطْ [ʔibitˤ]

army [ɑrmi] *n* جيش [ʒajʃ]

aroma [əroʊmə] *n* عبير [ʕabi:r]

aromatherapy [əroʊməθɛrəpi] *n* علاج بالعطور ['aelaj bel-oṭoor]

around [əraʊnd] *adv* حول [ħawla] ▹ *prep* في مكان قريب [fi: maka:nin qari:bin]

arrange [əreɪndʒ] *v* يُرتب [jurattibu]

arrangement [əreɪndʒmənt] *n* ترتيب [tarti:b]

arrears [ərɪərz] *npl* متأخرات [mutaʔaxxira:tun]

arrest [ərɛst] *n* اعتقال [ʔiʕtiqa:l] ▹ *v* يَقْبِض على [jaqbudˤu ʕala:]

arrival [əraɪvəl] *n* وصول [wusˤu:l]

arrive [əraɪv] *v* يَصل [jasˤilu]

arrogant [ærəgənt] *adj* متعجرف [mutaʕaʒrifun]

arrow [ærou] *n* سهم [sahm]

arson [ɑrsən] *n* إشعال الحرائق [Esha'aal alḥarae'q]

art [ɑrt] *n* فن [fann] (مهارة) ; **art gallery** جاليري فني [Jalery faney]; **art museum** جاليري [ʒa:li:ri:]; **art school** كلية الفنون [Koleyat al-fonoon]; **work of art** عمل فني ['amal faney]

artery [ɑrtəri] *n* شُريان [ʃurja:n]

arthritis [ɑrθraɪtɪs] *n* التهاب المفاصل [Eltehab al-mafaṣel]

artichoke [ɑrtɪtʃoʊk] *n* خرشوف [xarʃu:f]

article [ɑrtɪkəl] *n* مقالة [maqa:la]

artificial [ɑrtɪfɪʃəl] *adj* اصطناعي [ʔisˤtˤina:ʕij]

artist [ɑrtɪst] *n* فنان [fanna:n]

artistic [ɑrtɪstɪk] *adj* فني [fanij]

as [əz, STRONG æz] *adv* حيث أن [Hayth ann] ▹ *conj* بينما [bajnama:] ▹ *prep* كما [kama:]

ASAP [eɪ ɛs eɪ pi] *abbr* بأسرع ما يُمكن [Beasraa'a ma yomken]

ascent [əsɛnt] *n*; **When is the last ascent?** ما هو موعد آخر هبوط للتزلج؟ [ma howa maw-'aid aakhir hiboot lel-tazaluj?]

ashamed [əʃeɪmd] *adj* خجلان [xaʒla:nun]

ashore [əʃɔr] *adv*; **Can we go ashore now?** أيمكننا العودة إلى الشاطئ الآن؟ [a-yamkun-ana al-'awdah ela al-shaṯee al-aan?]

ashtray [æʃtreɪ] *n* طفاية السجائر [Ṭafayat al-sajayer]

Asia [eɪʒə] *n* آسيا [ʔa:sja:]

Asian [eɪʒən] *adj* أسيوي [ʔa:sjawij] ▹ *n* أسيوي [ʔa:sjawij]

Asiatic [eɪʒiætɪk] *adj* أسيوي [ʔa:sjawij]

ask [ɑsk, æsk] *v* يَسْأل [jasʔalu]
ask for *v* يَطلُب [jatˤlubu]
asleep [əslip] *adj* نائم [na:ʔimun]
asparagus [əspærəgəs] *n* نبات الاسبراجوس [naba:tu ala:sbara:ʒu:s]
aspect [æspɛkt] *n* ناحية [na:ħija]
aspirin [æspərɪn, -prɪn] *n* أسبرين [ʔasbiri:n]; **I can't take aspirin** لا يمكنني تناول الأسبرين [la yam-kinuni tanawil al-asbireen]; **I'd like some aspirin** أريد بعض الأسبرين [areed ba'aḍ al-asbereen]
assembly [əsɛmbli] *n* اجتماع [ʔiʒtima:ʕ]
asset [æsɛt] *n* شيء ثمين [ʃajʔun θami:n]
assignment [əsaɪnmənt] *n* مهمة [mahamma]
assistance [əsɪstəns] *n* مساعدة [musa:ʕada]; **I need assistance** أحتاج إلى مساعدة [aḥtaaj ela musa-'aada]
assistant [əsɪstənt] *n* مساعد [musa:ʕid]; **assistant professor** محاضر [muħa:dˤirun]; **personal assistant** مساعد شخصي [Mosa'aed shakhṣey]; **sales assistant** مساعد المبيعات [Mosa'aed al-mobee'aat]
associate *adj* [əsoʊʃiɪt, -siɪt]مساعد [musa:ʕidun] ▹ *n* [əsoʊʃiɪt, -siɪt]مرافق [mura:fiqun]
association [əsoʊʃieɪʃən, -sieɪ-] *n* جمعية [ʒamʕijja]
assortment [əsɔrtmənt] *n* تصنيف [tasˤni:f]
assume [əsum] *v* يَفْتَرِض [jaftaridˤu]
assure [əʃʊər] *v* يُطَمئن [jatˤmaʔinnu]
asthma [æzmə] *n* الربو [Al-rabw]
astonish [əstɒnɪʃ] *v* يُدهِش [judhiʃu]
astonished [əstɒnɪʃt] *adj* مذهول [maðhu:lun]
astonishing [əstɒnɪʃɪŋ] *adj* مذهل [muðhilun]
astrology [əstrɒlədʒi] *n* علم التنجيم [A'elm al-tanjeem]
astronaut [æstrənɔt] *n* رائد فضاء [Raeed faḍaa]
astronomy [əstrɒnəmi] *n* علم الفلك ['aelm al-falak]
asylum [əsaɪləm] *n* ملتجأ آمن [Moltajaa aamen]; **asylum seeker** طالب لجوء سياسي [ṭ aleb lejoa seyasy]
at [ət, STRONG æt] *prep* عند [ʕinda]; **at least** على الأقل ['ala ala'qal]; **Turn left at the next intersection** اتجه نحو اليسار عند التقاطع الثاني [Etajh naḥw al-yasar 'aend al-ta'qato'a al-thaney]
atheist [eɪθiɪst] *n* مُلحِد [mulħid]
athlete [æθlit] *n* لاعب رياضي [La'aeb reyaḍey]
athletic [æθlɛtɪk] *adj* متعلق بالرياضة البدنية (رياضي) [(Reyaḍy) mota'ale'q bel- Reyaḍah al-badabeyah]
Atlantic [ətlæntɪk] *n* أطلنطي [ʔatˤlantˤij]
atlas [ætləs] *n* الأطلس [ʔal-ʔatˤlasu]
ATM [eɪ ti ɛm] *n* ماكينة صرافة [Makenat ṣerafah]
atmosphere [ætməsfɪər] *n* جَوّ [ʒaww]
atom [ætəm] *n* ذَرَّة [ðarra]; **atom bomb** قنبلة ذرية ['qobelah dhareyah]
atomic [ətɒmɪk] *adj* ذَري [ðarij]
attach [ətætʃ] *v* يُرْفق [jurfiqu]
attached [ətætʃt] *adj* ملحق [mulħaqun]
attachment [ətætʃmənt] *n* رَبْط [rabtˤ]
attack [ətæk] *n* هجوم [huʒu:m] ▹ *v* يهاجم [juha:ʒimu]; **heart attack** أزمة قلبية [Azmah 'qalbeyah]; **terrorist attack** هجوم إرهابي [Hojoom 'erhaby]; **I've been attacked** لقد تعرضت لهجوم [la'qad ta-'aaraḍto lel-hijoom]
attempt [ətɛmpt] *n* محاولة [muħa:wala] ▹ *v* يُحاوِل [juħa:wilu]
attend [ətɛnd] *v* يَحضِر [juħadˤdˤiru]
attendance [ətɛndəns] *n* الحاضرين [ʔal-ħa:dˤiri:na]
attendant [ətɛndənt] *n*; **flight attendant** مضيف الطائرة [moḍeef al-ṭaaerah], مضيفة جوية [Moḍeefah jaweyah]
attention [ətɛnʃən] *n* انتباه [ʔintiba:h]
attic [ætɪk] *n* عِلية [ʕilja], طابق علوي [Ṭabe'q 'aolwei]
attitude [ætɪtud] *n* مَوْقِف [mawqif]
attorney [ətɜrni] *n* وكيل [waki:l]
attract [ətrækt] *v* يَجذِب [jaʒðibu]
attraction [ətrækʃən] *n* جاذبية [ʒa:ðibijja]
attractive [ətræktɪv] *adj* جذاب [ʒaðða:bun]
auburn [ɔbərn] *adj* أسمر محمر [Asmar mehmer]
auction [ɔkʃən] *n* مزاد [maza:d]
audience [ɔdiəns] *n* جمهور [ʒumhu:r]
audit [ɔdɪt] *n* مراجعة حسابية [Moraj'ah

ḥesabeyah] ▷ *v* يدقق الحسابات [Yoda'qe'q al-ḥesabat]

audition [ɔdɪʃən] *n* حاسة السمع [Hasat al-sama'a]

auditor [ɔdɪtər] *n* مراجع حسابات [Moraaje'a ḥesabat]

August [ɔgəst] *n* أغسطس [ʔuɣustˤus]

aunt [ænt, ɑnt] *n* عمة (خالة) [ʕamma]

auntie [ænti, ɑnti] *n* زنجية عجوز [Enjeyah 'aajooz]

au pair [oʊ pɛər] *n* أجنبي مقيم [Ajnabey mo'qeem]

austerity [ɔstɛrɪti] *n* تقشُف [taqʃifu]

Australasia [ɒːstrəleɪziə] *n* أوسترالاسيا [ʔuːstraːlaːsjaː]

Australia [ɒstreɪliə] *n* أستراليا [ʔustraːlijaː]

Australian [ɒstreɪlyən] *adj* أسترالي [ʔustraːlij] ▷ *n* أسترالي [ʔustraːlij]

Austria [ɒstriə] *n* النمسا [ʔa-nnamsaː]

Austrian [ɔstriən] *adj* نمساوي [namsaːwijun] ▷ *n* نمساوي [namsaːwij]

authentic [ɔθɛntɪk] *adj* مُوثق [muwaθθiqun]

author [ɔθər] *n* المؤلف [ʔal-muallifu]

authorize [ɔθəraɪz] *v* يُفَوض [jufawwidˤu]

autistic [ɔːtɪstɪk] *adj* مريض التّوحّد [Mareed attwahhud]

auto [ɔtoʊ] *n*; **auto mechanic** ميكانيكي السيارات [Mekaneekey al-sayarat]; **auto racing** سباق سيارات [Seba'q sayarat]

autobiography [ɔtəbaɪɒgrəfi] *n* سيرة ذاتية [Seerah dhateyah]

autograph [ɔtəgræf] *n* أوتوجراف [ʔuːtuːʒraːf]

automatic [ɔtəmætɪk] *adj* آلي [ajjun]

automatically [ɔtəmætɪkli] *adv* آلياً [ajjan]

autonomous [ɔtɒnəməs] *adj* متمتّع بحُكْم ذاتي [Motamet'a be-ḥokm dhatey]

autonomy [ɔtɒnəmi] *n* حُكْم ذاتي [ḥokm ḍhatey]

autumn [ɔtəm] *n* الخريف [Al-khareef]

availability [əveɪləbɪlɪti] *n* تَوَفُّرٌ [tawaffur]

available [əveɪləbəl] *adj* متوفر [mutawaffirun]

avalanche [ævəlæntʃ] *n* انهيار [ʔinhijaːr]

avenue [ævɪnyu, -nu] *n* طريق مشجر [ṭaree'q moshajar]

average [ævərɪdʒ, ævrɪdʒ] *adj* متوسط [mutawassitˤun] ▷ *n* معدل [muʕaddal]

avocado [ævəkɑdoʊ] *n* ثمرة الأفوكاتو [Thamarat al-afokatoo]

avoid [əvɔɪd] *v* يَتَجنب [jataʒanabbu]; **avoid work** يَتَكاسَل [jatakaːsalu]

awake [əweɪk] *adj* مُستيقظ [mustajqizˤun] ▷ *v* يفَيق [jafiːqu]

award [əwɔrd] *n* جائزة [ʒaːʔiza]

aware [əwɛər] *adj* مدرك [mudrikun]

away [əweɪ] *adv* بعيداً [baʕiːdan]; **away game** مباراة الذهاب [Mobarat al-dhehab]

awful [ɔfəl] *adj* شنيع [ʃaniːʕun]

awfully [ɔfli] *adv* بفظاعة [befaḍha'aah]

awkward [ɔkwərd] *adj* أخْرَق [ʔaxraqun]

ax [æks] *n* بَلْطَة [baltˤa]

axle [æksəl] *n* محور الدوران [Meḥwar al-dawaraan]

Azerbaijan [ɑzərbaɪdʒɑn] *n* أذربيجان [ʔaðarbajʒaːn]

Azerbaijani [ɑzərbaɪdʒɑni] *adj* أذربيجاني [ʔaðarbiːʒaːnij] ▷ *n* أذربيجاني [ʔaðarbiːʒaːnij]

B

B&B [bi ən bi] *n* مبيت وإفطار [Mabeet wa eftaar]

BA [bi eɪ] *abbr* ليسانس [lajsa:ns]

baby [beɪbi] *n* طفل رضيع [Tefl readea'a]; **baby bottle** زجاجة رضاعة الطفل [Zojajat reḍa'aat al-ṭefl]; **baby carriage** زورق صغير [Zawra'q ṣagheer]; **baby wipe** منديل أطفال [Mandeel aṭfaal]

babysit [beɪbisɪt] *v* يُجالس الأطفال [Yojales al-aṭfaal]

babysitter [beɪbisɪtər] *n* جليس أطفال [Jalees aṭfaal]

babysitting [beɪbisɪtɪŋ] *n* مجالسة الأطفال [Mojalasat al-atfaal]

bachelor [bætʃələr] *n* أعزب [ʔaʕzab]; **bachelor party** للرجال (حفل توديع العزوبية) [(ḥafl tawdee'a al'aozobayah) lel-rejaal]

back [bæk] *adj* متجه خلفاً [Motajeh khalfan] ▷ *adv* إلى الوراء [Ela al-waraa] ▷ *n* ظَهر [zʕahr] ▷ *v* يُرجع [jurʒiʕu]; **back pain** أَلَمْ الظهر [Alam al-ḍhahr]; **call back** يُعيد الاتصال هاتفيا [Yo'eed al-eteṣaal]

backache [bækeɪk] *n* أَلَمْ الظهر [Alam al-ḍhahr]

backbone [bækboʊn] *n* عمود فقري ['amood fa'qarey]

backfire [bækfaɪər] *v* يُخَلِّف نتائج عكسية [Yokhalef nataaej 'aakseyah]

background [bækgraʊnd] *n* خلفية [xalfijja]

backing [bækɪŋ] *n* دَعْم [daʕm]

back out *v* يتراجع عن [jatara:ʒaʕu ʕan]

backpack [bækpæk] *n* حقيبة الظهر [Ha'qeebat al-ḍhahr], حقيبة ملابس تحمل على الظهر [Ha'qeebat malabes tohmal 'aala al-ḍhahr]

backpacker [bækpækər] *n* حامل حقيبة الظهر [Hamel ha'qeebat al-ḍhahr]

backpacking [bækpækɪŋ] *n* حمل حقيبة الظهر [Hamal ha'qeebat al-ḍhahr]

backside [bæksaɪd] *n* مُؤَخِرَّةٌ [muʔaxirra]

backslash [bæklæʃ] *n* شرطة مائلة للخلف [Sharṭah maelah lel-khalf]

backstroke [bækstroʊk] *n* ضربة خلفية [Ḍarba khalfeyah]

back up *v* يدعم [jadʕamu]

backup [bækʌp] *n* نسخة احتياطية [Noskhah eḥteyaṭeyah]

backwards [bækwərdz] *adv* للخلف [Lel-khalf]

bacon [beɪkən] *n* لحم خنزير مقدد [Laḥm khanzeer me'qaded]

bacteria [bæktɪəriə] *npl* بكتريا [baktirja:]

bad [bæd] *adj* سيء [sajjiʔun]

badger [bædʒər] *n* حيوان الغُرَير [Ḥayawaan al-ghoreer]

badly [bædli] *adv* على نحو سيء [Ala naḥw saye]

badminton [bædmɪntən] *n* تنس الريشة [Tenes al-reshah]

bad-tempered [bædtɛmpərd] *adj* شَرِسٌ [ʃarisun]

baffled [bæfəld] *adj* متحير [mutaħajjirun]

bag [bæg] *n* حقيبة [ħaqi:ba]; **cosmetics bag** حقيبة مبطنة [Ha'qeebah mobaṭanah]; **overnight bag** حقيبة للرحلات القصيرة [Ha'qeebah lel-rahalat al-'qaṣeerah]; **plastic bag** كيس بلاستيكي [Kees belasteekey]; **polyethylene bag** حقيبة من البوليثين [Ha'qeebah men al-bolytheleyn]; **shopping bag** كيس التسوق [Kees al-tasawo'q]كيس , مشتريات [Kees moshtarayat]; **sleeping bag** كيس النوم [Kees al-nawm]; **tea bag** كيس شاي [Kees shaay]; **toiletries bag** حقيبة أدوات الاستحمام [Ha'qeebat adwat al-estehmam]; **I don't need a bag, thanks** شكرًا لا أحتاج إلى حقيبة [shukran la aħtaj ela ḥa'qeba]

baggage [bæg̱ɪdʒ] *n* أمتِعَة [ʔamtiʕa]; **baggage allowance** وَزْن الأمتعة المسموح به [Wazn al-amte'aah al-masmooh beh]; **baggage cart** عربة حقائب السفر ['arabat ḥa'qaaeb al-safar]; **baggage claim** استلام الأمتعة [Estelam al-amte'aah]; **carry-on baggage** أمتعة محمولة في اليد [Amte'aah maḥmoolah fee al-yad]; **excess baggage** وزن زائد للأمتعة [Wazn zaed lel-amte'aah]

baggy [bæ̱gi] *adj* مرهوظ [marhu:zˁun]

bagpipes [bæ̱gpaɪps] *npl* مزامير القربة [Mazameer al-'qarbah]

Bahamas [bəhɑ̱məz] *npl* جزر الباهاما [ʒuzuru ʔal-ba:ha:ma:]

Bahrain [bɑre̱ɪn] *n* البحرين [al-baħrajni]

bail [be̱ɪl] *n* كفالة [kafa:la]

bake [be̱ɪk] *v* يَخبز [jaxbizu]

baked [be̱ɪkt] *adj* مخبوز [maxbu:zun]; **baked potato** بطاطس بالفرن [Baṭaṭes bel-forn]بطاطس مشوية بقشرها ، [Baṭaṭes mashweiah be'qshreha]

baker [be̱ɪkər] *n* خباز [xabba:z]

bakery [be̱ɪkəri, be̱ɪkri] *n* مخبز [maxbaz]

baking [be̱ɪkɪŋ] *n* خَبْز [xubz]; **baking powder** مسحوق خبز [Masḥoo'q khobz]

balance [bæ̱ləns] *n* توازن [tawa:z]; **balance sheet** ميزانية [mi:za:nijjatun]; **bank balance** حساب بنكي [Hesab bankey]

balanced [bæ̱lənst] *adj* متوازن [mutawa:zinnun]

balcony [bæ̱lkəni] *n* شُرْفَة [ʃurfa]

bald [bɔ̱ld] *adj* أصلع [ʔasˁlaʕun]

Balkan [bɔ̱lkən] *adj* بلقاني [balqa:nij]

ball [bɔ̱l] *n (dance)* حفل راقص [Half ra'qeṣ], *(toy)* كرة [kura]

ballerina [bæ̱lərinə] *n* راقصة باليه [Ra'ṣat baleeh]

ballet [bæle̱ɪ] *n* باليه [ba:li:h]; **ballet dancer** راقص باليه [Ra'qeṣ baleeh]; **ballet shoes** حذاء الباليه [hedhaa al-baleeh]; **Where can I buy tickets for the ballet?** أين يمكنني أن أشتري تذاكر لعرض الباليه؟ [ayna yamken-any an ashtray tadhaker le-'aarḍ al-baleh?]

balloon [bəlu̱n] *n* بالون [ba:lu:n]

ballpoint [bɔ̱lpɔɪnt] *n*; **ballpoint pen** ®بيرو [bi:ru:]

balm [bɑ̱m] *n*; **lip balm** كريم للشفاه [Kereem lel shefah]

bamboo [bæmbu̱] *n* خَيْزُرَان [xajzura:n]

ban [bæ̱n] *n* حظر [ħazˁr] ▷ *v* يَمنَع [jamnaʕu]

banana [bənæ̱nə] *n* موز [mawz]

band [bæ̱nd] *n (musical group)* فرقة موسيقية [Fer'qah mose'qeyah], *(strip)* رباط [riba:tˁ]; **brass band** فرقة الآلات النحاسية [Fer'qat al-aalat al-naḥaseqeyah]; **rubber band** رباط مطاطى [rebaṭ maṭaṭey], شريط مطاطي [shareeṭ maṭaṭey]; **I need a new watchband** أحتاج رباط جديد لساعتي [aḥtaaj rebaṯ jadeed le-sa-'aaty]

bandage [bæ̱ndɪdʒ] *n* ضمادة [dˁamma:da], *(for wound)* مادة لاصقة [Madah laṣe'qah] ▷ *v* يُضَمد [judˁammidu]; **I'd like a bandage** أريد ضمادة جروح [areed ḍimadat jirooḥ]; **I'd like a fresh bandage** أريد ضمادة جديدة [areed ḍimada jadeeda]

Band-Aid® [bæ̱ndeɪd] *n* ®لاصق من نوع إلاستوبلاست [la:sˁiq min nawʕi ʔila:stu:bla:st]

bang [bæ̱ŋ] *n* ضَجّة [dˁaʒʒa] ▷ *v* يُحْدِث ضجة

Bangladesh [bɑ̱ŋglədɛ̱ʃ] *n* بنجلاديش [banʒla:di:ʃ]

Bangladeshi [bæ̱ŋglədɛ̱ʃi] *adj* بنجلاديشي [banʒla:di:ʃij] ▷ *n* بنجلاديشي [banʒla:di:ʃij]

bangs [bæ̱ŋz] *n (hair)* هُداب [huda:b]

banister [bæ̱nɪstər] *n* دَرابِزين [dara:bizi:n]

banjo [bæ̱ndʒoʊ] *n* آلة البانجو الموسيقية [Aalat al-banjoo al-mose'qeyah]

bank [bæ̱ŋk] *n (finance)* بنك [bank], *(ridge)* ضفة [dˁiffa]; **bank account** حساب بنكي [Hesab bankey]; **bank balance** حساب بنكي [Hesab bankey]; **bank charges** مصاريف بنكية [Maṣareef Bankeyah]; **bank statement** كشف بنكي [Kashf bankey]; **merchant bank** بنك تجاري [Bank Tejarey]; **How far away is the bank?** ما هي المسافة بينا وبين البنك؟ [Ma heya al-masafa bayna wa been al-bank?]; **I'd like to transfer some money from my bank in...** أرغب في تحويل بعض الأموال من حسابي البنكي في... [arghab fee taḥweel ba'aḍ al-amwal min ḥisaaby al-banki fee...]; **Is the bank open today?** هل البنك مفتوح اليوم؟ [hal al-bank maf-tooḥ al-yawm?]; **Is there a bank here?** هل يوجد بنك هنا؟ [hal yujad bank huna?]; **When does the bank close?** متى ينتهي عمل البنك؟ [mata yan-tahy 'aamal al-bank?]

banker [bæŋkər] *n* موظف بنك [mowaḍhaf bank]

bankrupt [bæŋkrʌpt] *adj* مُفلس [muflisun]

banned [bænd] *adj* مُحَرّم [muħarramun]

baptism [bæptɪzəm] *n* حفلة التعميد [Ḥaflat alt'ameed]

Baptist [bæptɪst] *n* كنيسة معمدانية [Kaneesah me'amedaneyah]

bar [bɑr] *n (alcohol)* بار [ba:r]; **snack bar** متجر الوجبات السريعة [Matjar al-wajabat al-sarey'aa]; **Where is the bar?** أين يوجد بار المشروبات؟ [ayna yujad bar al-mash-roobat?]

Barbados [bɑrbeɪdoʊs] *n* البربادوس [ʔalbarba:du:s]

barbaric [bɑrbærɪk] *adj* همجي [hamaʒij]

barbecue [bɑrbɪkyu] *n* شواء اللحم [Shewaa al-lahm]

barber [bɑrbər] *n* حَلاق [ħalla:q]

bare [bɛər] *adj* مُجرد [muʒarradun] ▷ *v* يَكْشِف عن [Yakshef 'an]

barefoot [bɛərfʊt] *adj* حافي القدمين [Ḥafey al-'qadameyn] ▷ *adv* حافي القدمين [Ḥafey al-'qadameyn]

barely [bɛərli] *adv* بجهد شديد [Bejahd shaded]

bargain [bɑrgɪn] *n* صفقة [sˤafqa]

barge [bɑrdʒ] *n* زورق بخاري مخصص لقائد الأسطول [Zawra'q bokharee mokhaṣaṣ le-'qaaed al-osṭool]

bark [bɑrk] *v* ينبح [janbaħu]

barley [bɑrli] *n* شِعير [ʃaʕi:rr]

barn [bɑrn] *n* مخزن حبوب [Makhzan ḥoboob]

barrel [bærəl] *n* برميل [birmi:l]

barrier [bæriər] *n* حاجز [ħa:ʒiz]; **ticket barrier** حاجز وضع التذاكر [Hajez wad'a al-tadhaker]

bartender [bɑrtɛndər] *n* ساقي البار [Sa'qey al-bar], مضيف بار [Moḍeef bar], مضيفة بار [Moḍeefat bar]

base [beɪs] *n* قاعدة [qa:ʕida]

baseball [beɪsbɔl] *n* بيسبول [bi:sbu:l]; **baseball cap** قُبَعة البيسبول ['qoba'at al-beesbool]

baseboard [beɪsbɔrd] *n* وَزَرة [wizra]

based [beɪst] *adj* مؤسس على [Moasas ala]

basement [beɪsmənt] *n* بدروم [bidru:m]

bash [bæʃ] *n* ضربة [dˤarba] ▷ *v* يَضرِب بعنف [Yaḍreb be'aonf]

basic [beɪsɪk] *adj* أساسي [ʔasa:sij]

basically [beɪsɪkli] *adv* بشكل أساسي [Beshkl asasy]

basics [beɪsɪks] *npl* أساسيات [ʔasa:sijja:tun]

basil [beɪzəl] *n* رَيحان [rajħa:nn]

basin [beɪsən] *n* حوض [ħawdˤdˤ]

basis [beɪsɪs] *n* أساس [ʔasa:s]

basket [bɑskɪt, bæs-] *n* سلة [salla]; **wastepaper basket** سلة الأوراق المهملة [Salat al-awra'q al-mohmalah]

basketball [bɑskɪtbɔl, bæs-] *n* كرة السلة [Korat al-salah]

Basque [bæsk] *adj* باسكي [ba:ski:] ▷ *n (language)* اللغة الباسكية [Al-loghah al-bakestaneyah], *(person)* باسكي [ba:ski:]

bass [beɪs] *n* سمك القاروس [Samak al-faros]; **bass drum** طبلة كبيرة رنانة غليظة الصوت [Ṭablah kabeerah rannanah ghaleeḍhat al-ṣawt]; **double bass** الدُبَلْبَس وهي أكبر آله في الأسرة الكمانية [addubalbas wa hija ʔakbaru a:latu fi: alʔusrati alkama:nijjati]

bassoon [bəsun] *n* مزمار [mizma:r]

bat [bæt] *n (mammal)* خُفّاش [xuffa:ʃ], *(with ball)* مضرب [midˤrab]

bath [bæθ] *n*; **bubble bath** سائل استحمام [Saael estehmam]

bathe [beɪð] *v*; **bathing suit** زي السباحة [Zey sebaḥah]

bathrobe [bæθroʊb] *n* رُوب الحَمّام [Roob al-ḥamam], بُرْنس حمام [Bornos hammam]

bathroom [bæθrum] *n* حمام [ħamma:m], مِرْحَاض [mirħa:dˤ]; **Does the room have a private bathroom?** هل يوجد حمام خاص داخل الحجرة [hal yujad ḥamam khaṣ dakhil al-ḥujra?]; **The bathroom is flooded** الحمام تغمره المياه [al-ḥamaam taghmurho al-me-aa]

bathtub [bæθtʌb] *n* حوض استحمام [Hawḍ estehmam]

batter [bætər] *n* عجينة الكريب ['aajenat al-kreeb]

battery [bætəri] *n* بطارية [batˤtˤa:rijja]; **I need a new battery** أريد بطارية جديدة [areed baṭaariya jadeeda]; **The battery is dead** البطارية فارغة [al-baṭareya faregha]

battle [bætəl] *n* معركة [maʕraka]

battleship [bætəlʃɪp] *n* سَفينة حربية [Safeenah ḥarbeyah]

bay [beɪ] *n* خليج [xali:ʒ]; **bay leaf** ورق الغار [Wara'q alghaar]

BC [bi si] *abbr* قبل الميلاد ['qabl al-meelad]

be [bi, STRONG bi] *v* يَكون [jaku:nu]

beach [bitʃ] *n* شاطئ [ʃa:tˤiʔ]; **How far away is the beach?** ما هي المسافة بيننا وبين الشاطئ؟ [ma heya al-masafa bay-nana wa bayn al-shaṭee?]; **I'm going to the beach** سوف أذهب إلى الشاطئ [sawfa adhab ela al-shaṭee]; **Is there a bus to the beach?** هل يوجد أتوبيس إلى الشاطئ؟ [Hal yojad otobees elaa al-shaṭea?]

bead [bid] *n* خرزة [xurza]

beak [bik] *n* منقار [minqa:r]

beam [bim] *n* عَارِضَةٌ خَشَبِيَّةٌ ['aareḍeh khashabeyah]

bean [bin] *n* فُولٌ [fu:l]; **bean sprouts** براعم الفول [Braa'em al-fool]; **coffee bean** حبوب البن [Ḥobob al-bon]; **fava bean** فول [fu:lun]; **green beans** فاصوليا خضراء [Faṣoleya khaḍraa]; **scarlet runner bean** فاصوليا خضراء متعرشة [faṣoleya khadraa mota'aresha]

bear [bɛər] *n* دُبّ [dubb] ▹ *v* يَحتمِل [juħtamalu]; **polar bear** الدب القطبي [Al-dob al-shamaley]; **teddy bear** دُب تيدي بير [Dob tedey beer]

beard [bɪərd] *n* لحية [liħja]

bearded [bɪərdɪd] *adj* مُلتحٍ [multaħin]

bear up *v* يَصْمُد [jasˤmudu]

beat [bit] *n* نبضة [nabdˤa] ▹ *v (outdo)* يَهْزِم [jahzimu], *(strike)* يَضرِب [jadˤribu]

beautiful [byutɪfəl] *adj* جَميل [ʒami:lun]

beautifully [byutɪfli] *adv* بشكل جميل [Beshakl jameel]

beauty [byuti] *n* جمال [ʒama:l]; **beauty parlor** صالون تجميل [Ṣalon ḥela'qa]

beaver [bivər] *n* قندس [qundus]

be careful [bi kɛərfəl] *v* يَحترِس [jaħtarisu]

because [bɪkɔz, bɪkɒz] *conj* لأن [liʔanna]

become [bɪkʌm] *v* يُصبح [jusˤbiħu]

bed [bɛd] *n* سَرير [sari:rr]; **bed and breakfast** مبيت وإفطار [Mabeet wa efṭaar]; **bunk beds** سَرير بدورين [Sareer bedoreen]; **double bed** سَرير مُزدوج [Sareer mozdawaj]; **king-size bed** فراش كبير الحجم [Ferash kabeer al-ḥajm]; **single bed** سَرير فردي [Sareer fardey]; **sofa bed** كنبة سرير [Kanabat sereer]; **twin beds** سريرين منفصلين [Sareerayn monfaṣ elayen]

bedclothes [bɛdkloʊz, -kloʊðz] *npl* بياضات [bajja:dˤa:tun]

bedding [bɛdɪŋ] *n* شراشف [ʃara:ʃif]

bedroom [bɛdrum] *n* غرفة النوم [Ghorfat al-noom]

bedspread [bɛdsprɛd] *n* غطاء سرير [Gheṭa'a sareer]

bedtime [bɛdtaɪm] *n* وَقْت النوم [Wa'qt al-nawm]

bee [bi] *n* نحلة [naħla]

beech [bitʃ] *n*; **beech (tree)** شجرة الزان [Shajarat al-zaan]

beef [bif] *n* لحم بقري [Laḥm ba'qarey]

beefburger [bifbɜrgər] *n* شرائح اللحم البقري المشوي [Shraeḥ al-laḥm al-ba'qarey al-mashwey]

beeper [bipər] *n* جهاز النداء الآلي [Jehaz al-nedaa al-aaley]

beer [bɪər] *n* بيرة [bi:ra]; **another beer** كأس آخر من البيرة [kaas aakhar min al-beera]; **A draft beer, please** كأس من البيرة من فضلك [kaas min al-beera min faḍlak]

beet [bit] *n* بنجر [banʒar]

beetle [bitəl] *n* خُنْفِسَاء [xunfusa:ʔ]

before [bɪfɔr] *adv* أمام [ʔama:ma] ▹ *conj* قبل أن ['qabl an] ▹ *prep* أمام [ʔama:ma]

beforehand [bɪfɔrhænd] *adv* مقدماً [muqadda-man]

beg [bɛg] *v* يَستجدي [jastaʒdi:]

beggar [bɛgər] *n* المتسول [Almotasawel]

begin [bɪgɪn] *v* يبدأ [jabdaʔu]; **When does it begin?** متى يبدأ العمل هنا؟ [mata yabda al-'aamal huna?]

beginner [bɪgɪnər] *n* المبتدئ [Almobtadea]

beginning [bɪɡɪnɪŋ] *n* بداية [bida:ja]; **at the beginning of June** في بداية شهر يونيو [fee bedayat shaher yon-yo]

behave [bɪheɪv] *v* يَتَصَرف [jatasˤarrafu]

behavior [bɪheɪvyər] *n* سلوك [sulu:k]

behind [bɪhaɪnd] *adv* خلف [xalfa] ▹ *n* مُؤَخِّرَه [muʔaxxirra] ▹ *prep* خلف [xalfa]; **lag behind** يَتخلف [jataxallafu]; **I've been left behind** لقد تخلفت عنه [la'qad takha-lafto 'aanho]

beige [beɪʒ] *adj* بيجْ [bi:ʒ]

Beijing [beɪdʒɪŋ] *n* بكين [biki:n]

Belarus [bɛlərʊs] *n* روسيا البيضاء [ru:sja: ʔal-bajdˤa:ʔu]

Belarussian [bɛlərʌʃən] *adj* بيلاروسي [bi:la:ru:sij] ▹ *n (language)* اللغة البيلاروسية [Al-loghah al-belaroseyah] , *(person)* بيلاروسي [bi:la:ru:sij]

Belgian [bɛldʒən] *adj* بلجيكي [bilʒi:kij] ▹ *n* بلجيكي [bilʒi:kij]

Belgium [bɛldʒəm] *n* بلجيكا [bilʒi:ka:]

belief [bɪlif] *n* اعتقاد [ʕtiqa:d]

believe [bɪliv] *v* يحسب [jaħsubu] ▹ *vi* يُؤْمِن [juminu] ▹ *vt* يُصدِّق [jusˤaddiqu]

bell [bɛl] *n* جرس [ʒaras]

belly [bɛli] *n* بَطْن [batˤn]; **belly button** سُرَّة البطن [Sorrat al-baṭn]

belong [bɪlɔŋ] *v* يخُص [jaxusˤsˤu]; **belong to** ينتمي إلى [Yantamey ela]

belongings [bɪlɔŋɪŋz] *npl* متعلقات [mutaʕalliqa:tun]

below [bɪloʊ] *adv* تحت [taħta] ▹ *prep* تحت [taħta]

belt [bɛlt] *n* حزام [ħiza:m]; **conveyor belt** سير متحرك [Sayer motaḥrrek]; **money belt** حزام لحفظ المال [Hezam lehefḍh almal]; **safety belt** حزام الأمان [Hezam al-aman]

bench [bɛntʃ] *n* نضد [nadˤad]

bend [bɛnd] *n* التواء [ʔiltiwa:ʔ] ▹ *v* يَثْني [jaθni:]; **bend down** يَمْيل [jami:lu]; **bend over** ينحني [janħani:]

beneath [bɪniθ] *prep* أسفلُ [ʔasfalu]

benefit [bɛnɪfɪt] *n* فائدة [fa:ʔida] ▹ *v* يَستفْيد [jastifi:du]

bent [bɛnt] *adj (not straight)* منثني [munθanij]

beret [bəreɪ] *n* بيريه [bi:ri:h]

berry [bɛri] *n* توت [tu:tt]

berth [bɜrθ] *n* مرسى [marsa:]; **sleeping berth** مضجع صغير [Maḍja'a ṣagheer]

beside [bɪsaɪd] *prep* بجانب [Bejaneb]

besides [bɪsaɪdz] *adv* بالإضافة إلى [Bel-edafah ela]

best [bɛst] *adj* أَفْضَل [ʔafdˤalu] ▹ *adv* أكثر [ʔakθaru]; **best man** إشبين العريس [Eshbeen al-aroos]; **best-if-used-by date** يُفضل استخدامه قبل التاريخ المُحدد [Yofaḍḍal estekhdamoh 'qabl al-tareekh al-mohaddad]

best seller [bɛstsɛlər] *n* الأكثر مبيعا [Al-akthar mabe'aan]

bet [bɛt] *n* رهان [riha:n] ▹ *v* يُراهن [jura:hinu]

betray [bɪtreɪ] *v* يَخون [jaxu:nu]

better [bɛtər] *adj* أَفْضَل [ʔafdˤalu] ▹ *adv* أكثر [ʔakθaru]

betting [bɛtɪŋ] *n* مراهنة [mura:hana]; **betting shop** مكتب المراهنة [Maktab al-morahanah]

between [bɪtwin] *prep* بين [bajna]

bewildered [bɪwɪldərd] *adj* مُتحير [mutaħajjirun]

beyond [bɪyɒnd] *prep* وراء [wara:ʔa]

biased [baɪəst] *adj* متحيز [mutaħajjizun]

bib [bɪb] *n* صدرية طفل [Ṣadreyat ṭefl]

Bible [baɪbəl] *n* الإنجيل [al-ʔinʒi:lu]

bicarbonate [baɪkɑrbənət] *n*; **bicarbonate of soda** ثاني كربونات الصوديوم [Thaney okseed al-karboon]

bicycle [baɪsɪkəl] *n* دراجة [darra:ʒa], *(bike)* دراجة بخارية [Darrajah bokhareyah]; **bicycle lane** زُقاق دائري [Zo'qa'q daerey]; **bicycle path** ممر الدراجات [Mamar al-darajat]; **bicycle pump** منفاخ دراجة [Monfakh draajah]; **tandem bicycle** دراجة ترادفية [Darrajah tradofeyah]

bid [bɪd] *n* مناقصة [muna:qasˤa] ▹ *v (at auction)* يُزايد [juza:jidu] *(at auction)*

bifocals [baɪfoʊkəlz] *npl* ثنائي البؤرة [Thonaey al-booarah]

big [bɪg] *adj* كبير [kabi:run]; **It's too big** إنه كبير جدا [inaho kabeer jedan]; **The house is quite big** المنزل كبير بالفعل [al-manzil kabeer bil-fi'ail]

bigger [bɪgər] *adj* أكبر [ʔakbaru]; **Do you have a**

bigger one? هل لديك غرف أكبر من ذلك؟ [hal ladyka ghuraf akbar min dhalik?]

bike [baɪk] *n* دراجة هوائية [Darrajah hawaeyah]; **mountain bike** دراجة الجبال [Darrajah al-jebal]

bikini [bɪkini] *n* بيكيني [bi:ki:ni:]

bilingual [baɪlɪŋgwəl] *adj* ناطق بلغتين [Naṭe'q be-loghatayn]

bill [bɪl] *n* ورقة مالية [Wara'qah maleyah], *(account)* فاتورة رسمية [Fatoorah rasmeyah], *(banknote)* عملة وَرَقية [ʕumlatun waraqi:ja], *(legislation)* مشروع قانون [Mashroo'a 'qanooney]; **phone bill** فاتورة تليفون [Fatoorat telefon]

billiards [bɪliərdz] *npl* لعبة البلياردو [Lo'abat al-belyardo]

billion [bɪlyən] *n* مِلْيَار [milja:r]

binding [baɪndɪŋ] *n*; **Could you adjust my bindings, please?** هل يمكنك ضبط الأربطة لي من فضلك؟ [hal yamken -aka ḍabṭ al-arbe-ṭa lee min faḍlak?]; **Could you tighten my bindings, please?** هل يمكنك إحكام الأربطة لي من فضلك؟ [hal yamken -aka eḥkaam al-arbe-ṭa lee min faḍlak?]

bingo [bɪŋgoʊ] *n* لعبة البنجو [Lo'abat al-benjo]

binoculars [bɪnɒkyələrz] *npl* منظار [minzˤa:run]

biochemistry [baɪoʊkɛmɪstri] *n* كيمياء حيوية [Kemyaa ḥayaweyah]

biodegradable [baɪoʊdɪgreɪdəbəl] *adj* قابل للتحلل بالبكتريا ['qabel lel-tahalol bel-bekteriya]

biography [baɪɒgrəfi] *n* سيرة [si:ra]

biological [baɪəlɒdʒɪkəl] *adj* بيولوجي [bju:lu:ʒij]

biology [baɪɒlədʒi] *n* بيولوجيا [bju:lu:ʒja:]

biometric [baɪoʊmɛtrɪk] *adj* بيولوجي إحصائي [Bayology ehṢaey]

birch [bɜrtʃ] *n* شجر البتولا [Ahjar al-betola]

bird [bɜrd] *n* طائر [tˤa:ʔir]; **bird flu** إنفلوانزا الطيور [Enfelwanza al-ṭeyor]; **bird of prey** طيور جارحة [Ṭeyoor jareḥah]

birdie [bɜrdi] *n* كُرَة الريشة [Korat al-reeshaa]

birdwatching [bɜrdwɒtʃɪŋ] *n* ملاحظة الطيور [molaḥaḍhat al-ṭeyoor]

birth [bɜrθ] *n* ميلاد [mi:la:d]; **birth certificate** شهادة ميلاد [Shahadat meelad]; **birth control** تنظيم النسل [tanḍheem al-nasl]; **place of birth** مكان الميلاد [Makan al-meelad]

birthday [bɜrθdeɪ, -di] *n* عيد ميلاد ['aeed al-meelad]; **Happy birthday!** عيد ميلاد سعيد ['aeed meelad sa'aeed]

birthplace [bɜrθpleɪs] *n* محل الميلاد [Maḥal al-meelad]

bishop [bɪʃəp] *n* أسْقُف [asquf]

bit [bɪt] *n* جزء صغير [Joza ṣagheer]

bitch [bɪtʃ] *n (female dog)* عاهر/عاهرة ['aaher/'aahera]

bite [baɪt] *n* قضمة [qadˤma] ▹ *v* يلسع [jalsaʕu]

bitter [bɪtər] *adj* مر [murrun]

black [blæk] *adj* أسود [ʔaswadun]; *(person):* **Black** شخص أسود [Shakhsun aswad]; **black ice** ثلج أسود [thalj aswad]; **in black and white** باللون الأسود والأبيض [bil-lawn al-aswad wa al-abyaḍ]

blackberry [blækbɛri] *n* ثمرة العُليق [Thamrat al-'alay'q]

blackbird [blækbɜrd] *n* شحرور [ʃaħru:r]

blackboard [blækbɔrd] *n* سبورة [sabu:ra]

blackmail [blækmeɪl] *n* ابتزاز [ʔibtiza:z] ▹ *v* يبتز [jabtazzu]

blackout [blækaʊt] *n* تعتيم [taʕti:m]

blacktop [blæktɒp] *n* طريق اسفلتي [ṭaree'q asfaltey]

bladder [blædər] *n* مثانة [maθa:na]; **gall bladder** مَرَارَة [marra:ratun]

blade [bleɪd] *n* نصل [nasˤl]; **razor blade** شفرة حلاقة [Shafrat hela'qah]; **shoulder blade** لَوْح الكَتِف [Looh al-katef]

blame [bleɪm] *n* لوم [lawm] ▹ *v* يَلوم [jalu:mu]

blank [blæŋk] *adj* فارغ [fa:riɣun] ▹ *n* أبيض [ʔabjadˤ]; **blank check** شيك على بياض [Sheek ala bayad]

blanket [blæŋkɪt] *n* بطانية [batˤa:nijja]; **electric blanket** بطانية كهربائية [Baṭaneyah kahrobaeyah]; **Please bring me an extra blanket** من فضلك أريد بطانية إضافية [min faḍlak areed baṭa-nya eḍa-fiya]

blast [blæst] *n* لفحة [lafḥa]

blatant [bleɪtənt] *adj* صَارِخ [sˤa:rixun]

blaze [bleɪz] *n* وهج [wahaʒ]

blazer [bleɪzər] *n* بليزر [blajzir]

bleach [bliːtʃ] *n* يُبيِّض [jubajjidˤu]

bleached [bliːtʃt] *adj* مُبَيَّض [mubajjidˤun]

bleak [blik] *adj* منعزل [munʕazilun]

bleed [blid] *v* ينزف [janzifu]

blender [blɛndər] *n* خلاط كهربائي [Khalaṭ kahrabaey], مادة مسيلة [Madah moseelah]

bless [blɛs] *v* يبارك [juba:riku]

blind [blaɪnd] *adj* ضرير [dˤari:run] ▹ *n* ستارة النافذة [Setarat al-nafedhah]; **Venetian blind** ستارة مُعتِمة [Setarah mo'atemah]

blindfold [blaɪndfoʊld] *n* معصوب العينين [Ma'aṣoob al-'aainayn] ▹ *v* يَعْصِبُ العينين [Ya'aṣeb al-ozonayn]

blink [blɪŋk] *v* يُومِض [ju:midˤu]

bliss [blɪs] *n* نعيم [naʕi:m]

blister [blɪstər] *n* بَثْرَة [baθra]

blizzard [blɪzərd] *n* عاصفة ثلجية عنيفة ['aasefah thaljeyah 'aneefah]

block [blɒk] *n (buildings)* بِنَايَة [bina:ja], *(obstruction)* كُتلة خشبية أو حجرية [Kotlah khashebeyah aw hajareyah], *(solid piece)* كُتلة [kutla] ▹ *v* يقولب [jaqu:labu]

blockage [blɒkɪdʒ] *n* انسداد [insida:d]

blocked [blɒkt] *adj* مسدود [masdu:dun]

blog [blɒg] *n* مُدَوَّنة [mudawwana] ▹ *v* يُدَون [judawwinu]

blonde [blɒnd] *adj* أشقر [ʔaʃqarun]

blood [blʌd] *n* دم [dam]; **blood group** فصيلة دم [faṣeelat dam]; **blood poisoning** تسمم الدم [Tasamom al-dam]; **blood pressure** ضغط الدم [ḍaghṭ al-dam]; **blood sports** رياضة دموية [Reyaḍah damaweyah]; **blood test** اختبار الدم [Ekhtebar al-dam]; **blood transfusion** نقل الدم [Na'ql al-dam]; **My blood type is O positive** فصيلة دمي O موجب [faṣeelat damey o mojab]; **This stain is blood** هذه البقعة بقعة دم [hathy al-bu'q-'aa bu'q-'aat dum]

bloody [blʌdi] *adj* دموي [damawij]

blossom [blɒsəm] *n* زهرة الشجرة المثمرة [Zahrat al-shajarah al-mothmerah] ▹ *v* يُزهِر [juzhiru]

blouse [blaʊs] *n* بلوزة [blu:za]

blow [bloʊ] *n* لطمة [latˤma] ▹ *v* يَهُبّ [jahubbu]

blow-dry *n* تجفيف الشعر [Tajfeef al-saha'ar]

blow up *v* ينفجر [janfaʒiru]

blue [blu] *adj* أزرق [ʔazraqun]

blueberry [blubɛri] *n* تُوتْ أزرق [Toot azra'q]

blues [bluz] *npl* كآبة [kaʔa:batun]

bluff [blʌf] *n* خديعة [xadi:ʕa] ▹ *v* يَخدَع [jaxdaʕu]

blunder [blʌndər] *n* خطأ فادح [Khata fadeh]

blunt [blʌnt] *adj* متبلد [mutaballidun]

blush [blʌʃ] *v* يَستحِي [jastaħi:]

board [bɔrd] *n (meeting)* هيئة [hajʔa], *(wood)* لوح [lawħ]; **board game** لعبة طاولة [Lo'abat ṭawlah]; **boarding pass** تصريح الركوب [Taṣreeh al-rokob]; **boarding school** مدرسة داخلية [Madrasah dakheleyah]; **bulletin board** لوحة الملاحظات [Looḥat al-molahḍhat], لوحة النشرات [Looḥat al-nasharaat]; **diving board** لوح غطس [Looḥ ghaṭs]; **ironing board** لوح الكي [Looḥ alkay]

boarder [bɔrdər] *n* تلميذ داخلي [telmeedh dakhely]

boast [boʊst] *v* يَتَبَاهى [jataba:ha:]

boat [boʊt] *n* مَركِب [markab]; **fishing boat** قارب صيد ['qareb ṣayd]

body [bɒdi] *n* جسم [ʒism]

bodybuilding [bɒdibɪldɪŋ] *n* كمال الأجسام [Kamal al-ajsaam]

bodyguard [bɒdigɑrd] *n* حارس شخصي [ḥares shakhṣ]

bog [bɒg] *n* مستنقع [mustanqaʕ]

boil [bɔɪl] *vi* يَغْلي [jaɣli:] ▹ *vt* يَسلُق [jasluqu]

boiled [bɔɪl] *adj* مغلي [maɣlij]; **hard-boiled egg** بيضة مسلوقة [Bayḍah maslo'qah]

boiler [bɔɪlər] *n* مرجل [mirʒal]

boiling [bɔɪlɪŋ] *adj* غليان [ɣalaja:nun]

boil over *v* يَخرُج عن شعوره [jaxruʒu ʕan ʃuʕu:rihi]

Bolivia [bəlɪviə] *n* بوليفيا [bu:lijfja:]

Bolivian [bəlɪviən] *adj* بوليفي [bu:li:fij] ▹ *n* بوليفي [bu:li:fij]

bolt [boʊlt] *n* صامولة [sˤa:mu:la]

bomb [bɒm] *n* قنبلة [qunbula] ▹ *v* يَقصف [jaqsˤifu]; **atom bomb** قنبلة ذرية ['qobelah dhareyah]

bombing [bɒmɪŋ] *n* تفجير [tafʒiːr]

bond [bɒnd] *n* سَند [sanad]

bone [boʊn] *n* عظمة [ʕazˤama]; **bone dry** جاف تماماً [Jaf tamaman]

bonfire [bɒnfaɪər] *n* إشعال النار [Esh'aal al-naar]

bonus [boʊnəs] *n* علاوة [ʕalaːwa]

book [bʊk] *n* كتاب [kitaːb]; **address book** دفتر العناوين [Daftar al-'aanaaween]

bookcase [bʊkkeɪs] *n* خزانة كتب [Khezanat kotob]

booklet [bʊklɪt] *n* كُتَيِّب [kutajjib]

bookmark [bʊkmɑrk] *n* علامة مميزة ['alamah momayazah]

bookshelf [bʊkʃɛlf] *n* رَف الكُتُب [Raf al-kotob]

bookstore [bʊkstɔr] *n* مكتبة لبيع الكتب [Maktabah le-bay'a al-kotob]

boost [bust] *v* يُعزِز [juʕazzizu]

boot [but] *n* حذاء عالي الساق [hedhaa 'aaley al-sa'q]; **rubber boots** حذاء برقبة [Hedhaa be-ra'qabah]

booth [buθ] *n*; **phone booth** كابينة تليفون [Kabeenat telefoon]

booze [buz] *n* إسراف في الشراب [Esraf fee alsharab]

border [bɔrdər] *n* حاشية [ħaːʃijja]

bore [bɔr] *v* يَثْقب [jaθqubu]

bored [bɔrd] *adj* يُسبب الملل [Yosabeb al-malal]

boredom [bɔrdəm] *n* سَأم [saʔam]

boring [bɔrɪŋ] *adj* ممل [mumillun]; **boring task** كدح [kadaħun]

born [bɔrn] *adj* مولود [mawluːdun]

borrow [bɒroʊ] *v* يَستدِين [jastadijinu]

Bosnia [bæzniə] *n* البوسنة [ʔal-buːsnatu]; **Bosnia and Herzegovina** البوسنة والهرسك [ʔal-buːsnatu wa ʔal-hirsik]

Bosnian [bæzniən] *adj* بوسنيّ [buːsnij] ▹ *n* *(person)* بوسني [buːsnij]

boss [bɒs] *n* زعيم [zaʕiːm]

boss around *v* يُمْلي عليه [Yomely 'aleyh]

bossy [bɒsi] *adj* دكتاتوري [diktaːtuːrij]

both [boʊθ] *adj* كلًا من [Kolan men] ▹ *pron* كلاهما [kilaːhumaː]

bother [bɒðər] *v* يُقْلَقْ [jaqlaqu]

Botswana [bɒtswɑnə] *n* بتسوانا [butswaːnaː]

bottle [bɒtəl] *n* زجاجة [zuʒaːʒa]; **baby bottle** زجاجة رضاعة الطفل [Zojajat reḍa'aat al-ṭefl]; **hot-water bottle** زجاجة مياه ساخنة [Zojajat meyah sakhenah]; **a bottle of mineral water** زجاجة مياه معدنية [zujaja meaa ma'adan-iya]; **a bottle of red wine** زجاجة من النبيذ الأحمر [zujaja min al-nabeedh al-aḥmar]; **Please bring another bottle** من فضلك أحضر لي زجاجة أخرى [min faḍlak iḥḍir lee zujaja okhra]

bottle-opener [bɒtəl oʊpənər] *n* فتاحة الزجاجات [Fatahat al-zojajat]

bottom [bɒtəm] *adj* أسفلُ [ʔasfalu] ▹ *n* قاع [qaːʕ]

bought [bɔt] *adj* جاهز [ʒaːhizun]

bouillon [bʊlyɒn] *n*; **bouillon cube** مكعب حساء [Moka'aab ḥasaa]

bounce [baʊns] *v* يَرتدّ [jartaddu]

bouncer [baʊnsər] *n* المتبجح [al-mutabaʒʒiħ]

boundary [baʊndəri] *n* حد [ħadd]

bouquet [boʊkeɪ, bu-] *n* بَاقَة [baːqa]

bow¹ [boʊ] *n (weapon)* قوس [qaws]

bow² [baʊ] *v* انحناء [inħinaːʔun]

bowels [baʊəlz] *npl* سُلطانية [sultˤaːnijjatun]

bowl [boʊl] *n* وِعاء [wiʕaːʔ]

bowling [boʊlɪŋ] *n* لعبة البولنغ العشرية [Lo'aba al-boolenj al-'ashreyah], لعبة البولينج [Lo'aba al-boolenj]; **bowling alley** مسار كرة البولينج [Maser korat al-boolenj]

bow tie [boʊ taɪ] *n* رباط عنق على شكل فراشة [Rebaṭ 'ala shakl frashah]

box [bɒks] *n* صندوق [sˤunduːq]; **box lunch** وجبة الغذاء المعبأة [Wajbat al-ghezaa al-mo'abaah]; **box office** شباك التذاكر [Shobak al-taḍhaker]; **fuse box** علبة الفيوز ['aolbat al-feyoz]

boxer [bɒksər] *n* ملاكم [mulaːkim]; **boxer shorts** شورت بوكسر [Short boksar]

boxing [bɒksɪŋ] *n* ملاكمة [mulaːkama]

boy [bɔɪ] *n* صبي [sˤabij], ولد [walad]

boyfriend [bɔɪfrɛnd] *n* رفيق [rafiːq]

bra [brɑ] *n* حَمَّالة صَدْر [Hammalat ṣadr]

brace [breɪs] *n* سناد [sanaːd]

bracelet [breɪslɪt] *n* سُوَار [suwaːr]

braid [breɪd] *n* طية [tˤajja]

brain [brein] *n* دِمَاغ [dima:ɣ]
brainy [breɪni] *adj* ذكي [ðakij]
brake [breɪk] *n* فرامل [fara:mil] ▹ *v* يُفَرْمِل [jufarmilu]; **brake light** مصباح الفرامل [Mesbaḥ al-faramel]; **emergency brake** فرملة يَدّ [Farmalat yad]; **The brakes don't work** الفرامل لا تعمل [Al-faramel la ta'amal]
bran [bræn] *n* نُخالة [nuxa:la]
branch [bræntʃ] *n* فرع [farʕ]
brand [brænd] *n* ماركة [ma:rka]منشأ السلعة المصنوعة , [Manshaa al-sel'aah al-maṣno'aah]; **brand name** العلامة التجارية [Al-'alamah al-tejareyah]
brand-new *adj* ماركة جديدة [Markah jadeedah]
brandy [brændi] *n* براندي [bra:ndi:]; **I'll have a brandy** سأتناول براندي [sa-ata-nawal brandy]
brass [bræs] *n* نحاس أصفر [Nahas aṣfar]; **brass band** فرقة الآلات النحاسية [Fer'qat al-aalat al-naḥaseqeyah]
brat [bræt] *n* طفل مزعج [Tefl moz'aej]
brave [breɪv] *adj* شجاع [ʃuʒa:ʕun]
bravery [breɪvəri] *n* شجاعة [ʃaʒa:ʕa]
Brazil [brəzɪl] *n* البرازيل [ʔal-bara:zi:lu]
Brazilian [brəzɪliən] *adj* برازيلي [bara:zi:lij] ▹ *n* برازيلي [bara:zi:lij]
bread [brɛd] *n* خُبز [xubz]; **brown bread** خبز أسمر [Khobz asmar]
breadbox [brɛdbɒks] *n* نشّابة [naʃʃa:ba]
breadcrumbs [brɛdcrʌmz] *npl* بُقسماط مطحون [Bo'qsomat maṭhoon]
break [breɪk] *n* فترة راحة [Fatrat raaḥ a] ▹ *v* يكسر [jaksiru]
break down *v* يَتعطل [jataʕatˤtˤalu]
breakdown [breɪkdaʊn] *n* تَعَطّل [taʕatˤul]; **nervous breakdown** إنهيار عصبي [Enheyar aṣabey]
breakfast [brɛkfəst] *n* إفطار [ʔiftˤa:r]; **bed and breakfast** مبيت وإفطار [Mabeet wa efṭaar]; **continental breakfast** إفطار كونتيننتال [Efṭaar kontenental]; **Can I have breakfast in my room?** هل يمكن أن أتناول الإفطار داخل غرفتي؟ [hal yamken an ata-nawal al-efṭaar dakhil ghurfaty?]; **Is breakfast included?** هل يشمل ذلك الإفطار؟ [hal yash-mil dhalik al-iftaar?]; **with breakfast** شاملة الإفطار [shamelat al-efṭaar]; **without breakfast** غير شاملة للإفطار [gheyr shamela lel-efṭaar]; **What time is breakfast?** ما هو موعد الإفطار [ma howa maw-'aid al-efṭaar?]; **What would you like for breakfast?** ماذا تريد تناوله في الإفطار [madha tureed tana-wilho fee al-efṭaar?]
break in *v* يسطو على [Yasṭo 'ala]
break-in *n* اقتحام [iqtiħa:m]
break up *v* يُجَزأ [juʒazziʔu]
breast [brɛst] *n* ثَدْي [θadjj]
breast-feed *v* يَرضع [jardˤiʕu]
breaststroke [brɛststroʊk, brɛsstroʊk] *n* سباحة الصدر [Sebaḥat al-ṣadr]
breath [brɛθ] *n* نَفَس [nafs]
Breathalyzer® [brɛθəlaɪzər] *n* بريثاليزر® [bri:θa:lajzr]
breathe [brið] *v* يَتنفَس [jatanafasu]
breathe in *v* يَستنشق [jastanʃiqu]
breathe out *v* يَزْفِر [jazfiru]
breathing [briðɪŋ] *n* تنفس [tanaffus]
breed [brid] *n* نسل [nasl] ▹ *v* يَتناسل [jatana:salu]
breeze [briz] *n* نسيم [nasi:m]
brewery [bruəri] *n* مصنع البيرة [maṣna'a al-beerah]
bribe [braɪb] *v* يَرشو [jarʃu:]
bribery [braɪbəri] *n* رشوة [raʃwa]
brick [brɪk] *n* طوبة [tˤu:ba]
bricklayer [brɪkleɪər] *n* بنَّاء [banna:ʔ]
bride [braɪd] *n* عروس [ʕaru:s]
bridegroom [braɪdgrum] *n* عريس [ʕari:s]
bridesmaid [braɪdzmeɪd] *n* وصيفة العروس [Waṣeefat al-'aroos]
bridge [brɪdʒ] *n* جسر [ʒisr]; **suspension bridge** جسر معلق [Jesr mo'aala'q]
brief [brif] *adj* ملخص [mulaxxasˤun]
briefcase [brifkeɪs] *n* حقيبة أوراق جلدية [Ha'qeebat awra'q jeldeyah]
briefing [brifɪŋ] *n* إصدار التعليمات [Eṣdar al ta'alemat]
briefly [brifli] *adv* باختصار [bekhteṣaar]
briefs [bri:fs] *npl* سروال تحتي قصير [Serwal

tahtey 'qaṣeer]

bright [braɪt] *adj* ساطع [sa:tˁiʕun]

brilliant [brɪliənt] *adj* شخص متقد الذكاء [shakhṣ mota'qed al-dhakaa]

bring [brɪŋ] *v* يُحضِر [juħadˁdˁiru]

bring back *v* يُعْيد [juʕi:du]

bring forward *v* يُقدم [juqaddimu]

bring up *v* يُربي [jurabbi:]

Britain [brɪtən] *n* بريطانيا [bri:tˁa:nja:]

British [brɪtɪʃ] *adj* بريطاني [bri:tˁa:nij] ▷ *n* بريطاني [bri:tˁa:nij]

broad [brɔd] *adj* واسع [wa:siʕun]

broadband [brɔdbænd] *n* نطاق واسع [Neṭ'q wase'a]

broadcast [brɔdkæst] *n* إذاعة [ʔiða:ʕa] ▷ *v* يُذيع [juði:ʕu]

broad-minded [brɔdmaɪndɪd] *adj* واسع الأفق [Wase'a al-ofo'q]

broccoli [brɒkəli] *n* قرنبيط [qarnabi:tˁ]

brochure [broʊʃʊr] *n* كتيب إعلاني [Kotayeb e'alaaney], نشرة [naʃra]

broiled [brɔɪld] *adj* مشوي [maʃwij]

broiler [brɔɪlər] *v* يَشوي [jaʃwi:]

broke [broʊk] *adj* مفلس [muflisun]

broken [broʊkən] *adj* مكسور [maksu:run]; **broken down** مُعَطّل [muʕatˁtˁalun]; **The lock is broken** القفل مكسور [al-'qiful maksoor]; **This is broken** إنها مكسورة [inaha maksoora]

broker [broʊkər] *n* سِمسار [samsa:r]

bronchitis [brɒŋkaɪtɪs] *n* التهاب شُعَبي [Eltehab sho'aaby]

bronze [brɒnz] *n* برونز [bru:nz]

brooch [broʊtʃ] *n* بروش [bru:ʃ]

broom [brum] *n* مكنسة [miknasatu]

broth [brɔθ] *n* مرق [maraq]

brother [brʌðər] *n* أخ [ʔax]

brother-in-law [brʌðərɪnlɔ] *n* زوج الأخت [zawj alokht]

brown [braʊn] *adj* بُنّيّ [bunnij]; **brown bread** خبز أسمر [Khobz asmar]; **brown rice** أرز أسمر [Orz asmar]

browse [braʊz] *v* يتصفح [jatasˁaffaħu]

browser [braʊzər] *n* مُتَصفّح [mutasˁaffiħ]

bruise [bruz] *n* كدمة [kadama]

brush [brʌʃ] *n* فرشاة [furʃa:t] ▷ *v* يُنظِف بالفرشاة [yonaḍhef bel-forshah]

brutal [brutəl] *adj* وحشي [waħʃij]

bubble [bʌbəl] *n* فُقّاعة [fuqa:ʕa]; **bubble bath** سائل استحمام [Saael estehmam]; **bubble gum** لبان بالون [Leban balloon]

bucket [bʌkɪt] *n* دَلْو [dalw]

buckle [bʌkəl] *n* إبزيم [ʔibzi:m]

Buddha [budə, bʊdə] *n* بوذا [bu:ða:]

Buddhism [budɪzəm, bʊd-] *n* البوذية [al-bu:ðijjatu]

Buddhist [budɪst, bʊd-] *adj* بوذي [bu:ðij] ▷ *n* بوذي [bu:ðij]

buddy [bʌdi] *n* رفيق [rafi:q]

budget [bʌdʒɪt] *n* ميزانية [mi:za:nijja]

buffalo [bʌfəloʊ] *n* جاموسة [ʒa:mu:sa]

bug [bʌg] *n* بقة [baqqa]

buggy [bʌgi] *n* عربة صغيرة خفيفة ['arabah ṣagheerah khafeefah]

build [bɪld] *v* يَبْني [jabni:]

building [bɪldɪŋ] *n* بِناء [bina:ʔ]; **building contractor** بنَّاء [banna:ʔun]

bulb [bʌlb] *n (electricity)* بصلة النبات [baṣalat al-nabat], *(plant)* لُحاء [liħa:ʔ]

Bulgaria [bʌlgɛəriə] *n* بلغاريا [bulɣa:rja:]

Bulgarian [bʌlgɛəriən] *adj* بلغاري [balɣa:ri:] ▷ *n (language)* اللغة البلغارية [Al-loghah al-balghareyah], *(person)* بلغاري [balɣa:ri:]

bulimia [bulimiə, -lɪm-] *n* شراهة الأكل [Sharahat alakal]

bull [bʊl] *n* ثور [θawr]

bulldozer [bʊldoʊzər] *n* جرافة [ʒarra:fa]

bullet [bʊlɪt] *n* رصاصة [rasˁa:sˁa]

bulletin [bʊlɪtɪn] *n*; **bulletin board** لوحة الملاحظات [Looḥat al-molahḍhat]

bully [bʊli] *n* بلطجي [baltˁaʒij] ▷ *v* يستأسد على [jastaʔsidu ʕala:]

bumblebee [bʌmbəlbi] *n* نحلة ضخمة [Naḥlah ḍakhmah]

bump [bʌmp] *n* ضَربة [dˁarba]; **bump into** يتصادف مع [Yataṣaadaf ma'a]

bumper [bʌmpər] *n* مصد [musˁidd]

bumpy [bʌmpi] *adj* وَعِر [waʕirun]

bun [bʌn] *n* كعكة [kaʕka]

bunch [bʌntʃ] *n* حزمة [ħuzma]

bungalow [bʌŋgəloʊ] *n* بيت من طابق واحد [Bayt men ṭabe'q wahed]

bungee jumping [bʌndʒi dʒʌmpɪŋ] *n* قفز بالحبال ['qafz bel-ḥebal]; **Where can I go bungee jumping?** أين يمكن أن أذهب للقفز بالحبال المطاطية؟ [ayna yamken an adhhab lil-'qafiz bel-ḥebal al-maṯaṯiya?]

bunion [bʌnyən] *n* التفاف إبهام القدم [Eltefaf ebham al-'qadam]

bunk [bʌŋk] *n* سَرير مبيت [Sareer mabeet]; **bunk beds** سَرير بدورين [Sareer bedoreen]

buoy [bui] *n* عَوَّامَةٌ [ʕawa:ma]

bureaucracy [byʊrɒkrəsi] *n* بيروقراطية [bi:ru:qra:tˤijjati]

burger [bɜrgər] *n* هامبُرجَر [ha:mbarʒar]

burglar [bɜrglər] *n* لص المنازل [Leṣ al-manazel]; **burglar alarm** إنذار سرقة [endhar sare'qa]

burglary [bɜrgləri] *n* سَطو [satˤw]

burgle [bɜrgəl] *v* يَسطُو [jastˤu:]

Burma [bɜrmə] *n* بورما [bu:rma:]

Burmese [bɜrmiz] *adj* بورمي [bu:rmij] ▷ *n* *(language)* اللغة البورمية [Al-loghah al-bormeyah], *(person)* بورمي [bu:rmij]

burn [bɜrn] *n* حرق [ħuriqa] ▷ *v* يَحرق [jaħriqu]

burn down *v* يَحترق عن آخره [Yaḥtare'q 'an aakherh]

burp [bɜrp] *n* تَجَشُّؤ [taʒaʃʃuʔ] ▷ *v* يَتجشأ [jataʒaʃʃaʔu]

burst [bɜrst] *v* ينفجر [janfaʒiru]

bury [bɛri] *v* يَدفِن [jadfinu]

bus [bʌs] *n* أوتوبيس [ʔu:tu:bi:s], *(vehicle)* مَركَبَة [markaba]; **airport bus** أتوبيس المطار [Otobees al-maṭar]; **bus station** محطة أوتوبيس [Mahaṭat otobees]; **bus stop** موقف أوتوبيس [Maw'qaf otobees]; **bus ticket** تذكرة أوتوبيس [tadhkarat otobees]

bush [bʊʃ] *n* *(shrub)* شُجَيْرَة [ʃuʒajra], *(thicket)* دَغَل [duɣl]

business [bɪznɪs] *n* أعمال تجارية [A'amaal tejareyah]; **business class** درجة رجال الأعمال [Darajat rejal ala'amal]; **business trip** رحلة عمل [Reḥlat 'aamal]; **show business** مجال الاستعراض [Majal al-este'araḍ]

businessman [bɪznɪsmæn] *n* رَجُل أعمال [Rajol a'amal]

businesswoman [bɪznɪswʊmən] *n* سيدة أعمال [Sayedat a'amaal]

bust [bʌst] *n* صَدْر [sˤadr]

busy [bɪzi] *adj* مشغول [maʃɣu:lun]; **busy signal** رنين انشغال الخط [Raneen ensheghal al-khaṭ], إشارة إنشغال الخط [Esharat ensheghal al-khaṭ]; **It's busy** إنه مشغول [inaho mash-ghool]

butcher [bʊtʃər] *n* جزار [ʒazza:r]; **butcher shop** محل الجزار [Maḥal al-jazar]

butt [bʌt] *n* عَجيزَةٌ [ʕaʒi:za]

butter [bʌtər] *n* زُبْدَة [zubda]; **peanut butter** زُبْدَة الفستق [Zobdat al-fosto'q]

buttercup [bʌtərkʌp] *n* عُشْب الحَوْذان ['aoshb al-hawdhan]

butterfly [bʌtərflaɪ] *n* فراشة [fara:ʃa]

buttocks [bʌtəks] *npl* أَرْدَافٌ [ʔarda:fun]

button [bʌtən] *n* زِرٌّ [zirr], شارَة [ʃa:ra]; **belly button** سُرَّة البطن [Sorrat al-baṭn]

buy [baɪ] *v* يَشتَري [jaʃtari:]

buyer [baɪr] *n* مشتري [muʃtari:]

buyout [baɪaʊt] *n* شراء كامل [Sheraa kaamel]

by [baɪ] *prep* بواسطة [biwa:sitˤati]

bye-bye [baɪbaɪ] *excl* إلى اللقاء [ela al-le'qaa]

bypass [baɪpæs] *n* ممر جانبي [Mamar janebey]

bystander [baɪstændər] *n* مُشَاهِد [muʃa:hid]

C

cab [kæb] *n* سيارة أجرة [Sayarah ojarah]
cabbage [kæbɪdʒ] *n* كُرُنْبٌ [kurnub]
cabin [kæbɪn] *n* كوخ [ku:x]; **cabin crew** كابينة الطاقم [Kabbenat al-ṭa'qam]
cabinet [kæbɪnɪt] *n* خِزانة [xiza:na]
cable [keɪbəl] *n* كابل [ka:bil]; **cable car** ترام [tra:mun]; **cable television** وَصْلَة تلفزيونية [Wṣlah telefezyoneyah]; **jumper cables** وصلة بطارية السيارة [Waṣlat baṭareyah al-sayarah]
cactus [kæktəs] *n* صبار [sˤabba:r]
cadet [kədɛt] *n* طالب عسكري [Ṭaleb 'askarey]
café [kæfeɪ] *n* مقهى [maqha:]; **internet café** مقهى الانترنت [Ma'qha al-enternet]; **Are there any internet cafés here?** هل يوجد أي مقهى للإنترنت هنا؟ [hal yujad ay ma'qha lel-internet huna?]
cafeteria [kæfɪtɪəriə] *n* كافيتريا [kafijtirja:]
caffeine [kæfin] *n* كافين [ka:fi:n]
cage [keɪdʒ] *n* قفص [qafasˤ]
cake [keɪk] *n* كعك [kaʕk]; **layer cake** جاتوه [ʒa:tu:]; **sponge cake** إسفنج [ʔisfanʒun]
calcium [kælsiəm] *n* كالسيوم [ka:lsju:m]
calculate [kælkyəleɪt] *v* يَعُد [jaʕuddu]
calculation [kælkyəleɪʃən] *n* حُسبان [ħusba:n]
calculator [kælkyəleɪtər] *n* آلة حاسبة [Aalah ḥasbah]; **pocket calculator** آلة حاسبة للجيب [Alah haseba lel-jeeb]
calendar [kælɪndər] *n* تقويم [taqwi:m]
calf [kæf] (*pl* calves) *n* عجل [ʕiʒl]
call [kɔl] *n* مكالمة [muka:lama] ▷ *v* يَستدعِي [jastadʕi:]; **call back** يُعْيد الاتصال هاتفيا [Yo'eed al-eteṣaal]; **call center** مركز الاتصال [Markaz al-eteṣal]; **roll call** تَفَقُّد الحضور [Tafa'qod al-ḥoḍor]; **wake-up call** نداء استغاثة [Nedaa esteghathah]; **Can I call internationally from here?** هل يمكن أن أقوم بإجراء مكالمة دولية من هنا؟ [hal yamken an a'qoom be-ijraa mukalama dawleya min huna?]; **I have to make a phone call** يجب أن أقوم بإجراء مكالمة تليفونية [yajib an a'qoom be-ijraa mukalama talefonia]; **I need to make an emergency telephone call** أنا في حاجة إلى إجراء مكالمة تليفونية عاجلة [ana fee ḥaja ela ejraa mukalama talefoniya 'aajela]; **I'd like to make a collect call** أريد إجراء مكالمة تليفونية مدفوعة من الطرف الآخر [areed ejraa mukalama talefonia mad-fo'aa min al-ṯaraf al-aakhar]
call back *v* يُعاوِد الاتصال [Yo'aaawed al-eteṣaal]
call for *v* يَدْعو إلى [Yad'aoo ela]
call off *v* يَزْجُر [jazʒuru]
calm [kɑm] *adj* ساكن [sa:kinun]
calm down *v* يَهْدَأ [juhaddiʔu]
calorie [kæləri] *n* سُعْر حراري [So'ar hararey]
Cambodia [kæmboʊdiə] *n* كامبوديا [ka:mbu:dja:]
Cambodian [kæmboʊdiən] *adj* كمبودي [kambu:dij] ▷ *n (person)* شخص كمبودي [Shakhs kamboodey]
camcorder [kæmkɔrdər] *n* كاميرا فيديو نقال [Kamera fedyo na'q'qaal]
camel [kæməl] *n* جمل [ʒamal]
camera [kæmrə] *n* كاميرا [ka:mi:ra:]; **digital camera** كاميرا رقمية [Kameera ra'qmeyah]; **video camera** كاميرا فيديو [Kamera fedyo]
cameraman [kæmrəmæn] *n* مُصَوِّر [musˤawwir]
Cameroon [kæmərun] *n* الكاميرون [al-ka:mi:ru:n]
camp [kæmp] *n* معسكر [muʕaskar] ▷ *v* يُخيم [juxajjimu]
campaign [kæmpeɪn] *n* حملة [ħamla]
camper [kæmpər] *n* مُعَسكِر [muʕaskar]
camping [kæmpɪŋ] *n* تنظيم المعسكرات [Tanṭeem al-mo'askarat]

ampsite [kæmpsaɪt] *n* موقع المعسكر [Maw'qe'a al-mo'askar]

ampus [kæmpəs] *n* الحرم الجامعي [Al-ḥaram al-jame'aey]

an [kən, STRONG kæn] *v* يستطيع [jastatˤiːʕu]; **can opener** فتاحة علب [fatta ḥat 'aolab]فتاحة علب التصبير , [Fatahat 'aolab al-taṣdeer]; **garbage can** صندوق القمامة [Ṣondok al-'qemamah]; **trash can** سلة المهملات [Salat al-mohmalat]; **watering can** رشاش مياه [Rashah meyah]

Canada [kænədə] *n* كندا [kanadaː]

Canadian [kəneɪdiən] *adj* كندي [kanadij] ▷ *n* شخص كندي [Shakhṣ kanadey]

anal [kənæl] *n* قناة [qanaːt]

Canaries [kənɛəriz] *npl* طيور الكناري [tˤujuːru al-kanaːrijji]

anary [kənɛəri] *n* طائر الكناري [Ṭaaer al-kanarey]

ancel [kænsəl] *v* يُبْطِل [jubtˤil]

ancellation [kænsəleɪʃən] *n* إلغاء [ʔilɣaːʔ]; **Are there any cancellations?** هل تم إلغاء أي حجز؟ [hal tam-a el-gha ay ḥajiz?]

ancer [kænsər] *n (illness)* مرض السرطان [Maraḍ al-saraṭan]

Cancer [kænsər] *n (horoscope)* برج السرطان [Borj alsaraṭan]

andidate [kændɪdeɪt] *n* مُرَشَح [muraʃʃaħ]

andle [kændəl] *n* شمعة [ʃamʕa]

andlestick [kændəlstɪk] *n* شمعدان [ʃamʕadaːn]

andy [kændi] *n*; **cotton candy** غزل البنات [Ghazl al-banat]

ane [keɪn] *n* عصا المشي ['asaa almashey]

anister [kænɪstər] *n* علبة صغيرة ['aolbah ṣagherah]

annabis [kænəbɪs] *n* حشيش [ħaʃiːʃ]

anned [kænd] *adj* معلب [muʕallabun], مُعَلَّبَةٌ [muʕallabatun]

anoe [kənu] *n* صندل [sˤandal]

anoeing [kənuɪŋ] *n* تجديف [taʒdiːf]; **Where can we go canoeing?** أين يمكن أن أمارس رياضة التجديف بالقوارب الصغيرة؟ [ayna yamken an omares riyaḍat al-tajdeef bil- 'qawareb al-ṣaghera?]

canola [kənoulə] *v* يغتصب [jaɣtasˤibu] (يسلب)

canteen [kæntin] *n* مطعم [matˤʕam]

canter [kæntər] *v* يُخِب الفرس [Yokheb al-faras]

canvas [kænvəs] *n* قماش الرسم ['qomash al-rasm]

canvass [kænvəs] *v* يَستطلع الرأي [Yastaṭle'a al-ray]

cap [kæp] *n* غطاء قنينة [Gheṭa'a 'qeneenah]; **baseball cap** قُبَعة البيسبول ['qoba'at al-beesbool]

capable [keɪpəbəl] *adj* مؤهل [moahhalun]

capacity [kəpæsɪti] *n* سعة [siʕa]

capital [kæpɪtəl] *n* عاصمة [ʕaːsˤima]

capitalism [kæpɪtəlɪzəm] *n* رأسمالية [raʔsumaːlijja]

Capricorn [kæprɪkɔrn] *n* الجَدْي [alʒadjju]

capsize [kæpsaɪz] *v* يَنقلب [janqalibu]

capsule [kæpsəl] *n* كبسولة [kabsuːla]

captain [kæptɪn] *n* رئيس [raʔijs]

caption [kæpʃən] *n* تعليق [taʕliːq]

capture [kæptʃər] *v* يَأسِر [jaʔsiru]

car [kɑr] *n* سَيارة [sajjaːra], *(train)* حافلة [ħaːfila]; **cable car** ترام [traːmun]; **car rental** إيجار سيارة [Ejar sayarah], تأجير سيارة [Taajeer sayarah]; **car wash** غسيل سيارة [ghaseel sayaarah]; **company car** سيارة الشركة [Sayarat al-sharekah]; **dining car** عربة تناول الطعام في القطار ['arabat tanawool al-ṭa'aaam fee al-'qeṭar]; **patrol car** سيارة الدورية [Sayarah al-dawreyah]; **rental car** سيارة إيجار [Sayarah eejar]; **rented car** سيارة مستأجرة [Sayarah mostaajarah]; **sleeping car** عربة النوم ['arabat al-nawm]

carafe [kəræf] *n* غرّافة [ɣarraːfa]

caramel [kærəmɛl, -məl, kɑrməl] *n* كرميل [karamiːl]

carat [kærət] *n* قيراط [qiːraːtˤ]

carbohydrate [kɑrbouhaɪdreɪt] *n* كَارْبُوهَيْدْرَات [kaːrbuːhajdraːt]

carbon [kɑrbən] *n* كربون [karbuːn]; **carbon footprint** بصمة كربونية [Baṣma karbonyah]

carbonated [kɑrbəneɪtɪd] *adj* فوار [fuwaːrun]

carburetor [kɑrbəreɪtər] *n* المكربن [Al-makreen]

card [kɑrd] *n* بطاقة [bitˤa:qa]; **credit card** كارت ائتمان [Kart eateman]; **debit card** كارت سحب [Kart sahb]; **greeting card** بطاقة تهنئة [Beṭaqat tahneaa]; **ID card** بطاقة شخصية [beṭ a'qah shakhṣeyah]; **membership card** بطاقة عضوية [Beṭaqat 'aodweiah]; **playing card** بطاقة لعب [Beṭaqat la'aeb]; **report card** تقرير مدرسي [Ta'qreer madrasey]

cardboard [kɑrdbɔrd] *n* ورق مقوى [Wara'q mo'qawa]

cardigan [kɑrdɪgən] *n* سترة صوفية [Sotrah ṣofeyah]

cardphone [kɑrdfoʊn] *n* كارت تليفون [Kart telefone]

care [kɛər] *n* عناية [ʕina:ja] ▷ *v* يعتني [jaʕtani:]; **intensive care unit** وحدة العناية المركزة [Weḥdat al-'aenayah al-morkazah]; **take care of** يعتني بـ [Ya'ataney be]

career [kərɪər] *n* حقل النشاط [Ha'ql al-nashaṭ]

careful [kɛərfəl] *adj* حَذِرٌ [ħaðirun]

carefully [kɛərfəli] *adv* بِعناية [Be-'aenayah]

careless [kɛərlɪs] *adj* مهمل [muhmilun]

caretaker [kɛərteɪkər] *n* مشرف على بيت [Moshref ala bayt]

car ferry *n* معدية سيارات [Me'adeyat sayarat]

cargo [kɑrgoʊ] *n* حُمولة [ħumu:la]

Caribbean [kærəbiən, kərɪbiən] *adj* كاريبي [ka:rajbi:] ▷ *n* البحر الكاريبي [Al-baḥr al-kareebey]

caring [kɛərɪŋ] *adj* مهتم بالآخرين [Mohtam bel-aakhareen]

carnation [kɑrneɪʃən] *n* قرنفل [qaranful]

carnival [kɑrnɪvəl] *n* كرنفال [karnafa:l]

carol [kærəl] *n* أغنية مرحة [oghneyah mareha]

carpenter [kɑrpɪntər] *n* شخص اجتماعي [Shakhṣ ejtema'ay], نجار [naʒʒa:r]

carpentry [kɑrpɪntri] *n* نجارة [niʒʒa:ra]

carpet [kɑrpɪt] *n* سجادة [saʒa:dda]; **wall-to-wall carpeting** سجاد مثبت [Sejad mothabat]

carriage [kærɪdʒ] *n*; **baby carriage** زورق صغير [Zawra'q ṣagheer]; **Where is carriage number thirty?** أين توجد العربة رقم ثلاثين؟ [ayna tojad al-'aaraba raqum thalatheen?]

carrier [kæriər] *n*; **baby carrier** سرير محمول للطفل [Sareer maḥmool lel-ṭefl]

carrot [kærət] *n* جزر [ʒazar]

carry [kæri] *v* يَحمِل [juħmalu]

carry on *v* يَستمِر [jastamirru]

carry out *v* يُنَفِذ [junaffiðu]

cart [kɑrt] *n* عربة [ʕaraba], عربة الترولي ['arabat al-troley]; **baggage cart** عربة حقائب السفر ['arabat ḥa'qaaeb al-safar]; **shopping cart** ترولي التسوق [Trolley altasaw'q]; **Are there any baggage carts?** هل يوجد عربة متنقلة لحمل الحقائب؟ [hal yujad 'aaraba muta-na'qela leḥaml al-ḥa'qaeb?]

carton [kɑrtən] *n* علبة كارتون ['aolbat kartoon]

cartoon [kɑrtun] *n* رسوم متحركة [Rosoom motaharekah]

cartridge [kɑrtrɪdʒ] *n* خرطوشة [xartˤu:ʃa]

carve [kɑrv] *v* يَنْحِت [janħutu]

case [keɪs] *n* قضية [qadˤijja]; **pencil case** مقلمة [miqlamatun]

cash [kæʃ] *n* نَقْد [naqd]; **cash register** دُرج النقود [Dorj al-no'qood], ماكينة تسجيل الكاش [Makenat tasjeel al-kaash]

cashew [kæʃu, kæʃu] *n* ثمرة الكاجو [Thamarat al-kajoo]

cashier [kæʃɪər] *n* صَرّاف [sˤarra:f]

cashmere [kæʒmɪər] *n* شال من الصوف الناعم [Shal men al-Ṣoof al-na'aem]

casino [kəsinoʊ] *n* كازينو [ka:zi:nu:]

casserole [kæsəroʊl] *n* كسرولة [kasru:latu]

cassette [kəsɛt] *n (old)* كاسيت [ka:si:t]

cast [kæst] *n* يَصُبْ [jasˤubu]

castle [kæsəl] *n* قلعة [qalʕa]

casual [kæʒuəl] *adj* طارئ [tˤa:riʔun]

casually [kæʒuəli] *adv* بشكل عَارِض [Beshakl 'aareḍ]

casualty [kæʒuəlti] *n* مُصَاب [musˤa:b]

cat [kæt] *n* قطة [qitˤa]

catalog [kætəlɒg] *n* كتالوج [kata:lu:ʒ]; **I'd like a catalog** أريد مشاهدة الكتالوج [areed mu-shahadat al-kataloj]

cataract [kætərækt] *n (eye)* مياه بيضاء [Meyah bayḍaa], *(waterfall)* شَلّال كبير [Shallal kabeer]

catarrh [kətɑr] *n* نَزْلَة [nazla]
catastrophe [kətæstrəfi] *n* نكبة [nakba]
catch [kætʃ] *v* يمسك [jumsiku]
catching [kætʃɪŋ] *adj* فاتن [fa:tinun]
catch up *v* لحق ب [laħiqa bi]
category [kætɪgɔri] *n* فئة [fiʔa]
catering [keɪtərɪŋ] *n* توريد الطعام [Tarweed al-ṭa'aam]
caterpillar [kætərpɪlər] *n* يَرَقَانَةٌ [jaraqa:na]
cathedral [kəθidrəl] *n* كاتدرائية [ka:tidra:ʔijja]; **When is the cathedral open?** متى تُفتح الكاتدرائية؟ [mata tuftaḥ al-katid-ra-eya?]
Catholic [kæθlɪk] *adj* كاثوليكي [ka:θu:li:kij] ▷ *n* شخص كاثوليكي [Shakhṣ katholeykey]; **Roman Catholic** روماني كاثوليكي [Romaney katholeykey], شخص روماني كاثوليكي [shakhṣ romaney katholeekey]
cattle [kætəl] *npl* ماشية [ma:ʃijjatun]
Caucasus [kɔkəsəs] *n* قُوقَاز [qu:qa:z]
cauliflower [kɔliflaʊər] *n* قنبيط [qanbi:tˤ]
cause [kɔz] *n (ideals)* سبب [sabab], *(reason)* سبب [sabab] ▷ *v* يُسبب [jusabbibu]
caution [kɔʃən] *n* حَذَر [ħaðar]
cautious [kɔʃəs] *adj* حذِر [ħaðirun]
cautiously [kɔʃəsli] *adv* بحذر [beḥadhar]
cave [keɪv] *n* كهف [kahf]
cayenne papper [keɪɛn pɛpər] *n* فلفل أحمر حار [Felfel aḥmar ḥar]
CCTV [si si ti vi] *abbr* دائرة تلفزيونية مغلقة [Daerah telefezyoneyah moghla'qa]
CD [si di] *n* اسطوانة [ustˤuwa:na]; **CD burner** ناسخ الاسطوانة [Nasekh al-esṭewanah]; **CD player** مشغل الاسطوانات [Moshaghel al-esṭewanat]; **When will the CD be ready?** متى ستكون الاسطوانة جاهزة؟ [mata sata-koon al-esṭ-ewana jaheza?]
CD-ROM [si di rɒm] *n* دُرج الأسطوانات المدمجة [Dorj al-esṭewanaat al-modmajah]
cease-fire [sisfaɪər] *n* وَقْف إطلاق النار [Wa'qf eṭlaa'q al-naar]
ceiling [silɪŋ] *n* سَقف [saqf]
celebrate [sɛlɪbreɪt] *v* يَحْتفل [jaħtafilu]
celebration [sɛlɪbreɪʃən] *n* احتفال [iħtifa:l]
celebrity [sɪlɛbrɪti] *n* شُهْرَة [ʃuhra]
celery [sɛləri] *n* كرفس [kurfus]
celiac [siliæk] *adj* بَطْنِيٌّ [batˤnij]
cell [sɛl] *n* خلية [xalijja]; **cell phone** هاتف جوال [Hatef jawal]; **cell phone number** رقم المحمول [Ra'qm almahmool]
cellar [sɛlər] *n* قبو [qabw]
cello [tʃɛloʊ] *n* كمنجة كبيرة [Kamanjah kabeerah]
cellular [sɛlyələr] *n*; **My cellular number is...** رقم تليفوني المحمول هو... [ra'qim talefony al-maḥmool howa...]
cement [sɪmɛnt] *n* أسمنت [ʔasmant]
cemetery [sɛmətɛri] *n* مقبرة [maqbara]
census [sɛnsəs] *n* إحصاء رسمي [Ehṣaa rasmey]
cent [sɛnt] *n* سِنت [sint]
centenary [sɛntɛnəri] *n* قَرْن [qarn]
center [sɛntər] *n* وسطٌ [wasatˤ]; **call center** مركز الاتصال [Markaz al-eteṣal]; **leisure center** مركز ترفيهي [Markaz tarfehy]; **shopping center** مركز تسوق [Markaz tasawe'q]; **visitor center** مركز زائري [Markaz zaerey]
centimeter [sɛntɪmitər] *n* سنتيمتر [santi:mitar]
central [sɛntrəl] *adj* مركزي [markazijjatun]; **central heating** تدفئة مركزية [Tadfeah markazeyah]; **Central America** أمريكا الوسطى [Amrika al wostaa]
century [sɛntʃəri] *n* قرن [qarn]
CEO [si i oʊ] *abbr* مدير الإدارة التنفيذية [Modeer el-edarah al-tanfeedheyah]
ceramic [sɪræmɪk] *adj* خزفي [xazafij]
cereal [sɪəriəl] *n* حبوب [ħubu:b]
ceremony [sɛrɪmoʊni] *n* مراسم [mara:sim]; **master of ceremonies** مقدم برامج [Mo'qadem bramej]
certain [sɜrtən] *adj* محدد [muħadaddun]
certainly [sɜrtənli] *adv* بلا شَكْ [Bela shak]
certainty [sɜrtənti] *n* يقين [jaqi:n]
certificate [sərtɪfɪkɪt] *n* شهادة [ʃaha:da]; **birth certificate** شهادة ميلاد [Shahadat meelad]; **gift certificate** قسيمة هدية ['qaseemat hadeyah]; **marriage certificate** عقد زواج ['aa'qd zawaj]; **medical certificate** شهادة طبية [Shehadah ṭebeyah]; **I need a 'fit to fly' certificate** أحتاج

إلى شهادة تفيد أنني مؤهلة للسفر بالطائرة [aḥtaaj ela shahada tufeed inna-ni mo-ah-ala lel-safar bil-ṯaa-era]

certify [sɜrtɪfaɪ] *v*; **certified mail** بعلم الوصول [Be-'aelm al-woṣool]; **How long will it take by certified mail?** ما المدة التي يستغرقها بالبريد المسجل؟ [ma al-mudda al-laty yasta-ghru'qoha bil-bareed al-musajal?]

Chad [tʃæd] *n* تشاد [tʃa:d]

chain [tʃeɪn] *n* سلسلة [silsila]

chair [tʃɛər] *n (furniture)* كرسي [kursij]; **easy chair** كرسي مريح [Korsey moreeḥ]; **rocking chair** كرسي هزاز [Korsey hazzaz]

chairlift [tʃɛərlɪft] *n* تليفريك [tili:fri:k]

chairman [tʃɛərmən] (*pl* chairmen) *n* رئيس المجلس [Raees al-majlas]

chalk [tʃɔk] *n* طباشير [tˤaba:ʃi:r]

challenge [tʃælɪndʒ] *n* تحدّ [taħaddin] ▷ *v* يتحدى [jataħadda:]

challenging [tʃælɪndʒɪŋ] *adj* صعب [sˤaʕbun]

champagne [ʃæmpeɪn] *n* شامبانيا [ʃa:mba:nja:]

champion [tʃæmpiən] *n (competition)* بطل [batˤal]

championship [tʃæmpiənʃɪp] *n* بطولة [butˤu:la]

chance [tʃæns] *n* مصادفة [musˤa:dafa]

change [tʃeɪndʒ] *n* تغيير [taɣji:r] ▷ *vi* يَتغَير [jataɣajjaru] ▷ *vt* يُغّير [juɣajjiru]; **changing room** غرفة تبديل الملابس [Ghorfat tabdeel al-malabes], غرفة القياس [ghorfat al-'qeyas]; **I want to change my ticket** أريد تغيير تذكرتي [areed taghyeer tadhkeraty]; **I'd like to change my flight** أريد تغيير رحلتي الجوية [areed taghyeer reḥlaty al-jaw-wya]; **Where can I change the baby?** أين يمكنني تغيير ملابس الرضيع؟ [ayna yamken-any taghyeer ma-labis al-raḍee'a?]; **Where can I exchange some money?** أين يمكنني تغيير بعض النقود؟ [ayna yamken-any taghyeer ba'aḍ al-ni'qood?]

changeable [tʃeɪndʒəbəl] *adj* قابل للتغيير ['qabel lel-tagheyer]

channel [tʃænəl] *n* مجرى نهر [Majra nahr]

chaos [keɪɒs] *n* فوضى [fawdˤa:]

chaotic [keɪɒtɪk] *adj* مشوش [muʃawwaʃun]

chapel [tʃæpəl] *n* كنيسة صغيرة [Kanesah ṣagherah]

chapter [tʃæptər] *n* فصل [fasˤl]

character [kærɪktər] *n* شخصية [ʃaxsˤijja]

characteristic [kærɪktərɪstɪk] *n* سمة [sima]

charcoal [tʃɑrkoʊl] *n* فَحْم نباتي [Faḥm nabatey]

charge [tʃɑrdʒ] *n (accusation)* تُهمة [tuh-ma], *(electricity)* شحن [ʃaħn], *(price)* رسم [rasm] ▷ *v (accuse)* يَتّهم [jattahimu], *(electricity)* يَحشو [jaħʃu:], *(price)* يَطْلُبُ سِعْرا [jatˤlubu siʕran]; **admission charge** رَسْم الالتحاق [Rasm al-elteha'q]; **cover charge** المصاريف المدفوعة مقدما [Al-maṣaareef al-madfoo'ah mo'qadaman]; **service charge** رَسْم الخدمة [Rasm al-khedmah]; **It isn't charging** إنها لا تقبل الشحن [inaha la ta'qbal al-shaḥin]; **It isn't holding its charge** لا تحتفظ بشحنها [la taḥtafiḍh be-shaḥ-neha]; **Where can I charge my cell phone?** أين يمكن أن أشحن تليفوني المحمول؟ [ayna yamken an ash-ḥan talefony al-maḥmool?]

charger [tʃɑrdʒər] *n* شاحِن [ʃa:ħin]

charity [tʃærɪti] *n* إحسان [ʔiħsa:n]; **charity store** محل لبضائع متبرع بها لجهة خيرية [Maḥal lebaḍae'a motabar'a beha lejahah khayryah]

charm [tʃɑrm] *n* فتنة [fitna]

chart [tʃɑrt] *n* رسم بياني [Rasm bayany]; **pie chart** رسم بياني دائري [Rasm bayany daery]

chase [tʃeɪs] *n* مطاردة [mutˤa:rada] ▷ *v* يُطارِد [jutˤa:ridu]

chat [tʃæt] *n* دردشة [dardaʃa] ▷ *v* يدردش [judardiʃu]

chatroom [tʃætrum] *n* غرفة محادثة [ghorfat mohadathah]

chauffeur [ʃoʊfər, ʃoufɜr] *n* سائق سيارة [Saae'q sayarah]

chauvinist [ʃoʊvɪnɪst] *n* شوفيني [ʃu:fi:ni:]

cheap [tʃip] *adj* رخيص [raxi:sˤun]

cheat [tʃit] *n* غش [ɣaʃʃa] ▷ *v* يَغُشْ [jaɣiʃʃu]

Chechnya [tʃɛtʃniə] *n* الشيشان [aʃ-ʃi:ʃa:n]

check [tʃɛk] *n* شِيك بنكي [Sheek bankey], فحص [faħsˤ] ▷ *v* يفحص [jafħasˤu], يُتَكْتك [jutaktiku]; **blank check** شيك على بياض [Sheek ala bayad];

check mark حشرة القرادة [Hashrat al-'qaradah]; **traveler's check** شِيك سياحي [Sheek seyahey]; **Could you check the water, please?** أتسمح بفحص الماء بالسيارة؟ [a-tas-maḥ be-fahiṣ al-maa-i bil-sayara?]

checkbook [tʃɛkbʊk] *n* دفتر شيكات [Daftar sheekaat]

checked [tʃɛkt] *adj* ذو مربعات [dho moraba'aat]

checkers [tʃɛkərz] *npl* شطرنج [ʃatˤranʒun]

check in *v* يتسجل فى فندق [Yatasajal fee fondo'q]

check-in [tʃɛkɪn] *n* التسجيل فى فندق [Al-tasjeel fee fondo'q]

checking account [tʃɛkɪŋ əkaʊnt] *n* حساب جارى [Hesab tejarey]

check off *v* يَضَع عَلامَة صَح [Beḍa'a 'aalamat ṣaḥ]

check out *v* يغادر الفندق [Yoghader al-fodo'q]

checkout [tʃɛkaʊt] *n* مغادرة الفندق [Moghadarat al-fondo'q]

checkup [tʃɛkʌp] *n* فحص طبى عام [Faḥṣ ṭebey 'aam]

cheek [tʃik] *n* خد [xadd]

cheekbone [tʃikboʊn] *n* عظم الوجنة [aḍhm al-wajnah]

cheer [tʃɪər] *n* ابتهاج [ibtiha:ʒ] ▸ *v* يبتهج [jabtahiʒu]

cheerful [tʃɪərfəl] *adj* مبهج [mubhaʒun]

cheese [tʃiz] *n* جُبن [ʒubn]; **cottage cheese** جبن قريش [Jobn 'qareesh]

chef [ʃɛf] *n* رئيس الطهاة [Raees al-ṭohah]

chemical [kɛmɪkəl] *n* مادة كيميائية [Madah kemyaeyah]

chemistry [kɛmɪstri] *n* كيمياء [ki:mija:ʔ]

cherry [tʃɛri] *n* كرز [karaz]

chess [tʃɛs] *n* شطرنج [ʃatˤranʒ]

chest [tʃɛst] *n (body part)* صَدْر [sˤadr], *(storage)* صندوق [sˤundu:q]

chestnut [tʃɛsnʌt, -nət] *n* كَسْتِناء [kastana:ʔ]

chew [tʃu] *v* يَمضُغ [jamdˤuɣu]; **chewing gum** علكة [ʕilkatun]

chick [tʃɪk] *n* كتكوت [kutku:t]

chicken [tʃɪkɪn] *n* دَجاجَةٌ [daʒa:ʒa]

chickenpox [tʃɪkɪnpɒks] *n* حُماق [ħumq]

chickpea [tʃɪkpi] *n* حبة الحمص [Habat al-hommoṣ]

chief [tʃif] *adj* رئيسي [raʔi:sij] ▸ *n* سيد [sajjid]

child [tʃaɪld] (*pl* children) *n* غِر [ɣirr]; **child abuse** سوء معاملة الأطفال [Soo mo'aamalat al-aṭfaal]

childcare [tʃaɪldkɛər] *n* رعاية الأطفال [Re'aayat al-aṭfal]

childhood [tʃaɪldhʊd] *n* طفولة [tˤufu:la]

childish [tʃaɪldɪʃ] *adj* طُفُوليٌّ [tˤufu:lij]

Chile [tʃɪli] *n* دولة تشيلي [Dawlat tesheeley]

Chilean [tʃɪliən] *adj* تشيلي [tʃi:lij] ▸ *n* مواطن تشيلي [Mowaṭen tsheeley]

chill [tʃɪl] *v* يبرِّد [jubarridu]

chilly [tʃɪli] *adj* مُثْلِج [muθallaʒun]

chimney [tʃɪmni] *n* مَدخَنة [midxana]

chimpanzee [tʃɪmpænzi] *n* شمبانزي [ʃamba:nzij]

chin [tʃɪn] *n* ذَقْن [ðaqn]

china [tʃaɪnə] *n* آنية من الصيني [Aaneyah men al-ṣeeney]

China [tʃaɪnə] *n* الصين [asˤ-sˤi:nu]

Chinese [tʃaɪniz] *adj* صيني [sˤi:nij] ▸ *n (language)* اللغة الصينية [Al-loghah al-ṣeeneyah], *(person)* صيني [sˤi:nij]

chip [tʃɪp] *n (electronic)* شريحة [ʃari:ħatt], *(small piece)* رقاقة [ruqa:qa]; **potato chips** شرائح البطاطس [Sharaeh al- baṭaṭes]; **silicon chip** شريحة السليكون [Shreeḥah men al-selekoon]

chip in *v* تشاركوا معاً [Tasharakoo ma'aan]

chisel [tʃɪzəl] *n* إزميل خشبي [Ezmeel khashabey]

chives [tʃaɪvz] *npl* ثوم معمر [Thoom mo'aamer]

chlorine [klɔrin] *n* كلور [klu:r]

chocolate [tʃɔkəlɪt, tʃɔklɪt] *n* شوكولاتة [ʃu:ku:la:ta]; **dark chocolate** شيكولاتة سادة [Shekolatah sada]; **milk chocolate** شيكولاتة باللبن [Shekolata bel-laban]

choice [tʃɔɪs] *n* اختيار [ixtija:r]

choir [kwaɪər] *n* جَوْقَةٌ [ʒawqa]

choke [tʃoʊk] *v* يَختنق [jaxtaniqu]

cholesterol [kəlɛstərɔl] *n* كولِسْتِرُول [ku:listiru:l]

choose [tʃuz] *v* يختار [jaxta:ru]

chop [tʃɒp] *n* فرم [faram] ▸ *v* يَفْرُم [jafrumu]; **pork chop** شَريحة لحم خنزير [Shareehat laḥm khenzeer]

chopsticks [tʃɒpstɪks] *npl* عيدان الأكل فى الصين

[ʕiːdaːni alʔakla fiː assʕiːni]

chosen [tʃoʊzən] *adj* مختار [muxtaːrun]

Christ [kraɪst] *n* المَسِيح [al-masiːħu]

Christian [krɪstʃən] *adj* مَسيحي [masiːħij] ▷ *n* مَسيحي [masiːħij]

Christianity [krɪstʃiænɪti] *n* المَسيحية [al-masiːħijjatu]

Christmas [krɪsməs] *n* عيد الميلاد المجيد ['aeed al-meelad al-majeed]; **Christmas card** كارت الكريسماس [Kart al-kresmas]; **Christmas Eve** عشية عيد الميلاد ['aasheyat 'aeed al-meelad]; **Christmas tree** شجرة عيد الميلاد [Shajarat 'aeed al-meelad]

chrome [kroʊm] *n* كُوروم [kuːruːmu]

chronic [krɒnɪk] *adj* مزمن [muzminun]

chrysanthemum [krɪsænθəməm] *n* الاقحوان [al-uqħuwaːnu]

chubby [tʃʌbi] *adj* مُمْتَلئ [mumtaliʔun]

chunk [tʃʌŋk] *n* قطعة غليظة قصيرة ['qet'aah ghaleḍhah]

church [tʃɜrtʃ] *n* كنيسة [kaniːsa]; **Can we visit the church?** أيمكننا زيارة الكنيسة؟ [a-yamkun-ana zeyarat al-kaneesa]

cigar [sɪgɑr] *n* سيجار [siːʒaːr]

cigarette [sɪgərɛt] *n* سيجارة [siːʒaːra]; **cigarette lighter** قداحة [qaddaːħatun]

cinnamon [sɪnəmən] *n* قرفة [qirfa]

circle [sɜrkəl] *n* دائرة [daːʔira]; **Arctic Circle** الدائرة القطبية الشمالية [Al-daerah al'qoṭbeyah al-Shamaleyah]

circuit [sɜrkɪt] *n* دارة [daːra]

circular [sɜrkyələr] *adj* دائري [daːʔirij]

circulation [sɜrkyəleɪʃən] *n* دَوَران [dawaraːn]

circumstances [sɜrkəmstæns] *npl* ظروف [zʕuruːfun]

circus [sɜrkəs] *n* سيرك [siːrk]

citizen [sɪtɪzən] *n* مواطن [muwaːtʕin]; **senior citizen** صاحب معاش كبير السن [Ṣaheb ma'aash kabeer al-sen], شخص متقدم العمر [Shakhṣ mota'qadem al-'aomr]

citizenship [sɪtɪzənʃɪp] *n* الانتماء الوطني [Al-entemaa alwaṭaney]

city [sɪti] *n* مدينة [madiːna]; **Is there a bus to the city?** هل يوجد أتوبيس إلى المدينة؟ [Hal yojad otobees ela al-madeenah?]; **Where can I buy a map of the city?** أين يمكن أن أشتري خريطة للمدينة؟ [ayna yamken an ash-tary khareeṭa lil-madena?]

civilian [sɪvɪlyən] *adj* مدني [madanijjatun] ▷ *n* مدني [madanijja]

civilization [sɪvɪlɪzeɪʃən] *n* حضارة [ħadʕaːra]

claim [kleɪm] *n* مطالبة [mutʕaːlaba] ▷ *v* يُطالِب [jutʕaːlibu]; **baggage claim** استلام الأمتعة [Estelam al-amte'aah]; **claim form** استمارة مطالبة [Estemarat moṭalabah]

clap [klæp] *v* يُصَفِق [jusʕaffiqu]

clarify [klærɪfaɪ] *v* يُوضِح [juwadʕdʕiħu]

clarinet [klærɪnɛt] *n* كلارينت [klaːriːnit]

clash [klæʃ] *v* يَصْطَدِم [jasʕtʕadimu]

clasp [klæsp] *n* يُصافح [jusʕaːfiħu]

class [klæs] *n* طَبَقَة إجْتِماعِيَّة [tʕabaqatun iʒtimaːʕijja]; **business class** درجة رجال الأعمال [Darajat rejal ala'amal]; **economy class** درجة سياحية [Darjah seyaḥeyah]; **night class** صف مسائي [Ṣaf masaaey]; **second class** درجة ثانية [Darajah thaneyah]

classic [klæsɪk] *adj* كلاسيكي [klaːsiːkij] ▷ *n* كلاسيكي [klaːsiːkij]

classical [klæsɪkəl] *adj* كلاسيكي [klaːsiːkij]

classified [klæsɪfaɪd] *adj*; **classified ads** إعلانات صغيرة [E'alanat ṣaghera]

classmate [klæsmeɪt] *n* زميل الفصل [Zameel al-faṣl]

classroom [klæsrum] *n* حجرة دراسية [Ḥojrat derasah]

clause [klɔz] *n* مادة [maːdda]

claustrophobic [klɔstrəfoʊbɪk] *adj* خائف من الأماكن المغلقة [Khaef men al-amaken al-moghla'ah]

claw [klɔ] *n* ظُفْرٌ [zʕufr]

clay [kleɪ] *n* صلصال [sʕalsʕaːl]

clean [klin] *adj* نظيف [nazʕiːfun] ▷ *v* يُنَظِف [junazʕzʕifu]; **Can you clean the room, please?** هل يمكن من فضلك تنظيف الغرفة؟ [hal yamken min faḍlak tanḍheef al-ghurfa?]; **I need this dry-cleaned** احتاج أن أنظف هذا تنظيفا

جافًا [aḥtaaj an ana-ḍhif hadha tan-ḍheefan jaafan]; **I'd like to get these things cleaned** أود تنظيف هذه الأشياء [awid tanḍheef hadhy al-ashyaa]; **The room isn't clean** الغرفة ليست نظيفة [al-ghurfa laysat naḍhefa]; **Where can I get this cleaned?** أين يمكنني تنظيف هذا؟ [ayna yamken-any tanḍheef hadha?]

cleaner [klinər] *n* خادم للتنظيف [Khadem lel-tanḍheef]; **vacuum cleaner** مكنسة كهربائية [Meknasah kahrobaeyah]

cleaning [klinɪŋ] *n* تنظيف [tanzˤiːf]; **cleaning lady** عاملة النظافة ['aamelat al-nadhafah]

cleanser [klɛnzər] *n* غَسُولٌ [ɣasuːl]

clear [klɪər] *adj* واضح [waːdˤiħun]

clearance [klɪərəns] *n* فتحة سقف السيارة [fatḥ at saa'qf al-sayaarah]

clearly [klɪərli] *adv* بوضوح [biwudˤuːħin]

clear up *v* يُزيل الغموض [Yozeel al-ghmooḍ]

clementine [klɛməntaɪn] *n* نوع من البرتقال الناعم [nawʕun min alburtuqaːli alnaːʕimi]

clever [klɛvər] *adj* شاطر [ʃaːtˤirun]

click [klɪk] *n* نقرة [naqra] ▹ *v* ينقر [janquru]

client [klaɪənt] *n* زبون [zabuːn]

cliff [klɪf] *n* جُرف [ʒarf]

climate [klaɪmɪt] *n* مناخ [munaːx]; **climate change** تغير المناخ [Taghyeer almonakh]

climb [klaɪm] *v* يَتسلق [jatasallaqu]

climber [klaɪmər] *n* متسلق الجبال [Motasale'q al-jebaal]

climbing [klaɪmɪŋ] *n* تسلق [tasalluq]

clinic [klɪnɪk] *n* عيادة [ʕijaːda]

clip [klɪp] *n* مشبك [maʃbak]

clippers [klɪpərz] *npl* ماكينة حلاقة [Makeenat ḥelaqah]

clipping [klɪpɪŋ] *n* قطع [qitˤaʕ]

cloakroom [kloʊkrum] *n* حجرة لحفظ المعاطف [Hojarah le-hefḍh al-ma'atef]

clock [klɒk] *n* ساعة حائط [Saa'ah ḥaaeṭ]; **alarm clock** منبه [munabbihun]

clockwise [klɒkwaɪz] *adv* باتجاه عقارب الساعة [Betejah a'qareb al-saa'ah]

clog [klɒg] *n* قبقاب [qubqaːb]

clone [kloʊn] *n* استنساخ [istinsaːx] ▹ *v* يَسْتَنْسِخ [jastansix]

close [kloʊz] *adj* حميم [ħamiːmun] ▹ *adv* بإحكام [biʔiħkaːmin] ▹ *v* يُغْلِق [juɣliqu]; **close by** قريب من ['qareeb men]; **closing time** وَقْت الإغلاق [Wa'qt al-eghlaa'q]

closed [kloʊzd] *adj* مغلق [muɣlaqun]

closely [kloʊsli] *adv* مغلقاً [muɣlaqan]

closure [kloʊʒər] *n* إغلاق [ʔiɣlaːq]

cloth [klɔθ] *n* قماش [qumaːʃ]

clothes [kloʊz, kloʊðz] *npl* ملابس [malaːbisun]; **Is there somewhere to dry clothes?** هل يوجد مكان ما لتجفيف الملابس؟ [hal yujad makan ma le-tajfeef al-malabis?]; **My clothes are damp** ملابسي بها بلل [mala-bisy beha balal]

clothesline [kloʊzlaɪn, kloʊðz-] *n* خط الغسيل [Khat al-ghaseel], حبل الغسيل [ḥ abl al-ghaseel]

clothespin [kloʊzpɪn, kloʊðz-] *n* مشبك الغسيل [Mashbak al-ghaseel]

clothing [kloʊðɪŋ] *n* ألبسة [ʔalbisa]

cloud [klaʊd] *n* سحابة [saħaːba]

cloudy [klaʊdi] *adj* غائم [ɣaːʔimun]

clove [kloʊv] *n* فص ثوم [Faṣ thawm]

clown [klaʊn] *n* مهرج [muharriʒ]

club [klʌb] *n (group)* نادي [naːdiː], *(weapon)* هراوة [haraːwa]; **golf club** *(game)* نادي الجولف [Nady al-jolf], *(society)* نادي الجولف [Nady al-jolf]; **Where is there a good club?** هل يوجد نادي جيدة؟ [Hal yojad nady jayedah]

clue [klu] *n* مفتاح لغز [Meftaḥ loghz]

clumsy [klʌmzi] *adj* أخرق [ʔaxraq]

clutch [klʌtʃ] *n* قَابَض [qaːbidˤ]

clutter [klʌtər] *n* ضوضاء [dˤawdˤaːʔ]

coach [koʊtʃ] *n (trainer)* مدرب [mudarrib]

coal [koʊl] *n* فحم [faħm]

coarse [kɔrs] *adj* فظ [fazˤzˤun]

coast [koʊst] *n* ساحل [saːħil]; **coast guard** خفر السواحل [Khafar al-ṣawaḥel]

coat [koʊt] *n* سترة [sutra]; **coat hanger** شماعة المعاطف [Shama'aat al-ma'aatef]; **fur coat** معطف فرو [Me'ataf farw]

cobweb [kɒbwɛb] *n* بيت العنكبوت [Bayt al-'ankaboot]

cocaine [koʊkeɪn] *n* كوكايين [ku:ka:ji:n]

cockerel [kɒkərəl, kɒkrəl] *n* ديّك صغير [Deek ṣagheer]

cockpit [kɒkpɪt] *n* حُجَيْرَةُ الطّيّار [Ḥojayrat al-ṭayar]

cockroach [kɒkroutʃ] *n* صرصور [sˤarsˤu:r]

cocktail [kɒkteɪl] *n* كوكتيل [ku:kti:l]; **Do you sell cocktails?** أتقدمون الكوكتيلات؟ [a-tu'qademoon al-koktailaat?]

cocoa [koʊkoʊ] *n* كاكاو [ka:ka:w]

coconut [koʊkənʌt] *n* جوزة الهند [Jawzat al-hend]

cod [kɒd] *n* سمك القد [Samak al'qad]

code [koʊd] *n* شفرة [ʃafra]; **area code** كود الاتصال بمنطقة أو بلد [Kod al-eteṣal bemanṭe'qah aw balad]; **traffic code** مجموعة قوانين السير في الطرق السريعة [Majmo'aat 'qwaneen al-sayer fee al-ṭoro'q al-saree'aah]; **zip code** رمز بريدي [Ramz bareedey]

coffee [kɔfi] *n* قهوة [qahwa]; **black coffee** قهوة سادة ['qahwa sadah]; **coffee bean** حبوب البن [Ḥobob al-bon]; **decaffeinated coffee** قهوة منزوعة الكافيين ['qahwa manzo'aat al-kafayen]; **Coffee with milk, please** قهوة باللبن من فضلك ['qahwa bil-laban min faḍlak]; **Could we have another cup of coffee, please?** هل يمكن الحصول على فنجان آخر من القهوة من فضلك؟ [hal yamken al-ḥuṣool 'aala fin-jaan aakhar min al-'qahwa min faḍlak?]

coffeepot [kɔfipɒt] *n* أبريق القهوة [Abreeq al-'qahwah]

coffin [kɔfɪn] *n* تابوت [ta:bu:t]

coin [kɔɪn] *n* عملة معدنية [Omlah ma'adaneyah]

coincide [koʊɪnsaɪd] *v* يَتَزامن [jataza:manu]

coincidence [koʊɪnsɪdəns] *n* تزامن [taza:mana]

Coke® [koʊk] *n* كوك® [ku:k]

colander [kɒləndə, kʌl-] *n* مصفاة [misˤfa:t]

cold [koʊld] *adj* بارِد [ba:ridun] ▷ *n* زكام [zuka:m]; **cold sore** قرحة البرد حول الشفاة ['qorḥat al-bard ḥawl al-shefah]

coleslaw [koʊlslɔ] *n* سَلاطة الكرنب والجزر [Salaṭ at al-koronb wal-jazar]

collaborate [kəlæbəreɪt] *v* يتعاون [jataʕa:wanu]

collapse [kəlæps] *v* ينهار [janha:ru]

collar [kɒlər] *n* قلادة قصيرة ['qeladah 'qaṣeerah]

collarbone [kɒlərboun] *n* تَرْقُوة [turquwa]

colleague [kɒlig] *n* زميل [zami:l]

collect [kəlɛkt] *v* يجمع [juʒammiʕu]

collection [kəlɛkʃən] *n* مجموعة [maʒmu:ʕa]

collective [kəlɛktɪv] *adj* جماعي [ʒama: ʕij] ▷ *n* منظمة تعاونية [monaḍhamah ta'aaweneyah]

collector [kəlɛktər] *n* مُحصّل [muħasˤsˤil]; **ticket collector** جامع التذاكر [Jame'a al-tadhaker]

college [kɒlɪdʒ] *n* كُلية [kulijja]

collide [kəlaɪd] *v* يتصادم [jatasˤa:damu]

collie [kɒli] *n* كلب اسكتلندى ضخم [Kalb eskotalandey dakhm]

colliery [kɒljəri] *n* منجم فحم [Majam fahm]

collision [kəlɪʒən] *n* تصادم [tasˤa:dum]; **I'd like to arrange a collision damage waiver** أريد عمل الترتيبات الخاصة بالتنازل عن تعويض التصادم [areed 'aamal al-tar-tebaat al-khaṣa bil-tanazul 'aan ta'aweeḍ al-ta-ṣadum]

Colombia [kəlʌmbiə] *n* كولومبيا [ku:lu:mbija:]

Colombian [kəlʌmbiən] *adj* كولومبي [ku:lu:mbi:] ▷ *n* شخص كولومبي [Shakhṣ kolombey]

colon [koʊlən] *n* قولون [qu:lu:n]

colonel [kɜrnəl] *n* كولونيل [ku:lu:ni:l]

color [kʌlər] *n* لون [lawn]; **A color film, please** فيلم ملون من فضلك [filim mola-wan min faḍlak]; **Do you have this in another color?** هل يوجد لون آخر غير ذلك اللون؟ [hal yujad lawn aakhar ghayr dhalika al-lawn?]; **I don't like the color** أنا لا أحب هذا اللون [ana la oḥibo hadha al-lawn]; **I'd like a color photocopy of this, please** أرجو الحصول على نسخة ضوئية ملونة من هذا المستند [arjo al-ḥuṣool 'aala nuskha mu-lawana min hadha al-mustanad min faḍlak]

colorblind [kʌlərblaɪnd] *adj* مصاب بعمى الألوان [Moṣaab be-'ama al-alwaan]

colorful [kʌlərfəl] *adj* غني بالألوان [Ghaney bel-alwaan]

coloring [kʌlərɪŋ] *n* تلوين [talwi:n]

column [kɒləm] *n* عمود [ʕamu:d]

coma [koʊmə] *n* غيبوبة عميقة [Ghaybobah

'amee'qah]

comb [koʊm] *n* مشط [muʃtˤ] ▷ *v* يَمْشُط [jamʃutˤu]

combination [kɒmbɪneɪʃən] *n* مجموعة مؤتلفة [Majmo'aah moatalefa]

combine [kəmbaɪn] *v* يُوحد [juwaħħidu]

come [kʌm] *v* يَأتي [jaʔtiː]

come around *v* يَستفيق [jastafiːqu]

come back *v* يعود [jaʕuːdu]

comedian [kəmiːdiən] *n* ممثل هزلي [Momthel hazaley]

come down *v* يَنْخَفِض [janxafidˤu]

comedy [kɒmədi] *n* كوميديا [kuːmiːdjaː]

come from *v* يَأتي من [Yaatey men]

come in *v* يَدخُل [jadxulu]

come off *v*; **The handle has come off** لقد سقط مقبض الباب [la'qad sa'qata me-'qbad al-baab]

come out *v* يبْرُز من [Yabroz men]

comet [kɒmɪt] *n* نجم ذو ذنب [Najm dho dhanab]

come up *v* يطلع [jutˤliʕu]

comfortable [kʌmftəbəl, -fərtəbəl] *adj* مريح [muriːħun]

comforter [kʌmfərtər] *n* غطاء مخملى [Gheta'a makhmaley]

comic book [kɒmɪk bʊk] *n* كتاب هزلي [Ketab hazaley]

comic strip [kɒmɪk strɪp] *n* سلسلة رسوم هزلية [Selselat resoom hazaleyah]

comma [kɒmə] *n* فاصلة [faːsˤila]

command [kəmænd] *n* سلطة [sultˤa]

comment [kɒmɛnt] *n* ملاحظة [mulaːħazˤa] ▷ *v* يُعَلِق على [Yo'alle'q ala]

commentary [kɒmənteri] *n* تعليق [taʕliːq]

commentator [kɒmənteɪtər] *n* مُعلِق [muʕalliq]

commercial [kəmɜrʃəl] *n* إعلان تجارى [E'alaan tejarey]; **commercial break** فاصل إعلاني [Faṣel e'alaany]

commission [kəmɪʃən] *n* عمولة [ʕumuːla]; **Do you charge commission?** هل تطلب عمولة؟ [hal tatlub 'aumoola?]; **What's the commission?** ما هي العمولة؟ [ma heya al-'aumola?]

commit [kəmɪt] *v* يَرتكِب [jartakibu]

committee [kəmɪti] *n* لجنة [laʒna]

common [kɒmən] *adj* شائع [ʃaːʔiʕun]; **common sense** الحِس العام [Al-ḥes al-'aaam]

communicate [kəmyuːnɪkeɪt] *v* يَتَصِل بـ [Yataṣel be]

communication [kəmyuːnɪkeɪʃən] *n* اتصال [ittisˤaːl]

communion [kəmyuːnyən] *n* مُشاركَة [muʃaːraka]

communism [kɒmyənɪzəm] *n* شيوعية [ʃujuːʕijja]

communist [kɒmyənɪst] *adj* شيوعي [ʃujuːʕij] ▷ *n* شيوعي [ʃujuːʕij]

community [kəmyuːnɪti] *n* مُجتَمع [muʒtamaʕ]

commute [kəmyuːt] *v* يُسافر يومياً من وإلى مكان عمله [Yosafer yawmeyan men wa ela makan 'amaleh]

commuter [kəmyuːtər] *n* القائم برحلات يومية من وإلى عمله [Al-'qaem beraḥlaat yawmeyah men wa ela 'amaleh]

compact [kəmpækt] *adj* مضغوط [madˤɣuːtˤun]; **compact disc** قرص مضغوط ['qorṣ madghooṭ]

companion [kəmpænyən] *n* صاحب [sˤaːħib]

company [kʌmpəni] *n* شركة [ʃarika]; **company car** سيارة الشركة [Sayarat al-sharekah]; **I'd like some information about the company** أريد الحصول على بعض المعلومات عن الشركة [areed al-ḥuṣool 'aala ba'aḍ al-ma'aloomat 'an al-shareka]

comparable [kɒmpərəbəl] *adj* قابل للمقارنة ['qabel lel-mo'qaranah]

comparatively [kəmpærətɪvli] *adv* نسبياً [nisbijjan]

compare [kəmpɛər] *v* يُقارن [juqaːrinu]

comparison [kəmpærɪsən] *n* مقارنة [muqaːrana]

compartment [kəmpɑrtmənt] *n* مقصورة [maqsˤuːra]

compass [kʌmpəs] *n* بوصلة [bawsˤala]

compatible [kəmpætɪbəl] *adj* متوافق [mutawaːfiqun]

compensate [kɒmpənseɪt] *v* يُعَوِض [juʕawwidˤu]

compensation [kɒmpənseɪʃən] *n* تعويض [taʕwiːdˤ]

compete [kəmpiːt] *v* يَتنافس [jatanaːfasu]

competent [kɒmpɪtənt] *adj* مختص

[muxtasˤsˤun]

competition [kɒmpɪtɪʃən] *n* منافسة [muna:fasa]

competitive [kəmpɛtɪtɪv] *adj* تنافسي [tana:fusij]

competitor [kəmpɛtɪtər] *n* مُنافِس [muna:fis]

complain [kəmpleɪn] *v* يَشكو [jaʃku:]

complaint [kəmpleɪnt] *n* شكوى [ʃakwa:]; **I'd like to make a complaint** إني أرغب في تقديم شكوى [inny arghab fee ta'qdeem shakwa]

complementary [kɒmplɪmɛntəri, -mɛntri] *adj* متمم [mutammimun]

complete [kəmplit] *adj* كامل [ka:milun]

completely [kəmplitli] *adv* بالكامل [bialka:mili]

complex *adj* [kɒmplɛks]مُرَكَّب [markabun] ▹ *n* [kɒmplɛks]مادة مركبة [Madah morakabah]

complexion [kəmplɛkʃən] *n* بَشْرَة [baʃra]

complicated [kɒmplɪkeɪtɪd] *adj* معقد [muʕaqqadun]

complication [kɒmplɪkeɪʃən] *n* تعقيد [taʕqi:d]

compliment *n* [kɒmplɪmənt]مجاملة [muʒa:malatun] ▹ *v* [kɒmplɪmɛnt]يُجامل [juʒa:milu]

complimentary [kɒmplɪmɛntəri, -mɛntri] *adj* مُجامِل [muʒa:milun]

component [kəmpoʊnənt] *adj* مكون [mukawwinun] ▹ *n* مكون [mukawwin]

composer [kəmpoʊzər] *n* مؤلف موسيقى [Moaalef mosee'qy]

composition [kɒmpəzɪʃən] *n* تركيب [tarki:b]

comprehension [kɒmprɪhɛnʃən] *n* إدراك [ʔidra:k]

comprehensive [kɒmprɪhɛnsɪv] *adj* شامل [ʃa:milun]

compromise [kɒmprəmaɪz] *n* تسوية [taswija] ▹ *v* يُسوى بحل وَسَطِ [juswa: biħalli wasatˤin]

compulsory [kəmpʌlsəri] *adj* إلزامي [ʔilza:mij]

computer [kəmpyutər] *n* كمبيوتر [kumbiju:tar]; **computer game** لعبة الكترونية [Lo'abah elektroneyah]; **computer science** علوم الحاسب الآلي ['aoloom al-ḥaseb al-aaly]; **May I use your computer?** هل لي أن استخدم الكمبيوتر الخاص بك؟ [hal lee an astakhdim al-computer al-khaaṣ bik?]; **My computer has frozen** لقد تعطل جهاز الكمبيوتر [la'qad ta-'ạaṭal jehaaz al-computer]; **Where is the computer room?** أين توجد غرفة الكمبيوتر؟ [ayna tojad ghurfat al-computer]

computing [kəmpyutɪŋ] *n* استخدام الحاسب الآلي [Estekhdam al-haseb al-aaly]

conceited [kənsitɪd] *adj* متورم [mutawarrimun]

concentrate [kɒnsəntreɪt] *v* يُركز [jurakkizu]

concentration [kɒnsəntreɪʃən] *n* تركيز [tarki:z]

concern [kənsɜrn] *n* اهتمام [ihtima:m]

concerned [kənsɜrnd] *adj* مَعنيّ [maʕnij]

concert [kɒnsərt] *n* حفلة موسيقية [Haflah mose'qeyah]

concerto [kəntʃɛərtoʊ] *n* لحن منفرد [Laḥn monfared]

concession [kənsɛʃən] *n* امتياز [imtija:z]

concise [kənsaɪs] *adj* موجز [mu:ʒazun]

conclude [kənklud] *v* يَختَتم [jaxtatimu]

conclusion [kənkluʒən] *n* خاتمة [xa:tima]

concrete [kɒŋkrit] *n* خرصانة [xarasˤa:na]

concussion [kənkʌʃən] *n* ارتجاج في المخ [Ertejaj fee al-mokh]

condemn [kəndɛm] *v* يُدين [judi:nu]

condensation [kɒndɛnseɪʃən] *n* تكثيف [takθi:f]

condition [kəndɪʃən] *n* شَرط [ʃartˤ]

conditional [kəndɪʃənəl] *adj* مشروط [maʃru:tˤun]

conditioner [kəndɪʃənər] *n* ملطف [mulatˤtˤif]

condom [kɒndəm] *n* عازل طبى لمنع الحمل ['aazel ṭebey le-man'a al-haml]

conduct [kəndʌkt] *v* يُوصِل [ju:sˤilu]

conductor [kəndʌktər] *n* قائد فرقة موسيقية ['qaaed fer'qah mose'qeyah]; **bus conductor** موصل [mu:sˤilun]

cone [koʊn] *n* مخروط [maxru:tˤ]

conference [kɒnfərəns, -frəns] *n* مؤتمر [muʔtamar]; **press conference** مؤتمر صحفي [Moatamar ṣaḥafey]; **Please take me to the conference center** من فضلك أريد الذهاب إلى مركز المؤتمرات [min faḍlak areed al-dhehaab ela markaz al-muta-marat]

confess [kənfɛs] *v* يعترف [jaʕtarifu]

confession [kənfɛʃən] *n* إقرار [ʔiqrar]

confetti [kənfɛti] *npl* قُصَاصَات ورقية [qusˤa:sˤa:tu waraqijjatu]

confidence [kɒnfɪdəns] *n (secret)* ثقة

[θiqa], *(self-assurance)* ثقة بالنفس [The'qah bel-nafʃ], *(trust)* ثقة [θiqa]

confident [kɒnfɪdənt] *adj* واثق [wa:θiqun]

confidential [kɒnfɪdɛnʃəl] *adj* سِريّ [sirij]

confirm [kənfɜrm] *v* يُؤَكِد على [Yoaked ala]

confirmation [kɒnfərmeɪʃən] *n* تأكيد [taʔki:d]

confiscate [kɒnfɪskeɪt] *v* يُصَادِر [jusˤa:diru]

conflict [kɒnflɪkt] *n* صراع [sˤira:ʕ]

confuse [kənfyuz] *v* يُربِك [jurbiku]

confused [kənfyuzd] *adj* مُرتبك [murtabikun]

confusing [kənfyuzɪŋ] *adj* مُربِك [murbikun]

confusion [kənfyuʒən] *n* تشوش [taʃawwuʃ], ارتباك [irtiba:k]

congestion [kəndʒɛstʃən] *n* احتقان [iħtiqa:n]

Congo [kɒŋoʊ] *n* الكونغو [al-ku:nɣu:]

congratulate [kəngrætʃəleɪt] *v* يُهنئ [juhanniʔ]

congratulations [kəngrætʃəleɪʃənz] *npl* تهنئة [tahniʔat]

conifer [kɒnɪfər] *n* شجرة الصنوبر المخروطية [Shajarat al-ṣonobar al-makhrooṭeyah]

conjugation [kɒndʒəgeɪʃən] *n* تصريف الأفعال [Taṣreef al-afaal]

conjunction [kəndʒʌŋkʃən] *n* حرف عطف [Harf 'aaṭf]

connection [kənɛkʃən] *n* رَابطة [ra:bitˤa]

conquer [kɒŋkər] *v* يَغزو [jaɣzu:]

conscience [kɒnʃəns] *n* ضمير إنساني [Ḍameer ensaney]

conscientious [kɒnʃiɛnʃəs] *adj* حى الضمير [Hay al-Ḍameer]

conscious [kɒnʃəs] *adj* واع [wa:ʕin]

consciousness [kɒnʃəsnɪs] *n* وَعى [waʕa:]

consecutive [kənsɛkyətɪv] *adj* متعاقب [mutaʕa:qibun]

consensus [kənsɛnsəs] *n* إجماع [ʔiʒma:ʕ]

consequence [kɒnsɪkwɛns, -kwəns] *n* عاقبة [ʕa:qiba]

conservation [kɒnsərveɪʃən] *n* المُحافظة على الموارد الطبيعية [Al-moḥafadhah ala al-mawared al-ṭabe'aeyah]

conservative [kənsɜrvətɪv] *adj* شخص محافظ [Shakhṣ moḥafeḍh]

conservatory [kənsɜrvətɔri] *n* مستنبت زجاجي [mustanbatun zuʒa:ʒij]

consider [kənsɪdər] *v* يُفَكِر في [Yofaker fee]

considerate [kənsɪdərɪt] *adj* مُراعٍ لمشاعر الآخرين [Moraa'a le-masha'aer al-aakhareen]

consist [kənsɪst] *v*; **consist of** يَتألف من [Yataalaf men]

consistent [kənsɪstənt] *adj* متماسك [mutama:sikun]

consonant [kɒnsənənt] *n* حرف ساكن [ḥarf saken]

conspiracy [kənspɪrəsi] *n* مؤامرة [muʔa:mara]

constant [kɒnstənt] *adj* مستمر [mustamirrun]

constantly [kɒnstəntli] *adv* بِثَبَات [biθaba:tin]

constipated [kɒnstɪpeɪtɪd] *adj* مصاب بالامساك [Moṣab bel-emsak]

constituency [kənstɪtʃuənsi] *n* دائرة انتخابية [Daaera entekhabeyah]

constitution [kɒnstɪtuʃən] *n* دستور [dustu:r]

construct [kənstrʌkt] *v* يُنْشِئ [junʃiʔ]

construction [kənstrʌkʃən] *n* إنشاء [ʔinʃa:ʔ]; **construction site** موقع البناء [Maw'qe'a al-benaa]

constructive [kənstrʌktɪv] *adj* بَنّاء [banna:ʔun]

consul [kɒnsəl] *n* قنصل [qunsˤul]

consulate [kɒnsəlɪt] *n* قنصلية [qunsˤulijja]

consult [kənsʌlt] *v* يَستشير [jastaʃi:ru]

consumer [kənsumər] *n* مُسْتَهلِك [mustahlik]

contact [kɒntækt] *n* اتصال [ittisˤa:l] ▷ *v* يَتَصِل [jattasˤilu]; **contact lenses** عدسات لاصقة ['adasaat laṣe'qah]; **Where can I contact you?** أين يمكنني الاتصال بك؟ [ayna yamken-any al-etiṣal beka?]; **Who do we contact if there are problems?** من الذي يمكن الاتصال به في حالة حدوث أي مشكلات؟ [man allaði: jumkinu alittisˤa:lu bihi fi: ħa:latin ħudu:θin ʔajji muʃkila:tin]

contactless [kɔntæktlɪs] *adj (payment, technology)* دونَ تلامُس [Duna ta;aamus]

contagious [kənteɪdʒəs] *adj* ناقل للعدوى [Na'qel lel-'aadwa]

contain [kənteɪn] *v* يَحتوي [jaħtawi:]

container [kənteɪnər] *n* حاوية [ħa:wija]; **glass recycling container** مستودع الزجاجات [Mostawda'a al-zojajat]

contemporary [kəntɛmpərɛri] *adj* معاصر

[muʕa:sʕiru]

contempt [kəntɛmpt] *n* احتقار [iħtiqa:r]

content [kɒntɛnt] *n* رضا [ridʕa:]

contents ['kɒntɛntz] *npl* محتويات [muħtawaja:tun]

contest [kɒntɛst] *n* مسابقة [musa:baqa]

contestant [kəntɛstənt] *n* مُنازِع [muna:ziʕ]

context [kɒntɛkst] *n* سياق [sija:q]

continent [kɒntɪnənt] *n* قارة [qa:rra]

continual [kəntɪnyuəl] *adj* متواصل [mutawasʕilun]

continually [kəntɪnyuəli] *adv* باستمرار [bistimrarin]

continue [kəntɪnyu] *vi* يَستأنِف [jastaʔnifu] ▹ *vt* يستمر [jastamirru]

continuous [kəntɪnyuəs] *adj* مستمر [mustamirrun]

contraception [kɒntrəsɛpʃən] *n* منع الحمل [Man'a al-ḥml]; **I need contraception** أحتاج إلى منع الحمل [aḥtaaj ela mani'a al-ḥamil]

contraceptive [kɒntrəsɛptɪv] *n* مواد مانعة للحمل [Mawad mane'aah lel-haml]

contract [kɒntrækt] *n* عقد [ʕaqd]

contractor [kɒntræktər, kəntræk-] *n* مقاول [muqa:wil]

contradict [kɒntrədɪkt] *v* يناقض [juna:qidʕu]

contradiction [kɒntrədɪkʃən] *n* تناقض [tana:qudʕ]

contrary [kɒntrɛri] *n* مُعَاكِس [muʕa:kis]

contrast [kɒntræst] *n* تباين [taba:j]

contribute [kəntrɪbyut] *v* يسهم [jushimu]

contribution [kɒntrɪbyuʃən] *n* إسهام [ʔisha:m]

control [kəntroʊl] *n* تَحَكُم [taħakkum] ▹ *v* يضبط [jadʕbitʕu]; **birth control** تنظيم النسل [tanḍheem al-nasl]; **passport control** الرقابة على جوازات السفر [Al-re'qabah ala jawazat al-safar]; **remote control** التحكم عن بعد [Al-taḥakom an bo'ad]

controller [kəntroʊlər] *n*; **air-traffic controller** مراقبة جوية [Mora'qabah jaweyah]

controversial [kɒntrəvɜrʃəl] *adj* جَدَلي [ʒadalij]

convenient [kənvinyənt] *adj* مناسب [muna:sibun]

convent [kɒnvɛnt, -vənt] *n* دَيْر الراهبات [Deer al-rahebat]

conventional [kənvɛnʃənəl] *adj* تقليدي [taqli:dij]

conversation [kɒnvərseɪʃən] *n* محادثة [muħa:daθa]

convert [kənvɜrt] *v* يتحّول [jataħawwalu]; **catalytic converter** منظم الضارة [monaḍhem al-ḍarah]

convertible [kənvɜrtɪbəl] *adj* قابل للتحويل ['qabel lel-taḥweel] ▹ *n* سيارة كوبيه [Sayarah kobeeh]

convict [kənvɪkt] *v* يُجَرِّم [juʒarrimu]

convince [kənvɪns] *v* يُقْنِع بـ [Yo'qn'a be]

convincing [kənvɪnsɪŋ] *adj* مقنع [muqniʕun]

convoy [kɒnvɔɪ] *n* موكب [mawkib]

cook [kʊk] *n* طَبَّاخ [tʕabba:x] ▹ *v* يَطْهو [jatʕhu:]

cookbook [kʊkbʊk] *n* كتاب طهي [Ketab ṭahey], كتاب فن الطهي [Ketab fan alṭahey]

cookery [kʊkəri] *n* فن الطبخ [Fan al-ṭabkh]

cookie [kʊki] *n* بسكويت [baskawi:t]

cooking [kʊkɪŋ] *n* طَهْيٌ [tʕahj]

cool [kul] *adj (cold)* مائِل للبرودة [Mael lel-brodah], *(stylish)* متبلد الحس [Motabled al-ḥes]

cooperation [koʊɒpəreɪʃən] *n* تعاون [taʕa:w]

cop [kɒp] *n* شرطي [ʃartʕij]

cope [koʊp] *v* يَتَغْلَب على [Yatghalab 'ala]

copper [kɒpər] *n* نحاس [nuħa:s]

copy [kɒpi] *n (reproduction)* نسْخ [nasx], *(written text)* نسخة [nusxa] ▹ *v* ينسخ [jansixu]

copyright [kɒpiraɪt] *n* حقوق الطبع والنشر [Ho'qoo'q al-ṭab'a wal-nashr]

coral [kɔrəl] *n* مُرجان [marʒa:n]

cord [kɔrd] *n*; **electric cord** (لي) سِلك كهربائي [Selk kahrabaey]; **spinal cord** الحبل الشوكي [Al-ḥabl alshawkey]

cordless [kɔrdlɪs] *adj* لا سلكى [La-selkey]

corduroy [kɔrdərɔɪ] *n* قماش قطنى متين ['qomash 'qoṭ ney mateen]

core [kɔr] *n* لُبّ [lubb]

coriander [kɔriændər] *n (seed)* كزبرة [kuzbara]

cork [kɔrk] *n* فلين [filli:n]

corkscrew [kɔrkskru] *n* نازعة السدادات [na:ziʕatu assada:da:ti]

corn [kɔrn] *n* ذُرَة [ðura]

corner [kɔrnər] *n* زاوية [za:wija]

cornet [kɔrnɛt] *n* بوق [bu:q]

cornflakes [kɔrnfleɪks] *npl* رقائق الذُّرَة [Ra'qae'a al-dorrah]

cornstarch [kɔrnstɑrtʃ] *n* نشا الذرة [Nesha al-zorah]

corporal [kɔrpərəl, -prəl] *n* عرِّيف [ʕari:f]

corpse [kɔrps] *n* جثة [ʒuθθa]

correct [kərɛkt] *adj* صحيح [sˤaħi:ħun] ▷ *v* يُصحِح [jusˤaħħiħu]

correction [kərɛkʃən] *n* تصحيح [tasˤħi:ħ]; **corrections officer** ضابط سجن [Ḍabeṭ sejn]

correctly [kərɛktli] *adv* بشكل صحيح [Beshakl ṣaheeh]

correspondence [kɔrɪspɒndəns] *n* مراسلة [mura:salatu]

correspondent [kɔrɪspɒndənt] *n* مُرَاسِل [mura:sil]

corridor [kɔrɪdər, -dɔr] *n* رِوَاق [riwa:q]

corrupt [kərʌpt] *adj* فاسد [fa:sidun]

corruption [kərʌpʃən] *n* فساد [fasa:d]

cosmetics [kɒz'mɛtɪkz] *npl* مستحضرات تزيين [Mostaḥdarat tazyeen]

cost [kɔst] *n* تكلفة [taklufa] ▷ *v* يُكَلِف [jukallifu]; **cost of living** تكلفة المعيشة [Taklefat al-ma'aeeshah]; **How much does it cost?** كم تبلغ تكلفة هذا؟ [kam tablugh taklifat hadha?]; **How much will the repairs cost?** كم تكلفة التصليح؟ [kam taklifat al-taṣleeḥ?]

Costa Rica [koʊstə rikə] *n* كوستاريكا [ku:sta:ri:ka:]

costume [kɒstum] *n* زِي [zajj], *(party)* زي تَنكري [Zey tanakorey]

cot [kɒt] *n* سَرير رحلات [Sareer raḥalat]

cottage [kɒtɪdʒ] *n* كوخ لقضاء العطلة [Kookh le-'qadaa al-'aotlah]; **cottage cheese** جبن قريش [Jobn 'qareesh]

cotton [kɒtən] *n* قطن [qutˤn], قطن طبى ['qoṭn ṭebey]; **cotton candy** غزل البنات [Ghazl al-banat]

couch [kaʊtʃ] *n* أريكة [ʔri:ka], مَضْجَع [madˤʒaʕ]

cough [kɔf] *n* سُعال [suʕa:l] ▷ *v* يَسْعُل [jasʕulu]; **cough syrup** مُركّب لعلاج السعال [Morakab le'alaaj also'aal]

council [kaʊnsəl] *n* مجلس [maʒlis]; **council member** عضو مجلس ['aodw majles]

count [kaʊnt] *v* يَحسَب [jaħsibu]

counter [kaʊntər] *n* طاولة بيع [Ṭawelat bey'a]

counterclockwise [kaʊntərklɒkwaɪz] *adv* عكس عقارب الساعة ['aaks 'aa'qareb al-saa'ah]

count on *v* يعتمد على [jaʕtamidu ʕala:]

country [kʌntri] *n* بَلَد [balad]; **developing country** بَلَد نامٍ [Baladen namen]

countryside [kʌntrisaɪd] *n* رِيفْ [ri:f]

couple [kʌpəl] *n* زوجان [zawʒa:ni]

courage [kɜrɪdʒ] *n* إقدام [ʔiqda:m]

courageous [kəreɪdʒəs] *adj* مِقدام [miqda:mun]

courier [kʊriər, kɜr-] *n* ساعِي [sa:ʕi:]; **I want to send this by courier** أريد إرسال ساعي لتوصيل ذلك [areed ersaal sa'ay le-tawṣeel hadha]

course [kɔrs] *n* دَوْرَة تعليمية [Dawrah ta'aleemeyah]; **golf course** ملعب الجولف [Mal'aab al-jolf]; **main course** طبق رئيسي [Ṭaba'q raeesey]; **refresher course** دورة تنشيطية [Dawrah ṭansheeṭeyah]; **training course** دروة تدريبية [Dawrah tadreebeyah]

court [kɔrt] *n* بلاط القصر [Balaṭ al-'qaṣr]; **tennis court** ملعب تنس [Mal'aab tenes]

courtyard [kɔrtyɑrd] *n* ساحة الدار [Sahat al-dar]

cousin [kʌzən] *n* ابن العم [Ebn al-'aam]

cover [kʌvər] *n* غطاء [ɣitˤa:ʔ] ▷ *v* يُغَطْي [juɣatˤtˤi:]; **cover charge** المصاريف المدفوعة مقدما [Al-maṣaareef al-madfoo'ah mo'qadaman]

coverage [kʌvərɪdʒ] *n*; **How much extra is comprehensive insurance coverage?** ما هو المبلغ الإضافي لتغطية التأمينية الشاملة؟ [ma: huwa almablaɣu alʔidˤa:fiju litaɣtˤijjati attaʔmi:nijjati aʃʃa:milati]

Covid [koʊvɪd] *abbr (= coronavirus disease 2019)* كورونا [Korona]

cow [kaʊ] *n* بقرة [baqara]

coward [kaʊərd] *n* جبان [ʒaba:n]

cowardly [kaʊərdli] *adj* جبان [ʒaba:nun]

cowboy [kaʊbɔɪ] *n* راعى البقر [Ra'aey al-ba'qar]

cozy [koʊzi] *adj* دافئ ومريح [Dafea wa moreeḥ]

crab [kræb] *n* حيوان السرطان [Ḥayawan al-saraṭan]

crack [kræk] *n (cocaine)* مُخَدِر [muxaddir], *(frac-*

ture) صَدْع [sˤadʕ] ▹ *v* يَصْدع [jasˤdaʕu]; **crack down on** يَتخذ اجراءات صارمة ضد [yatakhedh ejraat ṣaremah ḍed]

cracked [krækt] *adj* متصدع [mutasˤaddiʕun]

cracker [krækər] *n* كسارة الجوز [Kasarat al-jooz]

cradle [kreɪdəl] *n* مَهْد [mahd]

craft [kræft] *n* حرفة [ħirfa]

craftsman [kræftsmən] *n* حِرَفي [ħirafij]

cram [kræm] *v* يحشو [jaħʃu:], *(study)* يَدْرُس بِجِد [Yadros bejed]

crammed [kræmd] *adj* محشو [maħʃuwwun]

cranberry [krænbɛri] *n* توت برى [Toot barrey]

crane [kreɪn] *n (bird)* رافعة [ra:fiʕa], *(for lifting)* وِنْش [winʃ]

crash [kræʃ] *vi* يَتْحَطم [jataħatˤtˤamu]

crawl [krɔl] *v* يَزْحف [jazħafu]

crayfish [kreɪfɪʃ] *n* جراد البحر [Jarad al-bahr]

crayon [kreɪɒn] *n* أقلام ملونة [A'qlaam molawanah]

crazily [kreɪzɪli] *adv* بجنون [biʒunu:nin]

crazy [kreɪzi] *adj (informal)* ضعيف [dˤaʕi:fun]

cream [krim] *adj* كريمي [kri:mi:] ▹ *n* قشدة [qiʃda]; **ice cream** آيس كريم [aayes kreem]; **shaving cream** كريم الحلاقة [Kereem al-helaka]; **whipped cream** كريمة مخفوقة [Keremah makhfoo'qah]

crease [kris] *n* ثنية [θanja]

creased [krist] *adj* متغضن [mutaɣadˤdˤinun]

create [krieɪt] *v* يُبْدِع [jubdiʕu]

creation [krieɪʃən] *n* إبداع [ʔibda:ʕ]

creative [krieɪtɪv] *adj* خلاق [xalla:qun]

credentials [krɪdɛnʃəlz] *npl* أوراق اعتماد [Awra'q e'atemaad]

credible [krɛdɪbəl] *adj* موثوق فيه [Mawthoo'q beh]

credit [krɛdɪt] *n* ائتمان [iʔtima:n]; **credit card** كارت ائتمان [Kart eateman]; **Can I pay by credit card?** هل يمكنني الدفع ببطاقة الائتمان؟ [hal yamken -any al-daf'a be- beṭa-'qat al-etemaan?]; **Do you take credit cards?** هل يتم قبول بطاقات الائتمان؟ [hal yatum 'qubool be-ṯa'qaat al-eeteman?]

creepy [kripi] *adj* غريب [ɣari:bun]

crematorium [krimətɔriəm, krɛmə-] *n* مَحْرَقة [maħraqa]

cress [krɛs] *n* نبات رشاد [Nabat rashad]

crew [kru] *n* طاقم [tˤa:qam]; **crew cut** قصة شعر قصيرة ['qaṣat sha'ar]

crib [krɪb] *n* مهد [mahd]

cricket [krɪkɪt] *n (game)* لعبة الكريكيت [Lo'abat al-kreeket], *(insect)* حشرة صرار الليل [Hashrat ṣarar al-layl]

crime [kraɪm] *n* جريمة [ʒari:ma]

criminal [krɪmɪnəl] *adj* جنائي [ʒina:ʔij] ▹ *n* مجرم [muʒrim]

crisis [kraɪsɪs] *n* أزمة [ʔazma]

crisp [krɪsp] *adj* هش [haʃʃun]

crispy [krɪspi] *adj* هش [haʃʃun]

criterion [kraɪtɪəriən] (*pl* criteria) *n* معيار [miʕjir]

critic [krɪtɪk] *n* نَاقِد [na:qid]

critical [krɪtɪkəl] *adj* انتقادي [intiqa:dij]

criticism [krɪtɪsɪzəm] *n* نَقْد [naqd]

criticize [krɪtɪsaɪz] *v* ينتقد [jantaqidu]

Croatia [kroʊeɪʃə] *n* كرواتيا [karwa:tja:]

Croatian [kroʊeɪʃən] *adj* كرواتي [kruwa:tijjatun] ▹ *n (language)* اللغة الكرواتية [Al-loghah al-korwateyah], *(person)* كرواتي [kruwa:tijja]

crochet [kroʊʃeɪ] *v* يُحْبِك [juħbiku]

crocodile [krɒkədaɪl] *n* تمساح [timsa:ħ]

crocus [kroʊkəs] *n* زعفران [zaʕfara:n]

crook [krʊk] *n* خُطاف [xutˤa:f]

crooked [krʊkɪd] *adj (dishonest)* منحني [munħanij]

crop [krɒp] *n* محصول [maħsˤu:l]

cross [krɔs] *adj* مُتَقَاطِع [mutaqa:tˤiʕun] ▹ *n* صليب [sˤali:b] ▹ *v* يَعَبُر [juʕabbiru]; **Red Cross** الصليب الأحمر [Al-Ṣaleeb al-aḥmar]

cross-country [krɔskʌntri] *n* سباق الضاحية [Seba'q al-ḍaheyah]

crossing [krɔsɪŋ] *n* عبور [ʕubu:r]; **pedestrian crossing** ممر خاص لعبور المشاه [Mamar khaṣ leaboor al-moshah]; **railroad crossing** مزلقان [mizlaqa:nun]; **zebra crossing** ممر للمشاة ملون بالأبيض والأسود [Mamar lel-moshah molawan bel-abyaḍ wal-aswad]; **How long does the crossing take?** ما هي المدة التي يستغرقها العبور؟

[ma heya al-mudda al-laty yasta-ghri'q-uha al-'auboor?]; **How much is the crossing for a car and four people?** ما هي تكلفة عبور سيارة وأربعة أشخاص؟ [ma heya taklifat 'auboor sayara wa arba'aat ash-khaṣ?]; **The crossing was rough** كان العبور صعبا [kan il-'aobor ṣa'aban]

cross out *v* يَشطُب [jaʃtˤubu]

crossroads [krɔsroʊdz] *n* طرق متقاطعة [Ṭaree'q mot'qat'ah]

crossword puzzle [krɔswɜrd pʌzəl] *n* كلمات متقاطعة [Kalemat mota'qat'aa]

crouch [kraʊtʃ] *v* يَرْبِض [jarbidˤu]

crow [kroʊ] *n* غراب [ɣura:b]

crowd [kraʊd] *n* حشد [ħaʃd]

crowded [kraʊdɪd] *adj* مزدحم [muzdaħimun]

crown [kraʊn] *n* تاج [ta:ʒ]

crucial [kruʃəl] *adj* عصيب [ʕasˤi:bun]

crucifix [krusɪfɪks] *n* صَليب [sˤali:b]

crude [krud] *adj* فَج [faʒʒun]

cruel [kruəl] *adj* قاسي [qa:si:]

cruelty [kruəlti] *n* قسوة [qaswa]

cruise [kruz] *n* رحلة بحرية [Rehalh bahreyah]

crumb [krʌm] *n* كِسْرة خبز [Kesrat khobz]

crush [krʌʃ] *v* يَسحق [jasħaqu]

crutch [krʌtʃ] *n* عكاز [ʕukka:z]

cry [kraɪ] *n* بُكَاء [buka:ʔ] ▷ *v* يَصرخ [jasˤruxu]

crystal [krɪstəl] *n* بِلّور [billawr]

cub [kʌb] *n* شِبْل [ʃibl]

Cuba [kyubə] *n* كوبا [ku:ba:]

Cuban [kyubən] *adj* كوبي [ku:bij] ▷ *n* كوبي [ku:bij]

cube [kyub] *n* مكعب [mukaʕʕab]; **bouillon cube** مكعب حساء [Moka'aab ḥasaa]; **ice cube** مكعب ثلج [Moka'aab thalj]

cubic [kyubɪk] *adj* مكعب [mukaʕʕabun]

cuckoo [kuku, kuku] *n* طائر الوقواق [Ṭaaer al-wa'qwa'q]

cucumber [kyukʌmbər] *n* خِيَار [xija:r]

cuddle [kʌdəl] *n* عناق [ʕina:q] ▷ *v* يُعانِق [juʕa:niqu]

cue [kyu] *n* إلماع [ʔilma:ʕ]

cufflinks [kʌflɪŋks] *npl* أزرار كم القميص [Azrar kom al'qameeṣ]

culprit [kʌlprɪt] *n* مُذْنِب [muðnib]

cultural [kʌltʃərəl] *adj* ثقافي [θaqa:fij]

culture [kʌltʃər] *n* ثقافة [θaqa:fa]

cumin [kʌmɪn, kumɪn] *n* كَمّون [kammu:n]

cunning [kʌnɪŋ] *adj* ماكر [ma:kirun]

cup [kʌp] *n* فنجان [finʒa:n]; **World Cup** كأس العالم [Kaas al-'aalam]

cupboard [kʌbərd] *n* خزانة للأطباق والكؤوس [Khezanah lel aṭba'q wal-koos]

curb [kɜrb] *n* حاجز حجرى [Hajez hajarey], شكيمة [ʃaki:ma]

cure [kyuər] *n* شفاء [ʃifa:ʔ] ▷ *v* يُعالِج [juʕa:liʒu]

curfew [kɜrfyu] *n* حضر التجول [haḍr al-tajawol]

curious [kyuəriəs] *adj* محب للاستطلاع [Moḥeb lel-esteṭlaa'a]

curl [kɜrl] *n* يَعْقِص الشعر [Ya'aqeṣ al-sha'ar]

curler [kɜrlər] *n* ماكينة تجعيد الشعر [Makeenat taj'aeed sha'ar]

curly [kɜrli] *adj* معقوص [maʕqu:sˤun]

currant [kɜrənt] *n* زبيب [zabi:b]; **black currant** كِشمِش أسود [Keshmesh aswad]; **red currant** عنب أحمر ['aenab aḥmar]

currency [kɜrənsi] *n* عملة متداولة [A'omlah motadawlah]; **currency exchange counter** مكتب صرافة [Maktab ṣerafah]

current [kɜrənt] *adj* حالي [ħa:lij] ▷ *n (electricity)* تيار [tajja:r], *(flow)* تدفق [tadaffuq]; **current affairs** شؤون الساعة [Sheoon al-saa'ah]; **Are there currents?** هل يوجد تيارات مائية في هذه الشواطئ؟ [hal yujad taya-raat maiya fee hadhy al-shawaṭy]

currently [kɜrəntli] *adv* حالياً [ħa:lijjan]

curriculum [kərɪkyələm] *n* منهج دراسى [Manhaj derasey]

curry [kɜri] *n* كاري [ka:ri:]; **curry powder** مسحوق الكاري [Mashoo'q alkaarey]

curse [kɜrs] *n* لعنة [laʕna]

cursor [kɜrsər] *n* مُؤَشِّر [muʔaʃʃir]

curtain [kɜrtən] *n* ستارة [sita:ra]

cushion [kuʃən] *n* مخفف الصدمات [Mokhafef al-ṣadamat]

custard [kʌstərd] *n*; **custard sauce** كسترد [kustardun]

custody [kʌstədi] *n* وِصاية [wisˤa:ja]

custom [kʌstəm] *n* عرف [ʕurf]

customer [kʌstəmər] *n* عميل [ʕami:l]

customized [kʌstəmaɪzd] *adj* مَصْنُوع وفقاً لطلب الزبون [masʕnu:ʕun wafqan litʕalabi azzabu:ni]

customs [kʌstəmz] *npl* رسوم جمركية [Rosoom jomrekeyah]; **customs officer** مسئول الجمرك [Masool al-jomrok]

cut [kʌt] *n* جرح [ʒurħ] ▷ *v* يَقطّع [jaqtʕaʕu]; **crew cut** قصة شعر قصيرة ['qaṣat sha'ar]; **He's cut himself** لقد جرح نفسه [la'qad jara-ḥa naf-sehe]

cutback [kʌtbæk] *n* تخفيض الانتاج [Takhfeeḍ al-entaj]

cut down *v* يَقطّع شجرة [juqatʕtʕaʕu ʃaʒaratan]

cute [kyut] *adj* حَذِق [ħaðiqun]

cutlet [kʌtlɪt] *n* شَريحة لحم مشوية [Shareehat laḥm mashweyah]

cut off *v* يَتوَقف عن العمل [jatawaqqafu ʕan alʕamali]

cut up *v* يَقطّع بالسكين [Ya'qta'a bel-sekeen]

CV [si vi] *abbr* سيرة ذاتية [Seerah dhateyah]

cybercafé [saɪbərkæfeɪ] *n* مقهى الانترنت [Ma'qha al-enternet]

cybercrime [saɪbərkraɪm] *n* جرائم الكمبيوتر والانترنت [Jraem al-kmobyoter wal-enternet]

cycle [saɪkəl] *n (recurring period)* دورة [dawra] ▷ *v* يُدَوْر [jadu:ru]

cycling [saɪklɪŋ] *n* تدوير [tadwi:ru]

cyclist [saɪklɪst] *n* راكب الدراجة [Rakeb al-darrajah]

cyclone [saɪkloʊn] *n* زَوْبَعة [zawbaʕa]

cylinder [sɪlɪndər] *n* اسطوانة [ustʕuwa:na]; **portable gas cylinder** موقد يعمل بالغاز للمعسكرات [Maw'qed ya'amal bel-ghaz lel-mo'askarat]

cymbals [sɪmbəlz] *npl* آلة الصنج الموسيقية [Alat al-ṣanj al-mose'qeyah]

Cypriot [sɪpriət] *adj* قبرصي [qubrusʕij] ▷ *n (person)* قبرصي [qubrusʕij]

Cyprus [saɪprəs] *n* قبرص [qubrusʕ]

cyst [sɪst] *n* مَثانة [maθa:na]

cystitis [sɪstaɪtɪs] *n* التهاب المثانة [El-tehab al-mathanah]

Czech [tʃɛk] *adj* تشيكي [tʃi:kij] ▷ *n (language)* اللغة التشيكية [Al-loghah al-teshekeyah], *(person)* شخص تشيكي [Shakhṣ tesheekey]; **Czech Republic** جمهورية التشيك [Jomhoreyat al-tesheek]

D

dad [dæd] *n* أب [ʔab]

daddy [dædi] *n* بابا [ba:ba:]

daffodil [dæfədɪl] *n* نرجس [narʒis]

daily [deɪli] *adj* يَوْمي [jawmijun] ▷ *adv* يومياً [jawmijjaan]

dairy [dɛəri] *n* مصنع منتجات الألبان [maṣna'a montajat al-alban]; **dairy products** منتج ألبان [Montej albaan], منتجات الألبان [Montajat al-baan]

daisy [deɪzi] *n* زهرة الأقحُوان [Thamrat al-o'qḥowan]

dam [dæm] *n* سد [sadd]

damage [dæmɪdʒ] *n* ضرر [dˤarar] ▷ *v* يَضُر [jadˤurru]

damaged [dæmɪdʒd] *adj*; **My luggage has been damaged** لقد تعرضت حقائبي للضرر [la'qad ta-'aaraḍat ḥa'qa-eby lel-ḍarar]; **My suitcase has arrived damaged** لقد تعرضت حقيبة السفر الخاصة بي للضرر [la'qad ta-'aaraḍat ḥa'q-ebat al-safar al-khaṣa bee lel-ḍarar]

damn [dæm] *adj* لعين [laʕi:nu]

damp [dæmp] *adj* نَدِي [nadij]

dance [dæns] *n* رَقصَة [raqsˤa] ▷ *v* يَرقص [jarqusˤu]

dancer [dænsər] *n* راقص [ra:qisˤu]

dancing [dænsɪŋ] *n* رَقْص [raqsˤ]; **ballroom dancing** رقص ثنائي [Ra'qṣ thonaaey]

dandelion [dændɪlaɪən] *n* نبات الهندباء البرية [Nabat al-hendbaa al-bareyah]

dandruff [dændrəf] *n* قشرة الرأس ['qeshart al-raas]

Dane [deɪn] *n* دانماركي [da:nma:rkij]

danger [deɪndʒər] *n* خطر [xatˤar]; **Is there a danger of avalanches?** هل يوجد خطر من وجود الكتلة الجليدية المنحدرة؟ [hal yujad khatar min wijood al-kutla al-jalee-diya al-muḥadera?]

dangerous [deɪndʒərəs, deɪndʒrəs] *adj* خطير [xatˤi:run]

Danish [deɪnɪʃ] *adj* دانماركي [da:nma:rkij] ▷ *n* *(language)* اللغة الدانمركية [Al-loghah al-danmarkeyah]

dare [dɛər] *v* يَجرُؤ [jaʒruʔu]

daring [dɛərɪŋ] *adj* جرئ [ʒariʔun]

dark [dɑrk] *adj* مظلم [muzˤlimun] ▷ *n* ظلام [zˤala:m]; **dark chocolate** شيكولاتة سادة [Shekolatah sada]

darkness [dɑrknɪs] *n* ظُلْمَة [zˤulma]

darling [dɑrlɪŋ] *n* حبيب [ħabi:b]

dart [dɑrt] *n* سَهْم [sahm]

darts [dɑrts] *npl* لعبة رمي السهام [Lo'abat ramey al-seham]

dash [dæʃ] *v* يندفع [jandafiʕu]

dashboard [dæʃbɔrd] *n* حجاب واقى [Ḥejab wara'qey]

data [deɪtə, dætə] *npl* بيانات [baja:na:tun]

database [deɪtəbeɪs] *n* قاعدة بيانات ['qaedat bayanat]

date [deɪt] *n* تاريخ [ta:ri:x]; **best-if-used-by date** يُفضل استخدامه قبل التاريخ المُحدد [Yofaḍḍal estekhdamoh 'qabl al-tareekh al-mohaddad]; **expiration date** تاريخ الانتهاء [Tareekh al-entehaa]; **sell-by date** تاريخ انتهاء الصلاحية [Tareekh enthaa al-ṣalaḥeyah]; **What is the date?** ما هو التاريخ؟ [ma howa al-tareekh?]; **What is today's date?** ما هو تاريخ اليوم؟ [ma howa tareekh al-yawm?]

datebook [deɪtbuk] *n* *(appointments)* يوميات [jawmijja:t]

daughter [dɔtər] *n* ابنة [ibna]

daughter-in-law [dɔtərɪnlɔ] *n* زوجة الابن [Zawj

al-ebn]
dawn [dɔn] *n* فَجْر [faʒr]
day [deɪ] *n* يوم [jawm]; **Valentine's Day** عيد الحب ['aeed al-ḥob]; **Do you run day trips to...?** هل تنظمون رحلات يومية إلى...؟ [hal tunaḍh-emoon reḥlaat yaw-miya ela...?]; **What a beautiful day!** يا له من يوم جميل! [ya laho min yawm jameel]; **What day is it today?** أي الأيام تكون اليوم؟ [ay al-ayaam howa al- yawm?]; **What's the dish of the day?** ما هو طبق اليوم [ma howa ṭaba'q al-yawm?]
daytime [deɪtaɪm] *n* فترة النهار [Fatrat al-nehaar]
dead [dɛd] *adj* متوفى [mutawaffin] ▹ *adv* تماماً [tama:man]; **dead end** طريق مسدود [Taree'q masdood]
deadline [dɛdlaɪn] *n* موعد الانتهاء [Maw'aed al-entehaa]
deaf [dɛf] *adj* أصم [ʔasˤammun]
deafening [dɛfənɪŋ] *adj* مسبب الصمم [Mosabeb lel-ṣamam]
deal [dil] *n* صفقة [sˤafqa]
dealer [dilər] *n* تاجر [ta:ʒir]; **drug dealer** تاجر مخدرات [Tajer mokhaddrat]; **fish dealer** تاجر الأسماك [Tajer al-asmak]
deal with *v* يُعالِج [juʕa:liʒu]
dear [dɪər] *adj (loved)* عزيز [ʕazi:zun]
death [dɛθ] *n* مَوْت [mawt]
debate [dɪbeɪt] *n* مناقشة [muna:qaʃa] ▹ *v* يناقش [juna:qiʃu]
debit [dɛbɪt] *n* مَدين [madi:n] ▹ *v* يُسجِل على حساب [jusʒilu ʕala: ħisa:bin]; **debit card** كارت سحب [Kart sahb]; **direct debit** يخصم مباشرةً من حساب العميل [Yokhṣam mobasharatan men hesab al'ameel]
debt [dɛt] *n* دَيْن [dajn]
decade [dɛkeɪd] *n* عقد من الزمن ['aa'qd men al-zaman]
decaffeinated [dikæfɪneɪtɪd, -kæfiə-] *adj* منزوع منه الكافيين [Manzoo'a menh al-kafayeen]; **decaffeinated coffee** قهوة منزوعة الكافيين ['qahwa manzo'aat al-kafayen]
decay [dɪkeɪ] *v* يَتعفن [jataʕaffanu]
deceive [dɪsiv] *v* يَغش [jayiʃʃu]
December [dɪsɛmbər] *n* ديسمبر [di:sambar]; **on Friday, December thirty-first** يوم الجمعة الموافق الحادي والثلاثين من ديسمبر [yawm al-jum'aa al- muwa-fi'q al-ḥady waal-thalatheen min desambar]
decide [dɪsaɪd] *v* يُقَرر [juqarriru]
decimal [dɛsɪməl] *adj* عشري
decision [dɪsɪʒən] *n* قرار [qara:r]
decisive [dɪsaɪsɪv] *adj* حاسم [ħa:simun]
deck [dɛk] *n* ظهر المركب [ḍhahr al-mrkeb]; **How do I get to the car deck?** كيف يمكن الوصول إلى السيارة على ظهر المركب؟ [kayfa yamkin al-wiṣool ela al-sayarah 'ala ḍhahr al-markab?]
deck chair [dɛktʃɛər] *n* كرسي طويل قابل لظهر المركب [kursijjun tˤawi:lun qa:bilun lizˤahri almarkabi]
declare [dɪklɛər] *v* يُعْلِن [juʕlinu]
decorate [dɛkəreɪt] *v* يُزَخرف [juzaxrifu]
decrease *n* [dɪkris]النقص [an-naqsˤu] ▹ *v* [dɪkris]ينقص [janqusˤu]
dedicated [dɛdɪkeɪtɪd] *adj* متفرغ [mutafarriɣun]
dedication [dɛdɪkeɪʃən] *n* تكريس [takri:s]
deduct [dɪdʌkt] *v* يَقْتَطِع [jaqtatˤiʕu]
deep [dip] *adj* عميق [ʕami:qun]
deep-fry *v* يَقلي [jaqli:]
deeply [dipli] *adv* بعمق [biʕumqin]
deer [dɪər] *n* أَيْل [ʔajl]
defeat [dɪfit] *n* هزيمة [hazi:munt] ▹ *v* يهزم [jahzimu]
defect [difɛkt] *n* عيب [ʕajb]
defend [dɪfɛnd] *v* يُدافع [juda:fiʕu]
defendant [dɪfɛndənt] *n* مُدَعى عليه [Moda'aa 'aalayh]
defender [dɪfɛndər] *n* مُدَافِع [muda:fiʕ]
defense [difɛns] *n* دفاع [difa:ʕ]
deficit [dɛfəsɪt] *n* عجز فى الميزانية ['ajz fee- al-mezaneyah]
define [dɪfaɪn] *v* يُعَرف [jaʕrifu]
definite [dɛfɪnɪt] *adj* واضح [wa:dˤiħun]
definitely [dɛfɪnɪtli] *adv* بكل تأكيد [Bekol taakeed]
definition [dɛfɪnɪʃən] *n* تعريف [taʕri:f]
degree [dɪgri] *n* درجة [daraʒa]; **degree**

centigrade درجة حرارة مئوية [Draajat ḥaraarah meaweyah]; **degree Celsius** درجة حرارة سلزيوس [Darajat ḥararah selezyos]; **degree Fahrenheit** درجة حرارة فهرنهايتي [Darjat hararh ferhrenhaytey]

dehydrated [dihaɪdreɪtɪd] *adj* مُجَفَف [muʒaffifun]

deicer [deɪt] *n* ماكينة إزالة الثلوج [Makenat ezalat al-tholo'j]

delay [dɪleɪ] *n* تأخير [taʔxi:r] ▹ *v* يتأخر [jataʔaxxaru]

delayed [dɪleɪd] *adj* متأخر [mutaʔaxxirun]

delegate *n* [dɛlɪgɪt]انتداب [intida:bun] ▹ *v* [dɛlɪgeɪt]ينتدب [jantadibu]

delete [dɪlit] *v* يَحذِف [jaħðifu]

deliberate [dɪlɪbərɪt] *adj* مُتَعَمد [mutaʕammadun]

deliberately [dɪlɪbərɪtli] *adv* بشكل متعمد [Be-shakl mota'amad]

delicate [dɛlɪkɪt] *adj* رقيق [raqi:qun]

delicatessen [dɛlɪkətɛsən] *n* أطعمة معلبة [a ṭ'aemah mo'aalabah]

delicious [dɪlɪʃəs] *adj* شهي [ʃahij]; **The meal was delicious** كانت الوجبة شهية [kanat il-wajba sha-heyah]

delight [dɪlaɪt] *n* بهجة [bahʒa]

delighted [dɪlaɪtɪd] *adj* مسرور جداً [Masroor jedan]

delightful [dɪlaɪtfəl] *adj* سار جداً [Sar jedan]

deliver [dɪlɪvər] *v* يُسَلِم [jusallimu]

delivery [dɪlɪvəri] *n* تسليم [tasli:m]

demand [dɪmænd] *n* حاجة ملحة [Hajah molehah] ▹ *v* يُطَالِب ب [Yoṭaleb be]

demanding [dɪmændɪŋ] *adj* كثير المطالب [Katheer almaṭaleb]

demo [dɛmoʊ] *n* تجربة إيضاحية [Tajrebah eeḍaheyah]

democracy [dɪmɒkrəsi] *n* ديمقراطية [di:muqra:tˤijja]

democratic [dɛməkrætɪk] *adj* ديمقراطي [di:muqra:tˤij]

demolish [dɪmɒlɪʃ] *v* يَهْدِم [jahdimu]

demonstrate [dɛmənstreɪt] *v* يُبَرْهن [jubarhinu]

demonstration [dɛmənstreɪʃən] *n* مُظَاهَرة [muzˤa:hara]

demonstrator [dɛmənstreɪtər] *n* معيد [muʕi:d]

denim [dɛnɪm] *n* قماش الدنيم القطني ['qomash al-deneem al-'qotney]

Denmark [dɛnmɑrk] *n* الدانمارك [ad-da:nma:rk]

dense [dɛns] *adj* كثيف [kaθi:fun]

density [dɛnsɪti] *n* كثافة [kaθa:fa]

dent [dɛnt] *n* أسنان [ʔasna:nu] ▹ *v* يَنْبَعِج [janbaʕiʒu]

dental [dɛntəl] *adj* متعلق بطب الأسنان [Mota'ale'q be-ṭeb al-asnan]; **dental floss** خَيْط تنظيف الأسنان [Khayṭ tandheef al-asnan]

dentist [dɛntɪst] *n* طبيب أسنان [Ṭabeeb asnan]; **I need a dentist** أحتاج إلى الذهاب إلى طبيب أسنان [aḥtaaj ela al-dhehaab ela ṭabeeb asnaan]

dentures [dɛntʃərz] *npl* أطقم أسنان صناعية [Aṭ'qom asnan ṣena'aeyah]

deny [dɪnaɪ] *v* ينكر [junkiru]

deodorant [dioʊdərənt] *n* مزيل رائحة العرق [Mozeel raaehat al-'aara'q]

depart [dɪpɑrt] *v* يَرحل [jarħalu]

department [dɪpɑrtmənt] *n* قِسم [qism]; **department store** محل مكون من أقسام [Maḥal mokawan men a'qsaam]; **lost-and-found department** مكتب المفقودات [Maktab al-maf'qodat]

departure [dɪpɑrtʃər] *n* مغادرة [muɣa:dara]; **departure lounge** صالة المغادرة [Ṣalat al-moghadarah]

depend [dɪpɛnd] *v* يعتمد على [jaʕtamidu ʕala:]

deport [dɪpɔrt] *v* ينفي [janfi:]

deposit [dɪpɒzɪt] *n* يُوْدِع [judiʕu]

depressed [dɪprɛst] *adj* محبط [muħbatˤun]

depressing [dɪprɛsɪŋ] *adj* محزن [muħzinun]

depression [dɪprɛʃən] *n* إحباط [ʔiħba:tˤ]

depth [dɛpθ] *n* عمق [ʕumq]

descend [dɪsɛnd] *v* ينحدر [janħadiru]

describe [dɪskraɪb] *v* يَصِف [jasˤifu]

description [dɪskrɪpʃən] *n* وَصف [wasˤf]

desert [dɛzərt] *n* صحراء [sˤaħra:ʔu]; **desert island** جزيرة استوائية غير مأهولة [Jozor ghayr maahoolah]

deserve [dɪzɜrv] *v* يَستحق [jastaħiqqu]

design [dɪzaɪn] *n* تصميم [tasˤmi:m] ▹ *v* يُصمِم [jusˤammimu]

designer [dɪzaɪnər] *n* مُصَمِم [musˤammim]; **interior designer** مُصَمِم داخلي [Moṣamem dakheley]

desire [dɪzaɪər] *n* رغبة [raɣba] ▹ *v* يَرغب [jarɣabu]

desk [dɛsk] *n* مكتب [maktab]; **information desk** مكتب الاستعلامات [Maktab al-este'alamaat]; **May I use your desk?** هل لي أن أستخدم المكتب الخاص بك؟ [hal lee an astakhdim al-maktab al-khaaṣ bik?]

despair [dɪspɛər] *n* يأس [jaʔs]

desperate [dɛspərɪt] *adj* يئوس [jaʔu:sun]

desperately [dɛspərɪtli] *adv* بيأس [bijaʔsin]

despise [dɪspaɪz] *v* يَحتقر [jaħtaqiru]

dessert [dɪzɜrt] *n* تحلية [taħlijatun], حلوى [ħalwa:], حلوى البودينج [Ḥalwa al-boodenj] ▹ *npl* أوقات الظهيرة [Aw'qat aldhaherah]; **dessert spoon** ملعقة الحلويات [Mel'a'qat al-ḥalaweyat]; **The dessert menu, please** قائمة الحلوى من فضلك ['qaemat al-ḥalwa min faḍlak]; **We'd like dessert** نريد تناول بعض الحلوى [nureed tanawil ba'aḍ al-ḥalwa]

destination [dɛstɪneɪʃən] *n* مَقصَد [maqsˤid]

destiny [dɛstɪni] *n* قَدَر [qadar]

destroy [dɪstrɔɪ] *v* يُدمر [judammiru]

destruction [dɪstrʌkʃən] *n* تدمير [tadmi:r]

detail [diteɪl] *n* تفصيل [tafsˤi:l]

detailed [dɪteɪld] *adj* مُفَصَّل [mufasˤsˤalun]

detective [dɪtɛktɪv] *n* شرطة سرية [Shorṭah serryah]

detention [dɪtɛnʃən] *n* احتجاز [iħtiʒa:z]

detergent [dɪtɜrdʒənt] *n* مادة منظفة [Madah monaḍhefah]; **laundry detergent** مسحوق الصابون [Mashoo'q ṣaboon], مسحوق الغسيل [Mashoo'q alghaseel]

deteriorate [dɪtɪəriəreɪt] *v* يَفْسَد [jafsadu]

determined [dɪtɜrmɪnd] *adj* عاقد العزم ['aaa'qed al-'aazm]

detour [ditʊər] *n* تَحَوُّل [taħawwul], *(road)* انحراف [inħira:f]

devaluation [divælyueɪʃən] *n* تخفيض قيمة العملة [Takhfeeḍ 'qeemat al'aomlah]

devastated [dɛvəsteɪtɪd] *adj* مدمر [mudammarun]

devastating [dɛvəsteɪtɪŋ] *adj* مسبب لدمار هائل [Mosabeb ledamar haael]

develop [dɪvɛləp] *vi* يتطور [jatatˤawwaru] ▹ *vt* يُطوِر [jutˤawwiru]; **developing country** بَلَد نامٍ [Baladen namen]

development [dɪvɛləpmənt] *n* تطور [tatˤawwur]

device [dɪvaɪs] *n* مُعَدَّة [muʕadda]

devil [dɛvəl] *n* شيطان [ʃajtˤa:n]

devise [dɪvaɪz] *v* يَبتكِر [jabtakiru]

devoted [dɪvoʊtɪd] *adj* مكرس [mukarrasun]

diabetes [daɪəbitɪs, -tiz] *n* مرض السكر [Maraḍ al-sokar]

diabetic [daɪəbɛtɪk] *adj* مصاب بالسكري [Moṣab bel sokkarey] ▹ *n* شخص مصاب بالبول السكرى [Shakhṣ moṣaab bel-bol al-sokarey]

diagnosis [daɪəgnoʊsɪs] *n* تشخيص [taʃxi:sˤ]

diagonal [daɪægənəl, -ægnəl] *adj* قطري [qutˤrij]

diagram [daɪəgræm] *n* رسم بياني [Rasm bayany]

dial [daɪəl] *v* يَتَصِل [jattasˤilu]; **dial tone** نغمة الاتصال [Naghamat al-eteṣal]

dialect [daɪəlɛkt] *n* لهجة [lahʒa]

dialogue [daɪəlɔg] *n* حوار [ħiwa:ru]

diameter [daɪæmɪtər] *n* قُطْر [qutˤr]

diamond [daɪmənd, daɪə-] *n* ماس [ma:s]

diaper [daɪpər, daɪə-] *n* شراب مُسكِر [Sharaab mosker]

diarrhea [daɪəriə] *n* إسهال [ʔisha:l]; **I have diarrhea** أعاني من الإصابة بالإسهال [o-'aany min al-eṣaaba bel-es-haal]

dice [daɪs] *npl* نَرْد [nardun]

dictation [dɪkteɪʃən] *n* إملاء [ʔimla:ʔ]

dictator [dɪkteɪtər] *n* ديكتاتور [di:kta:tu:r]

dictionary [dɪkʃənɛri] *n* قاموس [qa:mu:s]

die [daɪ] *v* يموت [jamu:tu]

diesel [dizəl] *n* وقود الديزيل [Wa'qood al-deezel]

diet [daɪɪt] *n* نظام غذائي [Neḍhaam ghedhey] ▹ *v* يلتزم بحمية غذائية معينة [Yalazem beḥemyah ghedhaeyah mo'ayanah]; **I'm on a diet** أتبع نظام غذائي خاص [atba'a neḍham ghedha-ee khaaṣ], أنا أتبع نظام غذائي خاص [ana atb'a neḍham ghedhaey khaaṣ]

difference [dɪfərəns, dɪfrəns] *n* اختلاف [ixtila:f]

different [dɪfərənt, dɪfrənt] *adj* مختلف [muxtalifun]; **I'd like something different** أريد شيئا مختلفا [areed shyan mukh-talefan]

difficult [dɪfɪkʌlt, -kəlt] *adj* صَعْب [sˤaʕbun]

difficulty [dɪfɪkʌlti, -kəlti] *n* صعوبة [sˤuʕu:ba]

dig [dɪg] *v* يَحفُر [jaħfuru]

digest [dɪdʒɛst] *v* يَهضِم [jahdˤimu]

digestion [daɪdʒɛstʃən] *n* هضم [hadˤm]

digger [dɪgər] *n* حفار [ħaffa:r]

digital [dɪdʒɪtəl] *adj* رقمي [raqmij]; **digital camera** كاميرا رقمية [Kameera ra'qmeyah]; **digital radio** راديو رقمي [Radyo ra'qamey]; **digital television** تليفزيون رقمي [telefezyoon ra'qamey]; **digital watch** ساعة رقمية [Sa'aah ra'qameyah]

dignity [dɪgnɪti] *n* كرامة [kara:ma]

dilemma [dɪlɛmə] *n* معضلة [muʕdˤila]

dilute [daɪlut] *v* يُخفِف [juxaffiffu]

diluted [daɪlutɪd] *adj* مخفف [muxaffafun]

dim [dɪm] *adj* باهت [ba:hitun]

dimension [dɪmɛnʃən, daɪ-] *n* بُعْد [buʕd]

diminish [dɪmɪnɪʃ] *v* يُقَلِل [juqallilu]

din [dɪn] *n* ضجيج [dˤaʒi:ʒ]

diner [daɪnər] *n* متناول العشاء [Motanawal al-'aashaa]

dinghy [dɪŋgi] *n* زورق تجديف [Zawra'q]

dining car [daɪnɪŋ kar] *n* عربة البوفيه ['arabat al-boofeeh]

dinner [dɪnər] *n* وَجْبَة الطعام [Wajbat al-ṭa'aam]; **dinner jacket** جاكت العشاء [Jaket al-'aashaa]; **dinner party** حفلة عشاء [Ḥaflat 'aashaa]; **dinnertime** وَقْت العشاء [Wa'qt al-'aashaa]

dinosaur [daɪnəsɔr] *n* ديناصور [di:na:sˤu:r]

dip [dɪp] *n (food/sauce)* غَمْس [ɣams] ▹ *v* يَغْمِس [jaɣmisu]

diploma [dɪploʊmə] *n* دبلوما [diblu:ma:]

diplomat [dɪpləmæt] *n* دبلوماسي [diblu:ma:sij]

diplomatic [dɪpləmætɪk] *adj* دبلوماسي [diblu:ma:sij]

dipstick [dɪpstɪk] *n* قضيب قياس العمق ['qaḍeeb 'qeyas al-'aom'q]

direct [dɪrɛkt, daɪ-] *adj* مباشر [muba:ʃirun] ▹ *v* يُوجه [juwaʒʒihu]; **direct debit** يخصم مباشرةً من حساب العميل [Yokhṣam mobasharatan men hesab al'ameel]; **I'd prefer to go direct** أفضل الذهاب مباشرة [ofaḍel al-dhehaab muba-sharatan]; **Is it a direct train?** هل يتجه هذا القطار مباشرة إلى...؟ [hal yata-jih hadha al-'qeṭaar muba-sha-ratan ela...?]

direction [dɪrɛkʃən, daɪ-] *n* توجيه [tawʒi:h]

directions [dɪrɛkʃənz] *npl* توجيهات [tawʒi:ha:tun]

directly [dɪrɛktli, daɪ-] *adv* مباشرةً [muba:ʃaratan]

director [dɪrɛktər, daɪ-] *n* مُدِير [mudi:r]; **funeral director** حانوتي [ħa:nu:tijjun]

directory [dɪrɛktəri, daɪ-] *n* دليل [dali:l]; **directory assistance** استعلامات دليل الهاتف [Este'alamat daleel al-hatef]; **telephone directory** دليل الهاتف [Daleel al-hatef]

dirt [dɜrt] *n* قذارة [qaða:ra]

dirty [dɜrti] *adj* ملوث [mulawwaθun]

disability [dɪsəbɪlɪti] *n* عجز [ʕaʒz]

disabled [dɪseɪbəld] *adj* عاجز [ʕa:ʒizun] ▹ *npl* مُعَاق [muʕa:qun]

disadvantage [dɪsədvæntɪdʒ] *n* عَيْب [ʕajb]

disagree [dɪsəgri] *v* يتعارَض [jataʕa:radˤu]

disagreement [dɪsəgrimənt] *n* اختلاف الرأى [Ekhtelaf al-raaey]

disappear [dɪsəpɪər] *v* يَخْتفي [jaxtafi:]

disappearance [dɪsəpɪərəns] *n* اختفاء [ixtifa:ʔ]

disappoint [dɪsəpɔɪnt] *v* يُخيب [juxajjibu]

disappointed [dɪsəpɔɪntɪd] *adj* مُحبَط [muħbatˤun]

disappointing [dɪsəpɔɪntɪŋ] *adj* مُحبِط [muħbitˤun]

disappointment [dɪsəpɔɪntmənt] *n* خيبة الأمل [Khaybat al-amal]

disaster [dɪzæstər] *n* كارثه [ka:riθa]

disastrous [dɪzæstrəs] *adj* كارثي [ka:riθij]

disc [dɪsk] *n* قرص [qursˤ]; **compact disc** قرص مضغوط ['qorṣ maḍghoot]; **disc jockey** مشغل الأغنيات المسجلة [Moshaghel al-oghneyat al-mosajalah]; **slipped disc** إنزلاق غضروفي [Enzela'q ghodrofey]

discharge [dɪstʃɑrdʒ] *v*; **When will I be discharged?** متى سأخرج من المستشفى؟ [mata sa-akhruj min al-mus-tashfa?]
discipline [dɪsɪplɪn] *n* تأديب [taʔdi:b]
disclose [dɪsklouz] *v* يُفْشي [juffi:]
disco [dɪskoʊ] *n* ديسكو [di:sku:]
disconnect [dɪskənɛkt] *v* يَفْصِل [jafsˤilu]
discount [dɪskaʊnt] *n* خَصم [xasˤm]; **student discount** خصم للطلاب [Khaṣm lel-ṭolab]
discourage [dɪskɜrɪdʒ] *v* يُثبط من الهمة [yothabeṭ men al-hemah]
discover [dɪskʌvər] *v* يَكْتَشِف [jaktaʃifu]
discretion [dɪskrɛʃən] *n* تعقل [taʕaqqul]
discrimination [dɪskrɪmɪneɪʃən] *n* تمييز [tamji:z]
discuss [dɪskʌs] *v* يُناقِش [juna:qiʃu]
discussion [dɪskʌʃən] *n* مناقشة [muna:qaʃa]
disease [dɪziz] *n* مرض [maradˤ]; **Alzheimer's disease** مرض الزهايمر [Maraḍ al-zehaymar]
disgraceful [dɪsgreɪsfəl] *adj* شَائِن [ʃa:ʔinun]
disguise [dɪsgaɪz] *v* يَتنكَّر [jatanakkaru]
disgusted [dɪsgʌstɪd] *adj* مشمئز [muʃmaʔizzun]
disgusting [dɪsgʌstɪŋ] *adj* مثير للاشمئزاز [Mother lel-sheazaz]
dish [dɪʃ] *n* طبق [tˤabaq]; **dish towel** فوطة تجفيف الأطباق [Foṭah tajfeef al-aṭbaa'q]مَناشِف الصُّحون . [Manashef al-ṣoḥoon]; **satellite dish** طبق قمر صناعي [Ṭaba'q ṣena'aey]; **soap dish** طبق صابون [Ṭaba'q ṣaboon]; **wash the dishes** يَغْسِل الأطباق [Yaghsel al-aṭbaa'q]; **washing the dishes** غسيل الأطباق [ghaseel al-atba'q]; **How do you cook this dish?** كيف يطهي هذا الطبق؟ [Kayfa yoṭhaa hadha alṭaba'q]; **How is this dish served?** كيف يقدم هذا الطبق؟ [kayfa yu'qadam hatha al-ṯaba'q?]; **What is in this dish?** ما الذي في هذا الطبق؟ [ma al-lathy fee hatha al-ṯaba'q?]; **What's the dish of the day?** ما هو طبق اليوم [ma howa ṯaba'q al-yawm?]
dishcloth [dɪʃklɔθ] *n* قماشة لغسل الأطباق ['qomash le-ghseel al-aṭbaa'q]
dishonest [dɪsɒnɪst] *adj* غير أمين [Gheyr amen]
dishwasher [dɪʃwɒʃər] *n* غسالة أطباق [ghasalat aṭba'q]
disinfectant [dɪsɪnfɛktənt] *n* مبيد الجراثيم [Mobeed al-jaratheem]
disk [dɪsk] *n* مكتب [maktab]; **disk drive** سواقة أقراص [Sowa'qat a'qraṣ]
dislike [dɪslaɪk] *v* يكره [jakrahu]
dismal [dɪzməl] *adj* موحش [mu:ħiʃun]
dismiss [dɪsmɪs] *v* يَصْرِفُ [jasˤrifu]
disobedient [dɪsəbidiənt] *adj* عاصي [ʕa:sˤi:]
disobey [dɪsəbeɪ] *v* يَعْصي [jaʕsˤi:]
dispenser [dɪspɛnsər] *n* صُنبور توزيع [Ṣonboor twazea'a]
display [dɪspleɪ] *n* ابداء [ibda:ʔ] ▷ *v* يَعْرِض [jaʕridˤu]
disposable [dɪspoʊzəbəl] *adj* ممكن التخلص منه [Momken al-takhalos menh]
disqualify [dɪskwɒlɪfaɪ] *v* يُجَرِده من الأهلية [juʒarriduhu min alʔahlijjati]
disrupt [dɪsrʌpt] *v* يُمَزِق [jumazziqu]
dissatisfied [dɪssætɪsfaɪd] *adj* غير راض [Ghayr raḍ]
dissolve [dɪzɒlv] *v* يُذيب [juði:bu]
distance [dɪstəns] *n* مسافة [masa:fa]
distant [dɪstənt] *adj* بعيد [baʕi:dun]
distillery [dɪstɪləri] *n* معمل التقطير [Ma'amal alta'qṭeer]
distinction [dɪstɪŋkʃən] *n* فارق [fa:riq]
distinctive [dɪstɪŋktɪv] *adj* مميز [mumajjazun]
distinguish [dɪstɪŋgwɪʃ] *v* يُمَيز [jumajjizu]
distract [dɪstrækt] *v* يَصْرِف الانتباه [jusˤrifu ali:ntiba:hu]
distribute [dɪstrɪbyut] *v* يوزع [juwazziʕu]
distributor [dɪstrɪbyətər] *n* موزع [muwazziʕ]
district [dɪstrɪkt] *n* منطقة [mintˤaqa]
disturb [dɪstɜrb] *v* يُزعِج [juzʕiʒu]
ditch [dɪtʃ] *n* مَصْرَف [masˤrif] ▷ *v* يَحفُر خندقاً [Yaḥfor khanda'qan]
dive [daɪv] *n* غطس [ɣatˤasa] ▷ *v* يغطس [jaɣtˤisu]
diver [daɪvər] *n* غطاس [ɣatˤtˤa:s]
divide [dɪvaɪd] *v* يُقَسِم [juqassimu]
diving [daɪvɪŋ] *n* الغوص [al-ɣawsˤu]; **diving board** لوح غطس [Looḥ ghaṭs]; **scuba diving** غوص بأجهزة التنفس [ghawṣ beajhezat

altanaʕos]
division [dɪvɪʒən] *n* تقسيم [taqsi:m]
divorce [dɪvɔrs] *n* طلاق [tˤala:q]
divorced [dɪvɔrst] *adj* مُطَلَّق [mutˤallaqun]
dizzy [dɪzi] *adj* دُوار [duwa:run]
DJ [di dʒeɪ] *abbr* دي جيه [D J]
DNA [di ɛn eɪ] *n* الحمض النووي [alħamdˤu annawawijju]
do [də, STRONG du] *v* يَفْعل [jafʕalu]
dock [dɒk] *n* حوض السفن [Hawḍ al-sofon]
doctor [dɒktər] *n* طبيب [tˤabi:b]; **Call a doctor!** اتصل بالطبيب [itaṣel bil-ṯabeeb]; **I need a doctor** أحتاج إلى طبيب [aḥtaaj ela ṯabeeb]; **Is there a doctor who speaks English?** هل يوجد طبيب هنا يتحدث الإنجليزية؟ [hal yujad ṭabeeb huna yata-ḥadath al-injile-ziya?]; **Please call the emergency doctor** من فضلك اتصل بطبيب الطوارئ [min faḍlak itaṣil beṭa-beeb al-ṯawaree]
document [dɒkyəmənt] *n* مستند [mustanad]; **I want to copy this document** أريد نسخ هذا المستند [areed naskh hadha al-mustanad]
documentary [dɒkyəmɛntəri, -tri] *n* فيلم وثائقي [Feel wathaae'qey]
documentation [dɒkyəmɛnteɪʃən] *n* توثيق [tawθi:q]
documents [dɒkyəməntz] *npl* مستندات [mustanada:tun]
dodge [dɒdʒ] *v* يراوغ [jura:wiɣu]
dog [dɔg] *n* كلب [kalb]; **hot dog** نقانق ساخنة [Na'qane'q sakhenah]; **Seeing Eye® dog** كلب هادي مدرب للمكفوفين [Kalb hadey modarab lel-makfoofeen]
do-it-yourself [duɪtyɔrsɛlf] *abbr* افعلها بنفسك [Ef'alhaa be-nafsek]
doll [dɒl] *n* دُمْيَة [dumja]
dollar [dɒlər] *n* دُولَار [du:la:r]
dolphin [dɒlfɪn] *n* دُولفين [du:lfi:n]
domestic [dəmɛstɪk] *adj* داخلي [da:xilij]
Dominican Republic *n* جمهورية الدومنيكان [Jomhoreyat al-domenekan]
domino [dɒmɪnoʊ] *n* لعبة الدومينو [Loabat al-domeno]
dominoes [dɒmənoʊz] *npl* أحجار الدومينو [Ahjar al-domino]
donate [doʊneɪt] *v* يَتَبْرع [jatabarraʕu]
done [dʌn] *adj* مُستَكمَل [mustakmalun]
donkey [dɒŋki] *n* حمار [ħima:r]
donor [doʊnər] *n* مَانِح [ma:niħ]
door [dɔr] *n* بَابْ [ba:b]; **door handle** مقبض الباب [Me'qbaḍ al-bab]
doorbell [dɔrbɛl] *n* جرس الباب [Jaras al-bab]
doorman [dɔrmæn] *n* بواب [bawwa:b]
doorstep [dɔrstɛp] *n* درجة الباب [Darajat al-bab]
dorm [dɔrm] *n*; **Do you have any single sex dorms?** هل يوجد لديكم أسرة فردية بدورين؟ [Hal yoojad ladaykom aserah fardeyah bedoorayen?]
dormitory [dɔrmɪtɔri] *n (large bedroom)* دَار إيوَاء [Dar eewaa]
dose [doʊs] *n* جرعة [ʒurʕa]
dot [dɒt] *n* نقطة [nuqtˤa]
double [dʌbəl] *adj* مضاعف [mudˤa:ʕafun] ▷ *v* يُضاعف [judˤa:ʕifu]; **double bass** الدُبَلْبَس وهي أكبر آله في الأسرة الكمانية [addubalbas wa hija ʔakbaru a:latu fi: alʔusrati alkama:nijjati]; **double bed** سَرير مُزدوج [Sareer mozdawaj]; **double room** غرفة مزدوجة [Ghorfah mozdawajah]
doubt [daʊt] *n* شَكٌ [ʃak] ▷ *v* يَرتَاب [jarta:bu]
doubtful [daʊtfəl] *adj* مشكوك فيه [Mashkook feeh]
dough [doʊ] *n* عجينه [ʕaʒi:na]
doughnut [doʊnʌt, -nət] *n* كعكات محلاة مقلية [Ka'akat moḥallah ma'qleyah]
do up *v* يثبِّت [juθabbitu]
dove [dʌv] *n* يمامة [jama:ma]
do without *v* يَستغْني عن [Yastaghney 'aan]
down [daʊn] *adv* نحو الأرض [naħwa alʔardˤi]
download [daʊnloʊd] *n* تحميل [taħmi:l] ▷ *v* يحمل [juħammalu]
downpour [daʊnpɔr] *n* سَيْل [sajl]
downstairs [daʊnstɛərz] *adj* سُفلى [sufla:] ▷ *adv* سفلياً [suflijjan]
downtown [daʊntaʊn] *adv* واقع في قلب المدينة [Wa'qe'a fee 'qalb al-madeenah]; **downtown**

area وسط المدينة [Wasaṭ al-madeenah]وَسَطْ المدينة , [Wasaṭ al-madeenah]

doze [do͟uz] *v* ينعس [janʕasu]

dozen [dʌzən] *n* دستة [dasta]

doze off *v* يَبْدأ بالنوم الخفيف [jabdaʔu binnawmi alxafi:fi]

drab [dræb] *adj* رَتيب [rati:bun]

draft [dræft] *n* مسودة [muswadda]

drag [dræg] *v* يَنسحِب [jansaħibu]

dragon [drægən] *n* تنين [tinni:n]

dragonfly [drægənflaɪ] *n* يَعْسُوب [jaʕsu:b]

drain [dreɪn] *n* فتحة التوصيل [Fathat al-tawṣeel], مصرف للمياه [Maṣraf lel-meyah] ▷ *v* يُصَرِّف ماءً [Yoṣṣaref maae]

drainboard [dreɪnbɔrd] *n* لوحة تجفيف [Lawhat tajfeef]

drainpipe [dreɪnpaɪp] *n* أنبوب التصريف [Anboob altaṣreef]

drama [drɑmə, dræmə] *n* دراما [dra:ma:]

dramatic [drəmætɪk] *adj* درامي [dra:mij]

drastic [dræstɪk] *adj* عنيف [ʕani:fun]

draw [drɔ] *n* سَحْب [saħb] ▷ *v (sketch)* يَرسِم [jarsumu]

drawback [drɔbæk] *n* مال يرد بعد دفعه [Maal yorad daf'ah]

drawer [drɔr] *n* دُرْج [durʒ]

drawing [drɔɪŋ] *n* رسم [rasm]

dreadful [drɛdfəl] *adj* مفزع [mufziʕun]

dream [drim] *n* حلم [ħulm] ▷ *v* يَحلُم [jaħlumu]

drench [drɛntʃ] *v* يُبَلل [jubalilu]

dress [drɛs] *n* فستان [fusta:n] ▷ *v* يلبس [jalbasu]; **wedding dress** فستان الزفاف [Fostaan al-zefaf]; **May I try on this dress?** هل يمكن أن أجرب هذا الفستان؟ [hal yamken an ajar-reb hadha al-fustaan?]

dressed [drɛst] *adj* متأنق [mutaʔanniqun]

dressing [drɛsɪŋ] *n*; **salad dressing** صلصة السلطة [Ṣalṣat al-salata]

dressing table *n* طَاوِلَة زينة [Ṭawlat zeenah]

dress up *v* يتأنق [jataʔannaqu]

dried [draɪd] *adj* مجفف [muʒaffifun]

drift [drɪft] *n* جرف [ʒurf] ▷ *v* يَنْجَرِف [janʒarifu]

drill [drɪl] *n* مِثْقَاب [miθqa:b] ▷ *v* يَثْقب بمثقاب [Yath'qob bemeth'qaab]; **pneumatic drill** مثقاب هوائي [Meth'qaab hawaey]

drink [drɪŋk] *n* مَشروب [maʃru:b] ▷ *v* يَشرب [jaʃrabu]; **binge drinking** الإفراط في تناول الشراب [Al-efraaṭ fee tanawol alsharab]; **drinking water** مياه الشرب [Meyah al-shorb]; **soft drink** مشروب غازي [Mashroob ghazey]

drip [drɪp] *v* يَقْطِر [jaqtˤiru]

drive [draɪv] *n* نزهة في سيارة [Nozhah fee sayarah] ▷ *v* يقود [jaqu:du]; **driving instructor** معلم القيادة [Mo'alem al-'qeyadh]; **drunk driving** القيادة تحت تأثير الكحول [Al-'qeyadh taḥt taatheer al-koḥool]; **four-wheel drive** الدَفْع الرباعي [Al-daf'a al-roba'aey]; **left-hand drive** سيارة مقودها على الجانب الأيسر [Sayarh me'qwadoha ala al-janeb al-aysar]; **right-hand drive** عجلة القيادة اليمنى ['aajalat al-'qeyadah al-yomna]

driver [draɪvər] *n* سائق [sa:ʔiq]; **driver's license** رُخْصَة القيادة [Rokhṣat al-'qeyadah]; **driver's test** اختبار القيادة [Ekhtebar al-'qeyadah]; **racecar driver** سائق سيارة سباق [Sae'q sayarah seba'q]; **student driver** سائق مبتدئ [Sae'q mobtadea]; **truck driver** سائق شاحنة [Sae'q shahenah]

driveway [draɪvweɪ] *n* درب [darb]

driving lesson *n* دَرْس القيادة [Dars al-'qeyadah]

drizzle [drɪzəl] *n* رذاذ [raða:ð]

drop [drɒp] *n* سائل متقطّر [Sael mota'qaṭer], قطرة [qatˤra] ▷ *v* يَسقُط [jasqutˤu]

drought [draʊt] *n* جفاف [ʒafa:f]

drown [draʊn] *v* يَغْرَق [jaɣraqu]

drowsy [draʊzi] *adj* نعسان [naʕsa:nun]

drug [drʌg] *n* مخدرات [muxaddira:t]; **drug addict** مدمن مخدرات [Modmen mokhadarat]; **drug dealer** تاجر مخدرات [Tajer mokhaddrat]

drugstore [drʌgstɔr] *n*; **Where is the nearest drugstore?** أين توجد أقرب صيدلية؟ [ayna tojad a'qrab ṣay-daliya?]

drum [drʌm] *n* طبلة [tˤabla]

drummer [drʌmər] *n* طبال [tˤabba:l]

drunk [drʌŋk] *adj* ثَمِل [θamilun] ▷ *n* سكران [sakra:n]; **drunk driving** القيادة تحت تأثير الكحول

[Al-'qeyadh taḥt taatheer al-koḥool]

dry [draɪ] *adj* جاف [ʒa:ffun] ▷ *v* يُجَفِف [juʒaffifu]; **bone dry** جاف تماماً [Jaf tamaman]; **A dry sherry, please** كأس من مشروب الشيري الجاف من فضلك [Kaas mashroob al-sheery al-jaf men faḍlek]; **I have dry hair** أنا شعري جاف [ana sha'ary jaaf]

dry-cleaner's [draɪklinərz] *n* محل التنظيف الجاف [Mahal al- tanḍheef al-jaf]

dry-cleaning [draɪklinɪŋ] *n* تنظيف جاف [tanḍheef jaf]

dryer [draɪər] *n* مُجَفِّف [muʒaffif]; **spin dryer** مُجَفِف دوار [Mojafef dwar]; **tumble dryer** مجفف ملابس [Mojafef malabes]

dubious [dubiəs] *adj* مريب [muri:bun]

duck [dʌk] *n* بطة [batˤtˤa]

due [du] *adj* مستحق الدفع [Mostaḥa'q al-daf'a]

duffel bag [dʌfəl bæg] *n* جراب [ʒira:b]

dummy [dʌmi] *n* أبكم [ʔabkam]

dump [dʌmp] *n* نفاية [nufa:ja] ▷ *v* يُلْقي النفايات [Yol'qy al-nefayat]

dumpling [dʌmplɪŋ] *n* زلابية [zala:bijja]

dune [dun] *n*; **sand dune** كثبان رملية [Kothban ramleyah]

dungarees [dʌŋgəriz] *npl* ملابس قطنية خشنة [Malabes 'qotneyah khashenah]

dungeon [dʌndʒən] *n* برج محصن [Borj mohaṣṣan]

duplex [dupleks] *n* شبه [ʃibhu], منزل نصف متصل [Mazel neṣf motaṣel]

durable [dʊərəbəl] *adj* قوي [qawij]

duration [dʊəreɪʃən] *n* مُدَّة [mudda]

during [dʊərɪŋ] *prep*; **during the summer** خلال فصل الصيف [khelal faṣl al-ṣayf]

dusk [dʌsk] *n* غَسَقٌ [ɣasaq]

dust [dʌst] *n* غبار [ɣuba:r] ▷ *v* ينفض [janfudˤu]

dustpan [dʌstpæn] *n* جاروف الكناسة [Jaroof al-kannasah]

dusty [dʌsti] *adj* مغبر [muɣbarrun]

Dutch [dʌtʃ] *adj* هولندي [hu:landij] ▷ *n* هولندي [hu:landij]

Dutchman [dʌtʃmən] (*pl* Dutchmen) *n* رَجُل هولندي [Rajol holandey]

Dutchwoman [dʌtʃwʊmən] (*pl* Dutchwomen) *n* هولندية [hu:landijja]

duty [duti] *n* واجب [wa:ʒib]

duty-free *adj* معفى من الرسوم الضريبية [Ma'afee men al-rosoom al-ḍareebeyah]; **duty-free goods** مَعْفِي من الضرائب [Ma'afey men al-ḍaraaeb]

DVD [di vi di] *n* اسطوانة دى في دي [Esṭwanah DVD]; **DVD burner** ناسخ لاسطوانات دى في دي [Nasekh le-sṭewanat D V D]; **DVD player** مشغل اسطوانات دى في دي [Moshaghel esṭwanat D V D]

dwarf [dwɔrf] *n* قزم [qazam]

dwelling [dwɛlɪŋ] *n*; **government-subsidized dwelling** دار المجلس التشريعى [Dar al-majles al-tashre'aey]

dye [daɪ] *n* صبغة [sˤibɣa] ▷ *v* يَصبِغ [jasˤbiɣu]

dynamic [daɪnæmɪk] *adj* ديناميكي [di:na:mi:kajjun]

dyslexia [dɪslɛksiə] *n* عسر التكلم ['aosr al-takalom]

dyslexic [dɪslɛksɪk] *adj* متعسر النطق [Mota'aer alnoṭ'q]

E

eagle [igəl] *n* عُقاب [ʕuqa:b]

ear [ɪər] *n* أذن [ʔuð]

earache [ɪəreɪk] *n* ألم الأذُن [Alam al odhon]

eardrum [ɪərdrʌm] *n* طبلة الأذن [Ṭablat alozon]

earlier [ɜrliər] *adv* أقدم [aqdam]

early [ɜrli] *adj* مبكر [mubakkirun] ▷ *adv* باكراً [ba:kiran]; **We arrived early/late** لقد وصلنا مبكرًا [la'qad waṣalna mu-bakiran]

earn [ɜrn] *v* يَكْتَسِب [jaktasibu]

earnings [ɜrnɪŋz] *npl* مكاسب [maka:sibun]

earphones [ɪərfoʊnz] *npl* سماعات الأذن [Sama'at al-odhon]

earplugs [ɪərplʌgz] *npl* سِدادات الأذن [Sedadat alodhon]

earring [ɪərɪŋ] *n* قرط [qirtˤ]

earth [ɜrθ] *n* الأرض [al-ʔardˤi]

earthquake [ɜrθkweɪk] *n* زلزال [zilza:l]

easily [izɪli] *adv* بسهولة [bisuhu:latin]

east [ist] *adj* شرقي [ʃarqij] ▷ *adv* شرقاً [ʃarqan] ▷ *n* شرق [ʃarq]; **Far East** الشرق الأقصى [Al-shar'q al-a'qsa]; **Middle East** الشرق الأوسط [Al-shar'q al-awṣaṭ]

eastbound [istbaʊnd] *adj* متجه شرقاً [Motajeh sharqan]

Easter [istər] *n* عيد الفصح ['aeed al-feṣḥ]; **Easter egg** بيض عيد الفصح [Bayḍ 'aeed al-feṣh]

eastern [istərn] *adj* شرقي [ʃarqij]

easy [izi] *adj* سهل [sahlun]; **easy chair** كرسي مريح [Korsey moreeḥ]

easygoing [izigoʊɪŋ] *adj* سهل الانقياد [Sahl al-en'qyad]

eat [it] *v* يأكل [jaʔkulu]

e-book [ibʊk] *n* كتاب الكتروني [Ketab elektrooney]

eccentric [ɪksɛntrɪk] *adj* لا متراكز [La motrakez]

echo [ɛkoʊ] *n* صَدَى [sˤada:]

ecofriendly [ikoʊfrɛndli] *adj* صديق للبيئة [Ṣadeek al-beeaah]

ecological [ɛkəlɒdʒɪkəl, ik-] *adj* بيئي [bi:ʔij]

ecology [ɪkɒlədʒi] *n* علم البيئة ['aelm al-beeah]

e-commerce [ikɒmɜrs] *n* تجارة الكترونية [Tejarah elektroneyah]

economic [ɛkənɒmɪk, ik-] *adj* اقتصادي [iqtisˤa:dij]

economical [ɛkənɒmɪkəl, ik-] *adj* مُقتصِد [muqtasˤidun]

economics [ɛkənɒmɪks, ik-] *npl* علم الاقتصاد ['aelm al-e'qtesad]

economist [ɪkɒnəmɪst] *n* عالم اقتصادي ['aaalem e'qteṣaadey]

economize [ɪkɒnəmaɪz] *v* يَقْتَصِد [jaqtasˤidu]

economy [ɪkɒnəmi] *n* اقتصاد [iqtisˤa:d]; **economy class** درجة سياحية [Darjah seyaḥeyah]

ecstasy [ɛkstəsi] *n* نشوي [naʃawij]

Ecuador [ɛkwədɔr] *n* الاكوادور [al-ikwa:du:r]

eczema [ɛksəmə, ɛgzə-, ɪgzi-] *n* اكزيما [ikzi:ma:]

edge [ɛdʒ] *n* حافة [ħa:ffa]

edgy [ɛdʒi] *adj* قاطع [qa:tˤiʕun]

edible [ɛdɪbəl] *adj* صالح للأكل [Ṣaleḥ lel-aakl]

edition [ɪdɪʃən] *n* طبعة [tˤabʕa]

editor [ɛdɪtər] *n* مُحَرِر [muħarrir]

educated [ɛdʒʊkeɪtɪd] *adj* متعلم [mutaʕallimun]

education [ɛdʒʊkeɪʃən] *n* تعليم [taʕli:m]; **adult education** تعليم الكبار [Ta'aleem al-kebar]; **higher education** تعليم عالى [Ta'aleem 'aaaly], *(lower-level)* نظام التعليم الإضافي [neḍham al-ta'aleem al-eḍafey]

educational [ɛdʒʊkeɪʃənəl] *adj* تربوي [tarbawij]

eel [il] *n* سَمكة الأنقليس [Samakat al-anfalees]

effect [ɪfɛkt] *n* أثر [ʔaθar]; **side effect** آثار جانبية

[Aathar janeebyah]
effective [ɪfɛktɪv] *adj* فعال [faʕʕa:lun]
effectively [ɪfɛktɪvli] *adv* بفعالية [bifaʕa:lijjatin]
efficient [ɪfɪʃənt] *adj* كاف [ka:fin]
efficiently [ɪfɪʃəntli] *adv* بكفاءة [bikafa:ʔatin]
effort [ɛfərt] *n* جهد [ʒuhd]
egg [ɛg] *n* بيضة [bajdˤa]; **egg white** بياض البيض [Bayaḍ al-bayḍ]; **egg yolk** صفار البيض [Ṣafar al-bayḍ]; **Easter egg** بيض عيد الفصح [Bayḍ 'aeed al-feṣh]; **hard-boiled egg** بيضة مسلوقة [Bayḍah maslo'qah]; **scrambled eggs** بيض مخفوق [Bayḍ makhfou'q]
eggcup [ɛgcʌp] *n* كأس البيضة [Kaas al-bayḍah]
eggplant [ɛgplænt] *n* باذنجان [ba:ðinʒa:n]
Egypt [ɪdʒɪpt] *n* مصر [misˤru]
Egyptian [ɪdʒɪpʃən] *adj* مصري [misˤrij] ▷ *n* مِصْري [misˤrij]
eight [eɪt] *number* ثمانية [θama:nijatun]
eighteen [eɪtin] *number* ثمانية عشر [θama:nijata ʕaʃara]
eighteenth [eɪtinθ] *adj* الثامن عشر [aθ-θa:min ʕaʃar]
eighth [eɪtθ] *adj* الثامن [aθθa:min] ▷ *n* ثُمن [θum]
eighty [eɪti] *number* ثمانون [θama:nu:na]
Eire [ɛərə] *n* أيرلندا [ʔajrlanda:]
either [iðər, aɪðər] *pron*; **I don't like it either** ولا أحب ذلك أيضا [wala oḥib dhalika ayḍan]
elastic [ɪlæstɪk] *n* مطاط [matˤtˤa:tˤ]
elbow [ɛlboʊ] *n* مِرفق [mirfaq]
elder [ɛldər] *adj* أكبر سِناً [Akbar senan]
elderly [ɛldərli] *adj* كهولي [kuhu:lij]
eldest [ɛldɪst] *adj* الأكبر سناً [Al-akbar senan]
elect [ɪlɛkt] *v* يَنتخِب [jantaxibu]
election [ɪlɛkʃən] *n* انتخاب [intixa:b]; **general election** انتخابات عامة [Entekhabat 'aamah]
electorate [ɪlɛktərɪt] *n* جمهور الناخبين [Jomhoor al-nakhebeen]
electric [ɪlɛktrɪk] *adj* مكهرب [mukahrabun]; **electric blanket** بطانية كهربائية [Baṭaneyah kahrobaeyah]; **electric cord** (لي) سِلك كهربائي [Selk kahrabaey]; **electric shock** صَدْمَة كهربائية [Ṣadmah kahrbaeyah]
electrical [ɪlɛktrɪkəl] *adj* كهربائي [kahraba:ʔij]
electrician [ɪlɛktrɪʃən, ilɛk-] *n* مشتغل بالكهرباء [Moshtaghel bel-kahrabaa]
electricity [ɪlɛktrɪsɪti, ilɛk-] *n* كهرباء [kahraba:ʔ]; **Do we have to pay extra for electricity?** هل يجب علينا دفع مصاريف إضافية للكهرباء؟ [hal yajib 'aala-yna dafʼa maṣa-reef eḍafiya lel-kah-rabaa?]; **Is the cost of electricity included?** هل يشمل ذلك تكلفة الكهرباء؟ [hal yash-mil dhalik tak-lifat al-kah-rabaa?]; **There's no electricity** لا توجد كهرباء [la tojad kah-rabaa]; **Where's the electricity meter?** أين يوجد عداد الكهرباء؟ [ayna yujad 'aadad al-kah-raba?]
electronic [ɪlɛktrɒnɪk, i-] *adj* الكتروني [iliktru:nijjatun]
electronics [ɪlɛktrɒnɪks, i-] *npl* الكترونيات [ilikturu:nijja:tun]
elegant [ɛlɪgənt] *adj* أنيق [ʔani:qun]
element [ɛlɪmənt] *n* عنصر [ʕunsˤur]
elementary [ɛlɪmɛntəri, -tri] *adj*; **elementary school** مدرسة إبتدائية [Madrasah ebtedaeyah]
elephant [ɛlɪfənt] *n* فيل [fi:l]
elevator [ɛlɪveɪtər] *n (up/down)* مصعد [misˤʕad]; **Is there an elevator in the building?** هل يوجد مصعد في المبنى؟ [hal yujad maṣ'aad fee al-mabna?]; **Where is the elevator?** أين يوجد المصعد؟ [ayna yujad al-maṣ'aad?]
eleven [ɪlɛvən] *number* أحد عشر [ʔaħada ʕaʃar]
eleventh [ɪlɛvənθ] *adj* الحادي عشر [al-ħa:di: ʕaʃar]
eliminate [ɪlɪmɪneɪt] *v* يحذف [juħðafu]
elm [ɛlm] *n* شجر الدردار [Shajar al-dardaar]
else [ɛls] *adv* أيضا [ʔajdˤan]
elsewhere [ɛlswɛər] *adv* فى مكان آخر [Fee makaan aakhar]
email [imeɪl] *n* بريد الكتروني [Bareed elek-trooney] ▷ *v* يُرْسِل بريدا إلكترونيا [Yorsel bareedan electroneyan]; **email address** عنوان البريد الإلكتروني ['aonwan al-bareed al-electrooney]
embankment [ɪmbæŋkmənt] *n* جِسر [ʒisr]
embarrassed [ɪmbærəst] *adj* مُحرَج [muħraʒun]

embarrassing [ɪmbæ̲rəsɪŋ] *adj* مُحرج [muħriʒun]

embassy [ɛ̲mbəsi] *n* سِفارة [sifa:ra]

embroider [ɪmbrɔ̲ɪdər] *v* يُزَين [juzajjinu]

embroidery [ɪmbrɔ̲ɪdəri] *n* تطريز [tatˤri:z]

emergency [ɪmɜ̲rdʒənsi] *n* حالة طارئة [Ḥalah ṭareaa]; **emergency brake** فرملة يَدّ [Farmalat yad]; **emergency exit** مخرج طوارئ [Makhraj ṭawarea]; **emergency landing** هبوط اضطراري [Hobooṭ edṭerary]; **emergency room** إدارة الحوادث والطوارئ [Edarat al-hawadeth wa-al-tawarea]; **It's an emergency!** إنها حالة طارئة [inaha ḥala ṭareaa]

emigrate [ɛ̲mɪgreɪt] *v* يهاجر [juha:ʒiru]

emotion [ɪmo̲ʊ̲ʃən] *n* عاطفة [ʕa:tˤifa]

emotional [ɪmo̲ʊ̲ʃənəl] *adj* عاطفي [ʕa:tˤifij]

emperor [ɛ̲mpərər] *n* إمبراطور [ʔimbara:tˤu:r]

emphasize [ɛ̲mfəsaɪz] *v* يُؤكِد [juakiddu]

empire [ɛ̲mpaɪər] *n* إمبراطورية [ʔimbara:tˤu:rijja]

employ [ɪmplɔ̲ɪ̲] *v* يوُظف [juwazˤzˤifu]

employee [ɪmplɔ̲ɪ̲i] *n* موظف [muwazˤzˤaf]

employer [ɪmplɔ̲ɪ̲ər] *n* صاحب العمل [Ṣaheb 'aamal]

employment [ɪmplɔ̲ɪ̲mənt] *n* وظيفة [wazˤi:fa]; **employment office** مركز العمل [markaz al-'aamal]

empty [ɛ̲mpti] *adj* خال [xa:lin] ▹ *v* يُفْرِغ [jufriɣu]

enamel [ɪnæ̲məl] *n* طلاء المينا [Ṭelaa al-meena]

encourage [ɪnkɜ̲rɪdʒ] *v* يُشجع [juʃaʒʒiʕu]

encouragement [ɪnkɜ̲rɪdʒmənt] *n* تشجيع [taʃʒi:ʕ]

encouraging [ɪnkɜ̲rɪdʒiŋ] *adj* مشجع [muʃaʒʒiʕun]

encyclopedia [ɪnsa̲ɪ̲kləpi̲diə] *n* موسوعة [mawsu:ʕa]

end [ɛ̲nd] *n* نهاية [niha:ja] ▹ *v* يَنْتَهي [jantahi:]; **dead end** طريق مسدود [Taree'q masdood]; **at the end of June** في نهاية شهر يونيو [fee nehayat shahr yon-yo]

endanger [ɪndeɪ̲ndʒər] *v* يُعَرِض للخطر [Yo'areḍ lel-khaṭar]

ending [ɛ̲ndɪŋ] *n* انتهاء [intiha:ʔ]

endless [ɛ̲ndlɪs] *adj* لا نهائي [La nehaaey]

enemy [ɛ̲nəmi] *n* عدو [ʕaduww]

energetic [ɛ̲nərdʒɛ̲tɪk] *adj* ملئ بالطاقة [Maleea bel-ṭa'qah]

energy [ɛ̲nərdʒi] *n* طاقة [tˤa:qa]

engaged [ɪnge̲ɪ̲dʒd] *adj* مشغول [maʃɣu:lun]

engagement [ɪnge̲ɪ̲dʒmənt] *n* ارتباط [irtiba:tˤ]; **engagement ring** خاتم الخطوبة [Khatem al-khotobah]

engine [ɛ̲ndʒɪn] *n* محرك [muħarrik]; **search engine** محرك البحث [moḥarek al-baḥth]; **The engine is overheating** المحرك حرارته مرتفعه [al-muḥar-ik ḥarara-tuho murtafe'aa]

engineer [ɛ̲ndʒɪnɪ̲ə̲r] *n* مهندس [muhandis]

engineering [ɛ̲ndʒɪnɪ̲ə̲rɪŋ] *n* هندسة [handasa]

England [ɪ̲ŋglənd] *n* إنجلترا [ʔinʒiltira:]

English [ɪ̲ŋglɪʃ] *adj* إنجليزي [ʔinʒili:zij] ▹ *n* إنجليزي [ʔinʒili:zij]; **Do you speak English?** هل تتحدث الإنجليزية [hal tata- ḥadath al-injileez-iya?]; **Does anyone speak English?** أيوجد هنا من يتحدث الإنجليزية؟ [ayujad huna min yata-ḥadath al-injile-ziya?]; **I don't speak English** أنا لا أتحدث الإنجليزية [ana la ata-ḥadath al-injile-ziya]; **I speak very little English** أنا أتحدث الإنجليزية قليلا جدا [ana ata-ḥadath al-injile-ziya 'qaleelan jedan]

Englishman [ɪ̲ŋglɪʃmən] (*pl* Englishmen) *n* مواطن انجليزي [mowaṭen enjeleezey]

Englishwoman [ɪ̲ŋglɪʃwʊmən] (*pl* Englishwomen) *n* مواطنة إنجليزية [Mowaṭenah enjlezeyah]

engrave [ɪngre̲ɪ̲v] *v* يَنقُش [janquʃu]

enjoy [ɪndʒɔ̲ɪ̲] *v* يَستمتِع ب [jastamtiʕu bi]

enjoyable [ɪndʒɔ̲ɪ̲əbəl] *adj* ممتع [mumtiʕun]

enlargement [ɪnlɑ̲rdʒmənt] *n* تكبير [takbi:r]

enormous [ɪnɔ̲rməs] *adj* ضخم [dˤaxmun]

enough [ɪnʌ̲f] *adj* كاف [ka:fin]

ensure [ɪnʃʊ̲ə̲r] *v* يَكْفُل [jakfulu]

enter [ɛ̲ntər] *v* يُدخِل [judxilu]

entertain [ɛntərte̲ɪ̲n] *v* يَستضيف [jastadˤi:fu] (يسلي)

entertainer [ɛntərte̲ɪ̲nər] *n* فنان مشترك في حفلة عامة [Fanan moshtarek fe ḥaflah 'aama] (فنان)

entertaining [ɛntərte̲ɪ̲nɪŋ] *adj* مسل [musallin]

entertainment [ɛntərte̲ɪ̲nmənt] *n*; **What entertainment is there?** ما وسائل التسلية

المتاحة؟ [ma wasa-el al-tas-leya al-mutaa-ḥa?]

enthusiasm [ɪnθuziæzəm] *n* حماسة [ħama:sa]

enthusiastic [ɪnθuziæstɪk] *adj* قاطع [qa:tˤiʕun], متحمس [mutaħammisun]

entirely [ɪntaɪərli] *adv* بشكل كامل [Beshakl kaamel]

entrance [ɛntrəns] *n* مدخل [madxal], ممر دخول [Mamar dokhool]; **Where's the wheelchair-accessible entrance?** أين يوجد المدخل المخصص للكراسي المتحركة؟ [ayna yujad al-madkhal al-mukhaṣaṣ lel-karasy al-muta-ḥareka?]

entry [ɛntri] *n* دخول [duxu:l] (مادة) ; **entry phone** تليفون المدخل [Telefoon al-madkhal]

envelope [ɛnvəloʊp, ɒn-] *n* مغلف [muɣallaf]

envious [ɛnviəs] *adj* حسود [ħasu:dun]

environment [ɪnvaɪrənmənt, -vaɪərn-] *n* بيئة [bi:ʔit]

environmental [ɪnvaɪrənmɛntəl, -vaɪərn-] *adj* بيئي [bi:ʔij]; **environmentally friendly** صديق للبيئة [Ṣadeek al-beeaah]

envy [ɛnvi] *n* حسد [ħasad] ▷ *v* يَحسُد [jaħsudu]

epidemic [ɛpɪdɛmɪk] *n* وباء [waba:ʔ]

epileptic [ɛpɪlɛptɪk] *n* مريض بالصَرَعْ [Mareeḍ bel-ṣara'a]; **epileptic seizure** نوبة صرع [Nawbat ṣar'a]

episode [ɛpɪsoʊd] *n* سلسلة متتابعة [Selselah motatabe'ah]

equal [ikwəl] *adj* مساو [musa:win] ▷ *v* يُساوِي [jusa:wi:]

equality [ɪkwɒlɪti] *n* مساواة [musa:wa:t]

equalize [ikwəlaɪz] *v* يُساوي بين [Yosawey bayn]

equation [ɪkweɪʒən] *n* مُعادلة [muʕa:dala]

equator [ɪkweɪtər] *n* خط الاستواء [Khaṭ al-estwaa]

Equatorial Guinea *n* غينيا الاستوائية [ɣi:nja: al-istiwa:ʔijjatu]

equipment [ɪkwɪpmənt] *n* مُعدات [muʕadda:t]

equipped [ɪkwɪpt] *adj* مجهز [muʒahhazun]

equivalent [ɪkwɪvələnt] *n* مُساوي [musa:wi:]

erase [ɪreɪs] *v* يمحو [jamħu:]

Eritrea [ɛrɪtreɪə] *n* إريتريا [ʔiri:tirja:]

erotic [ɪrɒtɪk] *adj* مُثير للشهوة الجنسية [Motheer lel shahwah al-jenseyah]

error [ɛrər] *n* غلطة [ɣaltˤa]

escalator [ɛskəleɪtər] *n* سلم متحرك [Solam motaḥarek]

escape [ɪskeɪp] *n* هروب [huru:b] ▷ *v* يَفِرْ [jafirru]; **fire escape** سُلَم النجاة من الحريق [Solam al-najah men al-ḥaree'q]

escort [ɪskɔrt] *v* يُصَاحِب [jusˤa:ħibu], يرافق [jura:fiqu]

especially [ɪspɛʃəli] *adv* خصوصاً [xusˤwusˤan]

espionage [ɛspiənɑʒ] *n* جاسوسية [ʒa:su:sijja]

essay [ɛseɪ] *n* مقال [maqa:l]

essential [ɪsɛnʃəl] *adj* جَوهَري [ʒawharij]

estate [ɪsteɪt] *n* عِزبة [ʕizba]; **real estate agent** سِمسار عقارات [Semsaar a'qarat]

estimate *n* [ɛstɪmɪt]تقدير [taqdi:run] ▷ *v* [ɛstɪmeɪt]يُقيِّم [juqajjimu]

Estonia [ɛstoʊniə] *n* إستونيا [ʔistu:nja:]

Estonian [ɛstoʊniən] *adj* إستوني [ʔistu:nij] ▷ *n* *(language)* اللغة الإستوانية [Al-loghah al-estwaneyah], *(person)* إستوني [ʔistu:nij]

etc. [ɛt sɛtərə, -sɛtrə] *abbr* إلخ [ʔilax]

eternal [ɪtɜrnəl] *adj* خالد [xa:lidun]

eternity [ɪtɜrnɪti] *n* خُلود [xulu:d]

ethical [ɛθɪkəl] *adj* أخلاقي مِهَني [Akhla'qy mehany]

Ethiopia [iθioʊpiə] *n* إثيوبيا [ʔiθju:bja:]

Ethiopian [iθioʊpiən] *adj* إثيوبي [ʔiθju:bij] ▷ *n* مواطن إثيوبي [Mowaṭen ethyobey]

ethnic [ɛθnɪk] *adj* عرقي [ʕirqij]

e-ticket [itɪkɪt] *n* تذكرة إلكترونية [Tadhkarah elektroneyah]

EU [i yu] *abbr* الاتحاد الأوروبي [Al-tehad al-orobey]

euro [yʊəroʊ] *n* يورو [ju:ru:]

Europe [yʊərəp] *n* أوروبا [ʔu:ru:bba:]

European [yʊərəpiən] *adj* أوروبي [ʔu:ru:bij] ▷ *n* شخص أوروبي [Shakhs orobby]; **European Union** الاتحاد الأوروبي [Al-tehad al-orobey]

evacuate [ɪvækyueɪt] *v* يُخلِي [juxli:]

eve [iv] *n* عشية [ʕaʃijja]

even [ivən] *adj* مستو [mustawin] ▷ *adv* حتى [ħatta:]

evening [ivnɪŋ] *n* مساء [masa:ʔ]; **Good evening** مساء الخير [masaa al-khayer]; **in the evening** في المساء [fee al-masaa]; **The table is reserved for nine o'clock this evening** هذه المائدة محجوزة للساعة التاسعة من هذا المساء [hathy al-ma-eda maḥjoza lel-sa'aa al-tase'aa min hatha al-masaa]; **What are you doing this evening?** ما الذي ستفعله هذا المساء [ma al-lathy sataf-'aalaho hatha al-masaa?]; **What is there to do in the evenings?** ماذا يمكن أن نفعله في المساء؟ [madha yamken an naf-'aalaho fee al-masaa?]

event [ɪvɛnt] *n* حدث [ħadaθ]

eventful [ɪvɛntfəl] *adj* زاخر بالأحداث [Zakher bel-aḥdath] (خطير)

eventually [ɪvɛntʃuəli] *adv* لاحقاً [la:ħiqan]

ever [ɛvər] *adv* في أي وقت [Fee ay wa'qt]

every [ɛvri] *pron*; **The bus runs every twenty minutes** هناك أتوبيس يغادر كل 02 دقيقة [Honak otobees yoghader kol 20 da'qee'qa]

everywhere [ɛvriwɛər] *adv* حيثما [ħajθuma:]

evidence [ɛvɪdəns] *n* دليل [dali:l]

evil [ivəl] *adj* شرير [ʃirri:run]

evolution [ivəluʃən, ɛv-] *n* نشوء [nuʃwuʔ]

ewe [yu] *n* شاة [ʃa:t]

exact [ɪgzækt] *adj* مضبوط [madˤbu:tˤun]

exactly [ɪgzæktli] *adv* تماماً [tama:man]

exaggerate [ɪgzædʒəreɪt] *v* يُبالِغ [juba:liɣu]

exaggeration [ɪgzædʒəreɪʃən] *n* مبالغة [muba:laɣa]

exam [ɪgzæm] *n* امتحان [imtiħa:n]; **exam proctor** مُرَاقِب [mura:qibun]

examination [ɪgzæmɪneɪʃən] *n* فحص [faħsˤ]

examine [ɪgzæmɪn] *v* يَتَفْحَص [jatafaħħasˤu] (يستجوب)

examiner [ɪgzæmɪnər] *n* الفاحص [al-fa:ħisˤu]

example [ɪgzæmpəl] *n* مثال [miθa:l]

excellent [ɛksələnt] *adj* ممتاز [mumta:zun]

exception [ɪksɛpʃən] *n* استثناء [istiθna:ʔ]

exceptional [ɪksɛpʃənəl] *adj* استثنائي [istiθna:ʔij]

excessive [ɪksɛsɪv] *adj* مفرط [mufritˤun]

exchange [ɪkstʃeɪndʒ] *v* يَتَبَادل [jataba:dalu]; **currency exchange counter** مكتب صرافة [Maktab ṣerafah]; **exchange rate** سِعر الصرف [Se'ar al-ṣ arf]; **foreign-exchange rate** سِعر الصرف [Se'ar al-ṣ arf]; **stock exchange** سُوق الأوراق المالية [Soo'q al-awra'q al-maleyah]

excited [ɪksaɪtɪd] *adj* مُثار [muθa:run]

exciting [ɪksaɪtɪŋ] *adj* مثير [muθi:run]

exclude [ɪksklud] *v* يَستبعد [justabʕadu]

exclusively [ɪksklusɪvli] *adv* على وجه الحصر ['ala wajh al-ḥaṣr]

excuse *n* [ɪkskyus] عذر [ʕuðran] ▷ *v* [ɪkskyuz] يَعْذُر [jaʕðuru]; **Excuse me** معذرة [maʕðiratun]; **Excuse me, that's my seat** معذرة، هذا هو مقعدي؟ [ma'a-dhera, hadha howa ma'q'aady]

execute [ɛksɪkyut] *v* يعدم [juʕdimu]

execution [ɛksɪkyuʃən] *n* تنفيذ [tanfi:ð]

executive [ɪgzɛkyətɪv] *n* سُلطة تنفيذية [Soltah tanfeedheyah] (مدير)

exercise [ɛksərsaɪz] *n* تمرين [tamri:n]

exhaust [ɪgzɔst] *n*; **The exhaust is broken** لقد انكسرت ماسورة العادم [Le'aad enkasarat masoorat al-'adem]

exhausted [ɪgzɔstɪd] *adj* مرهق [murhiqun]

exhibition [ɛksɪbɪʃən] *n* معرض [maʕridˤ]

ex-husband *n* زوج سابق [Zawj sabe'q]

exile [ɛksaɪl, ɛgz-] *n* منفى [manfa:]

exist [ɪgzɪst] *v* يوجد [ju:ʒadu]

exit [ɛgzɪt, ɛksɪt] *n* مخرج [maxraʒ], منفذ خروج [Manfaz khoroj]; **emergency exit** مخرج طوارئ [Makhraj ṭawarea]

exotic [ɪgzɒtɪk] *adj* دخيل [daxi:lun]

expect [ɪkspɛkt] *v* يَتَوَقع [jatawaqqaʕu]

expedition [ɛkspɪdɪʃən] *n* بِعْثَة [biʕθa]

expel [ɪkspɛl] *v* يَطْرُد [jatˤrudu]

expenditure [ɪkspɛndɪtʃər] *n* نَفَقة [nafaqa]

expenses [ɪkspɛnsɪz] *npl* نفقات [nafaqa:tun]

expensive [ɪkspɛnsɪv] *adj* مرتفع الثمن [mortafe'a al-thaman]

experience [ɪkspɪəriəns] *n* خبرة [xibra]; **work experience** خبرة العمل [Khebrat al'aamal]

experienced [ɪkspɪəriənst] *adj* مُجَرَب [muʒarribun]

experiment [ɪkspɛrɪmənt] *n* تجربة [taʒriba]

expert [ɛkspɜrt] *n* خبير [xabi:r]

expiration [ɛkspɪreɪʃən] *n*; **expiration date** تاريخ الانتهاء [Tareekh al-entehaa]
expire [ɪkspaɪər] *v* ينتهي [janqadˤiː]
explain [ɪkspleɪn] *v* يَشرح [jaʃraħu]
explanation [ɛkspləneɪʃən] *n* شَرح [ʃarħ]
explode [ɪksploʊd] *v* يُفجِر [jufaʒʒiru]
exploit [ɪksplɔɪt] *v* يَستغِل [jastaɣillu]
exploitation [ɛksplɔɪteɪʃən] *n* استغلال [istiɣlaːl]
explore [ɪksplɔr] *v* يَستكشف [jastakʃifu]
explorer [ɪksplɔrər] *n* مستكشف [mustakʃif] (مسبار)
explosion [ɪksploʊʒən] *n* انفجار [infiʒaːr]
explosive [ɪksploʊsɪv] *n* مادة متفجرة [Madah motafajerah]
export *n* [ɛkspɔrt]صادِر [sˤaːdirun] (تصدير) ▹ *v* [ɪkspɔrt]يُصَدِر [jusˤaddiru]
express [ɪksprɛs] *v* يُعَبِر عن [Yo'aber 'an]
expression [ɪksprɛʃən] *n* تعبير [taʕbiːr]
expressway [ɪksprɛsweɪ] *n* طريق السيارات [ṭaree'q alsayaraat]
extension [ɪkstɛnʃən] *n* (توسع)امتداد [imtidaːd]; **extension cord** وَصْلَة تمديد [Waṣlat tamdeed]
extensive [ɪkstɛnsɪv] *adj* ممتد [mumtaddun]
extensively [ɪkstɛnsɪvli] *adv* بشكل مُوَسَّع [Beshakl mowasa'a]
extent [ɪkstɛnt] *n* مدى [madaː]
exterior [ɪkstɪəriər] *adj* خارجي [xaːriʒij]
external [ɪkstɜrnəl] *adj* سطحي [satˤħij]
extinct [ɪkstɪŋkt] *adj* منقرض [munqaridˤun]
extinguisher [ɪkstɪŋgwɪʃər] *n* طفاية الحريق [Ṭafayat ḥaree'q]
extortionate [ɪkstɔrʃənɪt] *adj* مُستَغِل [mustaɣillun]
extra [ɛkstrə] *adj* زَائِد [zaːʔidun] ▹ *adv* إلى درجة فائقة [Ela darajah fae'qah]
extraordinary [ɪkstrɔrdənɛri] *adj* استثنائي [istiθnaːʔij]
extravagant [ɪkstrævəgənt] *adj* مسرف [musrifun]
extreme [ɪkstrim] *adj* شديد [ʃadiːdun]
extremely [ɪkstrimli] *adv* بدرجة شديدة [Bedarajah shadeedah]
extremism [ɪkstrimɪzəm] *n* تطرف [tatˤarruf]
extremist [ɪkstrimɪst] *n* متطرف [mutatˤarrif]
ex-wife *n* زوجة سابقة [Zawjah sabe'qah]
eye [aɪ] *n* عين [ʕajn]; **eye shadow** ظل العيون [ḍhel al-'aoyoon]; **Seeing Eye® dog** كلب هادي مدرب للمكفوفين [Kalb hadey modarab lel-makfoofeen]; **I have something in my eye** يوجد شيء ما في عيني [yujad shay-un ma fee 'aynee]; **My eyes are sore** إن عيناي ملتهبتان [enna 'aynaya multa-hebatan]
eyebrow [aɪbraʊ] *n* حاجب [ħaːʒib]
eyedrops [aɪdrɒps] *npl* قطرة للعين ['qaṭrah lel-'ayn]
eyelash [aɪlæʃ] *n* رِمش العين [Remsh al'ayn]
eyelid [aɪlɪd] *n* جِفن [ʒafn]
eyeliner [aɪlaɪnər] *n* قلم تحديد العينين ['qalam taḥdeed al-'ayn]
eyesight [aɪsaɪt] *n* مجال البصر [Majal al-baṣar]

F

fabric [fæbrɪk] *n* قماش [quma:ʃ]

fabulous [fæbyələs] *adj* غير قابل للتصديق [Ghayr 'qabel leltaṣdee'q]

face [feɪs] *n* وجه [waʒh] ▹ *v* يواجه [juwa:ʒihu]

facial [feɪʃəl] *adj* وجهي [waʒhij] ▹ *n* تدليك الوجه [Tadleek al-wajh]

facilities [fəsɪlɪtiz] *npl* منشآت [munʃaʔa:tun] (تسهيلات)

fact [fækt] *n* حقيقة [ħaqi:qa]

factory [fæktəri, -tri] *n* مصنع [masˤnaʕ]

fade [feɪd] *v* يَذوي [jaðawwi:]

fail [feɪl] *v* يَفْشَل [jafʃalu]

failure [feɪlyər] *n* فشل [faʃal]

faint [feɪnt] *adj* خائر القوى [Khaaer al-'qowa] ▹ *v* يُصَاب بإغماء [yoṣab be-eghmaa]

fair [fɛər] *adj (light color)* فَاتِح [fa:tiħun], *(reasonable)* عادل [ʕa:dilun] ▹ *n* سوق خيرية [Soo'q khayreyah]

fairground [fɛərgraʊnd] *n* أرض المعارض [Arḍ al ma'ariḍ]

fairly [fɛərli] *adv* بإنْصَاف [bi-ʔinsˤa:fin]

fairness [fɛərnɪs] *n* عدل [ʕadl]

fairy [fɛəri] *n* جنية [ʒinnija]; **fairy tale** أحد حكايات الجان [Aḥad ḥekayat al-jan]

faith [feɪθ] *n* إيمان [ʔi:ma:n] (إخلاص)

faithful [feɪθfəl] *adj* مخلص [muxlisˤun]

faithfully [feɪθfəli] *adv* بصِدْق [bisˤidqin]

fake [feɪk] *adj* مُزَيَّف [muzajjafun] ▹ *n* زائف [za:ʔif] (مدع)

fall [fɔl] *n* سُقوط [suqu:tˤ] ▹ *v* يَقَع [jaqaʕu]

fall down *v* يَسْقُط [jasqutˤu] (يخر ساجدا)

fall for *v* يقع في غرامها [Ya'qah fee ghrameha]

fall out *v* يَتَشاجر [jataʃa:ʒaru] (يتفرق)

false [fɔls] *adj* زائف [za:ʔifun]; **false alarm** إنذار كاذب [endhar kadheb]

fame [feɪm] *n* سُمْعَة [sumʕa]

familiar [fəmɪlyər] *adj* مألوف [maʔlu:fun]

family [fæmɪli, fæmli] *n* عائلة [ʕa:ʔila]; **family name** لقب [laqabun]; **family room** حجرة الجلوس [Hojrat al-joloos]

famine [fæmɪn] *n* مجاعة [maʒa:ʕa]

famous [feɪməs] *adj* مَشْهور [maʃhu:run]

fan [fæn] *n* مروحة [mirwaħa]; **fan belt** سير المروحة [Seer almarwaha]; **Does the room have a fan?** هل يوجد مروحة بالغرفة [hal yujad mirwa-ḥa bil-ghurfa?]

fanatic [fənætɪk] *n* شخص متعصب [Shakhṣ motaṣeb]

fanny pack *n* حقيبة صغيرة [Ha'qeebah ṣagheerah]

fantastic [fæntæstɪk] *adj* خَيَالِي [xaja:lijun]

FAQ [fæk] *abbr* سُؤال مُتكرر [Soaal motakarer]

far [fɑr] *adj* بعيد [baʕi:dun] ▹ *adv* على مسافة بعيدة [Ala masafah ba'aedah]; **Far East** الشرق الأقصى [Al-shar'q al-a'qsa]; **Is it far away?** هل المسافة بعيدة؟ [hal al-masafa ba'aeda?]; **It's not far away** المسافة ليست بعيدة [al-masaafa laysat ba'aeeda]; **It's quite a long way** المسافة ليست بعيدة جدا [al-masaafa laysat ba'aeedah jedan]

fare [fɛər] *n* أجرة السفر [Ojrat al-safar]

farm [fɑrm] *n* مزرعة [mazraʕa]

farmer [fɑrmər] *n* مزارع [maza:riʕ]

farmhouse [fɑrmhaʊs] *n* منزل ريفي [Mazel reefey]

farming [fɑrmɪŋ] *n* زراعة [zira:ʕa]

Faroe Islands *npl* جزر فارو [Jozor faaw]

fascinating [fæsɪneɪtɪŋ] *adj* فاتِن [fa:tinun]

fashion [fæʃən] *n* موضة [mu:dˤa] (نمط)

fashionable [fæʃənəbəl] *adj* مواكب للموضة [Mowakeb lel-moḍah]

fast [fæst] *adj* سريع [sari:ʕun] ▹ *adv* بسرعة [Besor'aah]; **He was driving too fast** كان يقود السيارة بسرعة كبيرة [ka:na jaqu:du assajja:rata bisurʕatin kabi:ratin]

fat [fæt] *adj* سَمين [sami:nun] ▹ *n* بَدين [badi:n]

fatal [feɪtəl] *adj* مميت [mumi:tun] (مقدر)

fate [feɪt] *n* قَدَر [qadar]

father [fɑðər] *n* والِد [wa:lid]

father-in-law [fɑðərɪnlɔ] *n* الحمو [alħamu:]

fault [fɔlt] *n* عيب [ʕajb]

faulty [fɔlti] *adj* معيوب [maʕju:bun]

fauna [fɔnə] *npl* حيوانات [ħajwa:na:t]

favor [feɪvər] *n* معروف [maʕru:f]

favorite [feɪvərɪt, feɪvrɪt] *adj* مفضل [mufadˤdˤalun] ▹ *n* شخص مُقَرّب [Shakhṣ mo'qarab]

fax [fæks] *n* فاكس [fa:ks] ▹ *v* يُرسِل رسالةً بالفاكس [Yorsel resalah bel-fax]; **Do you have a fax?** هل يوجد فاكس؟ [hal yujad fax?]; **How much does it cost to send a fax?** كم تبلغ تكلفة إرسال رسالة بالفاكس؟ [Kam tablogh taklefat ersal resalah bel-faks?]; **I want to send a fax** أريد إرسال فاكس [areed ersaal fax]; **Is there a fax machine I can use?** هل توجد ماكينة فاكس يمكن استخدامها؟ [hal tojad makenat fax yamken istekh-damuha?]; **Please resend your fax** رجاء إعادة إرسال الفاكس [rejaa e-'aadat ersaal al-fax]; **There's a problem with your fax** هناك مشكلة ما في الفاكس [Honak moshkelah ma fel-faks]; **What is the fax number?** ما هو رقم الفاكس؟ [ma howa ra'qim al-fax?]

fear [fɪər] *n* خَوف [xawf] ▹ *v* يخاف [jaxa:fu]

feasible [fizəbəl] *adj* عملي [ʕamalij]

feather [fɛðər] *n* رِيشَة [ri:ʃa]

feature [fitʃər] *n* سِمة [sima]

February [fɛbyuɛri, fɛbru-] *n* فبراير [fabra:jir]

fed up *adj* سَئِمَ [saʔima]

fee [fi] *n* أجر [ʔaʒr] (رسم) ; **admission fee** رَسْم الدخول [Rasm al-dokhool]; **tuition fees** رسوم التعليم [Rasm al-ta'aleem]

feed [fid] *v* يُطْعِم [jutˤʕimu]

feedback [fidbæk] *n* الإفادة بالرأي [Al-efadah bel-raay]

feel [fil] *v* يَشعُر [jaʃʕuru]

feeling [filɪŋ] *n* شُعُور [ʃuʕu:r]

feet [fit] *npl* أقدام [ʔaqda:mun]

fellow [fɛloʊ] *n* فَتى [fata:]

felt [fɛlt] *n* لباد [liba:d]

female [fimeɪl] *adj* مُؤنث [muʔannaθun] ▹ *n* أنثى [ʔunθa:]

feminine [fɛmɪnɪn] *adj* مؤنث [muʔannaθun]

feminist [fɛmɪnɪst] *n* شخص موال لمساواة المرأة بالرجل [Shakhṣ mowal le-mosawat al-maraah bel-rajol]

fence [fɛns] *n* سِياج [sija:ʒ]

fender [fɛndər] *n* رفرف العجلة [Rafraf al-'ajalah]

fennel [fɛnəl] *n* نبات الشمر [Nabat al-shamar]

fern [fɜrn] *n* نبات السراخس [Nabat al-sarakhes]

ferret [fɛrɪt] *n* النِمْس [an-nimsu]

ferry [fɛri] *n* معدية [muʕdija]

fertile [fɜrtəl] *adj* خِصب [xisˤbun]

fertilizer [fɜrtəlaɪzər] *n* سِماد [sama:d]

festival [fɛstɪvəl] *n* مهرجان [mihraʒa:n]

fetch [fɛtʃ] *v* يجلب [jaʒlibu]

fetus [fitəs] *n* جنين [ʒani:n]

fever [fivər] *n* حمى [ħumma:]; **hay fever** مرض حمى القش [Maraḍ ḥomma al-'qash]; **He has a fever** أنه يعاني من الحمى [inaho yo-'aany min al- ḥomma]

few [fyu] *adj* بعض [baʕdˤu]

fewer [fyuər] *adj* أقل [ʔaqallu]

fiancé [fiɑnseɪ] *n* خطيب [xatˤi:b]

fiancée [fiɑnseɪ] *n* خطيبة [xatˤi:ba]

fiber [faɪbər] *n* ألياف [ʔalja:f]

fiberglass [faɪbərglæs] *n* مادة ألياف الزجاج [Madat alyaf alzojaj]

fiction [fɪkʃən] *n* قصة خيالية ['qeṣah khayaleyah]; **science fiction** خيال علمي [Khayal 'aelmey]

field [fild] *n* حقل [ħaql]; **playing field** ملعب رياضي [Mal'aab reyady]

fierce [fɪərs] *adj* مفترس [muftarisun]

fifteen [fɪftin] *number* خَمْسة عشر [xamsata ʕaʃar]

fifteenth [fɪftinθ] *adj* الخامس عشر [al-xa:mis ʕaʃar]

fifth [fɪfθ] *adj* خامس [xa:misun]

fifty [fɪfti] *number* خَمْسُون [xamsu:na]

fifty-fifty *adj* مقسم مناصفة [Mo'qassam monaṣafah] ▹ *adv* مناصفة [muna:sˤafatan]

fig [fɪg] *n* تين [ti:n]

fight [faɪt] *n* قتال [qita:l] ▹ *v* يُحارِب [juħa:ribu]

fighting [faɪtɪŋ] *n* قتال [qita:l]

figure [fɪgyər] *n* رقم [raqm]

figure out *v* يَتبين [jatabajjanu]

Fiji [fidʒi] *n* فيجي [fi:ʒi:]

file [faɪl] *n (folder)* ملف [milaff], *(tool)* ملف [milaff] ▹ *v (folder)* يَحفَظ في ملف [yahfaḍh fee malaf], *(smoothing)* يبرد بمبرد [Yobared bemobared]

Filipino [fɪlɪpinoʊ] *adj* فلبيني [filibbi:nij] ▹ *n* مواطن فلبيني [Mowaṭen felebeeney]

fill [fɪl] *v* يَمْلأ [jamlʔu]

fillet [fɪleɪ] *n* شريحة لحم مخلية من العظام [Shreeḥat laḥm makhleyah men al-eḍham] ▹ *v* يُقَطِّع إلى شرائح (عصابة رأس) [Yo'qaṭe'a ela shraeḥ]

filling [fɪlɪŋ] *n*; **A filling has fallen out** لقد تآكل الحشو [la'qad ta-aa-kala al-ḥasho]; **Can you do a temporary filling?** هل يمكنك عمل حشو مؤقت؟ [hal yamken -aka 'aamal ḥasho mo-a'qat?]

fill out *v* يَمْلأ الفراغ [Yamlaa al-faragh]

fill up *v* يَملأ ب [Yamlaa be]

film [fɪlm] *n*; **A color film, please** فيلم ملون من فضلك [filim mola-wan min faḍlak]; **Could you develop this film, please?** هل يمكنك تحميض هذا الفيلم من فضلك؟ [hal yamken -aka taḥmeeḍ hadha al-filim min faḍlak?]; **The film has jammed** لقد توقف الفيلم بداخل الكاميرا [la'qad tiwa-'qaf al-filim bedakhil al-kamera]

filter [fɪltər] *n* جهاز ترشيح [Jehaz tarsheeh] ▹ *v* يُصَفِي [jusˤaffi:]

filthy [fɪlθi] *adj* قذر [qaðirun]

final [faɪnəl] *adj* نهائي [niha:ʔij] ▹ *n* نهائي [niha:ʔij]

finalize [faɪnəlaɪz] *v* يُنْهي [junhi:]

finally [faɪnəli] *adv* أخيرا [ʔaxi:ran]

finance [faɪnæns, fɪnæns] *n* تمويل [tamwi:l] ▹ *v* يُمَول [jumawwilu]

financial [faɪnænʃəl, fɪn-] *adj* مالي [ma:lij]; **financial year** سَنة مالية [Sanah maleyah]

find [faɪnd] *v* يَجِد [jaʒidu]

find out *v* يَكْتَشِف [jaktaʃifu]

fine [faɪn] *adj* رائع [ra:ʔiʕun] (رقيق) ▹ *adv* على نحو رائع [Ala nahw rae'a] ▹ *n* غرامة [ɣara:ma]; **How much is the fine?** كم تبلغ الغرامة؟ [kam tablugh al-gharama?]; **Where do I pay the fine?** أين تدفع الغرامة؟ [ayna tudfa'a al-gharama?]

finger [fɪŋgər] *n* إصبع [ʔisˤbaʕ]; **index finger** اصبع السبابة [Eṣbe'a al-sababah]

fingernail [fɪŋgərneɪl] *n* ظُفر [zˤufr]

fingerprint [fɪŋgərprɪnt] *n* بصمة الإصبع [Baṣmat al-eṣba'a]

finish [fɪnɪʃ] *n* نهاية [niha:ja] ▹ *v* يَخْتَتِم [jaxtatimu]

finished [fɪnɪʃt] *adj* مُنجَزْ [munʒaz]

Finland [fɪnlænd] *n* فنلندا [finlanda:]

Finn [fɪn] *n* مواطن فنلندي [Mowaṭen fenlandey]

Finnish [fɪnɪʃ] *adj* فنلندي [fanlandij] ▹ *n* اللغة الفنلندية [Al-loghah al-fenlandeyah]

fir [f3r] *n*; **fir (tree)** شجر التنوب [Shajar al-tanob]

fire [faɪər] *n* نار [na:ru] ▹ *v* يَصْرِف من الخدمة [Yaṣref men al-khedmah]; **fire alarm** إنذار حريق [endhar Haree'q]; **fire department** فرقة مطافيء [Fer'qat maṭafeya]; **fire escape** سُلَم النجاة من الحريق [Solam al-najah men al-ḥaree'q]; **fire extinguisher** طفاية الحريق [Ṭafayat ḥaree'q]

firefighter [faɪərfaitər] *n* إطفائيّ [Etfaa'ey] *(male)*, إطفائيّة [Etfaa'eyya] *(female)*

fireplace [faɪərpleɪs] *n* مستوقد [mustawqid]

firewall [faɪərwɔl] *n* الجدار الواقي [Al-jedar al-wa'qey]

fireworks [faɪərw3rks] *npl* ألعاب نارية [Al-'aab nareyah]

firm [f3rm] *adj* راسخ [ra:sixun] ▹ *n* مؤسسة [muʔassasa]

first [f3rst] *adj* أول [ʔawwalun] ▹ *adv* أولًا [ʔawwala:] ▹ *n* أول [ʔawwal]; **first aid** إسعافات أولية [Es'aafat awaleyah]; **first floor** الدور الأرضي [Aldoor al-arḍey]; **first name** الاسم الأول [Al-esm al-awal]; **a first-class round trip to...** ذهاب وعودة في الدرجة الأولي إلى... [dhehab wa 'awda fee al-daraja al-oola ela...]; **This is my**

first trip to... هذه هي أول رحلة لي إلى... [Hadheh hey awal reḥla lee ela]; **When does the first chairlift go?** متى يتحرك أول ناقل للمتزلجين؟ [mata yata-ḥarak awal na'qil lel-muta-zali-jeen?]; **When is the first bus to...?** ما هو موعد أول أتوبيس متجه إلى... [ma howa maw-'aid awal baaṣ mutajih ela...?]

first-class *adj* درجة أولى [Darajah aula]

firstly [fɜrstli] *adv* أولاً [ʔawwala:]

fiscal [fɪskəl] *adj* أميري [ʔami:rij]; **fiscal year** سنة ضريبية [Sanah ḍareebeyah]

fish [fɪʃ] *n* سَمكة [samaka] ▹ *v* يَصطاد [jasˤatˤdu]; **fish dealer** تاجر الأسماك [Tajer al-asmak]; **freshwater fish** سَمكة مياه عذبة [Samakat meyah adhbah]

fisherman [fɪʃərmən] *n* صياد السمك [Ṣayad al-samak], سمك الشص [Samak al-shaṣ]

fishing [fɪʃɪŋ] *n* صيد السمك [Ṣayd al-samak]صيد بالسِنّارة , [Ṣayd bel-sayarah]; **fishing boat** قارب صيد ['qareb ṣayd]; **fishing rod** سِنارة [sˤanna:ratun]; **fishing tackle** معدات صيد السمك [Mo'aedat ṣayed al-samak]

fist [fɪst] *n* قبضة [qabdˤa]

fit [fɪt] *adj* جيد [ʒabadun] ▹ *n* نوبة [nawba] ▹ *v* يُناسِب [junasibu]; **fitted sheet** ملاءة مثبتة [Melaah mothabatah]

fit in *v* يَتلائَم مع [Yatalaam ma'a]

fitness [fɪtnɪs] *n*; **fitness program** المُحافظة على الرشاقة [Al-mohafaḍh ala al-rasha'qa]

five [faɪv] *number* خَمْسة [xamsatun]

fix [fɪks] *v* يُثَبِت [juθabbitu]

fixed [fɪkst] *adj* ثابت [θa:bitun]

flabby [flæbi] *adj* رَخْو [raxwun]

flag [flæg] *n* عَلَم [ʕalam]

flame [fleɪm] *n* لهب [lahab]

flamingo [fləmɪŋgoʊ] *n* طائر الفلامنجو [Ṭaaer al-flamenjo]

flammable [flæməbəl] *adj* قابل للاشتعال ['qabel lel-eshte'aal]

flan [flæn, flɑn] *n* فطيرة فُلَان [Faṭerat folan]

flap [flæp] *v* يُرفرِف [jurafrifu]

flash [flæʃ] *n* وميض [wami:dˤ] ▹ *v* يوُمض [ju:midˤu]

flashlight [flæʃlaɪt] *n* كشاف كهربائي [Kashaf kahrabaey], وميض [wami:dˤ]

flat [flæt] *adj* منبسط [munbasitˤun]

flat-screen *adj* شاشة مسطحة [Shasha mosṭahah]

flatter [flætər] *v* يُطري [jutˤri:]

flattered [flætərd] *adj* شاعر بالإطراء [Shaa'aer bel-eṭraa]

flatware [flætwɛər] *n* سَكاكين المائدة [Skakeen al-maeadah]

flavor [fleɪvər] *n* نكهة [nakha]

flavoring [fleɪvərɪŋ] *n* مادة منكهة [Madah monakahah]

flaw [flɔ] *n* نقص [naqsˤ]

flea [fli] *n* برغوث [barɣu:θ]; **flea market** سُوق للسلع الرخيصة [Soo'q lel-sealaa al-ṣgheerah]

flee [fli] *v* يَتفَادى [jatafa:da:]

fleece [flis] *n* صوف الخروف [Ṣoof al-kharoof]

fleet [flit] *n* قافلة [qa:fila]

flexible [flɛksɪbəl] *adj* مرن [marinun]

flexitime [flɛksitaɪm] *n* ساعات عمل مرنة [Sa'aat 'aamal marenah]

flight [flaɪt] *n* رحلة جوية [Rehalah jaweyah]; **charter flight** رحلة جوية مُؤجَرة [Rehalh jaweyah moajarah]; **flight attendant** مضيف الطائرة [moḍeef al-ṭaaerah], مضيفة جوية [Moḍeefah jaweyah]; **scheduled flight** رحلة منتظمة [Reḥlah montaḍhemah]

fling [flɪŋ] *v* يَطْرَح جانبا [Yaṭraḥ janeban]

flip-flops *npl* شِبشِب [ʃubʃubun]

flippers [flɪpərz] *npl* زعانف الغطس [Za'aanef al-ghaṭs]

flirt [flɜrt] *n* غزل [ɣazl] (حركة خاطفة) ▹ *v* يُغَازِل [juɣa:zilu]

float [floʊt] *v* يطفو [jatˤfu:]

flock [flɒk] *n* سِرب [sirb]

flood [flʌd] *n* طوفان [tˤu:fa:n] ▹ *vi* يفيض [jafi:dˤu] ▹ *vt* يَغْمُر [jaɣmuru]

flooding [flʌdɪŋ] *n* فيضان [fajadˤa:n]

floodlight [flʌdlaɪt] *n* وحدة إضاءة كشافة [Weḥdah eḍafeyah kashafah]

floor [flɔr] *n* أرضية [ʔardˤijja]; **first floor** الدور الأرضي [Aldoor al-arḍey]

flop [flɒp] *n* فَشَل [faʃal]

flora [flɔrə] *npl* نباتات [naba:ta:t]

florist [flɔrɪst] *n* بائع زهور [Bae'a zohor]

flour [flaʊər] *n* دقيق طحين [Da'qee'q ṭaheen]

flow [floʊ] *v* يتدفق [jatadaffaqu]

flower [flaʊər] *n* زهرة [zahra] ▷ *v* يُزهر [juzhiru]

flu [flu] *n* الإنفلوانزا [Alenfolwanza]; **bird flu** إنفلوانزا الطيور [Enfelwanza al-ṭeyor]

fluent [fluənt] *adj* سَلس [salisun] (فصيح)

fluorescent [flʊrɛsənt] *adj* فلوري [flu:rij]

flush [flʌʃ] *n* نضارة [nadˤdˤa:ra] ▷ *v* يَتَورد [jatawarradu] (يتدفق)

flute [flut] *n* آلة الفلوت [Aalat al-felot]

fly [flaɪ] *n* ذُبَابَة [ðuba:ba] ▷ *v* يَطير [jatˤi:ru]

fly away *v* يَهْرُب مسرعا [Yahrab mosre'aan]

foal [foʊl] *n* مهر [mahr]

foam [foʊm] *n*; **shaving foam** رغوة الحلاقة [Raghwat ḥela'qah]

focus [foʊkəs] *n* بُؤْرة [buʔra] ▷ *v* يتركز [jatarakkazu]

fog [fɒg] *n* ضباب [dˤaba:b]; **fog light** مصباح الضباب [Mesbaḥ al-ḍabab]

foggy [fɒgi] *adj* غائم [ɣa:ʔimun]

foil [fɔɪl] *n* رقاقة معدنية [Re'qaeq ma'adaneyah]

fold [foʊld] *n* طي [tˤajj] (حظيرة خراف) ▷ *v* يَطْوي [jatˤwi:]

folder [foʊldər] *n* حافظة [ħa:fizˤa]

folding [foʊldɪŋ] *adj* قابل للطي ['qabel lel-ṭay]

folklore [foʊklɔr] *n* فولكلور [fu:lklu:r]

follow [fɒloʊ] *v* يَتّبِع [jatbaʕu]

following [fɒloʊɪŋ] *adj* لاحِق [la:ħiqun]

food [fud] *n* طعام [tˤaʕa:m]; **food poisoning** التسمم الغذائي [Al-tasmom al-ghedhaaey]; **food processor** محضر الطعام [Moḥder al-ṭa'aam]; **whole foods** أغذية متكاملة [Aghzeyah motakamelah]; **Do you have food?** هل يوجد لديكم طعام؟ [hal yujad laday-kum ṯa'aam?]; **The food is too hot** إن الطعام ساخن أكثر من اللازم [enna al-ṭa'aam sakhen akthar min al-laazim]; **The food is very greasy** الطعام كثير الدسم [al-ṭa'aam katheer al-dasim]

fool [ful] *n* مُغَفّل [muɣaffl] ▷ *v* يُضَلِل [jundˤallilu]

foolish [fulɪʃ] *adj* أحمَق [ʔaħmaqun]

foot [fʊt] (*pl* feet) *n* قدم [qadam]; **My feet are a size seven** مقاس قدمي ستة [ma'qas 'qadamy sit-a]

football [fʊtbɔl] *n* كرة القدم الأمريكية [Korat al-'qadam al-amreekeyah]

footpath [fʊtpæθ] *n* ممر المشاة [mamar al-moshah]

footprint [fʊtprɪnt] *n* أثر القدم [Athar al'qadam]

footstep [fʊtstɛp] *n* أثر القدم [Athar al-'qadam]

for [fər, STRONG fɔr] *prep* لأجل [liʔaʒli]

forbid [fərbɪd, fɔr-] *v* يُحَرِم [juħarrimu]

forbidden [fərbɪdən, fɔr-] *adj* ممنوع [mamnu:ʕun]

force [fɔrs] *n* قوة عسكرية ['qowah askareyah] ▷ *v* يُجْبِر [juʒbiru]; **Air Force** سلاح الطيران [Selaḥ al-ṭayaran]

forecast [fɔrkæst] *n* تنبؤ [tanabuʔ]

foreground [fɔrgraʊnd] *n* أمامي [ʔama:mij]

forehead [fɔrhɛd, fɔrɪd] *n* جبهة [ʒabha]

foreign [fɔrɪn] *adj* أجنبي [ʔaʒnabij]

foreigner [fɔrɪnər] *n* أجنبي [ʔaʒnabij]

foresee [fɔrsi] *v* يتنَبأ ب [Yatanabaa be]

forest [fɔrɪst] *n* غابة [ɣa:ba]

forever [fɔrɛvər, fər-] *adv* إلى الأبد [Ela alabad]

for example [fɔr ɪgzæmpəl]على سبيل المثال ['ala sabeel al-methal]

forge [fɔrdʒ] *v* يُزَور [juzawwiru]

forgery [fɔrdʒəri] *n* تزوير [tazwi:r]

forget [fərgɛt] *v* ينسى [jansa:]

forgive [fərgɪv] *v* يَغْفِر [jaɣfiru]

forgotten [fərgɒtən] *adj* منسي [mansijju]

fork [fɔrk] *n* شوكة طعام [Shawkat ṭa'aam]

form [fɔrm] *n* شَكْل [ʃakl]; **application form** نموذج الطلب [Namozaj al-ṭalab]; **order form** نموذج طلبية [Namodhaj ṭalabeyah]

formal [fɔrməl] *adj* عُرفي [ʕurafij]; **formal attire** ملابس السهرة [Malabes al-sahrah]

formality [fɔrmælɪti] *n* شكل رسمي [Shakl rasmey]

format [fɔrmæt] *n* تنسيق [tansi:q] ▷ *v* يُعْيد تهيئة [Yo'aeed taheyaah]

former [fɔrmər] *adj* سابق [sa:biqun]

formerly [formərli] *adv* سابقاً
formula [formyələ] *n* صيغة [sˤiːɣa]
fort [fort] *n* حصن [ħisˤn]
fortunate [fortʃənɪt] *adj* سعيد [saʕiːdun]
fortunately [fortʃənɪtli] *adv* لحسن الحظ [Le-hosn al-haḍh]
fortune [fortʃən] *n* حظ سعيد [haḍh sa'aeed]
forty [forti] *number* أربعون [ʔarbaʕuːna]
forward [forwərd] *adv* إلى الأمام [Ela al amam] ▷ *v* يرسل [jursilu]; **forward slash** شرطة مائلة للأمام [Sharṭah maelah lel-amam]; **lean forward** يَتَكئ للأمام [Yatakea lel-amam]
foster [fostər] *v* يُعزز [juʕazzizu] (يتبنى) ; **foster child** طفل متبنى [Ṭefl matabanna]
foul [faul] *adj* غادِر [ɣaːdirun] ▷ *n* مخالفة [muxaːlafa]
foundations [faʊneɪʃənz] *npl* أساسات [ʔasaːsaːtun]
fountain [faʊntɪn] *n* نافورة [naːfuːra]; **fountain pen** قلم حبر ['qalam ḥebr]
four [for] *number* أربعة [ʔarbaʕatun]
fourteen [fortin] *number* أربعة عشر [ʔarbaʕata ʕaʃr]
fourteenth [fortinθ] *adj* الرابع عشر [ar-raːbiʕu ʕaʃari]
fourth [forθ] *adj* رابع [raːbiʕu]
fox [foks] *n* ثعلب [θaʕlab]
fracture [fræktʃər] *n* كَسْر [kasr]
fragile [frædʒəl] *adj* قابل للكسر ['qabel lel-kassr]
frail [freɪl] *adj* واهِن [waːhinun]
frame [freɪm] *n* إطار [ʔitˤaːr]; **picture frame** إطار الصورة [Eṭar al ṣorah]
France [fræns] *n* فرنسا [faransaː]
frankly [fræŋkli] *adv* بصراحة [Beṣarahah]
frantic [fræntɪk] *adj* شديد الاهتياج [Shdeed al-ehteyaj]
fraud [frod] *n* احتيال [iħtijaːl]
freckles [frɛkəlz] *npl* نمش [namʃun]
free [fri] *adj (no cost)* مجاني [maʒʒaːnij], *(no restraint)* حر [ħurrun] ▷ *v* يُحَرِر [juħarriru]; **free kick** ضربة حرة [Ḍarba ḥorra]
freedom [fridəm] *n* حرية [ħurrijja]
freelance [frilæns] *adj* يعمل بشكل حر [Ya'amal beshakl ḥor] ▷ *adv* بشكل مُستَقل [Beshakl mosta'qel]
freeway [friweɪ] *n*; **How do I get to the freeway?** كيف يمكن أن أصل إلى الطريق السريع؟ [kayfa yamkin an aṣal ela al-ṭaree'q al-saree'a?]; **Is there a toll on this freeway?** هل هناك رسوم يتم دفعها للمرور بهذا الطريق؟ [hal hunaka risoom yatim daf-'aaha lel-miroor be-hadha al- ṭaree'q?]
freeze [friz] *v* يَتَجمد [jataʒammadu]
freezer [frizər] *n* فريزر [friːzar]
freezing [frizɪŋ] *adj* شديد البرودة [Shadeedat al-broodah]; **It's freezing** الجو شديد البرودة [al-jaw shaded al-boroda]
freight [freɪt] *n* شُحنة [ʃuħna]
French [frɛntʃ] *adj* فرنسي [faransij] ▷ *n* اللغة الفرنسية [All-loghah al-franseyah]; **french fries** شرائح [ʃaraːʔiħun]; **French horn** بوق فرنسي [Boo'q faransey]
Frenchman [frɛntʃmən] (*pl* Frenchmen) *n* مواطن فرنسي [Mowaṭen faransey]
Frenchwoman [frɛntʃwʊmən] (*pl* Frenchwomen) *n* مواطنة فرنسية [Mowaṭenah faranseyah]
frequency [frikwənsi] *n* تردد [taraddud]
frequent [frikwənt] *adj* متكرر [mutakarrirun]
fresh [frɛʃ] *adj* طازج [tˤaːzaʒun]
freshen up *v* يُنْعِش [junʕiʃu]
fret [frɛt] *v* يَغِيظ [jaɣiːzˤu]
Friday [fraɪdeɪ, -di] *n* الجمعة [al-ʒumuʕatu]; **Good Friday** الجمعة العظيمة [Al-jom'ah al-'aaḍheemah]; **on Friday** في يوم الجمعة [fee yawm al-jum'aa]; **on Friday, December thirty-first** يوم الجمعة الموافق الحادي والثلاثين من ديسمبر [yawm al-jum'aa al- muwa-fi'q al-ḥady waal-thalatheen min desambar]
fridge [frɪdʒ] *n* ثلاجة [θallaːʒa]
fried [fraɪd] *adj* مقلي [maqlij]
friend [frɛnd] *n* صديق [sˤadiːq]
friendly [frɛndli] *adj* ودود [waduːdun]
friendship [frɛndʃɪp] *n* صداقة [sˤadaːqa]
fright [fraɪt] *n* رُعْب [ruʕb]
frighten [fraɪtən] *v* يُرْعِب [jurʕibu]
frightened [fraɪtənd] *adj* مرعوب [marʕuːbun]
frightening [fraɪtənɪŋ] *adj* مرعب [murʕibun]

frog [frɔg] *n* ضفدع [dˤifdaʕ]

from [frəm, STRONG frʌm] *prep* مِنْ [min]

front [frʌnt] *adj* أمامي [ʔama:mij] ▷ *n* واجهة [wa:ʒiha]

frontier [frʌntɪər, frɒn-] *n* تخم [tuxm]

frost [frɔst] *n* صقيع [sˤaqi:ʕ]

frosting [frɔstɪŋ] *n* تغطية الكيك [taghṭeyat al-keek]

frosty [frɔsti] *adj* تَكَوّنْ الصقِيع [Takawon al-sa'qee'a]

frown [fraʊn] *v* يَعْبَس [jaʕbasu]

frozen [froʊzən] *adj* متجمد [mutaʒammidun]

fruit [frut] *n* فاكهة [fa:kiha]; **fruit and vegetable store** متجر الخضر والفاكهة [Matjar al-khoḍar wal-fakehah]; **fruit juice** عصير الفاكهة ['aṣeer fakehah]; **fruit salad** سَلاطة فواكه [Salaṭat fawakeh]; **passion fruit** فاكهة العشق [Fakehat al-'aesh'q]

frustrated [frʌstreɪtɪd] *adj* مخيب [muxajjibun]

fry [fraɪ] *v* يَقلي [jaqli:]; **frying pan** قلاية [qala:jjatun]; **french fries** شرائح [ʃara:ʔiħun]

fuel [fyuəl] *n* وقود [waqunwdu]

fulfill [fʊlfɪl] *v* يُنْجِز [junʒizu]

full [fʊl] *adj* ممتلىء [mumtali:ʔʔun]; **full moon** بَدْر [badrun]

full-time *adj* دوام كامل [Dawam kamel] ▷ *adv* بدوام كامل [Bedawam kaamel]

fully [fʊli] *adv* تماما [tama:man]

fumes [fyumz] *npl* أبخِرَة [ʔabxiratun]; **exhaust fumes** أدخنة العادم [Adghenat al-'aadem]

fun [fʌn] *adj* مزحي [mazħij] ▷ *n* لهو [lahw]

funds [fʌndz] *npl* موارد مالية [Mawared maleyah]

funeral [fyunərəl] *n* جنازة [ʒana:za]; **funeral director** حانوتي [ħa:nu:tijjun]; **funeral home** قاعة إعداد الموتى ['qaat e'adad al-mawta]

funnel [fʌnəl] *n* قمع [qamʕ]

funny [fʌni] *adj* مضحك [mudˤħikun]

fur [fɜr] *n* فرو [farw]; **fur coat** معطف فرو [Me'ataf farw]

furious [fyʊəriəs] *adj* مهتاج [muhta:ʒun]

furnished [fɜrnɪʃt] *adj* مفروش [mafru:ʃun]

furniture [fɜrnɪtʃər] *n* أثاث [ʔaθa:θ]

further [fɜrðər] *adj* تالي [ta:li:] ▷ *adv* علاوة على ذلك ['aelawah ala ḍalek]

fuse [fyuz] *n* صمام كهربائي [Ṣamam kahrabaey]

fusebox [fyuzbɒks] *n*; **Where's the fusebox?** أين توجد علبة المفاتيح الكهربية [ayna tojad 'ailbat al-mafateeḥ al-kahraba-eya?]

fuss [fʌs] *n* جَلَبة [ʒalaba]

fussy [fʌsi] *adj* صَعْب الإرضاء [Ṣa'ab al-erḍaa] (منمق)

future [fyutʃər] *adj* مستقبلي [mustaqbalij] ▷ *n* مستقبل [mustaqbal]

G

Gabon [gəboun] *n* الجابون [al-ʒa:bu:n]

gain [geɪn] *n* مَكْسَب [maksab] ▷ *v* يَربَح [jarbaħu]

gale [geɪl] *n* ريح هوجاء [Reyḥ ḥawjaa]

gallery [gæləri] *n*; **art gallery** جاليري فني [Jalery faney]

gallop [gæləp] *n* عدو الفرس [adow al-faras] ▷ *v* يَجْري بالفرس (جري) [Yajree bel-faras]

gallstone [gɔlstoun] *n* حصاة المرارة [Haṣat al-mararah]

Gambia [gæmiə] *n* جامبيا [ʒa:mbija:]

gamble [gæmbəl] *v* يقُامِر [juqa:miru]

gambler [gæmblər] *n* مقامر [muqa:mir]

gambling [gæmblɪŋ] *n* مقامرة [muqa:mara]

game [geɪm] *n* مباراة [muba:ra:t]; **away game** مباراة الذهاب [Mobarat al-dhehab]; **board game** لعبة طاولة [Lo'abat ṭawlah]; **game arcade** لعبة ترفيهية [Lo'abah trafeheyah]; **game console** وحدة التحكم في ألعاب الفيديو [Wehdat al-tahakom fee al'aab al-vedyoo]; **home game** مباراة الإياب فى ملعب المضيف [Mobarat al-eyab fee mal'aab al-moḍeef]; **I'd like to see a soccer game** أود أن أشاهد مباراة كرة قدم؟ [awid an oshahed mubaraat korat 'qadam]

gang [gæŋ] *n* عصابة [ʕisʕa:ba]

gangster [gæŋstər] *n* عضو في عصابة ['aoḍw fee eṣabah]

gap [gæp] *n* فجوة [faʒwa]

garage [gərɑʒ] *n* جراج [ʒara:ʒ]; **Which is the key to the garage?** أين يوجد مفتاح الجراج؟ [ayna yujad muftaaḥ al-jaraj?]

garbage [gɑrbɪdʒ] *n* نفاية [nufa:ja]; **garbage can** صندوق القمامة [Ṣondok al-'qemamah]; **garbage collector** الزبَّال [az-zabba:lu]

garden [gɑrdən] *n* حديقة [ħadi:qa]; **garden center** مشتل [maʃtalun]

gardener [gɑrdənər] *n* بُستاني [busta:nij]

gardening [gɑrdənɪŋ] *n* بَسْتَنة [bastana]

garlic [gɑrlɪk] *n* ثوم [θu:m]; **Is there any garlic in it?** هل به ثوم؟ [hal behe thoom?]

garment [gɑrmənt] *n* ثوب [θawb]

garters [gɑrtərz] *npl* حمالات البنطلون [Hammalaat al- banṭaloon]

gas [gæs] *n* غاز [ɣa:z]; **gas stove** موقد يعمل بالغاز [Maw'qed ya'amal bel-ghaz]; **gas tank** خزان بنزين [Khazan benzeen]; **natural gas** غاز طبيعي [ghaz ṭabeeaey]; **portable gas cylinder** موقد يعمل بالغاز للمعسكرات [Maw'qed ya'amal bel-ghaz lel-mo'askarat]; **I can smell gas** أنني أشم رائحة غاز [ina-ny ashum ra-e-hat ghaaz]; **Where's the gas meter?** أين يوجد عداد الغاز؟ [ayna yujad 'aadad al-ghaz?]

gasket [gæskɪt] *n* سِدادة [sadda:da](مرسة شراع)

gasoline [gæsəlin] *n* بنزين [binzi:n]; **unleaded gasoline** بنزين خالي من الرصاص [Benzene khaly men al- raṣaṣ]

gas station [gæs steɪʃən] *n* محطة بنزين [Mahaṭat benzene]

gate [geɪt] *n* بوابة [bawwa:ba]; **Please go to gate...** توجه من فضلك إلى البوابة رقم... [tawa-jah min faḍlak ela al-bawa-ba ra'qum...]; **Which gate for the flight to...?** ما هي البوابة الخاصة بالرحلة المتجهة إلى... [ma heya al-baw-aba al-khaṣa bel-reḥla al-mutajiha ela...?]

gather [gæðər] *v* يَجتمِع [jaʒtamiʕu]

gaudy [gɔdi] *adj* ساطع [sa:tʕiʕun]

gauge [geɪdʒ] *n* مقياس [miqja:s] ▷ *v* يُعايِر [juʕa:jiru]

gaze [geɪz] *v* يُحدِق [juħaddiqu]

gear [gɪər] *n (equipment)* جهاز [ʒiha:z], *(mechanism)* تعشيقة [taʕʃi:qa]

gearshift [gɪərʃɪft] *n* ذراع نقل السرعة [Dhera'a na'ql al-sor'aah], ذِراع الفتيس [dhera'a al-fetees], مُغَيِّر السرعة [Moghaey al-sor'aah]

gel [dʒɛl] *n* جل [ʒil]; **hair gel** جل الشعر [Jel al-sha'ar]

gem [dʒɛm] *n* حجر كريم [Ajar kareem]

Gemini [dʒɛmɪni] *n* الجوزاء [al-ʒawza:ʔu]

gender [dʒɛndər] *n* النَوْع [an-nawʕu]

gene [dʒin] *n* جين وراثي [Jeen werathey]

general [dʒɛnrəl] *adj* عام [ʕa:mun] ▷ *n* فكرة عامة [Fekrah 'aamah]; **general anesthetic** مُخَدِر كلي [Mo-khader koley]; **general election** انتخابات عامة [Entekhabat 'aamah]; **general knowledge** معلومات عامة [Ma'aloomaat 'aamah]

generalize [dʒɛnrəlaɪz] *v* يُعَمِم [juʕammimu]

generally [dʒɛnrəli] *adv* عادةً [ʕa:datun]

generation [dʒɛnəreɪʃən] *n* جيل [ʒi:l]

generator [dʒɛnəreɪtər] *n* مولد [muwalid]

generosity [dʒɛnərɒsɪti] *n* كَرَم [karam]

generous [dʒɛnərəs] *adj* سخي [saxij]

genetic [dʒɪnɛtɪk] *adj* جيني [ʒi:nnij]

genetics [dʒɪnɛtɪks] *n* علم الوراثة [A'elm al-weratha]

genius [dʒinyəs] *n* شخص عبقري [Shakhṣ'ab'qarey]

gentle [dʒɛntəl] *adj* نبيل المحتد [Nabeel al-moḥtad]

gentleman [dʒɛntəlmən] *n* رَجُل نبيل [Rajol nabeel]

gently [dʒɛntli] *adv* بلطف [bilutˤfin]

genuine [dʒɛnyuɪn] *adj* أصلي [ʔasˤlij]

geography [dʒiɒgrəfi] *n* جغرافيا [ʒuɣra:fja:]

geology [dʒiɒlədʒi] *n* جيولوجيا [ʒju:lu:ʒja:]

Georgia [dʒɔrdʒə] *n (country)* جورجيا [ʒu:rʒja:], *(US state)* ولاية جورجيا [Welayat jorjeya]

Georgian [dʒɔrdʒən] *adj* جورجي [ʒu:rʒij] ▷ *n (person)* مواطن جورجي [Mowaṭen jorjey]

geranium [dʒɪreɪniəm] *n* نبات الجيرانيوم [Nabat al-jeranyom]

gerbil [dʒɜrbɪl] *n* يَربوع [jarbu:ʕ]

geriatric [dʒɛriætrɪk] *adj* شيخوخي [ʃajxu:xij] ▷ *n* طب الشيخوخة [Ṭeb al-shaykhokhah]

germ [dʒɜrm] *n* جرثومة [ʒurθu:ma]

German [dʒɜrmən] *adj* ألماني [ʔalma:nij] ▷ *n (language)* اللغة الألمانية [Al loghah al almaniyah], *(person)* ألماني [ʔalma:nij]; **German measles** حصبة ألمانية [Haṣbah al-maneyah]

Germany [dʒɜrməni] *n* ألمانيا [ʔalma:nijja:]

gesture [dʒɛstʃər] *n* إيماءة [ʔi:ma:ʔa]

get [gɛt] *v* يَحصُل على [Taḥṣol 'ala]

get away *v* يَنْصَرف [jansˤarifu]

get back *v* يَستَرِد [jastariddu]

get in *v* يركب [jarrkabu]

get into *v* يَتوَرط في [Yatawaraṭ fee]

get off *v* ينزل [janzilu]

get on *v* يركب [jarrkabu]

get out *v* يَخرُج [jaxruʒu]

get over *v* يَتَغلب على [Yatghalab 'ala]

get through *v*; **I can't get through** لا يمكنني الوصول إليه [la yam-kinuni al-wiṣool e-lay-he]

getting up *v* يَظَل [jazˤallu]

get together *v* يجتمع [jaʒtamiʕu]

get up *v* ينهض [janhadˤu]

Ghana [gɑnə] *n* غانا [ɣa:na:]

Ghanaian [gɑneɪən] *adj* غاني [ɣa:nij] ▷ *n* مواطن غاني [Mowaṭen ghaney]

ghost [goust] *n* شبح [ʃabaħ]

giant [dʒaɪənt] *adj* عملاق [ʕimla:qun] ▷ *n* مارد [ma:rid]

gift [gɪft] *n* هبة [hiba]; **gift certificate** قسيمة هدية ['qaseemat hadeyah]; **gift shop** متجر هدايا [Matjar hadaya]

gifted [gɪftɪd] *adj* موهوب [mawhu:bun]

gigantic [dʒaɪgæntɪk] *adj* عملاق [ʕimla:qun]

giggle [gɪgəl] *v* يُقَهْقِه [juqahqihu]

gin [dʒɪn] *n* شراب الجين المُسكِر [Sharaab al-jobn al-mosaker] (محلج القطن)

ginger [dʒɪndʒər] *n* زَنْجَبيل [zanʒabi:l]

giraffe [dʒɪræf] *n* زرافة [zara:fa]

girl [gɜrl] *n* بِنْت [bint], فتاة [fata:t]

girlfriend [gɜrlfrɛnd] *n* صديقة [sˤadi:qa]

give [gɪv] *v* يُعْطِي [juʕtˤi:]

give back *v* يَرُد [jaruddu]

give in *v* يَستسلم [jastaslimu]

give out *v* يُوَزِّع [juwazziʕu]

give up *v* يُقْلِع عن [Yo'qle'a an]

glacier [gleɪʃər] *n* نهر جليدي [Nahr jaleedey]
glad [glæd] *adj* سعيد [saʕi:dun]
glamorous [glæmərəs] *adj* فاتن [fa:tinun]
glance [glæns] *n* لمحة [lamħa] ▷ *v* يلمح [jalmaħu]
gland [glænd] *n* غدة [ɣuda]
glare [glɛər] *v* يُحملِق [juħamliqu] (يسطع)
glass [glɑs, glæs] *n* زُجَاج [zuʒa:ʒ]; **glass recycling container** مستودع الزجاجات [Mostawda'a al-zojajat]; **magnifying glass** عدسة مكبرة ['adasat takbeer]; **stained glass** زجاج مُعَشَّق [Zojaj moasha'q]
glasses [glæsɪz] *npl* نِظارة [nazˤzˤa:ratun]
glider [glaɪdər] *n* طائرة شراعية [Ṭaayearah ehraeyah]
gliding [glaɪdɪŋ] *n* التحليق في الجو [Al-taḥlee'q fee al-jaw]
global [gloʊbəl] *adj* عالمي [ʕa:lamij]; **global warming** ظاهرة الاحتباس الحراري [dhaherat al-eḥtebas al-ḥararey]
globalization [gloʊbəlɪzeɪʃən] *n* عَوْلَمَة [ʕawlama]
globe [gloʊb] *n* الكرة الأرضية [Al-korah al-ardheyah]
gloomy [glumi] *adj* كئيب [kaʔijbun]
glorious [glɔriəs] *adj* جليل [ʒali:lun]
glory [glɔri] *n* مجد [maʒd]
glove [glʌv] *n* قفاز [quffa:z]; **glove compartment** دُرج العربة [Dorj al-'aarabah]; **oven glove** قفاز فرن ['qoffaz forn]; **rubber gloves** قفازات مطاطية ['qoffazat maṭaṭeyah]
glucose [glukoʊs] *n* جلوكوز [ʒluku:z]
glue [glu] *n* غراء [ɣira:ʔ] ▷ *v* يُغَرِّي [juɣarri:]
gluten [glutən] *n* جلوتين [ʒlu:ti:n]; **Could you prepare a meal without gluten?** هل يمكن إعداد وجبة خالية من الجلوتين؟ [hal yamken e'adad wajba khaliya min al-jilo-teen?]; **Do you have gluten-free dishes?** هل توجد أطباق خالية من الجلوتين؟ [hal tojad aṭba'q khaleya min al-jiloteen?]
GM [dʒi ɛm] *abbr* م.و [mim waw]
go [goʊ] *v* يَذهَب [jaðhabu]
go ahead *v* ينطلق [jantˤaliqu]
goal [goʊl] *n* هدف [hadaf]
goalkeeper [goʊlkipər] *n* حارس المرمى [Hares al-marma]
go around *v* يَلِفُ [jalifu]
goat [goʊt] *n* ماعز [ma:ʕiz]
go away *v* يُغَادر مكانا [Yoghader makanan]
go back *v* يَرْجِع [jarʒiʕu]
go by *v* يَمُرّ [jamurru]
god [gɒd] *n* إِلَه [ʔilah]
godchild [gɒdtʃaɪld] (*pl* godchildren) *n* ربيب [rabi:b]
goddaughter [gɒddɔtər] *n* ربيبة [rabi:ba]
godfather [gɒdfɑðər] *n (baptism)* أب روحي [Af rooḥey], *(criminal leader)* رئيس عصابة [Raees eṣabah]
godmother [gɒdmʌðər] *n* الأم المُربية [al om almorabeyah]
go down *v* ينزل [janzilu]
godson [gɒdsʌn] *n* ربيب [rabi:b]
goggles [gɒgəlz] *npl* نظارة واقية [naḍharah wa'qeyah]
go in *v* يَتدخل [jatadaxxalu]
gold [goʊld] *n* ذَهَبْ [ðahab]
golden [goʊldən] *adj* ذَهَبِي [ðahabij]
goldfish [goʊldfɪʃ] *n* سمك ذهبي [Samak dhahabey]
gold-plated [goʊldpleɪtɪd] *adj* مطلي بالذهب [Maṭley beldhahab]
golf [gɒlf] *n* رياضة الجولف [Reyadat al-jolf]; **golf club** *(game)* نادي الجولف [Nady al-jolf], *(society)* نادي الجولف [Nady al-jolf]; **golf course** ملعب الجولف [Mal'aab al-jolf]
gone [gɔn] *adj* راحل [ra:ħilun]
good [gʊd] *adj* جَيد [ʒajjidun]
goodbye [gʊdbaɪ] *excl* وداعا! [wada:ʕan]
good-looking [gʊdlʊkɪŋ] *adj* حسن المظهر [Hosn al-maḍhar]
good-natured [gʊdneɪtʃərd] *adj* دَمِث الأخلاق [Dameth al-akhla'q]
goods [gʊdz] *npl* بضائع [badˤa:ʔiʕun]
go off *v* ينقطع [janqatˤiʕu]
Google® [gugəl] *v* يبحث على موقع جوجل® [jabħaθu ʕala: mawqiʕi ʒu:ʒl]
go on *v* يستمر [jastamirru]

goose [gus] *n* إوزة [ʔiwazza]; **goose bumps** قشعريرة الجلد ['qash'aarerat al-jeld]
gooseberry [gusbɛri] *n* كشمش [kuʃmuʃ]
go out *v* يُغادِر المكان [Yoghader al-makanan]
go past *v* يَتَجاوز [jataʒa:wazu]
gorgeous [gɔrdʒəs] *adj* فائق الجمال [Faae'q al-jamal]
gorilla [gərɪlə] *n* غوريلا [ɣu:ri:la:]
gospel [gɒspəl] *n* إنجيل [ʔinʒi:l]
gossip [gɒsɪp] *n* نَميمة [nami:ma] ▹ *v* يَنْهَمك في القيل والقال [Yanhamek fee al-'qeel wa al-'qaal]
go through *v* يَجْتَاز [jaʒta:zu]
go up *v* يَرتفِع [jartafiʕu]
government [gʌvərnmənt] *n* حكومة [ħukuwamt]; **government-subsidized dwelling** دار المجلس التشريعى [Dar al-majles al-tashre'aey]
GPS [dʒi pi ɛs] *abbr* نظام تحديد المواقع العالمي [nizˤa:mun taħdi:du almuwa:qiʕi alʕa:lamijji]
grab [græb] *v* يَتَلَقف [jatalaqqafu]
graceful [greɪsfəl] *adj* لَبِق [labiqun]
grade [greɪd] *n* مَنْزِلة [manzila] ▹ *v (grade)* يُعْطِي علامة مدرسية [Yo'aṭey a'alaamah madraseyah]
gradual [grædʒuəl] *adj* تدريجي [tadri:ʒij]
gradually [grædʒuəli] *adv* بالتدريج [bi-at-tadri:ʒi]
graduate [grædʒuɪt] *n* خريج [xirri:ʒ]; **graduate student** دراسات عليا [dira:sa:t ʕaljan]
graduation [grædʒueɪʃən] *n* تخرج [taxarruʒ]
graffiti [grəfiti] *npl* نقوش أثرية [No'qoosh athareyah]
grain [greɪn] *n* حبة [ħabba]
gram [græm] *n* جرام [ʒra:m]
grammar [græmər] *n* علم النحو والصرف ['aelm al-naḥw wal-ṣarf]
grammatical [grəmætɪkəl] *adj* نحوي [naħwij]
grand [grænd] *adj* عظيم [ʕazˤi:mun]
grandchild [græntʃaɪld] *n* حفيد [ħafi:d]
grandchildren [grændtʃɪldrən] *npl* أحفاد [ʔaħfa:dun]
granddad [grændæd] *n* جد [ʒadd]
granddaughter [grændɔtər] *n* حفيدة [ħafi:da]
grandfather [grænfɑðər] *n* جد [ʒadd]
grandma [grænmɑ] *n* جدة [ʒadda]
grandmother [grænmʌðər] *n* أم الأب أو الأم [Om al-ab aw al-om]
grandpa [grænpɑ] *n* جد [ʒadd]
grandparents [grænpɛərənts] *npl* الجدين [al-ʒaddajni]
grandson [grænsʌn] *n* ابن الإبن [Ebn el-ebn]
granite [grænɪt] *n* حجر الجرانيت [Ḥajar al-jraneet]
granny [græni] *n* جدة [ʒadda]
grant [grænt] *n* منحة [minħa]
grape [greɪp] *n* عنب [ʕinab]
grapefruit [greɪpfrut] *n* جريب فروت [ʒri:b fru:t]
graph [græf] *n* تخطيط بياني [Takhṭeeṭ bayany]
graphics [græfɪks] *npl* رسوم جرافيك [Rasm jrafek]
grasp [græsp] *v* يَقْبِض على [jaqbudˤu ʕala:]
grass [græs] *n* عشب [ʕuʃb]
grasshopper [græshɒpər] *n* جراد الجندب [Jarad al-jandab]
grate [greɪt] *v* يَبْشُر [jabʃuru] (يحك بسطح خشن)
grateful [greɪtfəl] *adj* ممتن [mumtannun]
grave [greɪv] *n* قبر [qabr]
gravel [grævəl] *n* حصى [ħasˤa:]
gravestone [greɪvstoun] *n* شاهد القبر [Shahed al-'qabr]
graveyard [greɪvyɑrd] *n* مدفن [madfan]
gravy [greɪvi] *n* مرقة اللحم [Mara'qat al-laḥm]
gray [greɪ] *adj* رمادي [rama:dij]
gray-haired [greɪ(hɛərd)] *adj* رمادي الشعر [Ramadey al-sha'ar]
grease [gris] *n* شحم [ʃaħm]
greasy [grisi, -zi] *adj* دُهْني [duhnij]
great [greɪt] *adj* عظيم [ʕazˤi:mun]
Great Britain [greɪt brɪtən] *n* بريطانيا العظمى [Beretanyah al-'aoḍhma]
great-grandfather *n* الجَدّ الأكبر [Al-jad al-akbar]
great-grandmother *n* الجدة الأكبر [Al-jaddah al-akbar]
Greece [gris] *n* اليونان [al-ju:na:ni]
greedy [gridi] *adj* جشع [ʒaʃiʕun]
Greek [grik] *adj* يوناني [ju:na:nij] ▹ *n (language)* اللغة اليونانية [Al-loghah al-yonaneyah], *(person)* يوناني [ju:na:nij]

green [grin] *adj (color)* أخضر [ʔaxdˤarun], *(inexperienced)* مغفّل [muɣaffalun] ▹ *n* أخضر [ʔaxdˤar]; **green beans** فاصوليا خضراء [Fașoleya khaḍraa]; **green salad** سَلاطة خضراء [Salaṭat khadraa]

greenhouse [grinhaʊs] *n* صوبة زراعية [Șobah zera'aeyah]

Greenland [grinlənd] *n* جرينلاند [ʒri:nala:ndi]

greet [grit] *v* يُرحِب ب [Yoraḥeb bee]

greeting [gritɪŋ] *n* تحية [taħijja]; **greeting card** بطاقة تهنئة [Beṭaqat tahneaa]

grid [grɪd] *n* شبكة قضبان مُتصالِبة [Shabakat 'qodban motașalebah]

grief [grif] *n* أسى [ʔasa:]

grill [grɪl] *n* شواية [ʃawwa:ja]

grim [grɪm] *adj* مروع [murawwiʕun]

grin [grɪn] *n* ابتسامة عريضة [Ebtesamah areeḍah] ▹ *v* يكشّر [jukaʃʃiru]

grind [graɪnd] *v* يَطْحَن [jatˤħanu]; **ground meat** لحم مفروم [Laḥm mafroom]

grip [grɪp] *v* يمسك بإحكام [Yamsek be-ehkam]

gripe [graɪp] *n (complaint)* شكوى [ʃakwa:]

gripping [grɪpɪŋ] *adj* مُثير [muθi:run]

grit [grɪt] *n* حبيبات خشنة [Ḥobaybat khashabeyah]

groan [groʊn] *v* يئِنّ [jaʔinnu]

grocer [groʊsər] *n* بَقّال [baqqa:l]

groceries [groʊsəriz] *npl* بِقَالَة [baqa:latun]

grocery [groʊsəri, groʊsri] *n*; **grocery store** متجر البقالة [Matjar al-be'qalah]

groom [grum] *n* سائس خيل [Saaes kheel]

grope [groʊp] *v* يَتلَمس طريقه في الظلام [Yatalamas ṭaree'qah fee al-ḍhalam]

gross [groʊs] *adj* هائل [ha:ʔilun]

grossly [groʊsli] *adv* بفظاظة [bifazˤa:zˤatin]

ground [graʊnd] *n* سَطح الأرض [Saṭh alarḍ] ▹ *v* يَضع على الأرض [Yaḍa'a ala al-arḍ]

group [grup] *n* جماعة [ʒama:ʕa], نصيب [nasˤi:b]

grouse [graʊs] *n (game bird)* طائر الطيهوج [Ṭaaer al-ṭayhooj]

grow [groʊ] *vi* ينمو [janmu:] ▹ *vt* يَنمو [janmu:]

growl [graʊl] *v* يُهْدر [juhdiru]

grown-up *n* بالغ [ba:liɣ]

growth [groʊθ] *n* نمو [numuww]

grow up *v* ينضج [jandˤuʒu]

grub [grʌb] *n* يَرَقْة دودية [Yara'qah doodeyah]

grudge [grʌdʒ] *n* ضغينة [dˤaɣi:na]

gruesome [grusəm] *adj* رَهيب [rahi:bun]

grumpy [grʌmpi] *adj* سَئ الطبع [Sayea al-ṭabe'a]

guarantee [gærənti] *n* ضمان [dˤama:n] ▹ *v* يَضمن [jadˤmanu]

guard [gɑrd] *n* حارس [ħa:ris] ▹ *v* يَحْرُس [jaħrusu]; **coast guard** خفر السواحل [Khafar al-șawaḥel]; **security guard** حارس الأمن [Ḥares al-amn]

Guatemala [gwɑtəmɑlə] *n* جواتيمالا [ʒwa:ti:ma:la:]

guess [gɛs] *n* تخمين [taxmi:n] ▹ *v* يُخمِن [juxamminu]

guest [gɛst] *n* ضيف [dˤajf]

guesthouse [gɛsthaʊs] *n* دار ضيافة [Dar eḍafeyah]

guide [gaɪd] *n* مرشد [murʃid]; **guided tour** جولة إرشادية [Jawlah ershadeyah]; **tour guide** مرشد سياحي [Morshed seyaḥey]; **Do you have a guide to local trails?** هل يوجد لديكم مرشد لجولات السير المحلية؟ [hal yujad laday-kum murshid le-jaw-laat al-sayr al-maḥal-iya?]; **Is there a guide who speaks English?** هل يوجد مرشد سياحي يتحدث باللغة الإنجليزية؟ [hal yujad murshid seyaḥy yata-ḥadath bil-lugha al-injile-ziya]

guidebook [gaɪdbʊk] *n* كُتَيِّب الإرشادات [Kotayeb al-ershadat]

guilt [gɪlt] *n* ذَنْب [ðanab]

guilty [gɪlti] *adj* مذنب [muðnibun]

Guinea [gɪni] *n* غينيا [ɣi:nja:]; **guinea pig** *(for experiment)* حقل للتجارب [Ha'ql lel-tajareb], *(rodent)* خنزير غينيا [Khnzeer ghemyah]

guitar [gɪtɑr] *n* جيتار [ʒi:ta:r]

gum [gʌm] *n* لثة [laθatt]; **chewing gum** علكة [ʕilkatun]

gun [gʌn] *n* بندقية [bunduqijja]; **machine gun** رشاش [raʃʃa:ʃun]

gust [gʌst] *n* انفجار عاطفي [Enfejar 'aatefy]

gut [gʌt] *n* معي [maʕjj]

guy [gaɪ] *n* فتى [fata:]

Guyana [gaɪænə] *n* جيانا [ʒuja:na:]

gym [dʒɪm] *n* جمانزيوم [ʒimna:zju:mi]; **gym shoes** مدربون [mudarribu:na]

gymnast [dʒɪmnæst] *n* أخصائي الجمنازيوم [akheṣaaey al-jemnazyom]

gymnastics [dʒɪmnæstɪks] *npl* تدريبات الجمنازيوم [Tadreebat al-jemnazyoom]

gynecologist [gaɪnɪkɒlədʒɪst] *n* طبيب أمراض نساء [Ṭabeeb amraḍ nesaa]

Gypsy [dʒɪpsi] *n (offensive)* غَجَرِيّ [ɣaʒarij]

H

habit [hæbɪt] *n* عادة سلوكية ['aadah selokeyah]

hack [hæk] *v* يَتَسلل [jatasallalu] (كمبيوتر)

hacker [hækər] *n* قراصنة الكمبيوتر ['qaraṣenat al-kombyotar] (كمبيوتر)

haddock [hædək] *n* سمك الحدوق [Samak al-ḥadoo'q]

haggle [hægəl] *v* يُساوِم [jusa:wimu]

hail [heɪl] *n* بَرَد [bard] (مطر) ▷ *v* يَنْزِلُ البَرَد [Yanzel al-barad]

hair [hɛər] *n* شَعْر [ʃaʕr]; **hair gel** جل الشعر [Jel al-sha'ar]; **hair spray** سْبِراي الشعر [Sbray al-sha'ar]

hairbrush [hɛərbrʌʃ] *n* فرشاة الشعر [Forshat al-sha'ar]

haircut [hɛərkʌt] *n* قصة الشعر ['qaṣat al-sha'ar]

hairdo [hɛərdu] *n* تسريحة الشعر [Tasreehat al-sha'ar]

hairdresser [hɛərdrɛsər] *n* مُصفف الشعر [Moṣafef al-sha'ar]

hairdresser's [hɛərdrɛsərs] *n* صالون حلاقة [Ṣalon ḥelaqah]

hair dryer [hɛərdraɪr] *n* مُجَفِف الشعر [Mojafef al-sha'ar]

hairstyle [hɛərstaɪl] *n* تصفيف الشعر [taṣfeef al-sha'ar]

hairy [hɛəri] *adj* كثير الشعر [Katheer sha'ar]

Haiti [heɪti] *n* هايتي [ha:jti:]

half [hæf] *adj* نصفي [nisˤfaj] ▷ *adv* نصفيا [nisˤfijja:] ▷ *n* نصف [nisˤf]; **half hour** نصف ساعة [Neṣf saa'aah]

half-price *adj* نصف السعر [Neṣf al-se'ar] ▷ *adv* بنصف السعر [Be-nesf al-se'ar]

half-time *n* نِصْف الوقت [Nesf al-wa'qt]

halfway [hæfweɪ] *adv* إلى منتصف المسافة [Ela montaṣaf al-masafah]

hall [hɔl] *n* قاعة [qa:ʕa]; **town hall** دار البلدية [Dar al-baladeyah]

hallway [hɔlweɪ] *n* رُدهَة [radha]

halt [hɔlt] *n* وقوف [wuqu:f]

ham [hæm] *n* فخذ الخنزير المدخن [Fakhdh al-khenzeer al-modakhan]

hamburger [hæmbɜrgər] *n* هامبرجر [ha:mbarʒar]

hammer [hæmər] *n* شَاكوش [ʃa:ku:ʃ]

hammock [hæmək] *n* الأرجوحة الشبكية [Al orjoha al shabakiya]

hamster [hæmstər] *n* حيوان الهمستر [Heyawaan al-hemester]

hand [hænd] *n* يد [jadd] ▷ *v* يُسَلِم [jusallimu]; **Where can I wash my hands?** أين يمكن أن أغسل يدي؟ [ayna yamken an aghsil yady?]

handbag [hændbæg] *n* حقيبة يد [Ha'qeebat yad]

handball [hændbɔl] *n* كرة اليد [Korat al-yad]

handbook [hændbʊk] *n* دليل [dali:l]

handcuffs [hændkʌfs] *npl* القيود [al-quju:du]

handicap [hændikæp] *n (Sport)*; **My handicap is...** ...إعاقتي هي [...e'aa'qaty heya]; **What's your handicap?** ما إعاقتك؟ [ma e-'aa'qa-taka?]

handkerchief [hæŋkərtʃɪf] *n* منديل قماش [Mandeel 'qomash]

handle [hændəl] *n* مقبض [miqbadˤ] ▷ *v* يُعَامل [juʕa:malu]; **The door handle has come off** لقد سقط مقبض الباب [la'qad sa'qaṭa me-'qbaḍ al-baab]

handlebars [hændəlbɑrz] *npl* مقود [miqwadun]

handmade [hændmeɪd] *adj* يَدوي [jadawij]

hands-free [hændzfri] *adj* غير يدوي [Ghayr yadawey]; **hands-free kit** سماعات [samma:ʕa:tun]

handsome [hænsəm] *adj* وسيم [wasi:mun]

handwriting [hændraɪtɪŋ] *n* خط اليد [Khaṭ al-yad]

handy [hændi] *adj* في المتناول [Fee almotanaw-al]

hang [hæŋ] *vi* يَشنِق [jaʃniqu] ▹ *vt* يُعَلِق [juʕalliqu]

hanger [hæŋər] *n* حمالة ثياب [Hammalt theyab]; **coat hanger** شماعة المعاطف [Shama'aat al-ma'aatef]

hang-gliding *n* رياضة الطائرة الشراعية الصغيرة [Reyadar al-Ṭaayearah al-ehraeyah al-ṣagherah]; **I'd like to go hang-gliding** أود أن أمارس رياضة الطيران الشراعي؟ [awid an oma-ris reyaḍat al- ṯayaran al-shera'ay]

hang on *v* ينتظر [jantazˁiru]

hangover [hæŋoʊvər] *n* عادة من الماضى ['aadah men al-maḍey]

hang up *v* يَضَع سَمّاعَة التلفون [jadˁaʕu samma:ʕata attilfu:n]

hankie [hæŋki] *n* منديل [mindi:l]

happen [hæpən] *v* يَحْدُث [jaħduθu]

happily [hæpɪli] *adv* بسعادة [Besa'aaadaḥ]

happiness [hæpinɪs] *n* سَعادة [saʕa:da]

happy [hæpi] *adj* سعيد [saʕi:dun]; **Happy birthday!** عيد ميلاد سعيد ['aeed meelad sa'aeed]

harassment [həræsmənt, hærəs-] *n* مُضايقة [mudˁa:jaqa]

harbor [hɑrbər] *n* ميناء [mi:na:ʔ]

hard [hɑrd] *adj (difficult)* صَعْب [sˁaʕbun], *(firm, rigid)* صَلْب [sˁalbun] ▹ *adv* بقوة [Be-'qowah]; **hard cider** عصير تفاح ['aaṣeer tofaḥ]; **hard disk** قرص صلب ['qorṣ ṣalb]; **hard shoulder** كتف طريق صلب [Katef ṭaree'q ṣalb]**hardboard** [hɑrdbɔrd] *n* لوح صلب [Looḥ ṣolb]

hardly [hɑrdli] *adv* بالكَاد [bil-ka:di]

hardware [hɑrdwɛr] *n* مكونات مادية [Mokawenat madeyah]; **hardware store** محل تاجر الحديد والأدوات المعدنية [Maḥal tajer alḥadeed wal-adwat al-ma'adaneyah]

hare [hɛər] *n* أرنب [ʔarnab]

harm [hɑrm] *v* يَضُر [jadˁurru]

harmful [hɑrmfəl] *adj* مؤذي [muʔði:]

harmless [hɑrmlɪs] *adj* غير مؤذ [Ghayer modh]

harmonica [hɑrmɒnɪkə] *n* آلة الهرمونيكا الموسيقية [Alat al-harmoneeka al-mose'qeyah]

harp [hɑrp] *n* قيثار [qi:θa:ra]

harsh [hɑrʃ] *adj* خشن [xaʃinun]

harvest [hɑrvɪst] *n* حصاد [ħasˁa:d] ▹ *v* يحصد [jaħsˁudu]

hastily [heɪstɪli] *adv* في عُجالة [Fee 'aojalah]

hat [hæt] *n* قبعة [qubaʕa]

hatchback [hætʃbæk] *n* سيارة بباب خلفى [Sayarah be-bab khalfey]

hate [heɪt] *v* يَبْغَض [jabɣadˁu]

hatred [heɪtrɪd] *n* بغض [buɣdˁ]

haunted [hɔntɪd] *adj* مُطارَد [mutˁa:radun]

have [həv, STRONG hæv] *v* يَمْلِكُ [jamliku]

have to *v* يَجِب عليه [Yajeb alayh]

hawthorn [hɔθɔrn] *n* زعرور بلدي [Za'aroor baladey]

hay [heɪ] *n* تبن [tibn]; **hay fever** مرض حمى القش [Maraḍ ḥomma al-'qash]

haystack [heɪstæk] *n* كومة مضغوطة من القش [Kawmah maḍghoṭah men al-'qash]

hazelnut [heɪzəlnʌt] *n* البندق [al-bunduqi]

head [hɛd] *n (body part)* رَأْس [raʔs] ▹ *v* يَرْأس [jarʔasu]; **head office** مكتب رئيسي [Maktab a'ala]

headache [hɛdeɪk] *n* صُدَاع [sˁuda:ʕ]

headband [hɛdbænd] *n* عصابة الرأس ['eṣabat al-raas]

headlight [hɛdlaɪt] *n* مصباح أمامى [Mesbaḥ amamey], مصباح علوي [Mesbaḥ 'aolwey]

headline [hɛdlaɪn] *n* عُنوان رئيسي ['aonwan raaesey]

headphones [hɛdfoʊnz] *npl* سماعات الرأس [Samaat al-raas]

headquarters [hɛdkwɔrtərz] *npl* مراكز رئيسية [Marakez raeaseyah]

headscarf, headscarves [hɛdskɑrf, hɛdskɑrvz] *n* وِشاح غطاء الرأس [Weshaḥ gheṭaa al-raas]

heal [hil] *v* يشفى [juʃfa:]

health [hɛlθ] *n* صحة [sˁiħħa]

healthy [hɛlθi] *adj* صحي [sˁiħij]

heap [hip] *n* كومة [ku:ma]

hear [hɪər] *v* يَسمَع [jasmaʕu]

hearing [hɪərɪŋ] *n* سَمْع [samʕ]; **hearing aid** وسائل المساعدة السمعية [Wasael al-mosa'adah al-sam'aeyah]

heart [hɑrt] *n* قلب [qalb]; **heart attack** أزمة قلبية [Azmah 'qalbeyah]; **I have a heart condition** أعاني من حالة مرضية في القلب [o-'aany min ḥala maraḍiya fee al-'qalb]

heartbroken [hɑrtbroukən] *adj* مكسور القلب من شدة الحزن [Maksoor al-'qalb men shedat al-ḥozn]

heartburn [hɑrtbɜrn] *n* حرقة في فم المعدة [Ḥor'qah fee fom al-ma'adah]

heat [hit] *n* حرارة [ħara:ra] ▹ *v* يُسَخِن [jusaxxinu]; **I can't sleep because of the heat** لا يمكنني النوم بسبب حرارة الغرفة [la yam-kinuni al-nawm be-sabab ḥararat al-ghurfa]

heater [hitər] *n* سخان [saxxa:n]; **How does the water heater work?** كيف يعمل سخان المياه؟ [kayfa ya'amal sikhaan al-meaah?]

heather [hɛðər] *n* نبات الخَلَنج [Nabat al-khalnaj]

heating [hitɪŋ] *n* تسخين [tasxi:n]; **central heating** تدفئة مركزية [Tadfeah markazeyah]

heat up *v* يُسَخِن [junsaxxinu]

heaven [hɛvən] *n* جَنّة [ʒanna]

heavily [hɛvɪli] *adv* بصورة مُكَثَّفة [Beṣorah mokathafah]

heavy [hɛvi] *adj* ثقيل [θaqi:lun]; **This is too heavy** إنه ثقيل جدا [inaho tha'qeel jedan]

hedge [hɛdʒ] *n* سِياج من الشجيرات [Seyaj men al-shojayrat]

hedgehog [hɛdʒhɔg] *n* قنفذ [qunfuð]

heel [hil] *n* كعب [kaʕb]; **high heels** كعوب عالية [Ko'aoob 'aleyah]

height [haɪt] *n* ارتفاع [irtifa:ʕ]

heir [ɛər] *n* وريث [wari:θ]

heiress [ɛərɪs] *n* وريثة [wari:θa]

helicopter [hɛlikɒptər] *n* هيلكوبتر [hi:liku:btir]

hell [hɛl] *n* جحيم [ʒahi:m]

hello [hɛloʊ] *excl* أهلا! [ʔahlan]

helmet [hɛlmɪt] *n* خوذة [xuwða]; **May I have a helmet?** هل يمكن أن أحصل على خوذة؟ [hal yamken an aḥṣal 'aala khoo-dha?]

help [hɛlp] *n* مساعدة [musa:ʕada] ▹ *v* يُساعد [jusa:ʕidu]; **Get help quickly!** سرعة طلب المساعدة [isri'a be-ṭalab al-musa-'aada]; **Help!** مساعدة [musa:ʕadatun]

help [hɛlp] *excl* النجدة! [Alnajdah!]

helpful [hɛlpfʊl] *adj* مفيد [mufi:dun]

helpline [hɛlplaɪn] *n* حبل الإنقاذ [Habl elen'qadh]

hemorrhoids [hɛmərɔɪdz] *npl* دعائم [daʕa:ʔimun], داء البواسير [Daa al-bawaseer]

hen [hɛn] *n* دجاجة [daʒa:ʒa]

hepatitis [hɛpətaɪtɪs] *n* التهاب الكبد [El-tehab al-kabed]

her [hər, STRONG hɜr] *pron*; **She's hurt her leg** لقد جرحت قدمها [la'qad jara-ḥat sa'qaha]

herbs [ɜrbz] *npl* أعشاب [ʔaʕʃa:bun]

here [hɪər] *adv* هنا [huna:]; **I'm here for work** أنا هنا للعمل [ana huna lel-'aamal]

hereditary [hɪrɛdɪtɛri] *adj* وراثي [wira:θij]

heritage [hɛrɪtɪdʒ] *n* موروث [mawru:θ]

hernia [hɜrniə] *n* فتق [fatq]

hero [hɪəroʊ] *n* بطل [batˤal] *(novel)*

heroin [hɛroʊɪn] *n* هيروين [hi:rwi:n]

heroine [hɛroʊɪn] *n* بَطَلة [batˤala]

heron [hɛrən] *n* مالك الحزين [Malek al ḥazeen]

herring [hɛrɪŋ] *n* سمك الرِنجَة [Samakat al-renjah]; **smoked herring** ذَكَر سمك السلمون [Dhakar samak al-salamon]

herself [hərsɛlf] *pron*; **She's hurt herself** لقد جرحت نفسها [la'qad jara-ḥat naf-saha]

hesitate [hɛzɪteɪt] *v* يَتَردد [jataraddadu]

heterosexual [hɛtərousɛkʃuəl] *adj* مشته للجنس الآخر [Mashtah lel-jens al-aakahar]

hi [haɪ] *excl* مرحبا! [marħaban]

hiccups [hɪkʌps] *npl* زُغْطَّة [zuɣtˤatun]

hidden [hɪdən] *adj* خفي [xafij]

hide [haɪd] *vi* يَختَبئ [jaxtabiʔ] ▹ *vt* يُخفِي [juxfi:]

hide-and-seek *n* لعبة الاستغماية [Lo'abat al-estoghomayah]

hideous [hɪdiəs] *adj* بَشِعٌ [baʃiʕun]

hi-fi [haɪ faɪ] *n* هاي فاي [Hay fay]

high [haɪ] *adj* عالي [ʕa:lijju] ▹ *adv* مرتفع [murtafiʕun]; **high heels** كعوب عالية [Ko'aoob 'aleyah]; **high jump** قفزة عالية ['qafzah 'aaleyah]

high chair [haɪtʃɛər] *n* كُرْسي مُرتَفِع [Korsey mortafe'a]

high-heeled *adj* كعب عالى [Ka'ab 'aaaley]

highlight [haɪlaɪt] *n* جزء ذو أهمية خاصة [Joza dho ahammeyah khaṣah] ▹ *v* يُلْقي الضوء على [Yol'qy al-ḍawa 'aala]

highlighter [haɪlaɪtər] *n* مادة تجميلية تبرز الملامح [Madah tajmeeleyah tobrez al-malameḥ]

high-rise *n* بِنَايَة عالية [Benayah 'aaleyah]

highway [haɪweɪ] *n*; **divided highway** طريق مزدوج الاتجاه للسيارات [Taree'q mozdawaj al-etejah lel-sayarat]; **highway ramp** طريق متصل بطريق سريع للسيارات أو منفصل عنه [ṭaree'q mataṣel be- ṭaree'q sarea'a lel-sayaraat aw monfaṣel 'anho]; **highway tax** ضريبة طُرُق [Ḍareebat ṭoro'q]

hijack [haɪdʒæk] *v* يَختِطِف [jaxtatˤifu]

hijacker [haɪdʒækər] *n* مُختَطِف [muxtatˤif]

hike [haɪk] *n* نزهة طويلة سيراً على الأقدام [nazhatun tˤawi:latun sajran ʕala: alʔaqda:mi], *(long walk)* رحلة سيرًا على الأقدام [rehalah sayran ala al-a'qdam]

hiker [haɪkər] *n* مُتَجوِّل [mutaʒawwil]

hiking [haɪkɪŋ] *n* تنزه [tanazzuh]التنزه بين المرتفعات , [Altanazoh bayn al-mortaf'aat]

hilarious [hɪlɛəriəs] *adj* مرح [maraħun]

hill [hɪl] *n* تل [tall]; **bunny hill** منحدر التزلج للمبتدئين [monḥadar al-tazaloj lel-mobta-deen]

him [hɪm] *pron*; **We have to get him to a hospital** علينا أن ننقله إلى المستشفى ['alayna an nan-'quloho ela al-mustashfa]

himself [hɪmsɛlf] *pron*; **He's cut himself** لقد جرح نفسه [la'qad jara-ḥa naf-sehe]

Hindu [hɪndu] *adj* هندوسي [hindu:sij] ▹ *n* هندوسي [hindu:sij]

Hinduism [hɪnduɪzəm] *n* هندوسية [hindu:sijja]

hinge [hɪndʒ] *n* مِفصلة [mifsˤala]

hint [hɪnt] *n* تلميح [talmi:ħ] ▹ *v* يَرْمُز إلى [Yarmoz ela]

hip [hɪp] *n* رَدف الجسم [Radf al-jesm]

hippie [hɪpi] *n* هِيبِز [hi:biz]

hippo [hɪpoʊ] *n* فرس النهر [Faras al-nahr]

hippopotamus [hɪpəpɒtəməs] (*pl* hippopotami) *n* فرس النهر [Faras al-nahr]

hire [haɪər] *n (rental)* أجَّر [ʔaʒʒara] ▹ *v (people)* يستأجر [jastaʔʒiru]

his [hɪz] *pron*; **He can't move his leg** لا يمكنه تحريك قدمه [la yam-kinaho taḥreek sa'quho]

historian [hɪstɒriən] *n* مُؤرِّخ [muʔarrix]

historical [hɪstɒrɪkəl] *adj* تاريخي [ta:ri:xij]

history [hɪstəri, -tri] *n* تاريخ [ta:ri:x]

hit [hɪt] *n* ضربة [dˤarba] ▹ *v* يُصْيب [jusˤi:bu]

hitch [hɪtʃ] *n* حركة مفاجئة [Ḥarakah mofajeah]

hitchhike [hɪtʃhaɪk] *v* يُسافر متطفلًا [Yosaafer motaṭafelan]

hitchhiker [hɪtʃhaɪkər] *n* مسافر يوقف السيارات ليركبها مجانا [Mosafer yo'qef al-sayarat le-yarkabha majanan]

hitchhiking [hɪtʃhaɪkɪŋ] *n* طلب التوصيل [Ṭalab al-tawseel]

HIV-negative *adj* إصابة بالإيدز- سلبية [Eṣaba bel edz – salbeyah]

HIV-positive *adj* إصابة بالإيدز- إيجابية [Eṣaba bel edz – ejabeyah]

hobby [hɒbi] *n* هواية [hiwa:ja]

hockey [hɒki] *n* لعبة الهوكي على الجليد [Lo'abat alhookey 'ala aljaleed]; **field hockey** لعبة الهوكي [Lo'abat alhookey]

hold [hoʊld] *v* يَحتَفظ ب [taḥtafeḍh be]

hold on *v* ينتظر قليلا [yantḍher 'qaleelan]

hold up *v* يُعَطِل [junʕatˤtˤilu]

hold-up *n* سطو مُسلح [Saṭw mosalaḥ]

hole [hoʊl] *n* حفرة [ħufra]

holiday [hɒlɪdeɪ] *n*; **public holiday** أجازة عامة [ajaaza a'mah], عطلة شعبية [A'otalh sha'abeyah]

Holland [hɒlənd] *n* هولندا [hu:landa:]

hollow [hɒloʊ] *adj* أجوف [ʔaʒwafun]

holly [hɒli] *n* نبات شائك الأطراف [Nabat shaek al-aṭraf]

holy [hoʊli] *adj* مقدس [muqadasun]

home [hoʊm] *adv* بالبَيْت [bi-al-bajti] ▹ *n* منزل [manzil]; **home address** عنوان المنزل ['aonwan al-manzel]; **home game** مباراة الإياب فى ملعب المضيف [Mobarat al-eyab fee mal'aab al-modeef]; **home page** صفحة رئيسية [Ṣafḥah raeseyah]; **mobile home** منزل متحرك [Mazel motaḥarek]; **nursing home** دار التمريض [Dar al-tamreed]; **Would you like to phone home?** هل لديك رغبة في الاتصال بالمنزل؟ [hal ladyka raghba fee al-itiṣal bil-manzil?]

homeland [hoʊmlænd] *n* موطن أصلي [Mawṭen aṣley]

homeless [hoʊmlɪs] *adj* شريد [ʃari:dun]

homemade [hoʊmmeɪd] *adj* مصنع منزلياً [Maṣna'a manzeleyan]

homeopathic [hoʊmioʊpæθɪk] *adj* معالج مثلي [Moalej methley]

homeopathy [hoʊmiɒpəθi] *n* العلاج المِثْلي [Al-a'elaj al-methley]

homesick [hoʊmsɪk] *adj* حنين إلى الوطن [Ḥaneem ela al-waṭan]

homework [hoʊmwɜrk] *n* واجب منزلى [Wajeb manzeley]

Honduras [hɒndʊrəs] *n* الهندوراس [al-handu:ra:si]

honest [ɒnɪst] *adj* أمين [ʔami:nun]

honestly [ɒnɪstli] *adv* بأمانة [biʔama:nati]

honesty [ɒnɪsti] *n* أمانة [ʔama:na]

honey [hʌni] *n* عسل [ʕasal]

honeymoon [hʌnimun] *n* شَهْر العسل [Shahr al-'asal]

honeysuckle [hʌnisʌkəl] *n* شُجيرة غنية بالرحيق [Shojayrah ghaneyah bel-raḥee'q]

honor [ɒnər] *n* شَرف [ʃaraf]

hood [hʊd] *n* غطاء للرأس والعنق [Gheṭa'a lel-raas wal-a'ono'q], *(car)* قلنسوة [qulunsuwa]

hook [hʊk] *n* عقيفة [ʕaqi:fa]

hooky [hʊki] *n*; **play hooky** يتغَيب [jataɣajjabu]

hope [hoʊp] *n* أَمَلْ [ʔamal] ▹ *v* يأمل [jaʔmalu]

hopeful [hoʊpfəl] *adj* واعِد [wa:ʕidun]

hopefully [hoʊpfəli] *adv* مفعم بالأمل [Mof-'am bel-amal]

hopeless [hoʊplɪs] *adj* يائس [ja:ʔisun]

horizon [həraɪzən] *n* الأفق [al-ʔufuqi]

horizontal [hɒrɪzɒntəl] *adj* أُفُقِي [ʔufuqij]

hormone [hɔrmoʊn] *n* هرمون [hurmu:n]

horn [hɔrn] *n* بوق [bu:q]; **French horn** بوق فرنسي [Boo'q faransey]

horoscope [hɔrəskoʊp] *n* خريطة البروج [khareeṭat al-brooj]

horrendous [hɔrɛndəs, hɒ-, hə-] *adj* رهيب [rahi:bun]

horrible [hɔrɪbəl, hɒr-] *adj* رهيب [rahi:bun]

horrifying [hɒrɪfaɪɪŋ, hɒr-] *adj* مرعب [murʕibun]

horror [hɔrər, hɒr-] *n* فَزَع [fazaʕ]; **horror movie** فيلم رعب [Feelm ro'ab]

horse [hɔrs] *n* حصان [ħisˤa:n]; **horse racing** سباق الخيول [Seba'q al-kheyol]; **rocking horse** حصان خشبي هزاز [Heṣan khashabey hazaz]

horseback [hɔrsbæk] *n*; **Can we go horseback riding?** هل يمكننا أن نمتطي الجياد؟ [hal yamken -ana an namta-ty al-ji-yaad?]; **Let's go horse-back riding** هيا نذهب لركوب الخيل [hya nadhhab le-rikoob al-khayl]

horseradish [hɔrsrædɪʃ] *n* فجل حار [Fejl ḥar]

horseshoe [hɔrsʃu] *n* حدوة الحصان [Hedawat heṣan]

hose [hoʊz] *n* خُرطُوم [xurtˤawm]

hosepipe [hoʊzpaɪp] *n* خرطوم المياه [Kharṭoom al-meyah]

hospital [hɒspɪtəl] *n* مستشفى [mustaʃfa:]; **maternity hospital** مستشفى توليد [Mostashfa tawleed]; **mental hospital** *(offensive)* مستشفى أمراض عقلية [Mostashfa amraḍ 'aa'qleyah]; **How do I get to the hospital?** كيف يمكن أن أذهب إلى المستشفى؟ [kayfa yamkin an athhab ela al-mustashfa?]; **We have to get him to a hospital** علينا أن ننقله إلى المستشفى ['alayna an nan-'quloho ela al-mustashfa]; **Where is the hospital?** أين توجد المستشفى؟ [ayna tojad al-mustashfa?]; **Will he have to go to the hospital?** هل سيجب عليه الذهاب إلى المستشفى؟ [hal sayajib 'aalyhe al-dhehaab ela al-mustashfa?]

hospitality [hɒspɪtælɪti] *n* حُسن الضيافة [Ḥosn al-ḍeyafah]

host [hoʊst] *n* مقدم [muqaddim], *(entertains)* مُضِيف [mudˤi:f], *(multitude)* حَشْد [ħaʃd]

hostage [hɒstɪdʒ] *n* رهينة [rahi:na]

hostel [hɒstəl] *n* بيت الشباب [Bayt al-shabab]

hostile [hɒstəl] *adj* عدائي [ʕida:ʔij]

hot [hɒt] *adj* حار [ha:rrun]; **hot dog** نقانق ساخنة [Na'qane'q sakhenah]; **The room is too hot** هذه الغرفة حارة أكثر من اللازم [hathy al-ghurfa ḥara ak-thar min al-laazim]

hotel [houtɛl] *n* فندق [funduq]; **Could you make a hotel reservation for me?** أيمكنك أن تحجز لي بالفندق؟ [a-yamkun-ika an taḥjuz lee bil-finda'q?]; **He runs the hotel** إنه يدير الفندق [inaho yodeer al-finda'q]; **I'm staying at a hotel** أنا مقيم في فندق [ana mu'qeem fee finda'q]; **Is your hotel accessible to wheelchairs?** هل يمكن الوصول إلى الفندق بكراسي المقعدين المتحركة؟ [hal yamken al-wiṣool ela al-finda'q be-karasi al-mu'q'aadeen al-mutaḥarika?]; **What's the best way to get to this hotel?** ما هو أفضل طريق للذهاب إلى هذا الفندق [Ma howa afḍal taree'q lel-dhehab ela al-fondo'q]

hour [auər] *n* ساعة [sa:ʕa]; **half hour** نصف ساعة [Neṣf saa'aah]; **lunch hour** استراحة غداء [Estrahet ghadaa]; **office hours** ساعات العمل [Sa'aat al-'amal]; **opening hours** ساعات العمل [Sa'aat al-'amal]; **peak hours** ساعات الذروة [Sa'aat al-dhorwah]; **rush hour** وَقْت الذروة [Wa'qt al-dhorwah]; **visiting hours** ساعات الزيارة [Sa'at al-zeyadah]; **How much is it per hour?** كم يبلغ الثمن لكل ساعة؟ [kam yablugh al-thaman le-kul sa'a a?]

hourly [auərli] *adj* محسوب بالساعة [Mahsoob bel-saa'ah] ▷ *adv* كل ساعة [Kol al-saa'ah]

house [haus] *n* بيت [bajt], منزل منفصل [Manzel monfaṣelah]

household [haushould] *n* أهل البيت [Ahl al-bayt]

housewife [hauswaɪf] *n* رَبّة المنزل [Rabat al-manzel]

housework [hauswɜrk] *n* أعمال منزلية [A'amaal manzelyah]

hovercraft [hʌvərkræft] *n* حَوّامَة [ħawwa:ma]

how [hau] *adv* كيف [kajfa]; **How are you?** كيف حالك؟ [kayfa ḥaluka?]; **How do I get to...?** كيف يمكن أن أصل إلى... [kayfa yamkin an aṣal ela...?];

How does this work? كيف يعمل هذا؟ [Kayfa ya'amal hatha?]

howl [haul] *v* يعوي [jaʕwi:]

HQ [eɪtʃ kyu] *abbr* مركز رئيسي [markazun raʔi:sijjun]

hubcap [hʌbkæp] *n* غطاء للوقاية أو الزينة [Gheṭa'a lel-we'qayah aw lel-zeenah]

hug [hʌg] *n* تشبث [taʃabbuθ] ▷ *v* يُعَانِق [juʕa:niqu]

huge [hyudʒ] *adj* هائل [ha:ʔilun]

hull [hʌl] *n* جسم السفينة [Jesm al-safeenah]

hum [hʌm] *v* يَتَرنم [jatarannamu]

human [hyumən] *adj* بَشَري [baʃarij]; **human being** إنسان [ʔinsa:nun]; **human rights** حقوق الإنسان [Ho'qoo'q al-ensan]

humanitarian [hyumænɪtɛəriən] *adj* مُحسِن [muħsinun]

humble [hʌmbəl] *adj* متواضع [mutawa:dˤiʕun]

humid [hyumɪd] *adj* رَطِب [ratˤbun]

humidity [hyumɪdɪti] *n* رطوبة [rutˤu:ba]

humor [hyumər] *n* دُعَابة [duʕa:ba]; **sense of humor** حس الفكاهة [Ḥes al-fokahah]

humorous [hyumərəs] *adj* فكاهي [fuka:hij]

hundred [hʌndrɪd] *number* مائة [ma:ʔitun]; **I'd like five hundred...** أرغب في الحصول على خمسمائة... [Arghab fee al-ḥoṣol alaa khomsamah...]

Hungarian [hʌŋgɛəriən] *adj* مجري [maʒrij] ▷ *n* *(person)* مَجَري الجنسية [Majra al-jenseyah]

Hungary [hʌŋgəri] *n* المجر [al-maʒari]

hunger [hʌŋgər] *n* جوع [ʒu:ʕ]

hungry [hʌŋgri] *adj* جوعان [ʒawʕa:nun]

hunt [hʌnt] *v* يَصيد [jasˤi:du]

hunter [hʌntər] *n* صياد [sˤajja:d]

hunting [hʌntɪŋ] *n* صيد [sˤajd]

hurdle [hɜrdəl] *n* سياج نقال [Seyaj na'qal]

hurricane [hɜrɪkeɪn, hʌr-] *n* إعصار [ʔiʕsˤa:r]

hurry [hɜri, hʌr-] *n* استعجال [istiʕʒa:l] ▷ *v* يُسْرِع [jusriʕu]

hurry up *v* يَستعجِل [jastaʕʒilu]

hurt [hɜrt] *adj* مستاء [musta:ʔun] ▷ *v* يؤذي [juðiː]

husband [hʌzbənd] *n* زَوْج [zawʒ]

hut [hʌt] *n* كوخ [ku:x]; **Where is the nearest mountain hut?** أين يوجد أقرب كوخ بالجبل؟ [ayna yujad a'qrab kookh bil-jabal?]

hutch [hʌtʃ] *n* بُوفيه [bu:fi:h]

hyacinth [haɪəsɪnθ] *n* هياسنت [haja:sint]

hydrogen [haɪdrədʒən] *n* هيدروجين [hi:dru:ʒi:n]

hygiene [haɪdʒin] *n* نظافة [nazˤa:fa]

hymn [hɪm] *n* ترنيمة [tarni:ma]

hypermarket [haɪpərmɑrkɪt] *n* متجر كبير جداً [Matjar kabeer jedan]

hyphen [haɪfən] *n* شرطة قصيرة [Sharṭah 'qaṣeerah]

I

I [aɪ] *pron* أنا [ʔana]; **I don't like...** أنا لا أحب... [ana la oḥibo...]; **I like...** أنا أفضل... [ana ofaḍel...]; **I love...** أنا أحب... [ana aḥib]

ice [aɪs] *n* جليد [ʒali:d]; **black ice** ثلج أسود [thalj aswad]; **ice cube** مكعب ثلج [Moka'aab thalj]; **ice rink** حلبة من الجليد الصناعي [Ḥalabah men aljaleed alṣena'aey]

iceberg [aɪsbɜrg] *n* جبل جليدي [Jabal jaleedey]

icebox [aɪsbɒks] *n* صندوق الثلج [Ṣondoo'q al-thalj]

ice cream *n* آيس كريم [aayes kreem]; **I'd like some ice cream** أريد تناول آيس كريم [areed tanawil ice kreem]

Iceland [aɪslənd] *n* أيسلندا [ʔajslanda:]

Icelandic [aɪslændɪk] *adj* أيسلاندي [ʔajsla:ndi:] ▷ *n* الأيسلندي [Alayeslandey]

ice-skating *n* تَزَلُج على الجليد [Tazaloj 'ala al-jaleed]

icing [aɪsɪŋ] *n* تَزْيين الحلوى [Tazyeen al-ḥalwa]

icon [aɪkɒn] *n* أيقونة [ʔajqu:na]

icy [aɪsi] *adj* جليدي [ʒali:dij]

idea [aɪdiə] *n* فكرة [fikra]

ideal [aɪdiəl] *adj* مثالي [miθa:lij]

ideally [aɪdiəli] *adv* بشكل مثالي [Be-shakl methaley]

identical [aɪdɛntɪkəl] *adj* متطابق [mutatˤa:biqun]

identification [aɪdɛntɪfɪkeɪʃən] *n* تعريف الهوية [Ta'areef al-haweyah]

identify [aɪdɛntɪfaɪ] *v* يُعَيِّنُ الهوِيَّة [Yo'aeyen al-haweyah]

identity [aɪdɛntɪti] *n* هَويّة [huwijja]; **identity card** بطاقة شخصية [beṭ a'qah shakhṣeyah]; **identity theft** سرقة الهوية [Sare'qat al-hawyiah]

ideology [aɪdiɒlədʒi, ɪdi-] *n* أيدولوجية [ʔajdu:lu:ʒijja]

idiot [ɪdiət] *n* أبْلَه [ʔablah]

idiotic [ɪdiɒtɪk] *adj* أحمق [ʔaħmaqun]

idle [aɪdəl] *adj* عَاطِل [ʕa:tˤilun]

i.e. [aɪ i] *abbr* أي أن [Ay an]

if [ɪf] *conj* إذا [ʔiða:]

ignition [ɪgnɪʃən] *n* اشتعال [iʃtiʕa:l]

ignorance [ɪgnərəns] *n* جهل [ʒahl]

ignorant [ɪgnərənt] *adj* جاهل [ʒa:hilun]

ignore [ɪgnɔr] *v* يَتَجاهل [jataʒa:halu]

ill [ɪl] *adj* سقيم [saqi:mun]

illegal [ɪligəl] *adj* غير قانوني [Ghayer 'qanooney]

illegible [ɪlɛdʒɪbəl] *adj* غير مقروء [Ghayr ma'qrooa]

illiterate [ɪlɪtərɪt] *adj* أمي [ʔumijju]

illness [ɪlnɪs] *n* داء [da:ʔ]

illusion [ɪluʒən] *n* وهم [wahm]

illustration [ɪləstreɪʃən] *n* توضيح [tawdˤi:ħ]

image [ɪmɪdʒ] *n* صورة [sˤu:ra]

imaginary [ɪmædʒɪnɛri] *adj* تَخَيُلي [taxajjulij]

imagination [ɪmædʒɪneɪʃən] *n* خيال [xaja:l]

imagine [ɪmædʒɪn] *v* يَتَخَيَل [jataxajjalu]

imitate [ɪmɪteɪt] *v* يُقَلِد [juqallidu]

imitation [ɪmɪteɪʃən] *n* محاكاة [muħa:ka:t]

immature [ɪmətʃʊər, -tʊər] *adj* غير ناضج [Ghayr naḍej]

immediate [ɪmidiɪt] *adj* فوري [fawrij]

immediately [ɪmidiɪtli] *adv* فى الحال [Fee al-hal]

immigrant [ɪmɪgrənt] *n* وَافِد [wa:fid]

immigration [ɪmɪgreɪʃən] *n* هِجْرَة [hiʒra]

immoral [ɪmɔrəl] *adj* لا أخلاقي [La Akhla'qy]

impact [ɪmpækt] *n* تأثير [taʔθi:r]

impaired [ɪmpɛərd] *adj*; **I'm visually impaired** أعاني من ضعف البصر [o-'aany min ḍu'auf al-baṣar]

impartial [ɪmpɑrʃəl] *adj* غير متحيز [Ghayer

motaḥeyz]
impatience [ɪmpeɪʃəns] *n* نفاذ الصبر [nafadh al-ṣabr]
impatient [ɪmpeɪʃənt] *adj* غير صبور [Ghaeyr ṣaboor]
impatiently [ɪmpeɪʃəntli] *adv* بدون صبر [Bedon ṣabr]
impersonal [ɪmpɜrsənəl] *adj* موضوعي [mawdˤuːʕij]
import *n* [ɪmpɔrt]استيراد [istijraːdun] ▹ *v* [ɪmpɔrt]يَستورد [jastawridu]
importance [ɪmpɔrtəns] *n* أهمية [ʔahamijja]
important [ɪmpɔrtənt] *adj* هام [haːmmun]
impossible [ɪmpɒsɪbəl] *adj* مستحيل [mustaħiːlun]
impractical [ɪmpræktɪkəl] *adj* غير عملي [Ghayer 'aamaley]
impress [ɪmprɛs] *v* يُؤثر فى [Yoather fee]
impressed [ɪmprɛst] *adj* متأثر [mutaʔaθirrun]
impression [ɪmprɛʃən] *n* انطباع [intˤibbaːʕ]
impressive [ɪmprɛsɪv] *adj* مؤثر [muʔaθirun]
improve [ɪmpruv] *v* يُحْسِن [juħsinu]
improvement [ɪmpruvmənt] *n* تحسين [taħsiːn]
in *prep* في [fiː]; **in summer** في الصيف [fee al-ṣayf]; **in the evening** في المساء [fee al-masaa]; **I live in...** أسكن في... [askun fee..]; **Is the museum open in the morning?** هل المتحف مفتوح في الصباح؟ [hal al-mat-ḥaf maf-tooḥ fee al-ṣabaḥ]; **We'll be in bed when you get back** عند العودة سوف نكون في الفراش ['aenda al-'aoda sawfa nakoon fee al-feraash]
inaccurate [ɪnækyərɪt] *adj* غير دقيق [Ghayer da'qee'q]
inadequate [ɪnædɪkwɪt] *adj* غير ملائم [Ghayr molaem]
inadvertently [ɪnədvɜrtəntli] *adv* بدون قَصْد [Bedoon 'qaṣd]
in-box [ɪnbɒks] *n* صندوق الوارد [Ṣondok alwared]
incentive [ɪnsɛntɪv] *n* باعث [baːʕiθ]
inch [ɪntʃ] *n* بوصة [bawsˤa]
incident [ɪnsɪdənt] *n* حدث عرضي [Hadth 'aradey]
include [ɪnklud] *v* يَتَضمن [jatadˤammanu]
included [ɪnkludɪd] *adj* مُرفق [murfiqun]
inclusive [ɪnklusɪv] *adj* جامع [ʒaːmiʕun]
income [ɪnkʌm] *n* دَخْل [daxala]; **income tax** ضريبة دخل [Ḍareebat dakhl]
incompetent [ɪnkɒmpɪtənt] *adj* غير كفؤ [Ghayr kofa]
incomplete [ɪnkəmplit] *adj* ناقص [naːqisˤun]
inconsistent [ɪnkənsɪstənt] *adj* متضارب [mutadˤaːribun]
inconvenience [ɪnkənvinyəns] *n* عدم المُلاءمة ['adam al-molaamah]
inconvenient [ɪnkənvinyənt] *adj* غير ملائم [Ghayr molaem]
incorrect [ɪnkərɛkt] *adj* خاطئ [xaːtˤiʔun]
increase *n* [ɪnkris]زيادة [zijaːdatun] ▹ *v* [ɪnkris]يَزيد [jaziːdu]
increasingly [ɪnkrisɪŋli] *adv* بشكل متزايد [Beshakl motazayed]
incredible [ɪnkrɛdɪbəl] *adj* لا يصدق [La yoṣda'q]
indecisive [ɪndɪsaɪsɪv] *adj* غير حاسم [Gahyr hasem]
indeed [ɪndid] *adv* حقاً [ħaqqan]
independence [ɪndɪpɛndəns] *n* استقلال [istiqlaːlu]
independent [ɪndɪpɛndənt] *adj* مستقل [mustaqilun]
index [ɪndɛks] *n (list)* فهرس [fahras], *(numerical scale)* فهرس [fahras]; **index finger** اصبع السبابة [Eṣbe'a al-sababah]
India [ɪndiə] *n* الهند [al-hindi]
Indian [ɪndiən] *adj* هندي [hindij] ▹ *n* هندي [hindij]; **Indian Ocean** المحيط الهندي [Almoḥeeṭ alhendey]
indicate [ɪndɪkeɪt] *v* يشير إلى [Yosheer ela]
indicator [ɪndɪkeɪtər] *n* مُؤَشِّر [muʔaʃʃir]
indigestion [ɪndɪdʒɛstʃən, -daɪ-] *n* عسر الهضم ['aosr al-haḍm]
indirect [ɪndaɪrɛkt, -dɪr-] *adj* غير مباشر [Ghayer mobasher]
indispensable [ɪndɪspɛnsəbəl] *adj* لا مفر منه [La mafar menh]
individual [ɪndɪvɪdʒuəl] *adj* فردي [fardijjatun]
Indonesia [ɪndəneʒə] *n* أندونيسيا [ʔanduːniːsjaː]
Indonesian [ɪndənizən] *adj* أندونيسى

[ʔandu:ni:sij] ▹ *n (person)* أندونيسي [ʔandu:ni:sij]

indoor [ɪndɔr] *adj* داخلي [da:xilij]; **What indoor activities are there?** ما الأنشطة الرياضية الداخلية المتاحة؟ [ma al-anshiṭa al-reyaḍya al-dakhiliya al-mutaḥa?]

indoors [ɪndɔrz] *adv* داخلياً [da:xilijjan]

industrial [ɪndʌstriəl] *adj* صناعي [sˤina:ʕij]; **industrial park** عقارات صناعية ['aa'qarat ṣenaeyah]

industry [ɪndəstri] *n* صناعة [sˤina:ʕa]

inefficient [ɪnɪfɪʃənt] *adj* غير فعال [Ghayer fa'aal]

inevitable [ɪnɛvɪtəbəl] *adj* محتوم [maħtu:mun]

inexpensive [ɪnɪkspɛnsɪv] *adj* بَخْس [baxsun]

inexperienced [ɪnɪkspɪəriənst] *adj* قليل الخبرة ['qaleel al-khebrah]

infantry [ɪnfəntri] *n* سلاح المُشَاة [Selaḥ al-moshah]

infection [ɪnfɛkʃən] *n* عدوى [ʕadwa:]

infectious [ɪnfɛkʃəs] *adj* مُعْد [muʕdin]

inferior [ɪnfɪəriər] *adj* أدنى درجة [Adna darajah] ▹ *n* مرؤوس [marʔuws]

infertile [ɪnfɜrtəl] *adj* قاحل [qa:ħilun]

infinitive [ɪnfɪnɪtɪv] *n* مَصْدَر [masˤdar]

infirmary [ɪnfɜrməri] *n* مَشْفَى [maʃfa:]

inflamed [ɪnfleɪmd] *adj* مشتعل [muʃtaʕilun]

inflammation [ɪnfləmeɪʃən] *n* التهاب [ʔiltiha:b]

inflatable [ɪnfleɪtəbəl] *adj* قابل للنفخ ['qabel lel-nafkh]

inflation [ɪnfleɪʃən] *n* تَضَخُّم [tadˤaxxum]

inflexible [ɪnflɛksɪbəl] *adj* غير مَرِن [Ghayer maren]

influence [ɪnfluəns] *n* أثَرْ [ʔaθar] ▹ *v* يُؤثِر فى [Yoather fee]

influenza [ɪnfluɛnzə] *n* أنفلونزا [ʔanfulwanza:]

inform [ɪnfɔrm] *v* يُبْلغ عن [Yoballegh an]

informal [ɪnfɔrməl] *adj* غير رسمي [Ghayer rasmey]

information [ɪnfərmeɪʃən] *n* معلومات [amaʕlu:ma:t]; **information desk** مكتب الاستعلامات [Maktab al-este'alamaat]; **information booth** مكتب الاستعلامات [Maktab al-este'alamaat]; **Here's some information about my company** تفضل بعض المعلومات المتعلقة بشركتي [tafaḍal ba'aḍ al-ma'a-lomaat al-muta'a-le'qa be-share-katy]; **I'd like some information about...** أريد الحصول على بعض المعلومات عن... [areed al-ḥuṣool 'aala ba'aḍ al-ma'aloomat 'an...]

informative [ɪnfɔrmətɪv] *adj* تثقيفي [taθqi:fij]

infrastructure [ɪnfrəstrʌktʃər] *n* بِنْيَة أساسية [Benyah asaseyah]

infuriating [ɪnfyʊərieɪtɪŋ] *adj* مثير للغضب [Mother lel-ghaḍab]

ingenious [ɪndʒinyəs] *adj* مبدع [mubdiʕun]

ingredient [ɪngridiənt] *n* مُكَوِّن [mukawwan]

inhabitant [ɪnhæbɪtənt] *n* ساكن [sa:kin]

inhaler [ɪnheɪlər] *n* بَخَّاخ [baxxa:x]

inherit [ɪnhɛrɪt] *v* يَرِث [jariθu]

inheritance [ɪnhɛrɪtəns] *n* ميراث [mi:jra:θ]

inhibition [ɪnɪbɪʃən] *n* كَبْح [kabħ]

initial [ɪnɪʃəl] *adj* ابتدائي [ibtida:ʔij] ▹ *v* يُوقِع بالحرف الأول من اسمه [Yowa'qe'a bel-harf alawal men esmeh]

initially [ɪnɪʃəli] *adv* مبدئياً [mabdaʔijjan]

initials [ɪnɪʃəlz] *npl* الأحرف الأولى [Al-aḥrof al-ola]

initiative [ɪnɪʃiətɪv, -ʃətɪv] *n* مبادرة [muba:dara]

inject [ɪndʒɛkt] *v* يَحقِن [jaħqinu]

injection [ɪndʒɛkʃən] *n* حقن [ħaqn]; **I want an injection for the pain** أريد أخذ حقنة لتخفيف الألم [areed akhdh ḥu'qna le-takhfeef al-alam]; **Please give me an injection** من فضلك أعطني حقنة [min faḍlak i'a-ṭiny ḥi'qna]

injure [ɪndʒər] *v* يجرح [jaʒraħu]

injured [ɪndʒərd] *adj* مجروح [maʒru:ħun]

injury [ɪndʒəri] *n* إصابة [ʔisˤa:ba]; **injury time-out** وَقْت بدل الضائع [Wa'qt badal ḍaye'a]

injustice [ɪndʒʌstɪs] *n* ظلم [zˤulm]

ink [ɪŋk] *n* حبر [ħibr]

in-laws [ɪnlɔ] *npl* أصهار [ʔasˤha:run]

inmate [ɪnmeɪt] *n* شريك السكن [Shareek al-sakan]

inn [ɪn] *n* خان [xa:na]

inner [ɪnər] *adj* باطني [ba:tˤinij]; **inner tube** أنبوب داخلي [Anboob dakheley]

innocent [ɪnəsənt] *adj* برئ [bari:ʔun]

innovation [ɪnəveɪʃən] *n* ابتكار [ibtika:r]

innovative [ɪnəvɛɪtɪv] *adj* ابتكاري [ibtika:rijun]

inquest [ɪnkwɛst] *n* استجواب [istiʒwa:b]

inquire [ɪnkwaɪər] *v* يَسأل عن [Yasaal 'an]يَستعلِم عن , [jastaʕlimu ʕan]

inquiry [ɪnkwaɪəri, ɪŋkwɪri] *n* استعلام [istiʕla:m]

inquisitive [ɪnkwɪzɪtɪv] *adj* محب للبحث والتحقيق [moḥeb lel-baḥth wal-taḥ'qeeq]

insane [ɪnseɪn] *adj* مجنون [maʒnu:nun]

inscription [ɪnskrɪpʃən] *n* نقش [naqʃ]

insect [ɪnsɛkt] *n* حشرة [ħaʃara]; **insect repellent** طارد للحشرات [Ṭared lel-ḥasharat]; **stick insect** الحشرة العصوية [Al-hasherah al-'aodweia]

insecure [ɪnsɪkyʊər] *adj* غير آمن [Ghayr aamen]

insensitive [ɪnsɛnsɪtɪv] *adj* غير حساس [Ghayr hasas]

inside [ɪnsaɪd] *adv* داخلًا [da:xila:] ▷ *n* دَاخِل [da:xila]

insincere [ɪnsɪnsɪər] *adj* منافق [muna:fiqun]

insist [ɪnsɪst] *v* يُصِر على [Yoṣṣer 'aala]

insomnia [ɪnsɒmniə] *n* أرق [ʔaraq]

inspect [ɪnspɛkt] *v* يَفْحَص [jafħasˤu]

inspector [ɪnspɛktər] *n* مفتش [mufattiʃʃ]; **ticket inspector** مفتش التذاكر [Mofatesh taḍhaker]

instability [ɪnstəbɪlɪti] *n* عدم الثبات ['adam al-thabat]

installment [ɪnstɔlmənt] *n* تركيب [tarki:b]

instance [ɪnstəns] *n* مرحلة [marħala]

instant [ɪnstənt] *adj* ملح [milħun]

instantly [ɪnstəntli] *adv* بالحاح [bi-ilħa:ħin]

instead [ɪnstɛd] *adv* بدلًا من ذلك [Badalan men ḍhalek]

instinct [ɪnstɪŋkt] *n* غريزة [ɣari:za]

institute [ɪnstɪtut] *n* معهد [maʕhad]

institution [ɪnstɪtuʃən] *n* مؤسسة [muʔassasa]

instruct [ɪnstrʌkt] *v* يُعلِم [juʕallimu]

instructions [ɪnstrʌkʃənz] *npl* تعليمات [taʕli:ma:tun]

instructor [ɪnstrʌktər] *n* مُعَلِم [muʕallim]; **driving instructor** معلم القيادة [Mo'alem al-'qeyadh]

instrument [ɪnstrəmənt] *n* أداة [ʔada:t]; **musical instrument** آلة موسيقية [Aala mose'qeyah]

insufficient [ɪnsəfɪʃənt] *adj* غير كافي [Ghayr kafey]

insulation [ɪnsəleɪʃən] *n* عَازِل [ʕa:zil]

insulin [ɪnsəlɪn] *n* أنسولين [ʔansu:li:n]

insult *n* [ɪnsʌlt]إهانة [ʔiha:natun] ▷ *v* [ɪnsʌlt]يُهْين [juhi:nu]

insurance [ɪnʃʊərəns] *n* تأمين [taʔmi:n]; **accident insurance** تأمين ضد الحوادث [Taameen ḍed al-hawaadeth]; **car insurance** تأمين سيارة [Taameen sayarah]; **insurance policy** بوليصة تأمين [Booleeṣat taameen]; **liability insurance** تأمين لدى الغير [Tameen lada algheer]; **life insurance** تأمين على الحياة [Taameen 'ala al-hayah]; **travel insurance** تأمين السفر [Taameen al-safar]; **Do you have insurance?** هل لديك تأمين؟ [hal ladyka ta-meen?]; **Give me your insurance information, please** من فضلك أعطني بيانات التأمين الخاصة بك [min faḍlak i'a-ṭiny baya-naat al-ta-meen al-khaṣa bik]; **How much extra is comprehensive insurance coverage?** ما هو المبلغ الإضافي لتغطية التأمينية الشاملة؟ [ma: huwa almablaɣu alʔidˤa:fijju litaɣtˤijjati attaʔmi:nijjati aʃʃa:milati]; **I don't have health insurance** ليس لدي تأمين صحي [laysa la-daya ta-meen ṣiḥee]; **I'd like to arrange personal accident insurance** أريد عمل الترتيبات الخاصة بالتأمين ضد الحوادث الشخصية [areed 'aamal al-tar-tebaat al-khaṣa bil-taameen ḍid al-ḥawadith al-shakhṣiya]; **May I see your insurance certificate, please?** هل يمكنني الإطلاع على شهادة التأمين من فضلك؟ [hal yamken -any al-eṭla'a 'aala sha-hadat al-tameen min faḍlak?]; **Will the insurance pay for it?** هل ستدفع لك شركة التأمين مقابل ذلك [hal sa-tadfaa laka share-kat al-tameen ma'qabil dhalik?]

insure [ɪnʃʊər] *v* يُؤَمن [juamminu]

insured [ɪnʃʊərd] *adj* مؤمن عليه [Moaman 'aalayh]

intact [ɪntækt] *adj* سليم [sali:mun]

intellectual [ɪntɪlɛktʃuəl] *adj* فِكْري [fikrij] ▷ *n* فِكْري [fikrij]

intelligence [ɪntɛlɪdʒəns] *n* ذكاء [ðaka:ʔ]

intelligent [ɪntɛlɪdʒənt] *adj* ذَكِي [ðakij]

intend [ɪntɛnd] *v*; **intend to** يَعْتَزِم [jaʕtazimu]

intense [ɪntɛns] *adj* مجهد [muʒhidun]

intensive [ɪntɛnsɪv] *adj* شديد [ʃadi:dun]; **intensive care unit** وحدة العناية المركزة [Weḥdat al-'aenayah al-morkazah]

intention [ɪntɛnʃən] *n* نية [nijja]

intentional [ɪntɛnʃənəl] *adj* مقصود [maqsˤu:dun]

intercom [ɪntərkɒm] *n* نظام الاتصال الداخلي [nedhaam aleteṣaal aldakheley]

interest [ɪntrɪst, -tərɪst] *n (curiosity)* اهتمام [ihtima:m], *(income)* مصلحة [masˤlaħa] ▹ *v* يُثير اهتمام [yotheer ehtemam]; **interest rate** معدل الفائدة [Moaadal al-faaedah]

interested [ɪntərɛstɪd, -trɪstɪd] *adj* مهتم [muhttamun]; **Sorry, I'm not interested** معذرة، أنا غير مهتم بهذا الأمر [maʕðaratun ʔana: ɣajru muhtammin biha:ða: alʔamri]

interesting [ɪntərɛstɪŋ, -trɪstɪŋ] *adj* مُشَوِق [muʃawwiqun]

interior [ɪntɪəriər] *n* دَاخِلٌ [da:xil]; **interior designer** مُصَمِم داخلي [Moṣamem dakheley]

intermediate [ɪntərmidiɪt] *adj* أوسط [ʔawsatˤun]

internal [ɪntɜrnəl] *adj* داخلي [da:xilij]

international [ɪntərnæʃənəl] *adj* دَولي [dawlij]

internet [ɪntərnɛt] *n* الانترنت [al-intirnit]; **internet café** مقهى الانترنت [Ma'qha al-enternet]; **internet user** مُستَخدِم الانترنت [Mostakhdem al-enternet]

interpret [ɪntɜrprɪt] *v* يُفَسِر [jufassiru]

interpreter [ɪntɜrprɪtər] *n* مُفَسِّر [mufassir]

interrogate [ɪntɛrəgeɪt] *v* يَستجوب [jastaʒwibu]

interrupt [ɪntərʌpt] *v* يُقَاطِعُ [juqa:tˤiʕu]

interruption [ɪntərʌpʃən] *n* مقاطعة [muqa:tˤaʕa]

intersection [ɪntərsɛkʃən] *n*; **Turn right at the next intersection** اتجه نحو اليمين عند التقاطع الثاني [Etajeh naḥw al-yameen]

interval [ɪntərvəl] *n* فاصل [fa:sˤil]

interview [ɪntərvyu] *n* مقابلة [muqa:bala] ▹ *v* يُقابِل [juqa:bilu]

interviewer [ɪntərvyuər] *n* محاور [muħa:wir]

intimate [ɪntɪmɪt] *adj* حميم [ħami:mun]

intimidate [ɪntɪmɪdeɪt] *v* يُخوِّف [juxawwifu]

into [ɪntu] *prep* بداخل [bida:xili]; **bump into** يتصادف مع [Yataṣaadaf ma'a]

intolerant [ɪntɒlərənt] *adj* مُتَعصِب [mutaʕasˤibbun]

intranet [ɪntrənɛt] *n* شبكة داخلية [Shabakah dakheleyah]

introduce [ɪntrədus] *v* يُقَدِم [juqaddimu]

introduction [ɪntrədʌkʃən] *n* مقدمة [muqadima]

intruder [ɪntrudər] *n* متطفل [mutatˤafil]

intuition [ɪntuɪʃən] *n* حَدَسْ [ħads]

invade [ɪnveɪd] *v* يغزو [jaɣzu:]

invalid [ɪnvəlɪd] *n* مريض [mari:dˤ]

invent [ɪnvɛnt] *v* يَختَرِع [jaxtariʕu]

invention [ɪnvɛnʃən] *n* اختراع [ixtira:ʕ]

inventor [ɪnvɛntər] *n* مُختَرِع [muxtaraʕ]

inventory [ɪnvəntɔri] *n* مخزون [maxzu:n]

invest [ɪnvɛst] *v* يَستثمر [jastaθmiru]

investigation [ɪnvɛstɪgeɪʃən] *n* تحقيق [taħqi:qu]

investment [ɪnvɛstmənt] *n* استثمار [istiθma:r]

investor [ɪnvɛstər] *n* مُسْتَثمر [mustaθmir]

invisible [ɪnvɪzɪbəl] *adj* غير منظور [Ghayr monaḍhoor]

invitation [ɪnvɪteɪʃən] *n* دعوة [daʕwa]

invite [ɪnvaɪt] *v* يَدْعو [jadʕu:]

invoice [ɪnvɔɪs] *n* فاتورة تجارية [Fatoorah tejareyah] ▹ *v* يُعِد فاتورة [Yo'aed al-fatoorah]

involve [ɪnvɒlv] *v* يَشمَل [jaʃmalu]

iPad® [aɪpæd] *n* ®آيباد [Aybad]

IQ [aɪ kyu] *abbr* معامل الذكاء [Mo'aamel aldhakaa]

Iran [ɪræn] *n* إيران [ʔi:ra:n]

Iranian [ɪreɪniən] *adj* إيراني [ʔi:ra:nij] ▹ *n (person)* إيراني [ʔi:ra:nij]

Iraq [ɪræk] *n* العراق [al-ʕira:qi]

Iraqi [ɪræki, ɪrɑki] *adj* عراقي [ʕira:qij] ▹ *n* عراقي [ʕira:qij]

Ireland [aɪərlənd] *n* أيرلندا [ʔajrlanda:]; **Northern Ireland** أيرلندة الشمالية [Ayarlanda al-shamaleyah]

iris [aɪrɪs] *n* قزحية العين ['qazeḥeyat al-'ayn]

Irish [aɪrɪʃ] *adj* أيرلندي [jralandij] ▹ *n* الأيرلندي [Alayarlandey]

Irishman [aɪrɪʃmən] *n* رَجُل إيرلندي [Rajol

ayarlandey]

Irishwoman [aɪrɪʃwʊmən] *n* ايرلندية [ijrlandijja]

iron [aɪərn] *n* حديد [ħadi:d] ▹ *v* يَكْوي [jakwi:]

ironic [aɪrɒnɪk] *adj* تهكمي [tahakumij]

ironing [aɪərnɪŋ] *n* كيّ الملابس [Kay almalabes]; **ironing board** لوح الكي [Looḥ alkay]

irony [aɪrəni, aɪər-] *n* سُخرية [suxrijja]

irregular [ɪrɛgyələr] *adj* غير منتظم [Ghayr montaḍhem]

irrelevant [ɪrɛlɪvənt] *adj* غير متصل بالموضوع [Ghayr motaṣel bel-maeḍo'a]

irresponsible [ɪrɪspɒnsɪbəl] *adj* غير مسئول [Ghayr maswool]

irritable [ɪrɪtəbəl] *adj* سريع الغضب [Saree'a al-ghaḍab]

irritated [ɪrɪteɪtɪd] *adj* مُراقب [mura:qibun]

irritating [ɪrɪteɪtɪŋ] *adj* مثير للغضب [Mother lel-ghaḍab]

Islam [ɪslɑm] *n* الإسلام [al-ʔisla:mu]

Islamic [ɪslæmɪk, -lɑ-] *adj* إسلامي [ʔisla:mij]

island [aɪlənd] *n* جزيرة [ʒazi:ra]; **desert island** جزيرة استوائية غير مأهولة [Jozor ghayr maahoolah]

isolated [aɪsəleɪtɪd] *adj* معزول [maʕzu:lun]

ISP [aɪ ɛs pi] *abbr* مزود بخدمة الإنترنت [Mozawadah be-khedmat al-enternet]

Israel [ɪzriəl] *n* إسرائيل [ʔisra:ʔijl]

Israeli [ɪzreɪli] *adj* إسرائيلي [ʔisra:ʔi:lij] ▹ *n* إسرائيلي [ʔisra:ʔi:lij]

issue [ɪʃu] *n* إصدار [ʔisˤda:r] ▹ *v* يَصْدُر [jasˤduru]

it [ɪt] *pron* ضمير غائب مفرد لغير العاقل [dˤami:ru ɣa:ʔibun mufrad liɣajri alʕa:quli]

IT [aɪ ti] *abbr* تكنولوجيا المعلومات [tiknu:lu:ʒija: almaʕlu:ma:t]

Italian [ɪtæliən] *adj* إيطالي [ʔi:tˤa:lij] ▹ *n* *(language)* اللغة الإيطالية [alloghah al eṭaleyah], *(person)* إيطالي [ʔi:tˤa:lij]

Italy [ɪtəli] *n* إيطاليا [ʔi:tˤa:lija:]

itch [ɪtʃ] *v* يستحكه جلده [yastaḥekah jaldah]

itchy [ɪtʃi] *adj* يَتَطلب الحك [yataṭalab al-hak]

item [aɪtəm] *n* بَنْد [bund]

itinerary [aɪtɪnərɛri] *n* دليل السائح [Daleel al-saaeh]

its [ɪts] *pron*; **It isn't holding its charge** لا تحتفظ بشحنها [la taḥtafiḍh be-shaḥ-neha]

ivory [aɪvəri] *n* عاج [ʕa:ʒ]

ivy [aɪvi] *n* لِبْلاب [labla:b]

J

jab [dʒæb] *n* وخز [waxz]

jack [dʒæk] *n* رافعة [ra:fiʕa]

jacket [dʒækɪt] *n* سُترة [sutra]; **dinner jacket** جاكت العشاء [Jaket al-'aashaa]; **life jacket** سُترة النجاة [Sotrat al-najah]

jackpot [dʒækpɒt] *n* مجموع مراهنات [Majmoo'a morahnaat]

jail [dʒeɪl] *n* سجن [siʒn] ▷ *v* يَسجِن [jasʒinu]

jam [dʒæm] *n* مربّى [murabba:]; **jam jar** وِعاء المربّى [We'aaa almorabey]; **traffic jam** ازدحام المرور [Ezdeḥam al-moror]

Jamaican [dʒəmeɪkən] *adj* جامايكي [ʒa:ma:jkij] ▷ *n* جامايكي [ʒa:ma:jkij]

jammed [dʒæmd] *adj* مضغوط [madˤɣu:tˤun]

janitor [dʒænɪtər] *n* حاجب [ħa:ʒib]

January [dʒænyuɛri] *n* يناير [jana:jiru]

Japan [dʒəpæn] *n* اليابان [al-ja:ba:nu]

Japanese [dʒæpəniz] *adj* ياباني [ja:ba:ni:] ▷ *n* *(language)* اللغة اليابانية [Al-lghah al-ya-baneyah], *(person)* ياباني [ja:ba:ni:]

jar [dʒɑr] *n* برطمان [bartˤama:n]; **jam jar** وِعاء المربّى [We'aaa almorabey]

jaundice [dʒɔndɪs] *n* يرقان [jaraqa:n]

javelin [dʒævlɪn] *n* رُمْح [rumħ]

jaw [dʒɔ] *n* فك [fakk]

jazz [dʒæz] *n* موسيقى الجاز [Mosey'qa al-jaz]

jealous [dʒɛləs] *adj* غيور [ɣaju:run]

jeans [dʒinz] *npl* ملابس الجينز [Malabes al-jeenz]

Jell-O® [dʒɛloʊ] *n* جيلي [ʒi:li:]

jellyfish [dʒɛlifɪʃ] *n* قنديل البحر ['qandeel al-baḥr]

jersey [dʒɜrzi] *n* قميص من الصوف ['qameeṣ men al-ṣoof]

Jesus [dʒizəs] *n* يسوع [jasu:ʕ]

jet [dʒɛt] *n* أنبوب [ʔunbu:b]; **jumbo jet** طائرة نفاثة [Ṭaayeara nafathah]

jetlag [dʒɛtlæg] *n* تعب بعد السفر بالطائرة [Ta'aeb ba'ad al-safar bel-ṭaerah]

jetty [dʒɛti] *n* حاجز الماء [Hajez al-maa]

Jew [dʒu] *n* يهودي [jahu:di:]

jewel [dʒuəl] *n* جوهرة [ʒawhara]

jeweler [dʒuələr] *n* جواهرجي [ʒawa:hirʒi:]

jewelry [dʒuəlri] *n* مجوهرات [muʒawhara:t]; **jewelry store** محل جواهرجي [Maḥal jawaherjey]; **I'd like to put my jewelry in the safe** أريد أن أضع مجوهراتي في الخزينة [areed an aḍa'a mujaw-haraty fee al-khazeena]

Jewish [dʒuɪʃ] *adj* عِبري [ʕibri:]

jigsaw [dʒɪgsɔ] *n*; **jigsaw puzzle** منشار المنحنيات [Menshar al-monḥanayat]

job [dʒɒb] *n* وَظيفة [wazˤi:fa], *(position)* موضع [mawdˤiʕ]

jobless [dʒɒblɪs] *adj* عاطل [ʕa:tˤilun]

jockey [dʒɒki] *n* جوكي [ʒu:kij]

jog [dʒɒg] *v* يُمارِس رياضة العدو [Yomares reyaḍat al-'adw]; **jogging suit** زي رياضي [Zey reyaḍey]

jogging [dʒɒgɪŋ] *n* هَرْوَلة [harwala]

join [dʒɔɪn] *v* يَربِط [jarbitˤu]

joint [dʒɔɪnt] *adj* مشترك [muʃtarakun] ▷ *n* *(junction)* وَصْلَة [wasˤla], *(meat)* مُفصَل [mafsˤal]; **joint account** حساب مشترك [Hesab moshtarak]

joke [dʒoʊk] *n* نكتة [nukta] ▷ *v* يمزح [jamzaħu]

jolly [dʒɒli] *adj* بهيج [bahi:ʒun]

Jordan [dʒɔrdən] *n* الأردن [al-ʔurd]

Jordanian [dʒɔrdeɪniən] *adj* أردني [unrdunij] ▷ *n* أردني [unrdunij]

jot down [dʒɒt daʊn] *v* كتب بسرعة [Katab besor'aah]

journalism [dʒɜrnəlɪzəm] *n* صحافة [sˤaħa:fa]

journalist [dʒɜrnəlɪst] *n* صحفي [sˤaħafij]

journey [dʒɜrni] *n* رحلة [riħla]

joy [dʒɔɪ] *n* بهجة [bahʒa]

joystick [dʒɔɪstɪk] *n* عصا القيادة ['aaṣa al-'qeyadh]

judge [dʒʌdʒ] *n* قاضي [qa:dˤi:] ▹ *v* يُحاكِم [juħa:kamu]

judo [dʒudoʊ] *n* جودو [ʒu:du:]

jug [dʒʌg] *n* إبريق [ibri:q]; **a jug of water** إبريق من الماء [ebree'q min al-maa-i]

juggler [dʒʌglər] *n* مُشَعْوِذ [muʃaʕwið]

juice [dʒus] *n* عصير [ʕasˤi:ru]; **orange juice** عصير برتقال [Aṣeer borto'qaal]

July [dʒʊlaɪ] *n* يوليو [ju:lju:]

jump [dʒʌmp] *v* يَقْفِز [jaqfizu]; **high jump** قفزة عالية ['qafzah 'aaleyah]; **long jump** قفزة طويلة ['qafzah ṭaweelah]

jumper [dʒʌmpər] *n*; **jumper cables** وصلة بطارية السيارة [Waṣlat baṭareyah al-sayarah]; **Do you have jumper cables?** هل لديك أسلاك توصيل البطارية؟ [hal ladyka aslaak taw-ṣeel al-baṭareya?]

jumping [dʒʌmpɪŋ] *n*; **show-jumping** استعراضات القفز [Este'araḍat al-'qafz]

June [dʒun] *n* يونيو [ju:nju:]; **all through June** طوال شهر يونيو [ṭewal shahr yon-yo]; **at the beginning of June** في بداية شهر يونيو [fee bedayat shaher yon-yo]; **at the end of June** في نهاية شهر يونيو [fee nehayat shahr yon-yo]; **It's Monday, June fifteenth** يوم الاثنين الموافق 15 يونيو [yawm al-ithnain al-muwa-fi'q 15 yon-yo]

jungle [dʒʌŋgəl] *n* دغل [daɣl]

junior [dʒuniər] *adj* أصغر [ʔasˤɣaru]

junk [dʒʌŋk] *n* خُرْدة [xurda]; **junk mail** بريد غير مرغوب [Bareed gheer marghoob]

jury [dʒʊəri] *n* هيئة المحلفون [Hayaat moḥalefeen]

just [dʒʌst] *adv* على وجه الضبط [Ala wajh al-ḍabṭ]

justice [dʒʌstɪs] *n* عَدَالة [ʕada:la]

justify [dʒʌstɪfaɪ] *v* يُعَلِل [juʕallilu]

K

kangaroo [kæŋgəru] *n* كُنْغُر [kanɣur]

karaoke [kærioʊki] *n* غِناء مع الموسيقى [Ghenaa ma'a al-mose'qa]

karate [kərɑti] *n* كراتيه [kara:ti:h]

Kazakhstan [kæzəkstæn] *n* كازاخستان [ka:za:xista:n]

kebab [kəbɑb] *n* كباب [kaba:b]

keep [kip] *v* يَحفَظ [jaħfazˤu]

keep out *v* يبتعِد عن [Yabta'aed 'an]

keep up *v* يلاحق خطوة بخطوة [Yolaḥek khoṭwa bekhoṭwah]

kennel [kɛnəl] *n* وجار الكلب [Wejaar alkalb]

Kenya [kɛnyə] *n* كينيا [ki:nja:]

Kenyan [kɛnyən] *adj* كيني [ki:nij] ▷ *n* شخص كيني [Shakhs keeny]

kerosene [kɛrəsin] *n* كيروسين [ki:runwsi:n]

ketchup [kɛtʃəp, kætʃ-] *n* كاتشب [ka:tʃub]

key [ki] *n (for lock)* مفتاح [mifta:ħ], *(music/ computer)* نغمة مميزة [Naghamaah momayazah]; **car keys** مفاتيح السيارة [Meftaḥ al-sayarah]; **I'm having trouble with the key** هناك مشكلة في المفتاح [hunaka mushkila fee al-muftaaḥ]; **I've forgotten the key** لقد نسيت المفتاح [la'qad nasyto al-muftaaḥ]; **May I have a key?** هل يمكنني الاحتفاظ بمفتاح؟ [hal yamken -any al-eḥtefaaḍh be-muftaaḥ?]; **the key for room number two hundred and two** مفتاح الغرفة رقم مائتين واثنين [muftaaḥ al-ghurfa ra'qim ma-atyn wa ithnayn]; **The key doesn't work** المفتاح لا يعمل [al-muftaaḥ la ya'amal]; **We need a second key** إننا في حاجة إلى مفتاح آخر [ena-na fee ḥaja ela muftaaḥ aakhar]; **What's this key for?** ...أين يوجد مفتاح [le-ay ghurfa hadha al-muftaaḥ?]; **Where do we get the key...?** أين يمكن أن أحصل على المفتاح...؟ [ayna yamken an naḥṣal 'ala al-muftaaḥ...?]; **Where do we hand in the key when we're leaving?** أين نترك المفتاح عندما نغادر؟ [ayna natruk al-muftaaḥ 'aendama nughader?]; **Which is the key to the back door?** أين يوجد مفتاح الباب الخلفي؟ [ayna yujad muftaaḥ al-baab al-khalfy?]; **Which is the key to this door?** أين يوجد مفتاح هذا الباب؟ [ayna yujad muftaaḥ hadha al-baab?]

keyboard [kibɔrd] *n* لوحة مفاتيح [Looḥat mafateeḥ]

keyring [kiriŋ] *n* عَلَاقة مفاتيح ['aalaqat mafateeḥ]

kick [kɪk] *n* رَكلة [rakla] ▷ *v* يَركُل [jarkulu]

kick off *v* يَستأنِف لعب كرة القدم [Yastaanef lo'ab korat al'qadam]

kickoff [kɪkɔf] *n* الركلة الأولى [Al-raklah al-ola]

kid [kɪd] *n* غلام [ɣula:m] ▷ *v* يَخدَع [jaxdaʕu]

kidnap [kɪdnæp] *v* يَختطِف [jaxtatˤifu]

kidney [kɪdni] *n* كُلْيَة [kilja]

kill [kɪl] *v* يقتل [jaqtulu]

killer [kɪlər] *n* سفاح [saffa:ħ]

kilo [kiloʊ] *n* كيلو [ki:lu:]

kilometer [kɪləmitər, kɪlɒmɪtər] *n* كيلومتر [ki:lu:mitr]

kilt [kɪlt] *n* تنورة قصيرة بها ثنيات واسعة [Tannorah 'qaṣeerah beha thanayat wase'aah]

kind [kaɪnd] *adj* حنون [ħanu:nun] ▷ *n* نوع [nawʕ]; **What kind of cheese?** ما نوع الجبن؟ [ma naw'a al-jibin?]; **What kinds of sandwiches do you have?** ما نوع الساندويتشات الموجودة؟ [ma naw'a al-sandweshaat al-maw-jooda?]

kindergarten [kɪndərgɑrtən] *n* مدرسة أطفال [Madrasah aṭfaal]

kindly [kaɪndli] *adv* لطفاً [lutˤfan]

kindness [kaɪndnɪs] *n* لطف [lutˤf]

king [kɪŋ] *n* ملك [milk]

kingdom [kɪŋdəm] *n* مملكة [mamlaka]

kingfisher [kɪŋfɪʃər] *n* طائر الرفراف [Ṭaayer alrafraf]

kiosk [kiɒsk] *n* كشك [kiʃk]

kiss [kɪs] *n* قبلة [qibla] ▷ *v* يُقَبِل [juqabbilu]

kit [kɪt] *n* صندوق العدة [Ṣondok al-'aedah]; **hands-free kit** سماعات [samma:ʕa:tun]; **repair kit** عدة التصليح ['aodat altaṣleeh]

kitchen [kɪtʃən] *n* مطبخ [matˁbax]; **built-in kitchen** مطبخ مجهز [Maṭbakh mojahaz]; **with kitchen***(lodging)* خدمة ذاتية [Khedmah ḍateyah]

kite [kaɪt] *n* طائرة ورقية [Ṭaayeara wara'qyah]

kitten [kɪtən] *n* هرة صغيرة [Herah ṣagheerah]

kiwi [kiwi] *n* طائر الكيوي [Ṭaarr alkewey]

km/h *abbr* كيلومتر / ساعة [ki:lu:mitr / sa:ʕatun]

knee [ni] *n* رُكبَة [rukba]

kneecap [nikæp] *n* الرضفة [aradˁfatu]

kneel [nil] *v* يَركَع [jarkaʕu]

kneel down *v* يَسجُد [jasʒudu]

knife [naɪf] *n* سكينة [saki:na]

knit [nɪt] *v* يَعْقِد [jaʕqidu]

knitting [nɪtɪŋ] *n* حَبك [ħibk]; **knitting needle** إبرة خياطة [Ebrat khayṭ]

knob [nɒb] *n* مقبض [miqbadˁ]

knock [nɒk] *n* ضربة عنيفة [Ḍarba 'aneefa] ▷ *v* يَقْرَع [jaqraʕu]

knock down *v* يَصْرَع [jasˁraʕu]

knock out *v* يَعمَل بعجلة من غير اتقان [jaʕmalu biʕaʒlatin min ɣajrin ʔitqa:ni]

knot [nɒt] *n* عقدة [ʕuqda]

know [noʊ] *v* يعرف [jaʕrifu]

know-how [noʊhaʊ] *n* القدرة الفنية [Al'qodarh al-faneyah]

know-it-all [noʊɪtɔl] *n* مدعي العلم بكل شيء [Moda'aey al'aelm bel-shaya]

knowledge [nɒlɪdʒ] *n* معرفة [maʕrifa]

knowledgeable [nɒlɪdʒəbəl] *adj* حسن الاطلاع [Hosn al-etela'a]

known [noʊn] *adj* مشهور [maʃhu:run]

Koran [kɔrɑn] *n* القُرآن [al-qurʔa:nu]

Korea [kərie] *n* كوريا [ku:rja:]; **North Korea** كوريا الشمالية [Koreya al-shamaleyah]; **South Korea** كوريا الجنوبية [Korya al-janoobeyah]

Korean [kɔriən] *adj* كوري [ku:rijjatun] ▷ *n* *(language)* اللغة الكورية [Al-loghah al-koreyah], *(person)* كوري [ku:rijja]

kosher [koʊʃər] *adj* شَرْعِيّ [ʃarʕij]

Kosovo [kɒsəvoʊ] *n* كوسوفو [ku:su:fu:]

Kuwait [kuweɪt] *n* الكويت [al-kuwi:tu]

Kuwaiti [kuweɪti] *adj* كويتي [kuwajtij] ▷ *n* كويتي [kuwajtij]

Kyrgyzstan [kɪrgɪstæn] *n* كيرجستان [ki:raʒista:n]

L

lab [læb] *n* معمل [maʕmal]
label [leɪbəl] *n* ملصق بيانات [Molsa'q bayanat]
labor [leɪbər] *n* عمال [ʕumma:l]; **labor union** نقابة العمال [Ne'qabat al-'aomal]
laboratory [læbrətɔri] *n* مُختَبَر [muxtabar]; **language laboratory** مُختَبَر اللغة [Mokhtabar al-loghah]
laborer [leɪbərər] *n* عَامِل [ʕa:mil]
lace [leɪs] *n* شريط الحذاء [Shreeṭ al-ḥedhaa]
lack [læk] *n* نقص [naqsˤ]
lacquer [lækər] *n* ورنيش اللَك [Warneesh al-llak]
ladder [lædər] *n* سُلَم [sullam]
ladies [leɪdiz] *n*; **ladies' room** سيدات [sajjida:tun]; **Where is the ladies' room?** أين يوجد حمام السيدات؟ [Ayn yojad ḥamam al-saydat]
ladle [leɪdəl] *n* مغرفة [miɣrafa]
lady [leɪdi] *n* سيدة [sajjida]
ladybug [leɪdibʌg] *n* خُنْفِسَاء الدَعْسُوقَة [Khonfesaa al-da'aso'qah]
lag [læg] *n*; **I'm suffering from jet lag** أنا أعاني من الدوار عند ركوب الطائرة [ana o-'aany min al-dawaar 'aenda rukoob al-ṯa-era]
lager [lægər] *n*; **lager beer** جعة معتقة [Jo'aah mo'ata'qah]
lagoon [ləgun] *n* بُحَيْرَة [buħajra]
laid-back [leɪdbæk] *adj* مسترخي [mustarxi:]
lake [leɪk] *n* بُحَيْرَة [buħajra]
lamb [læm] *n* حَمَل [ħiml]
lambaste [læmbeɪst] *v* يَنْتَقِد [jantaqidu]
lame [leɪm] *adj* كسيح [kasi:ħun]
lamp [læmp] *n* مصباح [misˤba:ħ]; **bedside lamp** مِصْبَاح بِسَرِير [Meṣbaaḥ besareer]
lamppost [læmppoʊst] *n* عمود النور ['amood al-noor]
lampshade [læmpʃeɪd] *n* غطاء المصباح [Gheṭaa almeṣbaḥ]
land [lænd] *n* أرض [ʔardˤ] ▹ *v* يَهْبِط [jahbitˤu]
landfill [lændfɪl] *n* مقلب النفايات [Ma'qlab al-nefayat]
landing [lændɪŋ] *n* هبوط [hubu:tˤ]
landlady [lændleɪdi] *n* مالكة الأرض [Malekat al-arḍ]
landlord [lændlɔrd] *n* صاحب الأرض [Ṣaheb ardh]
landmark [lændmɑrk] *n* مَعلَم [maʕlam]
landowner [lændoʊnər] *n* مالك الأرض [Malek al-arḍ]
landscape [lændskeɪp] *n* منظر طبيعى [manḍhar ṭabe'aey]
landslide [lændslaɪd] *n* انهيار أرضي [Enheyar ardey]
lane [leɪn] *n* زُقَاق [zuqa:q]; **bicycle lane** زُقاق دائري [Zo'qa'q daerey]
language [læŋgwɪdʒ] *n* لغة [luɣa]; **language laboratory** مُختَبَر اللغة [Mokhtabar al-loghah]; **language school** مدرسة لغات [Madrasah lo-ghaat]; **native language** اللغة الأم [Al loghah al om]; **sign language** لغة الإشارة [Loghat al-esharah]
lanky [læŋki] *adj* طويل مع هزال [Ṭaweel ma'aa hozal]
Laos [lɑoʊs] *n* جمهورية لاووس [Jomhoreyat lawoos]
lap [læp] *n* حضن [ħudˤn]
laptop [læptɒp] *n* كمبيوتر محمول [Kombeyotar maḥmool]
large [lɑrdʒ] *adj* عريض [ʕari:dˤun]
largely [lɑrdʒli] *adv* بدرجة كبيرة [Be-darajah kabeerah]
laryngitis [lærɪndʒaɪtɪs] *n* التهاب الحنجرة [Eltehab

al-hanjara]

laser [leɪzər] *n* ليزر [lajzar]

last [læst] *adj* أخير [ʔaxi:run] ▹ *adv* آخراً [ʔa:xiran] ▹ *v* يَستمِر [jastamirru]; **I'm delighted to meet you at last** يسعدني أن التقي بك أخيرًا [yas-'aedny an al-ta'qy beka akheran]

lastly [læstli] *adv* أخيراً [ʔaxi:ran]

late [leɪt] *adj (dead)* فقيد [faqi:dun], *(delayed)* مُبطئ [mubtˤiʔun] ▹ *adv* متأخراً [mutaʔaxiran]

lately [leɪtli] *adv* منذ عهد قريب [monḍh 'aahd 'qareeb]

later [leɪtər] *adv* فيما بعد [Feema baad]

Latin [lætɪn, -tən] *n* لاتيني [la:ti:ni:]

Latin America *n* أمريكا اللاتينية [Amreeka al-lateeneyah]

Latin American [lætɪn əmɛrɪkən] *adj* من أمريكا اللاتينية [men Amrika al lateniyah]

latitude [lætɪtud] *n* خط العرض [Khaṭ al-'arḍ]

Latvia [lætviə] *n* لاتيفيا [la:ti:fja:]

Latvian [lætviən] *adj* لاتيفي [la:ti:fi:] ▹ *n (language)* اللغة الاتيفية [Al-loghah al-atefeyah], *(person)* شخص لاتيفي [Shakhs lateefey]

laugh [læf] *n* ضحكة [dˤaħka] ▹ *v* يَضحَك [jadˤħaku]

laughter [læftər] *n* ضَحِك [dˤaħik]

launch [lɔntʃ] *v* يُطلق [jutˤliqu]

Laundromat® [lɔndrəmæt] *n* لاندريت® [Landreet®]

laundry [lɔndri] *n* مغسلة [miɣsala]; **laundry detergent** مسحوق الصابون [Mashoo'q ṣaboon], مسحوق الغسيل [Mashoo'q alghaseel]

lava [lɑvə, lævə] *n* الحمم البركانية [Al-ḥemam al-borkaneyah]

lavender [lævɪndər] *n* لافندر [la:fandar]

law [lɔ] *n* قانون [qa:nu:n]; **law school** كلية الحقوق [Kolayt al-ho'qooq]

lawn [lɔn] *n* مرج [marʒ]

lawnmower [lɔnmoʊər] *n* جزازة العشب [Jazazt al-'aoshb]

lawyer [lɔɪər, lɔyər] *n* محامي [muħa:mij]محامي ولاية , [Moḥamey welayah]

laxative [læksətɪv] *n* ملين الأمعاء [Molayen al-am'aa]

lay [leɪ] *v* يَطْرَح [jatˤraħu]

layer [leɪər] *n* طَبَقة [tˤabaqa]; **ozone layer** طبقة الأوزون [Taba'qat al-odhoon]

layoff [leɪɔf] *n* إسهاب [ʔisha:b] (حشو)

lay off *v* يُسَرح [jusarriħu]; **laid off** مطنب [mutˤanabbun]

layout [leɪaʊt] *n* مُخطط [muxatˤatˤ]

lazy [leɪzi] *adj* كسول [kasu:lun]

lead¹ [lɛd] *n (metal)* قيادة [qija:da]

lead² [lid] *n (position)* مقال رئيسي فى صحيفة [Ma'qal raaeaey ṣaheefah], *(in play/film)* دَور رئيسي [Dawr raaesey] ▹ *v* يَتْزَعَم [jatzaʕʕamu]; **lead singer** مُغَنّي حفلات [Moghaney ḥafalat]

leader [lidər] *n* قائد [qa:ʔid]

lead-free [lɛd fri] *adj* خالى من الرصاص [Khaley men al-raṣaṣ]

leaf [lif] *n* ورقة نبات [Wara'qat nabat]; **bay leaf** ورق الغار [Wara'q alghaar]

league [lig] *n* جَماعَة [ʒama:ʕa]

leak [lik] *n* تَسَرُّب [tasarrub] ▹ *v* يسرب [jusarribu]

lean [lin] *v* يَتَكئ [jattakiʔ]; **lean forward** يَتَكئ للأمام [Yatakea lel-amam]

lean on *v* يَستنِد على [Yastaned 'ala]

lean out *v* يَتَكئ على [Yatakea ala]

leap [lip] *v* يَثِب [jaθibu]; **leap year** سَنة كبيسة [Sanah kabeesah]

learn [lɜrn] *v* يَتعلم [jataʕallamu]

learner [lɜrnər] *n* مُتَعَلِّم [mutaʕallinm]; **adult learner** طالب راشد [Ṭaleb rashed]

lease [lis] *n* عقد إيجار ['aa'qd eejar] ▹ *v* يُؤَجِر منقولات [Yoajer man'qolat]

least [list] *adj* الأقل [Al'aqal]; **at least** على الأقل ['ala ala'qal]

leather [lɛðər] *n* جلد مدبوغ [Jeld madboogh]

leave [liv] *n* إجازة [ʔiʒa:za] ▹ *v* يَتْرك [jatruku]; **maternity leave** أجازة وضع [Ajazat wad'a]; **paternity leave** أجازة رعاية طفل [ajaazat re'aayat al ṭefl]; **sick leave** أجازة مَرضِيَّة [Ajaza maraḍeyah]

leave out *v* يَستبعِد [justabʕadu]

leaves [livz] *npl* أوراق الشجر [Awra'q al-shajar]

Lebanese [lɛbəniz] *adj* لبناني [lubna:nij] ▹ *n* لبناني [lubna:nij]

Lebanon [lɛbənɑn] *n* لبنان [lubna:n]

lecture [lɛktʃər] *n* محاضرة [muħa:dˤara] ▹ *v* يُحاضِر [juħa:dˤiru]

leek [lik] *n* بَصَلْ أخضر [Baṣal akhdar]

left [lɛft] *adj* يساري [jasa:rij] ▹ *adv* يساراً [jasa:ran] ▹ *n* يسار [jasa:r]; **Take the second turn on your left** اتجه نحو المنعطف الثاني على اليسار [Etajeh naḥw almon'ataf althaney ala alyasaar]; **Turn left** اتجه نحو اليسار [Etajeh naḥw al-yasaar]

left-hand [lɛfthænd] *adj* أعسر [ʔaʕsarun]; **left-hand drive** سيارة مقودها على الجانب الأيسر [Sayarh me'qwadoha ala al-janeb al-aysar]

left-handed [lɛfthændɪd] *adj* أعسر [ʔaʕsarun]

leftovers [lɛftoʊvərz] *npl* بقايا الطعام [Ba'qaya ṭ a'aam]

left-wing [lɛftwɪŋ] *adj* جناح أيسر [Janah aysar]

leg [lɛg] *n* رِجل [riʒl]

legal [ligəl] *adj* قانوني [qa:nu:nij]

legend [lɛdʒənd] *n* اسطورة [ʔustˤu:ra]

leggings [lɛgɪŋz] *npl* بنطلون صيق [Banṭaloon ṣaye'q]

legible [lɛdʒɪbəl] *adj* مقروء [maqru:ʔun]

legislation [lɛdʒɪsleɪʃən] *n* تشريع [taʃri:ʕ]

legumes [lɛgjum] *npl* نبضات [nabadˤa:tun]

leisure [liʒər, lɛʒ-] *n* راحة [ra:ħa]; **leisure center** مركز ترفيهي [Markaz tarfehy]

lemon [lɛmən] *n* ليمون [lajmu:n]; **with lemon** بالليمون [bil-laymoon]

lemonade [lɛməneɪd] *n* عصير الليمون المحلى ['aaṣeer al-laymoon al-moḥala]

lend [lɛnd] *v* يُقرِض مالا [Yo'qred malan], يُقْرِض [juqridˤu]

length [lɛŋθ] *n* طول [tˤu:l]

lens [lɛnz] *n* عدسة [ʕadasa]; **contact lenses** عدسات لاصقة ['adasaat laṣe'qah]; **zoom lens** عدسة تكبير ['adasah mokaberah]

Lent [lɛnt] *n* الصَوْم الكبير [Al-ṣawm al-kabeer]

lentils [lɛntɪlz, -təlz] *npl* نبات العدس [Nabat al-'aads]

Leo [lioʊ] *n* ليو [liju:]

leopard [lɛpərd] *n* نمر منقط [Nemr men'qaṭ]

leotard [liətɑrd] *n* ثوب الراقص أو البهلوان [Thawb al-ra'qes aw al-bahlawan]

less [lɛs] *adv* بدرجة أقل [Be-darajah a'qal]

lesson [lɛsən] *n* دَرْس [dars]; **driving lesson** دَرْس القيادة [Dars al-'qeyadah]

let [lɛt] *v* يَدَع [jadaʕu]

let down *v* يَتخلى عن [Yatkhala an]

let in *v* يَسْمَح بالدُّخول [Yasmah bel-dokhool]

letter [lɛtər] *n (a, b, c)* حرف [ħarf], *(message)* خطاب [xitˤa:b]; **I'd like to send this letter** أريد أن أرسل هذا الخطاب [areed an arsil hadha al-kheṭab]

lettuce [lɛtɪs] *n* خَسّ [xussu]

leukemia [lukimiə] *n* لوكيميا [lu:ki:mja:]

level [lɛvəl] *adj* منبسط [munbasitˤun] ▹ *n* منبسط [munbasitˤ]; **sea level** مستوى سطح البحر [Mostawa saṭh al-bahr]

lever [livər, lɛv-] *n* عتلة [ʕatla]

liability [laɪəbɪlɪti] *n*; **liability insurance** تأمين لدى الغير [Tameen lada algheer]

liar [laɪər] *n* كذاب [kaða:b]

liberal [lɪbərəl, lɪbrəl] *adj* تحرري [taħarurij]

liberation [lɪbəreɪʃən] *n* تحرير [taħri:r]

Liberia [laɪbɪriə] *n* ليبيريا [li:bi:rja:]

Liberian [laɪbɪəriən] *adj* ليبيري [li:bi:rij] ▹ *n* ليبيري [li:bi:rij]

Libra [librə] *n* الميزان [al-mi:za:nu]

librarian [laɪbrɛəriən] *n* أمين المكتبة [Ameen al maktabah]

library [laɪbrɛri] *n* مكتبة [maktaba]

Libya [lɪbiə] *n* ليبيا [li:bja:]

Libyan [lɪbiən] *adj* ليبي [li:bij] ▹ *n* ليبي [li:bij]

lice [laɪs] *npl* قمل [qamlun]

license [laɪsəns] *n* رُخْصَة [ruxsˤa]; **driver's license** رُخْصَة القيادة [Rokhṣat al-'qeyadah]; **license plate** لوحة الأرقام [Looḥ al-ar'qaam]

lick [lɪk] *v* يَلْعَق [jalʕaqu]

lid [lɪd] *n* غِطاء [ɣitˤa:ʔ]

lie [laɪ] *n* كذبة [kiðba] ▹ *v* يَكْذِب [jakððibu]

Liechtenstein [lɪktənstaɪn] *n* لختنشتاين [lixtunʃta:jan]

lieutenant [lutɛnənt] *n* ملازم أول [Molazem awal]

life [laɪf] *n* حياة [ħaja:t]; **life insurance** تأمين على الحياة [Taameen 'ala al-hayah]; **life jacket** سُترة النجاة [Sotrat al-najah]; **life preserver** حزام

النجاة من الغرق [Hezam al-najah men al-ghar'q]

lifeboat [laɪfbout] *n* قارب نجاة ['qareb najah]

lifeguard [laɪfgard] *n* عامل الإنقاذ ['aamel alen'qaḍh]; **Get the lifeguard!** اتصل بعامل الإنقاذ [itaṣel be-'aamil al-en'qaadh]

life-saving *adj* مُنقذ للحياة [Mon'qedh lel-ḥayah]

lifestyle [laɪfstaɪl] *n* نمط حياة [Namaṭ hayah]

lift [lɪft] *v* يَرفَع [jarfaʕu]; **ski lift** مِصْعَد التَّزَلُّج [Meṣ'aad al-tazalog]

light [laɪt] *adj (not dark)* خفيف [xafiːfun], *(not heavy)* خفيف [xafiːfun] ▹ *n* ضوء [dˤawʔ] ▹ *v* يُضِئ [judˤiʔ]; **brake light** مصباح الفرامل [Mesbaḥ al-faramel]; **hazard warning lights** أضواء التحذير من الخطر [Aḍwaa al-tahdheer men al-khaṭar]; **light bulb** مصباح اضاءة [Mesbaḥ eḍaah]; **parking light** ضوء جانبي [Ḍowa janebey]; **pilot light** شُعلة الاحتراق [Sho'alat al-eḥtera'q]; **traffic lights** إشارات المرور [Esharaat al-moroor]; **May I take it over to the light?** هل يمكن أن أشاهدها في الضوء؟ [hal yamken an osha-heduha fee al-ḍoe?]

lighter [laɪtər] *n* قداحة [qaddaːħa]

lighthouse [laɪthaus] *n* منارة [manaːra]

lighting [laɪtɪŋ] *n* اضاءة [idˤaːʔa]

lightning [laɪtnɪŋ] *n* بَرْق [barq]

like [laɪk, laɪk] *v* يُحِب [juħibbu], *(something or someone)* يَتخيل [jataxajjalu]

likely [laɪkli] *adj* محتمل [muħtamalun]

lilac [laɪlak, -læk, -lək] *adj* الليلك [allajlak] ▹ *n* لاَيْلاَكْ [laːjlaːk]

lily [lɪli] *n* زنبقة [zanbaqa]; **lily of the valley** زَنْبَق الوادي [Zanba'q al-wadey]

lime [laɪm] *n (compound)* جير [ʒiːr], *(fruit)* ليمون [lajmuːn]

limestone [laɪmstoun] *n* حجر الجير [Hajar al-jeer]

limit [lɪmɪt] *n* قيد [qajd]; **age limit** حد السّن [Had alssan]; **speed limit** حد السرعة [Ḥad alsor'aah]

limousine [lɪməzin] *n* ليموزين [liːmuːziːn]

limp [lɪmp] *v* يعرُج [jaʕruʒu]

line [laɪn] *n* صَفْ [sˤaf], خط [xatˤtˤu]; **wait in line** يَصْطَف [jasˤtˤaffu]; **I want to make an outside call. May I have a line?** أريد إجراء مكالمة خارجية، هل يمكن أن تحول لي أحد الخطوط؟ [areed ejraa mukalama kharij-iya, hal yamkin an it-ḥawil le aḥad al-khiṭooṭ?]; **It's a bad line** هذا الخط مشوش [hatha al-khaṭ musha-wash]; **Which line should I take for...?** ما هو الخط الذي يجب أن أستقله؟ [ma howa al-khaṭ al-lathy yajeb an asta'qil-uho?]

linen [lɪnɪn] *n* كتان [kattaːn]; **bed linen** بياضات الأسرّة [Bayaḍat al-aserah]

liner [laɪnər] *n* باخِرَة رُكّاب [Bakherat rokkab]

lingerie [lɑnʒəreɪ, læn-] *n* ملابس داخلية [Malabes dakheleyah]

linguist [lɪŋgwɪst] *n* عالم لغويات ['aalem laghaweyat]

linguistic [lɪŋgwɪstɪks] *adj* لغوي [luɣawij]

lining [laɪnɪŋ] *n* بِطَانَة [batˤaːna]

link [lɪŋk] *n* رابط [raːbitˤ] ▹ *v* يَصل بين [yaṣel bayn]

linoleum [lɪnouliəm] *n* مشمع الأرضية [Meshama'a al-arḍeyah]

lion [laɪən] *n* أسد [ʔasad]

lioness [laɪənɪs] *n* لبؤة [labuʔa]

lip [lɪp] *n* شفاه [ʃifaːh]; **lip balm** كريم للشفاه [Kereem lel shefah]

lip-read [lɪprid] *v* يَقْرَأ الشفاه [Ya'qraa al-shefaa]

lipstick [lɪpstɪk] *n* أحمر شفاه [Ahmar shefah]

liqueur [lɪkɜr, -kyuər] *n* مُسكِر [muskir]

liquid [lɪkwɪd] *n* مادة سائلة [madah saaelah]; **dishwashing liquid** سائل غسيل الأطباق [Saael ghaseel al-aṭba'q]

liquor [lɪkər] *n*; **liquor store** رُخصَة بيع الخمور لتناولها خارج المحل [Rokhṣat baye'a al-khomor letnawolha kharej al-maḥal]

list [lɪst] *n* قائمة [qaːʔima] ▹ *v* يُعِد قائمة [Yo'aed 'qaemah]; **mailing list** قائمة بريد ['qaemat bareed]; **price list** قائمة أسعار ['qaemat as'aar]; **waiting list** قائمة انتظار ['qaemat enteḍhar]; **wine list** قائمة خمور ['qaemat khomor]; **The wine list, please** قائمة النبيذ من فضلك ['qaemat al-nabeedh min faḍlak]

listen [lɪsən] *v* يَستمِع [jastamiʕu]; **listen to** يَستمِع إلى [Yastame'a ela]

listener [lɪsənər, lɪsnər] *n* مستمع [mustamiʕ]

liter [litər] *n* لِتر [litr]

literally [lɪtərəli] *adv* حرفياً [ħarfijjan]
literature [lɪtərətʃər, -tʃʊr] *n* أدب [dab]
Lithuania [lɪθueɪniə] *n* ليتوانيا [li:twa:nja:]
Lithuanian [lɪθyueɪniən] *adj* ليتواني [li:twa:nij] ▷ *n (language)* اللغة الليتوانية [Al-loghah al-letwaneyah], *(person)* شخص ليتواني [shakhṣ letwaneyah]
litter [lɪtər] *n (offspring)* ولادة الحيوان [Weladat al-ḥayawaan], *(trash)* رُكَام مُبَعثَر [Rokaam moba'athar]
little [lɪtəl] *adj* صغير [sˁayi:run]
live¹ [lɪv] *v* يعيش [jaʕi:ʃu]; **I live in...** أسكن في... [askun fee..]; **We live in...** أسكن في... [askun fee..]; **Where do you live?** أين تسكن؟ [ayna taskun?]
live² [laɪv] *adj* حي [ħajjun]; **Where can we hear live music?** أين يمكننا الاستماع إلى موسيقى حية؟ [ayna yamken-ana al-istima'a ela mose'qa ḥay-a?]
lively [laɪvli] *adj* بحيوية [biħajawijjatin]
live on *v* يعيش على [Ya'aeesh ala]
liver [lɪvər] *n* كَبِدْ [kabid]
live together *v* يعيش سوياً [Ya'aeesh saweyan]
living [lɪvɪŋ] *n* رزق [rizq]; **cost of living** تكلفة المعيشة [Taklefat al-ma'aeeshah]; **standard of living** مستوى المعيشة [Mostawa al-ma'aeeshah]
living room *n* غرفة المعيشة [ghorfat al-ma'aeshah]
living thing [lɪvɪŋ θɪŋ] *n* مخلوق [maxlu:q]
lizard [lɪzərd] *n* السِحلية [as-siħlijjatu]
load [loʊd] *n* حِمل [ħiml] ▷ *v* يتلقى حملا [Yatala'qa ḥemlan]
loaf, loaves [loʊf, loʊvz] *n* رغيف [rayi:f]
loan [loʊn] *n* قرض [qardˁ]
loathe [loʊð] *v* يَشمئِز من [Yashmaaez 'an]
lobby [lɒbi] *n*; **I'll meet you in the lobby** سوف أقابلك في الردهة الرئيسية للفندق [sawfa o'qabe-loka fee al-radha al-raee-sya lel-finda'q]
lobster [lɒbstər] *n* جَرَاد البحر [Garad al-baḥr]
local [loʊkəl] *adj* محلي [maħalij]; **local anesthetic** عقار مخدر موضعي ['aa'qar mokhader mawde'aey]; **I'd like to try something local, please** أريد أن أجرب أحد الأشياء المحلية من فضلك [areed an ajar-rub aḥad al-ashyaa al-maḥal-lya min faḍlak]; **We'd like to see local plants and trees** نريد أن نرى النباتات والأشجار المحلية [nureed an nara al-naba-taat wa al-ash-jaar al-maḥali-ya]; **What's the local specialty?** ما هو الطبق المحلي المميز؟ [ma howa al-ṭaba'q al-maḥa-ly al-muma-yaz?]
location [loʊkeɪʃən] *n* مكان [maka:n]; **My location is....** أنا في المكان... [ana fee al-makaan...]
lock [lɒk] *n (door)* هويس [huwajs], *(hair)* خُصلة شعر [Khoṣlat sha'ar] ▷ *v* يَقْفِل [jaqfilu]
locker [lɒkər] *n* خزانة بقفل [Khezanah be-'qefl]; **luggage locker** خزانة الأمتعة المتروكة [Khezanat al-amte'ah al-matrookah]
locket [lɒkɪt] *n* دَلايَة [dala:ja]
lock out *v* يُحرِم شخصاً من الدخول [Yoḥrem shakhṣan men al-dokhool]
locksmith [lɒksmɪθ] *n* صانع المفاتيح [Ṣaane'a al-mafateeḥ]
lodger [lɒdʒər] *n* نزيل [nazi:l]
log [lɒg] *n* كُتْلَه خَشَبِيَّه [kutlatun xaʃabijja]
logical [lɒdʒɪkəl] *adj* منطقي [mantˁiqij]
log in *v* يُسجِل الدخول [Yosajel al-dokhool]
logo [loʊgoʊ] *n* شِعَار [ʃiʕa:r]
log off *v* يُسجِل الخروج [Yosajel al-khoroj]
log on *v* يَدخُل على شبكة المعلومات [Yadkhol 'ala shabakat alma'aloomat]
log out *v* يَخرُج من برنامج الكمبيوتر [Yakhroj men bernamej kombyotar]
lollipop [lɒlipɒp] *n* مَصّاصَة [masˁsa:ˁsˁa], مَصّاصه [masˁsˁasˁa]
London [lʌndən] *n* لندن [lund]
loneliness [loʊnlinɪs] *n* وِحْدَة [waħda]
lonely [loʊnli] *adj* متوحد [mutawaħħidun]
lonesome [loʊnsəm] *adj* مهجور [mahʒu:run]
long [lɔŋ] *adj* طويل [tˁawi:lun] ▷ *adv* طويلًا [tˁawi:la:an] ▷ *v* يَتُوق إلى [Yatoo'q ela]; **long jump** قفزة طويلة ['qafzah ṭaweelah]
longer [lɔŋgər] *adv* أطول [ʔatˁwalu]
longitude [lɒndʒɪtud] *n* خط طول [Khaṭ ṭool]

look [lʊk] *n* نظرة [nazˤra] ▹ *v* ينظر [janzˤuru]; **look at** ينظر إلى [yanḍhor ela]

look around *v* يَدْرِس الاحتمالات قبل وضع خطة [Yadros aleḥtemalaat 'qabl waḍ'a alkhoṭah]

look for *v* يَبْحَث عن [Yabḥath an]

look up *v* يَرفَع بصره [Yarfa'a baṣarah]

loose [lʊs] *adj* فضفاض [fadˤfa:dˤun]

lose [luz] *vi* يَضِيع [judˤajjiʕu] ▹ *vt* يَخسر [jaxsaru]

loser [luzər] *n* الخاسر [al-xa:siru]

loss [lɔs] *n* خسارة [xasa:ra]

lost [lɔst] *adj* تائه [ta:ʔihun]

lost-and-found *n* مفقودات وموجودات [maf'qodat wa- mawjoodat]; **lost-and-found department** مكتب المفقودات [Maktab al-maf'qodat]

lotion [loʊʃən] *n* مُستحضر سائل [Mosthdar saael]; **aftersun lotion** لوشن بعد التعرض للشمس [Loshan b'ad al-t'aroḍ lel shams]; **cleansing lotion** سائل تنظيف [Sael tanḍheef]; **suntan lotion** غسول سمرة الشمس [ghasool somrat al-shams]

lottery [lɔtəri] *n* يانصيب [ja:nasˤi:b]

loud [laʊd] *adj* مدو [mudawwin]

loudly [laʊdli] *adv* بصوت عال [Besot 'aaley]

loudspeaker [laʊdspikər] *n* مكبر صوت [makbar sˤawt]

lounge [laʊndʒ] *n*; **departure lounge** صالة المغادرة [Ṣalat al-moghadarah]; **transit lounge** صالة العبور [Ṣalat al'aoboor]; **Could we have coffee in the lounge?** هل يمكن أن تناول القهوة في قاعة الفندق؟ [hal yamken tanawil al-'qahwa fee 'qa'aat al-finda'q?]; **Is there a television lounge?** هل يوجد قاعة لمشاهدة التلفزيون؟ [hal yujad 'qa'aa le-musha-hadat al-tali-fizyon?]

lousy [laʊzi] *adj* تافه [ta:fihun], خسيس [xasi:sun]

love [lʌv] *n* حب [ħubb] ▹ *v* يُتَيِّم ب [Yotayam be]; **I love...** ...أنا أحب [ana aḥib]; **I love you** أحبك [aḥibak]; **Yes, I'd love to** نعم، أحب القيام بذلك [na'aam, aḥib al-'qiyam be-dhalik]

lovely [lʌvli] *adj* مُحبب [muħabbabun]

lover [lʌvər] *n* مُحِب [muħib]

low [loʊ] *adj* منخفض [munxafidˤun] ▹ *adv* منخفضاً [munxafadˤan]

low-alcohol [loʊælkəhɔl] *adj* قليلة الكحول ['qaleelat al-koḥool]

lower [loʊər] *adj* أدنى [ʔadna:] ▹ *v* ينخفض [janxafidˤu]

low-fat [loʊfæt] *adj* قليل الدسم ['qaleel al-dasam]

loyalty [lɔɪəlti] *n* إخلاص [ʔixla:sˤ]

luck [lʌk] *n* حظ [ħazˤzˤ]

luckily [lʌkɪli] *adv* لحسن الطالع [Le-hosn alṭale'a]

lucky [lʌki] *adj* محظوظ [maħzˤu:zˤun]

lucrative [lukrətɪv] *adj* مربح [murbiħun]

luggage [lʌgɪdʒ] *n* حقائب السفر [ḥa'qaeb al-safar]; **luggage locker** خزانة الأمتعة المتروكة [Khezanat al-amte'ah al-matrookah]; **luggage rack** حامل حقائب السفر [Hamel ha'qaeb al-safar]; **luggage storage** أمتعة مُخزَّنة [Amte'aah mokhazzanah]; **luggage storage office** مكتب الأمتعة [Makatb al amte'aah]; **Can I insure my luggage?** هل يمكنني التأمين على حقائب السفر الخاصة بي؟ [hal yamken -any al-tameen 'aala ḥa'qa-eb al-safar al-khaṣa bee?]; **My luggage hasn't arrived** لم تصل حقائب السفر الخاصة بي بعد [Lam taṣel ḥa'qaeb al-safar al-khaṣah bee ba'ad]; **Where is the luggage for the flight from...?** أين حقائب السفر للرحلة القادمة من...؟ [ayna ḥa'qaeb al-safar lel-reḥla al-'qadema min...?]

lukewarm [lukwɔrm] *adj* فاتر [fa:tirun]

lullaby [lʌləbaɪ] *n* تهويدة [tahwi:da]

lumber [lʌmbər] *n* أشجار الغابات [Ashjaar al-ghabat]

lump [lʌmp] *n* ورم [waram]

lunatic [lunətɪk] *n* مجذوب [maʒðu:b]

lunch [lʌntʃ] *n* غداء [ɣada:ʔ]; **box lunch** وجبة الغذاء المعبأة [Wajbat al-ghezaa al-mo'abaah]; **lunch hour** استراحة غداء [Estrahet ghadaa]; **Can we meet for lunch?** هل يمكننا الاجتماع على الغداء؟ [hal yamken -ana al-ejte-maa'a 'aala al-ghadaa?]

lunchtime [lʌntʃtaɪm] *n* وَقْت الغداء [Wa'qt al-ghadhaa]

lung [lʌŋ] *n* رئة [riʔit]

lush [lʌʃ] *adj* مزدهر [muzdahirun]

lust [lʌst] *n* شهوة [ʃahwa]

Luxembourg [lʌksəmbɜrg] *n* لكسمبورغ [luksambu:rɣ]

luxurious [lʌgʒuəriəs] *adj* مترف [mutrafun]

luxury [lʌkʃəri, lʌgʒə-] *n* رفاهية [rafa:hijja]

lyrics [lɪrɪks] *npl* قصائد غنائية ['qaṣaaed ghenaaeah]

M

macaroni [mækəroʊni] *npl* مكرونة [makaru:natun]

machine [məʃin] *n* ماكينة [ma:ki:na]; **answering machine** جهاز الرد الآلي [Jehaz al-rad al-aaly]; **machine gun** رشاش [raʃʃa:ʃun]; **machine washable** قابل للغسل في الغسالة ['qabel lel-ghaseel fee al-ghassaalah]; **sewing machine** ماكينة خياطة [Makenat kheyaṭah]; **ticket machine** ماكينة التذاكر [Makenat al-taḍhaker]; **vending machine** ماكينة الشقبية [Makenat al-sha'qabeyah], ماكينة بيع [Makenat bay'a]; **washing machine** غسّالَة [ɣassa:latun]; **Is there a fax machine I can use?** هل توجد ماكينة فاكس يمكن استخدامها؟ [hal tojad makenat fax yamken istekh-damuha?]

machinery [məʃinəri] *n* الآلية [al-ajjatu]

mackerel [mækərəl, mækrəl] *n* سمك الماكريل [Samak al-makreel]

mad [mæd] *adj (angry)* مجنون [maʒnu:nun]

Madagascar [mædəgæskər] *n* مدغشقر [madaɣaʃqar]

madam [mædəm] *n* زوجة [zawʒa]

madness [mædnɪs] *n* جنون [ʒunu:n]

magazine [mægəzin, -zin] *n (ammunition)* ذخيرة حربية [dhakheerah ḥarbeyah], *(periodical)* مجلة [maʒalla]

maggot [mægət] *n* يَرَقْة [jaraqa]

magic [mædʒɪk] *adj* سَاحِر [sa:ħirun] ▷ *n* سِحْر [siħr]

magical [mædʒɪkəl] *adj* سِحري [siħrij]

magician [mədʒɪʃən] *n* ساحر [sa:ħir]

magistrate [mædʒɪstreɪt] *n* قاضي [qa:dˤi:]

magnet [mægnɪt] *n* مغناطيس [miɣna:tˤi:s]

magnetic [mægnɛtɪk] *adj* مغناطيسي [miɣna:tˤi:sij]

magnificent [mægnɪfɪsənt] *adj* بديع [badi:ʕun]

magpie [mægpaɪ] *n* طائر العَقْعَق [Ṭaaer al'a'qa'q]

mahogany [məhɒgəni] *n* خشب الماهوجني [Khashab al-mahojney]

maid [meɪd] *n* خادمة [xa:dima], خادمة في فندق [Khademah fee fodo'q]

maiden [meɪdən] *n*; **maiden name** اسم المرأة قبل الزواج [Esm al-marah 'qabl alzawaj]

mail [meɪl] *n* بريد [bari:d], *(mail)* نظام بريدي [neḍham bareedey] ▷ *v* يُرسِل بالبريد [Yorsel bel-bareed]; **certified mail** بعلم الوصول [Be-'aelm al-woṣool]; **junk mail** بريد غير مرغوب [Bareed gheer marghoob]; **How long will it take by certified mail?** ما المدة التي يستغرقها بالبريد المسجل؟ [ma al-mudda al-laty yasta-ghru'qoha bil-bareed al-musajal?]; **Is there any mail for me?** هل تلقيت أي رسائل بالبريد الإلكتروني؟ [hal tala-'qyto ay rasa-el bil-bareed al-alekitrony?]

mailbox [meɪlbɒks] *n* صندوق الخطابات [Ṣondok al-kheṭabat], صندوق البريد [Ṣondo'q bareed]

mailing list [meɪlɪŋ lɪst] *n* قائمة بريد ['qaemat bareed]

main [meɪn] *adj* أساسي [ʔasa:sij]; **main course** طبق رئيسي [Ṭaba'q raeesey]; **main road** طريق رئيسي [ṭaree'q raeysey]

mainland [meɪnlænd] *n* اليابسة [al-ja:bisatu]

mainly [meɪnli] *adv* في الدرجة الأولى [Fee al darajah al ola]

maintain [mɛɪnteɪn] *v* يصون [jasˤu:nu]

maintenance [meɪntɪnəns] *n* صيانة [sˤija:na]

majesty [mædʒɪsti] *n* جلالة [ʒala:la]

major [meɪdʒər] *adj* أساسي [ʔasa:sij]

majority [mədʒɒrɪti] *n* الأغلبية [al-ʔaɣlabijjatu]

make [meɪk] *v* يَصْنَع [jasˤnaʕu]

makeover [meɪkouvər] *n* تحول في المظهر

[taḥawol fee almaḍhhar]

maker [meɪkər] *n* صانِع [sˤaːniʕ]

make up *v* يَخْتَلِق [jaxtaliqu]

makeup *n* مستحضرات التجميل [Mostahdraat al-tajmeel]

malaria [məlɛəriə] *n* ملاريا [malaːrjaː]

Malawi [məlɑwi] *n* ملاوي [malaːwiː]

Malaysia [məleɪʒə] *n* ماليزيا [maːliːzjaː]

Malaysian [məleɪʒən] *adj* ماليزي [maːliːzij] ▷ *n* شخص ماليزي [shakhṣ maleezey]

male [meɪl] *adj* ذَكَري [ðakarij] ▷ *n* ذَكَر [ðakar]

malicious [məlɪʃəs] *adj* خبيث [xabiːθun]

malignant [məlɪgnənt] *adj* خَبِيث [xabiːθun]

malnutrition [mælnutrɪʃən] *n* سوء التغذية [Sooa al taghdheyah]

Malta [mɔltə] *n* مالطة [maːltˤa]

Maltese [mɔltiz] *adj* مالطي [maːltˤij] ▷ *n* *(language)* اللغة المالطية [Al-loghah al-malṭeyah], *(person)* مالطي [maːltˤij]

mammal [mæməl] *n* لبون [labuːn]

mammoth [mæməθ] *adj* ضخم [dˤaxmun] ▷ *n* ماموث [maːmuːθ]

man [mæn] (*pl* men) *n* رَجُل [raʒul]; **best man** إشبين العريس [Eshbeen al-aroos]; **men's room** دَوْرة مياه للرجال [Dawrat meyah lel-rejal]

manage [mænɪdʒ] *v* يُدير [judiːru]

manageable [mænɪdʒəbəl] *adj* سهل القيادة [Sahl al-'qeyadah]

management [mænɪdʒmənt] *n* إدارة [ʔidaːra]

manager [mænɪdʒər] *n* مدير [mudiːr], مديرة [mudiːra]; **I'd like to speak to the manager, please** من فضلك أرغب في التحدث إلى المدير [min faḍlak arghab fee al-taḥaduth ela al-mudeer]

mandarin [mændərɪn] *n* *(fruit)* يوسفي [juːsufij], *(official)* اللغة الصينية الرئيسية [Al-loghah al-Ṣeneyah alraeseyah]

mango [mæŋgoʊ] *n* مَنجا [manʒaː]

mania [meɪniə] *n* هَوَس [hawas]

maniac [meɪniæk] *n* مَجذوب [maʒðuːb]

manicure [mænɪkyʊər] *n* تدريم الأظافر [Tadreem al-aḍhaafe]

manipulate [mənɪpyəleɪt] *v* يُعالِج باليد [Yo'aalej bel-yad]

mankind [mænkaɪnd] *n* بشرية [baʃarijja]

man-made *adj* من صنع الإنسان [Men ṣon'a al-ensan]

manner [mænər] *n* سلوك [suluːk]

manners [mænərz] *npl* سلوكيات [suluːkijjaːtun]

manpower [mænpaʊər] *n* قوة بشرية ['qowah bashareyah]

mansion [mænʃən] *n* قصر ريفي ['qaṣr reefey], منزل فخم [Mazel fakhm]

mantel [mæntəl] *n* رف المستوقد [Raf al-mostaw'qed]

manual [mænyuəl] *n* دليل التشغيل [Daleel al-tashgheel]

manufacture [mænyəfæktʃər] *v* يُصَّنِع [jusˤsˤaniʕu]

manufacturer [mænyəfæktʃərər] *n* صاحب المصنع [Ṣaheb al-maṣna'a]

manure [mənʊər] *n* سماد عضوي [Semad 'aodwey]

manuscript [mænyəskrɪpt] *n* مخطوطة [maxtˤuːtˤa]

many [mɛni] *adj* كثير [kaθiːrun]

Maori [maʊri] *adj* ماوري [maːwrij] ▷ *n* *(language)* اللغة الماورية [Al-loghah al-mawreyah], *(person)* شخص ماوري [Shakhṣ mawrey]

map [mæp] *n* خريطة [xariːtˤa]; **road map** خريطة الطريق [Khareeṭat al-ṭaree'q]; **street map** خارطة الشارع [khareṭat al-share'a]; **Could you draw me a map with directions?** هل يمكن أن ترسم لي خريطة للاتجاهات؟ [Hal yomken an tarsem le khareeṭah lel-etejahaat?]; **Could you show me where it is on the map?** هل يمكن أن أري مكانه على الخريطة؟ [Hal yomken an ara makanah ala al-khareeṭah]; **Do you have a map of...?** هل يوجد لديك خريطة... ؟ [hal yujad ladyka khareeṯa...?]; **Do you have a map of the subway?** هل لديكم خريطة لمحطات المترو؟ [hal ladykum khareeṯa le-muḥaṭ-aat al-metro?]; **I need a road map of...** أريد خريطة الطريق لـ... [areed khareeṯat al-ṯaree'q le...]; **Is there a cycle map of this area?** هل يوجد خريطة لهذه المنطقة؟ [hal yujad khareeṭa le-hadhy al-manṯa'qa?]; **May I have a map?** هل يمكن أن

أحصل على خريطة؟ [hal yamken an aḥṣal 'aala khareeṯa?]; **Where can I buy a map of the area?** أي يمكن أن أشتري خريطة للمكان؟ [ayna yamkun an ash-tary khareeṯa lel-man-ṯa'qa?]

maple [meɪpəl] *n* أشجار القيقب [Ashjaar al-'qay'qab]

marathon [mærəθɒn] *n* سباق الماراثون [Seba'q al-marathon]

marble [mɑrbəl] *n* رُخَام [ruxa:m]

march [mɑrtʃ] *n* سَيْر [sajr] ▷ *v* يَسير [jasi:ru]

March [mɑrtʃ] *n* مارس [ma:ris]

Mardi Gras [mɑrdi grɑ] *n* ثلاثاء المرافع [Tholathaa almrafe'a]

mare [mɛər] *n* فرس [faras]

margarine [mɑrdʒərɪn] *n* سَمْن نباتي [Samn nabatey]

margin [mɑrdʒɪn] *n* هامش [ha:miʃ]

marigold [mærɪgoʊld] *n* الأقحوان [al-ʔuqħuwa:nu]

marijuana [mærɪwɑnə] *n* ماريجوانا [ma:ri:ʒwa:na:]

marina [mərinə] *n* حوض مرسى السفن [Hawḍ marsa al-sofon]

marinade [mærɪneɪd] *n* ماء مالح [Maa maleḥ]

marinate [mærɪneɪt] *v* يُخلل [juxallilu]

marital [mærɪtəl] *adj*; **marital status** الحالة الاجتماعية [Al-halah al-ejtemaayah]

maritime [mærɪtaɪm] *adj* بحري [baħrij]

marjoram [mɑrdʒərəm] *n* عُشب البَرْدَقُوش ['aoshb al-barda'qoosh]

mark [mɑrk] *n* علامة [ʕala:ma] ▷ *v (make sign)* يُوَسِم [ju:simu]; **check mark** حشرة القرادة [Hashrat al-'qaradah]; **question mark** علامة استفهام ['alamat esteʃham]; **quotation marks** علامات الاقتباس ['aalamat al-e'qtebas]فواصل معقوفة , [Fawaṣel ma'a'qoofah]

market [mɑrkɪt] *n* سُوق [su:q]; **market research** دراسة السوق [Derasat al-soo'q]; **stock market** البورصة [al-bu:rsʕatu]

marketing [mɑrkɪtɪŋ] *n* تسويق [taswi:qu]

marketplace [mɑrkɪtpleɪs] *n* السوق [as-su:qi]

marmalade [mɑrməleɪd] *n* هلام الفاكهة [Holam al-fakehah]

maroon [mərun] *adj* منبوذ [manbu:ðun]

marriage [mærɪdʒ] *n* زواج [zawa:ʒ]; **marriage certificate** عقد زواج ['aa'qd zawaj]

married [mærid] *adj* متزوج [mutazawwiʒun]

marrow [mæroʊ] *n* نخاع العظم [Nokhaa'a al-'aḍhm]

marry [mæri] *v* يَتَزوج [jatazawwaʒu]

marsh [mɑrʃ] *n* سبخة [sabxa]

martyr [mɑrtər] *n* شهيد [ʃahi:d]

marvelous [mɑrvələs] *adj* مدهش [mudhiʃun]

Marxism [mɑrksɪzəm] *n* الماركسية [al-ma:rkisijjatu]

marzipan [mɑrzipæn] *n* مَرْزيبان [marzi:ba:n]

mascara [mæskærə] *n* ماسكارا [ma:ska:ra:]

masculine [mæskyəlɪn] *adj* مذكر [muðakkarun]

mask [mæsk] *n* قناع [qina:ʕ]

masked [mæskt] *adj* متنكر [mutanakkirun]

mass [mæs] *n (amount)* مقدار كبير [Me'qdaar kabeer], *(church)* قُدّاس [qudda:s]

massacre [mæsəkər] *n* مذبحة [maðbaħa]

massage [məsɑʒ] *n* تدليك [tadli:k]

massive [mæsɪv] *adj* ضَخْم [dˤaxmun]

mast [mæst] *n* صاري [sˤa:ri:]

master [mæstər] *n* مدرس [mudarris] ▷ *v* يُتْقِن [jutqinu]; **master of ceremonies** مقدم برامج [Mo'qadem bramej]

masterpiece [mæstərpis] *n* رائعة [ra:ʔiʕa]

mat [mæt] *n* ممسحة أرجل [Memsahat arjol]

match [mætʃ] *n (partnership)* شريك حياة [Shareek al-ḥayah], *(sport)* مباراة [muba:ra:t] ▷ *v* يُضاهي [judˤa:hi:]

matching [mætʃɪŋ] *adj* مكافئ [muka:fiʔun]

material [mətɪəriəl] *n* مادة [ma:dda]

maternal [mətɜrnəl] *adj* متعلق بالأم [Mota'ale'q bel om]

math [mæθ] *npl* علم الرياضيات ['aelm al-reyaḍeyat]

mathematical [mæθəmætɪkəl] *adj* رياضي

mathematics [mæθəmætɪks] *npl* رياضيات [rija:dˤijja:tun]

matter [mætər] *n* مسألة [masʔala] ▷ *v* يَهُم [jahummu]

mattress [mætrɪs] *n* حشية [ħiʃja]; **floating pool mattress** ®ليلو [Leelo®]

mature [mətyuər, -tuər, -tʃuər] *adj* ناضج [na:dˤiʒun]

Mauritania [mɔrəteɪniə] *n* موريتانيا [mu:ri:ta:nja:]

Mauritius [mərɪʃəs] *n* موريتاني [mu:ri:ta:nij]

mauve [mouv] *adj* بنفسجي [banafsaʒij]

maximum [mæksɪməm] *adj* أقصى [ʔaqsˤa:] ▷ *n* حد أقصى [Had a'qsa]

may [meɪ] *v*; **May I call you tomorrow?** هل يمكن أن أتصل بك غدا؟ [hal yamken an ataṣel beka ghadan?]; **May I open the window?** هل يمكن أن أفتح النافذة؟ [hal yamken an aftaḥ al-nafidha?]; **May I sit here?** هل يمكن أن أجلس هنا؟ [hal yamken an ajlis huna?]

May [meɪ] *n* مايو [ma:ju:]

maybe [meɪbi] *adv* رُبما [rubbama:]

mayonnaise [meɪəneɪz] *n* ميونيز [maju:ni:z]

mayor [meɪər, mɛər] *n* مُحَافِظ [muħa:fizˤ]

maze [meɪz] *n* متاهة [mata:ha]

me [mi, STRONG mi] *pron* إليَّ [ʔilajja]

meadow [mɛdou] *n* أرض خضراء [Arḍ khaḍraa]

meal [mil] *n* وجبة [waʒba]; **Could you prepare a meal without eggs?** هل يمكن إعداد وجبة خالية من البيض؟ [hal yamken e'adad wajba khaliya min al-bayḍ?]; **Could you prepare a meal without gluten?** هل يمكن إعداد وجبة خالية من الجلوتين؟ [hal yamken e'adad wajba khaliya min al-jilo-teen?]; **The meal was delicious** كانت الوجبة شهية [kanat il-wajba sha-heyah]

mealtime [miltaɪm] *n* وَقْت الطعام [Wa'qt al-ṭa'aaam]

mean [min] *v* يَقْصِد [jaqsˤidu]

meaning [minɪŋ] *n* معنى [maʕna:]

means [minz] *npl* وَسائِل [wasa:ʔilun]

meantime [mintaɪm] *adv* في غضون ذلك [Fee ghodoon ḍhalek]

meanwhile [minwaɪl] *adv* خلال ذلك [Khelal dhalek]

measles [mizəlz] *npl* حصبة [ħasˤabatun]; **German measles** حصبة ألمانية [Haṣbah al-maneyah]; **I had measles recently** أصبت مؤخرًا بمرض الحصبة [oṣebtu mu-akharan be-maraḍ al- ḥaṣba]

measure [mɛʒər] *v* يَقْيس [jaqisu]; **tape measure** شريط قياس [Shreeṭ 'qeyas]

measurements [mɛʒərmənts] *npl* قياسات [qija:sa:tun]

meat [mit] *n* لحم [laħm]; **ground meat** لحم مفروم [Laḥm mafroom]; **red meat** لحم أحمر [Laḥm aḥmar]; **I don't eat red meat** لا أتناول اللحوم الحمراء [la ata- nawal al-liḥoom al-ḥamraa]; **The meat is cold** إن اللحم باردة [En al-laḥm baredah]; **This meat is spoiled** هذه اللحم ليست طازجة [Hadheh al-lahm laysat ṭazejah]

meatball [mitbɔl] *n* كرة لحم [Korat laḥm]

Mecca [mɛkə] *n* مكة [makkatu]

mechanic [mɪkænɪk] *n* ميكانيكي [mi:ka:ni:kij]; **auto mechanic** ميكانيكي السيارات [Mekaneekey al-sayarat]; **Could you send a mechanic?** هل يمكن أن ترسل لي ميكانيكي؟ [hal yamken an tarsil lee meka-neeky?]

mechanical [mɪkænɪkəl] *adj* ميكانيكي [mi:ka:ni:kij]

mechanism [mɛkənɪzəm] *n* تقنية [tiqnija]

medal [mɛdəl] *n* ميدالية [mi:da:lijja]

medallion [mɪdælyən] *n* مدالية كبيرة [Medaleyah kabeerah]

media [midiə] *npl* وَسائِل الإعلام [Wasaael al-e'alaam]

medical [mɛdɪkəl] *adj* طبي [tˤibbijun]; **medical certificate** شهادة طبية [Shehadah ṭebeyah]

medication [mɛdɪkeɪʃən] *n*; **I'm on this medication** أنني أتبع هذا العلاج [ina-ny atba'a hadha al-'aelaaj]

medicine [mɛdɪsɪn] *n* دَوَاء [dawa:ʔ]

medieval [midiivəl, mɪdivəl] *adj* متعلق بالقرون الوسطى [Mot'aale'q bel-'qroon al-wosṭa]

meditation [mɛdɪteɪʃən] *n* تأَمُّل [taʔammul]

Mediterranean [mɛdɪtəreɪniən] *adj* متوسطي [mutawassitˤij] ▷ *n* البحر المتوسط [Al-bahr al-motawaseṭ]

medium [midiəm] *adj (between extremes)* معتدل [muʕtadilun]

medium-sized [midiəmsaɪzd] *adj* متوسط الحجم [Motawaseṭ al-hajm]

meet [mit] *v* يَلْتقي ب [Yalta'qey be] ▷ *vi* يَجتَمِع [jaʒtamiʕu] ▷ *vt* يُقَابِل [juqa:bilu]

meeting [mitɪŋ] *n* اجتماع [ʔiʒtima:ʕ]; **I'd like to**

arrange a meeting with... أرغب في ترتيب إجراء اجتماع مع.....؟ [arghab fee tar-teeb ejraa ejtemaa ma'aa...]

mega [mɛgə] *adj* كبير [kabi:run]

melody [mɛlədi] *n* لحن [laħn]

melon [mɛlən] *n* شَمَّام [ʃamma:m]

melt [mɛlt] *vi* يَذوب [jaðu:bu] ▷ *vt* يُذِيب [juði:bu]

member [mɛmbər] *n* عضو [ʕudˤw]; **Do I have to be a member?** هل يجب علي أن أكون عضوا؟ [hal yajib 'aala-ya an akoon 'auḍwan?]

membership [mɛmbərʃɪp] *n* عضوية [ʕudˤwijja]; **membership card** بطاقة عضوية [Beṭaqat 'aodweiah]

memento [mɪmɛntoʊ] *n* التذكِرة [at-taðkiratu]

memo [mɛmoʊ] *n* مذكرة [muðakkira]

memorial [mɪmɔriəl] *n* نُصُب تذكاري [Noṣob tedhkarey]

memorize [mɛməraɪz] *v* يَحفَظ [jaħfazˤu]

memory [mɛməri] *n* ذَاكِرة [ða:kira]; **memory card** كارت ذاكرة [Kart dhakerah]

meningitis [mɛnɪndʒaɪtɪs] *n* التهاب السحايا [Eltehab al-sahaya]

menopause [mɛnəpɔz] *n* سِن اليأس [Sen al-yaas]

menstruation [mɛnstrueɪʃən] *n* طَمْثٌ [tˤamθ]

mental [mɛntəl] *adj* عقلي [ʕaqlij]; **mental hospital** *(offensive)* مستشفى أمراض عقلية [Mostashfa amraḍ 'aa'qleyah]

mentality [mɛntælɪti] *n* عقلية [ʕaqlijja]

mention [mɛnʃən] *v* يَذْكُر [jaðkuru]

menu [mɛnyu] *n* قائمة طعام ['qaemat ṭa'aam]; **set menu** قائمة مجموعات الأغذية ['qaemat majmo'aat al-oghneyah]

mercury [mɜrkyəri] *n* زئبق [ziʔbaq]

mercy [mɜrsi] *n* رحمة [raħma]

mere [mɪər] *adj* مجرد [muʒarradun]

merge [mɜrdʒ] *v* يَدمِج [judmiʒu]

merger [mɜrdʒər] *n* دَمْج [damʒ]

meringue [məræŋ] *n* ميرنجو [mi:rinʒu:]

mermaid [mɜrmeɪd] *n* حورية الماء [Ḥooreyat al-maa]

merry [mɛri] *adj* بهيج [bahi:ʒun]

merry-go-round *n* دوامة الخيل [Dawamat al-kheel]

mess [mɛs] *n* فوضى [fawdˤa:]

message [mɛsɪdʒ] *n* رسالة [risa:la]; **Multimedia Messaging Service** خدمة رسائل الوسائط المتعددة [Khedmat rasael al-wasaaeṭ almota'aadedah]; **text message** رسالة نصية [Resalah naṣeyah]; **May I leave a message with his secretary?** هل يمكنني ترك رسالة مع السكرتير الخاص به؟ [hal yamken -any tark resala ma'aa al-sikertair al-khaṣ behe?]; **May I leave a message?** هل يمكن أن أترك رسالة؟ [hal yamken an atruk resala?]

mess around *v* يَتلخبط [jatalaxbatˤu]

messenger [mɛsɪndʒər] *n* رسول [rasu:l]

mess up *v* يُخطِئ [juxtˤiʔ]

messy [mɛsi] *adj* فوضوي [fawdˤawij]

metabolism [mɪtæbəlɪzəm] *n* عملية الأيض ['amaleyah al-abyaḍ]

metal [mɛtəl] *n* معدن [maʕdin]

meteorite [mitiəraɪt] *n* حُطام النيزك [Ḥoṭaam al-nayzak]

meter [mitər] *n* عداد [ʕadda:d], متر [mitr]; **parking meter** عداد وقوف السيارة ['adaad wo'qoof al-sayarah]; **Do you have a meter?** هل لديك عداد؟ [hal ladyka 'aadaad?]; **Do you have change for the parking meter?** هل معك نقود فكه لعداد موقف الانتظار؟ [Hal ma'ak ne'qood fakah le'adad maw'qaf al-ente ḍhar?]; **It's more than on the meter** هذا يزيد عن العداد [hatha yazeed 'aan al-'aadad]; **Please use the meter** من فضلك قم بتشغيل العداد [Men faḍlek 'qom betashgheel al'adaad]; **The meter is broken** العداد معطل [al-'aadad mu'aaṭal]; **The parking meter is broken** عداد موقف الانتظار معطل ['adad maw'qif al-entiḍhar mo'aaṭal]; **Where's the electricity meter?** أين يوجد عداد الكهرباء؟ [ayna yujad 'aadad al-kah-raba?]; **Where's the gas meter?** أين يوجد عداد الغاز؟ [ayna yujad 'aadad al-ghaz?]

method [mɛθəd] *n* طريقة [tˤari:qa]

Methodist [mɛθədɪst] *adj* منهجي [manhaʒij]

metric [mɛtrɪk] *adj* متري [mitrij]

Mexican [mɛksɪkən] *adj* مكسيكي [miksi:kij] ▷ *n*

مكسيكي [miksiːkij]

Mexico [mɛksikoʊ] *n* المكسيك [al-miksiːku]

microchip [maɪkroʊtʃɪp] *n* شريحة صغيرة [Shareehat ṣagheerah]

microphone [maɪkrəfoʊn] *n* ميكروفون [miːkuruːfuːn]; **Does it have a microphone?** هل يوجد ميكروفون؟ [hal yujad mekro-fon?]

microscope [maɪkrəskoʊp] *n* ميكروسكوب [miːkuruːskuːb]

mid [mɪd] *adj* أوسط [ʔawsatˤun]

middle [mɪdəl] *n* وَسَطْ [wasatˤ]; **Middle Ages** العصور الوسطى [Al-'aoṣoor al-woṣṭa]; **Middle East** الشرق الأوسط [Al-shar'q al-awṣaṭ]

middle-aged [mɪdəleɪdʒd] *adj* كهل [kahlun]

middle-class *adj* من الطبقة الوسطى [men al-Ṭaba'qah al-wosṭa]

midge [mɪdʒ] *n* ذُبَابَة صغيرة [Dhobabah ṣagheerah]

midnight [mɪdnaɪt] *n* منتصف الليل [montaṣaf al-layl]; **at midnight** عند منتصف الليل ['aenda muntaṣaf al-layl]

midterm vacation [mɪdtɜrm veɪkeɪʃən] *n* عطلة نصف الفصل الدراسي ['aoṭlah neṣf al-faṣl al-derasey]

midwife, midwives [mɪdwaɪf, 'mɪd,waɪvz] *n* قَابِلة [qaːbila]

migraine [maɪgreɪn] *n* صداع النصفي [Ṣoda'a al-naṣfey]

migrant [maɪgrənt] *adj* مهاجر [muhaːʒirun] ▹ *n* مُهاجِر [muhaːʒir]

migration [maɪgreɪʃən] *n* هجرة [hiʒra]

mike [maɪk] *n* ميكروفون [miːkuruːfuːn]

mild [maɪld] *adj* لطيف [latˤiːfun]

mile [maɪl] *n* مِيل [miːl]

mileage [maɪlɪdʒ] *n* مسافة بالميل [Masafah bel-meel]

military [mɪlɪtɛri] *adj* عسكري [ʕaskarij]

milk [mɪlk] *n* حليب [ħaliːb] ▹ *v* يَحلِب [jaħlibu]; **UHT milk** لبن مبستر [Laban mobaster]; **milk chocolate** شيكولاتة باللبن [Shekolata bel-laban]; **reduced-fat milk** حليب نصف دسم [Haleeb nesf dasam]; **skim milk** حليب منزوع الدسم [Haleeb manzoo'a al-dasam]; **with the milk on the side** بالحليب دون خلطه [bil ḥaleeb doon khal-ṭuho]

milkshake [mɪlkʃeɪk] *n* مخفوق الحليب [Makhfoo'q al-ḥaleeb]

mill [mɪl] *n* طاحونة [tˤaːħuːna]

millennium [mɪlɛniəm] *n* الألفية [al-ʔalfijjatu]

millimeter [mɪlɪmitər] *n* مليمتر [miliːmitr]

million [mɪlyən] *n* مليون [miljuːn]

millionaire [mɪlyənɛər] *n* مليونير [miljuːniːru]

mimic [mɪmɪk] *v* يُحاكِي [juħaːkiː]

mind [maɪnd] *n* عقل [ʕaqil] ▹ *v* يهتم [jahtammu]

mine [maɪn] *n* منجم [manʒam]

miner [maɪnər] *n* عامل مناجم ['aaamel manajem]

mineral [mɪnərəl] *adj* غير عضوي [Ghayer 'aoḍwey] ▹ *n* مادة غير عضوية [Madah ghayer 'aodweyah]; **mineral water** مياه معدنية [Meyah ma'adaneyah]

miniature [mɪniətʃər, -tʃʊər] *adj* مُصَغَّر [musˤaɣɣarun] ▹ *n* شَكْل مُصَغَّر [Shakl moṣaghar]

minibar [mɪnibɑr] *n* ثلاجة صغيرة [Thallaja ṣagheerah]

minibus [mɪnibʌs] *n* ميني باص [Meny baas]

minimal [mɪnɪməl] *adj* أدنى [ʔadnaː]

minimize [mɪnɪmaɪz] *v* يُخفِض إلى الحد الأدنى [juxfidˤu ʔilaː alħaddi alʔadnaː]

minimum [mɪnɪməm] *adj* أدنى [ʔadnaː] ▹ *n* حد أدنى [Had adna]

mining [maɪnɪŋ] *n* تعدين [taʕdiːn]

miniskirt [mɪniskɜrt] *n* جونلة قصيرة [Jonelah 'qaṣeerah]

minister [mɪnɪstər] *n (clergy)* كاهن [kaːhin], *(government)* وزير [waziːr]; **prime minister** رئيس الوزراء [Raees al-wezaraa]

ministry [mɪnɪstri] *n (government)* وزارة [wizaːra], *(religion)* كهنوت [kahnuːt]

mink [mɪŋk] *n* حيوان المِنْكْ [Ḥayawaan almeṇk]

minor [maɪnər] *adj* ثانوي [θaːnawij] ▹ *n* شخص قاصر [Shakhṣ 'qaṣer]

minority [mɪnɔrɪti, maɪ-] *n* أقلية [ʔaqallija]

mint [mɪnt] *n (coins)* دار سك العملة [Daar ṣaak al'aomlah], *(herb/sweet)* نعناع [naʕnaːʕ]

minute [mɪnɪt] *adj* دقيق الحجم [Da'qee'q

al-hajm] ▹ *n* دقيقة [daqi:qa]; **Could you watch my bag for a minute, please?** من فضلك، هل يمكن أن أترك حقيبتي معك لدقيقة واحدة؟ [min fadlak, hal yamkin an atrik ha'qebaty ma'aak le-da'qe'qa waheda?]
miracle [mɪrəkəl] *n* معجزة [muʕʒiza]
mirror [mɪrər] *n* مرآة [mirʔa:t]; **rear-view mirror** مرآة الرؤية الخلفية [Meraah al-roayah al-khalfeyah]; **side-view mirror** مرآة جانبية [Meraah janebeyah]
misbehave [mɪsbɪheɪv] *v* يُسِيء التصرف [Yoseea altasarof]
miscarriage [mɪskærɪdʒ, -kær-] *n* إجهاض تلقائي [Ejhad tel'qaaey]
miscellaneous [mɪsəleɪniəs] *adj* متنوع [mutanawwiʕun]
mischief [mɪstʃɪf] *n* إزعاج [ʔizʕa:ʒ]
mischievous [mɪstʃɪvəs] *adj* مؤذ [muʔðin]
miser [maɪzər] *n* بَخيل [baxi:l]
miserable [mɪzərəbəl] *adj* تعيس [taʕi:sun]
misery [mɪzəri] *n* بؤس [buʔs]
misfortune [mɪsfɔrtʃən] *n* سوء الحظ [Soa al-hadh]
mishap [mɪshæp] *n* حظ عاثر [Hadh 'aaer]
misjudge [mɪsdʒʌdʒ] *v* يُخطئ في الحكم على [yokhtea fee al-hokm ala]
misleading [mɪslidɪŋ] *adj* مُضَلِل [mudˤallilun]
misplace [mɪspleɪs] *v* يضيّع [judˤajjiʕu]
misprint [mɪsprɪnt] *n* خطأ مطبعي [Khata matba'aey]
miss [mɪs] *v* يفتقد [jaftaqidu]
Miss [mɪs] *n* آنسة [ʔa:nisa]
missile [mɪsəl] *n* قذيفة صاروخية ['qadheefah sarookheyah]
missing [mɪsɪŋ] *adj* مفقود [mafqu:dun]
missionary [mɪʃənɛri] *n* مُبَشِّر [mubaʃʃir]
mist [mɪst] *n* شَبّورة [ʃabuwra]
mistake [mɪsteɪk] *n* غلط [ɣalatˤ] ▹ *v* يُخطئ [juxtˤiju]
mistaken [mɪsteɪkən] *adj* مخطئ [muxtˤiʔun]
mistakenly [mɪsteɪkənli] *adv* عن طريق الخطأ [Aan taree'q al-khataa]
mistletoe [mɪsəltoʊ] *n* نبات الهَدَال [Nabat al-hoddal]
mistress [mɪstrɪs] *n* خليلة [xali:la]
misty [mɪsti] *adj* ضبابي [dˤaba:bij]
misunderstand [mɪsʌndərstænd] *v* يُسِئ فهم [Yoseea fahm]
misunderstanding [mɪsʌndərstændɪŋ] *n* سوء فهم [Soa fahm]
mitten [mɪtən] *n* قفاز يغطي الرسغ ['qoffaz yoghatey al-rasgh]
mix [mɪks] *n* مزيج [mazi:ʒ] ▹ *v* يمزج [jamziʒu]
mixed [mɪkst] *adj* مخلوط [maxlu:tˤun]; **mixed salad** سلاطة مخلوطة [Salata makhlota]
mixer [mɪksər] *n* خلاط [xala:atˤ]
mixture [mɪkstʃər] *n* خليط [xali:tˤ]
mix up *v* يَخلِط [jaxlitˤu]
mix-up *n* تشوش [taʃawwuʃ]
moan [moʊn] *v* يَنْدُب [jandubu]
moat [moʊt] *n* خَنْدَق مائي [Khanda'q maaey]
mobile [moʊbəl] *n* مُتَحَرِّكٌ [mutaharrik]; **mobile home** منزل متحرك [Mazel motaharek]
mock [mɒk] *adj* مُزَوَّر [muzawwirun] ▹ *v* يَهزأ ب [Yah-zaa be]
model [mɒdəl] *adj* مثالي [miθa:lij] ▹ *n* طراز [tˤira:z] ▹ *v* يُشَكِل [juʃakkilu]
modem [moʊdəm, -dɛm] *n* مودم [mu:dim]
moderate *adj* متوسط [mutawassitˤun]
moderation [mɒdəreɪʃən] *n* اعتدال [iʕtida:l]
modern [mɒdərn] *adj* عصري [ʕasˤrij]; **modern conveniences** وسائل الراحة الحديثة [Wasael al-rahah al-hadethah]; **modern languages** لغات حديثة [Loghat hadethah]
modernize [mɒdərnaɪz] *v* يُحَدِث [juhaddiθu]
modest [mɒdɪst] *adj* معتدل [muʕtadilun]
modification [mɒdɪfɪkeɪʃən] *n* تعديل [taʕdi:l]
modify [mɒdɪfaɪ] *v* يُعَدِل [juʕadilu]; **genetically modified** معدل وراثيا [Mo'aaddal weratheyan]
module [mɒdʒul] *n* وحدة قياس [Wehdat 'qeyas]
moist [mɔɪst] *adj* مُبْتَل [mubtallun]
moisture [mɔɪstʃər] *n* نداوة [nada:wa]
moisturizer [mɔɪstʃəraɪzər] *n* مرطب [muratˤtˤib]
molasses [məlæsɪz] *n* دِبْس السكُر [Debs al-sokor]
mold [moʊld] *n (fungus)* عفن [ʕafan], *(shape)*

قالب [qa:lab]

Moldova [mo̲ldoʊvə] *n* مولدافيا [mu:lda:fja:]

Moldovan [mo̲ldoʊvən] *adj* مولدافي [mu:lda:fij] ▹ *n* مولدافي [mu:lda:fij]

moldy [mo̲ʊ̲ldi] *adj* متعفن [mutaʕaffinun]

mole [mo̲ʊ̲l] *n (infiltrator)* حاجز الأمواج [Hajez al-amwaj], *(mammal)* الخُلْد [al-xuldu], *(skin)* خالّ [xa:l]

molecule [mo̲lɪkyul] *n* جزيء [ʒuzajʔ]

mom [mo̲m] *n* ماما [ma:ma:]

moment [mo̲ʊ̲mənt] *n* لحظة [laħzʕa]; **Just a moment, please** لحظة واحدة من فضلك [laḥḍha waheda min faḍlak]

momentarily [mo̲ʊ̲məntɛ̲ərɪli] *adv* كل لحظة [Kol laḥḍhah]

momentary [mo̲ʊ̲mənteri] *adj* خاطف [xa:tʕifun]

momentous [moʊmɛ̲ntəs] *adj* هام جداً [Ham jedan]

mommy [mo̲mi] *n (mother)* ماما [ma:ma:]

Monaco [mo̲nəkoʊ] *n* موناكو [mu:na:ku:]

monarch [mo̲nərk, -ɑrk] *n* ملك [milk]

monarchy [mo̲nərki] *n* أُسرة حَاكمة [Osrah ḥakemah]

monastery [mo̲nəstɛri] *n* دَيْر [dajr]

Monday [mʌ̲ndeɪ, -di] *n* الإثنين [al-ʔiθnajni]

monetary [mo̲nɪtɛri] *adj* متعلق بالعملة [Mota'ale'q bel-'omlah]

money [mʌ̲ni] *n* مال [ma:l]; **money belt** حزام لحفظ المال [Hezam lehefḍh almal]; **pocket money** مصروف الجيب [Maṣroof al-jeeb]; **Could you lend me some money?** هل يمكن تسليفي بعض المال؟ [hal yamken tas-leefy ba'aḍ al-maal?]; **I have no money** ليس معي مال [laysa ma'ay maal]; **I've run out of money** لقد نفذ مالي [la'qad nafatha malee]

Mongolia [mɑngo̲ʊ̲liə] *n* منغوليا [manɣu:lja:]

Mongolian [mɒŋgo̲ʊ̲liən] *adj* منغولي [manɣu:lij] ▹ *n (language)* اللغة المنغولية [Al-koghah al-manghooleyah], *(person)* منغولي [manɣu:lij]

mongrel [mʌ̲ŋgrəl, mɒŋ-] *n* هجين [haʒi:n]

monitor [mo̲nɪtər] *n* شاشة [ʃa:ʃa]

monk [mʌ̲ŋk] *n* راهب [ra:hib]

monkey [mʌ̲ŋki] *n* قرد [qird]

monopoly [mənɒ̲pəli] *n* احتكار [iħtika:r]

monotonous [mənɒ̲tənəs] *adj* مُمِل [mumillun]

monsoon [mɒnsu̲n] *n* ريح موسمية [Reeḥ mawsemeyah]

monster [mo̲nstər] *n* مسخ [masx]

month [mʌ̲nθ] *n* شَهْر [ʃahr]

monthly [mʌ̲nθli] *adj* شهري [ʃahrijun]

monument [mo̲nyəmənt] *n* مبنى نُصُب تذكاري [Mabna noṣob tedhkarey]

mood [mu̲d] *n* حالة مزاجية [Halah mazajeyah]

moody [mu̲di] *adj* متقلب المزاج [Mota'qaleb al-mazaj]

moon [mu̲n] *n* قمر [qamar]; **full moon** بَدْر [badrun]

moor [mu̲ər] *n* أرض سبخة [Arḍ sabkha] ▹ *v* يُوثِق [ju:θiqu]

mop [mo̲p] *n* ممسحة تنظيف [Mamsaḥat tanḍheef]

moped [mo̲ʊ̲pɛd] *n* دراجة آلية [darrajah aaleyah]

mop up *v* يمسح [jamsaħu]

moral [mo̲rəl] *adj* أخلاقي [ʔaxla:qij] (معنوي) ▹ *n* مغزى [maɣzan]

morale [məræ̲l] *n* معنويات [maʕnawijja:t]

morals [mo̲rəlz] *npl* أخلاقيات [ʔaxla:qijja:tun]

more [mo̲r] *adj* أكثر [ʔakθaru] ▹ *adv* بدرجة أكبر [Be-darajah akbar]; **Could you speak more slowly, please?** هل يمكن أن تتحدث ببطء أكثر إذا سمحت؟ [hal yamken an tata-ḥadath be-buṭi akthar edha samaḥt?]

morgue [mo̲rg] *n* مشرحة [maʃraħa]

morning [mo̲rnɪŋ] *n* صباح [sʕaba:ħ]; **morning sickness** غثيان الصباح [Ghathayan al-ṣabaḥ]; **Good morning** صباح الخير [ṣabaḥ al-khyer]; **in the morning** في الصباح [fee al-ṣabaḥ]; **I shall be leaving tomorrow morning at ten a.m.** سوف أغادر غدا في الساعة العاشرة صباحا [sawfa oghader ghadan fee al-sa'aa al-'aashera ṣaba-han]; **I've been sick since this morning** منذ الصباح وأنا أعاني من المرض [mundho al-ṣabaah wa ana o'aany min al-maraḍ]; **Is the museum open in the morning?** هل المتحف مفتوح في الصباح؟ [hal al-mat-ḥaf maf-tooḥ fee al-ṣabaḥ]; **this morning** هذا الصباح [hatha al-ṣabaḥ]; **tomorrow morning** غدًا في الصباح [ghadan fee al-ṣabaḥ]; **When does the bus leave in the morning?** متى ستغادر السيارة في الصباح؟ [mata satu-ghader al-sayarah fee al-ṣabaaḥ?]

Moroccan [mərɒkən] *adj* مغربي [maɣribij] ▹ *n* مغربي [maɣribij]

Morocco [mərɒkou] *n* المغرب [almaɣribu]

morphine [mɔrfin] *n* مورفين [mu:rfi:n]

Morse [mɔrs] *n*; **Morse code** مورس [mu:risun]

mortar [mɔrtər] *n (military)* مدفع الهاون [Madafa'a al-hawon], *(plaster)* ملاط [mala:tˤ]

mortgage [mɔrgɪdʒ] *n* رَهْن [rahn] ▹ *v* يَرْهن [jarhanu]

mosaic [mouzeɪɪk] *n* فسيفساء [fusajfisa:ʔ]

Moslem [mɒzləm, mʊzlɪm] *adj* مُسلِم [muslimun]

mosque [mɒsk] *n* جامع [ʒa:miʕ]

mosquito [məskitou] *n* بعوضة [baʕu:dˤa]

moss [mɔs] *n* طُحْلُب [tˤuħlub]

most [moust] *adj* أقصى [ʔaqsˤa:] ▹ *adv* إلى جد بعيد [Ela jad ba'aeed]

mostly [moustli] *adv* في الأغلب [Fee al-aghlab]

motel [moutɛl] *n* استراحة [istira:ħa]

moth [mɔθ] *n* عثة [ʕaθθa]

mother [mʌðər] *n* أم [ʔumm]; **surrogate mother** الأم البديلة [al om al badeelah]

mother-in-law [mʌðərɪnlɔ] *n* الحماة [al-ħama:tu]

motionless [mouʃənlɪs] *adj* ساكن [sa:kinun]

motivated [moutɪveɪtɪd] *adj* محفز [muħaffizun]

motivation [moutɪveɪʃən] *n* تحفيز [taħfi:z]

motive [moutɪv] *n* حافز [ħa:fiz]

motor [moutər] *n* موتور [mawtu:r]

motorboat [moutərbout] *n* زورق بمحرك [Zawra'q be-moḥ arek]

motorcycle [moutərsaɪkəl] *n* دراجة نارية [Darrajah narreyah]

motorcyclist [moutərsaɪklɪst] *n* سائق دراجة بخارية [Sae'q drajah bokhareyah]

motorist [moutərɪst] *n* سائق سيارة [Saae'q sayarah]

mountain [mauntən] *n* جبل [ʒabal]; **mountain bike** دراجة الجبال [Darrajah al-jebal]; **Where is the nearest mountain rescue station?** أين يوجد أقرب مركز لخدمة الإنقاذ بالجبل؟ [ayna yujad a'qrab markaz le-khedmat al-en-'qaadh bil-jabal?]

mountaineer [mauntənɪər] *n* متسلق الجبال [Motasale'q al-jebaal]

mountaineering [mauntənɪərɪŋ] *n* تسلق الجبال [Tasalo'q al-jebal]

mountainous [mauntənəs] *adj* جبلي [ʒabalij]

mourning [mɔrnɪŋ] *n* حداد [ħida:d]

mouse [maus] *n* فأر [faʔr]; **mouse pad** لوحة الفأرة [Looḥat al-faarah]

mousse [mus] *n* كريمة شيكولاتة [Kareemat shekolatah]

mouth [mauθ] *n* فم [fam]

mouthwash [mauθwɒʃ] *n* غسول الفم [Ghasool al-fam]

move [muv] *n* انتقال [intiqa:l] ▹ *v* يحول [juħawwilu] ▹ *vi* يَتَحرك [jataħarraku] ▹ *vt* يُحَرِك [jaħarrik]; **moving van** شاحِنة نقل [Shahenat na'ql]

move back *v* يَتَحرك للخلف [Yatḥarak lel-khalf]

move forward *v* يَتَحرك إلى الأمام [Yatḥarak lel-amam]

move in *v* ينتقل [jantaqilu]

movement [muvmənt] *n* حركة [ħaraka]

movie [muvi] *n* فيلم [fi:lm]; **horror movie** فيلم رعب [Feelm ro'ab]; **movie star** نجم سينمائي [Najm senemaaey]; **movie theater** سينما [si:nima:]; **When does the movie start?** متى يبدأ عرض الفيلم؟ [mata yabda 'aarḍ al-filim?]; **Where can we go to see a movie?** متى يمكننا أن نذهب لمشاهدة فيلمًا سينمائيا؟ [Mata yomkenona an nadhab le-moshahadat feelman senemaeyan]; **Which film is playing at the movie theater?** أي فيلم يعرض الآن على شاشة السينما؟ [ay filim ya'aruḍ al-aan 'ala sha-shat al-senama?]

moving [muvɪŋ] *adj* متحرك [mutaħarriki]

mow [mou] *v* يُجزُّ [jaʒuzzu]

mower [mouər] *n* جَزَّازَة [ʒazza:za]

Mozambique [mouzəmbik] *n* موزمبيق [mu:zambi:q]

mph [maɪlz pə auə] *abbr* مِيل لكل ساعة [Meel lekol sa'aah]

Mr. [mɪstər] *n* السيد [asajjidu]

Mrs. [mɪsɪz] *n* السيدة [asajjidatu]

Ms. [mɪz] *n* لَقَب للسَّيِّدَه أو الآنسَه [laqaba lissajjidati ʔaw alʔa:nisati]

MS [ɛm ɛs] *abbr* مرض تصلب الأنسجة المتعددة [Marad̦ taṣalob al-ansejah al-mota'adedah]

much [mʌtʃ] *adj* كثير [kaθi:run] ▷ *adv* كثيرا [kaθi:ran]; **There's too much... in it** يوجد به الكثير من... [yujad behe al-kather min...]

mud [mʌd] *n* طين [tˤi:n]

muddy [mʌdi] *adj* موحل [mu:ħilun]

muesli [myuzli] *n* حبوب الميوسلي [Ḥoboob al-meyosley]

mug [mʌg] *n* مَجْ [maʒʒ] ▷ *v* يهاجم بقصد السرقة [Yohajem be'qaṣd al-sare'qah]

mugger [mʌgər] *n* تمساح نهري أسيوي [Temsaah nahrey asyawey]

mugging [mʌgɪŋ] *n* هجوم للسرقة [Hojoom lel-sare'qah]

muggy [mʌgi] *adj*; **It's muggy** الجو رطب [al-jaw raṯb]

mule [myul] *n* بَغْل [baɣl]

multinational [mʌltinæʃənəl] *adj* متعدد الجنسيات [Mota'aded al-jenseyat] ▷ *n* شركة متعددة الجنسيات [Shreakah mota'adedat al-jenseyat]

multiple [mʌltɪpəl] *adj*; **multiple sclerosis** تَلَيُّف عصبي متعدد [Talayof 'aaṣabey mota'aded]

multiplication [mʌltɪplɪkeɪʃən] *n* مضاعفة [mudˤa:ʕafa]

multiply [mʌltɪplaɪ] *v* يُكْثِر [jukθiru]

mummy [mʌmi] *n (body)* مومياء [mu:mja:ʔ]

mumps [mʌmps] *n* التهاب الغدة النكفية [Eltehab alghda alnokafeyah]

murder [mɜrdər] *n* جريمة قتل [Jareemat 'qatl] ▷ *v* يقتل عمداً [Ya'qtol 'aamdan]

murderer [mɜrdərər] *n* قاتل [qa:til]

muscle [mʌsəl] *n* عضلة [ʕadˤala]

muscular [mʌskyələr] *adj* عضلي [ʕadˤalij]

museum [myuziəm] *n* متحف [matħaf]; **art museum** جاليري [ʒa:li:ri:]; **Is the museum open every day?** هل المتحف مفتوح طوال الأسبوع؟ [hal al-mat-ḥaf maf-tooḥ ṯiwaal al-isboo'a?]; **When is the museum open?** متى يُفتح المتحف؟ [mata yoftaḥ al-matḥaf?]

mushroom [mʌʃrum] *n* عيش الغراب ['aaysh al-ghorab]

music [myuzɪk] *n* موسيقى [mu:si:qa:]; **folk music** موسيقى شعبية [Mose'qa sha'abeyah]; **Where can we hear live music?** أين يمكننا الاستماع إلى موسيقى حية؟ [ayna yamken-ana al-istima'a ela mose'qa ḥay-a?]

musical [myuzɪkəl] *adj* موسيقي [mu:si:qij] ▷ *n* مسرحية موسيقية [Masraḥeyah mose'qeya]; **musical instrument** آلة موسيقية [Aala mose'qeyah]

musician [myuzɪʃən] *n* عازف موسيقى ['aazef mose'qaa]; **street musician** فنان متسول [Fanan motasawol]

Muslim [mʌzlɪm, mʊs-] *adj* مُسلِم [muslimun] ▷ *n* مُسْلِم [muslim]

mussel [mʌsəl] *n* أم الخُلول [Om al-kholool]

must [məst, STRONG mʌst] *v* يَجِب [jaʒibu]

mustache [mʌstæʃ] *n* شارِب [ʃa:rib]

mustard [mʌstərd] *n* خردل [xardal]

mute [myut] *adj (offensive)* أبكم [ʔabkamun]

mutter [mʌtər] *v* يُغَمْغِم [juɣamɣimu]

mutton [mʌtən] *n* لحم ضأن [Lahm d̦aan]

mutual [myutʃuəl] *adj* متبادل [mutaba:dalun]

my [maɪ] *pron*; **Here is my insurance information** هذه هي بيانات التأمين الخاصة بي [hathy heya baya-naat al-taa-meen al-khaṣa bee]

Myanmar [maɪænmɑr] *n* ميانمار [mija:nma:r]

myself [maɪsɛlf] *pron*; **I've locked myself out of my room** لقد أوصد الباب وأنا بخارج الغرفة [la'qad o-ṣeda al-baab wa ana be kharej al-ghurfa]

mysterious [mɪstɪəriəs] *adj* غامض [ɣa:midˤun]

mystery [mɪstəri, mɪstri] *n* غموض [ɣumu:dˤ]

myth [mɪθ] *n* أسطورة [ʔustˤu:ra]

mythology [mɪθɒlədʒi] *n* علم الأساطير ['aelm al asateer]

N

nag [næg] *v* ينق [janiqqu]

nail [neɪl] *n* مسمار [misma:r]; **nail polish** طلاء أظافر [Ṭelaa aḍhafer]; **nail scissors** مقص أظافر [Ma'qaṣ aḍhafer]; **nail-polish remover** مزيل طلاء الأظافر [Mozeel ṭalaa al-aḍhafer]

nail brush [neɪlbrʌʃ] *n* فرشاة أظافر [Forshat aḍhafer]

nailfile [neɪlfeɪl] *n* مبرد أظافر [Mabrad aḍhafer]

naive [nɑɪiv] *adj* ساذَج [sa:ðaʒun]

naked [neɪkɪd] *adj* عار [ʕa:run]

name [neɪm] *n* اسم [ism]; **brand name** العلامة التجارية [Al-'alamah al-tejareyah]; **family name** لقب [laqabun]; **first name** اسم مَسيحي [Esm maseeḥey], الاسم الأول [Al-esm al-awal]; **maiden name** اسم المرأة قبل الزواج [Esm al-marah 'qabl alzawaj]; **I reserved a room in the name of...** لقد قمت بحجز غرفة باسم... [La'qad 'qomt behajz ghorfah besm...]; **My name is...** اسمي... [ismee..]; **What's your name?** ما اسمك؟ [ma ismak?]

nanny [næni] *n* جليسة أطفال [Jaleesat aṭfaal], مربية [murabbija]

nap [næp] *n* غفوة [ɣafwa]

napkin [næpkɪn] *n* منديل المائدة [Mandeel al-maaedah]; **sanitary napkin** منشفة صحية [Manshafah ṣeḥeyah]

narrow [nærou] *adj* ضيق [dˤajjiqun]

narrow-minded [næroumaɪndɪd] *adj* ضَيّق الأُفُق [Ḍaye'q al-ofo'q]

nasty [næsti] *adj* كريه [kari:hun]

nation [neɪʃən] *n* أمة [ʔumma]; **United Nations** الأمم المتحدة [Al-omam al-motahedah]

national [næʃənəl] *adj* قومي [qawmijju]; **national anthem** نشيد وطني [Nasheed waṭney]; **national park** حديقة وطنية [Hadee'qah waṭaneyah]

nationalism [næʃənəlɪzəm] *n* قَوْمِيّة [qawmijja]

nationalist [næʃənəlɪst] *n* مُناصر للقومية [Monaṣer lel-'qawmeyah]

nationality [næʃənælɪti] *n* جنسية [ʒinsijja]

nationalize [næʃənəlaɪz] *v* يؤمِّم [juʔammimu]

native [neɪtɪv] *adj* بلدي [baladij]; **native language** اللغة الأم [Al loghah al om]; **native speaker** متحدث باللغة الأم [motaḥdeth bel-loghah al-om]

NATO [neɪtoʊ] *abbr* منظمة حلف الشمال الأطلنطي [munazˤzˤamatun ħalfa aʃʃima:li alʔatˤlantˤijji]

natural [nætʃərəl, nætʃrəl] *adj* طبيعي [tˤabi:ʕij]; **natural gas** غاز طبيعي [ghaz ṭabeeaey]; **natural resources** موارد طبيعية [Mawared ṭabe'aey]

naturalist [nætʃərəlɪst, nætʃrəl-] *n* مُناصر للطبيعة [monaṢer lel-ṭabe'aah]

naturally [nætʃərəli, nætʃrəli] *adv* طبيعي [tˤabi:ʕijjun]

nature [neɪtʃər] *n* طبيعة [tˤabi:ʕa]

nausea [nɔziə, -ʒə, -siə, -ʃə] *n* غثيان [ɣaθaja:n]

naval [neɪvəl] *adj* بحري [baħrij]

navel [neɪvəl] *n* سُرَّة [surra]

navigation [nævɪgeɪʃən] *n*; **satellite navigation** الاستدلال على الاتجاهات من الأقمار الصناعية [Al-estedlal ala al-etejahat men al-'qmar alṣena'ayah]

navy [neɪvi] *n* أسطول [ʔustˤu:l]

navy-blue *adj* أزرق داكن [Azra'q daken]

NB [ɛn bi] *abbr* ملاحظة هامة [mula:ħazˤatun ha:matun]

near [nɪər] *adj* قريب [qari:bun] ▹ *adv* قُرب [qurba]; **Are there any good beaches near here?** هل يوجد شواطئ جيدة قريبة من هنا؟ [hal yujad shawaṭee jayida 'qareeba min huna?];

It's very near هل المسافة قريبة جدا؟ [al-masafa 'qareeba jedan]

nearby [nɪərbaɪ] *adj* مجاور [muʒa:wirun] ▹ *adv* على نحو قريب [Ala naḥw 'qareeb]

nearly [nɪərli] *adv* على نحو وثيق ['aala naḥwen wathee'q]

nearsighted *adj* قريب النظر ['qareeb al-naḍhar], قصير النظر ['qaṣeer al-naḍhar]

neat [nit] *adj* نظيف [nazˤi:fun]

neatly [nitli] *adv* بإتقان [biʔitqa:nin]

necessarily [nɛsɪsɛərɪli] *adv* بالضرورة [bi-adˤ-dˤaru:rati]

necessary [nɛsɪsɛri] *adj* ضروري [dˤaru:rij]

necessity [nɪsɛsɪti] *n* ضرورة [dˤaru:ra]

neck [nɛk] *n* رَقَبَة [raqaba]

necklace [nɛklɪs] *n* قلادة [qila:da]

nectarine [nɛktərin] *n* خُوخ [xu:x]

need [nid] *n* حاجة [ħa:ʒa] ▹ *v* يَحتاج إلى [Taḥtaaj ela]

needle [nidəl] *n* إبرة [ʔibra]; **knitting needle** إبرة خياطة [Ebrat khayṭ]; **Do you have a needle and thread?** هل يوجد لديك إبرة وخيط؟ [hal yujad ladyka ebra wa khyṭ?]

negative [nɛgətɪv] *adj* سلبي [silbij] ▹ *n* إحجام [ʔiħʒa:mu]

neglect [nɪglɛkt] *n* إهمال [ʔihma:l] ▹ *v* يُهْمِل [juhmilu]

neglected [nɪglɛktɪd] *adj* مهمل [muhmilun]

negligee [nɛglɪʒeɪ] *n* ثوب فضفاض [Thawb fedead]

negotiate [nɪgoʊʃieɪt] *v* يَتفاوَض [jatafa:wadˤu]

negotiations [nɪgoʊʃieɪʃənz] *npl* مفاوضات [mufa:wadˤa:tun]

negotiator [nɪgoʊʃieɪtər] *n* مفاوض [mufa:widˤ]

neighbor [neɪbər] *n* جار [ʒa:r]

neighborhood [neɪbərhʊd] *n* مُجَاوِرة [muʒa:wira]

neither [niðər, naɪ-] *adv* فوق ذلك [Faw'q dhalek]

neon [niɒn] *n* غاز النيون [Ghaz al-neywon]

Nepal [nɪpɒl] *n* نيبال [ni:ba:l]

nephew [nɛfyu] *n* ابن الأخ [Ebn al-akh]

nerve [n3rv] *n (boldness)* وقاحة [waqa:ħa], *(to/from brain)* عصب [ʕasˤab]

nerve-racking [n3rvrækɪŋ] *adj* مرهق الأعصاب [Morha'q al-a'aṣaab]

nervous [n3rvəs] *adj* عصبي المزاج ['aṣabey]; **nervous breakdown** إنهيار عصبي [Enheyar aṣabey]

nest [nɛst] *n* عش [ʕuʃ]

net [nɛt] *n* شبكة [ʃabaka]

Net [nɛt] *n* صافي [sˤa:fi:]

netball [nɛtbɔl] *n* كرة الشبكة [Korat al-shabakah]

Netherlands [nɛðərləndz] *npl* هولندا [hu:landa:]

nettle [nɛtəl] *n* نبات ذو وبر شائك [Nabat dho wabar shaek]

network [nɛtw3rk] *n* شبكة [ʃabaka]; **I can't get a network** لا أستطيع الوصول إلى الشبكة [la asta-ṭee'a al-wiṣool ela al-shabaka]

neurotic [nʊərɒtɪk] *adj* عصابي [ʕisˤa:bij]

neutral [nutrəl] *adj* حيادي [ħija:dij] ▹ *n* شخص محايد [Moḥareb moḥayed]

never [nɛvər] *adv* أبداً [ʔabadan]

new [nu] *adj* جديد [ʒadi:dun]; **New Year** رَأْس السَنَة [Raas alsanah]; **New Zealand** نيوزلندا [nju:zilanda:]; **New Zealander** نيوزلندي [nju:zilandi:]

newborn [nubɔrn] *adj* طفل حديث الولادة [Tefl ḥadeeth alweladah]

newcomer [nukʌmər] *n* وَافِد [wa:fid]

news [nuz] *npl* أخبار [ʔaxba:run]; **When is the news?** تى تعرض الأخبار؟ [Tee ta'areḍ alakhbaar]

newscaster [nuzkæstər] *n* قارئ الأخبار ['qarey al-akhbar]

newsdealer [nuzdilər] *n* وكيل أخبار [Wakeel akhbaar]

newspaper [nuzpeɪpər, nus-] *n* صحيفة [sˤaħi:fa]

newt [nut] *n* سَمندل الماء [Samandal al-maa]

next [nɛkst] *adj* تالي [ta:li:] ▹ *adv* تالٍ [ta:lin]; **When do we stop next?** متى سنتوقف في المرة التالية؟ [mata sa-nata-wa'qaf fee al-murra al-taleya?]; **When is the next bus to...?** ما هو الموعد التالي للأتوبيس المتجه إلى...؟ [ma howa al-maw'aid al-taaly lel-baaṣ al-mutajeh ela...?]

next-of-kin [nɛkstəvkɪn] *n* أقرب أفراد العائلة [A'qrab afrad al-'aaleah]

Nicaragua [nɪkərɑgwə] *n* نيكاراجوا [ni:ka:ra:ʒwa:]

Nicaraguan [nɪkərɑgwən] *adj* من نيكاراجاو [Men

nekarajwa] ▹ *n* نيكاراجاوي [ni:ka:ra:ʒa:wi:]

nice [naɪs] *adj* لطيف [latˁi:fun]

nickname [nɪkneɪm] *n* كنية [kinja]

nicknamed [nɪkneɪmd] *adj* يسمى بعضهم بالكنية [jusma: baʕdˁuhum bilkanijjati]

nicotine [nɪkɪtin] *n* نيكوتين [ni:ku:ti:n]

niece [nis] *n* بِنْت الأخت [Bent al-okht]

Niger [naɪdʒər] *n* النيجر [an-ni:ʒar]

Nigeria [naɪdʒiriə] *n* نيجيريا [ni:ʒi:rja:]

Nigerian [naɪdʒɪəriən] *adj* نيجيري [ni:ʒi:rij] ▹ *n* نيجيري [ni:ʒi:rij]

night [naɪt] *n* ليل [lajl]; **night class** صف مسائي [Ṣaf masaaey]; **night school** مدرسة ليلية [Madrasah layleyah]; **at night** ليلًا [lajla:]; **Good night** ليلة سعيدة [layla sa'aeeda]; **How much is it per night?** كم تبلغ تكلفة الإقامة في الليلة الواحدة؟ [kam tablugh taklifat al-e'qama fee al-layla al-waḥida?]; **I want to stay an extra night** أريد البقاء لليلة أخرى [areed al-ba'qaa le-layla ukhra]; **I'd like to stay for two nights** أريد الإقامة لليلتين [areed al-e'qama le lay-la-tain]; **last night** الليلة الماضية [al-laylah al-maaḍiya]; **tomorrow night** غدًا في الليل [ghadan fee al-layl]

nightclub [naɪtklʌb] *n* نادي ليلي [Nadey layley]

nightgown [naɪtgaʊn] *n* ثياب النوم [Theyab al-noom]

nightie [naɪti] *n* قميص نوم نسائي ['qamees noom nesaaey]

nightlife [naɪtlaɪf] *n* الخدمات الترفيهية الليلية [Alkhadmat al-tarfeeheyah al-layleyah]

nightmare [naɪtmɛər] *n* كابوس [ka:bu:s]

night shift [naɪtʃɪft] *n* نوبة ليلية [Noba layleyah]

nightstand [naɪtstænd] *n* كومودينو [ku:mu:di:nu:]

nine [naɪn] *number* تسعة [tisʕatun]

nineteen [naɪntin] *number* تسعة عشر [tisʕata ʕaʃara]

nineteenth [naɪntinθ] *adj* التاسع عشر [atta:siʕa ʕaʃara]

ninety [naɪnti] *number* تسعين [tisʕi:nun]

ninth [naɪnθ] *adj* تاسع [ta:siʕun] ▹ *n* تاسع [ta:siʕ]

nitrogen [naɪtrədʒən] *n* نيتروجين [ni:tru:ʒi:n]

no [noʊ] *adv* لا [la:]; **No problem** لا بأس [la baas]; **There's no electricity** لا توجد كهرباء [la tojad kah-rabaa]

nobody [noʊbɒdi, -bʌdi] *pron*; **We'd like to see nobody but ourselves all day!** لا نريد أن نرى أي شخص آخر غيرنا طوال اليوم! [la nureed an nara ay shakhṣ akhar ghyrana ṭewaal al-yawm!]

nod [nɒd] *v* يُومئ برأسه [Yomea beraaseh]

noise [nɔɪz] *n* ضوضاء [dˁawdˁa:ʔ]; **I can't sleep because of the noise** لا استطيع النوم بسبب الضوضاء [la asta-ṭee'a al-nawm besa-bab al-ḍawḍaa]

noisy [nɔɪzi] *adj* ضوضاء [dˁawdˁa:ʔun]; **It's noisy** إنها غرفة بها ضوضاء [inaha ghurfa beha ḍawḍaa]; **The room is too noisy** هناك ضوضاء كثيرة جدا بالغرفة [hunaka ḍaw-ḍaa kathera jedan bil-ghurfa]

nominate [nɒmɪneɪt] *v* يُرَشِح [juraʃʃiħu]

nomination [nɒmɪneɪʃən] *n* ترشيح [tarʃi:ħ]

nonsense [nɒnsɛns, -səns] *n* هراء [hura:ʔ]

nonsmoker *n* شخص غير مُدَخِن [Shakhṣ Ghayr modakhen]

nonsmoking *adj* غير مُدَخِن [Ghayr modakhen]

non-stop *adv* بدون توقف [Bedon tawa'qof]

noodles [nudəlz] *npl* مكرونة اسباجتي [Makaronah spajety]

noon [nun] *n* ظُهْر [zˁuhr], منتصف اليوم [Montaṣaf al-yawm]; **at noon** عند منتصف اليوم ['aenda muntaṣaf al-yawm]

normal [nɔrməl] *adj* طبيعي [tˁabi:ʕij]

normally [nɔrməli] *adv* بصورة طبيعية [beṣoraten ṭabe'aey]

north [nɔrθ] *adj* شمالي [ʃama:lij] ▹ *adv* شمالا [ʃama:lan] ▹ *n* شمال [ʃama:l]; **North Africa** شمال أفريقيا [Shamal afreekya]; **North African** شخص من شمال إفريقيا [Shakhs men shamal afree'qya], من شمال إفريقيا [Men shamal afree'qya]; **North America** أمريكا الشمالية [Amreeka al- Shamaleyah]; **North American** شخص من أمريكا الشمالية [Shkhṣ men Amrika al shamalyiah], من أمريكا الشمالية [men Amrika al shamalyiah]; **North Korea** كوريا الشمالية [Koreya al-shamaleyah]; **North Pole** القطب الشمالي [A'qoṭb al-shamaley]; **North Sea** البحر

الشمالي [Al-baḥr al-Shamaley]

northbound [nɔrθbaʊnd] *adj* متجه شمالاً [Motajeh shamalan]

northeast [nɔrθist] *n* شمال شرقي [Shamal shar'qey]

northern [nɔrðərn] *adj* شمالي [ʃama:lij]; **Northern Ireland** أيرلندة الشمالية [Ayarlanda al-shamaleyah]

northwest [nɔrθwɛst] *n* شمال غربي [Shamal gharbey]

Norway [nɔrweɪ] *n* النرويج [ʔan-narwi:ʒ]

Norwegian [nɔrwidʒən] *adj* نرويجي [narwi:ʒij] ▷ *n* *(language)* اللغة النرويجية [Al-loghah al-narwejeyah], *(person)* نرويجي [narwi:ʒij]

nose [noʊz] *n* أنْف [ʔanf]

nosebleed [noʊzblid] *n* نزيف الأنف [Nazeef al-anf]

nostril [nɒstrɪl] *n* فتحة الأنف [Fathat al-anf]

nosy [noʊzi] *adj* فضولي [fudˤu:lij]

not [nɒt] *adv* لا [la:]; **I'm not drinking** أنا لا أشرب. [ana la ashrab]

note [noʊt] *n (message)* ملاحظة [mula:ħazˤa], *(music)* نغمة [nayama]; **make a note of** يُدون [judawwinu]; **sick note** إذْن غياب مرضي [edhn gheyab maraḍey]

notebook [noʊtbʊk] *n* مفكرة [mufakkira]

notepad [noʊtpæd] *n* دفتر صغير [Daftar ṣagheer], كتيب ملاحظات [Kotayeb molaḥaḍhat]

notepaper [noʊtpeɪpər] *n* ورقة ملاحظات [Wara'qat molaḥadhaat]

nothing [nʌθɪŋ] *n* لا شيء [La shaya]

notice [noʊtɪs] *n (note)* إشعار [ʔiʃʕa:r], *(termination)* إنذار [ʔinða:r] ▷ *v* يُنْذِر [junðiru]

noticeable [noʊtɪsəbəl] *adj* ملحوظ [malħu:zˤun]

notify [noʊtɪfaɪ] *v* يُعلِم [juʕallimu]

noun [naʊn] *n* اسم [ism]

novel [nɒvəl] *n* رواية [riwa:ja]

novelist [nɒvəlɪst] *n* رُوَائي [riwa:ʔij]

November [noʊvɛmbər] *n* نوفمبر [nu:fumbar]

now [naʊ] *adv* الآن [ʔal-ʔa:n]; **Do I pay now or later?** هل يجب أن أدفع الآن أم لاحقا؟ [hal yajib an adfa'a al-aan am la-ḥe'qan?]; **I need to pack now** أنا في حاجة لحزم أمتعتي الآن [ana fee ḥaja le-ḥazem am-te-'aaty al-aan]

nowadays [naʊədeɪz] *adv* في هذه الأيام [Fee hadheh alayaam]

nowhere [noʊwɛər] *adv* ليس في أي مكان [Lays fee ay makan]

nuclear [nukliər] *adj* نووي [nawawij]

nude [nud] *adj* ناقص [na:qisˤun] ▷ *n* صورة عارية [Ṣoorah 'aareyah]

nudist [nudɪst] *n* مُناصر للعُرْي [Monaṣer lel'aory]

nuisance [nusəns] *n* إزعاج [ʔizʕa:ʒ]

numb [nʌm] *adj* خَدِر [xadirun]

number [nʌmbər] *n* رقم [raqm]; **account number** رقم الحساب [Ra'qm al-hesab]; **cell phone number** رقم المحمول [Ra'qm almahmool]; **phone number** رقم التليفون [Ra'qm al-telefone]; **reference number** رقم مرجعي [Ra'qm marje'ay]; **room number** رقم الغرفة [Ra'qam al-ghorfah]; **wrong number** رقم خطأ [Ra'qam khaṭaa]; **May I have your phone number?** هل يمكن أن أحصل على رقم تليفونك؟ [hal yamken an aḥṣal 'aala ra'qm talefonak?]; **My cellular number is...** رقم تليفوني المحمول هو... [ra'qim talefony al-maḥmool howa...]; **What's the number for directory assistance?** ما هو رقم استعلامات دليل التليفون؟ [ma howa ra'qim esti'a-lamaat daleel al-talefon?]; **What's the telephone number?** ما هو رقم التليفون؟ [ma howa ra'qim al-talefon?]; **What's your cell number?** ما هو رقم تليفونك المحمول؟ [ma howa ra'qim talefonak al-maḥmool?]; **You have a wrong number** هذا الرقم غير صحيح [hatha al-ra'qum ghayr ṣaḥeeḥ]

numerous [numərəs] *adj* متعدد [mutaʕaddidun]

nun [nʌn] *n* راهبة [ra:hiba]

nurse [nɜrs] *n* ممرضة [mumarridˤa]; **I'd like to speak to a nurse** أرغب في استشارة ممرضة [arghab fee es-ti-sharat mu-mareḍa]

nursery [nɜrsəri] *n* حضانة [ħadˤa:na]; **day nursery** حضانة أطفال [Haḍanat aṭfal]; **nursery rhyme** أغنية أطفال [Aghzeyat aṭfaal]; **nursery school** مدرسة الحضانة [Madrasah al-ḥaḍanah]

nursing home *n* دار التمريض [Dar al-tamreeḍ]

nut [nʌt] *n (device)* صمولة [sˤamu:la], *(food)* جوزة

[ʒawza]; **nut allergy** حساسية الجوز [Hasaseyat al-joz]; **nut case** جامع الجوز [Jame'a al-jooz]

nutmeg [nʌtmɛg] *n* جوزة الطيب [Jozat al-ṭeeb]

nutrient [nutriənt] *n* مادة مغذية [Madah moghadheyah]

nutrition [nutrɪʃən] *n* تغذية [taɣðija]

nutritious [nutrɪʃəs] *adj* مغذي [muɣaððijun]

nylon [naɪlɒn] *n* نايلون [na:jlu:n]

O

oak [oʊk] *n* بَلّوط [ballu:tˤ]

oar [ɔr] *n* مجداف [miʒda:f]

oasis, oases [oʊeɪsɪs, əʊ'eɪsi:z] *n* واحة [wa:ħa]

oath [oʊθ] *n* قَسَم [qism]

oatmeal [oʊtmil] *n* عصيدة [ʕasˤi:da]دقيق الشوفان, [Da'qee'q al-shofaan]

oats [oʊts] *npl* شوفان [ʃu:fa:nun]

obedient [oʊbidiənt] *adj* مطيع [mutˤi:ʕun]

obese [oʊbis] *adj* بَدين [badi:nun]

obey [oʊbeɪ] *v* يُطيع [jutˤi:ʕu]

obituary [oʊbɪtʃuɛri] *n* نَعْي [naʕj]

object [ɒbdʒɪkt] *n* شيء [ʃajʔ]

objection [əbdʒɛkʃən] *n* اعتراض [iʕtira:dˤ]

objective [əbdʒɛktɪv] *n* موضوعي [mawdˤu:ʕij]

oblong [ɒblɔŋ] *adj* مستطيل الشكل [Mostaṭeel al-shakl]

obnoxious [əbnɒkʃəs] *adj* بغيض [bayi:dˤun]

oboe [oʊboʊ] *n* أوبوا [ʔu:bwa:]

obscene [əbsin] *adj* فاحش [fa:ħiʃun]

observant [əbzɜrvənt] *adj* شديد الانتباه [shaded al-entebah]

observatory [əbzɜrvətɔri] *n* نقطة مراقبة [No'qtat mora'qabah]

observe [əbzɜrv] *v* يُلاحِظ [jula:ħizˤu]

observer [əbzɜrvər] *n* مراقب [mura:qib]

obsessed [əbsɛst] *adj* مهووس [mahwu:sun]

obsession [əbsɛʃən] *n* حِيَازة [ħija:za]

obsolete [ɒbsəlit] *adj* مهجور [mahʒu:run]

obstacle [ɒbstəkəl] *n* عقبة [ʕaqaba]

obstinate [ɒbstɪnɪt] *adj* مستعص [mustaʕsˤin]

obstruct [əbstrʌkt] *v* يعوق [jaʕu:qu]

obtain [əbteɪn] *v* يَكتسِب [jaktasibu]

obvious [ɒbviəs] *adj* جَلّي [ʒalij]

obviously [ɒbviəsli] *adv* بشكل واضح [Beshakl waḍeḥ]

occasion [əkeɪʒən] *n* مُناسَبَة [muna:saba]

occasional [əkeɪʒənəl] *adj* مناسبي [muna:sabij]

occasionally [əkeɪʒənəli] *adv* من وقت لآخر [Men wa'qt le-aakhar]

occupation [ɒkyəpeɪʃən] *n (invasion)* احتلال [iħtila:l], *(work)* مهنة [mihna]

occupy [ɒkyəpaɪ] *v* يَحتل [jaħtallu]

occur [əkɜr] *v* يقع [jaqaʕu]

occurrence [əkɜrəns] *n* حدوث [ħudu:θ]

ocean [oʊʃən] *n* مُحيط [muħi:tˤ]; **Arctic Ocean** المحيط القطبي الشمالي [Al-moḥeeṭ al-'qoṭbey al-shamaley]; **Indian Ocean** المحيط الهندي [Almoḥeeṭ alhendey]

Oceania [oʊʃiæniə] *n* أوسيانيا [ʔu:sja:nja:]

o'clock [əklɒk] *adv*; **at three o'clock** في تمام الساعة الثالثة [fee tamam al-sa'aa al- thaletha]; **I'd like to reserve a table for four people for tonight at eight o'clock** أريد حجز مائدة لأربعة أشخاص الليلة في تمام الساعة الثامنة [areed ḥajiz ma-e-da le-arba'at ashkhaaṣ al-layla fee ta-mam al-sa'aa al-thamena]; **It's one o'clock** الساعة واحدة [al-sa'aa al-waḥeda]; **It's six o'clock** الساعة السادسة [al-sa'aa al-sadesa]

October [ɒktoʊbər] *n* أكتوبر [ʔuktu:bar]; **It's Sunday, October third** يوم الأحد الموافق الثالث من أكتوبر [yawm al-aḥad al- muwa-fi'q al-thalith min iktobar]

octopus [ɒktəpəs] *n* أخطبوط [ʔuxtˤubu:tˤ]

odd [ɒd] *adj* شاذ [ʃa:ððun]

odometer [oʊdɒmɪtər] *n* عداد الأميال المقطوعة ['adaad al-amyal al-ma'qto'aah]

odor [oʊdər] *n* شَذا [ʃaða:]

of [əv, STRONG ʌv] *prep* حرف وصل [ħarfu wasˤli]

off [ɔf] *adv* بعيدا [baʕi:dan]; **off season** فترة ركود [Fatrat rekood]; **time off** أجازة [ʔaʒa:zatun]

offend [əfɛnd] *v* يُسيء إلى [Yoseea ela]
offense [əfɛns] *n* إساءة [ʔisa:ʔa]
offensive [əfɛnsɪv] *adj* مسيء [musi:ʔun]
offer [ɔfər] *n* اقتراح [iqtira:ħ] ▹ *v* يُقَدِم [juqaddimu]; **special offer** عرض خاص ['aarḍ khaṣ]
office [ɔfɪs] *n* مكتب [maktab]; **box office** شباك التذاكر [Shobak al-taḍhaker]; **county clerk's office** مكتب التسجيل [Maktab al-tasjeel]; **doctor's office***(doctor's)* جراحة [ʒira:ħatun]; **employment office** مركز العمل [markaz al-'aamal]; **head office** مكتب رئيسي [Maktab a'ala]; **information office** مكتب الاستعلامات [Maktab al-este'alamaat]; **office hours** ساعات العمل [Sa'aat al-'amal]; **office supply store** مكتبة لبيع الأدوات المكتبية [maktabatun libajʕi alʔadawa:ti almaktabijjati]; **post office** مكتب البريد [maktab al-bareed]; **ticket office** مكتب التذاكر [Maktab al-taḍhaker], مكتب الحجز [Maktab al-ḥjz]; **tourist office** مكتب سياحي [Maktab seayaḥey]; **Do you have a press office?** هل لديك مكتب إعلامي؟ [hal ladyka maktab e'a-laamy?]; **How do I get to your office?** كيف يمكن الوصول إلى مكتبك؟ [kayfa yamkin al-wiṣool ela mak-tabak?]; **When does the post office open?** متى يفتح مكتب البريد؟ [mata yaftaḥ maktab al-bareed?]
officer [ɔfɪsər] *n* ضابط [dˤa:bitˤ]; **corrections officer** ضابط سجن [Ḍabeṭ sejn]; **customs officer** مسئول الجمرك [Masool al-jomrok]; **parking enforcement officer** شُرطي المرور [Shrṭey al-moror]; **police officer** ضابط شرطة [Ḍabeṭ shorṭah]
official [əfɪʃəl] *adj* رسمي [rasmij]
off-peak *adv* في غير وقت الذروة [Fee ghaeyr wa'qt al-dhorwah]
off-season *adj* موسم راكد [Mawsem raked] ▹ *adv* ركود [Rokood]
offside [ɔfsaɪd] *adj* خارج النطاق المُحَدد [Kharej al-neta'q al-mohadad]
often [ɔfən] *adv* غالباً [ya:liban]
oil [ɔɪl] *n* نفط [naftˤ] (زيت) ▹ *v* يُزيت [juzajjitu]; **olive oil** زيت الزيتون [Zayt al-zaytoon]
oil refinery *n* معمل تكرير الزيت [Ma'amal takreer al-zayt]
oil rig *n* جهاز حفر آبار النفط [Gehaz ḥafr abar al-nafṭ]
oil slick *n* طبقة زيت طافية على الماء [Ṭaba'qat zayt ṭafeyah alaa alma]
oil well *n* بئر بترول [Beear betrol]
ointment [ɔɪntmənt] *n* مرهم [marhamunS]
OK [oʊ keɪ] *excl* حسناً [ħasanan]
okay [oʊkeɪ] *adj* مقبول [maqbu:lun]
okay [oʊkeɪ] *excl* حسناً [ħasanan]
old [oʊld] *adj* عجوز [ʕaʒu:zun]
old-fashioned [oʊldfæʃən] *adj* دقة قديمة [Da'qah 'qadeemah]
olive [ɒlɪv] *n* زيتون [zajtu:n]; **olive oil** زيت الزيتون [Zayt al-zaytoon]; **olive tree** شجرة الزيتون [Shajarat al-zaytoon]
Oman [oʊmɑn] *n* عمان [ʕuma:n]
omelette [ɒmlɪt] *n* الأومليت [ʔal-ʔu:mli:ti]
on [ɒn] *adv* على [ʕala:]; **on time** في الموعد المحدد [Fee al-maw'aed al-moḥadad]; **It's on the corner** على هذا الجانب ['ala hadha aljaneb]; **Take the first turn on your right** أتجه نحو أول منعطف على اليمين [ʔattaʒihu naħwa ʔawwali munʕatˤafi ʕala: aljami:ni]; **The drinks are on me** المشروبات على حسابي [al-mashro-baat 'ala ḥesaby]
once [wʌns] *adv* مرّةً [marratan]
one [wʌn] *number* واحد [wa:ħidun]
one-off *n* مرة واحدة [Marah waḥedah]
one-way *adj*; **one-way ticket** تذكرة فردية [tadhkarat fardeyah]; **a one-way ticket to...** تذكرة ذهاب إلى... [tadhkerat dhehab ela...]; **How much is a one-way ticket?** كم يبلغ ثمن تذكرة الذهاب فقط؟ [Kam yablogh thaman tadhkarat aldhehab fa'qaṭ?]
onion [ʌnyən] *n* بصل [basˤal]
online [ɒnlaɪn] *adj* متصل بالإنترنت [motaṣel bel-enternet] ▹ *adv* متصلا بالإنترنت [Motaṣelan bel-enternet]
only [oʊnli] *adj* الأفضل [Alafḍal] ▹ *adv* فقط [faqatˤ]
open [oʊpən] *adj* مفتوح [maftu:ħun] ▹ *v* يفتح [jaftaħu]; **opening hours** ساعات العمل [Sa'aat

al-'amal]; **Is it open today?** هل هو مفتوح اليوم؟ [hal how maftooḥ al-yawm?]; **Is the castle open to the public?** هل القلعة مفتوحة للجمهور؟ [hal al-'qal'aa maf-tooḥa lel-jamhoor?]; **Is the museum open in the afternoon?** هل المتحف مفتوح بعد الظهر؟ [hal al-mat-ḥaf maf-tooḥ ba'ad al-ḍhihir?]

opener [oupənər] *n*; **can opener** فتاحة علب [fatta ḥat 'aolab], فتاحة علب التصبير [Fatahat 'aolab al-taṣdeer]

opera [ɒpərə, ɒprə] *n* الأوبرا [ʔal-ʔu:bira:]; **soap opera** مسلسل درامي [Mosalsal deramey]; **What's on tonight at the opera house?** ماذا يعرض الآن في دار الأوبرا؟ [madha yu'a-raḍ al-aan fee daar al-obera?]

operate [ɒpəreɪt] *v (to function)* يُشَغِّلُ [juʃaɣɣilu], *(to perform surgery)* يُجرَي عملية جراحية [Yojrey 'amaleyah jeraḥeyah]

operating room [ɒpəreɪtɪŋ rum] *n* غرفة عمليات [ghorfat 'amaleyat]

operation [ɒpəreɪʃən] *n (surgery)* عملية جراحية ['amaleyah jeraheyah], *(undertaking)* عملية [ʕamalijja]

operator [ɒpəreɪtər] *n* مُشغل [muʃaɣɣil]

opinion [əpɪnyən] *n* رَأْي [raʔjj]; **opinion poll** استطلاع الرأي [Eateṭla'a al-ray]; **public opinion** الرأي العام [Al-raaey al-'aam]

opponent [əpounənt] *n* خِصم [xasˤm]

opportunity [ɒpərtunɪti] *n* فرصة [fursˤa]

oppose [əpouz] *v* يُعارِض [juʕa:ridˤu]

opposed [əpouzd] *adj* مقابل [muqa:bilun]

opposing [əpouzɪŋ] *adj* معارض [muʕa:ridˤun]

opposite [ɒpəzɪt] *adj* مضاد [mudˤa:dun]

opposition [ɒpəzɪʃən] *n* مُعارضَة [muʕa:radˤa]

optician [ɒptɪʃən] *n* نظاراتي [nazˤzˤa:ra:ti:]

optimism [ɒptɪmɪzəm] *n* تفاؤل [tafa:ʔul]

optimist [ɒptɪmɪst] *n* مُتَفَائِل [mutafa:ʔil]

optimistic [ɒptɪmɪstɪk] *adj* متفائل [mutafa:ʔilun]

option [ɒpʃən] *n* خِيَار [xija:r]

optional [ɒpʃənəl] *adj* اختياري [ixtija:rij]

opt out *v* يقرر [juqarriru]

or [ər, STRONG ɔr] *conj*; **Do I pay now or later?** هل يجب أن أدفع الآن أم لاحقا؟ [hal yajib an adfa'a al-aan am la-ḥe'qan?]

oral [ɔrəl] *adj* شفهي [ʃafahij] ▷ *n* فحص شفهي [Faḥṣ shafahey]

orange [ɔrɪndʒ] *adj* برتقالي [burtuqa:lij] ▷ *n* برتقالة [burtuqa:la]; **orange juice** عصير برتقال [Aṣeer borto'qaal]

orchard [ɔrtʃərd] *n* بستان [busta:n]

orchestra [ɔrkɪstrə] *n* الأوركسترا [ʔal-ʔu:rkistra:]

orchid [ɔrkɪd] *n* زهرة الأوركيد [Zahrat al-orkeed]

ordeal [ɔrdil] *n* مأزق [maʔziq]

order [ɔrdər] *n* طَلَبْ [tˤalab] ▷ *v* يأمر [jaʔmuru]; **order form** نموذج طلبية [Namodhaj ṭalabeyah]; **postal money order** حوالة مالية [Ḥewala maleyah]; **standing order** أمر دفع شهري [Amr daf'a shahrey]

ordinary [ɔrdənɛri] *adj* عادي [ʕa:dij]

oregano [ərɛgənou] *n* زَعْتَر بَري [Za'atar barey]

organ [ɔrgən] *n (body part)* عضو في الجسد ['aoḍw fee al-jasad], *(music)* آلة الأرْغُن الموسيقية [Aalat al-arghan al-moseeqeyah]

organic [ɔrgænɪk] *adj* عضوي [ʕudˤwij]

organism [ɔrgənɪzəm] *n* كائن حي [Kaaen ḥay]

organization [ɔrgənɪzeɪʃən] *n* منظمة [munazˤzˤama]

organize [ɔrgənaɪz] *v* يُنَظِم [junazˤzˤimu]

organizer [ɔrgənaɪzər] *n*; **personal organizer** منظم شخصي [monaḍhem shakhṣey]

orgasm [ɔrgæzəm] *n* هزة الجماع [Hezat al-jemaa'a]

origin [ɔrɪdʒɪn] *n* أصل [ʔasˤl] *(source)*

original [ərɪdʒɪnəl] *adj* أصيل [ʔasˤi:lun]

originally [ərɪdʒɪnəli] *adv* في الأصل [Fee al aṣl]

ornament [ɔrnəmənt] *n* حلية [ħilijja]

orphan [ɔrfən] *n* يَتْيم [jati:m]

ostrich [ɔstrɪtʃ] *n* نعامة [naʕa:ma]

other [ʌðər] *adj* آخر [ʔaxarun]

otherwise [ʌðərwaɪz] *adv* بالتبادل [bittaba:dali], بطريقة أخرى [ṭaree'qah okhra]

otter [ɒtər] *n* ثعلب الماء [Tha'alab al-maaa]

ounce [auns] *n* الأونس [ʔal-ʔu:nsu]

ourselves [auərsɛlvz] *pron*; **We'd like to see nobody but ourselves all day!** لا نريد أن نرى أي شخص آخر غيرنا طوال اليوم! [la nureed an nara ay shakhṣ akhar ghyrana ṯewaal al-yawm!]

out [aʊt] *adj* بعيد [baʕi:dun] ▹ *adv* خارجاً [xa:riʒan]

outage [aʊtɪdʒ] *n*; **power outage** انقطاع التيار الكهربي [En'qetaa'a al-tayar alkahrabey]

outbreak [aʊtbreɪk] *n* نشوب [nuʃu:b]

outcome [aʊtkʌm] *n* ناتج [na:tiʒ]

outdoor [aʊtdɔr] *adj* خلوي [xalawij]

outdoors [aʊtdɔrz] *adv* في العراء [Fee al-'aaraa]

outfit [aʊtfɪt] *n* مُعدات [muʕadda:t]

outgoing [aʊtgoʊɪŋ] *adj* منصرف [munsˁarifun]

outing [aʊtɪŋ] *n* نزهة [nuzha]

outline [aʊtlaɪn] *n* مخطط تمهيدي [Mokhaṭaṭ tamheedey]

outlook [aʊtlʊk] *n* مطل [mutˁill]

out-of-date *adj* متخلف [mutaxaliffun]

outrageous [aʊtreɪdʒəs] *adj* شَنيع [ʃani:ʕun]

outset [aʊtsɛt] *n* مُستَهل [mustahall]

outside [aʊtsaɪd] *adj* خارجي [xa:riʒij] ▹ *adv* خارجاً [xa:riʒan] ▹ *n* خارج [xa:riʒ]; **I want to make an outside call. May I have a line?** أريد إجراء مكالمة خارجية، هل يمكن أن تحول لي أحد الخطوط؟ [areed ejraa mukalama kharij-iya, hal yamkin an it-ḥawil le aḥad al-khiṯooṯ?]

outskirts [aʊtskɜrts] *npl* ضواح [dˁawa:ħin]

outspoken [aʊtspoʊkən] *adj* صريح [sˁari:ħun]

outstanding [aʊtstændɪŋ] *adj* معلق [muʕallaqun]

oval [oʊvəl] *adj* بيضوي [bajdˁawij]

ovary [oʊvəri] *n* مِبْيَض [mabi:dˁ]

oven [ʌvən] *n* فرن [furn]; **microwave oven** فرن الميكروويف [Forn al-maykroweef]; **oven mitt** قفاز فرن ['qoffaz forn]

ovenproof [ʌvənpruf] *adj* مقاوم لحرارة الفرن [Mo'qawem le-ḥarart al-forn]

over [oʊvər] *adj* منتهي [muntahijun]

overall [oʊvərɔl] *adv* عموما [ʕumu:man]

overalls [oʊvərɔl] *npl* بدلة العمل [Badlat al-'aamal]

overcast [oʊvərkæst] *adj* معتم [muʕtimun]

overcharge [oʊvərtʃɑrdʒ] *v* يغالي في الثمن [Yoghaley fee al-thaman]

overcoat [oʊvərkoʊt] *n* معطف [miʕtˁaf]

overcome [oʊvərkʌm] *v* يَتَغْلَب على [Yatghalab 'ala]

overdone [oʊvərdʌn] *adj* زائد الطهو [Zaed al-ṭahw]

overdose [oʊvərdoʊs] *n* جرعة زائدة [Jor'aah zaedah]

overdraft [oʊvərdræft] *n* افراط السحب على البنك [Efraṭ al-saḥb ala al-bank]

overdrawn [oʊvərdrɔn] *adj* مبالغ فيه [mobalagh feeh]

overdue [oʊvərdu] *adj* فات موعد استحقاقه [Fat maw'aed esteḥ'qa'qh]

overestimate [oʊvərɛstɪmeɪt] *v* يُغَالي في التقدير [Yoghaley fee al-ta'qdeer]

overhead [oʊvərhɛd] *n* مصاريف عامة [Maṣareef 'aamah]

overlook [oʊvərlʊk] *v* يَطُلّ على [Ya'aṣeb al-'aynayn]

overnight [oʊvərnaɪt] *adj*; **Can I park here overnight?** هل يمكن أن أترك السيارة هنا إلى الصباح؟ [hal yamken an atruk al-sayara huna ela al-ṣabaḥ?]; **Can we camp here overnight?** هل يمكن أن نقوم بعمل مخيم للمبيت هنا؟ [hal yamken an na'qoom be-'aamal mukhyam lel-mabeet huna?]; **Do I have to stay overnight** هل يجب علي المبيت؟ [hal yajib 'aala-ya al-mabeet?]

overrule [oʊvərrul] *v* يَتحكم ب [Yataḥkam be]

overseas [oʊvərsiz] *adv* عبر البحار ['abr al-behar]

oversight [oʊvərsaɪt] *n (mistake)* سهو [sahw], *(supervision)* إشراف [ʔiʃra:f]

oversleep [oʊvərslip] *v* يَستغَرق في النوم [yastagh'q fel nawm]

overtime [oʊvərtaɪm] *n* وَقْت إضافي [Wa'qt eḍafey]

overweight [oʊvərweɪt] *adj* زائد الوزن [Zaed alwazn]

owe [oʊ] *v* يدين [judi:nu]

owl [aʊl] *n* بومة [bu:ma]

own [oʊn] *adj* ملكه [mulkahu] ▹ *v* يَمْتَلِك [jamtaliku]

owner [oʊnər] *n* مالك [ma:lik]; **pub owner** صاحب حانة [Ṣaheb hanah]; **store owner** صاحب المتجر [Ṣaheb al-matjar]; **Could I speak to the owner, please?** من فضلك هل يمكنني التحدث إلى

المالك؟ [min faḍlak hal yamkin-ani al-taḥaduth ela al-maalik?]

own up *v* يُقِر ب [Yo'qarreb]

oxygen [ɒksɪdʒən] *n* أُكسجين [ʔuksiʒi:n]

oyster [ɔɪstər] *n* صَدَفَة [sˤadafa]

ozone [oʊzoʊn] *n* الأوزون [ʔal-ʔu:zu:ni]; **ozone layer** طبقة الأوزون [Taba'qat al-odhoon]

P

PA [pi eɪ] *abbr* م.ش. [mi:m. ʃi:n.]

pace [peɪs] *n* سرعة السير [Sor'aat al-seer]

pacemaker [peɪsmeɪkər] *n* منظم الخطوات [monaḍhem al-khaṭawat]

Pacific [pəsɪfɪk] *n* المحيط الهادي [Al-moḥeeṭ al-haadey]

pack [pæk] *v* يَحْزِم [jaħzimu]; **fanny pack** حقيبة صغيرة [Ha'qeebah ṣagheerah]

package [pækɪdʒ] *n* علبة [ʕulba], حُزمَة [ħuzma]; **vacation package** خطة رحلة شاملة الإقامة والانتقالات [Khotah rehalah shamelah al-e'qamah wal-ente'qalat]خطة عطلة شاملة الإقامة والانتقال ,[Khoṭ at 'aoṭlah shamelat al-e'qamah wal-ente'qal]

packaging [pækɪdʒɪŋ] *n* تعبئة [taʕbiʔit]

packed [pækt] *adj* مغلف [muɣallafun]

packet [pækɪt] *n* رُزْمَة [ruzma]

pad [pæd] *n* وسادة رقيقة [Wesadah ra'qee'qah]; **mouse pad** لوحة الفأرة [Looḥat al-faarah]

paddle [pædəl] *n* محراك [miħra:k] ▷ *v* يُجَذِّف [juʒaðθifu]

padlock [pædlɒk] *n* قفل [qufl]

page [peɪdʒ] *n* صفحة [sˤafħa] ▷ *v* يستدعي [jastadʕi:]; **home page** صفحة رئيسية [Ṣafḥah raeseyah]; **yellow pages** ®يلوبيدجز [bloobeedjez]

pager [peɪdʒər] *n* جهاز النداء [Jehaaz al-nedaa]

paid [peɪd] *adj* مسدد [musaddadun]

pail [peɪl] *n* دلو [dalw]

pain [peɪn] *n* أَلَمْ [ʔalam]; **back pain** أَلَمْ الظهر [Alam al-ḍhahr]

painful [peɪnfəl] *adj* مؤلم [mulimun]

painkiller [peɪnkɪlər] *n* مسكن آلام [Mosaken lel-alam]

paint [peɪnt] *n* دِهَان [diha:n] ▷ *v* يَطْلِي [jatˤli:]

paintbrush [peɪntbrʌʃ] *n* فرشاة الدهان [Forshat al-dahaan]

painter [peɪntər] *n* رسام [rassa:m], *(in house)* مُزَخْرَف [muzaxraf]

painting [peɪntɪŋ] *n* لَوْحَة [lawħa]

pair [pɛər] *n* زوجان [zawʒa:ni]

pajamas [pədʒɑməz] *npl* بيجامة [bi:ʒa:matun]

Pakistan [pækɪstæn] *n* باكستان [ba:kista:n]

Pakistani [pækɪstæni, pɑkɪstɑni] *adj* باكستاني [ba:kista:nij] ▷ *n* باكستاني [ba:kista:nij]

pal [pæl] *n* صديق [sˤadi:q]; **pen pal** صديق بالمراسلة [Ṣadeek belmoraslah]

palace [pælɪs] *n* قصر [qasˤr]; **Is the palace open to the public?** هل القصر مفتوح للجمهور؟ [hal al-'qaṣir maf-tooḥ lel-jamhoor?]; **When is the palace open?** متى يُفتح القصر؟ [mata yoftaḥ al-'qaṣir?]

pale [peɪl] *adj* شاحب [ʃa:ħibun]

Palestine [pæləstaɪn] *n* فلسطين [filastˤi:nu]

Palestinian [pælɪstɪniən] *adj* فلسطيني [filastˤi:nij] ▷ *n* فلسطيني [filastˤi:nij]

palm [pɑm] *n (part of hand)* راحة اليد [Rahat al-yad], *(tree)* نخلة [naxla]

pamphlet [pæmflɪt] *n* كتيب [kutajjib]

pan [pæn] *n* مقلاة [miqla:t]; **frying pan** قلاية [qala:jjatun]

Panama [pænəmɑ] *n* بنما [banama:]

pancake [pænkeɪk] *n* فطيرة محلاة [Faṭerah moḥalah]

panda [pændə] *n* بَندَا [banda:]

panic [pænɪk] *n* ذُعْر [ðuʕr] ▷ *v* يُذْعَر [juðʕaru]

panther [pænθər] *n* نِمْر [namir]

pantomime [pæntəmaɪm] *n* التمثيل الصامت [altamtheel al-ṣamet]

pantry [pæntri] *n* موضع لحفظ الأطعمة [Mawḍe'a

lehafḍh al-aṭ'aemah]

pants [pæ̲nts] *npl* بَنطلون [bantˤalu:nun]; **May I try on these pants?** هل يمكن أن أجرب هذا البنطلون؟ [hal yamken an ajar-reb hadha al-ban-taloon?]

paper [pe̲ɪpər] *n* ورقة [waraqa]; **paper route** طريق توزيع الصحف [ṭaree'q tawze'a al-ṣohof]; **scrap paper** ورق مسودة [Wara'q mosawadah]; **toilet paper** ورق المرحاض [Wara'q al-merḥaḍ]; **tracing paper** ورق شفاف [Wara'q shafaf]; **wrapping paper** ورق التغليف [Wara'q al-taghleef]; **writing paper** ورقة كتابة [Wara'qat ketabah]

paperback [pe̲ɪpərbæk] *n* كتاب ورقي الغلاف [Ketab wara'qey al-gholaf]

paperclip [pe̲ɪpərklɪp] *n* مشبك ورق [Mashbak wara'q]

paperweight [pe̲ɪpərweɪt] *n* ثقالة الورق [Na'qalat al-wara'q]

paperwork [pe̲ɪpərwɜrk] *n* أعمال مكتبية [A'amaal maktabeyah]

paprika [pəpri̲kə, pæ̲prɪkə] *n* فُلْفُل مطحون [Felfel maṭhoon]

parachute [pæ̲rəʃut] *n* مِظَلّة [mizˤalla]

parade [pəre̲ɪd] *n* استعراض [istiʕra:dˤ]

paradise [pæ̲rədaɪs] *n* جنة [ʒanna]

paraffin [pæ̲rəfɪn] *n* بارافين [ba:ra:fi:n]

paragraph [pæ̲rəgræf] *n* فقرة [faqra]

Paraguay [pæ̲rəgwaɪ] *n* باراجواي [ba:ra:ʒwa:j]

Paraguayan [pæ̲rəgwaɪən] *adj* من باراجواي [Men barajway] ▹ *n* شخص من باراجواي [Shakhṣ men barajway]

parakeet [pæ̲rəkit] *n* بغبغاء [babbaya:ʔ]

parallel [pæ̲rəlɛl] *adj* متوازي [mutawa:zi:]

paralyzed [pæ̲rəlaɪzd] *adj* مشلول [maʃlu:lun]

paramedic [pæ̲rəmɛdɪk] *n* طبيب مساعد [Ṭabeeb mosaa'aed]

pardon [pɑ̲rdən] *n* عذر [ʕuðran]

parent [pɛ̲ərənt, pæ̲r-] *n* والِد أو والدة [Waled aw waledah]; **single parent** أحد الوالدين [Aḥad al-waledayn]

parentheses [pɛ̲ərənθəzez] *npl (round)* أقواس [ʔaqwa:sun]

parents [pɛ̲ərəntz] *npl* والدين [wa:lidajni]

parish [pæ̲rɪʃ] *n* أبرشية [ʔabraʃijja]

park [pɑ̲rk] *n* متنزه [mutanazzah] ▹ *v* يَركن سيارة [jarkinu sajja:ratan]; **amusement park** ملاهي [mala:hijju]; **industrial park** عقارات صناعية ['aa'qarat ṣenaeyah]; **national park** حديقة وطنية [Hadee'qah waṭaneyah]; **parking light** ضوء جانبي [Ḍowa janebey]; **theme park** حديقة ألعاب [Hadee'qat al'aab]; **trailer park** موقع المَقْطُورَة [Maw'qe'a al-ma'qṭorah]

parka [pɑ̲rkə] *n* جاكيت ثقيل [Jaket tha'qeel]

parking [pɑ̲rkɪŋ] *n* موقف سيارات [Maw'qaf sayarat]; **parking enforcement officer** شُرطي المرور [Shrṭey al-moror]; **parking meter** عداد وقوف السيارة ['adaad wo'qoof al-sayarah]; **parking ticket** تذكرة الركن [tadhkarat al-rokn]

parking lot *n* موقف انتظار [Maw'qaf enteḍhar]

parliament [pɑ̲rləmənt] *n* برلمان [barlama:n]

parlor [pɑ̲rlər] *n*; **beauty parlor** صالون تجميل [Ṣalon ḥela'qa]

parole [pəro̲ʊl] *n* إطلاق سراح مشروط [Eṭla'q ṣarah mashrooṭ]

parrot [pæ̲rət] *n* ببغاء [babbaya:ʔ]

parsley [pɑ̲rsli] *n* بَقدُونِس [baqdu:nis]

parsnip [pɑ̲rsnɪp] *n* جزر أبيض [Jazar abyad]

part [pɑ̲rt] *n* جزء [ʒuzʔ]; **spare part** قطع غيار ['qaṭa'a gheyar]

partial [pɑ̲rʃəl] *adj* جزئي [ʒuzʔij]

participate [pɑrtɪ̲sɪpeɪt] *v* يَشتَرك في [Yashtarek fee]

particular [pərtɪ̲kyələr] *adj* جدير بالذكر [Jadeer bel-dhekr]

particularly [pərtɪ̲kyələrli] *adv* على وجه الخصوص [Ala wajh al-khoṣoṣ]

parting [pɑ̲rtɪŋ] *n* رحيل [raħi:l]

partly [pɑ̲rtli] *adv* جزئياً [ʒuzʔijan]

partner [pɑ̲rtnər] *n* شريك [ʃari:k]; **I have a partner** أنا مرتبط بشريك [Ana mortabeṭ beshareek]

partridge [pɑ̲rtrɪdʒ] *n* طائر الحَجل [Ṭaayer al-hajal]

part-time *adj* غِير مُتَفَرِغ [Ghayr motafaregh] ▹ *adv* بدوام جزئي [Bedwam jozay]

part with *v* يَتَخَلّى عن [Yatkhala 'an]

party [pɑrti] *n (group)* حزب [ħizb], *(social gathering)* حفلة [ħafla]; **bachelor party** للرجال (العزوبية حفل توديع) [(ḥafl tawdee'a al'aozobayah) lel-rejaal]; **bachelorette party** الزوجات فقط ليلة خروج [Laylat khorooj alzawjaat fa'qat]; **dinner party** حفلة عشاء [Ḥaflat 'aashaa]; **search party** فريق البحث [Faree'q al-bahth]

pass [pæs] *n (in mountains)* مجاز [maʒa:z], *(meets standard)* متوافِق مع المعايير [Motawaf'q fee al-m'aayeer], *(permit)* جواز مرور [Jawaz moror] ▷ *v (an exam)* يجتاز [jaʒta:zu], *(on road)* يتجاوز [jataʒa:wazu] ▷ *vi* يَمُرّ [jamurru] ▷ *vt* يَجْتاز [jaʒta:zu]; **boarding pass** تصريح الركوب [Taṣreeh al-rokob]; **ski pass** ممر التزحلق [Mamar al-tazahlo'q]

passage [pæsɪdʒ] *n (musical)* رحلة [riħla], *(route)* ممر [mamarr]

passenger [pæsɪndʒər] *n* راكب [ra:kib]

passion [pæʃən] *n* وَلَع [walaʕ]; **passion fruit** فاكهة العشق [Fakehat al-'aesh'q]

passive [pæsɪv] *adj* سلبي [silbij]

pass out *v* يُغْمَى عليه [Yoghma alayh]

Passover [pæsoʊvər] *n* تصريح خروج [Taṣreeh khoroj]

passport [pæspɔrt] *n* جواز سفر [Jawaz al-safar]; **passport control** الرقابة على جوازات السفر [Al-re'qabah ala jawazat al-safar]; **I've forgotten my passport** لقد نسيت جواز سفري [la'qad nasyto jawaz safary]; **I've lost my passport** لقد ضاع جواز سفري [la'qad ḍa'aa jawaz safary]; **My passport has been stolen** لقد سرق جواز سفري [la'qad sure'qa jawaz safary]; **Please give me my passport back** من فضلك، أريد أن أسترد جواز سفري [min faḍlak, areed an asta-rid jawaz safary]

password [pæswɜrd] *n* كلمة السر [Kelmat al-ser]

past [pæst] *adj* منصرم [munsˤarimun] ▷ *n* ماضي [ma:dˤi:]

pasta [pɑstə] *n* باستا [ba:sta:]

paste [peɪst] *n* معجون [maʕʒu:n]

pasteurized [pæstʃəraɪzd] *adj* مبستر [mubastarun]

pastime [pæstaɪm] *n* تسلية [taslija]

pastor [pæstər] *n* قِسّ [qiss]

pastry [peɪstri] *n* معجنات [muʕaʒʒana:t]; **puff pastry** عجينة الباف باستري ['ajeenah aleyaf bastrey]; **shortcrust pastry** فطيرة هَشّة [Faṭerah hashah]

patch [pætʃ] *n* رقعة [ruqʕa]

patched [pætʃt] *adj* مرقع [muraqqaʕun]

path [pæθ] *n* سبيل [sabi:l]; **bicycle path** ممر الدراجات [Mamar al-darajat]

pathetic [pəθɛtɪk] *adj* مثير للحزن [Mother lel-ḥozn]

patience [peɪʃəns] *n* صبر [sˤabr]

patient [peɪʃənt] *adj* صبور [sˤabu:run] ▷ *n* مريض [mari:dˤ]

patio [pætioʊ] *n* فناء مرصوف [Fenaa marṣoof]

patriotic [peɪtriɒtɪk] *adj* وطني [watˤanij]

patrol [pətroʊl] *n* دَورية [dawrijja]; **patrol car** سيارة الدورية [Sayarah al-dawreyah]

pattern [pætərn] *n* نمط [namatˤ]

pause [pɔz] *n* وَقْفَةٌ [waqfa]

pavilion [pəvɪlyən] *n* سُرادق [sara:diq]

paw [pɔ] *n* كف الحيوان [Kaf al-ḥayawaan]

pawnbroker [pɔnbroʊkər] *n* مُرهِن [murhin]

pay [peɪ] *n* دفع [dafʕ] ▷ *v* يَدفَع [jadfaʕu]; **sick pay** الأجر المدفوع خلال الأجازة المرضية [Al-'ajr al-madfoo'a khelal al-'ajaza al-maraḍeyah]; **Can I pay by check?** هل يمكنني الدفع بشيك؟ [hal yamken -any al-daf'a be- shaik?]; **Do I have to pay duty on this?** هل يجب على دفع رسوم على هذا الشيء؟ [hal jaʒibu ʕala: dafʕin rusu:min ʕala: ha:ða: aʃʃajʔi]; **Do I have to pay it right away?** هل يجب علي دفعها في الحال؟ [hal yajib 'aala-ya daf'aa-ha fee al-ḥaal?]; **Do I pay in advance?** هل يجب الدفع مقدما؟ [hal yajib al-dafi'a mu'qad-aman?]; **Do I pay now or later?** هل يجب أن أدفع الآن أم لاحقا؟ [hal yajib an adfa'a al-aan am la-ḥe'qan?]; **Do we have to pay extra for electricity?** هل يجب علينا دفع مصاريف إضافية للكهرباء؟ [hal yajib 'aala-yna daf'a maṣa-reef eḍafiya lel-kah-rabaa?]; **Is**

there a supplement to pay? هل هناك أية إضافة تدفع؟ [hal hunaka ayaty eḍafa tudfa'a?]; **When do I pay?** متى أدفع؟ [mata adfa'a?]; **Where do I pay the fine?** أين تدفع الغرامة؟ [ayna tudfa'a al-gharama?]; **Where do I pay?** أين يتم الدفع؟ [ayna yatim al-daf'a?]; **Will I have to pay?** هل سيكون الدفع واجبًا علي؟ [hal sayakon al-dafi'a wajeban 'aalya?]; **Will the insurance pay for it?** هل ستدفع لك شركة التأمين مقابل ذلك [hal sa-tadfaa laka share-kat al-tameen ma'qabil dhalik?]

payable [peɪəbəl] *adj* واجب دفعه [Wajeb daf'aaho]

pay back *v* يُسدِد [jusaddidu]

payment [peɪmənt] *n* دَفْع [dafʕ]

payphone [peɪfoʊn] *n* هاتف عمومي [Hatef 'aomoomy]

PC [pi si] *n* جهاز الكمبيوتر الشخصي [ʒiha:zu alkumbju:tr aʃʃaxsʕijji]

PDF [pi di ɛf] *n* FDP ملف [Malaf PDF]

pea [pi] *n*; **snow peas** بِسِلَّة [bisallatin]

peace [pis] *n* سلام [sala:m]

peaceful [pisfəl] *adj* مسالم [musa:limun]

peach [pitʃ] *n* خُوخ [xu:x]

peacock [pikɒk] *n* طاووس [tʕa:wu:s]

peak [pik] *n* قمة [qima]; **peak hours** ساعات الذروة [Sa'aat al-dhorwah]; **peak season** موسم ازدهار [Mawsem ezdehar]

peanut [pinʌt, -nət] *n* حبة فول سوداني [Ḥabat fool sodaney]; **peanut allergy** حساسية تجاه الفول السوداني [Hasaseyah tejah al-fool alsodaney]; **peanut butter** زُبْدَة الفستق [Zobdat al-fosto'q]

pear [pɛər] *n* كُمَّثرى [kummiθra:]

pearl [pɜrl] *n* لؤلؤة [luʔluʔa]

peas [piz] *npl* بِسِلّة [bisalati]

peat [pit] *n* سِمَاد طبيعي [Semad ṭabe'ay]

pebble [pɛbəl] *n* حصاة [ħasʕa:t]

peculiar [pɪkyulyər] *adj* فريد [fari:dun]

pedal [pɛdəl] *n* دَوَّاسة [dawwa:sa]

pedestrian [pɪdɛstriən] *n* مُرْتَجِل [murtaʒil]; **pedestrian area** دائرة انتخابية [Daaera entekhabeyah], منطقة مشاه [Menta'qat moshah]

pedestrianized [pɪdɛstriənaɪzd] *adj* محول إلى منطقة مشاه [Meḥawel ela manṭe'qat moshah]

pedigree [pɛdɪgri] *adj* أصل [ʔasʕlun]

pedophile [pidəfaɪl] *n* حبَ الأطفال [Hob al-atfaal]

peel [pil] *v* يُقَشِر [juqaʃʃiru]

peg [pɛg] *n* وتد [watad]

Pekinese [pikɪniz] *n* كلب بِكِيني [Kalb bekkeeney]

pelican [pɛlɪkən] *n* بَجَعَة [baʒaʕa]

pellet [pɛlɪt] *n* كرة صغيرة [Korat ṣagheerah]

pelvis [pɛlvɪs] *n* الحوض [alħawdʕi]

pen [pɛn] *n* قلم [qalam]; **ballpoint pen** ®بيرو [bi:ru:], قلم حبر جاف ['qalam ḥebr jaf]; **felt-tip pen** قلم ذو سن من اللباد ['qalam dho sen men al-lebad]; **fountain pen** قلم حبر ['qalam ḥebr]; **pen pal** صديق بالمراسلة [Ṣadeek belmoraslah]

penalize [pinəlaɪz] *v* يُجَرِم [juʒarrimu]

penalty [pɛnəlti] *n* جزاء [ʒaza:ʔ]

pencil [pɛnsəl] *n* قلم رصاص ['qalam raṣaṣ]; **pencil case** مقلمة [miqlamatun]; **pencil sharpener** مبراة [mibra:tun]

pendant [pɛndənt] *n* حلية متدلية [Halabh motadaleyah]

penguin [pɛŋgwɪn] *n* بطريق [bitʕri:q]

penicillin [pɛnɪsɪlɪn] *n* بنسلين [binisili:n]

peninsula [pənɪnsələ, -nɪnsyə-] *n* شبه الجزيرة [Shebh al-jazeerah]

penknife [pɛnnaɪf] *n* سكين القلم [Sekeen al-'qalam]

penny [pɛni] *n* سِنْت [sint]

pension [pɛnʃən] *n* معاش [maʕa:ʃ]

pentathlon [pɛntæθlɒn] *n* مباراة خماسية [Mobarah khomaseyah]

penultimate [pɪnʌltɪmɪt] *adj* قبل الأخير ['qabl al akheer]

people [pipəl] *npl* ناس [na:s]

pepper [pɛpər] *n* فُلْفُل [fulful]

peppermill [pɛpərmɪl] *n* مطحنة الفلفل [maṭḥanat al-felfel]

peppermint [pɛpərmɪnt] *n* نِعْنَاع [naʕna:ʕ]

per [pər, STRONG pɜr] *prep* لكل [likulli]; **percent** بالمائة [biʕalmiʕati]; **How much is it per hour?** كم يبلغ الثمن لكل ساعة؟ [kam yablugh al-thaman le-kul sa'a a?]; **How much is it per**

night? كم يبلغ الثمن لكل ساعة [kam yablugh al-thaman le-kul layla?]

percentage [pərsɛntɪdʒ] *n* نسبة مئوية [Nesbah meaweyah]

percussion [pərkʌʃən] *n* نَقْر [naqr]

perfect [pɜrfɪkt] *adj* تام [ta:mmun]

perfection [pərfɛkʃən] *n* مِثاليّة [miθa:lijja]

perfectly [pɜrfɪktli] *adv* على نحو كامل [Ala naḥw kaamel]

perform [pərfɔrm] *v* يؤدي [juʔaddi:]

performance [pərfɔrməns] *n* أداء [ʔada:ʔ]

perfume [pɜrfyum, pərfyum] *n* عطر [ʕitʕr]

perhaps [pərhæps, præps] *adv* لَعَلَّ [laʕalla]

period [pɪəriəd] *n* مدة [mudda], *(punctuation)* نُقْطَة [nuqtʕa]; **trial period** فترة المحاكمة [Fatrat al-moḥkamah]

perjury [pɜrdʒəri] *n* الحنث باليمين [Al-ḥanth bel-yameen]

perm [pɜrm] *n* تمويج الشعر [Tamweej al-sha'ar]

permanent [pɜrmənənt] *adj* دائم [da:ʔimun]

permanently [pɜrmənəntli] *adv* بشكل دائم [Beshakl daaem]

permission [pərmɪʃən] *n* إذْن [ʔiðn]

permit [pɜrmɪt] *n* يسمح ب [jasmaħu bi]; **work permit** تصريح عمل [Taṣreeh 'amal]

persecute [pɜrsɪkyut] *v* يَضطهد [jadʕtʕahidu]

persevere [pɜrsɪvɪər] *v* يُثَابِر [juθa:biru]

Persian [pɜrʒən] *adj* فارسي [fa:risijun]

persistent [pərsɪstənt] *adj* مُصِر [musʕirru]

person [pɜrsən] *n* فَرد [fard]

personal [pɜrsənəl] *adj* شخصي [ʃaxsʕij]; **personal assistant** مساعد شخصي [Mosa'aed shakhṣey]; **personal stereo** *(old)* جهاز الصوت المجسم الشخصي [Jehaz al-ṣawt al-mojasam al-shakhṣey]

personality [pɜrsənælɪti] *n* هَوية [hawijja]

personally [pɜrsənəli] *adv* شخصياً [ʃaxsʕi:an]

personnel [pɜrsənɛl] *n* الموظفين [almuwazʕzʕafi:na]

perspective [pərspɛktɪv] *n* منظور [manzʕu:r]

perspiration [pɜrspɪreɪʃən] *n* تَعَرُّق [taʕarruq]

persuade [pərsweɪd] *v* يَحُثْ [jaħuθθu]

persuasive [pərsweɪsɪv] *adj* مقنع [muqniʕun]

Peru [pəru] *n* بيرو [bi:ru:]

Peruvian [pəruviən] *adj* بيروفي [bi:ru:fij] ▷ *n* بيروفي [bi:ru:fij]

pessimist [pɛsɪmɪst] *n* مُتَشائِم [mutaʃa:ʔim]

pessimistic [pɛsɪmɪstɪk] *adj* متشائم [mutaʃa:ʔimun]

pest [pɛst] *n* وباء [waba:ʔ]

pester [pɛstər] *v* يُضايق [judʕa:jiqu]

pesticide [pɛstɪsaɪd] *n* مبيد حشرات [Mobeed hasharat]

pet [pɛt] *n* حيوان أليف [Ḥayawaan aleef]

petition [pətɪʃən] *n* التماس [iltima:s]

petrified [pɛtrɪfaɪd] *adj* متحجر [mutaħaʒʒirun]

pewter [pyutər] *n* سبيكة البيوتر [Sabeekat al-beyooter]

pharmacist [fɑrməsɪst] *n* صيدلي [sʕajdalij], كِيمِيَائِيٌّ [ki:mija:ʔij]

pharmacy [fɑrməsi] *n* صيدلية [sʕajdalijja]معمل كيميائي , [M'amal kemyaeay]

PhD [pi eɪtʃ di] *n* درجة الدكتوراه في الفلسفة [daraʒatu adduktu:ra:ti fi: alfalsafati]

pheasant [fɛzənt] *n* طائر التدرج [Ṭaear al-tadraj]

philosophy [fɪlɒsəfi] *n* فلسفة [falsafa]

phobia [foubiə] *n* خوف مرضي [Khawf maraḍey]

phone [foun] *n* هاتف [ha:tif] ▷ *v* يَتَصِل تليفونيا [jattasʕilu tili:fu:nijjan], يَتَّصِلُ هاتِفِيًا [Yataṣel hatefeyan]; **camera phone** تليفون بكاميرا [Telefoon bekamerah]; **cell phone** هاتف جوال [Hatef jawal]; **cell phone number** رقم المحمول [Ra'qm almahmool]; **entry phone** تليفون المدخل [Telefoon al-madkhal]; **phone bill** فاتورة تليفون [Fatoorat telefon]; **phone booth** كابينة تليفون [Kabeenat telefoon]; **phone number** رقم التليفون [Ra'qm al-telefone]; **smartphone** هاتف ذكي [Hatef zaky]; **I'd like some coins for the phone, please** أريد بعض العملات المعدنية من أجل الهاتف من فضلك [areed ba'aḍ al-'aimlaat al-ma'a-danya min ajil al-haatif min faḍlak]; **I'm having trouble with the phone** هناك مشكلة في الهاتف [hunaka mushkila fee al-haatif]; **May I use your phone?** هل يمكن أن أستخدم هاتفك؟ [hal yamken an asta-khdim ha-tifak?]

phonebook [foʊnbʊk] *n* دفتر الهاتف [Daftar al-hatef]

phone call [foʊnkɔl] *n* اتصال هاتفي [Eteṣal hatefey]

phone card [foʊnkɑrd] *n* كارت تليفون [Kart telefone]

photo [foʊtoʊ] *n* صورة فوتوغرافية [Ṣorah fotoghrafeyah]; **photo album** ألبوم الصور [Albom al ṣewar]

photocopier [foʊtəkɒpiər] *n* ماكينة تصوير [Makenat taṣweer]

photocopy [foʊtəkɒpi] *n* نسخة ضوئية [niskha ḍaw-iyaa] ▷ *v* يستخرج نسخة [Yastakhrej noskhah]; **I'd like a photocopy of this, please** أرجو عمل نسخة ضوئية من هذا المستند [arjo al-ḥuṣool 'aala nuskha min hadha al-mustanad min faḍlak]

photograph [foʊtəgræf] *n* صورة فوتوغرافية [Ṣorah fotoghrafeyah] ▷ *v* يُصور فوتوغرافيا [Yoṣawer fotoghrafeyah]

photographer [fətɒgrəfər] *n* مصور فوتوغرافي [moṣawer fotoghrafey]

photography [fətɒgrəfi] *n* التصوير الفوتوغرافي [Al-taṣweer al-fotoghrafey]

phrase [freɪz] *n* عبارة [ʕiba:ra]

phrasebook [freɪzbʊk] *n* كتاب العبارات [Ketab al-'aebarat]

physical [fɪzɪkəl] *adj* بدني [badanij] ▷ *n* فحص طبي شامل [Fahṣ ṭebey shamel], متعلق بالبدن [Mota'ale'q bel-badan]

physicist [fɪzɪsɪst] *n* فيزيائي [fi:zja:ʔij]

physics [fɪzɪks] *npl* فيزياء [fi:zja:ʔun]

physiotherapist [fɪzioʊθɛrəpɪst] *n* أخصائي العلاج الطبيعي [Akeṣaaey al-elaj al-ṭabeaey]

physiotherapy [fɪzioʊθɛrəpi] *n* علاج طبيعي ['aelaj ṭabeye]

pianist [piænɪst, piənɪst] *n* لاعب البيانو [La'aeb al-beyano]

piano [piænoʊ, pyænoʊ] *n* بيانو [bija:nu:]

pick [pɪk] *n* انتقاء [intiqa:ʔ] ▷ *v* يختار [jaxta:ru]

pick on *v* يُسئ معاملة شخص [Yosee mo'amalat shakhṣ]

pick out *v* يَنتقي [jantaqi:]

pickpocket [pɪkpɒkɪt] *n* نَشّال [naʃʃa:l]

pick up *v* يَجْلِب [jaʒlibu]

picnic [pɪknɪk] *n* نزهة في الهواء الطلق [Nozhah fee al-hawaa al-ṭal'q]

picture [pɪktʃər] *n* صورة [sˤu:ra]; **picture frame** إطار الصورة [Eṭar al ṣorah]; **Would you take a picture of us, please?** هل يمكن أن تلتقط لنا صورة هنا من فضلك؟ [hal yamken an talta-'qiṭ lana ṣoora min faḍlak?]

picturesque [pɪktʃərɛsk] *adj* رائع [ra:ʔiʕun]

pie [paɪ] *n* فطيرة [fatˤi:ra]; **apple pie** فطيرة التفاح [Faṭeerat al-tofaaḥ]; **pie chart** رسم بياني دائري [Rasm bayany daery]

piece [pis] *n* قطعة [qitˤʕa]

pier [pɪər] *n* دعامة [daʕa:ma]

pierce [pɪərs] *v* يَخْرِق [jaxriqu]

pierced [pɪərst] *adj* مثقوب [maθqu:bun]

piercing [pɪərsɪŋ] *n* ثَقْب [θuqb]

pig [pɪg] *n* خنزير [xinzi:r]; **guinea pig** *(for experiment)* حقل للتجارب [Ha'ql lel-tajareb], *(rodent)* خنزير غينيا [Khnzeer ghemyah]

pigeon [pɪdʒɪn] *n* حمامة [ħama:ma]

piggy bank [pɪgibæŋk] *n* حصالة على شكل خنزير [Ḥaṣalah ala shakl khenzeer]

pigtail [pɪgteɪl] *n* ضفيرة [dˤafi:ra]

pile [paɪl] *n* خازوق [xa:zu:q]

pileup [paɪlʌp] *n* تكدس [takaddus]

pile up [paɪl ʌp] *v* يزيد من [Yazeed men]

pilgrim [pɪlgrɪm] *n* حَاجّ [ħa:ʒʒ]

pilgrimage [pɪlgrɪmɪdʒ] *n* الحج [al-ħaʒʒu]

pill [pɪl] *n* حبة دواء [Habbat dawaa], لوحة [lawħa]; **sleeping pill** حبة نوم [Habit nawm]

pillar [pɪlər] *n* دعامة [daʕa:ma]

pillow [pɪloʊ] *n* وِسَادة [wisa:da]

pillowcase [pɪloʊkeɪs] *n* غطاء الوسادة [gheṭaa al-wesadah]

pilot [paɪlət] *n* ربان الطائرة [Roban al-ṭaaerah]; **pilot light** شُعلة الاحتراق [Sho'alat al-eḥtera'q]

pimple [pɪmpəl] *n* دُمَّل [dumul]

pin [pɪn] *n* دبوس [dabbu:s]; **bobby pin** دبوس شعر [Daboos sha'ar]; **rolling pin** نَشّابة [naʃʃa:batun]; **safety pin** دبوس أمان [Daboos aman]; **I need a safety pin** أحتاج إلى دبوس آمن

[aḥtaaj ela dub-boos aamin]

PIN [pɪn] *npl* رقم التعريف الشخصي [Ra'qam alta'areef alshakhṣey], شارَة [ʃa:ratun]

pinafore [pɪnəfɔr] *n* مئزر [miʔzar]

pinch [pɪntʃ] *v* يَقْرِصُ [jaqrusˤu]

pine [paɪn] *n* شجرة الصنوبر [Shajarat al-ṣonobar]

pineapple [paɪnæpəl] *n* أناناس [ʔana:na:s]

pink [pɪŋk] *adj* وردي [wardij]

pint [paɪnt] *n* باينت [ba:jant]

pipe [paɪp] *n* ماسورة [ma:su:ra]; **exhaust pipe** ماسورة العادم [Masorat al-'aadem]

pipeline [paɪplaɪn] *n* خط أنابيب [Khaṭ anabeeb]

pirate [paɪrɪt] *n* قُرْصان [qursˤa:n]

Pisces [paɪsiz] *n* الحوت [al-ħu:tu]

pistol [pɪstəl] *n* مسدس [musaddas]

piston [pɪstən] *n* مِكْبس [mikbas]

pitch [pɪtʃ] *n (sound)* طبقة صوت [Ṭabaqat ṣawt], *(sport)* رَمْيَة [ramja] ▷ *v* يَرْمي [jarmi:]

pity [pɪti] *n* شفقة [ʃafaqa] ▷ *v* يُشفق على [Yoshfe'q 'aala]

pixel [pɪksəl] *n* بِكْسِل [biksil]

pizza [pitsə] *n* بيتزا [bi:tza:]

place [pleɪs] *n* مكان [maka:n] ▷ *v* يَضع في [Yaḍa'a fee]; **place of birth** مكان الميلاد [Makan al-meelad]; **Do you know a good place to go?** أتعرف مكانا جيدا يمكن أن أذهب إليه؟ [a-ta'aruf makanan jayidan yamkin an adhhab e-lay-he?]

placement [pleɪsmənt] *n* وَضْع [wadˤʕ]

plain [pleɪn] *adj* بسيط [basi:tˤun] ▷ *n* ارض منبسطة [ardˤu munbasatˤatin]

plan [plæn] *n* خطة [xutˤtˤa], مخطط [muxatˤatˤ] ▷ *v* يُخطِط [juxatˤtˤitˤu]; **modified American plan** نصف إقامة [Neṣf e'qamah]; **street plan** خريطة الشارع [Khareeṭat al-share'a]

plane [pleɪn] *n (airplane)* طائرة [tˤa:ʔira], *(surface)* سَطح مستوي [Saṭ mostawey], *(tool)* طائرة [tˤa:ʔira]

planet [plænɪt] *n* كوكب [kawkab]

planning [plænɪŋ] *n* تخطيط [taxtˤi:tˤ]

plant [plænt] *n* نبات [naba:t], *(site/equipment)* مباني وتجهيزات [Mabaney watajheezaat] ▷ *v* يزرع [jazraʕu]; **potted plant** نبات يزرع في حاوية [Nabat yozra'a fee ḥaweyah]; **We'd like to see local plants and trees** نريد أن نرى النباتات والأشجار المحلية [nureed an nara al-naba-taat wa al-ash-jaar al-maḥali-ya]

planter [plæntər] *n* حوض نباتات [Hawḍ nabatat]

plaque [plæk] *n* قِلادة [qila:da]

plaster [plæstər] *n (for wall)* جص [ʒibsˤ]

plastered [plæstərd] *adj* غضبان [ɣadˤba:nun]

plastic [plæstɪk] *adj* بلاستيكي [bla:sti:kij] ▷ *n* بلاستيك [bla:sti:k]; **plastic bag** كيس بلاستيكي [Kees belasteekey]; **plastic surgery** جراحة تجميلية [Jerahah tajmeeleyah]

plate [pleɪt] *n* صحيفة [sˤaħi:fa]; **license plate** لوحة الأرقام [Looḥ al-ar'qaam]

platform [plætfɔrm] *n* منصة [minasˤsˤa]

platinum [plætɪnəm, plætnəm] *n* بلاتين [bla:ti:n]

play [pleɪ] *n* لعب [laʕib] ▷ *v (in sports)* يلعب [jalʕabu], *(music)* يَعْزِف [jaʕzifu]; **play hooky** يتغَيب [jataɣajjabu]; **playing card** بطاقة لعب [Beṭaqat la'aeb]; **playing field** ملعب رياضي [Mal'aab reyady]; **We'd like to play tennis** نود أن نلعب التنس؟ [nawid an nal'aab al-tanis]; **Where can I play golf?** أين يمكنني أن ألعب الجولف؟ [ayna yamken-any an al-'aab al-jolf?]

player [pleɪər] *n (instrumentalist)* آلة عَزْف [Aalat 'aazf], *(of a sport)* لاعب [la:ʕib]; **CD player** مشغل الاسطوانات [Moshaghel al-esṭewanat]; **MP3 player** مشغل ملفات 3PM [Moshaghel malafat MP3]; **MP4 player** مشغل ملفات 4PM [Moshaghel malafat MP4]

playground [pleɪgraʊnd] *n* ملعب [malʕab]

playgroup [pleɪgrup] *n* مجموعة لعب [Majmo'aat le'aab]

PlayStation® [pleɪsteɪʃən] *n* بلايستيشن® [bla:jsiti:ʃn]

playtime [pleɪtaɪm] *n* وَقْت اللعب [Wa'qt al-la'aeb]

playwright [pleɪraɪt] *n* كاتب مسرحي [Kateb masrḥey]

pleasant [plɛzənt] *adj* سار [sa:rrun]

please [pliz] *adv*; **I'd like to check in, please** أريد التسجيل في الرحلة من فضلك [areed al-tasjeel fee al-reḥla min faḍlak]; **Please order me a taxi**

من فضلك احجز لي تاكسي [min faḍlak iḥjiz lee taxi]

please [pliz] *excl* أرجوك [ʔarʒu:ka]

pleased [plizd] *adj* مسرور [masru:run]

pleasure [plɛʒər] *n* سرور [suru:r]; **It was a pleasure to meet you** من دواعي سروري أن التقي بك [min dawa-'ay siro-ry an al-ta'qy bik]; **It's been a pleasure working with you** من دواعي سروري العمل معك [min dawa-'ay siro-ry al-'aamal ma'aak]; **With pleasure!** بكل سرور [bekul siroor]

plenty [plɛnti] *n* وَفْرة [wafra]

pliers [plaɪərz] *npl* كمّاشة [kamma:ʃatun]

plot [plɒt] *n (piece of land)* قطعة أرض ['qeṭ'aat arḍ] ▹ *v (secret plan)* يتآمر [jataʔa:maru]

plow [plaʊ] *n* محراث [miħra:θ] ▹ *v* يَحْرُث [jaħruθu]

plug [plʌg] *n* قابِس [qa:bis]; **spark plug** شمعة إشعال [Sham'aat esh'aal]

plug in *v* يُوصِل بالقابس الكهربائي [ju:sˤilu bilqa:busi alkahraba:ʔijji]

plum [plʌm] *n* برقوق [barqu:q]

plumber [plʌmər] *n* سباك [sabba:k]

plumbing [plʌmɪŋ] *n* سِبَاكة [siba:ka]

plump [plʌmp] *adj* ممتلئ الجسم [Momtaleya al-jesm]

plunge [plʌndʒ] *v* يَغْطَس [jaɣtˤusu]

plural [plʊərəl] *n* جمع [ʒamʕ]

plus-size *adj* مقاس كبير [Ma'qaas kabeer]

plywood [plaɪwʊd] *n* خشب أبلكاج [Khashab ablakaj]

p.m. [pi ɛm] *abbr* مساءً [masa:ʔun]; **Please come home by eleven p.m.** رجاء العودة بحلول الساعة الحادية عشر مساءً [rejaa al-'aawda beḥilool al-sa'aa al-ḥade-a 'aashar masa-an]

pneumonia [nʊmoʊnyə, -moʊniə] *n* مرض ذات الرئة [Maraḍ dhat al-re'aa]

poached [poʊtʃt] *adj (caught illegally)* مُتَلَبِّس بالجَريمَه [Motalabes bel-jareemah], *(simmered gently)* مسلوق [maslu:qun]

pocket [pɒkɪt] *n* جيب [ʒajb]; **pocket calculator** آلة حاسبة للجيب [Alah haseba lel-jeeb]; **pocket money** مصروف الجيب [Maṣroof al-jeeb]

podcast [pɒdkæst] *n* بودكاست [bu:dka:st]

podiatrist [pədaɪətrɪst] *n* مُعَالِج القدم [Mo'aaleg al-'qadam]

poem [poʊəm] *n* قصيدة [qasˤi:da]

poet [poʊɪt] *n* شاعر [ʃa:ʕir]

poetry [poʊɪtri] *n* شِعْر [ʃiʕr]

point [pɔɪnt] *n* نقطة [nuqtˤa] ▹ *v* يُشير [juʃi:ru]; **exclamation point** علامة تعجب ['alamah ta'ajob]

pointless [pɔɪntlɪs] *adj* بلا مغزى [Bela maghdha]

point out *v* يُوضح [ju:dˤiħu]

poison [pɔɪzən] *n* سُمّ [summ] ▹ *v* يُسَمِّم [jusammimu]

poisonous [pɔɪzənəs] *adj* سام [sa:mmun]

poke [poʊk] *v* يَلْكُم [jalkumu]

poker [poʊkər] *n* لُعبَة البوكَر [Lo'abat al-bookar]

Poland [poʊlənd] *n* بولندة [bu:landat]

polar [poʊlər] *adj* قطبي [qutˤbij]; **polar bear** الدب القطبي [Al-dob al-shamaley]

pole [poʊl] *n* قطب [qutˤb]; **North Pole** القطب الشمالي [A'qoṭb al-shamaley]; **pole vault** قفز بالزانة ['qafz bel-zanah]; **South Pole** القطب الجنوبي [Al-k'qotb al-janoobey]; **tent pole** عمود الخيمة ['amood al-kheemah]

Pole [poʊl] *n* بولندي [bu:landij]

police [pəlis] *n* شُرْطَة [ʃurtˤa]; **police officer** ضابط شرطة [Ḍabeṭ shorṭah]; **police station** قسم شرطة ['qesm shorṭah]

policeman [pəlismən] (*pl* policemen) *n* ضابط شرطة [Ḍabeṭ shorṭah]

policewoman [pəliswʊmən] (*pl* policewomen) ضابطة شرطة [Ḍaabeṭ shorṭah]

policy [pɒlɪsi] *n*; **insurance policy** بوليصة تأمين [Booleeṣat taameen]

polio [poʊlioʊ] *n* شلل أطفال [Shalal aṭfaal]

polish [pɒlɪʃ] *n* مادة تلميع [Madah talmee'a] ▹ *v* يَجلو [jaʒlu:]; **nail polish** طلاء أظافر [Ṭelaa aḍhafer]; **shoe polish** ورنيش الأحذية [Warnees al-aḥḍheyah]

Polish [poʊlɪʃ] *adj* بولندي [bu:landij] ▹ *n* بولندي [bu:landij]

polite [pəlaɪt] *adj* مؤدب [muʔaddabun]

politely [pəlaɪtli] *adv* بأدَب [Beadab]

politeness [pəlaɪtnɪs] *n* الكياسة [al-kija:satu]

political [pəlɪtɪkəl] *adj* سياسي [sija:sij]
politician [pɒlɪtɪʃən] *n* رجل سياسة [Rajol seyasah]
politics [pɒlɪtɪks] *npl* علم السياسة ['aelm alseyasah]
poll [poʊl] *n* اقتراع [iqtira:ʕ]; **opinion poll** استطلاع الرأي [Eateṭla'a al-ray]
pollen [pɒlən] *n* لقاح [liqa:ħ]
pollute [pəlut] *v* يُلَوث [julawwiθu]
polluted [pəlutɪd] *adj* مُلَوَث [mulawwaθun]
pollution [pəluʃən] *n* تلوث [talawwuθ]
Polynesia [pɒlənіʒə] *n* بولينسيا [bu:li:nisja:]
Polynesian [pɒləniʒən] *adj* بولنسي [bu:linisij] ▷ *n (language)* اللغة البولينيسية [Al- loghah al-bolenseyah], *(person)* بولينيسي [bu:li:ni:sij]
pomegranate [pɒmɪgrænɪt] *n* رُمَّان [rumma:n]
pond [pɒnd] *n* بِرْكَة [birka]
pony [poʊni] *n* فَرَس قزم [Faras 'qezm]
ponytail [poʊniteɪl] *n* ضفيرة [dˤafi:ra]
poodle [pudəl] *n* كلب البودل [Kalb al-boodel]
pool [pul] *n (resources)* حوض منتج للنفط [Hawḍ montej lel-nafṭ], *(water)* حَوْض [ħawdˤ]; **public swimming pool** حمامات [ħamma:ma:tun]; **swimming pool** حمام سباحة [Hammam sebaḥah]; **wading pool** حَوض سباحة للأطفال [Ḥaeḍ sebaha lel-aṭfaal]
poor [pʊər] *adj* فقير [faqi:run]
popcorn [pɒpkɔrn] *n* فشار [fuʃa:r]
pope [poʊp] *n* البابا [al-ba:ba:]
poplar [pɒplər] *n* خشب الحور [Khashab al-ḥoor]
poppy [pɒpi] *n* خشخاش [xaʃxa:ʃ]
Popsicle® [pɒpsɪkəl] *n* ستيك الآيس كريم [Steek al-aayes kreem]
popular [pɒpyələr] *adj* شعبي [ʃaʕbij]
popularity [pɒpyəlærɪti] *n* شعبية [ʃaʕbijjit]
population [pɒpyəleɪʃən] *n* سكان [sukka:n]
pop-up book [pɒpʌb bʊk] *n* قفز [qafaza]
porch [pɔrtʃ] *n* رواق [riwa:q]
pork [pɔrk] *n* لحم خنزير [Lahm al-khenzeer]; **pork chop** شَريحة لحم خنزير [Shareehat laḥm khenzeer]
porn [pɔrn] *n* الإباحية [al-ʔiba:ħijatu]
pornographic [pɔrnəgræfɪk] *adj* إباحي [ʔiba:ħij]
pornography [pɔrnɒgrəfi] *n* فن إباحي [Fan ebaḥey]
port [pɔrt] *n (ships)* منفذ جوي أو بحري [manfaḍh jawey aw baḥrey], *(wine)* نبيذ برتغالي [nabi:ðun burtuɣa:lij]
portable [pɔrtəbəl] *adj* محمول [maħmu:lun]
porter [pɔrtər] *n* شَيَّال [ʃajja:l]
portfolio [pɔrtfoʊlioʊ] *n* حقيبة أوراق [Ha'qeebat awra'q]
portion [pɔrʃən] *n* حصة [ħisˤsˤa]
portrait [pɔrtrɪt, -treɪt] *n* صورة للوجه [Ṣorah lel-wajh]
Portugal [pɔrtʃəgəl] *n* البرتغال [al-burtuɣa:l]
Portuguese [pɔrtʃugiz] *adj* برتغالي [burtuɣa:lij] ▷ *n (language)* اللغة البرتغالية [Al-loghah al-bortoghaleyah], *(person)* برتغالي [burtuɣa:lij]
position [pəzɪʃən] *n* مكانة [maka:na]
positive [pɒzɪtɪv] *adj* إيجابي [ʔi:ʒa:bijun]
possess [pəzɛs] *v* يمتلك [jamtaliku]
possession [pəzɛʃən] *n* حيازة [ħija:za]
possibility [pɒsɪbɪlɪti] *n* إمكانية [ʔimka:nijja]
possible [pɒsɪbəl] *adj* ممكن [mumkinun]; **as soon as possible** في أقرب وقت ممكن [fee a'qrab wa'qt mumkin]
possibly [pɒsɪbli] *adv* من الممكن [Men al-momken]
post [poʊst] *n (stake)* عمود [ʕamu:d]; **post office** مكتب البريد [maktab al-bareed]
postage [poʊstɪdʒ] *n* أجرة البريد [ojrat al bareed]
postal [poʊstəl] *adj*; **postal worker** ساعي البريد [Sa'aey al-bareed]
postcard [poʊstkɑrd] *n* بطاقة بريدية [Beṭaqah bareedyah]
poster [poʊstər] *n* إعلان ملصق [E'alan Molṣa'q]
postmark [poʊstmɑrk] *n* خاتم البريد [Khatem al-bareed]
postpone [poʊstpoʊn, poʊspoʊn] *v* يؤجل [juaʒʒilu]
pot [pɒt] *n* إناء [ʔina:ʔ]; **potted plant** نبات يزرع في حاوية [Nabat yozra'a fee ḥaweyah]
potato, potatoes [pəteɪtoʊ, pəteɪtoʊz] *n* بطاطس [batˤa:tˤis]; **baked potato** بطاطس بالفرن [Baṭaṭes bel-forn], بطاطس مشوية بقشرها

[Baṭaṭes mashweiah be'qshreha]; **mashed potatoes** بطاطس مهروسة [Baṭaṭes mahrosah]; **potato chips** شرائح البطاطس [Sharaeh al-baṭaṭes]; **potato peeler** جهاز تقشير البطاطس [Jehaz ta'qsheer al-baṭaṭes]

potential [pətɛnʃəl] *adj* ممكن [mumkinun] ▷ *n* إمكانية [ʔimka:nijja]

pothole [pɒthoʊl] *n* أُخْدُود [ʔuxdu:d]

pottery [pɒtəri] *n* مصنع الفخار [Maṣna'a al-fakhaar]

potty [pɒti] *n* نونية للأطفال [Noneyah lel-aṭfaal]; **Do you have a potty?** هل توجد نونية للأطفال؟ [hal tojad non-iya lil-aṭfaal?]

pound [paʊnd] *n* رطل [ratˤl]; **pound sterling** جنيه استرليني [Jeneh esterleeney]

pour [pɔr] *v* يَسْكُب [jaskubu]

poverty [pɒvərti] *n* فَقْر [faqr]

powder [paʊdər] *n* بودرة [bu:dra]; **baking powder** مسحوق خبز [Mashoo'q khobz]; **talcum powder** مَسْحوقُ الطَّلْق [Mashoo'q al-ṭal'q]

power [paʊər] *n* قوة [quwwa]; **power outage** انقطاع التيار الكهربي [En'qetaa'a al-tayar alkahrabey]; **solar power** طاقة شمسية [Ṭa'qah shamseyah]

powerful [paʊərfəl] *adj* قوي [qawij]

practical [præktɪkəl] *adj* عملي [ʕamalij]

practically [præktɪkli] *adv* عمليا [ʕamalijan]

practice [præktɪs] *n* ممارسة [muma:rasa] ▷ *v* يُمارِس [juma:risu]

praise [preɪz] *v* يُثْني على [Yothney 'aala]

prank [præŋk] *n* مزحة [mazħa]

pray [preɪ] *v* يُصَلي [jusˤali:]

prayer [prɛər] *n* صلاة [sˤala:t]

precaution [prɪkɔʃən] *n* حيطة [ħi:tˤa]

preceding [prɪsidɪŋ] *adj* سالِف [sa:lifun]

precious [prɛʃəs] *adj* نفيس [nafi:sun]

precise [prɪsaɪs] *adj* مُحْكَم [muħkamun]

precisely [prɪsaɪsli] *adv* بالتحديد [bi-at-taħdi:di]

predecessor [prɛdɪsɛsər] *n* سلف [salaf]

predict [prɪdɪkt] *v* يتنبأ [jatanabbaʔu]

predictable [prɪdɪktəbəl] *adj* مُتَوَقع [mutawaqqaʕun]

prefect [prifɛkt] *n* تلميذ مُفَوَّض [telmeedh mofawaḍ]

prefer [prɪfɜr] *v* يُفَضِل [jufadˤdˤilu]

preferably [prɛfərəbli, prɛfrə-, prɪfɜrə-] *adv* من الأفضل [Men al-'afḍal]

preference [prɛfərəns] *n* تفضيل [tafdˤi:l]

pregnancy [prɛgnənsi] *n* حَمْل [ħaml]

pregnant [prɛgnənt] *adj* حُبلى [ħubla:]

prehistoric [prihɪstɔrɪk] *adj* متعلق بما قبل التاريخ [Mota'ale'q bema 'qabl al-tareekh]

prejudice [prɛdʒədɪs] *n* إجْحَاف [ʔiʒħa:f]

prejudiced [prɛdʒədɪst] *adj* متحامل [mutaħa:milun]

premature [primətʃʊər] *adj* مبتسر [mubatasirun]

premiere [prɪmɪər, prɪmyɛər] *n* بارز [ba:riz]

premises [prɛmɪsɪz] *npl* المبنى والأراضي التابعه له [Al-mabna wal-aradey al-taabe'ah laho]

premonition [primənɪʃən, prɛm-] *n* هاجس داخلي [Hajes dakheley]

prenatal [prineɪtəl] *adj* جنيني [ʒani:nij]

preoccupied [priɒkyəpaɪd] *adj* مشغول البال [Mashghool al-bal]

prepaid [pripeɪd] *adj* مدفوع مسبقا [Madfo'a mosba'qan]

preparation [prɛpəreɪʃən] *n* إعداد [ʔiʕda:d]

prepare [prɪpɛər] *v* يُعِد [juʕidu]

prepared [prɪpɛərd] *adj* مُعَد [muʕaddun]

Presbyterian [prɛzbɪtɪəriən] *adj* مشيخي [maʃjaxij] ▷ *n* كَنِيسة مَشْيَخِيَّة [Kaneesah mashyakheyah]

prescribe [prɪskraɪb] *v* يصف علاجا [Yaṣef 'aelagan]

prescription [prɪskrɪpʃən] *n* وصفة طبية [Waṣfah ṭebeyah]

presence [prɛzəns] *n* حضور [ħudˤu:r]

present [prɛzənt] *adj* حاضر [ħa:dˤirun] ▷ *n (gift)* هدية [hadijja], *(time being)* حاضر [ħa:dˤir] ▷ *v* يُبْدي [jubdi:]; **I'm looking for a present for my husband** أنا أبحث عن هدية لزوجي [ana abḥath 'aan hadiya le-zawjee]

presentation [prizɛnteɪʃən] *n* تقديم [taqdi:m]

preservative [prɪzɜrvətɪv] *n* مادة حافظة [Madah ḥafeḍhah]

preserve [prɪzɜrv] *n (land)* مَحْمِيَّة [maħmijja]

preserver [prɪzɜrvər] *n*; **life preserver** حزام النجاة من الغرق [Hezam al-najah men al-ghar'q]

president [prɛzɪdənt] *n* رئيس [raʔijs], *(business)* عضو مُنتَدب ['adow montadab]

press [prɛs] *n* نَشْر [naʃr] ▷ *v* يَضغط [jadˤɣatˤu]; **press conference** مؤتمر صحفي [Moatamar ṣaḥafey]

pressure [prɛʃər] *n* ضَغْط [dˤaɣtˤ] ▷ *v* يُلقي بضغط [Yol'qy be-ḍaghṭ]; **blood pressure** ضغط الدم [ḍaghṭ al-dam]

prestige [prɛstiʒ, -stidʒ] *n* هيبة [hajba]

prestigious [prɛstɪdʒəs, -stidʒəs] *adj* مَهيب [mahi:bun]

presumably [prɪzuməbli] *adv* بصورة محتملة [be ṣorah moḥtamalah]

presume [prɪzum] *v* يُسَلِم ب [Yosalem be]

pretend [prɪtɛnd] *v* يَتظاهر [jatazˤa:haru]

pretext [pritɛkst] *n* حجة [ħuʒʒa]

prettily [prɪtɪli] *adv* على نحو جميل [Ala nahw jameel]

pretty [prɪti] *adj* وَسيم [wasi:mun] ▷ *adv* إلى حد معقول [Ela ḥad ma'a'qool]

prevent [prɪvɛnt] *v* يمنع [jumnaʕu]

prevention [prɪvɛnʃən] *n* وقاية [wiqa:ja]

previous [priviəs] *adj* مُنصَرِم [munsˤarimun]

previously [priviəsli] *adv* من قبل [Men 'qabl]

prey [preɪ] *n* فريسة [fari:sa]

price [praɪs] *n* سِعر [siʕr]; **price list** قائمة أسعار ['qaemat as'aar]; **retail price** سعر التجزئة [Se'ar al-tajzeah]; **selling price** سعر البيع [Se'ar al-bay'a]

pricey [praɪsi] *adj (expensive)* عزيزي [ʕazi:zi:]

prick [prɪk] *v* يَثْقُب [jaθqubu]

pride [praɪd] *n* فخر [faxr]

priest [prist] *n* قسيس [qasi:s]

primarily [praɪmɛrɪli] *adv* بصورة أساسية [Beṣorah asasiyah]

primary [praɪmɛri, -məri] *adj* أولي [ʔawwalij]

primitive [prɪmɪtɪv] *adj* بدائي [bida:ʔij]

primrose [prɪmroʊz] *n* زهرة الربيع [Zahrat al-rabee'a]

prince [prɪns] *n* أمير [ʔami:r]

princess [prɪnsɪs, -sɛs] *n* أميرة [ʔami:ra]

principal [prɪnsɪpəl] *adj* أصلي [ʔasˤlij] ▷ *n* مدرس أول [Modares awal], مدير مدرسة [Madeer madrasah], *(principal)* قائد [qa:ʔid]; **assistant principal** نائب الرئيس [Naeb al-raaes]

principle [prɪnsɪpəl] *n* مبدأ [mabdau]

print [prɪnt] *n* نشرة مطبوعة [Nashrah maṭbo'aah] ▷ *v* يَطْبَع [jatˤbaʕu]

printer [prɪntər] *n (machine)* طابِعة [tˤa:biʕa], *(person)* طابعة [tˤa:biʕa]; **Is there a color printer?** هل توجد طابعة ملونة؟ [hal tojad ṭabe-'aa mulawa-na?]

printing [prɪntɪŋ] *n*; **How much is printing?** كم تكلفة الطباعة؟ [kam taklafati atˤtˤiba:ʕati]

printout [prɪntaʊt] *n* مطبوعات [matˤbu:ʕa:t]

priority [praɪɔrɪti] *n* أولوية [ʔawlawijja]

prison [prɪzən] *n* حَبْس [ħabs]

prisoner [prɪzənər] *n* سجين [saʒi:n]

privacy [praɪvəsi] *n* سرية [sirrija]

private [praɪvɪt] *adj* خصوصي [xusˤu:sˤij]; **private property** مِلكِية خاصة [Melkeyah khaṣah]; **private school** مدرسة عامة [Madrasah 'aamah]

privatize [praɪvətaɪz] *v* يُخصِص [juxasˤsˤisˤu]

privilege [prɪvɪlɪdʒ, prɪvlɪdʒ] *n* امتياز [imtija:z]

prize [praɪz] *n* جائزة [ʒa:ʔiza]

prizewinner [praɪzwɪnər] *n* الفائز بالجائزة [Al-faez bel-jaaezah]

probability [prɒbəbɪlɪti] *n* احتمالية [iħtima:lijja]

probable [prɒbəbəl] *adj* محتمل [muħtamalun]

probably [prɒbəbli] *adv* على الأرجح [Ala al-arjah]

problem [prɒbləm] *n* مشكلة [muʃkila]; **There's a problem with the room** هناك مشكلة ما في الغرفة [Honak moshkelatan ma fel-ghorfah]

proceedings [prəsidɪŋz] *npl* دعوى قضائية [Da'awa 'qaḍaeyah]

proceeds [proʊsidz] *npl* عائدات [ʕa:ʔida:tun]

process [prɒsɛs] *n* عملية [ʕamalijja]

procession [prəsɛʃən] *n* موكب [mawkib]

produce [prədus] *v* ينتج [juntiʒu]

producer [prədusər] *n* مُنتِج [muntiʒ]

product [prɒdʌkt] *n* منتَج [mantu:ʒ]

production [prədʌkʃən] *n* إنتاج [ʔinta:ʒ]

productivity [prɒdʊktɪvɪti] *n* إنتاجية [ʔinta:ʒijja]

profession [prəfɛʃən] *n* وظيفة [wazˤi:fa]

professional [prəfɛʃənəl] *adj* مُحترِف [muħtarifun] ▷ *n* محترف [muħtarif]

professionally [prəfɛʃənəli] *adv* باحتراف [Beḥteraaf]

professor [prəfɛsər] *n* أستاذ جامعي [Ostaz jame'aey]

profit [prɒfɪt] *n* رِبْح [ribħ]

profitable [prɒfɪtəbəl] *adj* مربح [murbiħun]

program [prougræm, -grəm] *n* برنامج [barna:maʒ], *(computer)* برنامج [barna:maʒ] ▷ *v* يُبَرمج [jubarmiʒu]

programmer [prougræmər] *n* مُبَرْمج [mubarmiʒ]

programming [prougræmɪŋ] *n* برمجة [barmaʒa]

progress [prɒgrɛs] *n* تقدُم [taqaddum]

prohibit [prouhɪbɪt] *v* يَحظُر [jaħzˤuru]

prohibited [prouhɪbɪtɪd] *adj* محظور [maħzˤu:run]

project [prɒdʒɛkt] *n* مشروع [maʃru:ʕ]

projector [prədʒɛktər] *n* جهاز عرض [Jehaz 'ard]; **overhead projector** جهاز العرض العلوي [Jehaz al-'ard al-'aolwey]

promenade [prɒməneɪd, -nɑd] *n* نزهة [nuzha]

promise [prɒmɪs] *n* عهد [ʕahd] ▷ *v* يُواعد [juwa:ʕidu]

promising [prɒmɪsɪŋ] *adj* واعَد [wa:ʕada]

promote [prəmout] *v* يُروج [jurawwiʒu]

promotion [prəmouʃən] *n* ترويج [tarwi:ʒ]

prompt [prɒmpt] *adj* يُحفِز [juħaffizu]

promptly [prɒmptli] *adv* فورا [fawran]

pronoun [prounaun] *n* ضمير [dˤami:r]

pronounce [prənauns] *v* ينطق [jantˤiqu]

pronunciation [prənʌnsieɪʃən] *n* نُطق [nutˤq]

proof [pruf] *n (evidence)* دليل [dali:l], *(for checking)* إثبات [ʔiθba:t]

propaganda [prɒpəgændə] *n* دِعَايَة [diʕa:jat]

proper [prɒpər] *adj* مناسب [muna:sibun]

properly [prɒpərli] *adv* بشكل مناسب [Be-shakl monaseb]

property [prɒpərti] *n* مِلكِية [milkijja]; **private property** مِلكِية خاصة [Melkeyah khaṣah]

proportion [prəpɔrʃən] *n* نسبة [nisba]

proportional [prəpɔrʃənəl] *adj* نسبي [nisbij]

proposal [prəpouzəl] *n* عرض [ʕardˤ]

propose [prəpouz] *v* يقترح [jaqtariħu]

prosecute [prɒsɪkyut] *v* يضطهد [jadˤtˤahidu]

prospect [prɒspɛkt] *n* تَوَقَعْ [tawaqqaʕa]

prospectus [prəspɛktəs] *n* نشرة دعائية [Nashrah de'aeyah]

prosperity [prɒspɛrɪti] *n* إزدهار [ʔizdiha:r]

prostitute [prɒstɪtut] *n* عاهرة [ʕa:hira]

protect [prətɛkt] *v* يَحمي [jaħmi:]

protection [prətɛkʃən] *n* حماية [ħima:ja]

protein [proutin] *n* بروتين [bru:ti:n]

protest *n* [proutɛst]احتجاج [iħtiʒa:ʒun] ▷ *v* [prətɛst]يَعترِض [jaʕtaridˤu]

Protestant [prɒtɪstənt] *adj* بروتستانتي [bru:tista:ntij] ▷ *n* بروتستانتي [bru:tista:ntij]

proud [praud] *adj* فخور [faxu:run]

prove [pruv] *v* يُثْبِت [juθbitu]

proverb [prɒvɜrb] *n* مَثَل [maθal]

provide [prəvaɪd] *v* يزود [juzawwidu]; **provide for** يُعْيل [juʕi:lu]

provisional [prəvɪʒənəl] *adj* شَرطي [ʃartˤij]

proximity [prɒksɪmɪti] *n* قرابة [qura:ba]

prune [prun] *n* برقوق [barqu:q]

pry [praɪ] *v* يُحَدِق بإمعان [Yoḥade'q be-em'aaan]

pseudonym [sudənɪm] *n* اسم مُستعار [Esm most'aar]

psychiatric [saɪkiætrɪk] *adj* نفسي [nafsij]

psychiatrist [sɪkaɪətrɪst] *n* طبيب نفساني [Ṭabeeb nafsaaney]

psychological [saɪkəlɒdʒɪkəl] *adj* سيكولوجي [sajku:lu:ʒij]

psychologist [saɪkɒləldʒɪst] *n* عالم نفسي ['aaalem nafsey]

psychology [saɪkɒlədʒi] *n* علم النفس ['aelm al-nafs]

psychotherapy [saɪkouθɛrəpi] *n* علاج نفسي ['aelaj nafsey]

pub [pʌb] *n* حانة [ħa:na]; **pub owner** صاحب حانة [Ṣaheb hanah]

public [pʌblɪk] *adj* شعبي [ʃaʕbij] ▷ *n* شعب [ʃaʕb]; **public holiday** أجازة عامة [ajaaza a'mah], عطلة شعبية [A'otalh sha'abeyah]; **public opinion** الرأي العام [Al-raaey al-'aam]; **public relations** علاقات عامة ['ala'qat 'aamah]; **public swimming pool** حمامات

[ħamma:ma:tun]; **public transportation** نقل عام [Na'ql 'aam]

publication [pʌblɪkeɪʃən] *n* منشور [manʃu:r]

publicity [pʌblɪsɪti] *n* شَعْبيّة [ʃaʕbijja]

publish [pʌblɪʃ] *v* ينشر [janʃuru]

publisher [pʌblɪʃər] *n* ناشر [na:ʃir]

puddle [pʌdəl] *n* بِرْكَة [birka]

Puerto Rico [pwɛrtoʊ rikoʊ] *n* برتو ريكو [burtu: ri:ku:]

pull [pʊl] *v* يَجذِب [jaʒðibu]

pull down *v* يَهْدِم [jahdimu]

pull out *vt* يَقْتَلِع [jaqtaliʕu]

pullover [pʊloʊvər] *n* يُوْقِف السيارة [Yo'qef sayarah]

pull up *v* يَسْحَب [jasħabu]

pulse [pʌls] *n* نبضة [nabdˤa]

pump [pʌmp] *n* مضخة [midˤaxxa] ▷ *v* يَضُخ [jadˤuxxu]; **bicycle pump** منفاخ دراجة [Monfakh draajah]; **Pump number three, please** المضخة رقم ثلاثة من فضلك [al-maḍakha ra'qum thalath min faḍlak]

pumpkin [pʌmpkɪn] *n* قَرْع [qarʕ]

pump up *v* ينفخ [junfaxu]

punch [pʌntʃ] *n (blow)* مثقب [miθqab], *(hot drink)* شراب البَنْش المُسكِر [Sharaab al-bensh al-mosker] ▷ *v* يخرّم [juxarrimu]

punctual [pʌŋktʃuəl] *adj* مُنْضَبِط [mundˤabitˤun]

punctuation [pʌŋktʃueɪʃən] *n* وضع علامات الترقيم [Wad'a 'alamaat al-tar'qeem]

puncture [pʌŋktʃər] *n* ثقب [θuqb]

punish [pʌnɪʃ] *v* يُعَاقِب [juʕa:qibu]

punishment [pʌnɪʃmənt] *n* عقاب [ʕiqa:b]; **capital punishment** أقصى عقوبة [A'qsa 'aoqobah]; **corporal punishment** عقوبة بدنية ['ao'qoba badaneyah]

punk [pʌŋk] *n* غلام الصوفان [ɣula:mu asˤsˤu:fa:ni]

pupil [pyupɪl] *n (eye)* بُؤبُؤ العَيْن [Boaboa al-'ayn], *(learner)* تلميذ [tilmi:ð]

puppet [pʌpɪt] *n* دمية متحركة [Domeyah motaḥarekah]

puppy [pʌpi] *n* جرو [ʒarw]

purchase [pɜrtʃɪs] *v* يَبتاَع [jabta:ʕu]

pure [pyʊər] *adj* نقي [naqij]

purple [pɜrpəl] *adj* أرجواني [urʒuwa:nij]

purpose [pɜrpəs] *n* غرض [ɣaradˤ]

purr [pɜr] *v* يخرخر [juxarxiru]

purse [pɜrs] *n*; **coin purse** حافظة نقود [ḥafedhat ne'qood]

pursue [pərsu] *v* يُلاحِق [jula:ħiqu]

pursuit [pərsut] *n* ملاحقة [mula:ħaqa]

pus [pʌs] *n* قيح [qajħ]

push [pʊʃ] *v* يَدفَع [jadfaʕu]

push-up *n* تمرين الضغط [Tamreen al- Ḍaghṭ]

put [pʊt] *v* يَضع [jadˤaʕu]

put away *v* يَدخِر مالا [juddaxiru ma:la:]

put back *v* يُرْجِع [jurʒiʕu]

put forward *v* يُقَدِم [juqaddimu]

put in *v* يركب [jarrkabu]

put off *v* يؤخر [juʔaxiru]

put up *v* يَنْزِل في مكان [Yanzel fee makaan]

puzzle [pʌzəl] *n* لغز [luɣz]; **jigsaw puzzle** منشار المنحنيات [Menshar al-monḥanayat]

puzzled [pʌzəld] *adj* مرتبك [murtabikun]

puzzling [pʌzəlɪŋ] *adj* مُحير [muħajjirun]

pyramid [pɪrəmɪd] *n* هرم [haram]

Q

Qatar [kɑtɑr] *n* قطر [qatˤar]

quail [kweɪl] *n* طائر السِمَّان [Ṭaaer al-saman]

quaint [kweɪnt] *adj* طريف [tˤari:fun]

Quaker [kweɪkər] *n* منتسب لجماعة الأصحاب [Montaseb le-jama'at al-aṣḥaab]

qualification [kwɒlɪfɪkeɪʃən] *n* مُؤهِل [muahhil]

qualified [kwɒlɪfaɪd] *adj* مُؤهَل [muahhalun]

qualify [kwɒlɪfaɪ] *v* يؤهل [juʔahilu]

quality [kwɒlɪti] *n* جودة [ʒawda]

quantify [kwɒntɪfaɪ] *v* يَقْيس مقدار [Ya'qees me'qdaar]

quantity [kwɒntɪti] *n* كمية [kammija]

quarantine [kwɒrəntin] *n* حَجْر صحي [Ḥajar ṣeḥey]

quarrel [kwɒrəl] *n* شجار [ʃiʒa:r], *(argument)* مُشادَة [muʃa:da] ▷ *v* يتشاجر مع [Yatashajar ma'a], *(to argue)* يُجادِل [juʒa:dilu]

quarry [kwɒri] *n* طريدة [tˤari:da]

quarter [kwɒrtər] *n* رُبْع [rubʕ]; **quarter final** سباق الدور رُبع النهائي [Seba'q al-door roba'a al-nehaaey]

quartet [kwɔrtɛt] *n* رباعية [ruba:ʕijjatu]

quay [ki] *n* رصيف الميناء [Raṣeef al-meenaa]

queen [kwin] *n* ملكة [malika]

query [kwɪəri] *n* تساؤل [tasa:ʔul] ▷ *v* يَسْتفهِم [jastafhimu]

question [kwɛstʃən] *n* سُؤال [sua:l] ▷ *v* يَستَجوب [jastaʒwibu]; **question mark** علامة استفهام ['alamat estefham]

questionnaire [kwɛstʃənɛər] *n* استبيان [istibja:n]

quick [kwɪk] *adj* سريع [sari:ʕun]

quickly [kwɪkli] *adv* سريعاً [sari:ʕan]

quiet [kwaɪɪt] *adj* هادئ [ha:diʔun]; **I'd like a quiet room** أفضل أن تكون الغرفة هادئة [ofaḍel an takoon al-ghurfa hade-a]; **Is there a quiet beach near here?** هل يوجد شواطئ هادئ قريب من هنا؟ [hal ju:ʒadu ʃawa:tˤiʔa ha:diʔi qari:bun min huna:]

quietly [kwaɪɪtli] *adv* بهدوء [bihudu:ʔin]

quilt [kwɪlt] *n* لحاف [liħa:f]

quit [kwɪt] *v* يُقلِع عن [Yo'qle'a 'aan]

quite [kwaɪt] *adv* فعلا [fiʕlan]

quiz, quizzes [kwɪz, 'kwɪzɪz] *n* اختبار موجز [ekhtebar mojaz]

quota [kwoʊtə] *n* نصيب [nasˤi:b]

quotation [kwoʊteɪʃən] *n* عرض أسعار ['aarḍ as'aar]; **quotation marks** علامات الاقتباس ['aalamat al-e'qtebas], فواصل معقوفة [Fawaṣel ma'a'qoofah]

quote [kwoʊt] *n* اقتباس [iqtiba:s] ▷ *v* يَقْتِبِس [jaqtabisu]

R

rabbi [ræbaɪ] *n* حاخام [ħa:xa:m]
rabbit [ræbɪt] *n* أرنب [ʔarnab]
rabies [reɪbiz] *n* داء الكلب [Daa al-kalb]
race [reɪs] *n (contest)* سباق [siba:q], *(origin)* سلالة [sula:la] ▷ *v* يَتَسابق [jatasa:baqu]; **I'd like to see a horse race** أود أن أشاهد سباقًا للخيول؟ [awid an oshahed seba'qan lil-khiyool]
racecar [reɪskɑr] *n* سيارة السباق [Sayarah al-seba'q]
racehorse [reɪshɔrs] *n* جواد السباق [Jawad al-seba'q]
racer [reɪsər] *n* مُسَابِق [musa:biq]
racetrack [reɪstræk] *n* حلبة السباق [ḥ alabat seba'q]
racial [reɪʃəl] *adj* عنصري [ʕunsʕurij]
racing [reɪsɪŋ] *n*; **auto racing** سباق سيارات [Seba'q sayarat]; **horse racing** سباق الخيول [Seba'q al-kheyol]
racism [reɪsɪzəm] *n* تمييز عنصري [Tamyeez 'aonory]
racist [reɪsɪst] *adj* متحيز عنصريا [Motaḥeyz 'aonṣoreyan] ▷ *n* عنصري [ʕunsʕurij]
rack [ræk] *n* حامل [ħa:mil]; **luggage rack** حامل حقائب السفر [Hamel ha'qaeb al-safar]
racket [rækɪt] *n* مضرب الراكيت [Maḍrab alrakeet], مضرب كرة الطاولة [Maḍrab korat al-ṭawlah]; **tennis racket** مضرب تنس [Maḍrab tenes]
racoon [rækun] *n* حيوان الراكون [Ḥayawaan al-rakoon]
radar [reɪdɑr] *n* رادار [ra:da:r]
radiation [reɪdieɪʃən] *n* إشعاع [ʔiʃʕa:ʕ]
radiator [reɪdieɪtər] *n* جهاز إرسال الإشعاع [Jehaz esrsaal al-esh'aaa'a]
radio [reɪdioʊ] *n* راديو [ra:dju:]; **digital radio** راديو رقمي [Radyo ra'qamey]; **radio station** محطة راديو [Mahaṭat radyo]; **May I turn off the radio?** هل يمكن أن أطفئ الراديو؟ [hal yamken an aṯfee al-radio?]; **May I turn on the radio?** هل يمكن أن أشغل الراديو؟ [hal yamken an osha-ghel al-radio?]
radioactive [reɪdioʊæktɪv] *adj* مشع [muʃiʕʕun]
radio-controlled *adj* متحكم به عن بعد [Motaḥkam beh an bo'ad]
radish [rædɪʃ] *n* فجل [fiʒl]
raffle [ræfəl] *n* بيع باليانصيب [Bay'a bel-yanaṣeeb]
raft [ræft] *n* طَوْف [tˤawf]
rag [ræg] *n* خرقة [xirqa]
rage [reɪdʒ] *n* غضب شديد [ghaḍab shaded]; **road rage** مشاحنات على الطريق [Moshahanaat ala al-ṭaree'q]
raid [reɪd] *n* غارة [ɣa:ra] ▷ *v* يَشُن غارة [Yashen gharah]
rail [reɪl] *n* قضبان السكة الحديدية ['qoḍban al-sekah al-ḥadeedeyah]
railcard [reɪlkɑrd] *n* بطاقة للسفر بالقطار [Beṭa'qah lel-safar bel-kharej]
railings [reɪlɪŋz] *npl* درابزينات [dara:bzi:na:tun]
railroad [reɪlroʊd] *n* سكة حديدية [Sekah haedeedyah]; **railroad crossing** مزلقان [mizlaqa:nun]
rain [reɪn] *n* مطر [matˤar] ▷ *v* يُمْطر [jumtˤiru]; **acid rain** أمطار حمضية [Amṭar ḥemdeyah]; **Do you think it's going to rain?** هل تظن أن المطر سوف يسقط؟ [hal taḍhun ana al-maṭar sawfa yas'qiṯ?]; **It's raining** إنها تمطر [Enha tomṭer]
rainbow [reɪnboʊ] *n* قوس قزح ['qaws 'qazh]
raincoat [reɪnkoʊt] *n* معطف واق من المطر [Me'ataf wa'qen men al-maarṭar]
rainforest [reɪnfɔrɪst] *n* غابات المطر بخط الاستواء

[Ghabat al-maṭar be-khaṭ al-estwaa]

rainy [reɪni] *adj* مُمطر [mumtˤirun]

raise [reɪz] *v* يُعْلي [juʕli:]

raisin [reɪzən] *n* زَبيب [zabi:b]; **golden raisin** زَبيب سلطانة [Zebeeb solṭanah]

rake [reɪk] *n* آلة جمع الأعشاب [a:latun ʒamʕu alʔaʕʃa:bi]

rally [ræli] *n* سباق الراليات [Seba'q al-raleyat]

ram [ræm] *n* كبش [kabʃ] ▹ *v* يَصْدِم بقوة [Yaṣdem be'qowah]

Ramadan [ræmədɑn] *n* رَمَضَانْ [ramadˤa:n]

ramp [ræmp] *n* طريق منحدر [Ṭaree'q monḥadar]; **highway ramp** طريق متصل بطريق سريع للسيارات أو منفصل عنه [ṭaree'q mataṣel be-ṭaree'q sarea'a lel-sayaraat aw monfaṣel 'anho]

random [rændəm] *adj* عشوائي [ʕaʃwa:ʔij]

range [reɪndʒ] *n (limits)* مَدَى [mada:], *(mountains)* سلسلة جبال [Selselat jebal] ▹ *v* يَتَراوح [jatara:waħu]

rank [ræŋk] *n (line)* صف [sˤaff], *(status)* مكانة [maka:na] ▹ *v* يُرَتب [jurattibu]

ransom [rænsəm] *n* فدية [fidja]

rape [reɪp] *n (plant)* نبات اللفت [Nabat al-left], *(sexual attack)* اغتصاب [iɣtisˤa:b]; **I've been raped** لقد تعرضت للاغتصاب [la'qad ta-'aaraḍto lel-ighti-ṣaab]

rapids [ræpɪdz] *npl* منحدر النهر [Monḥadar al-nahr]

rapist [reɪpɪst] *n* مُغتَصِب [muɣtasˤib]

rare [rɛər] *adj (uncommon)* نادر [na:dirun], *(undercooked)* نادر [na:dirun]

rarely [rɛərli] *adv* نادرا [na:diran]

rash [ræʃ] *n* طفح جلدي [Ṭafḥ jeldey]; **I have a rash** أعاني من طفح جلدي [O'aaney men ṭafḥ jeldey]

raspberry [ræzbɛri] *n* توت [tu:tt]

rat [ræt] *n* جرذ [ʒurð]

rate [reɪt] *n* معدل [muʕaddal] ▹ *v* يُثَمِن [juθamminu]; **foreign-exchange rate** سِعر الصرف [Se'ar al-ṣ arf]; **interest rate** معدل الفائدة [Moaadal al-faaedah]

rather [ræðər] *adv* إلى حد ما [ʔila ħaddin ma:]

ratio [reɪʃoʊ, -ʃioʊ] *n* نسبة [nisba]

rational [ræʃənəl] *adj* عقلاني [ʕaqla:nij]

rattle [rætəl] *n* خشخيشة الأطفال [Khashkheeshat al-aṭfaal]

rattlesnake [rætəlsneɪk] *n* الأفعى ذات الأجراس [Al-af'aa dhat al-ajraas]

rave [reɪv] *n* هذيان [haðaja:n] ▹ *v* يُربِك [jurbiku]

raven [reɪvən] *n* غراب أسود [Ghorab aswad]

ravenous [rævənəs] *adj* مفترس [muftarisun]

ravine [rəvin] *n* واد عميق وضيق [Wad 'amee'q wa-ḍaye'q]

raw [rɔ] *adj* خام [xa:mun]

razor [reɪzər] *n* موسى الحلاقة [Mosa alḥela'qah]; **razor blade** شفرة حلاقة [Shafrat hela'qah]

reach [ritʃ] *v* يَبْلُغ [jabluɣu]

react [riækt] *v* يَتفاعل [jatafaaʕalu]

reaction [riækʃən] *n* تَفَاعُل [tafa:ʕul]

reactor [riæktər] *n* مُفَاعِل [mufa:ʕil]

read [rid] *v* يَقْرَأ [jaqraʔu]

reader [ridər] *n* قارئ [qa:riʔ]

readily [rɛdɪli] *adv* حالًا [ħa:la:]

reading [ridɪŋ] *n* قراءة [qira:ʔa]

read out *v* يَقْرَأ بصوت مرتفع [Ya'qraa beṣawt mortafe'a]

ready [rɛdi] *adj* متأهب [mutaʔahibun]

ready-to-serve *adj* مطهو [matˤhuwwun]

real [ril] *adj* واقعي [wa:qiʕij]

realistic [riəlɪstɪk] *adj* واقعي [wa:qiʕij]

reality [riælɪti] *n* واقع [wa:qiʕ]; **reality TV** تلفزيون الواقع [Telefezyon al-wa'qe'a]; **virtual reality** واقع افتراضي [Wa'qe'a eftraḍey]

realize [riəlaɪz] *v* يُدْرِك [judriku]

really [riəli] *adv* أحقاً [ħaqqan]

rear [rɪər] *adj* خلفي [xalfij] ▹ *n* مؤخرة الجيش [Mowakherat al-jaysh]; **rearview mirror** مرآة الرؤية الخلفية [Meraah al-roayah al-khalfeyah]

reason [rizən] *n* مُبَرر [mubbarir]

reasonable [rizənəbəl] *adj* معقول [maʕqu:lin]

reasonably [rizənəbli] *adv* على نحو معقول [Ala naḥw ma'a'qool]

reassure [riəʃʊər] *v* يُعْيد طَمْأَنَته [Yo'aeed ṭomaanath]

reassuring [riəʃʊərɪŋ] *adj* مُطمئِن

[mutˤmaʔinun]
rebate [ribeɪt] *n* خَسْم [ħasm]
rebellious [rɪbɛlyəs] *adj* متمرد [mutamarridun]
rebuild [ribɪld] *v* يُعْيد بناء [Yo'aeed benaa]
receipt [rɪsits] *n* وَصْل [wasˤl]
receipts [rɪsit] *npl (money)* إيصالات [ʔiːsˤaːlaːtun]
receive [rɪsiv] *v* يَستلِم [jastalimu]
receiver [rɪsivər] *n (electronic)* جهاز الاستقبال [Jehaz alest'qbal], *(person)* مُستَلِم [mustalim]
recent [risənt] *adj* حديث [ħadiːθun]
recently [risəntli] *adv* حديثاً [ħadiːθan]
reception [rɪsɛpʃən] *n* استقبال [istiqbaːl]
receptionist [rɪsɛpʃənɪst] *n* موظف الاستقبال [mowadhaf al-este'qbal]
recession [rɪsɛʃən] *n* انسحاب [insiħaːb]
recharge [ritʃɑrdʒ] *v* يُعْيد شحن بطارية [Yo'aeed shaḥn baṭareyah]
recipe [rɛsɪpi] *n* وصفة طهي [Waṣfat ṭahey]
recipient [rɪsɪpiənt] *n* مُتَلقٍ [mutalaqi]
reclining [rɪklaɪnɪŋ] *adj* منحني [munħanij]
recognizable [rɛkəgnaɪzəbəl] *adj* ممكن تمييزه [Momken tamyezoh]
recognize [rɛkəgnaɪz] *v* يَتْعَرف على [Yata'araf 'ala]
recommend [rɛkəmɛnd] *v* يُوصي [juːsˤiː]
recommendation [rɛkəmɛndeɪʃən] *n* توصية [tawsˤijja]
reconsider [rikənsɪdər] *v* يُعْيد النظر في [Yo'aeed al-naḍhar fee]
record *n* [rɛkərd] مَحضَر [maħdˤarun] ▷ *v* [rɪkɔrd] يُسجِل [jusaʒʒilu]
recorder [rɪkɔrdər] *n (music)* جهاز التسجيل [Jehaz al-tasjeel], *(scribe)* مُسَجِّل [musaʒʒal]
recording [rɪkɔrdɪŋ] *n* عملية التسجيل ['amalyat al-tasjeel]
recover [rɪkʌvər] *v* يَشفى [juʃfaː]
recovery [rɪkʌvəri] *n* شِفاء [ʃifaːʔ]
recruitment [rɪkrutmənt] *n* توظيف [tawzˤiːf]
rectangle [rɛktæŋgəl] *n* مستطيل [mustatˤiːl]
rectangular [rɛktæŋgyələr] *adj* مستطيل الشكل [Mostaṭeel al-shakl]
rectify [rɛktɪfaɪ] *v* يُعدل [juʕaddilu]
recurring [rɪkɜrɪŋ] *adj* متكرر [mutakarrirun]
recycle [risaɪkəl] *v* يُعْيد استخدام [Yo'aeed estekhdam]
recycling [risaɪkəlɪŋ] *n* إعادة تصنيع [E'aadat taṣnee'a]
red [rɛd] *adj* أحمر [ʔaħmarun]; **red currant** عنب أحمر ['aenab aḥmar]; **red meat** لحم أحمر [Laḥm aḥmar]; **red wine** نبيذ أحمر [nabeedh aḥmar]; **Red Cross** الصليب الأحمر [Al-Ṣaleeb al-aḥmar]; **Red Sea** البحر الأحمر [Al-bahr al-ahmar]; **a bottle of red wine** زجاجة من النبيذ الأحمر [zujaja min al-nabeedh al-aḥmar]
redecorate [ridɛkəreɪt] *v* يُعْيد تزيين [Yo'aeed tazyeen]
red-haired [rɛdhɛərd] *adj* أحمر الشعر [Aḥmar al-sha'ar]
redhead [rɛdhɛd] *n* شَعْر أحمر [Sha'ar ahmar]
redheaded [rɛdhɛdɪd] *adj* بني مائل إلى الحُمرة [banniː maːʔilun ʔila alħumrati]
redo [ridu] *v* يُعْيد عمل الشيء [Yo'aeed 'aamal al-shaya]
reduce [rɪdus] *v* يُخَفِض [juxaffidˤu]
reduction [rɪdʌkʃən] *n* تقليل [taqliːl]
reed [rid] *n* قصبة [qasˤaba]
reel [ril] *n* بَكَرَة [bakara]
refer [rɪfɜr] *v* يُشير إلى [Yosheer ela]
referee [rɛfəri] *n* حَكَم مباريات رياضية [Hosn almaḍhar]
reference [rɛfərəns, rɛfrəns] *n* مرجع [marʒaʕin]; **reference number** رقم مرجعي [Ra'qm marje'ay]
refill [rifɪl] *v* يُعْيد ملء [Yo'aeed mela]
refinery [rɪfaɪnəri] *n* مصفاة معمل التكرير [Meṣfaah ma'amal al-takreer]; **oil refinery** معمل تكرير الزيت [Ma'amal takreer al-zayt]
reflect [rɪflɛkt] *v* يَعْكِس [jaʕkisu]
reflection [rɪflɛkʃən] *n* انعكاس [inʕikaːs]
reflex [riflɛks] *n* رد انعكاسي [Rad en'aekasey]
refreshing [rɪfrɛʃɪŋ] *adj* مُجدد للنشاط [Mojaded lel-nashaṭ]
refreshments [rɪfrɛʃmənts] *npl* وجبة طعام خفيفة [Wajbat ṭ a'aam khafeefah]
refrigerator [rɪfrɪdʒəreɪtər] *n* ثلاجة [θallaːʒa]
refuel [rifyuəl] *v* يُزود بوقود إضافي [juzawwadu biwuquːdin ʔidˤaːfijjin]

refuge [rɛfyudʒ] *n* ملجأ [malʒa]

refugee [rɛfyudʒi] *n* لاجئ [la:ʒiʔ]

refund *n* [rifʌnd]إعادة دفع [E'aadat daf'a] ▹ *v* [rɪfʌnd]يُعْيد مبلغ [juʕjidu mablaɣan]

refusal [rɪfyuzəl] *n* رَفْض [rafdˤ]

refuse *n* [rɛfyus]حثالة [ħuθa:latun] ▹ *v* [rɪfyuz]يَرفُض [jarfudˤu]

regain [rɪgeɪn] *v* يَستعيد [jastaʕi:du]

regard [rɪgɑrd] *n* اهتمام [ihtima:m] ▹ *v* يَعتبر [jaʕtabiru]

regiment [rɛdʒɪmənt] *n* فوج [fawʒu]

region [ridʒən] *n* إقليم [iqli:m]

regional [ridʒənəl] *adj* إقليمي [iqli:mij]

register [rɛdʒɪstər] *n* سِجل [siʒʒil] ▹ *v* يُسجِل [jusaʒʒilu]; **cash register** دُرج النقود [Dorj al-no'qood], ماكينة تسجيل الكاش [Makenat tasjeel al-kaash]

registered [rɛdʒɪstərd] *adj* مُسَجَل [mussaʒalun]

registration [rɛdʒɪstreɪʃən] *n* تسجيل [tasʒi:lu]

regret [rɪgrɛt] *n* نَدَم [nadima] ▹ *v* يأسف [jaʔsafu]

regular [rɛgyələr] *adj* مُعتاد [muʕta:dun]

regularly [rɛgyələrli] *adv* بانتظام [bentedham]

regulation [rɛgyəleɪʃən] *n* تنظيم [tanzˤi:m]

rehearsal [rɪhɜrsəl] *n* بروفة [bru:fa]

rehearse [rɪhɜrs] *v* يُكَرِر [jukariru]

reimburse [riɪmbɜrs] *v* يُعوِّض عن [Yo'awed 'an]

reindeer [reɪndɪər] *n* حيوان الرنة [ħajawa:nu arrannati]

reins [reɪnz] *npl* لِجَام [liʒa:mun]

reject [rɪdʒɛkt] *v* يَأْبى [jaʔba:]

relapse [rɪlæps] *n* انتكاسة [intika:sa]

related [rɪleɪtɪd] *adj* مرتبط [murtabitˤun]

relation [rɪleɪʃən] *n* علاقة [ʕala:qa]; **public relations** علاقات عامة ['ala'qat 'aamah]

relationship [rɪleɪʃənʃɪp] *n* علاقة [ʕala:qa]; **Sorry, I'm in a relationship** آسف، أنا على علاقة بأحد الأشخاص [ʔa:sifun ʔana: ʕala: ʕila:qatin biʔaħadin alʔaʃxa:sˤi]

relative [rɛlətɪv] *n* قريب [qari:b]

relatively [rɛlətɪvli] *adv* نسبيًا [nisbijan]

relax [rɪlæks] *v* يَسترخِي [jastarxi:]

relaxation [rilækseɪʃən] *n* استرخاء [istirxa:ʔ]

relaxed [rɪlækst] *adj* مستريح [mustri:ħun]

relaxing [rɪlæksɪŋ] *adj* يساعد على الراحة [Yosaed ala al-rahah]

relay [rileɪ] *n*; **relay race** تناوب [tana:wubun]

release [rɪlis] *n* إطلاق [ʔitˤla:q] ▹ *v* يُطلق سراح [Yoṭle'q sarah]

relegate [rɛlɪgeɪt] *v* يُبْعِد [jubʕidu]

relevant [rɛləvənt] *adj* وثيق الصلة [Wathee'q al-ṣelah]

reliable [rɪlaɪəbəl] *adj* موثوق به [Mawthoo'q beh]

relief [rɪlif] *n* راحة [ra:ħa]

relieve [rɪliv] *v* يُخفِف [juxafiffu]

relieved [rɪlivd] *adj* مرتاح [murta:ħun]

religion [rɪlɪdʒən] *n* دِينْ [dajn]

religious [rɪlɪdʒəs] *adj* ديني [di:nij]

reluctant [rɪlʌktənt] *adj* ممانع [muma:niʕun]

reluctantly [rɪlʌktəntli] *adv* على مضض ['Ala maḍaḍ]

rely [rɪlaɪ] *v*; **rely on** يُعَوِل على [yo'awel 'ala]

remain [rɪmeɪn] *v* يَبقى [jabqa:]

remaining [rɪmeɪnɪŋ] *adj* متبقي [mutabaqij]

remains [rɪmeɪnz] *npl* بقايا [baqa:ja:]

remake [rimeɪk] *n* إعادة صُنْع [E'aadat taṣnea'a]

remark [rɪmɑrk] *n* ملاحظة [mula:ħazˤa]

remarkable [rɪmɑrkəbəl] *adj* جدير بالملاحظة [Jadeer bel-molahaḍhah]

remarkably [rɪmɑrkəbli] *adv* رائعاً [ra:ʔiʕan]

remarry [rimæri] *v* يَتَزوج ثانية [Yatazawaj thaneyah]

remedy [rɛmədi] *n* دواء [dawa:ʔ]

remember [rɪmɛmbər] *v* يَتَذكر [jataðakkaru]

remind [rɪmaɪnd] *v* يُذكِّر [juðakkiru]

reminder [rɪmaɪndər] *n* رسالة تذكير [Resalat tadhkeer]

remorse [rɪmɔrs] *n* ندم [nadam]

remote [rɪmoʊt] *adj* ضئيل [dˤaʔijlun]; **remote control** التحكم عن بعد [Al-taḥakom an bo'ad]

remotely [rɪmoʊtli] *adv* عن بُعْد ['an bo'ad]

removable [rɪmuvəbəl] *adj* قابل للنقل ['qabel lel-na'ql]

removal [rɪmuvəl] *n* إزالة [ʔiza:la]

remove [rɪmuv] *v* يُزِيل [juzi:lu]

remover [rɪmuvər] *n*; **nail-polish remover** مزيل طلاء الأظافر [Mozeel ṭalaa al-aḍhafer]

rendezvous [rɒndeɪvu] *n* مَوْعِد [mawʕid]
renew [rɪnu] *v* يُجَدِد [juʒaddidu]
renewable [rɪnuəbəl] *adj* ممكن تجديده [Momken tajdedoh]
renovate [rɛnəveɪt] *v* يُرمِم [jurammimu]
renowned [rɪnaund] *adj* شهير [ʃahi:run]
rent [rɛnt] *n* إيجار [ʔjʒa:r] ▷ *v* يُؤَجِر [juʔaʒʒiru]; **rented car** سيارة مستأجرة [Sayarah mostaajarah]; **I'd like to rent a room** أريد غرفة للإيجار [areed ghurfa lil-eejar]
rental [rɛntəl] *n* الأجرة [alʔuʒrati]; **car rental** إيجار سيارة [Ejar sayarah], تأجير سيارة [Taajeer sayarah]; **rental car** سيارة إيجار [Sayarah eejar], استئجار سيارة [isti-jar sayara]
reorganize [riɔrgənaɪz] *v* يُعْيد تنظيم [Yo'aeed tanḍheem]
repair [rɪpɛər] *n* تصليح [tasˤli:ħ] ▷ *v* يُصلح [jusˤliħu]; **repair kit** عدة التصليح ['aodat altaṣleeh]; **Can you repair it?** هل يمكن تصليحها؟ [hal yamken taṣleeḥ-aha?]; **Can you repair my watch?** هل يمكن تصليح ساعتي؟ [hal yamken taṣleeḥ sa'aaty?]; **Can you repair this?** هل يمكن تصليح هذه؟ [hal yamken taṣleeḥ hadhy?]; **How long will it take to repair?** كم من الوقت يستغرق تصليحها؟ [kam min al-wa'qt yast-aghri'q taṣle-ḥaha?]; **How much will the repairs cost?** كم تكلفة التصليح؟ [kam taklifat al-taṣleeḥ?]; **Where can I get this repaired?** أين يمكنني تصليح هذه الحقيبة؟ [ayna yamken-any taṣleeḥ hadhe al-ḥa'qeba?]
repay [rɪpeɪ] *v* يَفي [jafi:]
repayment [rɪpeɪmənt] *n* سَداد [sadda:d]
repeat [rɪpit] *n* تكرار [tikra:r] ▷ *v* يُعيد [juʕi:du]
repeatedly [rɪpitɪdli] *adv* على نحوِ متكرر ['aala nahw motakarer]
repellent [rɪpɛlənt] *adj* طَارِد [tˤa:ridun]; **insect repellent** طارد للحشرات [Ṭared lel-ḥasharat]
repercussions [ripərkʌʃənz] *npl* تبعِيَّات [tabaʕijja:tun]
repetitive [rɪpɛtɪtɪv] *adj* تكراري [tikra:rij]
replace [rɪpleɪs] *v* يَستبدل [jastabdilu]
replacement [rɪpleɪsmənt] *n* استبدال [istibda:l]
replay *n* [ripleɪ]إعادة تشغيل [E'aadat tashgheel] ▷ *v* [ripleɪ]يُعْيد تشغيل [Yo'aeed tashgheel]
replica [rɛplɪkə] *n* نسخة مطابقة [Noskhah moṭe'qah]
reply [rɪplaɪ] *n* رَدّ [radd] ▷ *v* يُجيب [juʒi:bu]
report [rɪpɔrt] *n* تقرير [taqri:r] ▷ *v* يُبْلغ [juballiɣu]; **report card** تقرير مدرسي [Ta'qreer madrasey]
reporter [rɪpɔrtər] *n* مُحَقّق [muħaqqiq]
represent [rɛprɪzɛnt] *v* يُمَثل [jumaθθilu]
representative [rɛprɪzɛntətɪv] *adj* نائب [na:ʔibbun] ▷ *n* نسيج مضلع [Naseej moḍala'a]
reproduction [riprədʌkʃən] *n* إعادة إنتاج [E'adat entaj]
reptile [rɛptaɪl, -tɪl] *n* زواحف [zawa:ħif]
republic [rɪpʌblɪk] *n* جمهورية [ʒunmhu:rijjati]
repulsive [rɪpʌlsɪv] *adj* مثير للاشمئزاز [Mother lel-sheazaz]
reputable [rɛpyətəbəl] *adj* حسن السمعة [Ḥasen al-som'aah]
reputation [rɛpyəteɪʃən] *n* سُمعة [sumʕa]
request [rɪkwɛst] *n* مطلب [matˤlab] ▷ *v* يَلْتَمِس [jaltamisu]
require [rɪkwaɪər] *v* يَتَطْلَب [jatatˤallabu]
requirement [rɪkwaɪərmənt] *n* مَطْلَب [matˤlab]
rescue [rɛskyu] *n* إنقاذ [ʔinqa:ð] ▷ *v* يُنْقِذ [junqiðu]; **Where is the nearest mountain rescue station?** أين يوجد أقرب مركز لخدمة الإنقاذ بالجبل؟ [ayna yujad a'qrab markaz le-khedmat al-en-'qaadh bil-jabal?]
research [rɪsɜrtʃ, risɜrtʃ] *n* بَحْثٌ دراسي [Bahth derasy]; **market research** دراسة السوق [Derasat al-soo'q]
resemblance [rɪzɛmbləns] *n* شبه [ʃibhu]
resemble [rɪzɛmbəl] *v* يُشْبه [juʃabbihu]
resent [rɪzɛnt] *v* يَمْتَعِض [jamtaʕidˤu]
resentful [rɪzɛntfəl] *adj* مُستاء [musta:ʔun]
reservation [rɛzərveɪʃən] *n* تحَفظ [taħafuzˤin], حجز [ħaʒz]; **advance reservation** حجز مقدم [Hajz mo'qadam]; **Can I change my reservation?** هل يمكن أن أغير الحجز الذي قمت به؟ [hal yamken an aghyir al-ḥajiz al-ladhy 'qumt behe?]; **I have a reservation** لدي حجز [la-daya ḥajiz]; **I have a seat reservation** لقد قمت بحجز المقعد [la'qad 'qimto be-ḥajis

al-ma'q'aad]; **I want to cancel my reservation** أريد إلغاء الحجز الذي قمت به؟ [areed el-ghaa al-ḥajiz al-ladhy 'qumto behe]; **I'd like to make a reservation for seven-thirty for two people** أريد عمل حجز لشخصين في الساعة السابعة والنصف [areed 'aamal ḥajiz le-shakhṣiyn fee al-sa'aa al-sabi'aa wal-niṣf]

reserve [rɪzɜrv] *n (retention)* احتياطي [ʔiħtijja:tˤij] ▸ *v* يَحجِز [jaħʒizu], يَحْتَفِظ [jaħtafizˤu]

reserved [rɪzɜrvd] *adj* محجوز [maħʒu:zun]

reservoir [rɛzərvwɑr] *n* خزان [xazza:nu]

resident [rɛzɪdənt] *n* مُقِيم [muqi:m]

residential [rɛzɪdɛnʃəl] *adj* سَكني [sakanij]

resign [rɪzaɪn] *v* يَستقيل [jastaqi:l]

resin [rɛzɪn] *n* مادة الراتينج [Madat al-ratenj]

resist [rɪzɪst] *v* يُقاوِم [juqa:wimu]

resistance [rɪzɪstəns] *n* مقاومة [muqa:wama]

resolution [rɛzəluʃən] *n* تصميم [tasˤmi:m]

resort [rɪzɔrt] *n* منتجع [muntaʒaʕ]; **resort to** لجأ إلى [Lajaa ela]

resource [risɔrs] *n* مَورِد [mu:rad]; **natural resources** موارد طبيعية [Mawared ṭabe'aey]

respect [rɪspɛkt] *n* احترام [iħtira:m] ▸ *v* يَحترم [jaħatarimu]

respectable [rɪspɛktəbəl] *adj* محترم [muħtaramun]

respectively [rɪspɛktɪvli] *adv* على الترتيب [Ala altarteeb]

respond [rɪspɒnd] *v* يَستجيب [jastaʒi:bu]

response [rɪspɒns] *n* استجابة [istiʒa:ba]

responsibility [rɪspɒnsɪbɪlɪti] *n* مسؤولية [masʔuwlijja]

responsible [rɪspɒnsɪbəl] *adj* مسؤول [masʔu:lun]

rest [rɛst] *n* راحة [ra:ħa] ▸ *v* يَستريح [jastari:ħu]; **rest area** مكان انتظار [Makan enteḍhar]

restaurant [rɛstərənt, -tərɑnt, -trɑnt] *n* مطعم [matˤʕam]

restful [rɛstfəl] *adj* مُريح [muri:ħun]

restless [rɛstlɪs] *adj* قلق [qalaqun]

restore [rɪstɔr] *v* يَسْتَرِد [jastariddu]

restrict [rɪstrɪkt] *v* يُقَيِّد [juqajjidu]

restroom [rɛstrum, -rʊm] *n*; **Are there any restrooms for disabled people?** هل توجد حمامات مناسبة للمعاقين؟ [hal tojad ḥama-maat muna-seba lel-mu'aa'qeen?]; **Can I use the restroom?** هل يمكن أن استعمل الحمام؟ [hal yamken an asta'a-mil al-ḥam-maam?]; **Is there a restroom on the bus?** هل هناك حمام في الأتوبيس؟ [hal hunaka ḥamaam fee al-oto-bees?]; **Where are the restrooms?** أين توجد دورات المياه؟ [ayna tojad dawraat al-meaa?]

restructure [ristrʌktʃər] *v* يُعْيد إنشاء [juʕjidu ʔinʃa:ʔa]

result [rɪzʌlt] *n* نتيجة [nati:ʒa] ▸ *v* يَنْجُم عن [Yanjam 'an]

resume [rɪzum] *v* يَستعيد [jastaʕi:du]

retail [riteɪl] *n* بيع بالتجزئة [Bay'a bel- tajzeaah] ▸ *v* يَبْيع بالتجزئة [Yabea'a bel-tajzeaah]; **retail price** سعر التجزئة [Se'ar al-tajzeah]

retailer [riteɪlər] *n* بائع تجزئة [Bae'a tajzeah]

retake [riteɪk] *v* يَجْلِس مرة أخرى [Yajles marrah okhra]

retire [rɪtaɪər] *v* يَتقاعد [jataqa:ʕidu]

retired [rɪtaɪərd] *adj* متقاعد [mutaqa:ʕidun]

retirement [rɪtaɪərmənt] *n* تقاعد [taqa:ʕud]

retrace [rɪtreɪs] *v* يعود من حيث أتى [jaʕu:du min ħajθi ʔata:]

return [rɪtɜrn] *n (coming back)* عَوْدة [ʕawda], *(yield)* عائد [ʕa:ʔid] ▸ *vi* يُعْيد [juʕi:du]; **tax return** إقرار ضريبي [E'qrar ḍareeby]

reunion [riyunion] *n* اجتماع الشمل [Ejtem'a alshaml]

reuse [riyuz] *v* يُعْيد استخدام [Yo'aeed estekhdam]

reveal [rɪvil] *v* يبوح ب [Yabooḥ be]

revenge [rɪvɛndʒ] *n* انتقام [intiqa:m]

revenue [rɛvənyu] *n* إيراد [ʔi:ra:d]

reverse [rɪvɜrs] *n* النقيض [anaqi:dˤu] ▸ *v* يَقْلِب [jaqlibu]

review [rɪvyu] *n* اطلاع [itˤila:ʕ]

revise [rɪvaɪz] *v* يُراجِع [jura:ʒiʕu]

revision [rɪvɪʒən] *n* مراجعة [mura:ʒaʕa]

revive [rɪvaɪv] *v* يُنَشِط [junaʃʃitˤ]

revolting [rɪvoʊltɪŋ] *adj* ثائر [θa:ʔirun]

revolution [rɛvəluʃən] *n* ثورة [θawra]
revolutionary [rɛvəluʃənɛri] *adj* ثوري [θawrij]
revolver [rɪvɒlvər] *n* سلاح ناري [Selaḥ narey]
reward [rɪwɔrd] *n* مكافأة [muka:faʔa]
rewarding [rɪwɔrdɪŋ] *adj* مُجْزي [muʒzi:]
rewind [riwaɪnd] *v* يُعْيد اللف [juʕjidu allaf]
rheumatism [rumətɪzəm] *n* روماتيزم [ru:ma:ti:zmu]
rhubarb [rubɑrb] *n* عشب الراوند ['aoshb al-rawend]
rhyme [raɪm] *n*; **nursery rhyme** أغنية أطفال [Aghzeyat aṭfaal]
rhythm [rɪðəm] *n* الإيقاع [ʔal-ʔi:qa:ʕu]
rib [rɪb] *n* ضِلْع [dˤilʕ]
ribbon [rɪbən] *n* وِشاح [wiʃa:ħ]
rice [raɪs] *n* أُرْز [ʔurz]; **brown rice** أرز أسمر [Orz asmar]
rich [rɪtʃ] *adj* غني [ɣanij]
ride [raɪd] *n* رَكْبَة [runkbatu], *(free ride)* توصيلة مجانية [tawṣeelah majaneyah] ▷ *v* يَركَب [jarkabu]
rider [raɪdər] *n* راكب [ra:kib]
ridiculous [rɪdɪkyələs] *adj* تافه [ta:fihun]
riding [raɪdɪŋ] *n* ركوب [ruku:b]; **horseback riding** ركوب الخيل [Rekoob al-khayl]
rifle [raɪfəl] *n* بندقية [bunduqijja]
rig [rɪg] *n* جهاز حفر [Jehaz hafr]; **oil rig** جهاز حفر آبار النفط [Gehaz ḥafr abar al-naft]
right [raɪt] *adj (correct)* صحيح [sˤaħi:ħun], *(not left)* يمين [jami:nun] ▷ *adv* بطريقة صحيحة [Be-ṭaree'qah ṣaḥeeḥah] ▷ *n* حق [ħaq]; **civil rights** حقوق مدنية [Ḥo'qoo'q madaneyah]; **human rights** حقوق الإنسان [Ho'qoo'q al-ensan]; **right angle** زاوية يُمنى [Zaweyah yomna]; **right of way** حق المرور [Ha'q al-moror]; **It wasn't your right of way** لم تكن تسير في الطريق الصحيح [lam takun ta-seer fee al-ṭaree'q al-ṣaḥeeḥ]; **This isn't cooked right** ليس مطهي بشكلٍ صحيح [laysa maṭ-hee be-shakel ṣaḥeeḥ]; **Turn right** اتجه نحو اليمين [Etajeh anḥw al-yameen]; **Turn right at the next intersection** اتجه نحو اليمين عند التقاطع الثاني [Etajeh naḥw al-yameen]
right-hand *adj* على اليمين [Ala al-yameen]; **right-hand drive** عجلة القيادة اليمنى ['aajalat al-'qeyadah al-yomna]
right-handed [raɪthændɪd] *adj* أيمن [ʔajmanun]
rightly [raɪtli] *adv* بشكل صحيح [Beshakl ṣaheeh]
right-wing *adj* جناح أيمن [Janah ayman]
rim [rɪm] *n* إطار [ʔitˤa:r]
ring [rɪŋ] *n* خاتم [xa:tam] ▷ *v* يَدُق [jaduqu]; **engagement ring** خاتم الخطوبة [Khatem al-khotobah]; **ring binder** ملف له حلقات معدنية لتثبيت الورق [Malaf lah ḥala'qaat ma'adaneyah letathbeet al-wara'q]; **wedding ring** خاتم الزواج [Khatem al-zawaj]
ringtone [rɪŋtoun] *n* نغمة الرنين [Naghamat al-raneen]
rink [rɪŋk] *n* حلبة [ħalaba]; **ice rink** حلبة من الجليد الصناعي [Ḥalabah men aljaleed alṣena'aey]; **skating rink** حلبة تَزَلّج [Ḥalabat tazaloj]
rinse [rɪns] *n* شَطْف [ʃatˤf] ▷ *v* يَشْطُف [jaʃtˤufu]
riot [raɪət] *n* شَغْبْ [ʃaɣab] ▷ *v* يُشاغِب [juʃa:ɣibu]
rip [rɪp] *v* يَشق [jaʃuqqu]
ripe [raɪp] *adj* ناضج [na:dˤiʒun]
rip off *v* يَسرِق عَلانيةً [Yasre'q 'alaneytan]
rip-off [rɪpɔf] *n* سرقة [sariqa]
rip up *v* يمزق [jumazziqu]
rise [raɪz] *n* صعود [sˤuʕu:d] ▷ *v* يَرْتَفِع [jartafiʕu]
risk [rɪsk] *n* مخاطرة [muxa:tˤara] ▷ *v* يُجازف [juʒazifu]
risky [rɪski] *adj* محفوف بالمخاطر [Maḥfoof bel-makhaater]
ritual [rɪtʃuəl] *adj* شعائري [ʃaʕa:ʔirij] ▷ *n* شَعِيرة [ʃaʕi:ra]
rival [raɪvəl] *adj* منافس [muna:fisun] ▷ *n* خِصْم [xasˤm]
rivalry [raɪvəlri] *n* تنافس [tana:fus]
river [rɪvər] *n* نهر [nahr]; **Can you swim in the river?** أيمكن السباحة في النهر؟ [a-yamkun al-sebaḥa fee al-naher?]
road [roud] *n* طريق [tˤari:q]; **main road** طريق رئيسي [ṭaree'q raeysey]; **road map** خريطة الطريق [Khareeṭat al-ṭaree'q]; **road rage** مشاحنات على الطريق [Moshahanaat ala al-ṭaree'q]; **road sign** لافتة طريق [Lafetat ṭaree'q]; **road work** أعمال الطريق [a'amal alṭ aree'q]; **Are the roads icy?** هل توجد ثلوج على

الطريق؟ [hal tojad thilooj 'ala al- ṯaree'q?]; **Do you have a road map of this area?** هل يوجد خريطة طريق لهذه المنطقة؟ [hal yujad khareeṭat ṯaree'q le-hadhy al-manṯa'qa?]; **I need a road map of...** أريد خريطة الطريق لـ... [areed khareeṯat al-ṯaree'q le...]; **Is the road to... covered with snow?** هل توجد ثلوج على الطريق المؤدي إلى... [hal tojad thilooj 'ala al- ṭaree'q al-muad-dy ela...?]; **What's the speed limit on this road?** ما هي أقصى سرعة مسموح بها على هذا الطريق؟ [ma heya a'qṣa sur'aa masmooḥ beha 'aala hatha al- ṯaree'q?]; **Which road do I take for...?** ما هو الطريق الذي يؤدي إلى... ؟ [ma howa al-ṯaree'q al-lathy yo-aady ela...?]

roadblock [roʊdblɒk] *n* متراس [mutara:sin]

roast [roʊst] *adj* محمص [muħamasˤsˤun]

rob [rɒb] *v* يَسْلب [jaslubu]

robber [rɒbər] *n* سارق [sa:riq]

robbery [rɒbəri] *n* سطو [satˤw]

robin [rɒbɪn] *n* طائر أبو الحناء [Ṭaaer abo elḥnaa]

robot [roʊbət, -bɒt] *n* إنسان آلي [Ensan aly]

rock [rɒk] *n* صخرة [sˤaxra] ▹ *v* يَتأرجح [jataʔarʒaħu]; **rock climbing** تسلق الصخور [Tasalo'q alṣokhoor]

rocket [rɒkɪt] *n* صاروخ [sˤa:ru:xin]

rod [rɒd] *n* قضيب [qadˤi:b]

rodent [roʊdənt] *n* القارض [al-qa:ridˤi]

role [roʊl] *n* دَور [dawr]

roll [roʊl] *n* خبز ملفوف [Khobz malfoof], لَفّة [laffa] ▹ *v* يَلِف [jalifu]; **roll call** تَفَقُّد الحضور [Tafa'qod al-ḥoḍor]

roller [roʊlər] *n* اسطوانة [ustˤuwa:na]

rollercoaster [roʊlərkoʊstər] *n* سكة حديد بالملاهي [Sekat ḥadeed bel-malahey]

rollerskates [roʊlərskeɪts] *npl* مزلجة بعجل [Mazlajah be-'aajal]

rollerskating [roʊlərskeɪtɪŋ] *n* تَزَلُّج على العجل [Tazaloj 'ala al-'ajal]

Roman [roʊmən] *adj* روماني [ru:ma:nij]; **Roman Catholic** روماني كاثوليكي [Romaney katholeykey], شخص روماني كاثوليكي [shakhṣ romaney katholeekey]

romance [roʊmæns, roʊmæns] *n* رومانسية [ru:ma:nsijja]

Romanesque [roʊmənɛsk] *adj* طراز رومانسيكي [Ṭeraz romanseekey]

Romania [roʊmeɪniə] *n* رومانيا [ru:ma:njja:]

Romanian [roʊmeɪniən] *adj* روماني [ru:ma:nij] ▹ *n (language)* اللغة الرومانية [Al-loghah al-romanyah], *(person)* روماني الجنسية [Romaney al jenseyah]

romantic [roʊmæntɪk] *adj* رومانسي [ru:ma:nsij]

roof [ruf] *n* سَطح المبنى [Saṭh al-mabna]

roof rack *n* رَف السقف [Raf alsa'qf]

room [rum] *n* غرفة [ɣurfa]; **changing room** غرفة تبديل الملابس [Ghorfat tabdeel al-malabes], غرفة القياس [ghorfat al-'qeyas]; **dining room** غرفة طعام [ghorat ṭa'aam]; **double room** غرفة مزدوجة [Ghorfah mozdawajah]; **living room** غرفة المعيشة [ghorfat al-ma'aeshah], حجرة المعيشة [Ḥojrat al-ma'aeshah]; **men's room** دَوْرة مياه للرجال [Dawrat meyah lel-rejal]; **room number** رقم الغرفة [Ra'qam al-ghorfah]; **room service** خدمة الغرف [Khedmat al-ghoraf]; **single room** غرفة لشخص واحد [ghorfah le-shakhṣ wahed]; **spare room** غرفة إضافية [ghorfah eḍafeyah]; **twin-bedded room** غرفة مزودة بأسرة مزدوجة [Ghorfah mozawadah be-aserah mozdawajah]; **utility room** غرفة خدمات [ghorfat khadamat]; **waiting room** غرفة انتظار [Ghorfat enteḍhar]; **Do you have a room for tonight?** هل لديكم غرفة شاغرة الليلة؟ [hal ladykum ghurfa shaghera al-layla?]; **Does the room have air conditioning?** هل هناك تكييف هواء بالغرفة [hal hunaka takyeef hawaa bil-ghurfa?]; **How much is the room?** كم تبلغ تكلفة الإقامة بالغرفة؟ [kam tablugh taklifat al-e'qama bil-ghurfa?]; **I need a room with wheelchair access** أحتاج إلى غرفة يمكن الوصول إليها بكرسي المقعدين المتحرك [aḥtaaj ela ghurfa yamkun al-wi-ṣool e-layha be-kursi al-mu'q'aadeen al-mutaḥarek]; **I reserved a room in the name of...** لقد قمت بحجز غرفة باسم... [La'qad 'qomt behajz ghorfah besm...]; **I want to reserve a double room** أريد حجز غرفة لشخصين [areed ḥajiz ghurfa le-shakhiṣ-yen]; **I'd like a no smoking room** أريد غرفة غير مسموح فيها بالتدخين [areed ghurfa ghyer masmooḥ feeha bil-tadkheen]; **I'd like a room with a view of the sea** أريد غرفة تطل على البحر [areed ghurfa ta-ṭul 'aala al-baḥir]; **I'd like to rent a room** أريد غرفة للإيجار [areed ghurfa lil-eejar]; **The room is too cold** هذه الغرفة باردة أكثر من اللازم [hathy al-ghurfa barda ak-thar min al-laazim]; **There's a problem with the room** هناك مشكلة ما في الغرفة [Honak moshkelatan ma fel-ghorfah]; **Where are the fitting rooms?** أين توجد غرفة تغيير الملابس؟ [ayna tojad ghurfat taghyeer al-malabis?]

roommate [rummeɪt] *n* رفيق الحجرة [Refee'q al-hohrah]

rooster [rustər] *n* دِّيك [di:k]

root [rut] *n* جِذر [ʒiðr]

rope [roup] *n* حَبْل [ħabl]

rope in *v* يَستَعين بمساعدة شخص ما [jastaʕi:nu bimusa:ʕadatin ʃaxsʕin ma:]

rose [rouz] *n* وردة [warda]

rosé [rouzeɪ] *n* نبيذ أحمر [nabeedh aḥmar]

rosemary [rouzmɛəri] *n* إكليل الجبل [Ekleel al-jabal]

rot [rɒt] *v* يَتْعِفَن [jataʕaffanu]

rotary [routəri] *n* طريق ملتو [ṭaree'q moltawe]

rotten [rɒtən] *adj* نتن [natinun]

rouge [ruʒ] *n* أحمر خدود [Ahmar khodod]

rough [rʌf] *adj* خشن [xaʃinun]

roughly [rʌfli] *adv* بقسوة [Be'qaswah]

roulette [rulɛt] *n* روليت [ru:li:t]

round [raund] *adj* مستدير [mustadi:run] ▹ *n (circle)* حلقة [ħalaqa], *(series)* دائرة [da:ʔira]; **one-day round-trip ticket** تذكرة ذهاب وعودة في نفس اليوم [tadhkarat dhehab we-'awdah fee nafs al-yawm]; **round trip** رحلةانكفائية [Reḥlah enkefaeyah]; **round-trip ticket** تذكرة إياب [tadhkarat eyab]

round up *v* يُجَمِع [juʒamiʕu]

route [rut, raut] *n* مسلك [maslak]; **paper route** طريق توزيع الصحف [ṭaree'q tawze'a al-ṣohof]

routine [rutin] *n* روتين [ru:ti:n]

row [rou] *n (line)* رُتبة [rutba] ▹ *v (in boat)* يُجدِف [juʒaddifu]

rowboat [roubout] *n* قارب تجديف ['qareb tajdeef]

rowing [rouɪŋ] *n* تجديف [taʒdi:f]

row house [rou haus] *n* شُرفة مكشوفة [Shorfah makshofah]

royal [rɔɪəl] *adj* مَلَكي [milki:]

rub [rʌb] *v* يَحُكْ [jaħukku]

rubber [rʌbər] *n* ممحاة [mimħa:t]; **rubber band** رباط مطاطي [rebaṭ maṭaṭey], شريط مطاطي [shareeṭ maṭaṭey]; **rubber boots** حذاء برقبة [Hedhaa be-ra'qabah]; **rubber gloves** قفازات مطاطية ['qoffazat maṭaṭeyah]

rude [rud] *adj* وقح [waqiħu]

rug [rʌg] *n* سجادة [saʒa:dda]

rugby [rʌgbi] *n* رياضة الرَّكْبي [Reyaḍat al-rakbey]

ruin [ruɪn] *n* خراب [xara:b] ▹ *v* يُدَمِر [judammir]

rule [rul] *n* حُكم [ħukm]

rule out *v* يستبعد [justabʕadu]

ruler [rulər] *n (commander)* حاكم [ħa:kim], *(measure)* مسطرة [mistʕara]

rum [rʌm] *n* شراب الرّم [Sharab al-ram]

rumor [rumər] *n* إشاعة [ʔiʃa:ʕa]

run [rʌn] *n* عَدْو [ʕaduww] ▹ *vi* يَجْري [jaʒri:] ▹ *vt* يُدير [judi:ru]

run away *v* يَهْرُب [jahrubu]

runner [rʌnər] *n* عدَّاء [ʕadda:ʔ]; **scarlet runner bean** فاصوليا خضراء متعرشة [faṣoleya khadraa mota'aresha]

runner-up *n* الحائز على المرتبة الثانية [Al-ḥaez ala al-martabah al-thaneyah]

running [rʌnɪŋ] *n* مستمر [mustamirr]

run out of *v* يَستنفِذ [jastanfiðu]

run over *v* يطفح [jatʕaħu]

runway [rʌnweɪ] *n* مَدْرَج [madraʒ]

rural [ruərəl] *adj* ريفي [ri:fij]

rush [rʌʃ] *n* اندفاع [indifa:ʕ] ▹ *v* يَنْدَفِع [jandafiʕu]; **rush hour** وَقْت الذروة [Wa'qt al-dhorwah]

Russia [rʌʃə] *n* روسيا [ru:sja:]

Russian [rʌʃən] *adj* روسي [ru:sij] ▹ *n (language)* اللغة الروسية [Al-loghah al-roseyah], *(person)* روسي الجنسية [Rosey al-jenseyah]

rust [rʌst] *n* صدأ [sʕada]

rusty [rʌsti] *adj* صدِئ [sʕadiʔun]

rutabaga [rutəbeɪgə] *n* اللّفْت السويدي [Al-left al-sweedey]

ruthless [ruθlɪs] *adj* قاس [qa:sin]

rye [raɪ] *n* نبات الجاودار [Nabat al-jawdar]

S

Sabbath [sæbəθ] *n* يوم الراحة [Yawm al-raḥah]

sabotage [sæbətɑʒ] *n* عمل تخريبي ['amal takhreeby] ▹ *v* يُخَرِّب [juxxribu]

sachet [sæʃeɪ] *n* ذرور معطر [Zaroor mo'aṭar]

sack [sæk] *n (container)* كيس [ki:s]

sacred [seɪkrɪd] *adj* ديني [di:nij]

sacrifice [sækrɪfaɪs] *n* يُضَحي [judˤaħħi:]

sad [sæd] *adj* حزين [ħazi:nu]

saddle [sædəl] *n* سرج [sarʒ]

saddlebag [sædəlbæg] *n* حقيبة سِرْج الحصان [Ha'qeebat sarj al-hoṣan]

sadly [sædli] *adv* بحُزْن [Beḥozn]

safari [səfɑri] *n* رحلة سفاري [Reḥlat safarey]

safe [seɪf] *adj* آمِنْ [ʔa:miun] ▹ *n* خزينة [xazi:na]; **I have some things in the safe** لقد وضعت بعض الأشياء في الخزينة [la'qad waḍa'ato ba'aḍ al-ash-ya fe al-khazeena]; **I'd like to put my jewelry in the safe** أريد أن أضع مجوهراتي في الخزينة [areed an aḍa'a mujaw-haraty fee al-khazeena]; **Put that in the safe, please** ضع هذا في الخزينة من فضلك [ḍa'a hadha fee al-khazena, min faḍlak]

safety [seɪfti] *n* سلامة [sala:ma]; **safety belt** حزام الأمان [Hezam al-aman]; **safety pin** دبوس أمان [Daboos aman]

saffron [sæfrən] *n* نبات الزعفران [Nabat al-za'afaran]

Sagittarius [sædʒɪtɛəriəs] *n* كوكبة القوس والرامي [Kawkabat al-'qaws wa alramey]

Sahara [səhærə] *n* الصحراء الكبرى [Al-ṣaḥraa al-kobraa]

sail [seɪl] *n* شِراع [ʃira:ʕ] ▹ *v* يُبحِر [jubħiru]

sailboat [seɪlbout] *n* قارب ابحار ['qareb ebḥar]

sailing [seɪlɪŋ] *n* الإبحار [al-ʔibħa:ri]

sailor [seɪlər] *n* بحّار [baħħa:r]

saint [seɪnt] *n* قدّيس [qiddi:s]

salad [sæləd] *n* سَلاطة [sala:tˤa]; **mixed salad** سلاطة مخلوطة [Salata makhloṭa]; **salad dressing** صلصة السلطة [Ṣalṣat al-salata]

salami [səlɑmi] *n* طعام السالامي [Ṭa'aam al-salamey]

salary [sæləri] *n* راتب [ra:tib]

sale [seɪl] *n* بيع [bajʕ]; **sales assistant** مساعد المبيعات [Mosa'aed al-mobee'aat]; **sales rep** مندوب مبيعات [Mandoob mabee'aat]

saleslady [seɪlzleɪdi] *n* مندوبة مبيعات [Mandoobat mabee'aat]

salesman [seɪlzmən] *n* مندوب مبيعات [Mandoob mabee'aat]

salesperson [seɪlzpɜrsən] *n* مساعد في متجر [Mosa'aed fee matjar], مندوب مبيعات [Mandoob mabee'aat]

saliva [səlaɪvə] *n* لُعَاب [luʕa:b]

salmon [sæmən] *n* سمك السلمون [Samak al-salmon]

salt [sɔlt] *n* مِلحْ [milħ]

saltwater [sɔltwɒtər] *adj* ماء ملحي [Maa mel'ḥey]

salty [sɔlti] *adj* مملح [mumallaħun]

salute [səlut] *v* يُحَيّي [juħajji:]

same [seɪm] *adj* عينه [ʕajinnatun]

sample [sæmpəl] *n* عينة [ʕajjina]

sand [sænd] *n* رمال [rima:l]; **sand dune** كثبان رملية [Kothban ramleyah]

sandal [sændəl] *n* صندل [sˤandal] (حذاء)

sandbox [sændbɒks] *n* حفرة رملية [Hofrah ramleyah]

sand castle [sændkæsəl] *n* قلعة من الرمال ['qal'aah men al-remal]

sandpaper [sændpeɪpər] *n* ورق السنفرة [Wara'q al-sanfarah]

sandstone [sændstoun] *n* حجر رملي [Hajar ramley]

sandwich [sænwɪtʃ, sænd-] *n* سَندويتش [sandiwi:tʃ]

San Marino *n* سان مارينو [sa:n ma:ri:nu:]

sapphire [sæfaɪər] *n* ياقوت أزرق [Ya'qoot azra'q]

sarcastic [sɑrkæstɪk] *adj* ساخر [sa:xirun]

sardine [sɑrdin] *n* سردين [sardi:nu]

sassy [sæsi] *adj* وَقِح [waqiħun]

satchel [sætʃəl] *n* حقيبة للكتب المدرسية [Ha'qeebah lel-kotob al-madraseyah]

satellite [sætəlaɪt] *n* قمر صناعي ['qamar ṣenaaey]; **satellite dish** طبق قمر صناعي [Ṭaba'q ṣena'aey]

satisfaction [sætɪsfækʃən] *n* إشباع [ʔiʃba:ʕ]

satisfactory [sætɪsfæktəri] *adj* مرضٍ [maradˤun]

satisfied [sætɪsfaɪd] *adj* راض [ra:dˤin]; **I'm not satisfied with this** أنا لست راضية عن هذا [ana lastu raḍy-ya 'aan hadha]

Saturday [sætərdeɪ, -di] *n* السبت [ʔa-sabti]; **last Saturday** يوم السبت الماضي [yawm al-sabit al-maḍy]; **next Saturday** يوم السبت القادم [yawm al-sabit al-'qadem]; **on Saturday** في يوم السبت [fee yawm al-sabit]; **on Saturdays** في أيام السبت [fee ayaam al-sabit]; **this Saturday** يوم السبت هذا [yawm al-sabit hadha]

sauce [sɔs] *n* صلصة [sˤalsˤa]; **soy sauce** صوص الصويا [Ṣoṣ al-ṣoyah]; **tomato sauce** صلصة طماطم [Ṣalṣat ṭamaṭem]

saucepan [sɔspæn] *n* مِقلاة [miqla:t] (قِدر)

saucer [sɔsər] *n* صحن الفنجان [Ṣaḥn al-fenjaan]

Saudi [saudi] *adj* سعودي [saʕu:dij] ▷ *n* سعودي [saʕu:dij]

Saudi Arabia [saudi əreɪbiə] *n* المملكة العربية السعودية [Al-mamlakah al-'aarabeyah al-so'aodeyah]

Saudi Arabian *adj* السعودية [ʔa-saʕu:dijjatu] ▷ *n* مواطن سعودي [Mewaṭen saudey]

sauna [sɔnə] *n* حمام بخار [Hammam bokhar]

sausage [sɔsɪdʒ] *n* سجق [saʒq]

save [seɪv] *v* يُحافِظ على [Yoḥafez 'aala], *(money)* يَدخِر [jaddaxiru]

save up *v* يُوَفر [juwaffiru]

savings [seɪvɪŋz] *npl* مُدّخَرَات [muddaxara:tin]

savory [seɪvəri] *adj* سار [sa:rrun]

saw [sɔ] *n* منشار [minʃa:r]

sawdust [sɔdʌst] *n* نِشَارة [niʃa:ra]

saxophone [sæksəfoun] *n* آلة السكسية [Alat al-sekseyah]

say [seɪ] *v* يقول [jaqu:lu]

saying [seɪɪŋ] *n* قَوْل [qawl]

scaffolding [skæfəldɪŋ] *n* سقالات [saqa:la:t]

scale [skeɪl] *n (measure)* ميزان [mi:za:n], *(tiny piece)* ميزان [mi:za:n]

scales [skeɪlz] *npl* كفتي الميزان [Kafatay al-meezan]

scallion [skælyən] *n* بصل أخضر [Baṣal akhdar]

scallop [skɒləp, skæl-] *n* محار الاسقلوب [maḥar al-as'qaloob]

scam [skæm] *n* خِدَاع [xida:ʕ]

scampi [skæmpi] *npl* جمبري كبير [Jambarey kabeer]

scan [skæn] *n* مسح ضوئي [Masḥ ḍawaey] ▷ *v* يمسح الكترونياً [Yamsaḥ elektroneyan]

scandal [skændəl] *n* فضيحة [fadˤi:ħa]

Scandinavia [skændɪneɪviə] *n* إسكندنافيا [ʔiskundina:fja:]

Scandinavian [skændɪneɪviən] *adj* اسكنديناڤي [ʔiskundina:fijun]

scanner [skænər] *n* ماسح ضوئي [Maaseh daweay]

scar [skɑr] *n* ندبة [nadba]

scarce [skɛərs] *adj* قليل [qali:lun]

scarcely [skɛərsli] *adv* نادراً [na:diran]

scare [skɛər] *n* ذُعْر [ðuʕr] ▷ *v* يُرَوْع [jurawwiʕu]

scarecrow [skɛərkrou] *n* خيال الظِل [Khayal al-ḍhel]

scared [skɛərd] *adj* خائف [xa:ʔifun]

scarf [skɑrf] (*pl* scarves) *n* وِشاح [wiʃa:ħ], لفاع [lifa:ʕ]

scarlet [skɑrlɪt] *adj* قرمزي [qurmuzij]

scary [skɛəri] *adj* مخيف [muxi:fun]

scene [sin] *n* مشهد [maʃhad]

scenery [sinəri] *n* مَنْظَر [manzˤar]

scenic [sinɪk] *adj*; **scenic area** شامة [ʃa:matun]

scent [sɛnt] *n* عِطْر [ʕitˤr]

schedule [skɛdʒul, -uəl] *n* جدول زمني [Jadwal zamaney]
schizophrenic [skɪtsəfrɛnɪk] *adj* مريض بالفصَام [Mareeḍ bel-feṣaam]
schmaltzy [ʃmɒltsi] *adj* مشبع بالماء [Moshaba'a bel-maa]
scholarship [skɒlərʃɪp] *n* منحة تعليمية [Menḥah ta'aleemeyah]
school [skul] *n* مدرسة [madrasa]; **art school** كلية الفنون [Koleyat al-fonoon]; **boarding school** مدرسة داخلية [Madrasah dakheleyah]; **elementary school** مدرسة إبتدائية [Madrasah ebtedaeyah], مدرسة نوعية [Madrasah naw'aeyah]; **language school** مدرسة لغات [Madrasah lo-ghaat]; **law school** كلية الحقوق [Kolayt al-ho'qooq]; **night school** مدرسة ليلية [Madrasah layleyah]; **nursery school** مدرسة الحضانة [Madrasah al-ḥaḍanah]; **private school** مدرسة عامة [Madrasah 'aamah]; **school uniform** زي مدرسي موحد [Zey madrasey mowaḥad]; **secondary school** مدرسة ثانوية [Madrasah thanaweyah]
schoolbag [skulbæg] *n* حقيبة مدرسية [Ḥa'qeebah madraseyah]
schoolbook [skulbʊk] *n* كتاب مدرسي [Ketab madrasey]
schoolboy [skulbɔɪ] *n* تلميذ [tilmi:ð]
schoolchildren [skultʃɪldrən] *n* طلاب المدرسة [Ṭolab al-madrasah]
schoolgirl [skulgɜrl] *n* تلميذة [tilmi:ða]
schoolteacher [skultitʃər] *n* مُدَرِّس [mudarris]
science [saɪəns] *n* عِلْم [ʕilmu] (المعرفة) ; **science fiction** خيال علمي [Khayal 'aelmey]
scientific [saɪəntɪfɪk] *adj* علمي [ʕilmij]
scientist [saɪəntɪst] *n* عَالِم [ʕa:lim]
sci-fi [saɪ faɪ] *n* خيال علمي [Khayal 'aelmey]
scissors [sɪzərz] *npl* مقص [miqasˤun]; **nail scissors** مقص أظافر [Ma'qaṣ aḍhafer]
sclerosis [sklərousɪs] *n*; **multiple sclerosis** تَلَيُّف عصبي متعدد [Talayof 'aaṣabey mota'aded]
scoff [skɒf] *v* يَسخَر من [Yaskhar men]
scold [skould] *v* يُعَنِف [juʕannifu]
scooter [skutər] *n* دراجة الرِجْل [Darrajat al-rejl]
score [skɔr] *n (game/match)* مجموع نقاط [Majmo'aat ne'qaat], *(of music)* مجموع النقاط [Majmoo'a al-nekat] ▷ *v* يُحْرِز [juħrizu]
Scorpio [skɔrpiou] *n* العقرب [al-ʕaqrabi]
scorpion [skɔrpiən] *n* عقرب [ʕaqrab]
Scot [skɒt] *n* اسكتلاندي [iskutla:ndi:]
Scotch [skɒtʃ] *n*; **Scotch® tape** شريط لاصق [Shreeṭ laṣe'q]
Scotland [skɒtlənd] *n* اسكتلاندة [iskutla:ndatu]
Scots [skɒts] *adj* اسكتلانديون [iskutla:ndiju:na]
Scotsman [skɒtsmən] (*pl* Scotsmen) *n* اسكتلاندي [iskutla:ndi:]
Scotswoman [skɒtswʊmən] (*pl* Scotswomen) *n* اسكتلاندية [iskutla:ndijja]
Scottish [skɒtɪʃ] *adj* اسكتلاندي [iskutla:ndi:]
scout [skaut] *n* كَشَّاف [kaʃʃa:f]
scrap [skræp] *n (dispute)* عِراك [ʕira:k], *(small piece)* فَضْلَة [fadˤla] ▷ *v* يتشاجر [jataʃa:ʒaru]; **scrap paper** ورق مسودة [Wara'q mosawadah]
scrapbook [skræpbʊk] *n* سِجل القصاصات [Sejel al'qeṣaṣat]
scraps [skræps] *npl* الجذل [al-ʒaðalu]
scratch [skrætʃ] *n* خدش [xudʃu] ▷ *v* يَخدِش [jaxdiʃu]
scream [skrim] *n* صراخ [sˤura:x] ▷ *v* يصيح [jasˤi:ħu]
screen [skrin] *n* شاشة تليفزيون [Shashat telefezyoon] ▷ *v* يَحْجِب [jaħʒubu]; **plasma screen** شاشة بلازما [Shashah blazma]
screen saver *n* شاشة تَوقُف [Shashat taw'qof]
screw [skru] *n* مسمار قلاووظ [Mesmar 'qalawooḍh]
screwdriver [skrudraɪvər] *n* مفك [mifakk]
scribble [skrɪbəl] *v* يخربش [juxarbiʃu]
scrub [skrʌb] *v* يَفْرُك [jafruku]
sculptor [skʌlptər] *n* مَثَّال [maθθa:l]
sculpture [skʌlptʃər] *n* فن النحت [Fan al-naḥt]
sea [si] *n* بَحْر [baħr]; **North Sea** البحر الشمالي [Al-baḥr al-Shamaley]; **Red Sea** البحر الأحمر [Al-bahr al-ahmar]; **sea level** مستوى سطح البحر [Mostawa saṭh al-bahr]; **sea water** مياه البحر [Meyah al-baḥr]
seafood [sifud] *n* الأطعمة البحرية [Al-aṭ'aemah al-baḥareyh]

seagull [sigʌl] *n* نورس البحر [Nawras al-baḥr]

seal [sil] *n (animal)* حيوان الفقمة [Ḥayawaan al-fa'qmah], (حيوان) *(mark)* خِتم [xitm] ▹ *v* يُختِم [jaxtimu]

seam [sim] *n* ندبة [nadba]

seaman [simən] (*pl* seamen) *n* جندي بحري [Jondey baharey]

search [sɜrtʃ] *n* بَحْثْ [baħθ] ▹ *v* يُفَتِش [jufattiʃu]; **search engine** محرك البحث [moḥarek al-baḥth]; **search party** فريق البحث [Faree'q al-bahth]

seashore [siʃɔr] *n* شاطئ البحر [Shaṭeya al-baḥr]

seasick [sisɪk] *adj* مصاب بدوار البحر [Moṣab be-dawar al-baḥr]

seaside [sisaɪd] *n* ساحل البحر [saḥel al-baḥr]

season [sizən] *n* موسم [mawsim]; **off season** فترة ركود [Fatrat rekood]; **peak season** موسم ازدهار [Mawsem ezdehar]; **season ticket** التذاكر الموسمية [Al-tadhaker al-mawse-meyah]

seasonal [sizənəl] *adj* موسمي [mawsimijjatun]

seasoning [sizənɪŋ] *n* توابل [tawa:bil]

seat [sit] *n (constituency)* عضوية في مجلس تشريعي ['aoḍweyah fee majles tashre-aey], *(furniture)* مقعد [maqʕad]; **aisle seat** كرسي بجوار الممر [Korsey be-jewar al-mamar]; **window seat** مقعد بجوار النافذة [Ma'q'aad bejwar al-nafedhah]; **I have a seat reservation** لقد قمت بحجز المقعد [la'qad 'qimto be-ḥajis al-ma'q'aad]; **I'd like a child seat for a two-year-old child** أريد مقعد لطفل عمره عامين [areed ma'q'ad le- ṭifil 'aumro 'aam-yin]; **I'd like a non-smoking seat** أريد مقعد في العربة المخصصة لغير المدخنين [areed ma'q'aad fee al-'aaraba al-mukhaṣaṣa le-ghyr al-mudakh-ineen]; **I'd like a seat in the smoking area** أريد مقعد في المكان المخصص للمدخنين [areed ma'q'ad fee al-makan al-mukhaṣaṣ lel -mudakhineen]; **I'd like a window seat** أريد مقعد بجوار النافذة [areed ma'q'aad be-jewar al-nafedha]; **I'd like an aisle seat** أريد مقعد بجوار الطرقة [Oreed ma'q'aad bejwar al-ṭor'qah]; **Is this seat free?** هل يمكن الجلوس في هذا المقعد؟ [hal yamken al-jiloos fee hadha al-ma'q-'aad?]; **The seat is uncomfortable** المقعد غير مريح [al-ma'q'ad ghayr mureeḥ]; **We'd like to reserve two seats for tonight** نريد حجز مقعدين في هذه الليلة [nureed ḥajiz ma'q-'aad-ayn fee hadhy al-layla]

seatbelt [sitbɛlt] *n* حزام الأمان المثبت في المقعد [Ḥezam al-aman al-mothabat fee al-ma'q'aad]

seaweed [siwid] *n* طُحْلُب بحري [Ṭoḥleb baḥahrey]

second [sɛkənd] *adj* الثاني [aθ-θa:ni:] ▹ *n* ثانِيَة [θa:nija]; **second class** درجة ثانية [Darajah thaneyah]

second-class *adj* مرتبة ثانية [Martabah thaneyah]

secondhand [sɛkəndhænd] *adj* مستعمل [mustaʕmalun]

secondly [sɛkəndli] *adv* ثانياً [θa:ni:an]

second-rate [sɛkəndreɪt] *adj* من الدرجة الثانية [Men al-darajah althaneyah]

secret [sikrɪt] *adj* سِريّ [sirij] ▹ *n* سِرّ [sirr]; **secret service** خدمة سرية [Khedmah serreyah]

secretary [sɛkrɪtɛri] *n* سكرتير [sikirti:r]

secretly [sikrɪtli] *adv* سِراً [sirran]

sect [sɛkt] *n* طائفة [tˤa:ʔifa]

section [sɛkʃən] *n* قسم [qism]

sector [sɛktər] *n* قطاع [qitˤa:ʕ]

secure [sɪkyʊər] *adj* مُأَمَّن [muʔammanun]

security [sɪkyʊərɪti] *n* الأمن [alʔamnu]; **security guard** حارس الأمن [Ḥares al-amn]; **social security** ضمان اجتماعي [Ḍaman ejtema'ay]

sedan [sɪdæn] *n* صالون [sˤa:lu:n], سيارة صالون [Sayarah ṣalon]

sedative [sɛdətɪv] *n* عقار مسكن ['aa'qaar mosaken]

see [si] *v* يرى [jara:]

seed [sid] *n* بِذْرة [biðra], حَبّة [ħabba]

seek [sik] *v* يَبْحَث عن [Yabḥath an]

seem [sim] *v* يَبْدو [jabdu:]

seesaw [sisɔ] *n* أرجوحة [ʔurʒu:ħa]

see-through *adj* شَفّافة [ʃaffa:fatun]

seize [siz] *v* يستَولي على [Yastwley 'ala]

seizure [siʒər] *n* نوبة مرضية [Nawbah maraḍeyah]

seldom [sɛldəm] *adv* نادرا ما [Naderan ma]

select [sɪlɛkt] *v* يَتخَّير [jataxajjaru]

selection [sɪlɛkʃən] *n* اصطفاء [isˤtˤifa:ʔ]

self-assured [sɛlfəʃʊərd] *adj* واثق بنفسه [Wathe'q benafseh]

self-centered [sɛlfsɛntərd] *adj* مُحِب لنفسه [Moḥeb le-nafseh]

self-conscious [sɛlfkɒnʃəs] *adj* خجول [xaʒu:lun]

self-contained [sɛlfkənteɪnd] *adj* متميز بضبط النفس [Motameyez beḍt al-nafs]

self-control [sɛlfkəntroʊl] *n* ضبط النفس [Ḍabṭ al-nafs]

self-defense [sɛlfdifɛns] *n* الدفاع عن النفس [Al-defaa'a 'aan al-nafs]

self-discipline *n* ضبط النفس [Ḍabṭ al-nafs]

self-employed [sɛlfɪmplɔɪd] *adj* حُر المهنة [Ḥor al-mehnah]

selfish [sɛlfɪʃ] *adj* أناني [ʔana:nij]

self-service [sɛlfsɜrvɪs] *adj* خدمة ذاتية [Khedmah ḍateyah]

sell [sɛl] *v* يَبْيع [jabi:ʕu]; **sell-by date** تاريخ انتهاء الصلاحية [Tareekh enthaa al-ṣalaḥeyah]; **selling price** سعر البيع [Se'ar al-bay'a]

sell off *v* يَبْيع بالتصفية [Yabea'a bel-taṣfeyah]

sell out *v* يَبْيع المخزون [Yabea'a al-makhzoon]

semester [sɪmɛstər] *n* فصل دراسي [Faṣl derasey]

semi [sɛmi, sɛmaɪ] *n* مركبات البضائع الثقيلَة [Markabat albaḍaaea altha'qeelah]

semicircle [sɛmisɜrkəl, sɛmaɪ-] *n* نصف دائرة [Neṣf daaeyrah]

semicolon [sɛmikoʊlən] *n* فصلة منقوطة [faṣelah man'qoṭa]

semifinal [sɛmifaɪnəl, sɛmaɪ-] *n* مباراة شبه نهائية [Mobarah shebh nehaeyah]

send [sɛnd] *v* يَبْعَث ب [Yab'ath be]

send back *v* يُرْجِع [jurʒiʕu]

sender [sɛndər] *n* مُرسِل [mursil]

send off *v* يَطلُب الإرسال بالبريد [jatˤlubu alʔirsa:la bilbari:di]

send out *v* يَبعث ب [Tab'aath be]

Senegal [sɛnɪgɔl] *n* السنغال [as-siniya:lu]

Senegalese [sɛnɪgəliz] *adj* سِنغالي [siniya:lij] ▹ *n* سنغالي [siniya:lij]

senior [sinyər] *adj* الأعلى مقاماً [Al a'ala ma'qaman] ▹ *n* صاحب المعاش [Ṣaheb al-ma'aash]; **senior citizen** صاحب معاش كبير السن [Ṣaheb ma'aash kabeer al-sen]شخص متقدم العمر , [Shakhṣ mota'qadem al-'aomr]

sensational [sɛnseɪʃənəl] *adj* مُثِير [muθi:run]

sense [sɛns] *n* حاسة [ħa:ssa]; **sense of humor** حس الفكاهة [Ḥes al-fokahah]

senseless [sɛnslɪs] *adj* عديم الاحساس ['adeem al-ehsas]

sensible [sɛnsɪbəl] *adj* محسوس [maħsu:sun]

sensitive [sɛnsɪtɪv] *adj* حساس [ħassa:sun]

sensuous [sɛnʃuəs] *adj* حسي [ħissijun]

sentence [sɛntəns] *n (punishment)* حُكم [ħukm], *(words)* جملة [ʒumla] ▹ *v* يَحْكُم على [Yaḥkom 'ala]

sentimental [sɛntɪmɛntəl] *adj* حساس [ħassa:sun]

separate *adj* [sɛpərɪt]منفصل [munfasˤilun] ▹ *v* [sɛpəreɪt]يُفَرِق [jufarriqu]

separately [sɛpərɪtli] *adv* بصورة منفصلة [Beṣorah monfaṣelah]

separation [sɛpəreɪʃən] *n* انفصال [infisˤa:l]

September [sɛptɛmbər] *n* سبتمبر [sibtumbar]

sequel [sikwəl] *n* نتيجة [nati:ʒa]

sequence [sikwəns] *n* تسلسل [tasalsul]

Serbia [sɜrbiə] *n* الصرب [asˤ-sˤirbu]

Serbian [sɜrbiən] *adj* صربي [sˤirbij] ▹ *n (language)* اللغة الصربية [Al-loghah al-ṣerbeyah], *(person)* صربي [sˤirbij]

sergeant [sɑrdʒənt] *n* ضابط رَقيب [Ḍabeṭ ra'qeeb]

serial [sɪəriəl] *n* حلقة مسلسلة [Ḥala'qah mosalsalah]

series [sɪəriz] *n* متتالية [mutata:lijja]

serious [sɪəriəs] *adj* جاد [ʒa:ddun]

seriously [sɪəriəsli] *adv* جدياً [ʒiddi:an]

sermon [sɜrmən] *n* موعظة [mawʕizˤa]

servant [sɜrvənt] *n* موظف حكومي [mowaḍhaf ḥokomey]; **civil servant** موظف حكومة [mowaḍhaf hokomah]

serve [sɜrv] *n* مدة خدمة [Modat khedmah] ▹ *v*

يَخدِم [jaxdimu]

server [sɜrvər] *n (computer)* جهاز السيرفر [Jehaz al-servo], *(person)* خادم [xa:dim]

service [sɜrvɪs] *n* خدمة [xidma] ▷ *v* يُزَوِد [juzawwidu]; **service area** منطقة تقديم الخدمات [Menta'qat ta'qdeem al- khadamat]; **service charge** رَسْم الخدمة [Rasm al-khedmah]; **service station** محطة الخدمة [Mahaṭat al-khedmah]; **social services** خدمات اجتماعية [Khadamat ejtem'aeyah]; **I want to complain about the service** أريد في تقديم شكاوى بشأن الخدمة [areed ta'q-deem shakawee be-shan al-khedma]; **Is service included?** هل الفاتورة شاملة الخدمة؟ [hal al-fatoora shamelat al-khidma?]; **Is there a charge for the service?** هل هناك مصاريف للحصول على الخدمة؟ [Hal honak maṣareef lel-ḥoṣol ala al-khedmah]; **Is there child care service?** هل توجد خدمة رعاية الأطفال الفكرية؟ [hal tojad khidmat le-re'aayat al-aṭfaal?]; **Is there room service?** هل هناك خدمة للغرفة؟ [hal hunaka khidma lil-ghurfa?]; **The service was terrible** كانت الخدمة سيئة للغاية [kanat il-khidma say-ia el-ghaya]

serviceman [sɜrvɪsmən] (*pl* servicemen) *n* جندي [ʒundij]

servicewoman [sɜrvɪswʊmən] (*pl* servicewomen) *n* امرأة ملتحقة بالقوات المسلحة [Emraah moltahe'qah bel-'qwat al-mosallaha]

session [sɛʃən] *n* جلسة [ʒalsa]

set [sɛt] *n* مجموعة كتب [Majmo'aat kotob] ▷ *v* يهيئ [juhajjiʔ]

setback [sɛtbæk] *n* توقف [tawaqquf]

set menu *n* قائمة مجموعات الأغذية ['qaemat majmo'aat al-oghneyah]

set off *v* يَبْدأ الرِّحْلَه [jabdaʔu arriħlata]

set out *v* يَعْرِض [jaʕridˤu]

settle [sɛtəl] *v* يرسخ [jurassixu]

settle down *v* يستقر [jastaqirru]

seven [sɛvən] *number* سبعة [sabʕatun]

seventeen [sɛvəntin] *number* سبعة عشر [sabʕata ʕaʃara]

seventeenth [sɛvəntinθ] *adj* سابع عشر [sa:biʕa ʕaʃara]

seventh [sɛvənθ] *adj* سابع [sa:biʕu] ▷ *n* السابع [as-sa:biʕu]

seventy [sɛvənti] *number* سبعين [sabʕi:na]

several [sɛvrəl] *adj* عديد [ʕadi:dun]

sew [soʊ] *v* يُخيط [juxi:tˤu]

sewer [suər] *n* بالوعة [ba:lu:ʕa]

sewing [soʊɪŋ] *n* خِياطة [xaja:tˤa]; **sewing machine** ماكينة خياطة [Makenat kheyaṭah]

sew up *v* يُخيط تماما [Yokhayeṭ tamaman]

sex [sɛks] *n* جِنس [ʒins]

sexism [sɛksɪzəm] *n* التفرقة العنصرية بحسب الجنس [Al-tafre'qa al'aonṣoreyah beḥasab al-jens]

sexist [sɛksɪst] *adj* مؤيد للتفرقة العنصرية بحسب الجنس [Moaed lel-tare'qa al'aonṣeryah behasb aljens]

sexual [sɛkʃuəl] *adj* جنسي [ʒinsij]; **sexual intercourse** جماع [ʒima:ʕun]

sexuality [sɛkʃuælɪti] *n* مَيْل جِنسي [Mayl jensey]

sexy [sɛksi] *adj* مثير جنسيا [Motheer jensyan]

shabby [ʃæbi] *adj* بالٍ [ba:lin]

shade [ʃeɪd] *n* ظل [zˤill]

shadow [ʃædoʊ] *n* ظِل [zˤill]; **eye shadow** ظل العيون [ḍhel al-'aoyoon]

shake [ʃeɪk] *vi* يَهتَز [jahtazzu] ▷ *vt* يَهُز [jahuzzu]

shaken [ʃeɪkən] *adj* مهزوز [mahzu:zzun]

shaky [ʃeɪki] *adj* متقلقل [mutaqalqilun]

shallow [ʃæloʊ] *adj* ضحل [dˤaħlun]

shambles [ʃæmbəlz] *npl* مجزر [maʒzarun]

shame [ʃeɪm] *n* خزي [xizj]

shampoo [ʃæmpu] *n* شامبو [ʃa:mbu:]; **Do you sell shampoo?** هل تبيع شامبوهات [hal tabee'a shambo-haat?]

shape [ʃeɪp] *n* مَظْهَر [mazˤhar]

share [ʃɛər] *n* سهم مالي [Sahm maley] ▷ *v* يُشارِك [juʃa:riku]

shareholder [ʃɛərhoʊldər] *n* حامل أسهم [Hamel ashom]

share out *v* يُقَسِم [juqassimu]

shark [ʃɑrk] *n* سَمك القرش [Samak al-'qersh] (سمك)

sharp [ʃɑrp] *adj* حاد [ħa:ddun]

shave [ʃeɪv] *v* يَحْلِق [jaħliqu]; **shaving cream** كريم الحلاقة [Kereem al-helaka]; **shaving foam** رغوة الحلاقة [Raghwat ḥela'qah]

shaver [ʃeɪvər] *n* ماكينة حِلاقَة [Makenat ḥela'qa]

shawl [ʃɔl] *n* شال [ʃa:l]

shed [ʃɛd] *n* غُرفة خشبية [Ghorfah khashabeyah]

sheep [ʃip] *n* نعجة [naʕʒa]

sheepdog [ʃipdɒg] *n* كلب الراعي [Kalb al-ra'aey]

sheepskin [ʃipskɪn] *n* جلد الغنم [Jeld al-ghanam]

sheer [ʃɪər] *adj* مُطْلَق [mutˤlaqun]

sheet [ʃit] *n* ملاءة [malla:ʔa]; **balance sheet** ميزانية [mi:za:nijjatun]; **fitted sheet** ملاءة مثبتة [Melaah mothabatah]

shelf, shelves [ʃɛlf, ʃɛlvz] *n* رَف [raff]

shell [ʃɛl] *n* محارة [maħa:ra]

shellfish [ʃɛlfɪʃ] *n* محار [maħa:r]; **I'm allergic to shellfish** عندي حساسية من المحار ['aendy ḥasas-eyah min al-maḥar]

shelter [ʃɛltər] *n* ملتجأ [multaʒa]

shepherd [ʃɛpərd] *n* راعي [ra:ʕi:]

sherry [ʃɛri] *n* خَمْر الشِري [Khamr alsherey]

shield [ʃild] *n* حجاب واقٍ [Hejab wa'q]

shift [ʃɪft] *n* تَغَيُّر [tayajjur]

shifty [ʃɪfti] *adj* واسع الحيلة [Wase'a al-ḥeelah]

Shiite [ʃiaɪt] *adj* شيعي [ʃi:ʕij]

shin [ʃɪn] *n* قَصَبة الرِجْل ['qaṣabat al-rejl]

shine [ʃaɪn] *v* يَلْمَع [jalmaʕu]

shiny [ʃaɪni] *adj* لامع [la:miʕun]

ship [ʃɪp] *n* سَفينة [safi:na]

shipbuilding [ʃɪpbɪldɪŋ] *n* بناء السفن [Benaa al-sofon]

shipment [ʃɪpmənt] *n* شَحنة [ʃaxna]

shipwreck [ʃɪprɛk] *n* حطام السفينة [Hoṭam al-safeenah]

shipwrecked [ʃɪprɛkt] *adj* سفينة محطمة [Safeenah mohaṭamah]

shipyard [ʃɪpyɑrd] *n* تِرْسَانة السُفن [Yarsanat al-sofon]

shirt [ʃɜrt] *n* قميص [qami:sˤ]; **polo shirt** قميص بولو ['qameeṣ bolo]

shiver [ʃɪvər] *v* يَرتعِش [jartaʕiʃu]

shock [ʃɒk] *n* صَدْمَة [sˤadma] ▷ *v* يَصْدِم [jasˤdimu]; **electric shock** صَدْمَة كهربائية [Ṣadmah kahrbaeyah]

shocking [ʃɒkɪŋ] *adj* مصدم [musˤdimun]

shoe [ʃu] *n* حذاء [ħiða:ʔ]; **gym shoes** مدربون [mudarribu:na]; **shoe polish** ورنيش الأحذية [Warneesh al-aḥḍheyah]; **shoe store** محل أحذية [Maḥal aḥdheyah]; **Can you re-heel these shoes?** هل يمكن إعادة تركيب كعب لهذا الحذاء؟ [hal yamken e'aa-dat tarkeeb ka'ab le-hadha al-ḥedhaa?]; **Can you repair these shoes?** هل يمكن تصليح هذا الحذاء؟ [hal yamken taṣleeḥ hadha al-ḥedhaa?]

shoelace [ʃuleɪs] *n* رباط الحذاء [Rebaṭ al-hedhaa]

shoot [ʃut] *v* يُطْلِق [jutˤliqu]

shooting [ʃutɪŋ] *n* إطلاق النار [Eṭla'q al nar]

shop [ʃɒp] *n*; **gift shop** متجر هدايا [Matjar hadaya]; **Is there a repair shop near here?** هل يوجد ورشة سيارات بالقرب من هنا؟ [hal yujad warshat sayaraat bil-'qurb min huna?]

shoplifting [ʃɒplɪftɪŋ] *n* سرقة السلع من المَتَاجِر [Sare'qat al-sela'a men al-matajer]

shopping [ʃɒpɪŋ] *n* تسوق [tasawwuq]; **shopping bag** كيس التسوق [Kees al-tasawo'q], كيس مشتريات [Kees moshtarayat]; **shopping cart** ترولي التسوق [Trolley altasaw'q]; **shopping center** مركز تسوق [Markaz tasawe'q]

shore [ʃɔr] *n* ساحل [sa:ħil]

short [ʃɔrt] *adj* قصير [qasˤi:run]; **short story** قصة قصيرة ['qeṣah 'qaṣeerah]

shortage [ʃɔrtɪdʒ] *n* عجز [ʕaʒz]

shortcoming [ʃɔrtkʌmɪŋ] *n* موطن ضعف [Mawṭen ḍa'af]

shortcut [ʃɔrtkʌt] *n* طريق مختصر [ṭaree'q mokhtaṣar]

shortfall [ʃɔrtfɔl] *n* قلة [qilla]

shorthand [ʃɔrthænd] *n* اختزال [ixtiza:l]

short list [ʃɔrtlɪst] *n* قائمة مرشحين ['qaemat morashaḥeen]

shortly [ʃɔrtli] *adv* قريباً [qari:ban]

shorts [ʃɔrtz] *npl* شورت [ʃu:rt]

short-sleeved [ʃɔrtslivd] *adj* قصير الأكمام ['qaṣeer al-akmam]

shot [ʃɒt] *n* حقنة [ħuqna]; **I need a tetanus shot**

أحتاج إلى حقنة تيتانوس [aḥtaaj ela ḥe'qnat tetanus]

shotgun [ʃɒtgʌn] *n* بندقية رش [Bonde'qyat rash]

shoulder [ʃoʊldər] *n* كتف [katif]; **hard shoulder** كتف طريق صلب [Katef ṭaree'q ṣalb]; **shoulder blade** لَوْح الكَتِف [Looh al-katef]; **I've hurt my shoulder** لقد أصبت في كتفي [la'qad oṣibto fee katfee]

shout [ʃaʊt] *n* صيحة [sˤajħa] ▷ *v* يصيح [jasˤiːħu]

shovel [ʃʌvəl] *n* جاروف [ʒaːruːf]

show [ʃoʊ] *n* معرض [maʕridˤ] ▷ *v* يَعْرِض [jaʕridˤu]; **show business** مجال الاستعراض [Majal al-este'araḍ]; **talk show** برنامج حواري [Barnamaj hewary]

shower [ʃaʊər] *n* دُش [duʃʃ]; **shower cap** غطاء الشعر للاستحمام [ghetaa al-sha'ar lel-estehmam]; **shower gel** جل الاستحمام [Jel al-estehmam]

showerproof [ʃaʊərpruf] *adj* مقاوم للبلل [Mo'qawem lel-balal]

showing [ʃoʊɪŋ] *n* مظهر [mazˤhar]

show off *v* يَسعَى للفت الأنظار [Yas'aa lelaft alanḍhaar]

show-off *n* المتفاخر [almutafaːxiru]

show up *v* يَظْهر [jazˤharu]

shriek [ʃrik] *v* يصرخ [jasˤruxu]

shrimp [ʃrɪmp] *n* رُوبيَان [ruːbjaːn], جمبري [ʒambarij]

shrine [ʃraɪn] *n* ضريح [dˤariːħ]

shrink [ʃrɪŋk] *v* يَتقلَص [jataqallasˤu]

shrub [ʃrʌb] *n* شُجَيرة [ʃuʒajra]

shrug [ʃrʌg] *v* يهز كتفيه [Yahoz katefayh]

shrunken [ʃrʌŋkən] *adj* متقلص [mutaqallisˤun]

shudder [ʃʌdər] *v* يَنتفِض [jantafidˤu]

shuffle [ʃʌfəl] *v* يُلَخْبط [julaxbitˤu]

shut [ʃʌt] *v* يُغلِق [juɣliqu]

shut down *v* يَقْفِل [jaqfilu]

shutters [ʃʌtərz] *n* مصراع النافذة [meṣraa'a alnafedhah]

shuttle [ʃʌtəl] *n* مكوك [makkuːk]

shut up *v* يَسكُت [jaskutu]

shy [ʃaɪ] *adj* متحفظ [mutaħaffizˤun]

Siberia [saɪbɪriə] *n* سيبيريا [siːbiːrjaː]

siblings [sɪblɪŋz] *npl* أَشِقّاء [ʔaʃʃiqaːʔun]

sick [sɪk] *adj* عليل [ʕaliːlun]; **sick leave** أجازة مَرضِيَّة [Ajaza maraḍeyah]; **sick note** إذْن غياب مرضي [edhn gheyab maraḍey]; **sick pay** الأجر المدفوع خلال الأجازة المرضية [Al-'ajr al-madfoo'a khelal al-'ajaza al-maraḍeyah]

sickening [sɪkənɪŋ] *adj* مُمْرِض [mumridˤun]

sickness [sɪknɪs] *n* سقم [saqam]; **morning sickness** غثيان الصباح [Ghathayan al-ṣabaḥ]; **travel sickness** دُوار السفر [Dowar al-safar]

side [saɪd] *n* جانب [ʒaːnib]; **side effect** آثار جانبية [Aathar janeebyah]; **side street** شارع جانبي [Share'a janebey]; **side-view mirror** مرآة جانبية [Meraah janebeyah]

sidewalk [saɪdwɔk] *n* رصيف [rasˤiːfu]

sideways [saɪdweɪz] *adv* من الجنب [Men al-janb]

sieve [sɪv] *n* منخُل [manxal]

sigh [saɪ] *n* تنهيدة [tanhiːda] ▷ *v* يَتنهَد [jatanahhadu]

sight [saɪt] *n* رؤية [ruja]

sightseeing [saɪtsiɪŋ] *n* زيارة المعالم السياحية [Zeyarat al-ma'aalem al-seyahyah]

sign [saɪn] *n* لافتة [laːfita] ▷ *v* يُوقِع [juwaqiʕu]; **road sign** لافتة طريق [Lafetat ṭaree'q]; **sign language** لغة الإشارة [Loghat al-esharah]

signal [sɪgnəl] *n* إشارة [ʔiʃaːra] ▷ *v* يُومئ [juːmiʔu]; **busy signal** رنين انشغال الخط [Raneen ensheghal al-khaṭ], إشارة إنشغال الخط [Esharat ensheghal al-khat]

signature [sɪgnətʃər, -tʃʊər] *n* توقيع [tawqiːʕ]

significance [sɪgnɪfɪkəns] *n* دِلالة [dalaːla]

significant [sɪgnɪfɪkənt] *adj* هام [haːmmun]

sign on *v* يَبْدأ التسجيل [jabdaʔu attasʒiːla]

signpost [saɪnpoust] *n* عمود الإشارة ['amood al-esharah]

Sikh [sik] *adj* تابع للديانة السِيخِية [Tabe'a lel-zobabah al-sekheyah] ▷ *n* السيخي [assiːxijju]

silence [saɪləns] *n* صَمْت [sˤamt]

silencer [saɪlənsər] *n* كاتم للصوت [Katem lel-ṣawt]

silent [saɪlənt] *adj* صامت [sˤaːmitun]

silk [sɪlk] *n* حرير [ħariːr]

silly [sɪli] *adj* أَبْلَه [ʔablahun]

silver [sɪlvər] *n* فضة [fidˤdˤa]

silverware [sɪlvərwɛər] *n*; **My silverware is dirty** أدوات المائدة ليست نظيفة [adawat al-maa-eda laysat ni-ḍhefa]

similar [sɪmɪlər] *adj* مماثل [muma:θilun]

similarity [sɪmɪlærɪti] *n* تَشابُه [taʃa:buh]

simmer [sɪmər] *v* يَغْلي برفق [Yaghley beref'q]

simple [sɪmpəl] *adj* بسيط [basi:tˤun]

simplify [sɪmplɪfaɪ] *v* يُبَسِط [jubassitˤu]

simply [sɪmpli] *adv* ببساطة [Bebasata]

simultaneous [saɪməlteɪniəs] *adj* متزامن [mutaza:minun]

simultaneously [saɪməlteɪniəsli] *adv* فوري [fawrijjun]

sin [sɪn] *n* خطيئة [xatˤi:ʔa]

since [sɪns] *adv* قديماً [qadi:man]

sincere [sɪnsɪər] *adj* مُخْلِص [muxlisˤun]

sincerely [sɪnsɪərli] *adv* بإخلاص [biʔixlasˤin]

sing [sɪŋ] *v* يُغَنّي [juɣanni:]

singer [sɪŋər] *n* مغني [muɣanni:]; **lead singer** مُغَنّي حفلات [Moghaney ḥafalat]

singing [sɪŋɪŋ] *n* غناء [ɣina:ʔ]

single [sɪŋgəl] *adj* أعزب [ʔaʕzabun] ▷ *n* فرد [fard]; **single bed** سَرير فردي [Sareer fardey]; **single parent** أحد الوالدين [Aḥad al-waledayn]; **single room** غرفة لشخص واحد [ghorfah le-shakhṣ wahed]; **I want to reserve a single room** أريد حجز غرفة لفرد واحد [areed ḥajiz ghurfa le-fard waḥid]

singles [sɪŋgəlz] *npl* مباراة فردية [Mobarah fardeyah]

singular [sɪŋgyələr] *n* مفرد [mufrad]

sinister [sɪnɪstər] *adj* مَشْئُوم [maʃʔwmun]

sink [sɪŋk] *n* بالوعة [ba:lu:ʕa], حوض الغسل [Hawḍ al-ghaseel] ▷ *v* يغرق [jaɣraqu]

sinus [saɪnəs] *n* تجويف [taʒwi:f]

sir [sɜr] *n* سيدي [sajjidi:]

siren [saɪrən] *n* صَفَّارَة إنْذار [Ṣafarat enḍhar]

sister [sɪstər] *n* أخت [ʔuxt]

sister-in-law [sɪstərɪnlɔ] *n* أخت الزوجة [Okht alzawjah]

sit [sɪt] *v* يَقْعُد [jaqʕudu]

sitcom [sɪtkɒm] *n* كوميديا الموقف [Komedya al-maw'qf]

sit down *v* يَجْلِس [jaʒlisu]

site [saɪt] *n* موقع [mawqiʕ]; **construction site** موقع البناء [Maw'qe'a al-benaa]

situated [sɪtʃueɪtɪd] *adj* كائن [ka:ʔinun]

situation [sɪtʃueɪʃən] *n* وضع [wadˤʕ]

six [sɪks] *number* ستة [sittatun]

sixteen [sɪkstin] *number* ستة عشر [sittata ʕaʃara]

sixteenth [sɪkstinθ] *adj* السادس عشر [assa:disa ʕaʃara]

sixth [sɪksθ] *adj* السادس [as-sa:disu]

sixty [sɪksti] *number* ستون [sittu:na]

size [saɪz] *n* حجم [ħaʒm]

skate [skeɪt] *v* يَتَزلج [jatazallaʒu]

skateboard [skeɪtbɔrd] *n* لوح التزلج [Lawh al-tazalloj]; **I'd like to go skateboarding** أريد ممارسة رياضة التزلج على لوح التزلج [areed mu-ma-rasat reyaḍat al-tazal-oj 'aala lawḥ al-tazal-oj]

skateboarding [skeɪtbɔrdɪŋ] *n* تَزَلُّج على اللوح [Tazaloj 'ala al-looh]

skates [skeɪtz] *npl* زلاجات [zala:ʒa:tun]

skating [skeɪtɪŋ] *n* تَزَلُّج [tazaluʒ]; **skating rink** حلبة تَزَلّج [Ḥalabat tazaloj]

skeleton [skɛlɪtən] *n* هيكل عظمي [Haykal aḍhmey]

skeptical [skɛptɪkəl] *adj* معتنق مذهب الشك [Mo'atane'q madhhab al-shak]

sketch [skɛtʃ] *n* مُخَطَّط [muxatˤtˤatˤ] ▷ *v* يُخَطّط بدون تَفاصيل [Yokhaṭeṭ bedon tafaṣeel]

skewer [skyuər] *n* سيخ [si:x]

ski [ski] *n* زلاجة [zala:ʒa] ▷ *v* يَتَزحلق على الثلج [Yatazahal'q ala al-thalj]; **ski lift** مِصْعَد التّزَلّج [Meṣ'aad al-tazalog]; **ski pass** ممر التزحلق [Mamar al-tazahlo'q]; **I want to rent cross-country skis** أريد أن أؤجر زلاجة لمسافات طويلة; **I want to rent downhill skis** أريد أن أؤجر زلاجة لهبوط التل [areed an o-ajer zalaja le-hoboṭ al-tal]; **I want to rent skis** أريد أن أؤجر زلاجة [areed an o-ajer zalaja]

skid [skɪd] *v* يَنْزَلق [janzaliqu]

skier [skɪər] *n* مُتَزَلِّج [mutazalliʒ]

skiing [skiːɪŋ] *n* تَزَلُّج [tazzaluʒ]

skill [skɪl] *n* مهارة [mahaːra]

skilled [skɪld] *adj* ماهر [maːhirun]

skillful [skɪlfəl] *adj* بارع [baːriʕun]

skimpy [skɪmpi] *adj* هزيل [haziːlun]

skin [skɪn] *n* جلد [ʒildu]

skinhead [skɪnhɛd] *n* حليق الرأس [Halee'q al-raas]

skinny [skɪni] *adj* هزيل الجسم [Hazeel al-jesm]

skin-tight *adj* ضيق جدا [Ḍaye'q jedan]

skip [skɪp] *v* يَتخطى [jataxatˤtˤaː]

skirt [skɜrt] *n* جونلة [ʒawnala]

skull [skʌl] *n* جمجمة [ʒumʒuma]

sky [skaɪ] *n* سماء [samaːʔ]

skyscraper [skaɪskreɪpər] *n* ناطحة سحاب [Naṭehat saḥab]

slack [slæk] *adj* متوان [mitwaːnun]

slam [slæm] *v* يُغْلِق الباب [Yoghle'q albab]

slang [slæŋ] *n* عامِّية [ʕaːmmija]

slap [slæp] *v* يُهْين [juhiːnu], يَصْفَع [jasˤfaʕu]

slash [slæʃ] *n*; **forward slash** شرطة مائلة للأمام [Sharṭah maelah lel-amam]

slate [sleɪt] *n* اردواز [ardwaːz]

slave [sleɪv] *n* عبد [ʕabd] ▷ *v* يَستعبد [jasataʕbidu]

sled [slɛd] *n* مزلجة [mizlaʒa]

sledding [slɛdɪŋ] *n* تَزَلُّج [tazaluʒ]

sledge [slɛdʒ] *n*; **Where can we go sledding?** أين يمكن أن نتزلج على عربات التزلج؟ [ayna yamken an natazalaj 'ala 'aarabat al-tazal-oj?]

sleep [slip] *n* نوم [nawm] ▷ *v* ينام [janaːmu]; **sleep late** الرقود في السرير [Alro'qood fel-sareer]; **sleeping bag** كيس النوم [Kees al-nawm]; **sleeping car** عربة النوم ['arabat al-nawm]; **sleeping pill** حبة نوم [Habit nawm]; **I can't sleep** لا أستطيع النوم [la asta-ṯee'a al-nawm]; **I can't sleep because of the heat** لا يمكنني النوم بسبب حرارة الغرفة [la yam-kinuni al-nawm be-sabab ḥararat al-ghurfa]; **I can't sleep because of the noise** لا استطيع النوم بسبب الضوضاء [la asta-ṭee'a al-nawm besa-bab al-ḍawḍaa]

sleep around *v* يُضاجِع أكثر من إمرأة [Yoḍaje'a akthar men emraah]

sleeper [slipər] *n*; **Can I reserve a sleeper?** هل يمكن أن أحجز عربة للنوم؟ [hal yamken an aḥjiz 'aaraba lel-nawm?]; **I want to reserve a sleeper to...** أريد حجز عربة للنوم بالقطار المتجه إلى... [ʔuriːdu ħaʒza ʕarabata linnawmi bilqitˤaːri almuttaʒihi ʔila]

sleep in *v* يتأخر في النوم في الصباح [Yataakhar fee al-nawm fee al-ṣabah]

sleepwalk [slipwɔk] *v* يَمشي أثناء نومه [Yamshee athnaa nawmeh]

sleepy [slipi] *adj* نعسان [naʕsaːnun]

sleet [slit] *n* مطر متجمد [Maṭar motajamed] ▷ *v* تمطر مطرا متجمدا [Tomṭer maṭran motajamedan]

sleeve [sliv] *n* كم [kumm]

sleeveless [slivlɪs] *adj* بدون أكمام [Bedon akmaam]

slender [slɛndər] *adj* رفيع [rafiːʕun]

slice [slaɪs] *n* شَريحة [ʃariːħa] ▷ *v* يُقَطِّع إلى شرائح [Yo'qaṭe'a ela shraeḥ]

slick [slɪk] *n*; **oil slick** طبقة زيت طافية على الماء [Ṭaba'qat zayt ṭafeyah alaa alma]

slide [slaɪd] *n* زِلاقَةٌ [zallaːqa] ▷ *v* ينزلق [janzaliqu]

slight [slaɪt] *adj* طفيف [tˤafiːfun]

slightly [slaɪtli] *adv* بدرجة طفيفة [Bedarajah ṭafeefah]

slim [slɪm] *adj* نحيف [naħiːfun]

sling [slɪŋ] *n* حَمَّالة [ħammaːla]

slip [slɪp] *n (mistake)* هفوة [hafwa], *(paper)* قصاصة [qusˤaːsˤa], *(underwear)* قميص تحتي ['qameeṣ taḥtey], تنورة تحتية [Tanorah taḥteyah] ▷ *v* يَزِّل [jazillu]; **slipped disc** إنزلاق غضروفي [Enzela'q ghodrofey]

slipper [slɪpər] *n* شبشب حمام [Shebsheb ḥamam]

slippery [slɪpəri] *adj* زَلِق [zalaqa]

slip up *v* يَرْتَكِبُ خطأ [Yartekab khaṭaa]

slip-up *n* خطأ [xatˤa]

slope [sloʊp] *n* منحدر [munħadir]; **How difficult is this slope?** ما مدى صعوبة هذا المنحدر؟ [ma mada ṣo'aobat hatha al-mun-ḥadar?]; **Where**

are the beginners' slopes? أين توجد منحدرات المبتدئين؟ [Ayn tojad monḥadrat al-mob-tadean?]

sloppy [slɒpi] *adj* قذر [qaðirun]

slot [slɒt] *n* فَتْحة [fatħa]; **slot machine** آلة كشف الشذوذ الجنسي [aalat kashf al sheḍhoḍh al jensy]

Slovak [sloʊvæk] *adj* سلوفاكي [slu:fa:kij] ▷ *n* *(language)* اللغة السلوفاكية [Al-logha al-slofakeyah], *(person)* مواطن سلوفاكي [Mowaṭen slofakey]

Slovakia [sloʊvækiə] *n* سلوفاكيا [slu:fa:kija:]

Slovenia [sloʊviniə] *n* سلوفانيا [sluvi:f:nija:]

Slovenian [sloʊviniən] *adj* سلوفاني [slu:fa:ni:] ▷ *n* *(language)* اللغة السلوفانية [Al-logha al-slofaneyah], *(person)* مواطن سلوفاني [Mowaṭen slofaney]

slow [sloʊ] *adj* بَطِيءٌ [batˤi:ʔun]

slow down *v* يبُطئ [jubtˤiʔ]

slowly [sloʊli] *adv* ببطء [Bebota]; **Could you speak more slowly, please?** هل يمكن أن تتحدث ببطء أكثر إذا سمحت؟ [hal yamken an tata-ḥadath be-buṭi akthar edha samaḥt?]

slug [slʌg] *n* يرقانة [jaraqa:na]

slum [slʌm] *n* حي الفقراء [Hay al-fo'qraa]

slush [slʌʃ] *n* طين رقيق القوام [Ṭeen ra'qee'q al'qawam]

sly [slaɪ] *adj* كتوم [katu:mun]

smack [smæk] *v* يَصْفَع [jasˤfaʕu]

small [smɔl] *adj* صغير [sˤaɣi:run]; **Do you have a small?** هل يوجد مقاسات صغيرة؟ [hal yujad ma'qaas-at ṣaghera?]; **It's too small** إنه صغير جدا [inaho ṣagheer jedan]; **The room is too small** الغرفة صغيرة جدا [al-ghurfa ṣagherah jedan]

smart [smɑrt] *adj* ذكي [ðakij]; **smartphone** هاتف ذكي [Hatef zaky]

smash [smæʃ] *v* يُهَشم [juhaʃʃimu]

smell [smɛl] *n* رائحة [ra:ʔiħa] ▷ *vi* يَنْبَعِثُ رائِحَةً [Yab'ath raeḥah] ▷ *vt* يَشم [jaʃummu]; **I can smell gas** أنني أشم رائحة غاز [ina-ny ashum ra-e-hat ghaaz]; **My room smells like smoke** هناك رائحة دخان بغرفتي [hunaka ra-eḥa dukhaan be-ghurfaty]; **There's a funny smell** توجد رائحة غريبة في الغرفة [toojad raeḥa ghareba fee al-ghurfa]

smelly [smɛli] *adj* كريه الرائحة [Kareeh al-raaehah]

smile [smaɪl] *n* ابتسامة [ʔibtisa:ma] ▷ *v* يبتسم [jabtasimu]

smiley [smaɪli] *n* سمايلي (صورة الوجه المبتسم) [(sˤu:ratu alwaʒhi almubtasimi) sma:jlijji]

smoke [smoʊk] *n* دخان [duxa:n] ▷ *v* يُدخِن [juðaxinu]; **smoke detector** كاشف الدُخان [Kashef al-dokhan]

smoked [smoʊkt] *adj* مُدَخَّنٌ [mudaxxinun]

smoker [smoʊkər] *n* مُدَخِن [muðaxxin]

smoking [smoʊkɪŋ] *n* التدخين [Al-tadkheen]; **I'd like a no smoking room** أريد غرفة غير مسموح فيها بالتدخين [areed ghurfa ghyer masmooḥ feeha bil-tadkheen]; **I'd like a smoking room** أريد غرفة مسموح فيها بالتدخين [areed ghurfa masmooḥ feeha bil-tadkheen]

smoky [smoʊki] *adj*; **It's too smoky here** يوجد هنا الكثير من المدخنين [yujad huna al-kather min al-muda-khineen]

smooth [smuð] *adj* نعومة [nuʕu:matun]

SMS [ɛs ɛm ɛs] *n* خدمة الرسائل القصيرة [xidmatu arrasa:ʔili alqasˤi:rati]

smudge [smʌdʒ] *n* لَطْخَة [latˤxa]

smug [smʌg] *adj* مَزهُوٌّ بِنَفْسِه [Mazhowon benafseh]

smuggle [smʌgəl] *v* يُهَرب [juharribu]

smuggler [smʌglər] *n* مهرب بضائع [Moharreb baḍae'a]

smuggling [smʌgəlɪŋ] *n* تهريب [tahri:bu]

snack [snæk] *n* وجبة خفيفة [Wajbah khafeefah]; **snack bar** متجر الوجبات السريعة [Matjar al-wajabat al-sarey'aa]

snack bar *n* سُفرة [sufra]

snail [sneɪl] *n* حلزون [ħalazu:n]

snake [sneɪk] *n* ثعبان [θuʕba:n]

snap [snæp] *v* يَكْسِر [jaksiru]

snapshot [snæpʃɒt] *n* لقطة فوتوغرافية [La'qṭah fotoghrafeyah]

snarl [snɑrl] *v* يُشَابِك [juʃa:biku]

snatch [snætʃ] *v* يختطف [jixtatˤifu]

sneakers [sniːkərz] *npl* زوج أحذية رياضية [Zawj ahzeyah Reyaḍeyah]

sneeze [sniːz] *v* يعطس [jaʕtˤisu]

snicker [snɪkər] *v* يضحك ضحكاً نصف مكبوت [Yaḍhak ḍehkan neṣf makboot]

sniff [snɪf] *v* يتنشق [jatanaʃʃaqu]

snob [snɒb] *n* متكبر [mutakabbir]

snooker [snʊkər] *n* لعبة السنوكر [Lo'abat al-sonoker]

snooze [snuːz] *n* نومة خفيفة [Nomah khafeefa] ▷ *v* يغفو [jaɣfu]

snore [snɔr] *v* يغط في النوم [yaghoṭ fee al-nawm]

snorkel [snɔrkəl] *n* سباحة تحت الماء [Sebaḥah taḥt al-maa]

snow [snoʊ] *n* ثلج [θalʒ] ▷ *v* تمطر ثلجا [Tomṭer thaljan]; **snow peas** بسلة [bisallatin]

snowball [snoʊbɔl] *n* كرة ثلج [Korat thalj]

snowboard [snoʊbɔrd] *n*; **I want to rent a snowboard** أريد إيجار لوح تزلج [areed e-jar lawḥ tazaluj]

snowflake [snoʊfleɪk] *n* كتلة ثلج رقيقة [Kotlat thalj ra'qee'qah]

snowman [snoʊmæn] *n* رجل الثلج [Rajol al-thalj]

snowplow [snoʊplaʊ] *n* محراث الثلج [Mehrath thalj]

snowstorm [snoʊstɔrm] *n* عاصفة ثلجية ['aasefah thaljeyah]

so [soʊ] *adv*; **Why are you charging me so much?** لماذا احتسبت علي هذا المبلغ الكبير؟ [lematha iḥta-sabt 'alaya hatha al-mablagh al-kabeer?]

soak [soʊk] *v* ينقع [janqaʕu]

soaked [soʊkt] *adj* منقوع [manqu:ʕun]

soap [soʊp] *n* صابون [sˤa:bu:n]; **soap dish** طبق صابون [Ṭaba'q ṣaboon]; **soap opera** مسلسل درامي [Mosalsal deramey]; **There's no soap** لا يوجد صابون [la yujad ṣaboon]

sob [sɒb] *v* ينشج [janʃaʒu]

sober [soʊbər] *adj* مقتصد [muqtasˤidun]

soccer [sɒkər] *n* كرة القدم [Korat al-'qadam]; **soccer game** مباراة كرة قدم [Mobarat korat al-'qadam]; **soccer player** لاعب كرة القدم [La'aeb korat al-'qadam]; **Let's play soccer** هلم نلعب كرة القدم؟ [haloma nal'aab kurat al-'qadam]

sociable [soʊʃəbəl] *adj* شخص اجتماعي [Shakhṣ ejtema'ay]

social [soʊʃəl] *adj* اجتماعي [ʔiʒtima:ʕij], **social security** ضمان اجتماعي [Ḍaman ejtema'ay]; **social services** خدمات اجتماعية [Khadamat ejtem'aeyah]; **social worker** أخصائي اجتماعي [Akhṣey ejtema'ay]

socialism [soʊʃəlɪzəm] *n* اشتراكية [ʔiʃtira:kijja]

socialist [soʊʃəlɪst] *adj* اشتراكي [ʔiʃtira:kij] ▷ *n* اشتراكي [ʔiʃtira:kij]

society [səsaɪɪti] *n* مجتمع [muʒtamaʕ]

sociology [soʊsiɒlədʒi] *n* علم الاجتماع ['aelm al-ejtema'a]

sock [sɒk] *n* جورب قصير [Jawrab 'qaṣeer]

socket [sɒkɪt] *n* مقبس [miqbas]; **Where's the socket for my electric razor?** أين المقبس الخاص بماكينة الحلاقة؟ [ayna al-ma'qbas al-khaaṣ be-makenat al-ḥelaa'qa?]

sofa [soʊfə] *n* كنبة [kanaba]; **sofa bed** كنبة سرير [Kanabat sereer]

soft [sɔft] *adj* ناعم [na:ʕim]; **soft drink** مشروب غازي [Mashroob ghazey]

softener [sɔfənər] *n*; **Do you have fabric softener?** هل لديك مسحوق منعم للملابس؟ [hal ladyka mas-ḥoo'q mun-'aim lel-malabis?]

software [sɔftwɛər] *n* برامج [bara:miʒ]

soggy [sɒgi] *adj* ندي [nadij]

soil [sɔɪl] *n* تربة [turba]

solar [soʊlər] *adj* شمسي [ʃamsij]; **solar power** طاقة شمسية [Ṭa'qah shamseyah]; **solar system** نظام شمسي [neḍham shamsey]

soldier [soʊldʒər] *n* جندي [ʒundij]

sold out *adj* مُبَاعٌ [muba:ʕun]

solid [sɒlɪd] *adj* صلب [sˤalbun]

solo [soʊloʊ] *n* عمل منفرد ['amal monfared]

soloist [soʊloʊɪst] *n* مغني أو عازف منفرد [Moghaney aw 'aazef monfared]

soluble [sɒlyəbəl] *adj* قابل للذوبان ['qabel lel-dhawaban]

solution [səluʃən] *n* حل [ħall]; **cleansing solution for contact lenses** محلول مطهر للعدسات اللاصقة [maḥlool muṭaher lil-'aada-saat al-laṣi'qa]
solve [sɒlv] *v* يَحِل مشكلة [Taḥel al-moshkelah]
solvent [sɒlvənt] *n* مذيب [muðiːb]
Somali [soʊmɑli] *adj* صومالي [sˤsˤuːmaːlij] ▷ *n* *(language)* اللغة الصومالية [Al-loghah al-Ṣomaleyah], *(person)* صومالي [sˤsˤuːmaːlij]
Somalia [soʊmɑliə] *n* الصومال [asˤ-sˤuːmaːlu]
some [səm, STRONG sʌm] *adj* بعض [baʕdˤu]; **Could you lend me some money?** هل يمكن تسليفي بعض المال؟ [hal yamken tas-leefy ba'aḍ al-maal?]; **Here's some information about my company** تفضل بعض المعلومات المتعلقة بشركتي [tafaḍal ba'aḍ al-ma'a-lomaat al-muta'a-le'qa be-share-katy]; **I want to exchange some... for...** أرغب في تغيير بعض... إلى... [arghab fee taghyeer ba'aḍ... ela...]; **There are some people injured** هناك بعض الأشخاص المصابين [hunaka ba'aḍ al-ash-khaaṣ al-muṣabeen]
something [sʌmθɪŋ] *pron* شيء ما [Shaya ma]
somewhere [sʌmwɛər] *adv*; **Is there somewhere to eat on the boat?** هل يوجد مكان لتناول الطعام على المركب؟ [hal yujad makan le-tanawil al-ṯa'aam 'aala al-markab?]
son [sʌn] *n* ابن [ʔibn]; **My son is lost** فقد ابني [fo'qeda ibny]; **My son is missing** إن ابني مفقود [enna ibny maf-'qood]
song [sɔŋ] *n* أُغْنِيَّة [ʔuɣnijja]
son-in-law [sʌnɪnlɔ] *n* زوج الإبنة [Zawj al-ebnah]
soon [sun] *adv* تواً [tawwan], قريباً [qariːban]
sooner [sunər] *adv* عاجلا [ʕaːʒila:]
soot [sʊt, sut] *n* سُخام [suxaːm]
sophisticated [səfɪstɪkeɪtɪd] *adj* متكلف [mutakallifun]
soprano [səprænoʊ, -prɑn-] *n* صوت السوبرانو [Ṣondok alsobrano]
sorbet [sɔrbɪt] *n* مثلجات الفاكهة [Mothalajat al-fakehah]
sorcerer [sɔrsərər] *n* مُشعوذ [muʃaʕwið]
sore [sɔr] *adj* محزن [muħzinun] ▷ *n* حُزْن [ħuzn]; **cold sore** قرحة البرد حول الشفاة ['qorḥat al-bard ḥawl al-shefah]
sorry [sɒri] *interj*; **I didn't know the rules** أنا أسف لعدم معرفتي باللوائح [Ana aasef le'aadam ma'arefatey bel-lawaeah]; **I'm sorry** أنا [ʔana]; **I'm sorry to bother you** أناأسف للإزعاج [Ana asef lel-ez'aaj]; **Sorry we're late** أعتذر، فالوقت متأخر [ʔaʕtaðiru faːlwaqtu mutaʔaxxirun]; **Sorry, I didn't catch that** أعتذر، لم ألاحظ ذلك [A'atadher, lam olaḥeḍh dhalek]; **Sorry, I'm not interested** معذرة، أنا غير مهتم بهذا الأمر [maʕðaratun ʔana: ɣajru muhtammin bihaːða: alʔamri]
sort [sɔrt] *n* صنف [sˤinf]
sort out *v* يَفْرِز [jufrizu]
SOS [ɛs oʊ ɛs] *n* إشارة استغاثة [ʔiʃaːratun istiɣaːθa]
soul [soʊl] *n* نَفْس [nafsin]
sound [saʊnd] *adj* سليم [saliːmun] ▷ *n* صوت [sˤawt]
soundtrack [saʊndtræk] *n* موسيقى تصويرية [Mose'qa taṣweereyah]
soup [sup] *n* حساء [ħasaːʔ]; **What is the soup of the day?** ما هو حساء اليوم؟ [ma howa ḥasaa al-yawm?]
sour [saʊər] *adj* حامض [ħaːmidˤun]
south [saʊθ] *adj* جنوبي [ʒanuːbij] ▷ *adv* جنوباً [ʒanuːban] ▷ *n* جنوب [ʒanuːbu]; **South Africa** جنوب أفريقيا [Janoob afree'qya]; **South African** جنوب أفريقي [Janoob afree'qy]شخص من جنوب أفريقيا , [Shkhṣ men janoob afree'qya]; **South America** أمريكا الجنوبية [Amrika al janobeyiah]; **South American** جنوب أمريكي [Janoob amriky], شخص من أمريكا الجنوبية [Shakhṣ men amreeka al-janoobeyah]; **South Korea** كوريا الجنوبية [Korya al-janoobeyah]; **South Pole** القطب الجنوبي [Al-k'qotb al-janoobey]
southbound [saʊθbaʊnd] *adj* متجه للجنوب [Motageḥ lel-janoob]
southeast [saʊθist] *n* جنوب شرقي [Janoob shr'qey]
southern [sʌðərn] *adj* واقع نحو الجنوب [Wa'qe'a nahw al-janoob]
southwest [saʊθwɛst] *n* جنوب غربي [Janoob

gharbey]

souvenir [suvənɪər] *n* تذكار [tiðka:r]; **Do you have souvenirs?** هل يوجد لديكم هدايا تذكارية؟ [hal yujad laday-kum hada-ya tedhka-reya?]

soy [sɔɪ] *n* صويا [sˤu:sˤu]

spa [spɑ] *n* منتجع صحي [Montaja'a ṣeḥey]

space [speɪs] *n* فضاء [fadˤa:ʔ]

spacecraft [speɪskræft] *n* سَفينة الفضاء [Safenat al-fadaa]

spade [speɪd] *n* مجراف [miʒra:f]

spaghetti [spəgɛti] *n* مكرونة سباجتي [Makaronah spajety]

Spain [speɪn] *n* أسبانيا [ʔisba:njja:]

spam [spæm] *n* رسائل غير مرغوبة [rasa:ʔilu ɣajr marɣu:ba]

Spaniard [spænyərd] *n* أسباني [ʔisba:nij]

spaniel [spænyəl] *n* كلب السبنيلي [Kalb al-sebneeley]

Spanish [spænɪʃ] *adj* أسباني [ʔisba:nijun] ▹ *n* أسباني [ʔisba:nij]

spank [spæŋk] *v* يُوَبخ بقسوة [Yowabekh be-'qaswah]

spare [spɛər] *adj* احتياطي [ʔiħtijja:tˤij] ▹ *v* يَجْتنب [jaʒtanibu]; **spare part** قطع غيار ['qaṭa'a gheyar]; **spare room** غرفة إضافية [ghorfah eḍafeyah]; **spare time** وَقْت فراغ [Wa'qt faragh]; **spare tire** إطار إضافي [Eṭar eḍafy]; **spare wheel** عجلة إضافية ['aagalh eḍafeyah]; **Is there any spare bedding?** هل يوجد مرتبة احتياطية؟ [hal yujad ferash iḥte-yaṭy?]

spark [spɑrk] *n* شرارة [ʃara:ra]; **spark plug** شمعة إشعال [Sham'aat esh'aal]

sparrow [spæroʊ] *n* عصفور [ʕusˤfu:r]

spasm [spæzəm] *n* تقلص عضلي [Ta'qaloṣ 'aḍaley]

spatula [spætʃələ] *n* ملعقة البسط [Mel'a'qat al-bast]

speak [spik] *v* يتكلم [jatakalamu]

speaker [spikər] *n* مكبر الصوت [Mokabber al-ṣawt]; **native speaker** متحدث باللغة الأم [motaḥdeth bel-loghah al-om]

speak up *v* يتحدث بحرية وبدون تحفظ [yathadath be-ḥorreyah wa-bedon taḥaffoḍh]

special [spɛʃəl] *adj* خاص [xa:sˤsˤun]; **special offer** عرض خاص ['aarḍ khaṣ]

specialist [spɛʃəlɪst] *n* متخصص [mutaxasˤsˤisˤ], *(physician)* مستشار [mustaʃa:r]

specialize [spɛʃəlaɪz] *v* يَتَخصص [jataxasˤsˤasˤu]

specially [spɛʃəli] *adv* خاصة [xa:sˤsˤatu]

specialty [spɛʃəlti] *n* تَخَصُص [taxasˤusˤsˤ]

species [spiʃiz] *n* أنواع [ʔanwa:ʕ]

specific [spɪsɪfɪk] *adj* محدد [muħadaddun]

specifically [spɪsɪfɪkli] *adv* تحديداً [taħdi:dan]

specify [spɛsɪfaɪ] *v* يحدد [juħaddidu]

specs [spɛks] *npl* نظارة [nazˤzˤa:ratun]

spectacles [spɛktəkəlz] *npl* نظارة [nazˤzˤa:ratun]

spectacular [spɛktækyələr] *adj* مشهدي [maʃhadij]

spectator [spɛkteɪtər] *n* مُشاهِد [muʃa:hid]

speculate [spɛkyəleɪt] *v* يَتَأمل [jataʔammalu]

speech [spitʃ] *n* خُطبة [xutˤba]

speechless [spitʃlɪs] *adj* فاقد القدرة على الكلام [Fa'qed al-'qodrah 'aala al-kalam]

speed [spid] *n* سرعة [surʕa]; **speed limit** حد السرعة [Ḥad alsor'aah]; **What's the speed limit on this road?** ما هي أقصى سرعة مسموح بها على هذا الطريق؟ [ma heya a'qṣa sur'aa masmooḥ beha 'aala hatha al- ṯaree'q?]

speedboat [spidboʊt] *n* زورق بخاري سريع [Zawra'q bokharey sarea'a]

speeding [spidɪŋ] *n* زيادة السرعة [Zeyadat alsor'aah]

speedometer [spidɒmɪtər] *n* عداد السرعة ['adaad al-sor'aah]

speed up *v* يُسْرِع [jusriʕu]

spell [spɛl] *n (magic)* نَوبة [nawba], *(time)* سحر [siħr] ▹ *v* يَسحِر [jasħiru]

spell checker [spɛltʃɛkər] *n* مصحح التهجئة [Moṣaheh altahjeaah]

spelling [spɛlɪŋ] *n* تهجئة [tahʒiʔa]

spend [spɛnd] *v* يَقْضِي [jaqdˤi:]

sperm [spɜrm] *n* مَنيّ [manij]

spice [spaɪs] *n* توابل [tawa:bil]

spicy [spaɪsi] *adj* متبل [mutabbalun]; **The food is too spicy** الطعام متبل أكثر من اللازم [al-ṭa'aam

mutabal akthar min al-laazim]
spider [spaɪdər] *n* عنكبوت [ʕankabu:t]
spill [spɪl] *v* يُريق [juri:qu]
spinach [spɪnɪtʃ] *n* سبانخ [saba:nix]
spine [spaɪn] *n* عمود فقري ['amood fa'qarey]
spinster [spɪnstər] *n* عانِس [ʕa:nis]
spire [spaɪər] *n* ورقة عشب [Wara'qat 'aoshb]
spirit [spɪrɪt] *n* رَوح [ru:ħ]
spirits [spɪrɪtz] *npl* مشروبات روحية [Mashroobat rooḥeyah]
spiritual [spɪrɪtʃuəl] *adj* رَوحي [ru:ħij]
spit [spɪt] *n* بُصاق [busˤa:q] ▷ *v* يبصق [jabsˤuqu]
spite [spaɪt] *n* ضغينة [dˤaɣi:na] ▷ *v* يَحْقِد على [yaḥ'qed 'alaa]
spiteful [spaɪtfəl] *adj* حاقد [ħa:qidun]
splash [splæʃ] *v* يَرُش [jaruʃʃu]
splendid [splɛndɪd] *adj* مُدْهِش [mudhiʃun]
splint [splɪnt] *n* شريحة [ʃari:ħatt]
splinter [splɪntər] *n* شظية [ʃazˤijja]
split [splɪt] *v* يَنْقَسِم [janqasim]
split up *v* يَنْفَصِل [janfasˤilu]
spoilsport [spɔɪlspɔrt] *n* مفسد المتعة [Mofsed al-mot'aah]
spoke [spoʊk] *n* مكبح العربة [Makbaḥ al-'arabah]
spokesman [spoʊksmən] (*pl* spokesmen) *n* مُتَحدِّث باسم [Motaḥadeth besm]
spokesperson [spoʊkspɜrsən] *n* مُتَحدِّث باسم [Motaḥadeth besm]
spokeswoman [spoʊkswʊmən] (*pl* spokeswomen) *n* مُتَحدِّثة باسم [Motaḥadethah besm]
sponge [spʌndʒ] *n (for washing)* إسفنجة [ʔisfanʒa]
sponsor [spɒnsər] *n* راعي [ra:ʕi:] ▷ *v* يَرعَى [jarʕa:]
sponsorship [spɒnsərʃɪp] *n* رعاية [riʕa:ja]
spontaneous [spɒnteɪniəs] *adj* عفوي [ʕafawij]
spooky [spuki] *adj* شَبحي [ʃabaħij]
spoon [spun] *n* ملعقة [milʕaqa]; **Could I have a clean spoon, please?** هل يمكنني الحصول على ملعقة نظيفة من فضلك؟ [hal yamken -any al-ḥuṣool 'aala mil-'aa'qa nadheefa min faḍlak?]
spoonful [spunfʊl] *n* مقدار ملعقة صغيرة [Me'qdar mel'a'qah ṣagheerah]

sport [spɔrt] *n* رياضة [rija:dˤa]; **winter sports** رياضات شتوية [Reyḍat shetweyah]
sportsman [spɔrtsmən] (*pl* sportsmen) *n* رجل رياضي [Rajol reyaḍey]
sportswear [spɔrtswɛər] *n* ملابس رياضية [Malabes reyaḍah]
sportswoman [spɔrtswʊmən] (*pl* sportswomen) *n* سيدة رياضية [Sayedah reyaḍah]
sporty [spɔrti] *adj* متعلق بالألعاب الرياضية (رياضي) [(Reyaḍey) mota'ale'q bel- al'aab al-reyaḍah]
spot [spɒt] *n (blemish)* بُقْعَة [wasˤma], *(place)* مكان [maka:n] ▷ *v* يَستطلِع [jastatˤliʕu]
spotless [spɒtlɪs] *adj* نظيف تماما [naḍheef tamaman]
spotlight [spɒtlaɪt] *n* ضوء مُسَلّط [Dawa mosalṭ]
spouse [spaʊs] *n* زوجة [zawʒa]
sprain [spreɪn] *n* التواء المفصل [El-tewaa al-mefṣal] ▷ *v* يلوي المفصل [Yalwey al-mefṣal]
spray [spreɪ] *n* رشاش [raʃʃa:ʃ] ▷ *v* يَنْثُر [janθuru]; **hair spray** سْبراي الشعر [Sbray al-sha'ar]
spread [sprɛd] *n* انتشار [intiʃa:r] ▷ *v* ينتشر [jantaʃiru]
spread out *v* ينتشر [jantaʃiru]
spreadsheet [sprɛdʃit] *n* ورقة عمل [Wara'qat 'aamal]
spring [sprɪŋ] *n (coil)* زُنْبُرك [zunburk], *(season)* الربيع [arrabi:ʕu]
spring-cleaning *n* تنظيف شامل للمنزل بعد انتهاء الشتاء [tandheef shamel lel-manzel ba'ad entehaa al-shetaa]
springtime [sprɪŋtaɪm] *n* فصل الربيع [Faṣl al-rabeya]
sprinkler [sprɪŋklər] *n* مرشة [miraʃʃa]
sprint [sprɪnt] *n* سباق قصير سريع [Seba'q 'qaṣer sare'a] ▷ *v* يَرْكُض بِسُرعَه [Yrkoḍ besor'aah]
sprinter [sprɪntər] *n* مُتَسابِق [mutasa:biq]
sprout [spraʊt] *n*; **bean sprouts** براعم الفول [Braa'em al-fool]
sprouts [spraʊtz] *npl* براعم الورق [Bra'aem al-wara'q]; **Brussels sprouts** كرنب بروكسيل [Koronb brokseel]
spy [spaɪ] *n* جاسوس [ʒa:su:s] ▷ *v* يَتَجسس [jataʒassasu]

spying [spaɪɪŋ] *n* تجسس [taʒassus]

squabble [skwɒbəl] *v* يَتَخاصم [jataxa:sˤamu]

squander [skwɒndər] *v* يُبَدِد [juhaddidu]

square [skwɛər] *adj* مربع الشكل [Moraba'a al-shakl] ▷ *n* ميدان [majda:n]

squash [skwɒʃ] *n* نبات القَرع [Nabat al-'qar'a] ▷ *v* يهرس [juharrisu]

squeak [skwik] *v* يَزْعَق [jazʕaqu]

squeeze [skwiz] *v* يَعْصِر [jaʕsˤiru]

squeeze in *v* يَحْشو [Yaḥsho]

squid [skwɪd] *n* حبار [ħabba:r]

squint [skwɪnt] *v* يَحْول عَيْنَه [Yoḥawel aynah]

squirrel [skwɜrəl] *n* سِنجاب [sinʒa:b]

Sri Lanka [sri læŋkə] *n* سِري لانكا [sri: la:nka:]

stab [stæb] *v* يطعن [jatˤʕanu]

stability [stəbɪlɪti] *n* استقرار [istiqra:r]

stable [steɪbəl] *adj* مستقر [mustaqirun] ▷ *n* اسطبل [istˤabl]

stack [stæk] *n* كومة منتظم [Komat montaḍhem]

stadium, stadia [steɪdiəm, 'steɪdɪə] *n* استاد [sta:d]

staff [stæf] *n (stick or rod)* عارضة [ʕa:ridˤa], *(workers)* عاملين [ʕa:mili:na]

staff room [stæfrum] *n* غرفة العاملين [Ghorfat al'aameleen]

stage [steɪdʒ] *n* خشبة المسرح [Khashabat al-masrah]

stagger [stægər] *v* يَتهادَى [jataha:da:]

stage magician [steɪdʒ mədʒɪʃən] *n* دَجّال [daʒʒa:l]

stain [steɪn] *n* لطخة [latˤxa] ▷ *v* يُلَطِخ [julatˤtˤixu]; **stain remover** مزيل البقع [Mozeel al-bo'qa,a]

staircase [stɛərkeɪs] *n* دَرَج [durʒ]

stairs [steɪrz] *npl* سلالم [sala:limun]

stale [steɪl] *adj* مبتذل [mubtaðalun]

stalemate [steɪlmeɪt] *n* ورطة [wartˤa]

stall [stɔl] *n* مربط الجواد [Marbaṭ al-jawad]

stamina [stæmɪnə] *n* قدرة على الاحتمال ['qodrah ala al-eḥtemal]

stammer [stæmər] *v* يَتلْعثم [jatalaʕθamu]

stamp [stæmp] *n* دمغة [damɣa] ▷ *v* يَدوس [jadu:su]

stand [stænd] *v* يَقِفُ [jaqifu]; **taxi stand** موقف سيارات تاكسي [Maw'qaf sayarat taksy]

standard [stændərd] *adj* قياسي [qija:sij] ▷ *n* مقياس [miqja:s]; **standard of living** مستوى المعيشة [Mostawa al-ma'aeeshah]

stand for *v* يَرْمُز [jarmuzu]

stand out *v* يَتمَيز [jatamajjazu]

standpoint [stændpɔɪnt] *n* نقطة الاستشراف [No'qtat al-esteshraf]

stands [stændz] *npl* أجنحة عرض [Ajnehat 'arḍ]

stand up *v* يَنْهَض [janhadˤu]

staple [steɪpəl] *n (commodity)* إنْتاج رَئِيسي [Entaj raaesey], *(wire)* رزَّة سلكية [Rozzah selkeyah] ▷ *v* يُدَبِّس الأوراق [Yodabes al-wra'q]

stapler [steɪplər] *n* دَبَّاسَة [dabba:sa]

star [stɑr] *n (person)* نجم [naʒm], *(sky)* نجمة [naʒma] ▷ *v* يُزَين بالنجوم [Yozaeyen bel-nejoom]; **movie star** نجم سينمائي [Najm senemaaey]

starch [stɑrtʃ] *n* نشا [naʃa:]

stare [stɛər] *v* يُحملِق [juħamliqu]

stark [stɑrk] *adj* صارم [sˤa:rimun]

start [stɑrt] *n* بَدْء [badʔ] ▷ *vi* يبدأ [jabdaʔu] ▷ *vt* يَبْدأ [jabdaʔu]; **When does the movie start?** متى يبدأ عرض الفيلم؟ [mata yabda 'aarḍ al-filim?]

starter [stɑrtər] *n* بادِئ [ba:diʔ]

startle [stɑrtəl] *v* يُرَوْع فجأة [Yorawe'a fajaah]

start off *v* يَبْدأ الحركة والنشاط [Yabdaa alḥarakah wal-nashaṭ]

starve [stɑrv] *v* يجوّع [jaʒu:ʕu]

state [steɪt] *n* حالة [ħa:la] ▷ *v* يُصَرِح ب [Yoṣareh be]; **Gulf States** دُوَل الخليج العربي [Dowel al-khaleej al'arabey]

statement [steɪtmənt] *n* بَيَانٌ [baja:n]; **bank statement** كشف بنكي [Kashf bankey]

station [steɪʃən] *n* محطة [maħatˤtˤa]; **bus station** محطة أوتوبيس [Mahaṭat otobees]; **filling station** محطة بنزين [Mahaṭat benzene]; **police station** قسم شرطة ['qesm shorṭah]; **radio station** محطة راديو [Mahaṭat radyo]; **service station** محطة الخدمة [Mahaṭat al-khedmah]; **station wagon** سيارة بصالون متحرك المقاعد [Sayarah be-ṣalon motaḥarek al-ma'qaed]; **subway station** محطة أنفاق

[Mahaṭat anfa'q], محطة مترو [Mahaṭat metro]; **train station** محطة سكك حديدية [Mahaṭat sekak ḥadeedeyah]; **How far are we from the bus station?** ما هي المسافة بيننا وبين محطة الأتوبيس؟ [ma heya al-masafa bay-nana wa bayn muḥaṭat al- baaṣ?]; **Is there a gas station near here?** هل يوجد محطة بنزين قريبة من هنا؟ [hal yujad muḥaṭat banzeen 'qareeba min huna?]; **Where is the nearest subway station?** أين توجد أقرب محطة للمترو؟ [ayna tojad a'qrab muḥaṭa lel-metro?]
stationery [steɪʃənɛri] *n* أدوات مكتبية [Adawat maktabeyah]
statistics [stətɪstɪks] *npl* إحصائيات [ʔiħsˤaːʔijjaːtun]
statue [stætʃu] *n* تمثال [timθaːl]
status [steɪtəs, stæt-] *n*; **marital status** الحالة الاجتماعية [Al-halah al-ejtemaayah]
status quo [steɪtəs kwoʊ, stæt-] *n* الوضع الراهن [Al-waḍ'a al-rahen]
stay [steɪ] *n* إقامة [ʔiqaːma] ▹ *v* يُقيم [juqimu]; **I want to stay from Monday till Wednesday** أريد الإقامة من يوم الاثنين إلى يوم الأربعاء [areed al-e'qama min yawm al-ithnayn ela yawm al-arbe'aa]; **I'd like to stay for two nights** أريد الإقامة لليلتين [areed al-e'qama le lay-la-tain]
stay in *v* يمْكُث [jamkuθu]
steady [stɛdi] *adj* مطرد [mutˤradun]
steak [steɪk] *n* شَريحة لحم [Shareehat laḥm]; **round steak** شريحة من لحم البقر [Shreeḥa men laḥm al-ba'qar]
steal [stil] *v* يَسرِق [jasriqu]
steam [stim] *n* بُخَار [buxaːr]
steel [stil] *n* صُلْبٌ [sˤalb]; **stainless steel** صلب غير قابل للصدأ [Ṣalb ghayr 'qabel lel-ṣadaa]
steep [stip] *adj* شاهق [ʃaːhiqun]
steeple [stipəl] *n* بُرْج الكنيسة [Borj al-kaneesah]
steering [stɪərɪŋ] *n* توجيه [tawʒiːh]; **steering wheel** عجلة القيادة ['aagalat al-'qeyadh]
step [stɛp] *n* خطوة [xutˤwa]
stepbrother [stɛpbrʌðər] *n* أخ من زوجة الأب أو زوج الأم [Akh men zawjat al ab]
stepdaughter [stɛpdɔtər] *n* رَبيبة [rabiːba]
stepfather [stɛpfɑðər] *n* زوج الأم [Zawj al-om]
stepladder [stɛplædər] *n* سُلَم نقال [Sollam na'q'qaal]
stepmother [stɛpmʌðər] *n* زوجة الأب [Zawj al-aab]
stepsister [stɛpsɪstər] *n* أخت من زوجة الأب أو زوج الأم [Okht men zawjat al ab aw zawj al om]
stepson [stɛpsʌn] *n* رَبيب [rabiːb]
stereo [stɛrioʊ, stɪər-] *n* ستريو [stirjuː]مركز موسيقى , [Markaz mose'qa]; **Is there a stereo in the car?** هل يوجد نظام ستريو بالسيارة؟ [hal yujad neḍham stereo bil-sayara?]
stereotype [stɛriətaɪp, stɪər-] *n* شكل نمطي [Shakl namaṭey]
sterile [stɛrəl] *adj* عقيم [ʕaqiːmun]
sterilize [stɛrɪlaɪz] *v* يُعَقِم [juʕaqqimu]
sterling [stɜrlɪŋ] *n* الاسترليني [al-istirliːnijju]
steroid [stɪrɔɪd, stɛr-] *n* سترودي [stirwudij]
stew [stu] *n* طعام مطهو بالغلي [ṭ a'aam maṭhoo bel-ghaley]
steward [stuərd] *n* مُضِيف [mudˤiːf]
stick [stɪk] *n* عصا [ʕasˤaː] ▹ *v* يَغْرُز [jaɣruzu]; **stick insect** الحشرة العصوية [Al-hasherah al-'aodweia]
sticker [stɪkər] *n* ملصق [mulsˤaq]
stick out *v* يمكث [jamkuθu]
sticky [stɪki] *adj* لزج [laziʒun]
stiff [stɪf] *adj* قَاسْ [qaːsin]
stifling [staɪflɪŋ] *adj* خانق [xaːniqun]
still [stɪl] *adj* ثابت [θaːbitun] ▹ *adv* لا يزال [La yazaal]
sting [stɪŋ] *n* لدغة [ladɣa] ▹ *v* يلدغ [jaldaɣu]
stingy [stɪndʒi] *adj* حقير [ħaqiːrun], قارص [qaːrisˤun]
stink [stɪŋk] *n* رائحةِ كريهة [Raaehah kareehah] ▹ *v* يَنْتِن [jantinu]
stir [stɜr] *v* يُقَلِب [juqallibu]
stitch [stɪtʃ] *n* ألم مفاجئ [Alam Mofajea] ▹ *v* يَدرُز [jadruzu]
stock [stɒk] *n* مخزون [maxzuːn] ▹ *v* يَخْزِن [jaxzunu]; **stock exchange** سُوق الأوراق المالية [Soo'q al-awra'q al-maleyah]; **stock market** البورصة [al-buːrsˤatu]

stockbroker [stɒkbroʊkər] *n* سِمسار البورصة [Semsar al-borṣah]

stockholder [stɒkhoʊldər] *n* مساهم [musa:him]

stocking [stɒkɪŋ] *n* جورب [ʒawrab]

stock up *v*; **stock up on** يُجَهِّز بالسِّلَع [Yojahez bel-sela'a]

stomach [stʌmək] *n* معدة [maʕida]

stomachache [stʌməkeɪk] *n* ألم المَعِدة [Alam alma'aedah]

stone [stoʊn] *n* حجر [ħaʒar]

stool [stul] *n* كرسي بلا ظهر أو ذراعين [Korsey bela ḍhahr aw dhera'aayn]

stop [stɒp] *n* توقف [tawaqquf] ▷ *vi* يَتوَقف [jatawaqqafu] ▷ *vt* يوقف [ju:qifu]; **bus stop** موقف أوتوبيس [Maw'qaf otobees]; **Do we stop at...?** هل سنتوقف في... [hal sanata-wa'qaf fee...?]; **Does the train stop at...?** هل يتوقف القطار في...؟ [hal yata-wa'qaf al-'qetaar fee...?]; **My watch has stopped** لقد توقفت ساعتي [la'qad tawa-'qafat sa'aaty]; **When do we stop next?** متى سنتوقف في المرة التالية؟ [mata sa-nata-wa'qaf fee al-murra al-taleya?]; **Where do we stop for lunch?** متى سنتوقف لتناول الغذاء؟ [mata sa-nata-wa'qaf le-tanawil al-ghadaa?]

stopover [stɒpoʊvər] *n* توقف في رحلة [Tawa'qof fee rehlah]

stopwatch [stɒpwɒtʃ] *n* ساعة الإيقاف [Saa'ah al-e'qaaf]

storage [stɔrɪdʒ] *n* مخزن [maxzan]

store [stɔr] *n* محل [maħall], محل تجاري [Maḥal tejarey] ▷ *v* يُخزِن [juxazzinu]; **antique store** متجر المقتنيات القديمة [Matjar al-mo'qtanayat al-'qadeemah]; **department store** محل مكون من أقسام [Maḥal mokawan men a'qsaam]; **fruit and vegetable store** متجر الخضر والفاكهة [Matjar al-khoḍar wal-fakehah]; **jewelry store** محل جواهرجي [Maḥal jawaherjey]; **liquor store** رُخصَة بيع الخمور لتناولها خارج المحل [Rokhṣat baye'a al-khomor letnawolha kharej al-maḥal]; **office supply store** مكتبة لبيع الأدوات المكتبية [maktabatun libajʕi alʔadawa:ti almaktabijjati]; **store owner** صاحب المتجر [Ṣaheb al-matjar]; **store window** واجهة العرض في المتجر [Wagehat al-'aarḍ fee al-matjar]; **What time do the stores close?** ما هو موعد إغلاق المحلات التجارية؟ [ma howa maw-'aid eghla'q al-maḥalat al-tejar-iya?]

storm [stɔrm] *n* عاصفة [ʕa:sˤifa]

stormy [stɔrmi] *adj* عاصف [ʕa:sˤifun]; **It's stormy** الجو عاصف [al-jaw 'aaṣuf]

story [stɔri] *n* قصة [qisˤsˤa]; **short story** قصة قصيرة ['qeṣah 'qaṣeerah]

stove [stoʊv] *n* موقد [mawqid], مَوْقِد [mu:qid]; **gas stove** موقد يعمل بالغاز [Maw'qed ya'amal bel-ghaz]

straight [streɪt] *adj* مستقيم [mustaqi:mun]; **straight ahead** في خط مستقيم [Fee khad mosta'qeem]

straighteners [streɪt&ənərz] *npl* مواد أو أدوات الفرد [Mawaad aw adawaat alfard]

straightforward [streɪtfɔrwərd] *adj* صريح [sˤari:ħun]

strain [streɪn] *n* إرْهاق [ʔirha:q] ▷ *v* يُوَتِّرُ [juwattiru]

stranded [strændɪd] *adj* مجدول [maʒdu:lun]

strange [streɪndʒ] *adj* غريب [ɣari:bun]

stranger [streɪndʒər] *n* شخص غريب [Shakhṣ ghareeb]

strangle [stræŋgəl] *v* يَخنِق [jaxniqu]

strap [stræp] *n* طوق [tˤawq]

strategic [strətidʒɪk] *adj* إستراتيجي [ʔistira:ti:ʒij]

strategy [strætədʒi] *n* إستراتيجية [ʔistira:ti:ʒijja]

straw [strɔ] *n* قش [qaʃʃ]

strawberry [strɔbɛri] *n* فراولة [fara:wla]

stray [streɪ] *n* ضَالٌ [dˤa:l]

stream [strim] *n* جدول [ʒadwal]

street [strit] *n* شارع [ʃa:riʕ]; **street map** خارطة الشارع [kharetat al-share'a]; **street plan** خريطة الشارع [Khareetat al-share'a]

streetcar [stritkɑr] *n* ترام [tra:m]

streetlight [stritlaɪt] *n* مصباح الشارع [Mesbaḥ al-share'a]

streetwise [stritwaɪz] *adj* محنك [muħannakun]

strength [strɛŋkθ, strɛŋθ] *n* قوة [quwwa]

strengthen [strɛŋθən] *v* يَقْوي [juqawwi:]

stress [strɛs] *n* ضغط [dˤaɣtˤ] ▷ *v* يُؤَكِّد [juʔakkidu]

stressed [strɛst] *adj* متوتر [mutawattirun]

stressful [strɛsfəl] *adj* مسبب توتر [Mosabeb tawator]

stretch [strɛtʃ] *v* يمتد [jamtadu]

stretcher [strɛtʃər] *n* نقالة [naqqa:la]

stretchy [strɛtʃi] *adj* مطاطي [matˤa:tˤij]

strict [strɪkt] *adj* حازم [ħa:zimun]

strictly [strɪktli] *adv* بحزم [biħazmin]

strike [straɪk] *n* ضربة [dˤarba] ▹ *vi* يَرْتَطِم ب [Yartaṭem be], *(suspend work)* يُضرِب [judˤribu] ▹ *vt* يَضرِب [jadˤribu]

striker [straɪkər] *n* ضَارِب [dˤa:rib]

striking [straɪkɪŋ] *adj* لافت للنظر [Lafet lel-nadhar]

string [strɪŋ] *n* سِلْك [silk]

strip [strɪp] *n* شريطة [ʃari:tˤa] ▹ *v* يُجَرِد [juʒarridu]

stripe [straɪp] *n* قماش مقلم ['qomash mo'qallem]

striped [straɪpt] *adj* مقلم [muqallamun]

stripper [strɪpər] *n* راقصة تعري [Ra'qeṣat ta'arey]

stroke [stroʊk] *n* جلطة [ʒaltˤa] ▹ *v* يُلاطِف [jula:tˤifu]

stroll [stroʊl] *n* تَجَوُّل [taʒawwul]

stroller [stroʊlər] *n* عربة طفل ['arabat ṭefl]

strong [strɔŋ] *adj* مركز [markazu]

strongly [strɔŋli] *adv* بقوة [Be-'qowah]

structure [strʌktʃər] *n* هيكل [hajkal]

struggle [strʌgəl] *n* كفاح [kifa:ħ] ▹ *v* يُكافِح [juka:fiħu]

stubborn [stʌbərn] *adj* عنيد [ʕani:dun]

stub out *v* يَخمد [jaxmudu]

stuck [stʌk] *adj* محبوس [maħbu:sa]

stuck-up *adj* مغرور [maɣru:run]

stud [stʌd] *n* مزرعة خيل استيلاد [Mazra'at khayl esteelaad]

student [studənt] *n* طالب [tˤa:lib]; **graduate student** دراسات عليا [dira:sa:t ʕaljan]; **student discount** خصم للطلاب [Khaṣm lel-ṭolab], **student driver** سائق مبتدئ [Sae'q mobtadea]

studio [studioʊ] *n* استوديو [stu:dju:]; **studio apartment** شقة ستديو [Sha'qah stedeyo]

study [stʌdi] *v* يَدْرِس [jadrusu]

stuff [stʌf] *n* حشوة [ħaʃwa]

stuffy [stʌfi] *adj* غاضب [ɣa:dˤibun]

stumble [stʌmbəl] *v* يَتَعثر [jataʕaθθaru]

stunned [stʌnd] *adj* مذهول [maðhu:lun]

stunning [stʌnɪŋ] *adj* مذهل [muðhilun]

stunt [stʌnt] *n* عمل مثير ['aamal Mother]

stuntman [stʌntmæn] *n* رَجُل المخاطر [Rajol al-makhater]

stupid [stupɪd] *adj* غبي [ɣabijju]

stutter [stʌtər] *v* يُتَمْتم [jutamtimu]

style [staɪl] *n* لِباس [liba:s]

styling [staɪlɪŋ] *n*; **Do you sell styling products?** هل تبيع مستحضرات لتسريح الشعر؟ [hal tabee'a musta-ḥḍaraat le-tasreeḥ al-sha'air?]

stylist [staɪlɪst] *n* مُصَمِم أزياء [Moṣamem azyaa]

subject [sʌbdʒɪkt] *n* موضوع [mawdˤu:ʕ]

submarine [sʌbmərin] *n* غواصة [ɣawwa:sˤa]

subscription [səbskrɪpʃən] *n* اشتراك [iʃtira:k]

subsidiary [səbsɪdiɛri] *n* شركة تابعة [Sharekah tabe'ah]

subsidize [sʌbsɪdaɪz] *v* يُقَدِم العون المالي ل [juqadimu alʕawana alma:li: li]

subsidy [sʌbsɪdi] *n* إعانة مالية [E'aanah maleyah]

substance [sʌbstəns] *n* جوهر [ʒawhar]

substitute [sʌbstɪtut] *n* تَبْدِيل [tabdi:l] ▹ *v* يَحل محل [Taḥel maḥal]; **substitute teacher** مُدرّس بديل [Modares badeel]

subtitled [sʌbtaɪtəld] *adj* مزود بعنوان فرعي [Mozawad be'aonwan far'aey]

subtitles [sʌbtaɪtəlz] *npl* عناوين فرعية ['anaween far'aeyah]

subtle [sʌtəl] *adj* مُهذّب [muhaððabun]

subtract [səbtrækt] *v* يُسقِط من [Yos'qeṭ men]

suburb [sʌbɜrb] *n* ضاحية [dˤa:ħija]

suburban [səbɜrbən] *adj* ساكن الضاحية [Saken al-ḍaheyah]

subway [sʌbweɪ] *n*; **subway station** محطة أنفاق [Mahaṭat anfa'q], محطة مترو [Mahaṭat metro]; **Could I have a map of the subway, please?** هل يمكنني الحصول على خريطة المترو من فضلك؟ [hal yamken -any al-ḥuṣool 'aala khareeṭat al-mitro min faḍlak?]; **Where is the nearest subway station?** أين توجد أقرب محطة للمترو؟ [ayna tojad a'qrab muḥaṭa lel-metro?]

succeed [səksi̱d] *v* ينجح [janʒaħu]
success [səksɛ̱s] *n* نجاح [naʒa:ħ]
successful [səksɛ̱sfəl] *adj* ناجح [na:ʒiħun]
successfully [səksɛ̱sfəli] *adv* بنجاح [binaʒa:ħin]
successive [səksɛ̱sɪv] *adj* مُتعاقِب [mutaʕa:qibun]
successor [səksɛ̱sər] *n* وريث [wari:θ]
suck [sʌ̱k] *v* يَرضَع [jardˤaʕu]
Sudan [sudæ̱n] *n* السودان [as-su:da:nu]
Sudanese [su̱dəni̱z] *adj* سوداني [su:da:nij] ▷ *n* سوداني [su:da:nij]
sudden [sʌ̱dən] *adj* مفاجئ [mufa:ʒiʔun]
suddenly [sʌ̱dənli] *adv* فجأةً [faʒʔatun]
sue [su̱] *v* يُقاضي [juqa:dˤi:]
suede [swe̱ɪd] *n* جلد مزأبر [Jeld mazaabar]
suffer [sʌ̱fər] *v* يُعانْي [juʕa:ni:]
suffocate [sʌ̱fəkeɪt] *v* يَخنِق [jaxniqu]
sugar [ʃu̱gər] *n* سكر [sukar]; **confectioners' sugar** سكر ناعِم [Sokar na'aem]; **no sugar** بدون سكر [bedoon suk-kar]
sugar-free *adj* خالي من السكر [Khaley men al-oskar]
suggest [səgdʒɛ̱st] *v* يَقْتَرِح [jaqtariħu]
suggestion [səgdʒɛ̱stʃən] *n* اقتراح [iqtira:ħ]
suicide [su̱ɪsaɪd] *n* ينتحر [jantaħiru]; **suicide bomber** مفجر انتحاري [Mofajer enteḥaarey]
suit [su̱t] *n* دعوى [daʕwa:] ▷ *v* يُلائِم [jula:ʔimu]; **bathing suit** زي السباحة [Zey sebaḥah]لباس الاستحمام , [Lebas al-estehmam]; **jogging suit** بدلة تدريب [Badlat tadreeb], زي رياضي [Zey reyaḍey]
suitable [su̱təbəl] *adj* ملائم [mula:ʔimun]
suitcase [su̱tkeɪs] *n* حقيبة سفر [Ha'qeebat al-safar]
suite [swi̱t] *n* جناح في فندق [Janaḥ fee fond'q]
sulk [sʌ̱lk] *v* يَحْرِد [jaħridu]
sulky [sʌ̱lki] *adj* مقطب الجبين [Mo'qṭ ab al-jabeen]
sum [sʌ̱m] *n* خلاصة [xula:sˤa]
summarize [sʌ̱məraɪz] *v* يُلَخِص [julaxxisˤu]
summary [sʌ̱məri] *n* ملخص [mulaxxasˤ]
summer [sʌ̱mər] *n* الصيف [asˤ-sˤajfu]; **summer vacation** الأجازات الصيفية [Al-ajazat al-ṣayfeyah]; **after summer** بعد فصل الصيف [ba'ad fạsil al-ṣayf]; **during the summer** خلال فصل الصيف [khelal fạṣl al-ṣayf]; **in summer** في الصيف [fee al-ṣayf]
summertime [sʌ̱mərtaɪ̱m] *n* فصل الصيف [Faṣl al-ṣayf]
summit [sʌ̱mɪt] *n* مؤتمر قمة [Moatamar 'qemmah]
sum up *v* يجمع [juʒammiʕu]
sun [sʌ̱n] *n* شَمْس [ʃams]
sunbathe [sʌ̱nbeɪð] *v* يَأخُذ حمام شمس [yaakhoḍ hammam shams]
sunbed [sʌ̱nbɛd] *n* حمام شمس [Ḥamam shams]
sunblock [sʌ̱nblɒk] *n* كريم للوقاية من الشمس [Kreem lel-we'qayah men al-shams]
sunburn [sʌ̱nbɜrn] *n* سَفْعَة شمس [Saf'aat ahams]
sunburned [sʌ̱nbɜrnd] *adj* مسفوع بأشعة الشمس [Masfoo'a be-ashe'aat al-shams]
Sunday [sʌ̱ndeɪ, -di] *n* الأحد [al-ʔaħadu]; **on Sunday** في يوم الأحد [fee yawm al-aḥad]
sunflower [sʌ̱nflaʊər] *n* عباد الشمس ['aabaad al-shams]
sunglasses [sʌ̱nglæsɪz] *npl* نظارات شمسية [nadharat shamseyah]
sunlight [sʌ̱nlaɪt] *n* ضوء الشمس [Ḍawa al-shams]
sunny [sʌ̱ni] *adj* مشمس [muʃmisun]; **It's sunny** الجو مشمس [al-jaw mushmis]
sunrise [sʌ̱nraɪz] *n* شروق الشمس [Sheroo'q al-shams]
sunroof [sʌ̱nruf] *n* فتحة سَقف [Fathat sa'qf]
sunscreen [sʌ̱nskrin] *n* واقي الشمس [Wa'qey al-shams]
sunset [sʌ̱nsɛt] *n* غُروب [ɣuru:b]
sunshine [sʌ̱nʃaɪn] *n* أشعة الشمس [Ashe'aat al-shams]
sunstroke [sʌ̱nstroʊk] *n* ضربة شمس [Ḍarbat shams]
suntan [sʌ̱ntæn] *n* سُمرة الشمس [Somrat al-shams]; **suntan lotion** غسول سمرة الشمس [ghasool somrat al-shams]; **suntan oil** زيت سمرة الشمس [Zayt samarat al-shams]

super [supər] *adj* ممتاز جدا [Momtaaz jedan]
superb [suparb] *adj* فاتن [fa:tinun]
superficial [superfɪʃəl] *adj* سَطحي [satˤħij]
superior [supɪəriər] *adj* مكانة أعلى [Makanah a'ala] ▹ *n* أعلى مكانة [A'ala makanah]
supermarket [supərmarkɪt] *n* سوبر ماركت [su:br ma:rkit]; **I need to find a supermarket** أريد الذهاب إلى السوبر ماركت [areed al-dhehaab ela al-subar market]
supernatural [supərnætʃərəl, -nætʃrəl] *adj* خارق للطبيعة [Khare'q lel-ṭabe'aah]
superstitious [superstɪʃəs] *adj* خرافي [xura:fij]
supervise [supərvaɪz] *v* يُشرف [juʃrifu]
supervisor [supərvaɪzər] *n* مشرف [muʃrif]
supper [sʌpər] *n* عَشاء [ʕaʃa:ʔ]
supplement [sʌplɪmənt] *n* مُكَمِّل [mukammill]
supplier [səplaɪər] *n* مورد [muwarrid]
supplies [səplaɪz] *npl* توريدات [tawri:da:tun]
supply [səplaɪ] *n* إمداد [ʔimda:d] ▹ *v* يُزَوِّد [juzawwidu]; **office supply store** مكتبة لبيع الأدوات المكتبية [maktabatun libajʕi alʔadawa:ti almaktabijjati]
support [səpɔrt] *n* دعم [daʕm] ▹ *v* يدعم [jadʕamu]
supporter [səpɔrtər] *n* المؤيد [al-muajjidu]
suppose [səpouz] *v* يَظُن [jazˤunnu]
supposedly [səpouzɪdli] *adv* على افتراض [Ala eftraḍ]
supposing [səpouzɪŋ] *conj* بافتراض [Be-efteraḍ]
surcharge [sɜrtʃardʒ] *n* ضريبة إضافية [Ḍareba eḍafeyah]
sure [ʃuər] *adj* متأكد [mutaʔakkidun]
surely [ʃuərli] *adv* بالتأكيد [bi-at-taʔki:di]
surf [sɜrf] *n* ركوب الأمواج [Rokoob al-amwaj] ▹ *v* يَتَصَفح الانترنت [Yataṣafaḥ al-enternet]; **Where can you go surfing?** أين يمكنك ممارسة رياضة ركوب الأمواج؟ [ayna yamken-ak muma-rasat riyaḍat rokob al-amwaj?]
surface [sɜrfɪs] *n* سَطح [satˤħ]
surfboard [sɜrfbɔrd] *n* لوح الركمجة [Looḥ al-rakmajah]
surfer [sɜrfər] *n* مُتَصِّفح الانترنت [Motaṣafeḥ al-enternet]
surfing [sɜrfɪŋ] *n* الركمجة [ar-rakmaʒatu]
surge [sɜrdʒ] *n* مَوْجَة [mawʒa]
surgeon [sɜrdʒən] *n* جراح [ʒarra:ħ]
surgery [sɜrdʒəri] *n (operation)* عملية جراحية ['amaleyah jeraheyah]; **plastic surgery** جراحة تجميل [Jerahat tajmeel], جراحة تجميلية [Jerahah tajmeeleyah]
surplus [sɜrplʌs, -pləs] *adj* فائض [fa:ʔidˤun] ▹ *n* فَائِض [fa:ʔidˤ]
surprise [sərpraɪz] *n* مفاجئة [mufa:ʒaʔa]
surprised [sərpraɪzd] *adj* متفاجئ [mutafa:ʒiʔun]
surprising [sərpraɪzɪŋ] *adj* مفاجئ [mufa:ʒiʔun]
surprisingly [sərpraɪzɪŋli] *adv* على نحو مفاجئ [Ala naḥw mofaheya]
surrender [sərɛndər] *v* يُسَلِّم [jusallimu]
surround [səraund] *v* يحيط [juħi:tˤu]
surroundings [səraundɪŋz] *npl* البيئة المُحِيطة [Al- beeaah almoheeṭah]
survey [sɜrveɪ] *n* مسح [masħ]
surveyor [sərveɪər] *n* ماسح الأراضي [Maseh al-araaḍey]
survival [sərvaɪvəl] *n* بَقَاء [baqa:ʔ]
survive [sərvaɪv] *v* ينجو من [janʒu: min]
survivor [sərvaɪvər] *n* نَاجٍ [na:ʒin]
suspect *n* [sʌspɛkt]مشْتبه به [Moshtabah beh] ▹ *v* [səspɛkt]يَشتبِه ب [Yashtabeh be]
suspend [səspɛnd] *v* يُرْجِئ [jurʒiʔ]
suspenders [səspɛndərz] *npl* حمالة [ħamma:latun]
suspense [səspɛns] *n* تشويق [taʃwi:q]
suspension [səspɛnʃən] *n* تعليق [taʕli:q]; **suspension bridge** جسر معلق [Jesr mo'aala'q]
suspicious [səspɪʃəs] *adj* مشبوه [maʃbu:hun]
swallow [swɒlou] *n* طائر السنونو [Ṭaaer al-sonono] ▹ *vi* يبتلع [jabtaliʕu] ▹ *vt* يَبْلع [jablaʕu]
swamp [swɒmp] *n* أرض وحلة [Ard waḥelah]
swan [swɒn] *n* إوزة [ʔiwazza]
swat [swɒt] *v* يَضرِب ضربة عنيفة [Yaḍreb ḍarban 'aneefan]
sway [sweɪ] *v* يَتَمَايل [jatama:jalu]
Swaziland [swazilænd] *n* سوازيلاند [swa:zi:la:nd]
swear [swɛər] *v* يَحلِف [jaħlifu]

swearword [swɛərwɜrd] *n* شتيمة [ʃati:ma] [swi:srij]

sweat [swɛt] *n* عرق [ʕirq] ▹ *v* يَعْرَق [jaʕraqu]

sweater [swɛtər] *n* بلوفر [bulu:far], مُوصِل [mu:sˤil] (مِعْطف) ; **polo-necked sweater** سُترة بولو برقبة [Sotrat bolo be-ra'qabah]

sweatshirt [swɛtʃɜrt] *n* كنزة فضفاضة يرتديها الرياضيون [Kanzah feḍfaḍh yartadeha al-reyadeyon]

sweaty [swɛti] *adj* مبلل بالعرق [Mobala bel-ara'q]

Swede [swid] *n* سويدي [swi:dij]

Sweden [swidən] *n* السويد [as-suwi:du]

Swedish [swidɪʃ] *adj* سويدي [swi:dij] ▹ *n* اللغة السويدية [Al-loghah al-sweedeyah]

sweep [swip] *v* يَكْنِس [jaknisu]

sweet [swit] *adj (pleasing)* عذب [ʕaðbun], *(taste)* حلو [ħulwun]

sweetener [switənər] *n* مواد تحلية [mawa:dun taħlijja]

sweltering [swɛltərɪŋ] *adj* شديد الحر [Shadeed al-har]

swerve [swɜrv] *v* ينحرف [janħarifu]

swim [swɪm] *v* يَستحِم [jastaħimmu], يَسبَح [jasbaħu]

swimmer [swɪmər] *n* سابح [sa:biħ]

swimming [swɪmɪŋ] *n* سباحة [siba:ħa]; **swimming pool** حمام سباحة [Hammam sebaḥah]; **swimming trunks** سِروال سباحة [Serwl sebaḥah]; **Where is the public swimming pool?** أين يوجد حمام السباحة العام؟ [ayna yujad ḥamam al-sebaḥa al-'aam?]

swimsuit [swɪmsut] *n* مَايوه [ma:ju:h]

swing [swɪŋ] *n* تَأَرْجُح [taʔarʒuħ] ▹ *v* يتمايل [jatama:jalu]

Swiss [swɪs] *adj* سويسري [swi:srij] ▹ *n* سويسري

switch [swɪtʃ] *n* مفتاح كهربائي [Meftaḥ kahrabaey] ▹ *v* يُحَوِّل [juħawwilu]

switchboard [swɪtʃbɔrd] *n* لوحة مفاتيح تحكم [Looḥat mafateeḥ taḥakom]

Switzerland [swɪtsərlənd] *n* سويسرا [swi:sra:]

swollen [swoʊlən] *adj* منتفخ [muntafixxun]

sword [sɔrd] *n* سيف [sajf]

swordfish [sɔrdfɪʃ] *n* سمك سياف البحر [Samak aayaf al-baḥr]

syllable [sɪləbəl] *n* مقطع لفظي [Ma'qṭa'a lafḍhy]

syllabus [sɪləbəs] *n* خلاصة بحث أو منهج دراسي [Kholaṣat bahth aw manhaj derasey]

symbol [sɪmbəl] *n* رَمز [ramz]

symmetrical [sɪmɛtrɪkəl] *adj* متماثل [mutama:θilun]

sympathetic [sɪmpəθɛtɪk] *adj* متعاطف [mutaʕa:tˤifun]

sympathize [sɪmpəθaɪz] *v* يَتعاطف [jataʕa:tˤafu]

sympathy [sɪmpəθi] *n* تعاطف [taʕa:tˤuf]

symphony [sɪmfəni] *n* سِمفونية [samfu:nijja]

symptom [sɪmptəm] *n* علامة [ʕala:ma]

synagogue [sɪnəgɒg] *n* معبد اليهود [Ma'abad al-yahood]

syndrome [sɪndroʊm] *n*; **Down syndrome** متلازمة داون [Motalazemat dawon]

Syria [sɪriə] *n* سوريا [su:rja:]

Syrian [sɪriən] *adj* سوري [su:rij] ▹ *n* سوري [su:rij]

syringe [sɪrɪndʒ] *n* حقنة [ħuqna]

syrup [sɪrəp, sɜr-] *n* شراب [ʃara:b]

system [sɪstəm] *n* نظام [nizˤa:m]; **immune system** جهاز المناعة [Jehaz al-mana'aa]; **solar system** نظام شمسي [neḍham shamsey]; **systems analyst** محلل نظم [Moḥalel noḍhom]

systematic [sɪstəmætɪk] *adj* نظامي [nizˤa:mijun]

T

table [teɪbəl] *n (chart)* جدول [ʒadwal], *(furniture)* منضدة [mindˤada]; **coffee table** طاولة قهوة [Ṭawlat 'qahwa]; **dressing table** طَاولَة زينة [Ṭawlat zeenah]; **table tennis** كرة الطاولة [Korat al-ṭawlah]; **table wine** خَمْر الطعام [Khamr al-ṭa'aam]

tablecloth [teɪbəlklɔθ] *n* غطاء مائدة [Gheṭa'a maydah]

tablespoon [teɪbəlspun] *n* ملعقة مائدة [Mel'a'qat maedah]

taboo [tæbu] *adj* معزول بوصفه محرما [Ma'azool bewaṣfeh moḥaraman] ▷ *n* محرمات مقدسات [moḥaramat mo'qadasat]

tack [tæk] *n* دبوس تثبيت اللوائح [Daboos tathbeet al-lawaeh]

tackle [tækəl] *n* عدة [ʕudda] ▷ *v* يُمْسِك ب [Yomsek be]; **fishing tackle** معدات صيد السمك [Mo'aedat ṣayed al-samak]

tact [tækt] *n* لباقة [laba:qa]

tactful [tæktfəl] *adj* لبق [labiqun]

tactics [tæktɪks] *npl* تكتيكات [tikti:ka:tun]

tactless [tæktlɪs] *adj* غير لبق [Ghaey labe'q]

tadpole [tædpoʊl] *n* فرخ الضفدع [Farkh al-ḍofda'a]

tag [tæg] *n* علامة [ʕala:ma]

Tahiti [təhiti] *n* تاهيتي [ta:hi:ti:]

tail [teɪl] *n* ذَيّل [ðajl]

tailor [teɪlər] *n* خَيّاط [xajja:tˤ]

Taiwan [taɪwɒn] *n* تايوان [ta:jwa:n]

Taiwanese [taɪwəniz] *adj* تايواني [ta:jwa:nij] ▷ *n* تايواني [ta:jwa:nij]

Tajikistan [tɑdʒɪkstɑn] *n* طاجكستان [tˤa:ʒikista:n]

take [teɪk] *v* يَأخُذ [jaʔxuðu]; **take care of** يعتني بـ [Ya'ataney be]

take after *v* يُشْبِه [juʃbihu]

take apart *v* يُفَكِّك إلى أجْزاء [Yo'fakek ela ajzaa]

take away *v* ينقل [junqalu]

take back *v* يَسحب كلامه [Yasḥab kalameh]

taken [teɪkən] *adj*; **Is this seat taken?** هل هذا المقعد محجوز؟ [hal hadha al-ma'q'ad maḥjooz?]

take off *v* يَخلع ملابسه [Yakhla'a malabesh]

takeoff [teɪkɔf] *n* إقلاع [ʔiqla:ʕ]

takeout [teɪkoʊt] *n* وجبات سريعة [Wajabat sarey'aa]

take over *v* يَتَوَلّى [jatawalla:]

takeover [teɪkoʊvər] *n* استلام [ʔistila:m]

tale [teɪl] *n* حكاية [ħika:ja]

talent [tælənt] *n* موهبة [mawhiba]

talented [tæləntɪd] *adj* موهوب [mawhu:bun]

talk [tɔk] *n* كلام [kala:m] ▷ *v* يتحدث [jataħaddaθu]; **talk show** برنامج حواري [Barnamaj hewary]; **talk to** يتحدث إلى [yataḥdath ela]

talkative [tɔkətɪv] *adj* ثرثار [θarθa:run]

tall [tɔl] *adj* طويل القامة [Ṭaweel al-'qamah]

tame [teɪm] *adj* مُرَوَض [murawwidˤun]

tampon [tæmpɒn] *n* سِدادة [sadda:da]

tan [tæn] *n* سُمرة [sumra]

tandem [tændəm] *n*; **tandem bicycle** دراجة ترادفية [Darrajah tradofeyah]

tangerine [tændʒərin] *n* يوسفي [ju:sufij]

tank [tæŋk] *n (combat vehicle)* دبابة [dabba:ba], *(large container)* صهريج [sˤihri:ʒ]; **gas tank** خزان بنزين [Khazan benzeen]; **septic tank** غُرفة تَفتيش [Ghorfat tafteesh]

tanker [tæŋkər] *n* ناقلة بترول [Na'qelat berool]

tanned [tænd] *adj* له جلد برونزي اللون [lahu ʒildun bru:nzijji allawni]

tantrum [tæntrəm] *n* نوبة غضب [Nawbat ghaḍab]

Tanzania [tænzəniə] *n* تنزانيا [tanza:nja:]

Tanzanian [tænzəniən] *adj* تانزاني [ta:nza:nij] ▹ *n* تانزاني [ta:nza:nij]

tap [tæp] *n* حنفية [ħanafijja]

tap-dancing *n* رقص الكلاكيت [Ra'qṣ al-kelakeet]

tape [teɪp] *n* شريط [ʃari:tˤ] ▹ *v* يُسَجِّل على شريط [Yosajel 'aala shereeṭ]; **Scotch® tape** شريط لاصق [Shreeṭ laṣe'q]; **tape measure** شريط قياس [Shreeṭ 'qeyas]; **tape recorder** *(old)* مسجل شرائط [Mosajal sharayeṭ]; **Can I have a tape for this video camera, please?** *(old)* هل يمكن أن أحصل على شريط فيديو لهذه الكاميرا من فضلك؟ [hal yamken an aḥṣal 'aala shar-eeṭ video le- hadhy al-kamera min faḍlak?]

target [tɑrgɪt] *n* هَدَف [hadaf]

tariff [tærɪf] *n* تعريفة [taʕri:fa]

tarpaulin [tɑrpɔlɪn, tɑrpəlɪn] *n* تربولين: قماش مشمع [tarbawli:n: qumma:ʃun muʃmaʕ]

tarragon [tærəgɒn, -gən] *n* عُشْب الطرخون ['aoshb al-ṭarkhoon]

tart [tɑrt] *n* فَطيرَة مَحْشُوَّة [Faṭeerah maḥshowah]

tartan [tɑrtən] *adj* زِيّ الطرطان الاسكتلندي [zijju atˤtˤartˤa:n ala:skutlandijji]

task [tæsk] *n* مهمة [mahamma]

Tasmania [tæzmeɪniə] *n* تسمانيا [tasma:nja:]

taste [teɪst] *n* طعم [tˤaʕm] ▹ *v* يَتَذَوق [jataðawwaqu]

tasteful [teɪstfəl] *adj* حسن الذوق [Hosn aldhaw'q]

tasteless [teɪstlɪs] *adj* عديم الذوق ['aadeem al-dhaw'q]

tasty [teɪsti] *adj* لذيذ المذاق [Ladheedh al-madha'q]

tattoo [tætu] *n* وَشْم [waʃm]

Taurus [tɔrəs] *n* الثور [aθθawri]

tax [tæks] *n* ضريبة [dˤari:ba]; **highway tax** ضريبة طُرُق [Ḍareebat ṭoro'q]; **income tax** ضريبة دخل [Ḍareebat dakhl]; **tax payer** دافع الضرائب [Daafe'a al-ḍarayeb]; **tax return** إقرار ضريبي [E'qrar ḍareeby]; **value-added tax** ضريبة القيمة المضافة [dˤari:batu alqi:mati almudˤa:fati]; **Are taxes included?** هل يكون شاملاً ضريبة القيمة المضافة؟ [hal yakoon sha-melan ḍare-bat al-'qema al-muḍafa?]

taxi [tæksi] *n* تاكسي [ta:ksi:]; **taxi driver** سائق تاكسي [Sae'q taksey]; **taxi stand** موقف سيارات تاكسي [Maw'qaf sayarat taksy]; **How much is the taxi fare into town?** ما هي أجرة التاكسي داخل البلد؟ [ma heya ejrat al-taxi dakhil al-balad?]; **I left my bags in the taxi** لقد تركت حقائبي في التاكسي [la'qad ta-rakto ḥa'qa-eby fee al-taxi]; **I need a taxi** أنا في حاجة إلى تاكسي [ana fee ḥaja ela taxi]; **Please order me a taxi for eight o'clock** من فضلك احجز لي تاكسي في الساعة الثامنة [min faḍlak iḥjiz lee taxi fee al-sa'aa al-thamina]; **Where can I get a taxi?** أين يمكن استقلال التاكسي؟ [Ayn yomken este'qlal al-taksey?]

TB [ti bi] *n* سُلّ [sull]

tea [ti] *n* شاي [ʃa:j]; **herbal tea** شاى بالأعشاب [Shay bel-a'ashab]; **tea bag** كيس شاي [Kees shaay]; **Could we have another cup of tea, please?** هل يمكن من فضلك الحصول على كوب آخر من الشاي؟ [hal yamken min faḍlak al-ḥusool 'aala koob aakhar min al-shay?]; **Hot tea, please** شاي من فضلك [shaay min faḍlak]

teach [titʃ] *v* يُدَرِّس [judarrisu]

teacher [titʃər] *n* مدرس [mudarris]; **substitute teacher** مُدرِّس بديل [Modares badeel]; **teacher's aide** مساعد المدرس [Mosa'aed al-modares]

teaching [titʃɪŋ] *n* تَعْليم [taʕli:m]

teacup [tikʌp] *n* فنجان شاي [Fenjan shay]

teakettle [tikɛtəl] *n* غلاية [ɣalla:ja]

team [tim] *n* فريق [farjq]

teapot [tipɒt] *n* براد الشاي [Brad shaay]

tear[1] [tɪər] *n (from eye)* دَمْعَة [damʕa], *(split)* تَمْزيق [tamzi:q]

tear[2] [tɛər] *v* يُمَزِّق [jumazziqu]; **tear up** يَتَمْزَق [jatamzzaqu]

tear gas [tɪərgæs] *n* غاز مسيل للدموع [Ghaz moseel lel-domooa]

tease [tiz] *v* يُضَايِق [judˤa:jiqu]

teaspoon [tispun] *n* ملعقة شاي [Mel'a'qat shay]

technical [tɛknɪkəl] *adj* تقني [tiqnij]

technician [tɛknɪʃən] *n* فَنّي [fannij]

echnique [tɛknik] *n* أسلوب [ʔuslu:b]

echno [tɛknoʊ] *n* تقني [tiqnij]

echnological [tɛknəlɒdʒɪkəl] *adj* تكنولوجي [tiknu:lu:ʒij]

echnology [tɛknɒlədʒi] *n* تكنولوجيا [tiknu:lu:ʒja:]

ee [ti] *n* الهدف في لعبة الجولف [Al-hadaf fy le'abat al-jolf]

eenager [tineɪdʒər] *n* بالغ [ba:liɣ]

eens [tinz] *npl* بالغون [baleghoon]

eethe [tið] *v* يُسَنِّن [jusanninu]

eetotal [titoʊtəl] *adj* لا يشرب الكحوليات [la: jaʃrabu alkuħu:lija:t]

elecommunications [tɛlɪkəmyunɪkeɪʃənz] *npl* الاتصالات السلكية [Al-etṣalat al-selkeyah]

elegram [tɛlɪgræm] *n* تلغراف [tiliɣra:f]; **Can I send a telegram from here?** هل يمكن إرسال تلغراف من هنا؟ [hal yamken ersaal tal-ghraf min huna?]

elemarketing [tɛlɪmarkɪtɪŋ] *npl* مبيعات بالتليفون [Mabee'aat bel-telefoon]

elephone [tɛlɪfoʊn] *n* تليفون [tili:fu:n]; **telephone directory** دليل الهاتف [Daleel al-hatef]; **How much would it cost to telephone...?** كم تبلغ تكلفة المكالمة التليفونية إلى... [kam tablugh taklifat al-mukalama al-talefoniya ela...?]; **What's the telephone number?** ما هو رقم التليفون؟ [ma howa ra'qim al-talefon?]

elescope [tɛlɪskoʊp] *n* تليسكوب [tili:sku:b]

elevision [tɛlɪvɪʒən, -vɪʒ-] *n* تلفاز [tilfa:z]; **cable television** وَصْلَة تلفزيونية [Wṣlah telefezyoneyah]; **color television** تليفزيون ملون [Telefezyon molawan]; **digital television** تليفزيون رقمي [telefezyoon ra'qamey]

ell [tɛl] *v* يُخبِر [juxbiru]

emp [tɛmp] *n* عامِل مُؤَقَّت ['aamel mowa'qat]

emper [tɛmpər] *n* مِزَاج [miza:ʒ]

emperature [tɛmprətʃər, -tʃʊər] *n* درجة الحرارة [Darajat al-haraarah]; **I'd like something for a temperature** أريد شيئًا للارتفاع درجة الحرارة [areed shyan le-irtifa'a darajat al-ḥarara]; **She has a temperature** إنها مصابة بارتفاع في درجة الحرارة [inaha muṣa-ba be-irtefa'a fee darajat al-ḥarara]

temple [tɛmpəl] *n* معبد [muʕabbad]; **Is the temple open to the public?** هل المعبد مفتوح للجمهور؟ [hal al-ma'abad maf-tooḥa lel-jamhoor?]; **When is the temple open?** متى يُفتح المعبد؟ [mata yoftaḥ al-ma'abad?]

temporary [tɛmpərɛri] *adj* مُؤَقَّت [muʔaqqatun]

tempt [tɛmpt] *v* يُغْرِي [juɣri:]

temptation [tɛmpteɪʃən] *n* إغراء [ʔiɣra:ʔ]

tempting [tɛmptɪŋ] *adj* مغر [muɣrin]

ten [tɛn] *number* عشرة [ʕaʃaratun]

tenant [tɛnənt] *n* مستأجر [mustaʔʒir]

tend [tɛnd] *v* يرعى [jarʕa:]

tendency [tɛndənsi] *n* مَيل [majl]

tender [tɛndər] *adj* لطيف [latˤi:fun]

tendon [tɛndən] *n* وتر [watar]

tennis [tɛnɪs] *n* تنس [tinis]; **table tennis** كرة الطاولة [Korat al-ṭawlah]; **tennis player** لاعب تنس [La'aeb tenes]; **tennis racket** مضرب تنس [Maḍrab tenes]; **How much does it cost to use a tennis court?** كم يتكلف استئجار ملعب تنس؟ [kam yo-kalaf esti-jar mal'aab tanis?]; **Where can I play tennis?** أين يمكنني أن ألعب التنس؟ [ayna yamken-any an al-'aab al-tanis?]

tenor [tɛnər] *n* آلة التينور الموسيقية [aalat al teenor al mose'qeiah]

tense [tɛns] *adj* متوتر [mutawattirun] ▷ *n* صيغة الفعل [Ṣeghat al-fe'al]

tension [tɛnʃən] *n* توتر [tawattur]

tent [tɛnt] *n* خَيْمة [xajma]; **tent peg** وتد الخيمة [Watad al-kheemah]; **tent pole** عمود الخيمة ['amood al-kheemah]

tenth [tɛnθ] *adj* العاشر [al-ʕa:ʃiru] ▷ *n* العاشر [al-ʕa:ʃiru]

term [tɜrm] *n (description)* أَجَل [ʔaʒal], *(division of year)* فصل من فصول السنة [Faṣl men foṣol al-sanah]

terminal [tɜrmɪnəl] *adj* طرفي [tˤarafajjun] ▷ *n* طرف [tˤaraf]

terminally [tɜrmɪnəli] *adv* إلى النهاية [Ela al-nehayah]

terrible [tɛrɪbəl] *adj* مريع [muri:ʕun]

terribly [tɛrɪbli] *adv* بشكل مريع [Be-shakl moreeḥ]

terrier [tɛriər] *n* كلب ترير [Kalb tereer]

terrific [tərɪfɪk] *adj* ساحِق [sa:ħiqun], مُرَوِّع [murawwiʕun]

terrified [tɛrɪfaɪd] *adj* مرعوب [marʕu:bun]

terrify [tɛrɪfaɪ] *v* يُخيف [juxi:f]

territory [tɛrətɔri] *n* إقليم [iqli:m]

terrorism [tɛrərɪzəm] *n* إرهاب [ʔirha:b]

terrorist [tɛrərɪst] *n* إرهابي [ʔirha:bij]; **terrorist attack** هجوم إرهابي [Hojoom 'erhaby]

test [tɛst] *n* اختبار [ixtiba:r] ▷ *v* يَخْتَبِر [jaxtabiru]; **driver's test** اختبار القيادة [Ekhtebar al-'qeyadah]; **Ministry of Transport test** *(vehicle safety)* وزارة النقل [wiza:ratu annaqli]; **smear test** فحص عنق الرحم [Faḥṣ 'aono'q al-raḥem]; **test tube** أنبوب اختبار [Anbob ekhtebar]

testicle [tɛstɪkəl] *n* خصية [xisˤja]

tetanus [tɛtənəs] *n* تيتانوس [ti:ta:nu:s]; **I need a tetanus shot** أحتاج إلى حقنة تيتانوس [aḥtaaj ela ḥe'qnat tetanus]

text [tɛkst] *n* نص [nasˤsˤ] ▷ *v* يَضع نصا [Yaḍa'a naṣan]; **text message** رسالة نصية [Resalah naṣeyah]

textbook [tɛkstbʊk] *n* كتاب دراسي [Ketab derasey]

textile [tɛkstaɪl] *n* نسيج [nasi:ʒ]

Thai [taɪ] *adj* تايلاندي [ta:jla:ndij] ▷ *n (language)* اللغة التايلاندية [Al-logha al-taylandeiah], *(person)* تايلاندي [ta:jla:ndij]

Thailand [taɪlænd] *n* تايلاند [ta:jla:nd]

than [ðən, STRONG ðæn] *prep*; **It's more than on the meter** هذا يزيد عن العداد [hatha yazeed 'aan al-'aadad]

thank [θæŋk] *v* يَشكر [jaʃkuru]

thanks [θæŋks] *excl* شكرا! [Shokran!]

that [ðæt] *adj* هذا [haða:]; **Does that contain alcohol?** هل يحتوى هذا على الكحول؟ [hal yaḥ-tawy hadha 'aala al-kiḥool?]

thatched [θætʃt] *adj* مسقوف بالقش [Mas'qoof bel-'qash]

thaw [θɔ] *v*; **It's thawing out** بدأ الدفء في الجو [Badaa al-defaa fee al-jaw]

the [ðə, ði] *art* لام التعريف [liummi attaʕri:fi]

theater [θiətər] *n* مسرح [masraħ]; **movie theate[r]** سينما [si:nima:]; **What's on at the theater?** ماذا يعرض الآن على خشبة المسرح؟ [madha yu'a-raḍ al-aan 'aala kha-shabat al-masraḥ?]

theft [θɛft] *n* سرقة [sariqa]; **identity theft** سرقة الهوية [Sare'qat al-hawyiah]; **I want to report a theft** أريد التبليغ عن وقوع سرقة [areed al-tableegh 'an wi'qoo'a sare'qa]

theme [θim] *n* موضوع [mawdˤu:ʕ]; **theme park** حديقة ألعاب [Hadee'qat al'aab]

then [ðɛn] *adv* آنذاك [ʔa:naða:ka]

theology [θiɒlədʒi] *n* لاهوت [la:hu:t]

theory [θɪəri] *n* نظرية [nazˤarijja]

therapy [θɛrəpi] *n* علاج [ʕila:ʒ]

there [ðər, STRONG ðɛr, ðɛər] *adv* هناك [huna:ka]; **How do I get there?** كيف يمكن أن أصل إلى هناك؟ [kayfa yamkin an aṣal ela hunaak?]; **It's over there** إنه هناك [inaho honaka]

thermometer [θərmɒmɪtər] *n* ترمومتر [tirmu:mitir]

Thermopane® [θɜrmoʊpeɪn] *n* طبقتين من الزجاج [Ṭaba'qatayen men al-zojaj]

thermos [θɜrməs] *n* ®ثيرموس [θi:rmu:s]

thermostat [θɜrməstæt] *n* ثرموستات [θirmu:sta:t]

these [ðiz] *pron*; **Can you repair these shoes?** هل يمكن تصليح هذا الحذاء؟ [hal yamken taṣleeḥ hadha al-ḥedhaa?]

they [ðeɪ] *pron*; **Do they rent out rackets?** هل يقومون بتأجير مضارب اللعب؟ [hal ya'qo-moon be-ta-jeer maḍarib al-li'aib?]

thick [θɪk] *adj* سَميك [sami:kun]

thickness [θɪknɪs] *n* سَماكة [sama:ka]

thief [θif] *n* لص [lisˤsˤ]

thigh [θaɪ] *n* فخذ [faxð]

thin [θɪn] *adj* نحيف [naħi:fun]

thing [θɪŋ] *n* أمْر [ʔamr]

think [θɪŋk] *v* يُفَكِر [jufakkiru]

third [θɜrd] *adj* ثالث [θa:liθun] ▷ *n* الثالث [aθ-θa:liθu]; **Third World** العالم الثالث [Al-'aalam al-thaleth]

thirdly [θɜrdli] *adv* ثالثاً [θa:liθan]

thirst [θɜrst] *n* ظمأ [zˤama]

hirsty [θɜrsti] *adj* ظمآن [zˤamʔa:nun]
hirteen [θɜrtin] *number* ثلاثة عشر [θala:θata ʕaʃara]
hirteenth [θɜrtinθ] *adj* ثالث عشر [θa:liθa ʕaʃara]
hirty [θɜrti] *number* ثلاثون [θala:θu:na]
his [ðɪs] *adj* هذا [haða:]; **I'll have this** سوف أتناول هذا [sawfa ata-nawal hadha]; **What is in this?** ماذا يوجد في هذا؟ [madha yujad fee hadha?]
histle [θɪsəl] *n* شَوْك [ʃawk]
horn [θɔrn] *n* شَوْكَة [ʃawka]
horough [θɜroʊ] *adj* شَامِل [ʃa:milun]
horoughly [θɜroʊli] *adv* بشكل شامل [Be-shakl shamel]
hought [θɔt] *n* تفكير [tafki:r]
houghtful [θɔtfəl] *adj* مستغرق في التفكير [Mostaghre'q fee al-tafkeer]
houghtless [θɔtlɪs] *adj* طائش [tˤa:ʔiʃun]
housand [θaʊzənd] *number* ألف [ʔalfun]
housandth [θaʊzənθ] *adj* الألف [al-ʔalfu] ▷ *n* جزء من ألف [Joza men al alf]
hread [θrɛd] *n* خَيْط [xajtˤ]
hreat [θrɛt] *n* تهديد [tahdi:d]
hreaten [θrɛtən] *v* يُهَدِد [juhaddidu]
hreatening [θrɛtənɪŋ] *adj* تهديدي [tahdi:dij]
hree [θri] *number* ثلاثة [θala:θatun]
hree-dimensional [θridɪmɛnʃənəl] *adj* ثلاثي الأبعاد [Tholathy al-ab'aaad]
hrifty [θrɪfti] *adj* مزدهر [muzdahirun]
hrill [θrɪl] *n* رعشة [raʕʃa]
hrilled [θrɪld] *adj* مُنتشي [muntaʃij]
hriller [θrɪlər] *n* تَشْويق [taʃwi:q]
hrilling [θrɪlɪŋ] *adj* مُفرِح [mufriħun]
hroat [θroʊt] *n* حنجرة [ħanʒura]
hrob [θrɒb] *v* يَخفِق [jaxfiqu]
hrone [θroʊn] *n* عرش [ʕarʃ]
hrough [θru] *prep* خلال [xila:la]
hrow [θroʊ] *v* يَرمي [jarmi:]
hrow away *v* يَتَخَلَّص [jataxallasˤu]
hrow out *v* يَقْذِف [jaqðifu]
hrow up *v* يقيء [jaqi:ʔu]
hrush [θrʌʃ] *n* دُجّ [duʒʒ]
hug [θʌg] *n* سَفَّاح [saffa:ħ]
humb [θʌm] *n* إبهام اليد [Ebham al-yad]
thumbtack [θʌmtæk] *n* مسمار صغير يدفع بالإبهام [Mesmar ṣagheer yodfa'a bel-ebham]
thump [θʌmp] *v* يجلد [juʒallidu]
thunder [θʌndər] *n* رَعْد [raʕd]
thunderstorm [θʌndərstɔrm] *n* عاصفة رعدية ['aasefah ra'adeyah]
thundery [θʌndəri] *adj* مصحوب برعد [Maṣḥoob bera'ad]
Thursday [θɜrzdeɪ, -di] *n* يوم الخميس [jawmul xami:si]; **on Thursday** في يوم الخميس [fee yawm al-khamees]
thyme [taɪm] *n* الزعتر [az-zaʕtari]
Tibet [tɪbɛt] *n* تيبت [ti:bit]
Tibetan [tɪbɛtən] *adj* تيبيتي [ti:bi:tij] ▷ *n (language)* اللغة التيبتية [Al-loghah al-tebeteyah], *(person)* شخص تيبيتي [Shakhṣ tebetey]
ticket [tɪkɪt] *n* تذكَرة [taðkira]; **bus ticket** تذكرة أوتوبيس [tadhkarat otobees]; **one-day round-trip ticket** تذكرة ذهاب وعودة في نفس اليوم [tadhkarat dhehab we-'awdah fee nafs al-yawm]; **one-way ticket** تذكرة ذهاب [tadhkarat dhehab], تذكرة فردية [tadhkarat fardeyah]; **parking ticket** تذكرة الركن [tadhkarat al-rokn]; **round-trip ticket** تذكرة إياب [tadhkarat eyab]; **season ticket** التذاكر الموسمية [Al-tadhaker al-mawsemeyah]; **ticket collector** جامع التذاكر [Jame'a al-tadhaker]; **ticket inspector** مفتش التذاكر [Mofatesh taḍhaker]; **ticket machine** ماكينة التذاكر [Makenat al-taḍhaker]; **ticket office** مكتب التذاكر [Maktab al-taḍhaker], مكتب الحجز [Maktab al-ḥjz]
tickle [tɪkəl] *v* يُدَغدِغ [judaydiyu]
ticklish [tɪklɪʃ] *adj* سريع الغضب [Saree'a al-ghaḍab]
tide [taɪd] *n* مد وجزر [Mad wa-jazr]
tidy [taɪdi] *adj* مرتب [murattabun] ▷ *v* يُرَتِّب [jurattibu]
tidy up *v* يُهَنْدِم [juhandimu]
tie [taɪ] *n* رباط العنق [Rebaṭ al-'aono'q] ▷ *v* يُقيِّد [juqajjidu], *(equal with)* يتعادل مع [Yata'aaadal ma'a]; **bow tie** رباط عنق على شكل فراشة [Rebaṭ 'ala shakl frashah]

tie up *v* يَرْتَبِط مع [Yartabeṭ ma'aa]

tiger [taɪgər] *n* نمر مخطط [Namer mokhaṭaṭ]

tight [taɪt] *adj* مُحْكَم [muħkamun]

tights [taɪts] *npl* بنطلون ضيق [banṭaloon ḍaye'q]

tighten [taɪtən] *v* يُضَيِّق [judˤajjiqu]

tile [taɪl] *n* أنبوب فخاري [Onbob fokhary]

tiled [taɪld] *adj* مكسو بالقرميد [Makso bel-'qarmeed]

till [tɪl] *n*; **I want to stay from Monday till Wednesday** أريد الإقامة من يوم الاثنين إلى يوم الأربعاء [areed al-e'qama min yawm al-ithnayn ela yawm al-arbe'aa]

time [taɪm] *n* وَقْت [waqt]; **closing time** وَقْت الإغلاق [Wa'qt al-eghlaa'q]; **dinner time** وَقْت العشاء [Wa'qt al-'aashaa]; **on time** في الموعد المحدد [Fee al-maw'aed al-moḥadad]; **spare time** وَقْت فراغ [Wa'qt faragh]; **time off** أجازة [ʔaʒa:zatun]; **time zone** نطاق زمني [Neṭa'q zamaney]

timebomb [taɪmbɒm] *n* قنبلة موقوتة ['qonbolah maw'qota]

timer [taɪmər] *n* ميقاتي [mi:qa:tij]

timeshare [taɪmʃɛər] *n* مُشاركة في الوقت [Mosharakah fee al-wa'qt]

timetable [taɪmteɪbəl] *n* جدول زمني [Jadwal zamaney]

tin [tɪn] *n* صفيح [sˤafi:ħ]

tinfoil [tɪnfɔɪl] *n* ورق فضي [Wara'q feḍey]

tinsel [tɪnsəl] *n* أشرطة للزينة [Ashreṭah lel-zeena]

tinted [tɪntɪd] *adj* ملون على نحو خفيف [Molawan ala naḥw khafeef]

tiny [taɪni] *adj* ضئيل [dˤaʔijlun]

tip [tɪp] *n (end of object)* طرف مستدق [Ṭaraf mostabe'q], *(reward)* إكرامية [ʔikra:mijja], *(suggestion)* فكرة مفيدة [Fekrah mofeedah] ▷ *v (incline)* يَميل [jami:lu], *(reward)* يمنح بقشيشاً [Yamnaḥ ba'qsheeshan]

tipsy [tɪpsi] *adj* مترنح [mutaranniħun]

tiptoe [tɪptoʊ] *n* رَأْس إصبع القدم [Raas eṣbe'a al-'qadam]

tire [taɪər] *n* إطار العجلة [Eṭar al ajalah]; **spare tire** إطار إضافي [Eṭar eḍafy]

tired [taɪərd] *adj* متعب [mutʕabun]

tiring [taɪərɪŋ] *adj* منهك [munhakun]

tissue [tɪʃu] *n* نَسيج الجِسْم [Naseej al-jesm]

title [taɪtəl] *n* لَقَبٌ [laqab]

to [tə, tu] *prep* إلى [ʔila:]; **I need to get to...** أريد أن أذهب إلى... [Areed an adhhab ela...]; **I'm going to...** سوف أذهب إلى... [Sawf adhhab ela]; **May I speak to Mr....?** هل يمكن أن أتحدث إلى السيد... [hal yamken an ata-ḥadath ela al-sayid...?]; **When is the first bus to...?** ما هو موعد أول أتوبيس متجه إلى... [ma howa maw-'aid awal baaṣ mutajih ela...?]

toad [toʊd] *n* ضفدع الطين [Ḍofda'a al- ṭeen]

toadstool [toʊdstul] *n* فطر الغاريقون [Feṭr al-gharekoon]

toast [toʊst] *n (grilled bread)* خبز محمص [Khobz mohammṣ], *(tribute)* مشروب النُّخْب [Mashroob al-nnkhb]; **zwieback toast** بُقْسُماط [buqsuma:tˤin]

toaster [toʊstər] *n* محمصة خبز كهربائية [Mohamaṣat khobz kahrobaeyah]

toboggan [təbɒgən] *n* مزلقة [mizlaqa]

tobogganing [təbɒgənɪŋ] *n* تزلق [tazaluq]

today [tədeɪ] *adv* اليَوْم [aljawma]

toddler [tɒdlər] *n* طفل صغير عادة ما بين السنة الأولى والثانية [Tefl ṣagheer 'aaadatan ma bayn al-sanah wal- sanatayen]

toe [toʊ] *n* إصبع القدم [Eṣbe'a al'qadam]

toffee [tɒfi] *n* حلوى [ħalwa:]

together [təgɛðər] *adv* سويا [sawijjan]

Togo [toʊgoʊ] *n* توجو [tu:ʒu:]

toilet [tɔɪlɪt] *n* حمام [ħamma:m]; **toilet paper** ورق المرحاض [Wara'q al-merḥaḍ]; **roll of toilet paper** لفة ورق المرحاض [Lafat wara'q al-merhaḍ]

toiletries [tɔɪlətriz] *npl* مستلزمات الحمام [Mostalzamat al-hammam]

toiletry [tɔɪlɪtri] *n*; **toiletries bag** حقيبة أدوات الاستحمام [Ha'qeebat adwat al-estehmam]

token [toʊkən] *n* علامة [ʕala:ma]

tolerant [tɒlərənt] *adj* متسامح [mutasa:miħun]

toll [toʊl] *n* رسوم [rusu:m]; **Is there a toll on this highway?** هل هناك رسوم يتم دفعها للمرور بهذا

الطريق؟ [hal hunaka risoom yatim daf-'aaha lel-miroor be-hadha al- ṯaree'q?]; **Where can I pay the toll?** أين سأدفع رسوم المرور بالطريق؟ [ayna sa-adfa'a rosom al-miroor bil-ṯaree'q?]

tomato, tomatoes [təmeɪtoʊ, təmeɪtoʊz] *n* طماطم [tˤama:tˤim]; **tomato sauce** صلصة طماطم [Ṣalṣat ṭamaṭem]

tomb [tum] *n* مقبرة [maqbara]

tomboy [tɒmbɔɪ] *n* فتاة متشبهة بالصبيان [fata:tun mutaʃabbihatun bisˤsˤabja:ni]

tomorrow [təmɒroʊ] *adv* غداً [ɣadan]

ton [tʌn] *n* طُنْ [tˤunn]

tone [toʊn] *n*; **dial tone** نغمة الاتصال [Naghamat al-eteṣal]

Tonga [tɒŋgə] *n* مملكة تونجا [Mamlakat tonja]

tongue [tʌŋ] *n* لسان [lisa:n]

tonic [tɒnɪk] *n* دواء مُقَوِي [Dawaa mo'qawey]

tonight [tənaɪt] *adv* في هذه الليلة [Fee hadheh al-laylah]

tonsillitis [tɒnsɪlaɪtɪs] *n* التهاب اللوزتين [Eltehab al-lawzateyn]

tonsils [tɒnsəlz] *npl* لوزتين [lawzatajni]

too [tu] *adv* أيضا [ʔajdˤan]

tool [tul] *n* أداة [ʔada:t]

tooth [tuθ] (*pl* teeth) *n* سِن [sin]; **wisdom tooth** ضرس العقل [Ḍers al-a'aql]

toothache [tuθeɪk] *n* وجع الأسنان [Waja'a al-asnaan]

toothbrush [tuθbrʌʃ] *n* فرشاة الأسنان [Forshat al-asnaan]

toothpaste [tuθpeɪst] *n* معجون الأسنان [ma'ajoon asnan]

toothpick [tuθpɪk] *n* عود الأسنان ['aood al-asnan]

top [tɒp] *adj* علوي [ʕulwij] ▷ *n* قمة [qima]

topic [tɒpɪk] *n* موضوع مقالة أو حديث [Mawḍoo'a ma'qaalah aw hadeeth]

topical [tɒpɪkəl] *adj* موضعي [mawdˤiʕij]

top-secret *adj* سري للغاية [Serey lel-ghayah]

top up *v*; **Where can I buy a top-up card?** أين يمكن أن أشتري كارت إعادة شحن [ayna yamken an ash-tary kart e-'aadat shaḥin?]

tornado [tɔrneɪdoʊ] *n* إعصار قمعي [E'aṣar 'qam'ay]

tortoise [tɔrtəs] *n* سُلحفاة [sulħufa:t]

torture [tɔrtʃər] *n* تعذيب [taʕði:b] ▷ *v* يُعَذِب [juʕaððibu]

toss [tɔs] *v* يقذف [jaqðifu]

total [toʊtəl] *adj* إجمالي [ʔiʒma:lij] ▷ *n* إجمالي [ʔiʒma:lij]

totally [toʊtəli] *adv* بشكل كامل [Beshakl kaamel]

touch [tʌtʃ] *v* يَلْمِس [jalmisu]

touchdown [tʌtʃdaʊn] *n* هبوط الطائرة [Hoboot al-ṭaerah]

touchline [tʌtʃlaɪn] *n* خط التماس [Khaṭ al-tamas]

touch pad [tʌtʃpæd] *n* لوحة اللمس [Lawḥat al-lams]

touchy [tʌtʃi] *adj* سريع الانفعال [Saree'a al-enfe'aal]

toupee [tupeɪ] *n* خصلة شعر مستعار [khoṣlat sha'ar mosta'aar]

tour [tʊər] *n* جولة [ʒawla] ▷ *v* يَتَجوَل [jataʒawwalu]; **guided tour** جولة إرشادية [Jawlah ershadeyah]; **tour guide** مرشد سياحي [Morshed seyaḥey]; **tour operator** منظم رحلات [monaḍhem raḥalat]

tourism [tʊərɪzəm] *n* سياحة [sija:ħa]

tourist [tʊərɪst] *n* سائح [sa:ʔiħ]; **tourist office** مكتب سياحي [Maktab seayaḥey]

tournament [tʊərnəmənt, tɜr-] *n* سلسلة مباريات [Selselat mobarayat]

tow [toʊ] *n*; **tow truck** شاحنة قَطْر [Shaḥenat 'qaṭr]; **Could you send a tow truck?** هل يمكن أن ترسل لي سيارة إنقاذ؟ [hal yamken an tarsil lee sayarat en'qadh?]

tow away *v* يَجُر سيارة [Yajor sayarah]

towel [taʊəl] *n* منشفة [minʃafa]; **bath towel** منشفة الحمام [Manshafah alḥammam]; **dish towel** فوطة تجفيف الأطباق [Foṭah tajfeef al-aṭbaa'q], مَناشِف الصُّحون [Manashef al-ṣoḥoon]

tower [taʊər] *n* بُرْج [burʒ]; **electrical tower** بُرج كهرباء [Borj kahrbaa]

town [taʊn] *n* بلدة [balda]; **town hall** دار البلدية [Dar al-baladeyah]; **town planning** تخطيط المدينة [Takhṭeeṭ almadeenah]

toxic [tɒksɪk] *adj* سُمي [summijun]

toy [tɔɪ] *n* لعبة [luʕba]

trace [treɪs] *n* أثر [ʔaθar]

tracing paper *n* ورق شفاف [Wara'q shafaf]

track [træk] *n* مسار [masa:r]

track-and-field *npl* ألعاب القوى [ʔalʕa:bun ʔalqiwa:]

track down *v* يَتَتبع [jatatabbaʕu]

tractor [træktər] *n* جرار [ʒaraar]

trade [treɪd] *n* تجارة [tiʒa:ra]

trademark [treɪdmɑrk] *n* علامة تجارية ['alamah tejareyah]

tradition [trədɪʃən] *n* تقليد [taqli:d]

traditional [trədɪʃənəl] *adj* تقليدي [taqli:dij]

traffic [træfɪk] *n* مُرور [muru:r]; **traffic code** مجموعة قوانين السير في الطرق السريعة [Majmo'aat 'qwaneen al-sayer fee al-ṭoro'q al-saree'aah]; **traffic jam** ازدحام المرور [Ezdeḥam al-moror]; **traffic lights** إشارات المرور [Esharaat al-moroor]

tragedy [trædʒɪdi] *n* مأساة [maʔsa:t]

tragic [trædʒɪk] *adj* مأساوي [maʔsa:wij]

trail [treɪl] *n*; **trail riding** رحلة على الجياد [Rehalah ala al-jeyad]; **Do you have a guide to local trails?** هل يوجد لديكم مرشد لجولات السير المحلية؟ [hal yujad laday-kum murshid le-jaw-laat al-sayr al-maḥal-iya?]; **I'd like to go trail riding** أود أن أقوم بنزهة على ظهر الخيول؟ [awid an a'qoom be-nozha 'aala ḍhahir al-khiyool]

trailer [treɪlər] *n* عربة مقطورة ['arabat ma'qtoorah], مَقْطُورَةٌ [maqtˤu:ra]; **trailer park** موقع المَقْطُورَة [Maw'qe'a al-ma'qṭorah]

train [treɪn] *n* قطار [qitˤa:r] ▹ *v* يُدرِب [judarribu]; **train station** محطة سكك حديدية [Mahaṭat sekak ḥadeedeyah]; **Does the train stop at...?** هل يتوقف القطار في...؟ [hal yata-wa'qaf al-'qeṭaar fee...?]; **How frequent are the trains to...?** ما هي المدة الفاصلة بين القطارات؟ [Ma heya almodah alfaselah bayn al'qeṭaraat]; **I've missed my train** لم أتمكن من اللحاق بالقطار [lam atamakan min al-leḥa'q bil-'qeṭaar]; **Is the train wheelchair-accessible?** هل يمكن الوصول إلى القطار بالكراسي المتحركة؟ [hal yamken al-wiṣool ela al-'qeṭaar bel-karasi al-mutaḥarika?]; **Is this the train for...?** هل هذا هو القطار المتجه إلى...؟ [hal hadha howa al-'qeṭaar al-mutajeh ela...?]; **The next available train, please** ما هو موعد القطار التالي من فضلك؟ [ma howa maw-'aid al-'qeṭaar al-taaly min faḍlak?]; **What time does the train arrive in...?** ما هو موعد وصول القطار إلى... [ma howa maw-'aid wiṣool al-'qeṭaar ela...?]; **What time does the train leave?** ما هو موعد مغادرة القطار؟ [ma howa maw-'aid mughadarat al-'qeṭaar?]; **What times are the trains to...?** ما هي مواعيد القطارات المتجهة إلى...؟ [ma heya maw-'aeed al-'qeṭaar-at al-mutajiha ela...?]; **When is the first train to...?** ما هو موعد أول قطار متجه إلى...؟ [ma howa maw-'aid awal 'qeṭaar mutajih ela...?]; **When is the last train to...?** ما هو موعد آخر قطار متجه إلى...؟ [ma howa maw-'aid aakhir 'qeṭaar mutajih ela...?]; **When is the next train to...?** ما هو موعد القطار التالي المتجه إلى...؟ [ma howa maw-'aid al-'qeṭaar al-taaly al-mutajih ela...?]; **When is the train due?** متى يحين موعد القطار؟ [mata yaḥeen maw'aid al-'qeṭaar?]; **Where can I get a train to...?** كيف يمكن أن أركب القطار المتجه إلى... [kayfa yamkin an arkab al- 'qetaar al-mutajih ela...?]; **Which platform does the train leave from?** على أي رصيف يغادر القطار؟ ['ala ay raṣeef yo-ghader al-'qeṭaar?]

trained [treɪnd] *adj* مُدَرَب [mudarribun]

trainee [treɪni] *n* متدرب [mutadarrib]

trainer [treɪnər] *n* مُدَرِب [mudarrib]

training [treɪnɪŋ] *n* تدريب [tadri:b]; **training course** دروة تدريبية [Dawrah tadreebeyah]

tramp [træmp] *n (beggar)* مُتَسَوِّل [mutasawwil]

trampoline [træmpəlin] *n* منصة البهلوان [Manaṣat al-bahlawan]

tranquilizer [træŋkwɪlaɪzər] *n* مُهَدِّئ [muhaddiʔ]

transaction [trænzækʃən] *n* مُعَاملة [muʕa:mala]

transcript [trænskrɪpt] *n* سجل مدرسي [Sejel madrasey]

transfer [trænsfɜr] *n* تحويل [taħwi:l]; **How long will it take to transfer?** كم يستغرق التحويل؟

[kam yasta-ghri'q al-taḥweel?]; **I would like to transfer some money from my account** أريد تحويل بعض الأموال من حسابي [areed taḥweel ba'aḍ al-amwal min ḥesaaby]; **Is there a transfer charge?** هل يحتسب رسم تحويل؟ [hal yoḥ-tasab rasim taḥ-weel?]

transform [trænsfɔrm] *v* يُبَدِل [jubaddilu]

transfusion [trænsfyuʒən] *n* نقل الدم [Na'ql al-dam]; **blood transfusion** نقل الدم [Na'ql al-dam]

transistor [trænzɪstər] *n* ترانزستور [tra:nzistu:r]

transit [trænzɪt] *n* عبور [ʕubu:r]; **transit lounge** صالة العبور [Ṣalat al'aoboor]

transition [trænzɪʃən] *n* انتقال [intiqa:l]

translate [trænzleɪt] *v* يُتَرجم [jutarʒimu]

translation [trænzleɪʃən] *n* ترجمة [tarʒama]

translator [trænzleɪtər] *n* مترجم [muntarʒim]

transmission [trænzmɪʃən] *n* علبة التروس ['aolbat al-teroos]; **The transmission is broken** لقد انكسرت علبة التروس [la'qad inkasarat 'ailbat al-tiroos]

transparent [trænspɛərənt, -pær-] *adj* شَفّاف [ʃaffa:fun]

transplant [trænsplænt] *n* زرع الأعضاء [Zar'a al-a'aḍaa]

transport [trænspɔrt] *v* ينقل [junqalu]

transportation [trænspərteɪʃən] *n* نقل [naql]; **public transportation** نقل عام [Na'ql 'aam]

transvestite [trænzvɛstaɪt] *n* المخنث [al-muxannaθu]

trap [træp] *n* مصيدة [misʕjada]

trash [træʃ] *n* قمامة [quma:ma], هراء [hura:ʔ]; **trash can** سلة المهملات [Salat al-mohmalat]; **Where do we leave the trash?** أين تُوضع القمامة؟ [ayna toḍa'a al-'qemama?]

traumatic [trəmætɪk] *adj* جرحي [ʒarħij]

travel [trævəl] *n* سِفر [safar] ▹ *v* يُسافر [jusa:firu]; **travel agency** مكتب وكيل السفريات [Maktab wakeel al-safareyat], وكالة سفريات [Wakalat safareyat]; **travel sickness** دُوار السفر [Dowar al-safar]

traveler [trævələr] *n* مسافر [musa:fir]; **traveler's check** شِيك سياحي [Sheek seyahey]

traveling [trævəlɪŋ] *n* سَفَر [safar]

tray [treɪ] *n* صينية [sʕi:nijja]

tread [trɛd] *v* يَدوس [jadu:su]

treasure [trɛʒər] *n* كنز [kanz]

treasurer [trɛʒərər] *n* أمين الصندوق [Ameen alṣondoo'q]

treat [trit] *n* دعوة إلى طعام أو شراب [Dawah elaa ṭa'aam aw sharaab] ▹ *v* يَستضيف [jastadʕi:fu]

treatment [tritmənt] *n* معاملة [muʕa:mala]

treaty [triti] *n* معاهدة [muʕa:hada]

tree [tri] *n* شجرة [ʃaʒara]

trek [trɛk] *n* رحلة بعربة ثيران [Rehlah be-arabat theran] ▹ *v* يُسافِر سَفْرَة طَويلَة [jusa:firu safratan tʕawi:latan]

tremble [trɛmbəl] *v* يَرتعِد [jartaʕidu]

tremendous [trɪmɛndəs] *adj* هائل [ha:ʔilun]

trench [trɛntʃ] *n* خَنْدَق [xandaq]

trend [trɛnd] *n* نزعة [nazʕa]

trendy [trɛndi] *adj* مواكب للموضة [Mowakeb lel-moḍah]

trial [traɪəl] *n* محاكمة [muħa:kama]; **trial period** فترة المحاكمة [Fatrat al-moḥkamah]

triangle [traɪæŋgəl] *n* مثلث [muθallaθ]

tribe [traɪb] *n* قبيلة [qabi:la]

tribunal [traɪbyunəl] *n* محكمة [maħkama]

trick [trɪk] *n* خدعة [xudʕa] ▹ *v* يُوهِم [juhimu]

tricky [trɪki] *adj* مخادع [muxa:diʕun]

tricycle [traɪsɪkəl] *n* دراجة ثلاثية [Darrajah tholatheyah]

trifle [traɪfəl] *n* تافِه [ta:fih]

trim [trɪm] *v* يُزَين [juzajjinu]

Trinidad and Tobago *n* جمهورية ترينيداد وتوباغو [ʒumhu:rijjatu tri:ni:da:d wa tu:ba:ɣu:]

trip [trɪp] *n* رحلة قصيرة [Rehalh 'qaṣeerah] ▹ *v* يَتَعَثَّر [jataʕaθθaru]; **business trip** رحلة عمل [Reḥlat 'aamal]; **round trip** رحلةانكفائية [Reḥlah enkefaeyah]

triple [trɪpəl] *adj* ثلاثي [θula:θij] ▹ *v* يَزداد ثلاثة أضعاف [Yazdad thalathat aḍ'aaf]

triplets [trɪplɪts] *npl* ثُلاثِي [θula:θijjun]

triumph [traɪʌmf] *n* انتصار [intisʕa:r] ▹ *v* يَنْتَصِر [jantasʕiru]

trivial [trɪviəl] *adj* تَافِه [ta:fihun]

trombone [trɒmboun] *n* ترومبون [tru:mbu:n]
troops [trups] *npl* فرق كشافة [Fear'q kashafah]
trophy [troufi] *n* تذكار انتصار [tedhkaar enteṣar]
tropical [trɒpɪkəl] *adj* استوائي [istiwa:ʔij]
trot [trɒt] *v* يَخِبُّ الفَرَس [Yakheb al-faras]
trouble [trʌbəl] *n* قلق [qalaq]
troublemaker [trʌbəlmeɪkər] *n* مثير المتاعب [Mother al-mataa'aeb]
trough [trɔf] *n* جُرن [ʒurn]
trousers [trauzərz] *npl* بَنطلون [bantˤalu:nun]
trout [traut] *n* سمك السَّلْمون المُرَقَّط [Samak al-salamon almora'qaṭ]
trowel [trauəl] *n* مسطرين [mistˤarajni]
truce [trus] *n* هدنة [hudna]
truck [trʌk] *n* شاحِنة [ʃa:ħina], شاحِنة لوري [Shaḥenah loorey]; **tow truck** شاحنة قَطْر [Shaḥenat 'qaṭr]; **truck driver** سائق شاحنة [Sae'q shahenah]
trucker [trʌkər] *n* سائق لوري [Sae'q lorey]
true [tru] *adj* حقيقي [ħaqi:qij]
truly [truli] *adv* بحَقٍّ [biħaqqin]
trumpet [trʌmpɪt] *n* بُوق [bu:q]
trunk [trʌŋk] *n* جِذْع [ʒiðʕ]; **swimming trunks** سِروال سباحة [Serwl sebaḥah]
trunks [trʌŋks] *npl* بنطلون قصير [Banṭaloon 'qaṣeer]
trust [trʌst] *n* ائتمان [iʔtima:n] ▷ *v* يَثِق ب [Yathe'q be]
trusting [trʌstɪŋ] *adj* مؤتمن [muʔtamanun]
truth [truθ] *n* حقيقة [ħaqi:qa]
truthful [truθfəl] *adj* صادق [sˤa:diqun]
try [traɪ] *n* تجربة [taʒriba] ▷ *v* يُجَرب [juʒarribu]
try on *v* يَقيس ثوباً [Ya'qees thawban]
try out *v* يَضع تحت الاختبار [Yaḍa'a taḥt al-ekhtebar]
T-shirt [tiʃ3rt] *n* قميص قصير الكمين ['qameeṣ 'qaṣeer al-kmayen]
tsunami [tsunɑmi] *n* تسونامي [tsu:na:mi:]
tube [tub] *n* أنبوبة [ʔunbu:ba]; **inner tube** أنبوب داخلي [Anboob dakheley]; **test tube** أنبوب اختبار [Anbob ekhtebar]
tuberculosis [tub3rkyəlousɪs] *n* سُلّ [sull]
Tuesday [tuzdeɪ, -di] *n* يوم الثلاثاء [Yawm al-tholathaa]; **on Tuesday** في يوم الثلاثاء [fee yawm al-thalathaa]
tug-of-war *n* صراع عنيف [Ṣera'a 'aneef]
tuition [tuɪʃən] *n* تعليم [taʕli:m]; **tuition fees** رسوم التعليم [Rasm al-ta'aleem]
tulip [tulɪp] *n* توليب [tawli:bu]
tummy [tʌmi] *n* بطن [batˤn]
tumor [tumər] *n* وَرَمْ [waram]
tuna [tunə] *n* سمك التونة [Samak al-tonah]
tune [tun] *n* مقطوعة موسيقية [Ma'qṭoo'aah moose'qeyah]
Tunisia [tuniʒə] *n* تونس [tu:nus]
Tunisian [tuniʒən] *adj* تونسي [tu:nusij] ▷ *n* تونسي [tu:nusij]
tunnel [tʌnəl] *n* نفق [nafaq]
turbulence [t3rbyələns] *n* اضطراب [idˤtˤira:b]
Turk [t3rk] *n* تُركي [turkij]
turkey [t3rki] *n* ديك رومي [Deek roomey]
Turkey [t3rki] *n* تركيا [turkija:]
Turkish [t3rkɪʃ] *adj* تركي [turkij] ▷ *n* تُركي [turkij]
turn [t3rn] *n* دَوْرَة [dawra] ▷ *v* يَدُور [jadu:ru]
turn around *v* يَبْرُم [jabrumu]
turn back *v* يَرجِع [jarʒiʕu]
turn down *v* يُقَلِّل [juqallilu]
turnip [t3rnɪp] *n* نبات اللفت [Nabat al-left]
turn off *v* يُطفِئ [jutˤfiʔ]
turnoff [t3rnɔf] *n* منعطف [munʕatˤaf]; **Is this the turnoff for...?** هل هذا هو المنعطف الذي يؤدي إلى...؟ [hal hadha howa al-mun'aa-ṭaf al-ladhi yo-addy ela...?]
turn on *v* يُشَغِّل [juʃaɣɣilu], يُشْعِل [juʃʕilu]
turn out *v* يوقِف [ju:qifu]
turnover [t3rnouvər] *n* انقلاب [inqila:b]
turnstile [t3rnstaɪl] *n* بوابة متحركة [Bawabah motaharekah]
turn up *v* يَظْهَر [jazˤharu]
turquoise [t3rkwɔɪz] *adj* فيروزي [fajru:zij]
turtle [t3rtəl] *n* سُلحفاة [sulħufa:t]
tutor [tutər] *n* مدرس خصوصي [Modares khoṣooṣey]
tutorial [tutɔriəl] *n* درس خصوصي [Dars khoṣoṣey]
tuxedo [tʌksidou] *n* بذلة غامقة اللون للرجال [Badla ghame'qah al-loon lel-rejal]

TV [ti vi] *n* تلفاز [tilfa:z], تليفزيون [tili:fizju:n]; **plasma TV** تليفزيون بلازما [Telefezyoon ra'qamey]; **reality TV** تلفزيون الواقع [Telefezyon al-wa'qe'a]; **Does the room have a TV?** هل يوجد تليفزيون بالغرفة [hal yujad tali-fizyon bil-ghurfa?]; **Where is the TV set?** أين أجد جهاز التلفاز؟ [ayna ajid jehaz al-tilfaz?]

weezers [twizərz] *npl* ملاقط صغيرة [Mala'qeṭ ṣagheerah]

welfth [twɛlfθ] *adj* ثاني عشر [θa:nija ʕaʃara]

welve [twɛlv] *number* اثنا عشر [iθnata: ʕaʃara]

wentieth [twɛntiəθ] *adj* العشرون [al-ʕiʃru:na]

wenty [twɛnti] *number* عشرون [ʕiʃru:na]

wice [twaɪs] *adv* مرتين [marratajni]

win [twɪn] *n* توأم [tawʔam]; **twin beds** سريرين منفصلين [Sareerayn monfaṣ elayen]; **twin room** غرفة مزدوجة [Ghorfah mozdawajah]

twinned [twɪnd] *adj* مزدوج [muzdawaʒun]

twist [twɪst] *v* يلوي [jalwi:]

two [tu] *number* اثنين [iθnajni]

type [taɪp] *n* نوع [nawʕ] ▷ *v* يُصَنِف [jusʕannifu]; **Have you cut my type of hair before?** هل قمت من قبل بقص شعري من نوع شعري [hal 'qumt min 'qabil be-'qaṣ sha'ar min naw'a sha'ary?]

typewriter [taɪpraɪtər] *n* آلة كاتبة [aala katebah]

typhoid [taɪfɔɪd] *n* مرض التيفود [Maraḍ al-tayfood]

typical [tɪpɪkəl] *adj* نموذجي [namu:ðaʒij]

typist [taɪpɪst] *n* تايِبِسْت [ta:jbist]

tyre [taɪər] *n*; **Could you check the tires, please?** هل تسمح بفحص إطارات السيارة؟ [hal tasmaḥ be-faḥṣ eṯaraat al-sayarah?]

U

UFO [yu ɛf oʊ, yufoʊ] *abbr* جسم غامض [ʒismun ɣa:midˤun]

Uganda [yugɑndə] *n* أوغندا [ʔu:ɣanda:]

Ugandan [yugændən] *adj* أوغندي [ʔu:ɣandij] ▷ *n* أوغندي [ʔu:ɣandij]

ugly [ʌgli] *adj* قبيح [qabi:ħun]

UK [yu keɪ] *n* المملكة المتحدة [Al-mamlakah al-motahedah]

Ukraine [yukreɪn] *n* أوكرانيا [ʔu:kra:nja:]

Ukrainian [yukreɪniən] *adj* أوكراني [ʔu:kra:nij] ▷ *n* *(language)* اللغة الأوكرانية [Al loghah al okraneiah], *(person)* أوكراني [ʔu:kra:nij]

ulcer [ʌlsər] *n* قرحة [qurħa]

Ulster [ʌlstər] *n* مقاطعة أولستر [muqa:tˤaʕatun ʔu:lstr]

ultimate [ʌltɪmɪt] *adj* أقصى [ʔaqsˤa:]

ultimately [ʌltɪmɪtli] *adv* حتمياً [ħatmi:an]

ultimatum [ʌltɪmeɪtəm] *n* إنذار [ʔinða:r]

ultrasound [ʌltrəsaʊnd] *n* موجات فوق صوتية [mawʒa:tun fawqa sˤawtijjatin]

umbrella [ʌmbrɛlə] *n* مظلة [mizˤalla]; **Where can I rent a sun umbrella?** أين يمكنني أن أستأجر مظلة؟ [ayna yamken-any asta-jer maḍhala?]

umpire [ʌmpaɪr] *n* حَكَم [ħakam]

UN [yu ɛn] *abbr* الأمم المتحدة [Al-omam al-motahedah]

unable [ʌneɪbəl] *adj*; **unable to** عاجز [ʕa:ʒizun]

unacceptable [ʌnəksɛptəbəl] *adj* غير مقبول [Ghayr ma'qool]

unanimous [yunænɪməs] *adj* إجماعي [ʔiʒma:ʕij]

unattended [ʌnətɛndɪd] *adj* بدون مُرافق [Bedon morafe'q]

unavoidable [ʌnəvɔɪdəbəl] *adj* متعذر تجنبه [Mota'adhar tajanobah]

unbearable [ʌnbɛərəbəl] *adj* لا يحتمل [La yaḥtamel]

unbeatable [ʌnbitəbəl] *adj* لا يقهر [La yo'qhar]

unbelievable [ʌnbɪlivəbəl] *adj* لايصدق [la:jusˤaddaqun]

unbreakable [ʌnbreɪkəbəl] *adj* غير قابل للكسر [Ghayr 'qabel lelkasr]

uncertain [ʌnsɜrtən] *adj* غير واثق [Ghayr wathe'q]

uncertainty [ʌnsɜrtənti] *n* عدم التأكد ['adam al-taakod]

unchanged [ʌntʃeɪndʒd] *adj* غير متغير [Ghayr motaghayer]

uncivilized [ʌnsɪvɪlaɪzd] *adj* غير متحضر [ghayer motahaḍer]

uncle [ʌŋkəl] *n* عَمّ [ʕamm]

unclear [ʌnklɪər] *adj* غير واضح [Ghayr waḍeḥ]

uncomfortable [ʌnkʌmftəbəl, -kʌmfərtə-] *adj* غير مريح [Ghaeyr moreeḥ]

unconditional [ʌnkəndɪʃənəl] *adj* غير مشروط [Ghayr mashrooṭ]

unconscious [ʌnkɒnʃəs] *adj* فاقد الوعي [Fa'qed al-wa'aey]

uncontrollable [ʌnkəntroʊləbəl] *adj* متعذر التحكم فيه [Mota'adher al-tahakom feeh]

unconventional [ʌnkənvɛnʃənəl] *adj* غير تقليدي [Gheer ta'qleedey]

undecided [ʌndɪsaɪdɪd] *adj* غير مفصول فيه [Ghaey mafṣool feeh]

undeniable [ʌndɪnaɪəbəl] *adj* لا يمكن إنكاره [La yomken enkareh]

under [ʌndər] *prep*; **The car is still under warranty** السيارة ما زالت في فترة الضمان [al-sayara ma zaalat fee fatrat al-ḍaman]

underage [ʌndəreɪdʒ] *adj* قاصر [qa:sˤirun]

underestimate [ʌndərɛstɪmeɪt] *v* يَسْتَخِف

[jastaxiffu]

undergo [ʌndərgou] *v* يَتحمل [jataħammalu]

undergraduate [ʌndərgrædʒuɪt] *n* طالب لم يتخرج بعد [ṭ aleb lam yatakharaj ba'aad]

underground *adv* [ʌndərgraund]تحت سطح الأرض [Taht saṭh al arḍ] ▹ *n* [ʌndərgraund]سكة حديد تحت الأرض [Sekah hadeed taht al-arḍ]

underline [ʌndərlaɪn] *v* يَرسِم خطا تحت [Yarsem khaṭan taḥt]

underneath [ʌndərniθ] *adv* في الأسفل [Fee al-asfal]

underpaid [ʌndərpeɪd] *adj* مدفوع بأقل من القيمة [Madfoo'a be-a'qal men al-q'eemah]

underpants [ʌndərpænts] *npl* سروال قصير [Serwal 'qaṣeer], لباس داخلي [Lebas dakhely]

underpass [ʌndərpæs] *n* مَمَر سُفْلِي [Mamar sofley], نفق [nafaq]

undershirt [ʌndərʃ3rt] *n* صدرة [sˤadra]

undershorts [ʌndərʃɔrts] *npl* سِروال تحتي [Serwaal taḥtey], بَنطلون [bantˤalu:nun]

understand [ʌndərstænd] *v* يَفْهَم [jafhamu]

understandable [ʌndərstændəbəl] *adj* مفهوم [mafhu:mun]

understanding [ʌndərstændɪŋ] *adj* متفهم [mutafahhimun]

underwater [ʌndərwɔtər] *adv* تحت الماء [Taḥt al-maa]

underwear [ʌndərwɛər] *n* ملابس داخلية [Malabes dakheleyah]

undisputed [ʌndɪspyutɪd] *adj* مُسَلّم به [Mosalam beh]

undo [ʌndu] *v* يَفُكْ [jafukku]

undoubtedly [ʌndautɪdli] *adv* يَقْيناً [jaqi:nan]

undress [ʌndrɛs] *v* يُعَرّي [juʕarri:]

unemployed [ʌnɪmplɔɪd] *adj* عاطل عن العمل ['aatel 'aan al-'aamal]

unemployment [ʌnɪmplɔɪmənt] *n* بطالة [bitˤa:la]

unexpected [ʌnɪkspɛktɪd] *adj* غير متوقع [Ghayer motwa'qa'a], مفاجئ [mufa:ʒiʔun] (خطير)

unexpectedly [ʌnɪkspɛktɪdli] *adv* على نحو غير متوقع [Ala naḥw motawa'qa'a], بشكل مفاجئ [Be-sakl mofajeya]

unfair [ʌnfɛər] *adj* جائر [ʒa:ʔirun]

unfaithful [ʌnfeɪθfəl] *adj* خائن [xa:ʔinun]

unfamiliar [ʌnfəmɪlyər] *adj* غير مألوف [Ghayer maaloof]

unfashionable [ʌnfæʃənəbəl] *adj* غير مواكب للموضة [Ghayr mowakeb lel-moḍah]

unfavorable [ʌnfeɪvərəbəl] *adj* معاد [muʕa:dun]

unfit [ʌnfɪt] *adj* غير صالح [Ghayer Ṣaleḥ]

unforgettable [ʌnfərgɛtəbəl] *adj* لا يمكن نسيانه [La yomken nesyanh]

unfortunately [ʌnfɔrtʃənɪtli] *adv* لسوء الحظ [Le-soa al-haḍh]

unfriendly [ʌnfrɛndli] *adj* غير ودي [Ghayr wedey]

ungrateful [ʌngreɪtfəl] *adj* عاق [ʕa:qqun]

unhappy [ʌnhæpi] *adj* تعيس [taʕi:sun]

unhealthy [ʌnhɛlθi] *adj* غير صحي [Ghayr ṣshey]

unhelpful [ʌnhɛlpfəl] *adj* غير مفيد [Ghayr mofeed]

unidentified [ʌnaɪdɛntɪfaɪd] *adj* غير محدد الهوية [Ghayr mohadad al-haweyah]

uniform [yunɪfɔrm] *n* زي رسمي [Zey rasmey]; **school uniform** زي مدرسي موحد [Zey madrasey mowaḥad]

unimportant [ʌnɪmpɔrtənt] *adj* غير هام [Ghayr ham]

uninhabited [ʌnɪnhæbɪtɪd] *adj* غير مسكون [Ghayr maskoon]

unintentional [ʌnɪntɛnʃənəl] *adj* غير متعمد [Ghayr mota'amad]

union [yunyən] *n* اتحاد [ittiħa:d]; **European Union** الاتحاد الأوروبي [Al-tehad al-orobey]; **labor union** نقابة العمال [Ne'qabat al-'aomal]; **union member** عضو نقابة عمالية ['aḍw ne'qabah a'omaleyah]

unique [yunik] *adj* فريد [fari:dun]

unit [yunɪt] *n* وحدة [waħda]

unite [yunaɪt] *v* يُوحد [juwaħħidu]

United Kingdom [yunaɪtɪd kɪŋdəm] *n* المملكة المتحدة [Al-mamlakah al-motahedah]

United States *n* الولايات المتحدة [Al-welayat al-motḥedah al-amreekeyah]

universe [yunɪv3rs] *n* كَوْن [kawn]

university [yunɪv3rsɪti] *n* أحادي [ʔuħa:dij], جامعة [ʒa:miʕa]

unknown [ʌnnoun] *adj* غير معروف [Gheyr ma'aroof]

unleaded [ʌnlɛdɪd] *n* خلو من الرصاص [Khelow men al-raṣaṣ]; **unleaded gasoline** بنزين خالي من الرصاص [Benzene khaly men al- raṣaṣ]

unlikely [ʌnlaɪkli] *adj* غير محتمل [Ghaeyr moḥtamal]

unlisted [ʌnlɪstɪd] *adj* غير مُدرّج [Ghayer modraj]

unload [ʌnloud] *v* يُفْرِغ حمولة [Yofaregh ḥomolah]

unlock [ʌnlɒk] *v* يَفْتَح القفل [Yaftaḥ al-'qafl]

unlucky [ʌnlʌki] *adj* غير محظوظ [Ghayer mahḍhooḍh]

unmarried [ʌnmærid] *adj* غير متزوج [Ghayer motazawej]

unnatural [ʌnnætʃərəl] *adj* مرهق [murhiqun]

unnecessary [ʌnnɛsəsɛri] *adj* غير ضروري [Ghayer ḍarorey]

unofficial [ʌnəfɪʃəl] *adj* غير رسمي [Ghayer rasmey]

unpack [ʌnpæk] *v* يَفُكّ [jafuku]

unpaid [ʌnpeɪd] *adj* غير مسدد [Ghayr mosadad]

unpleasant [ʌnplɛzənt] *adj* غير سار [Ghayr sar]

unplug [ʌnplʌg] *v* يَنزَع القابس الكهربائي [janzaʕu alqa:busi alkahraba:ʔijji]

unpopular [ʌnpɒpyʊlər] *adj* غير محبوب [Ghaey maḥboob]

unprecedented [ʌnprɛsɪdɛntɪd] *adj* جديد [ʒadi:dun]

unpredictable [ʌnprɪdɪktəbəl] *adj* لا يمكن التنبؤ به [La yomken al-tanaboa beh]

unreal [ʌnril] *adj* غير حقيقي [Ghayer ha'qee'qey]

unrealistic [ʌnriəlɪstɪk] *adj* غير واقعي [Ghayer wa'qe'aey]

unreasonable [ʌnrizənəbəl] *adj* غير معقول [Ghear ma'a'qool]

unreliable [ʌnrɪlaɪəbəl] *adj* غير جدير بالثقة [Ghaayr jadeer bel-the'qa]

unroll [ʌnroul] *v* يَبْسِط [jabsitˤu]

unsatisfactory [ʌnsætɪsfæktəri] *adj* غير مرضي [Ghayr marḍa]

unscrew [ʌnskru] *v* يَفُكّ اللولب [Yafek al-lawlab]

unshaven [ʌnʃeɪvən] *adj* غير حليق [Ghayr ḥalee'q]

unskilled [ʌnskɪld] *adj* غير بارع [gheer bare'a]

unstable [ʌnsteɪbəl] *adj* غير مستقر [Ghayr mosta'qer]

unsteady [ʌnstɛdi] *adj* متقلب [mutaqalibbun]

unstylish [ʌnstaɪlɪʃ] *adj* قديم الطراز ['qadeem al-ṭeraz]

unsuccessful [ʌnsəksɛsfəl] *adj* غير ناجح [ghayr najeḥ]

unsuitable [ʌnsutəbəl] *adj* غير مناسب [Ghayr monaseb]

unsure [ʌnʃʊər] *adj* غير متأكد [Ghayer moaakad]

untidy [ʌntaɪdi] *adj* غير مُرتب [Ghayer moratb]

untie [ʌntaɪ] *v* يحُل [jaħullu]

unusual [ʌnyuʒuəl] *adj* غير معتاد [Ghayer mo'ataad]

unwell [ʌnwɛl] *adj* بشكل سيء [Be-shakl sayea], معتل [muʕtalun]

unwind [ʌnwaɪnd] *v* يَفُكّ [jafukku]

unwise [ʌnwaɪz] *adj* غير حكيم [Ghayer hakeem]

unwrap [ʌnræp] *v* يَفُض [jafudˤdˤu]

unzip [ʌnzɪp] *v* يفتح النشاط [Yaftah nashaṭ]

up [ʌp] *adv* عالياً [ʕa:lijan]

upbringing [ʌpbrɪŋɪŋ] *n* تربية [tarbija]

update [ʌpdeɪt] *v* يَجعَله عصريا [Tej'aalah 'aṣreyan]

upgrade [ʌpgreɪd, -greɪd] *v*; **I want to upgrade my ticket** أريد تغيير تذكرتي إلى درجة أعلى [areed taghyeer tadhkeraty ela daraja a'ala]

uphill [ʌphɪl] *adv* قائم على مرتفع ['qaem ala mortafa'a]

upper [ʌpər] *adj* فوقي [fawqi:]

upset [ʌpsɛt] *adj* قَلِق [qalaqun]

upside down [ʌpsaɪd daun] *adv* مقلوب رأسا على عقب [Ma'qloob raasan 'ala 'aa'qab]

upstairs [ʌpstɛərz] *adv* بالأعلى [Bel'aala]

uptight [ʌptaɪt] *adj* عصبي جداً ['aṣabey jedan]

up-to-date *adj* مُحدَث [muħaddiθun]

upward [ʌpwərd] *adv* صاعداً [sˤa:ʕidan]

uranium [yʊreɪniəm] *n* يورانيوم [ju:ra:nju:mi]

urgency [ɜrdʒənsi] *n* أهمية مُلحة [Ahameiah molehah]

urgent [ɜrdʒənt] *adj* مُلِحْ [milħun]

urine [yʊərɪn] *n* بَوْل [bawl]

URL [yu ɑr ɛl] *n* محدد مكان الموارد الموحد [muħaddidun maka:n almuwa:rid almuwaħħad]

Uruguay [yurəgwaɪ] *n* أوروجواي [uwru:ʒwa:j]

Uruguayan [yurəgwaɪən] *adj* أوروجواياني [ʔu:ru:ʒwa:ja:ni:] ▷ *n* الأوروجواياني [al-ʔu:ru:ʒwa:ja:ni:]

us [əs, STRONG ʌs] *pron* نا [na:]

US [yu ɛs] *n* الولايات المتحدة [Al-welayat al-motḥedah al-amreekeyah]

USA [yu ɛs eɪ] *n* الولايات المتحدة الأمريكية [Alwelayat almotahdah al amrikiyah]

use [yuz] *n* استخدام [istixda:mu] ▷ *v* يَستخدِم [jastaxdimu]; **It's for my own personal use** إنه للاستخدام الشخصي [inaho lel-estikhdam al-shakhṣi]

used [yust] *adj* مُستَخدَم [mustaxdamu]

useful [yusfəl] *adj* نافع [na:fiʕun]

useless [yuslɪs] *adj* عديم الجدوى ['aadam al-jadwa]

user [yuzər] *n* مُستَخْدِم [mustaxdim]; **internet user** مُستَخدِم الانترنت [Mostakhdem al-enternet]

user-friendly *adj* سهل الاستخدام [Sahl al-estekhdam]

use up *v* يَستهلك كليةً [Yastahlek koleyatan]

usual [yuʒuəl] *adj* معتاد [muʕta:dun]; **Is it usual to give a tip?** هل من المعتاد إعطاء بقشيش؟ [hal min al-mu'a-taad e'aṭaa ba'q-sheesh?]

usually [yuʒuəli] *adv* عادة [ʕa:datun]

U-turn [yutɜrn] *n* ملف على شكل حرف U [Malaf 'ala shakl ḥarf U]

Uzbekistan [ʌzbɛkistɑn] *n* أوزباكستان [ʔu:zba:kista:n]

V

vacancy [veɪkənsi] *n* عطلة [ʕutˤla]

vacant [veɪkənt] *adj* شاغِر [ʃa:ɣirun]

vacate [veɪkeɪt] *v* يجلو عن مكان [Yajloo 'an al-makaan]

vacation [veɪkeɪʃən] *n* أجازة [ʔaʒa:za]; **activity vacation** أجازة لممارسة الأنشطة [ajaaza lemomarsat al 'anshe ṯah]; **summer vacation** الأجازات الصيفية [Al-ajazat al-ṣayfeyah]; **vacation home** منزل صيفى [Manzel ṣayfey]; **vacation job** وَظيفة فى فترة الأجازة [waḏheefah fee fatrat al-ajaazah]; **vacation package** خطة رحلة شاملة الإقامة والانتقالات [Khotah rehalah shamelah al-e'qamah wal-ente'qalat]خطة عطلة شاملة الإقامة والانتقال , [Khoṭ at 'aoṭlah shamelat al-e'qamah wal-ente'qal]; **Have a good vacation!** أجازة سعيدة [ejaaza sa'aeeda]; **I'm here on vacation** أنا هنا في أجازة [ana huna fee ejasa]

vaccinate [væksɪneɪt] *v* يُلَقِح [julaqqiħu]

vaccination [væksɪneɪʃən] *n* تلقيح [talqi:ħ]

vacuum [vækyum, -yuəm] *v* يَكْنِس بالمكنسة الكهربائية [Yaknes bel-maknasah al-kahrabaeyah], يُنَظِف بمكنسة كهربائية [junazˤzˤifu bimiknasatin kahraba:ʔijjatin]; **vacuum cleaner** مكنسة كهربائية [Meknasah kahrobaeyah]

vague [veɪg] *adj* مبهم [mubhamun]

vain [veɪn] *adj* تافه [ta:fihun]

valid [vælɪd] *adj* مَشروع [maʃru:ʕun]

valley [væli] *n* وادي [wa:di:]

valuable [vælyuəbəl] *adj* نفيس [nafi:sun]

valuables [vælyuəbəlz] *npl* نَفَائِس [nafa:ʔisun]

value [vælyu] *n* قيمة [qi:ma]

vampire [væmpaɪər] *n* مصاص دماء [Maṣaṣ demaa]

van [væn] *n* جناح [ʒana:ħ]; **moving van** شاحِنة نقل [Shahenat na'ql]

vandal [vændəl] *n* مخرب [muxarrib]

vandalism [vændəlɪzəm] *n* تَخْريب [taxri:b]

vandalize [vændəlaɪz] *v* يُخّرِب الممتلكات العامة والخاصة عن عمد [Yokhareb al-momtalakat al-'aaamah 'an 'amd]

vanilla [vənɪlə] *n* فانيليا [fa:ni:lja:]

vanish [vænɪʃ] *v* يَغيب عن الأنظار [Yagheeb 'an al-anḏhaar]

variable [vɛəriəbəl] *adj* قابل للتغيير ['qabel lel-tagheyer]

varied [vɛərid] *adj* معدل [muʕaddalun]

variety [vəraɪɪti] *n* تنوع [tanawwuʕ]

various [vɛəriəs] *adj* مختلف [muxtalifun]

varnish [vɑrnɪʃ] *n* ورنيش [warni:ʃu] ▷ *v* يُصْقِل [jasˤqulu]

vary [vɛəri] *v* يُغَيْر [juɣajjiru]

vase [veɪs, vɑz] *n* زهرية [zahrijja]

VAT [vi eɪ ti] *abbr* ضريبة القيمة المضافة [dˤari:batu alqi:mati almudˤa:fati]

Vatican [vætɪkən] *n* الفاتيكان [al-fa:ti:ka:ni]

vault [vɔlt] *n*; **pole vault** قفز بالزانة ['qafz bel-zanah]

veal [vil] *n* لحم عجل [Laḥm 'aejl]

vegan [vigən] *n* نباتي [naba:tij]; **Do you have any vegan dishes?** هل يوجد أي أطباق نباتية؟ [hal yujad ay aṯbaa'q nabat-iya?]

vegetable [vɛdʒtəbəl, vɛdʒɪ-] *n* خضار [xudˤa:r]

vegetarian [vɛdʒɪtɛəriən] *adj* نباتي [naba:tij] ▷ *n* نباتي [naba:tij]; **Do you have any vegetarian dishes?** هل يوجد أي أطباق نباتية؟ [hal yujad ay aṯbaa'q nabat-iya?]

vegetation [vɛdʒɪteɪʃən] *n* حياة نباتية [Hayah Nabateyah]

vehicle [vi̲ɪkəl] *n* عَرَبة [ʕaraba]
veil [ve̲ɪl] *n* خمار [xima:r]
vein [ve̲ɪn] *n* وريد [wari:d]
Velcro® [vɛ̲lkroʊ] *n* فيلكرو® [fi:lkru:]
velvet [vɛ̲lvɪt] *n* نُعُومة [nuʕu:ma]
vendor [vɛ̲ndər] *n* بائع [ba:ʔiʕ]
Venezuela [vɛ̲nəzwe̲ɪlə] *n* فنزويلا [finzwi:la:]
Venezuelan [vɛ̲nəzwe̲ɪlən] *adj* فنزويلي [finizwi:li:] ▹ *n* فنزويلي [finizwi:li:]
venison [vɛ̲nɪsən, -zən] *n* لحم غزال [Laḥm ghazal]
venom [vɛ̲nəm] *n* سُمّ [summ]
ventilation [vɛ̲ntəle̲ɪʃən] *n* تهوية [tahwijatin]
venue [vɛ̲nyu] *n* مكان الحوادث [Makan al-ḥawadeth]
verb [vɜ̲rb] *n* فعل [fiʕl]
verdict [vɜ̲rdɪkt] *n* حُكم المحلفين [Hokm al-mohallefeen]
versatile [vɜ̲rsətəl] *adj* متعدد الجوانب [Mota'aded al-jawaneb]
version [vɜ̲rʒən] *n* نسخة [nusxa]
vertical [vɜ̲rtɪkəl] *adj* رَأسي [raʔsij]
vertigo [vɜ̲rtɪgoʊ] *n* دُوار [duwa:r]
very [vɛ̲ri] *adv* جداً [ʒidan]
vest [vɛ̲st] *n* صدرية [sˤadrijja]
vet [vɛ̲t] *n* طبيب بيطري [Ṭabeeb bayṭareey]
veteran [vɛ̲tərən] *adj* محنك [muħannakun] ▹ *n* محارب قديم [Moḥareb 'qadeem]
veto [vi̲toʊ] *n* حق الرفض [Ha'q al-rafḍ]
vice [va̲ɪs] *n* رذيلة [raði:la]
vice versa [va̲ɪsə vɛ̲rsə, va̲ɪs] *adv* والعكس كذلك [Wal-'aaks kaḍalek]
vicinity [vɪsɪ̲nɪti] *n* منطقة مجاورة [Menta'qat mojawerah]
vicious [vɪ̲ʃəs] *adj* أثيم [ʔaθi:mun]
victim [vɪ̲ktəm] *n* ضحية [dˤaħijja]
victory [vɪ̲ktəri, vɪ̲ktri] *n* نصر [nasˤr]
video [vɪ̲dioʊ] *n* فيديو [fi:dju:]; **video camera** كاميرا فيديو [Kamera fedyo]
videophone [vɪ̲dioʊfoʊn] *n* هاتف مرئي [Hatef mareay]
Vietnam [vi̲ɛtnɑ̲m] *n* فيتنام [fi:tna:m]
Vietnamese [vi̲ɛtnəmi̲z] *adj* فيتنامي [fi:tna:mij] ▹ *n (language)* اللغة الفيتنامية [Al-loghah al-fetnameyah], *(person)* شخص فيتنامي [Shakhṣ fetnamey]
view [vyu̲] *n* منظر [manzˤar]
viewer [vyu̲ər] *n* مشاهد التلفزيون [Moshahadat al-telefezyon]
viewpoint [vyu̲pɔɪnt] *n* وجهة نظر [Wejhat naḍhar]
vile [va̲ɪl] *adj* وَضِيع [wadˤi:ʕun]
villa [vɪ̲lə] *n* فيلا [fi:la:]; **I'd like to rent a villa** أريد فيلا للإيجار [areed villa lil-eejar]
village [vɪ̲lɪdʒ] *n* قرية [qarja]
villain [vɪ̲lən] *n* شِرّير [ʃirri:r]
vinaigrette [vɪ̲nɪgrɛ̲t] *n* صَلْصَة السَّلَطَة [sˤalsˤatu assalatˤati]
vine [va̲ɪn] *n* كَرْمَة العنب [Karmat al'aenab]
vinegar [vɪ̲nɪgər] *n* خل [xall]
vineyard [vɪ̲nyərd] *n* كَرْم [karam]
viola [vio̲ʊlə] *n* آلة الفيولا الموسيقية [aalat al veiola al mose'qeiah]
violence [va̲ɪələns] *n* عنف [ʕunf]
violent [va̲ɪələnt] *adj* عنيف [ʕani:fun]
violin [va̲ɪəlɪ̲n] *n* آلة الكَمان الموسيقية [Aalat al-kaman al-moose'qeyah]
violinist [va̲ɪəlɪ̲nɪst] *n* عازف الكمان ['aazef al-kaman]
virgin [vɜ̲rdʒɪn] *n* عذراء [ʕaðra:ʔ]
Virgo [vɜ̲rgoʊ] *n* العذراء [al-ʕaðra:ʔi]
virtual [vɜ̲rtʃuəl] *adj* واقعي [wa:qiʕij]; **virtual reality** واقع افتراضي [Wa'qe'a eftraḍey]
virus [va̲ɪrəs] *n* فيروس [fi:ru:s]
visa [vi̲zə] *n* فيزا [fi:za:]
visibility [vɪ̲zɪbɪ̲lɪti] *n* وضوح [wudˤu:ħ]
visible [vɪ̲zɪbəl] *adj* مرئي [marʔijun]
visit [vɪ̲zɪt] *n* زيارة [zija:ra] ▹ *v* يَزُور [jazu:ru]; **visiting hours** ساعات الزيارة [Sa'at al-zeyadah]; **Can we visit the castle?** أيمكننا زيارة القلعة؟ [a-yamkun-ana zeyarat al-'qal'aa?]; **Do we have time to visit the town?** هل الوقت متاح لزيارة المدينة؟ [hal al-wa'qt muaaḥ le-ziyarat al-madeena?]; **I'm here visiting friends** أنا هنا لزيارة أحد الأصدقاء [ʔana: huna: lizija:ratin ʔaħada alʔasˤdiqa:ʔa]; **We'd like to visit...** نريد

زيارة... [nureed ze-yarat...]

visitor [vɪzɪtər] *n* زائر [za:ʔir]; **visitor center** مركز زائري [Markaz zaerey]

visual [vɪʒuəl] *adj* بصري [basˁarij]

visualize [vɪʒuəlaɪz] *v* يَتَصور [jatasˁawwaru]

vital [vaɪtəl] *adj* حيوي [ħajawij]

vitamin [vaɪtəmɪn] *n* فيتامين [fi:ta:mi:n]

vivid [vɪvɪd] *adj* لامع [la:miʕun]

vocabulary [voʊkæbyəlɛri] *n* مُفردات اللغة [Mofradat Al-loghah]

vocational [voʊkeɪʃənəl] *adj* مهني [mihanij]

vodka [vɒdkə] *n* فودكا [fu:dka:]

voice [vɔɪs] *n* صوت [sˁawt]

voicemail [vɔɪsmeɪl] *n* بريد صوتي [Bareed ṣawṭey]

void [vɔɪd] *adj* باطل [ba:tˁilun] ▷ *n* فَراغ [fara:ɣ]

volcano, volcanoes [vɒlkeɪnoʊ, vɒlkeɪnoʊz] *n* بركان [burka:n]

volleyball [vɒlibɔl] *n* كرة طائرة [Korah Ṭaayeara]

volt [voʊlt] *n* حركة دائرية [ħarakatun da:ʔirijja]

voltage [voʊltɪdʒ] *n* جهد كهربي [Jahd kahrabey]

volume [vɒlyum] *n* حَجْم [ħaʒm]

voluntarily [vɒləntɛərɪli] *adv* بشكل متعمد [Be-shakl mota'amad]

voluntary [vɒlənteri] *adj* طَوْعي [tˁawʕij]

volunteer [vɒləntɪər] *n* متطوع [mutatˁawwiʕ] ▷ *v* يتطوع [jatatˁawwaʕu]

vomit [vɒmɪt] *v* يَتقيأ [jataqajjaʔu]

vote [voʊt] *n* تصويت [tasˁwi:t] ▷ *v* يُصَوِت [jusˁawwitu]

voucher [vaʊtʃər] *n* إيصال [ʔi:sˁa:l]

vowel [vaʊəl] *n* حرف متحرك [ħurfun mutaħarrik]

vulgar [vʌlgər] *adj* سُوقي [su:qij]

vulnerable [vʌlnərəbəl] *adj* قابل للجرح ['qabel lel-jarh]

vulture [vʌltʃər] *n* نسر [nasr]

W

wafer [weɪfər] *n* رقاقة [ruqa:qa]

waffle [wɒfəl] *n* وَافِل [wa:fil] ▹ *v* يَرغي في الكلام [Yarghey fel kalaam]

wage [weɪdʒ] *n* أجْر [ʔaʒr]

wagon [wægən] *n*; **station wagon** سيارة بصالون متحرك المقاعد [Sayarah be-ṣalon motaḥarek al-ma'qaed]

waist [weɪst] *n* خَصر [xasˤr]

wait [weɪt] *v* يَتَوقَّع [jatawaqqaʕu]; **wait for** ينتظر [jantazˤiru]; **wait in line** يَصْطَف [jasˤtˤaffu]; **waiting list** قائمة انتظار ['qaemat enteḍhar]; **waiting room** غرفة انتظار [Ghorfat enteḍhar]

waiter [weɪtər] *n* نادل [na:dil]

waitress [weɪtrɪs] *n* نادلة [na:dila]

wait up *v* يُطيل السهر [Yoṭeel alsaḥar]

waive [weɪv] *v* يَتنازَل عن [Tetnazel 'an]

wake up *v* يَستيقظ [jastajqizˤu]; **wake-up call** نداء استغاثة [Nedaa esteghathah]

Wales [weɪlz] *n* ويلز [wi:lzu]

walk [wɔk] *n* مُشْوار [miʃwa:r] ▹ *v* يَمْشي [jamʃi:]

walker [wɔkər] *n* هيكل زيمر المساعد على المشي [hajkalun zajmiri almusa:ʕidi ʕala: almaʃji]

walkie-talkie [wɔki tɔki] *n* جهاز راديو للإرسال والاستقبال [ʒiha:zu ra:diju: lilʔirsa:li wa ali:stiqba:li]

walking [wɔkɪŋ] *n* مَشْي [maʃj]

walkway [wɔkweɪ] *n* ممشى [mamʃa:]

wall [wɔl] *n* جدار [ʒida:r]; **wall-to-wall carpeting** سجاد مثبت [Sejad mothabat]

wallet [wɒlɪt] *n* محفظة [miħfazˤa]; **My wallet has been stolen** لقد سرقت محفظة نقودي [la'qad sore'qat meḥ-faḍhat ni-'qoody]

wallpaper [wɔlpeɪpər] *n* ورق حائط [Wara'q ḥaeṭ]

walnut [wɔlnʌt, -nət] *n* جوز [ʒawz]

walrus [wɔlrəs] *n* حيوان الفَظّ [Ḥayawan al-fadh]

waltz [wɔlts, wɔls] *n* رقصة الفالس [Ra'qṣat al-fales] ▹ *v* يَرقص الفالس [Yar'qos al-fales]

wander [wɒndər] *v* يتجول [jataʒawwalu]

want [wɒnt] *v* يُريد [juri:du]

war [wɔr] *n* حرب [ħarb]; **civil war** حرب أهلية [Ḥarb ahleyah]

ward [wɔrd] *n (area)* دائرة من مدينة [Dayrah men madeenah], *(hospital room)* جناح من مستشفى [Janah men al-mostashfa]

warden [wɔrdən] *n* وَصِيّ [wasˤij]

wardrobe [wɔrdroʊb] *n* خزانة الثياب [Khezanat al-theyab]

warehouse [wɛərhaʊs] *n* مستودع [mustawdaʕu]

warm [wɔrm] *adj* دافئ [da:fiʔun]

warm up *v* يُسَخِّن [jusaxxinu]

warn [wɔrn] *v* يُحذِر [juħaððiru]

warning [wɔrnɪŋ] *n* تحذير [taħði:r]; **hazard warning lights** أضواء التحذير من الخطر [Aḍwaa al-tahdheer men al-khaṭar]

warranty [wɔrənti] *n* كفالة [kafa:la]

wart [wɔrt] *n* نتوء صغير [Netoa ṣagheer]

wash [wɒʃ] *v* يَغْسِل [jaɣsilu]; **car wash** غسيل سيارة [ghaseel sayaarah]; **wash the dishes** يَغْسِل الأطباق [Yaghsel al-aṭbaa'q]; **washing the dishes** غسيل الأطباق [ghaseel al-atba'q]

washable [wɒʃəbəl] *adj*; **machine washable** قابل للغسل في الغسالة ['qabel lel-ghaseel fee al-ghassaalah]; **Is it washable?** هل هذا يمكن غسله؟ [hal hadha yamken ghas-loho?]

washcloth [wɒʃklɔθ] *n* صوف فانيلة [Ṣoof faneelah], مِنشَفة الوجه [Menshafat al-wajh]

washing [wɒʃɪŋ] *n* غسيل [ɣassi:l]; **washing machine** غسَّالَة [ɣassa:latun]

washroom [wɒʃrum] *n* مرحاض [mirħa:dˤ]

wasp [wɒsp] *n* دبور [dabu:r]

waste [weɪst] *n* فضلات [fadˤala:t] ▹ *v* يُبَدِد

[jubaddidu]

wastebasket [weɪstbæskɪt] *n* صندوق [sˤundu:q]

watch [wɒtʃ] *n* ساعة يدوية [Saa'ah yadaweyah] ▷ *v* يُشاهِد [juʃa:hidu]; **digital watch** ساعة رقمية [Sa'aah ra'qameyah]

watchband [wɒtʃbænd] *n* سُوَار الساعة [Sowar al-sa'aah]

water [wɔtər] *n* مياه [mijja:hu] ▷ *v* يَروي [jarwi:]; **drinking water** مياه الشرب [Meyah al-shorb]; **mineral water** مياه معدنية [Meyah ma'adaneyah]; **sea water** مياه البحر [Meyah al-baḥr]; **sparkling water** مياه فوارة [Meyah fawarah]; **watering can** رشاش مياه [Rashah meyah]; **How deep is the water?** كم يبلغ عمق المياه؟ [kam yablugh 'aom'q al-meah?]; **Is hot water included in the price?** هل يشمل السعر توفير المياه الساخنة؟ [hal yash-mil al-si'ar taw-feer al-me-yah al-sakhina?]; **There's no hot water** لا توجد مياه ساخنة [La tojad meyah sakhena]

watercolor [wɔtərkʌlər] *n* لون مائي [Lawn maaey]

watercress [wɔtərkrɛs] *n* قرة العين ['qorat al-'ayn]

waterfall [wɔtərfɔl] *n* شَلّال [ʃalla:l]

watermelon [wɔtərmɛlən] *n* بطيخة [batˤi:xa]

waterproof [wɔtərpruf] *adj* مقاوم للمياه [Mo'qawem lel-meyah]

waterskiing *n* تَزَلُج على المياه [Tazaloj 'ala al-meyah]

wave [weɪv] *n* موجة [mawʒa] ▷ *v* يُلَوِح [julawwiħu]

wavelength [weɪvlɛŋθ] *n* طول الموجة [Ṭool al-majah]

wavy [weɪvi] *adj* متموج [mutamawwiʒun]

wax [wæks] *n* شمع [ʃamʕ]

way [weɪ] *n* سبيل [sabi:l]; **right of way** حق المرور [Ha'q al-moror]

we [wɪ, STRONG wi] *pron*; **We live in...** أسكن في... [askun fee..]

weak [wik] *adj* ضعيف [dˤaʕi:fun]

weakness [wiknɪs] *n* ضعف [dˤiʕfa]

wealth [wɛlθ] *n* ثروة [θarwa]

wealthy [wɛlθi] *adj* ثري [θarij]

weapon [wɛpən] *n* سلاح [sila:ħ]

wear [wɛər] *v* يَرتدي [jartadi:]

weasel [wizəl] *n* ابن عرسة [ibnu ʕarusatin]

weather [wɛðər] *n* طقس [tˤaqs]; **weather forecast** توقعات حالة الطقس [Tawa'qo'aat ḥalat al-ṭaqs]; **What awful weather!** ما هذا الطقس السيئ [Ma hadha al-ṭa'qs al-sayea]

web [wɛb] *n* شبكة عنكبوتية [Shabakah 'ankaboteyah]; **Web address** عنوان الويب ['aonwan al-web]; **Web browser** متصفح شبكة الإنترنت [Motaṣafeḥ shabakat al-enternet]

webcam [wɛbkæm] *n* كاميرا الانترنت [Kamera al-enternet]

Webmaster [wɛbmæstər] *n* مُصَمِم موقع [Moṣamem maw'qe'a]

Web site [wɛbsaɪt] *n* موقع الويب [Maw'qe'a al-weeb]

webzine [wɛbzin] *n* منشور الكتروني [Manshoor elektrooney]

wedding [wɛdɪŋ] *n* زِفَاف [zifa:f]; **wedding anniversary** عيد الزواج ['aeed al-zawaj]; **wedding dress** فستان الزفاف [Fostaan al-zefaf]; **wedding ring** خاتم الزواج [Khatem al-zawaj]

Wednesday [wɛnzdeɪ, -di] *n* الأربعاء [al-ʔarbiʕa:ʔi]; **Ash Wednesday** أربعاء الرماد [Arba'aa alramad]; **on Wednesday** في يوم الأربعاء [fee yawm al-arbe-'aa]

weed [wid] *n* عشبة ضارة ['aoshabah ḍarah]

weedkiller [widkɪlər] *n* مبيد الأعشاب الضارة [Mobeed al'ashaab al-ḍarah]

week [wik] *n* أسبوع [ʔusbu:ʕ]; **two weeks** يومان [jawma:ni]; **a week ago** منذ أسبوع [mundho isboo'a]; **How much is it for a week?** كم تبلغ التكلفة الأسبوعية؟ [kam tablugh al-taklifa al-isboo-'aiya?]; **last week** الأسبوع الماضي [al-esboo'a al-maaḍy]; **next week** الأسبوع التالي [al-esboo'a al-taaly]

weekday [wikdeɪ] *n* يوم في الأسبوع [Yawm fee al-osboo'a]

weekend [wikɛnd] *n* عطلة أسبوعية ['aoṭlah osboo'ayeah]

weekly [wikli] *adv*; **What are your weekly**

rates? ما هو الإيجار الأسبوعي؟ [ma howa al-ejaar al-isboo-'ay?]

weep [wip] *v* يَنْتَحب [jantaħibu]

weigh [weɪ] *v* يَزِن [jazinu]

weight [weɪt] *n* وَزْن [wazn]

weightlifter [weɪtlɪftər] *n* رافع الأثقال [Rafe'a al-ath'qaal]

weightlifting [weɪtlɪftɪŋ] *n* رفع الأثقال [Rafʕa al-th'qaal]

weird [wɪərd] *adj* عجيب [ʕaʒi:bun]

welcome [wɛlkəm] *n* ترحيب [tarħi:b] ▷ *v* يَحْتَفي بـ [Yaḥtafey be]

welcome [wɛlkəm] *excl* مرحبا [marħaban]

welfare [wɛlfɛər] *n* إعانة بَطَالة [E'anat baṭalah]

well [wɛl] *adj* حَسَن [ħasanun] ▷ *adv* كُلِيَةً [kulijjatun] ▷ *n* بئر [biʔr]; **oil well** بئر بترول [Beear betrol]

well-behaved [wɛlbɪheɪvd] *adj* حسن السلوك [Ḥasen al-solook]

well-known [wɛlnoʊn] *adj* مشهور [maʃhu:run]

well-off [wɛlɔf] *adj* حسن الأحوال [Hosn al-ahwaal]

well-paid [wɛlpeɪd] *adj* حسن الدخل [Hosn al-dakhl]

Welsh [welʃ] *adj* ويلزي [wi:lzij] ▷ *n* ويلزي [wi:lzij]

west [wɛst] *adj* غربي [ɣarbij] ▷ *adv* غرباً [ɣarban] ▷ *n* غَرْب [ɣarb]; **West Indian** ساكن الهند الغربية [Saken al-hend al-gharbeyah]; **West Indies** جزر الهند الغربية [Jozor al-hend al-gharbeyah]

westbound [wɛstbaʊnd] *adj* متجه غرباً [Motajeh gharban]

western [wɛstərn] *adj* غربي [ɣarbij] ▷ *n* وسترن [Western]

wet [wɛt] *adj* مبتل [mubtalun]

wetsuit [wɛtsut] *n* بدلة الغوص [Badlat al-ghawṣ]

whale [weɪl] *n* حوت [ħu:t]

what [wʌt, wɒt] *pron* ما [ma:]; **What do you do?** ماذا تعمل؟ [madha ta'amal?]; **What is it?** ما هذا؟ [ma hatha?]; **What is the word for...?** ما هي الكلمة التي تعني... [ma heya al-kalema al-laty ta'any...?]

wheat [wit] *n* قمح [qamħ]; **wheat intolerance** حساسية القمح [Ḥasaseyah al-'qamḥ]

wheel [wil] *n* عجلة [ʕaʒala]; **spare wheel** عجلة إضافية ['aagalh eḍafeyah]; **steering wheel** عجلة القيادة ['aagalat al-'qeyadh]

wheelbarrow [wilbæroʊ] *n* عجلة اليد ['aagalat al-yad]

wheelchair [wiltʃɛər] *n* كرسي بعجلات [Korsey be-'ajalat]

when [wɛn] *adv* متى [mata:]; **When does it begin?** متى يبدأ العمل هنا؟ [mata yabda al-'aamal huna?]; **When does it finish?** متى ينتهي العمل هنا؟ [mata yan-tahy al-'aamal huna?]; **When is it due?** متى سيحين الموعد؟ [mata sa-ya-ḥeen al-maw'aid?]

where [wɛər] *adv* أين [ʔajna]; **Where are we?** أين نحن الآن؟ [ayna naḥno al-aan?]; **Where are you from?** من أين أنت؟ [min ayna anta?]; **Where are you staying?** أين تقيم؟ [Ayn to'qeem?]; **Where can we meet?** أين يمكن أن نتقابل؟ [ayna yamken an nata-'qabal?]; **Where can you go...?** أين يمكن الذهاب لـ...؟ [ayna yamken al-dhehaab le...?]; **Where do I pay?** أين يتم الدفع؟ [ayna yatim al-dafʕa?]; **Where do I sign?** أين مكان التوقيع؟ [ayna makan al-taw'qe'a?]; **Where is...?** أين يوجد... [ayna yujad...?]

which [wɪtʃ] *pron*; **Which is the key to this door?** أين يوجد مفتاح هذا الباب؟ [ayna yujad muftaaḥ hadha al-baab?]

while [waɪl] *n* فترة وجيزة [Fatrah wajeezah]

whip [wɪp] *n* سَوط [sawtˤ]; **whipped cream** كريمة مخفوقة [Keremah makhfoo'qah]

whisk [wɪsk] *n* مَضْرَب [midˤrabu]

whiskers [wɪskərz] *npl* شَوَارِب [ʃawa:ribun]

whiskey [wɪski] *n* وِسْكي [wiski:]; **malt whiskey** ويسكي الشعير المجفف [Weskey al-she'aeer al-mojafaf]; **a whiskey and soda** ويسكي بالصودا [wesky bil-ṣoda]; **I'll have a whiskey** سأتناول ويسكي [sa-ata-nawal wisky]

whisper [wɪspər] *v* يهمس [jahmisu]

whistle [wɪsəl] *n* صُفَّارة [sˤaffa:ra] ▷ *v* يُصَفِر [jusˤaffiru]

white [waɪt] *adj* أبيض [ʔabjadˤun]; *(person):* **White** شخصٌ أبيض [Shakhsun abyad]; **egg white** بياض البيض [Bayaḍ al-bayḍ]; **a carafe of**

white wine دورق من النبيذ الأبيض [dawra'q min al-nabeedh al-abyaḍ]

whiteboard [waɪtbɔrd] *n* لوحة بيضاء [Looḥ bayḍaa]

whitewash [waɪtwɒʃ] *v* يبيض [jubajjidˤu]

whiting [waɪtɪŋ] *n* سمك الأبيض [Samak al-abyaḍ]

who [hu] *pron* مَنْ [man]

whole [hoʊl] *adj* سليم [sali:mun] ▷ *n* وحدة كاملة [Weḥdah kamelah]; **whole foods** أغذية متكاملة [Aghzeyah motakamelah]

wholesale [hoʊlseɪl] *adj* جملي [ʒumalij] ▷ *n* بيع بالجملة [Bay'a bel-jomlah]

whole wheat [hoʊlwit] *adj* طحين الاسمر [tˤaħi:nu ila:smari]

whose [huz] *pron*; **Whose round is it?** على من الدور؟ [Ala man al-door?]

wicked [wɪkɪd] *adj* كريه [kari:hun]

wide [waɪd] *adj* عريض [ʕari:dˤun] ▷ *adv* عريضا [ʕari:dˤun]

widespread [waɪdsprɛd] *adj* منتشر [muntaʃirun]

widow [wɪdoʊ] *n* أرملة [ʔarmala]

widower [wɪdoʊər] *n* أرمل [ʔarmal]

width [wɪdθ, wɪtθ] *n* اتساع [ittisa:ʕ]

wife [waɪf] (*pl* wives) *n* زوجة [zawʒa]

Wi-Fi [waɪfaɪ] *n* ماركة واي فاي خاصة بالتكنولوجيا التحتية للشبكات المحلية اللاسلكية [ma:rikatun wa ajji fa:j xa:sˤatin bittiknu:lu:ʒija: attaħtijjati liʃʃabakti almaħallijjati alla:silkijjati]

wig [wɪg] *n* باروكة [ba:ru:ka]

wild [waɪld] *adj* بري [barij]

wildlife [waɪldlaɪf] *n* حياة برية [Hayah bareyah]

will [wɪl] *n (document)* وَصْية [wasˤijja], *(motivation)* إرادة [ʔira:da]

willing [wɪlɪŋ] *adj* مستعد [mustaʕiddun]

willingly [wɪlɪŋli] *adv* عن طيب خاطر [An ṭeeb khaṭer]

willow [wɪloʊ] *n* شجرة الصِفْصَاف [Shajart al-ṣefṣaf]

willpower [wɪlpaʊər] *n* قوة الإرادة ['qowat al-eradah]

wilt [wɪlt] *v* يَذبُل [jaðbulu]

win [wɪn] *v* يفوز [jafu:zu]

wind¹ [wɪnd] *n* رياح [rijja:ħ]

wind² [waɪnd] *v (coil around)* يُهْوِي [juhawi:]

windmill [wɪndmɪl] *n* طاحونة هواء [ṭaḥoonat hawaa]

window [wɪndoʊ] *n* نافذة [na:fiða]; **store window** واجهة العرض في المتجر [Wagehat al-'aarḍ fee al-matjar]; **window seat** مقعد بجوار النافذة [Ma'q'aad bejwar al-nafedhah]; **I can't open the window** لا يمكنني فتح النافذة [la yam-kinuni faitḥ al-nafitha]; **I'd like a window seat** أريد مقعد بجوار النافذة [areed ma'q'aad be-jewar al-nafedha]; **May I close the window?** هل يمكن أن أغلق النافذة؟ [hal yamken an aghli'q al-nafidha?]; **May I open the window?** هل يمكن أن أفتح النافذة؟ [hal yamken an aftaḥ al-nafidha?]

windowpane [wɪndoʊpeɪn] *n* لوح زجاجي [Loḥ zojajey]

windowsill [wɪndoʊsɪl] *n* عتبة النافذة ['aatabat al-nafedhah]

windshield [wɪndʃild] *n* الزجاج الأمامي [Al-zojaj al-amamy]; **windshield wiper** ماسحة زجاج السيارة [Masehat zojaj sayarh]; **Could you clean the windshield?** أيمكنك تنظيف الزجاج الأمامي من فضلك؟ [a-yamkun-ika tanḍheef al-zujaj al-ama-me min faḍlak?]; **The windshield is broken** لقد تحطم الزجاج الأمامي [la'qad taḥa-ṭama al-zujaj al-amamy]

windsurfing [wɪndsɜrfɪŋ] *n* تَزَلُج شِرَاعِي [Tazaloj shera'aey]

windy [wɪndi] *adj* مذرو بالرياح [Madhro bel-reyah]

wine [waɪn] *n* خمر [xamr]; **house wine** خمر هاوس واين [Khamr hawees wayen]; **red wine** نبيذ أحمر [nabeedh aḥmar]; **table wine** خَمْر الطعام [Khamr al-ṭa'aam]; **wine list** قائمة خمور ['qaemat khomor]; **This stain is wine** هذه البقعة بقعة خمر [hathy al-bu'q-'aa bu'q-'aat khamur]; **This wine isn't chilled** هذا الخمر ليس مثلج [hatha al-khamur lysa muthal-laj]

wineglass [waɪnglɑs] *n* زجاجة الخمر [Zojajat al-khamr]

wing [wɪŋ] *n* جناح [ʒana:ħ]

wink [wɪ̲ŋk] *v* يَغْمِز [jaɣmizu]

winner [wɪ̲nər] *n* شخص فائز [Shakhṣ faaez]

winning [wɪ̲nɪŋ] *adj* فائز [faːʔizun]

winter [wɪ̲ntər] *n* الشتاء [aʃ-ʃitaːʔi]; **winter sports** رياضات شتوية [Reyḍat shetweyah]

wipe [wa̲ɪp] *v* يَمْسَح [jamsaħu]; **baby wipe** منديل أطفال [Mandeel aṭfaal]

wipe up *v* يَمْسَح [jamsaħu]

wire [wa̲ɪər] *n* سِلْك [silk]; **barbed wire** سِلك شائك [Selk shaaek]

wisdom [wɪ̲zdəm] *n* حِكمة [ħikma]; **wisdom tooth** ضرس العقل [Ḍers al-a'aql]

wise [wa̲ɪz] *adj* حكيم [ħakiːmun]

wish [wɪ̲ʃ] *n* أمنية [ʔumnijja] ▷ *v* يَتمَنى [jatamannaː]

wit [wɪ̲t] *n* فِطْنَة [fitˤna]

witch [wɪ̲tʃ] *n* ساحرة [saːħira]

with [wɪð, wɪθ] *prep* مع [maʕa]; **It's been a pleasure working with you** من دواعي سروري العمل معك [min dawa-'ay siro-ry al-'aamal ma'aak]; **May I leave a message with his secretary?** هل يمكنني ترك رسالة مع السكرتير الخاص به؟ [hal yamken -any tark resala ma'aa al-sikertair al-khaṣ behe?]

withdraw [wɪðdrɔ̲, wɪθ-] *v* يَسحَب [jasħabu]

withdrawal [wɪðdrɔ̲əl, wɪθ-] *n* إنسِحاب [ʔinsiħaːb]

without [wɪða̲ut, wɪθ-] *prep*; **I'd like it without..., please** أحب تناوله بدون...من فضلك [aḥib tana-wilaho be-doon... min faḍlak]

witness [wɪ̲tnɪs] *n* شاهد [ʃaːhid]; **Jehovah's Witness** طائفة شهود يهوه المسيحية [Ṭaaefat shehood yahwah al-maseyheyah]

witty [wɪ̲ti] *adj* فَطِن [fatˤinun]

wolf [wu̲lf] (*pl* wolves) *n* ذئب [ðiʔb]

woman [wu̲mən] (*pl* women) *n* امرأة [imraʔa]

wonder [wʌ̲ndər] *v* يَتَعجب [jataʕaʒʒabu]

wonderful [wʌ̲ndərfəl] *adj* عجيب [ʕaʒiːbun]

wood [wu̲d] *n* *(forest)* غابة [ɣaːba], *(material)* خشب [xaʃab]

wooden [wu̲dən] *adj* خشبي [xaʃabij]

woodwind [wu̲dwɪnd] *n* آلة نفخ موسيقية [Aalat nafkh mose'qeyah]

woodwork [wu̲dwɜrk] *n* أعمال الخشب [A'amal al khashab]

wool [wu̲l] *n* صوف [sˤuːf]

woolen [wu̲lən] *adj* صوفي [sˤuːfij]

woolens [wu̲lənz] *npl* أنسجة صوفية [Ansejah ṣoofeyah]

word [wɜ̲rd] *n* كلمة [kalima]; **all one word** كلمة واحدة فقط [kilema waḥeda fa'qaṭ]; **What is the word for...?** ما هي الكلمة التي تعني... [ma heya al-kalema al-laty ta'any...?]

work [wɜ̲rk] *n* عمل [ʕamal] ▷ *v* يَعمَل [jaʕmalu]; **road work** أعمال الطريق [a'amal alṭ aree'q]; **work experience** خبرة العمل [Khebrat al'aamal]; **work of art** عمل فني ['amal faney]; **work permit** تصريح عمل [Taṣreeḥ 'amal]; **work station** محطة عمل [Mahaṭat 'aamal]; **How does the ticket machine work?** كيف تعمل ماكينة التذاكر؟ [kayfa ta'amal makenat al-tathaker?]; **How does this work?** كيف يعمل هذا؟ [Kayfa ya'amal hatha?]; **I hope we can work together again soon** أتمنى أن نستطيع معاودة العمل سويًا في وقت قريب [ata-mana an nasta-ṭee'a mo'aawadat al-'aamal sa-waian fee wa'qt 'qareeb]; **I work in a factory** أعمل في أحد المصانع [A'amal fee aḥad al-maṣaane'a]; **I'm here for work** أنا هنا للعمل [ana huna lel-'aamal]; **The... doesn't work properly** إن... لا يعمل كما ينبغي [enna... la ya'amal kama yanbaghy]; **The air conditioning doesn't work** التكيف لا يعمل [al-tak-yeef la ya'amal]; **The brakes don't work** الفرامل لا تعمل [Al-faramel la ta'amal]; **The flash isn't working** إن الفلاش لا يعمل [enna al-flaash la ya'amal]; **The transmission isn't working** ناقل السرعات لا يعمل [na'qil al-sur'aat la ya'amal]; **This doesn't work** هذا لا يعمل كما ينبغي [hatha la-ya'amal kama yan-baghy]; **Where do you work?** أين تعمل؟ [ayna ta'amal?]

worker [wɜ̲rkər] *n* عامل [ʕaːmil]; **social worker** أخصائي اجتماعي [Akhṣey ejtema'ay]

workforce [wɜ̲rkfɔrs] *n* قوة العاملة ['qowah al-'aamelah]

working-class *adj* طبقة عاملة [Ṭaba'qah 'aaamelah]

workman [wɜrkmən] (*pl* workmen) *n* عَامِل [ʕa:mil]

work out *v* يَحُل [jaħullu]

workplace [wɜrkpleɪs] *n* محل العمل [Maḥal al-'aamal]

workshop [wɜrkʃɒp] *n* ورشة العمل [Warshat al-'aamal]

workspace [wɜrkspeɪs] *n* مكان العمل [Makan al-'amal]

workstation [wɜrksteɪʃən] *n* مكان عمل [Makan 'aamal]

world [wɜrld] *n* عالم [ʕa:lam]; **Third World** العالم الثالث [Al-'aalam al-thaleth]; **World Cup** كأس العالم [Kaas al-'aalam]

worm [wɜrm] *n* دُودَة [du:da]

worn [wɔrn] *adj* رَثٌّ [raθθun]

worried [wɜrid] *adj* قَلِق [qalaqun]

worry [wɜri] *v* يَقْلَق [jaqlaqu]

worrying [wɜriɪŋ] *adj* مقلق [muqliqun]

worse [wɜrs] *adj* أسوأ [ʔaswaʔun] ▷ *adv* على نحو أسوأ [Ala nahw aswaa]

worsen [wɜrsən] *v* يَجعله أسوأ [Tej'aalah aswaa]

worship [wɜrʃɪp] *v* يَعَبُد [jaʕbudu]

worst [wɜrst] *adj* الأسوأ [Al-aswaa]

worth [wɜrθ] *n* قيمة مالية ['qeemah maleyah]

worthless [wɜrθləs] *adj* عديم القيمة ['adeem al-'qeemah]

would [wəd, STRONG wʊd] *v*; **We'd like to go cycling** أريد ممارسة رياضة ركوب الدراجات [areed mu-ma-rasat reyaḍat rikoob al-darrajaat]

wound [wund] *n* جرح [ʒurħ] ▷ *v* يجرح [jaʒraħu]

wrap [ræp] *v* يُغَلِف [juɣallifu]; **wrapping paper** ورق التغليف [Wara'q al-taghleef]

wrap up *v* يُغَلِف [juɣallifu]

wreck [rɛk] *n* تَحَطُّم [taħatˤum], خراب [xara:b] ▷ *v* يُحطِم [juħatˤimu] ▷ *vt* يتَحَطَم [jataħatˤtˤamu]

wreckage [rɛkɪdʒ] *n* حطام [ħutˤa:m]

wren [rɛn] *n* طائر الغطاس [Ṭaayer al-ghaṭas]

wrench [rɛntʃ] *n* مفتاح ربط [Meftaḥ rabṭ]مفتاح ربط وفك الصواميل , [Meftaḥ rabṭ wafak al-ṣawameel] ▷ *v* يُحَرِف [juħarrifu]

wrestler [rɛslər] *n* مُصارِع [musˤa:riʕ]

wrestling [rɛslɪŋ] *n* مصارعة [musˤa:raʕa]

wrinkle [rɪŋkəl] *n* تجعيد [taʒʕi:d]

wrinkled [rɪŋkəld] *adj* متجعد [mutaʒaʕidun]

wrist [rɪst] *n* معصم [miʕsˤam]

write [raɪt] *v* يَكْتُب [jaktubu]

write down *v* يُدَوِن [judawwinu]

writer [raɪtər] *n* الكاتب [Al-kateb]

writing [raɪtɪŋ] *n* كتابة [kita:ba]; **writing paper** ورقة كتابة [Wara'qat ketabah]

wrong [rɔŋ] *adj* خاطئ [xa:tˤiʔun] ▷ *adv* على نحو خاطئ [Ala nahwen khaṭea]; **wrong number** رقم خطأ [Ra'qam khaṭaa]

Xmas [ɛksməs] *n* كريسماس [kri:sma:s]

X-ray [ɛksreɪ] *n* صورَةٌ شُعاعِيَّة [Ṣewar sho'aeyah]
▷ *v* يصور بأشعة إكس [jasˤu:ru biʔaʃʕati ʔiks]

xylophone [zaɪləfoʊn] *n* آلة الإكسيليفون الموسيقية [aalat al ekseelefon al mose'qeiah]

Y

yacht [yɒt] *n* يخت [jaxt]

yard [yɑrd] *n (enclosure)* حظيرة [ħazˤiːra], *(measurement)* ياردة [jaːrda]

yawn [yɔn] *v* يَتَثَاءب [jataθaːʔabu]

year [yɪər] *n* سَنَة [sana]; **academic year** عام دراسي ['aam derasey]; **financial year** سَنة مالية [Sanah maleyah]; **leap year** سَنة كبيسة [Sanah kabeesah]; **New Year** رَأْس السَنَة [Raas alsanah]

yearly [yɪərli] *adj* كل سنة [Kol sanah] ▷ *adv* سنويا [sanawijan]

yeast [yist] *n* خَمِيرَة [xamiːra]

yell [yɛl] *v* يَهْتِف [jahtifu]

yellow [yɛloʊ] *adj* أصفر [ʔasˤfarun]; **yellow pages** يلوبيدجز® [bloobeedjez]

Yemen [yɛmən] *n* اليَمَنْ [al-jamanu]

yes [yɛs] *excl* نعم [niʕma]

yesterday [yɛstərdeɪ, -di] *adv* أمس [ʔamsun]; **the day before yesterday** أمس الأول [ams al-a-wal]

yet [yɛt] *adv* حتى الآن [Ḥata alaan]

yew [yu] *n* شجر الطقسوس [Shajar al-ṭa'qsoos]

yield [yild] *v* يَهِبْ [jahibu]

yoga [yoʊgə] *n* يُوجَا [juːʒaː]

yogurt [yoʊgərt] *n* زبادي [zabaːdij]

yolk [yoʊk] *n* صفار [sˤafaːr]

you [yu] *pron* أنت [ʔanta]; **Are you all right?** هل أنت على ما يرام [hal anta 'aala ma yoraam?]

young [yʌŋ] *adj* شَاب [ʃaːbbun]

younger [yʌŋgər] *adj* أصغر [ʔasˤɣaru]

youngest [yʌŋgɪst] *adj* الأصغر [al-ʔasˤɣaru]

your [yɔr, yʊər] *adj* الخاص بك [alxaːsˤ bik]

yours [yɔrz, yʊərz] *pron* لك [lak]

yourself [yɔrsɛlf, yʊər-] *pron* نفسك [Nafsek]

yourselves [yɔrsɛlvz, yʊər-] *pron* أنفسكم [Anfosokom]

youth [yuθ] *n* شباب [ʃabaːb]; **youth club** نادي الشباب [Nadey shabab]; **youth hostel** دار الشباب [Dar al-shabab]

Z

Zambia [zæmbiə] *n* زامبيا [za:mbja:]

Zambian [zæmbiən] *adj* زامبي [za:mbij] ▷ *n* زامبي [za:mbij]

zebra [zibrə] *n* الحمار الوحشي [Al-hemar al-wahshey]; **zebra crossing** ممر للمشاة ملون بالأبيض والأسود [Mamar lel-moshah molawan bel-abyaḍ wal-aswad]

zero [zɪərou] *n* صفر [sˤifr], لا شيء [La shaya]

Zimbabwe [zɪmbɑmbwi] *n* زيمبابوي [zi:mba:bwij]

Zimbabwean [zɪmbɑbwiən] *adj* دولة زيمبابوي [Dawlat zembabway] ▷ *n* مواطن زيمبابوي [Mewaṭen zembabway]

zinc [zɪŋk] *n* زنك [zink]

zip [zɪp] *v* يُغْلِق زِمام البنطلون [yoghle'q zemam albantaaloon]

zip code *n* رمز بريدي [Ramz bareedey]

zipper [zɪpər] *n* حيوية [ħajawijja]

zit [zɪt] *n* بثرة [baθra]

zodiac [zoudiæk] *n* دائرة البروج [Dayrat al-boroj]

zone [zoun] *n* منطقة [mintˤaqa]; **time zone** نطاق زمني [Neṭa'q zamaney]

zoo [zu] *n* حديقة الحيوان [Hadee'qat al-hayawan]

zoology [zouɒlədʒi] *n* علم الحيوان ['aelm al-hayawan]

zoom [zum] *n*; **zoom lens** عدسة تكبير ['adasah mokaberah]

zucchini [zukini] *n* كوسة [ku:sa]

zwieback [zwibæk] *n*; **zwieback toast** بُقْسُماط [buqsuma:tˤin]

ا

ائتمان credit, trust *n* [iʔtima:n]

كارت ائتمان

[Kart eateman] credit card

أب dad *n* [ʔab]

أب روحي

[Af rooḥey] godfather *(baptism)*

زوجة الأب

[Zawj al-aab] stepmother

إباحي pornographic *adj* [ʔiba:ħij]

فن إباحي

[Fan ebaḥey] pornography

ابتاَع purchase *v* [ʔebta:ʕa]

ابتدائي initial *adj* [ibtida:ʔij]

ابتز blackmail *v* [ʔebtazza]

ابتزاز blackmail *n* [ʔibtiza:z]

ابتسامة smile *n* [ʔibtisa:ma]

ابتسامة عريضة

[Ebtesamah areeḍah] grin

ابتسم smile *v* [ʔebtasama]

ابتعِد *v* [ʔebtaʕida]

يبتعِد عن

[Yabta'aed 'an] keep out

ابتكار innovation *n* [ibtika:r]

ابتكاري innovative *adj* [ibtika:rij]

ابتكر devise *v* [ʔebtakara]

ابتلع swallow *vi* [ʔebtalaʕa]

ابتهاج cheer *n* [ibtiha:ʒ]

ابتهج cheer *v* [ʔebtahiʒa]

أبجدية alphabet *n* [ʔabaʒadijja]

إبحار *n* [ʔibħa:r]

ما هو موعد الإبحار؟

[ma howa maw-'aid al-ebḥar?] When do we sail?

أبحر sail *v* [ʔabħara]

أبخِرَة fumes *npl* [ʔabxiratun]

أبدا always *adv* [ʔabadan]

أنا لا أشرب الخمر أبدا

[ana la ashrab al-khamr abadan] I never drink wine

ابداء display *n* [ibda:ʔ]

إبداع creation *n* [ʔibda:ʕ]

أبْدِع create *v* [ʔabdaʕa]

أبدي present *v* [ʔabda:]

إبر *n* [ʔibar]

وخز بالإبر

[Wakhz bel-ebar] acupuncture

إبرة needle *n* [ʔibra]

إبرة خياطة

[Ebrat khayṭ] knitting needle

هل يوجد لديك إبرة وخيط؟

[hal yujad ladyka ebra wa khyṭ?] Do you have a needle and thread?

أبرشية parish *n* [ʔabraʃijja]

أبرم turn around *v* [ʔabarama]

أبريق pitcher *n* [ibri:qu]

أبريق القهوة

[Abreeq al-'qahwah] coffeepot

إبريق jug *n* [ibri:q]

أبريل April *n* [ʔabri:l]

يوم كذبة أبريل

[yawm kedhbat abreel] April Fools' Day

إبزيم buckle *n* [ʔibzi:m]

إِبِطْ armpit *n* [ʔibitˤ]

أبطأ slow down *v* [ʔabtˤaʔa]

أبْطل cancel *vt* [ʔabtˤala]

أبْعد relegate *v* [ʔabʕada]

أبْلغ report *v* [ʔablaɣa]

يُبْلغ عن

[Yoballegh an] inform

أبْلَه silly *adj* ◃ idiot *n* [ʔablah]

ابن son *n* [ʔibn]

ابن الإبن

[Ebn el-ebn] grandson

ابن الأخ

[Ebn al-akh] nephew

زوجة الابن

[Zawj al-ebn] daughter-in-law

إن ابني مفقود

[enna ibny maf-'qood] My son is missing

فقد ابني

[fo'qeda ibny] My son is lost

اِبْنَةٌ *n* [ʔibna]

فقدت ابنتي

[fo'qedat ibnaty] My daughter is lost

ابنة daughter *n* [ibna]

إبنة daughter *n* [ʔibna]

زوج الإبنة

[Zawj al-ebnah] son-in-law

إبهام *n* [ʔibha:m]

إبهام اليد

[Ebham al-yad] thumb

أبو ظبي Abu Dhabi *n* [ʔabu zˤabj]

أبَى reject *v* [ʔaba:]

أبيض blank *n* ◃ white *adj* [ʔabjadˤ]

اتَّبِع follow *vt* [ʔetbaʕa]

اتجه *v* [ʔettaʒaha]

...من فضلك، أي الأتوبيسات يتجه إلى

[Men faḍlek, ay al-otobeesaat yatjeh ela...] Excuse me, which bus goes to...?

هل يتجه هذا الأتوبيس إلى...؟

[hal yata-jih hadha al-baaṣ ela...?] Does this bus go to...?

هل يوجد أتوبيس يتجه إلى المطار؟

[Hal yojad otobees yatjeh ela al-maṭaar?] Is there a bus to the airport?

اتحاد union *n* [ittiħa:d]

الاتحاد الأوروبي

[Al-tehad al-orobey] European Union

اتساع width *n* [ittisa:ʕ]

اتصال communication, contact *n* [ittisˤa:l]

اتصال هاتفي

[Eteṣal hatefey] phone call

كود الاتصال بمنطقة أو بلد

[Kod al-eteṣal bemanṭe'qah aw balad] area code

نغمة الاتصال

[Naghamat al-eteṣal] dial tone

نظام الاتصال الداخلي

[nedhaam aleteṣaal aldakheley] intercom

أين يمكنني الاتصال بك؟

[ayna yamken-any al-etiṣal beka?] Where can I contact you?

من الذي يمكن الاتصال به في حالة حدوث أي مشكلات؟

[man allaði: jumkinu alittisˤa:lu bihi fi: ħa:latin ħudu:θin ʔajji muʃkila:tin] Who do we contact if there are problems?

إتصال connection *n* [ʔittisˤsˤl]

الاتصالات السلكية

[Al-etṣalat al-selkeyah] telecommunications

اتصل contact, dial *v* [ʔettasˤala]

يَتَّصِل بـ

[Yataṣel be] communicate

سوف أتصل بك غدا

[sawfa ataṣil beka ghadan] I'll call back tomorrow

من فضلك، اتصل بخدمة الأعطال

[min faḍlak, itaṣil be-khidmat al-e'aṭaal] Call the breakdown service, please

هل لي أن اتصل بالمنزل؟

[hal lee an ataṣil bil-manzil?] May I phone home?

اتفاق agreement *n* [ʔittifa:q]

أتْقن master *v* [ʔatqana]

اتكأ lean *v* [ʔettakaʔa]

يَتَكِئ على

[Yatakea ala] lean out

يَتَكِئ للأمام

[Yatakea lel-amam] lean forward

أتم *v* [ʔatamma]

أن يتم تقديم الإفطار

[An yatem ta'qdeem al-efṭaar] Where is breakfast served?

هل يتم أخذ الدولارات؟

[hal yatum akhidh al-dolar-aat?] Do you take dollars?

هل يتم قبول بطاقات الائتمان؟
[hal yatum 'qubool be-ṭa'qaat al-eeteman?] Do you take credit cards?

اتهام accusation *n* [ittiha:m]

اَتّهم charge *(accuse)* *vt* ◃ accuse *v* [ʔettahama]

أتوبيس bus *n* [ʔatu:bi:s]

أتوبيس المطار
[Otobees al-maṭar] airport bus

أين توجد أقرب محطة للأتوبيس؟
[Ayn tojad a'qrab maḥaṭah lel-otobees] Where is the nearest bus stop?

أين توجد محطة الأتوبيس؟
[ayna tojad muḥaṭat al-baaṣ?] Where is the bus station?

أين يمكن استقلال الأتوبيس إلى...؟
[Ayn yomken este'qlal al-otobees ela...?] Where do I get a bus for...?

...ما هو موعد أول أتوبيس متجه إلى
[ma howa maw-'aid awal baaṣ mutajih ela...?] When is the first bus to...?

ما هو موعد الأتوبيس المتجه إلى المدينة؟
[ma howa maw-'aid al-baaṣ al-mutajih ela al-madena?] When is the bus tour of the town?

ما هي المسافة إلى الأتوبيسات المتجهة إلى...؟
[Ma heya al-masafah ela al-otobeesat al-motajehah ela...?] How frequent are the buses to...?

ما هي المسافة بيننا وبين محطة الأتوبيس؟
[ma heya al-masafa bay-nana wa bayn muḥaṭat al- baaṣ?] How far are we from the bus station?

من فضلك أوقف الأتوبيس
[min faḍlak aw'qif al-baaṣ] Please stop the bus

...من فضلك، أي الأتوبيسات يتجه إلى
[Men faḍlek, ay al-otobeesaat yatjeh ela...] Excuse me, which bus goes to...?

...هل يوجد أتوبيس يتجه إلى
[Hal yojad otobees yatajeh ela...] Is there a bus to...?

أتى come *v* [ʔata:]

يَأتي من
[Yaatey men] come from

أثاث furniture *n* [ʔaθa:θ]

آثار *n* [ʔa:θa:r]

عالم آثار
['aalem aathar] archaeologist

عِلم الآثار
['Aelm al-aathar] archaeology

إثبات proof *(for checking)* *n* [ʔiθba:t]

أثْبِت prove *v* [ʔaθbata]

أثبَط *v* [ʔaθbatˤa]

يُثبَط من الهمة
[yothabeṭ men al-hemah] discourage

آثر *n* [ʔa:θar]

آثار جانبية
[Aathar janeebyah] side effect

أثر effect, trace, influence *n* [ʔaθar]

أَثَر القدم
[Athar al'qadam] footprint

أثرّ affect *v* [ʔaθθara]

يُؤثِر فى
[Yoather fee] impress, influence

أثري archeological *adj* [ʔaθarij]

نقوش أثرية
[No'qoosh athareyah] graffiti

اثنا عشر twelve *number* [iθnata: ʕaʃara]

أثْني *v* [ʔaθna:]

يُثْني على
[Yothney 'aala] praise

اثنين two *number* [iθnajni]

أثيم vicious *adj* [ʔaθi:m]

إثيوبي Ethiopian *adj* [ʔiθju:bij]

مواطن إثيوبي
[Mowaṭen ethyobey] Ethiopian

إثيوبيا Ethiopia *n* [ʔiθju:bja:]

أجاب must *v* [ʔajaʒaba]

يَجِب عليه
[Yajeb alayh] have to

ما الذي يجب أن ألبسه؟
[ma al-lathy yajib an al-basaho?] What should I wear?

أجاب answer, reply *v* [ʔaʒa:ba]

إجابة answer *n* [ʔiʒa:ba]

هل يمكن أن ترسل لي الإجابة في رسالة؟
[hal yamken an tarsil lee al-ejaba fee resala?]

Could you text me your answer?

أجازة time off, vacation *n* [ʔaʒa:za]

أجازة رعاية طفل

[ajaazat re'aayat al ṭefl] paternity leave

أجازة عامة

[ajaaza a'mah] public holiday

أجازة لممارسة الأنشطة

[ajaaza lemomarsat al 'anshe ṭah] active vacation

أجازة مَرضِيَّة

[Ajaza maraḍeyah] sick leave

أجازة وضع

[Ajazat wad'a] maternity leave

أجازة سعيدة

[ejaaza sa'aeeda] Have a good vacation!

أنا أقضي أجازة هنا

[ana a'q-ḍy ejaza huna] I'm on vacation here

أنا هنا في أجازة

[ana huna fee ejasa] I'm here on vacation

إجازة leave *n* [ʔiʒa:za]

أجْبِر force *v* [ʔaʒbara]

اجْتاز pass, go through *vt* [ʔeʒta:za]

اجتماع assembly, meeting *n* [ʔiʒtima:ʕ]

علم الاجتماع

['aelm al-ejtema'a] sociology

اجتماع الشمل

[Ejtem'a alshaml] reunion

اجتماعي social *adj* [ʔiʒtima:ʕij]

أخصائي اجتماعي

[Akhṣey ejtema'ay] social worker

ضمان اجتماعي

[Ḍaman ejtema'ay] social security

خدمات اجتماعية

[Khadamat ejtem'aeyah] social services

الحالة الاجتماعية

[Al-halah al-ejtemaayah] marital status

شخص اجتماعي

[Shakhṣ ejtema'ay] sociable

شخص اجتماعي

[Shakhṣ ejtema'ay] carpenter

اجتمع get together, gather, meet *v* [ʔeʒtamaʕa]

اجْتنب spare *v* [ʔeʒtanaba]

إجْحَاف prejudice *n* [ʔiʒħa:f]

أجر fee (رسم) *n* [ʔaʒr]

أجَّر hire *(rental)* *n* [ʔaʒʒara]

أجْر wage *n* [ʔaʒr]

وُجر rent *v* [ʔaʒʒara]

يُؤَجِر منقولات

[Yoajer man'qolat] lease

هل يمكن أن نؤجر أدوت التزلج هنا؟

[hal yamken an no-ajer adawat al-tazal-oj huna?] Can we rent skis here?

إجراء *n* [ʔiʒra:ʔu]

أريد إجراء مكالمة تليفونية

[areed ejraa mukalama talefonia] I want to make a phone call

هل يمكن أن أقوم بإجراء مكالمة تليفونية من هنا؟

[hal yamken an a'qoom be-ijraa mukalama talefonia min huna?] Can I call from here?

أجرة rental, price *n* [ʔuʒra]

سيارة أجرة صغيرة

[Sayarah ojrah ṣagherah] private taxi

أجرة السفر

[Ojrat al-safar] fare

أجرة البريد

[ojrat al bareed] postage

ما هي أجرة التاكسي للذهاب إلى المطار؟

[ma heya ejrat al-taxi lel-thehaab ela al-maṭaar?] How much is the taxi to the airport?

أجرِم penalize, convict *v* [ʔaʒrama]

أجرى *v* [ʔaʒra:]

يُجرَي عملية جراحية

[Yojrey 'amaleyah jeraḥeyah] operate *(to perform surgery)*

أجل *n* [ʔaʒl]

ماذا يوجد هناك لأجل الأطفال؟

[madha yujad hunaka le-ajel al-aṭfaal?] What is there for children to do?

أجل postpone *v* [aʒʒala]

أَجَل term *(description)* *n* [ʔaʒal]

أجلى polish *v* [ʔaʒla]

يجلو عن مكان

[Yajloo 'an al-makaan] vacate

إجماع consensus *n* [ʔiʒma:ʕ]

إجماعي unanimous *adj* [ʔiʒma:ʕij]

إجمالي total *n* ◂ total *adj* [ʔiʒma:lij]

اجمع collect, sum up, add up *v* [ʔeʒmmaʕa]

أجمع round up *v* [ʔaʒamaʕ]

أجنبي foreigner *n* ◂ alien, foreign *adj* [ʔaʒnabij]

أجنحة *npl* [ʔaʒniħatu]

أجنحة عرض

[Ajnehat ʻarḍ] stands

إجهاض abortion *n* [ʔiʒha:dˤ]

إجهاض تلقائي

[Ejhaḍ tel'qaaey] miscarriage

أجوف hollow *adj* [ʔaʒwaf]

أحادي university *adj* [ʔuħa:dij]

أحاط surround *v* [ʔaħa:tˤa]

أحب *v* [ʔaħaba]

أحبك

[aḥibak] I love you

...أنا أحب

[ana aḥib] I love...

...أنا لا أحب

[ana la oḥibo...] I don't like...

أحبّ like *v* [ʔaħabba]

إحباط depression *n* [ʔiħba:tˤ]

أحِبك crochet *v* [ʔaħabaka]

احتاج *v* [ʔeħta:ʒa]

يَحتاج إلى

[Taḥtaaj ela] need

احتاج إلى *v* [ʔiħta:ʒa ʔila]

أحتاج إلى الذهاب إلى طبيب أسنان

[aḥtaaj ela al-dhehaab ela ṭabeeb asnaan] I need a dentist

أحتاج إلى شخص يعتني بالأطفال ليلًا

[aḥtaaj ela shakhiṣ y'atany be-al-aṭfaal laylan] I need someone to watch the children tonight

هل تحتاج إلى أي شيء؟

[hal taḥtaaj ela ay shay?] Do you need anything?

احتجاج protest *n* [iħtiʒa:ʒ]

احتجاز detention *n* [iħtiʒa:z]

احتراف *n* [iħtira:f]

باحتراف

[Beḥteraaf] professionally

احتراق five *n* [ʔiħtira:q]

شُعلة الاحتراق

[Sho'alat al-eḥtera'q] pilot light

احترام respect *n* [iħtira:m]

احترِس be careful *v* [ʔeħtarasa]

احترق *v* [ʔeħtaraqa]

يَحترق عن آخره

[Yaḥtare'q ʻan aakherh] burn down

احترم respect *v* [ʔeħtarama]

احتفاظ keeping, guarding *n* [ʔiħtifa:zˤ]

هل يمكنني الاحتفاظ بمفتاح؟

[hal yamken -any al-eḥtefaaḍh be-muftaaḥ?] May I have a key?

هل يمكنني الاحتفاظ بها؟

[hal yamken -any al-eḥtefaaḍh beha?] May I keep it?

احتفال celebration *n* [iħtifa:l]

احتفظ reserve *v* [ʔiħtafizˤa]

يَحتَفظ ب

[taḥtafeḍh be] hold

احتفظ بالباقي

[iḥ-tafuḍh bil-ba'qy] Keep the change

لا تحتفظ بشحنها

[la taḥtafiḍh be-shaḥ-neha] It isn't holding its charge

هل يمكنك أن تحتفظ لي بذلك؟

[hal yamken -aka an taḥ-tafeḍh lee be-dhalik?] Could you hold this for me?

احْتفل celebrate *v* [ʔeħtafala]

احْتَفي *v* [ʔeħtafa:]

يَحْتَفي بـ

[Yaḥtafey be] welcome

احتقار contempt *n* [iħtiqa:r]

احتقان congestion *n* [iħtiqa:n]

احتقر despise *v* [ʔeħtaqara]

احتكار monopoly *n* [iħtika:r]

احتل occupy *v* [ʔeħtalla]

احتلال occupation *(invasion) n* [iħtila:l]

احتمالية probability *n* [iħtima:lijja]

احتمل *v* [ʔiħtamala]

لا يحتمل

[La yaḥtamel] unbearable

احتوي contain *v* [ʔeħtawa:]

احتياطي reserve *n* ◂ spare *adj* [ʔiħtijja:tˤij] *(retention)*

احتيال fraud *n* [ʔiħtija:l]
إحجام negative *n* [ʔiħʒa:mu]
أحد anyone *n* [ʔaħad]
أحدث modernize *v* [juħaddiθu]
أحد عشر eleven *number* [ʔaħada ʕaʃar]
أحْرِز score *v* [ʔaħraza]
إحسان charity *n* [ʔiħsa:n]
أحسن improve *v* [ʔaħsana]
إحصاء *n* [ʔiħsˤa:ʔ]
إحصاء رسمي
[Ehṣaa rasmey] census
إحصائيات statistics *n* [ʔiħsˤa:ʔijja:t]
أحفاد grandchildren *npl* [ʔaħfa:dun]
أحقاً really *adv* [ħaqqan]
إحكام precision, accuracy *n* [ʔiħka:mu]
هل يمكنك إحكام الأربطة لي من فضلك؟
[hal yamken -aka eḥkaam al-arbe-ṭa lee min faḍlak?] Could you tighten my bindings, please?
أحل untie *v* [ʔaħalla]
أحل *v* [ʔaħala]
يَحِل مشكلة
[Taḥel al-moshkelah] solve
أحمر red *adj* [ʔaħmar]
أحمر خدود
[Ahmar khodod] rouge
أحمر شفاه
[Ahmar shefah] lipstick
عنب أحمر
['aenab aḥmar] red currant
الصليب الأحمر
[Al-Ṣaleeb al-aḥmar] Red Cross
البحر الأحمر
[Al-bahr al-ahmar] Red Sea
شَعْر أحمر
[Sha'ar ahmar] redhead
لحم أحمر
[Laḥm aḥmar] red meat
نبيذ أحمر
[nabeedh aḥmar] rosé
هل يمكن أن ترشح لي نوع جيد من النبيذ الأحمر
[hal yamken an tura-shiḥ lee naw'a jayid min al-nabeedh al-aḥmar] Can you recommend a good red wine?
أحمق idiotic, foolish *adj* [ʔaħmaq]
أحيا salute *v* [ʔaħjja:]
أخ brother *n* [ʔax]
أخ من زوجة الأب أو زوج الأم
[Akh men zawjat al ab] stepbrother
ابن الأخ
[Ebn al-akh] nephew
أخاف terrify *v* [ʔaxa:fa]
أخبار news *npl* [ʔaxba:run]
تى تعرض الأخبار؟
– [Tee ta'areḍ alakhbaar] When is the news?
أخبِر tell *vt* [ʔaxbara]
أخت sister *n* [ʔuxt]
أخت الزوجة
[Okht alzawjah] sister-in-law
أخت من زوجة الأب أو زوج الأم
[Okht men zawjat al ab aw zawj al om] step-sister
بِنْت الأخت
[Bent al-okht] niece
اختار pick *vt* ◁ choose *v* [ʔexta:ra]
اختَبِئ hide *vi* [ʔextabaʔ]
اختبار test *n* [ixtiba:r]
أنبوب اختبار
[Anbob ekhtebar] test tube
اختبار الدم
[Ekhtebar al-dam] blood test
اختبار القيادة
[Ekhtebar al-'qeyadah] driver's test
اختبار موجز
[ekhtebar mojaz] quiz
اخْتَبِر test *v* [ʔextabara]
اختَتم conclude, finish *vt* [ʔextatama]
اختراع invention *n* [ixtira:ʕ]
اخترِع invent *v* [ʔextaraʕa]
اختزال shorthand *n* [ixtiza:l]
اختصار abbreviation *n* [ixtisˤa:r]
باختصار
[bekhteṣaar] briefly
اختطِف hijack, kidnap *v* [ʔextatˤafa]
اخْتَطف snatch *v* [ʔextatˤafa]

اختفاء disappearance *n* [ixtifa:ʔ]

اخْتفي disappear *v* [ʔextafa:]

اختلاف difference *n* [ixtila:f]

اختلاف الرأى

[Ekhtelaf al-raaey] disagreement

اخْتَلِق make up *v* [ʔextalaqa]

اختنق choke *vi* [ʔextanaqa]

اختيار choice *n* [ixtija:r]

إختياري optional *adj* [ixtija:rij]

أُخْدُود pothole *n* [ʔuxdu:d]

أَخذ take *vt* [ʔaxaða]

هل يمكن أن تأخذ مقاسي من فضلك؟

[hal yamken an takhudh ma'qa-see min faḍlak?] Could you measure me, please?

هل يمكنك أن تأخذ بيدي من فضلك؟

[hal yamken -aka an takhudh be-yady min faḍlak?] Can you guide me, please?

آخر *adj* [ʔa:xar]

فى مكان آخر

[Fee makaan aakhar] elsewhere

ما هو آخر موعد للمركب المتجه إلى...؟

[ma howa aakhir maw'aid lel-markab al-mutajeh ela...?] When is the last sailing to...?

ما هو موعد آخر قطار متجه إلى...؟

[ma howa maw-'aid aakhir 'qeṭaar mutajih ela...?] When is the last train to...?

هل لديكم أي شيء آخر؟

[hal ladykum ay shay aakhar?] Do you have anything else?

آخَر another *n* [ʔa:xaru]

أخر put off *v* [aʔaxara]

أُخر other *adj* [ʔaxar]

آخراً last *adv* [ʔa:xiran]

أخرق clumsy, awkward *adj* [ʔaxraq]

أخرى other *pron* [ʔuxra:]

متى ستتحرك السيارات مرة أخرى؟

[mata satata-ḥarak al-saya-raat murra ukhra?] When will the road be clear?

هل لديك أي غرف أخرى؟

[hal ladyka ay 'quraf okhra?] Do you have any others?

أخصائي *adj* [ʔaxisˤa:ʔijju]

أخصائي العلاج الطبيعي

[Akeṣaaey al-elaj al-ṭabeaey] physiotherapist

أخضر green *n* ◂ green *(color)* *adj* [ʔaxdˤar]

أخطأ mistake *v* [ʔaxtˤʔa]

يُخطئ في الحكم على

[yokhṭea fee al-ḥokm ala] misjudge

أخطأ mess up *v* [ʔaxtˤaʔa]

أخطبوط octopus *n* [ʔuxtˤubu:tˤ]

أخفى hide *vt* [ʔaxfa:]

إخلاص loyalty *n* [ʔixla:sˤ]

أخلاق character *n* [ʔaxla:q]

دَمِث الأخلاق

[Dameth al-akhla'q] good-natured

أخلاقي moral (معنوي) *adj* [ʔaxla:qij]

أخلاقي مِهَنِي

[Akhla'qy mehany] ethical

لا أخلاقي

[La Akhla'qy] immoral

أخلاقيات morals *npl* [ʔaxla:qijja:tun]

أخلى evacuate *v* [ʔaxla:]

أخير last *adj* [ʔaxi:r]

قبل اللأخير

['qabl al akheer] penultimate

أخيراً lastly *adv* [ʔaxi:ran]

أداء performance *n* [ʔada:ʔ]

اداة tool, instrument *n* [ʔada:t]

أدوات الإسعافات الأولية

[Adawat al-es'aafaat al-awaleyah] first-aid kit

أدار run *vt* ◂ manage *v* [ʔada:ra]

إدارة administration, management *n* [ʔida:ra]

إدارة الحوادث والطوارئ

[Edarat al-hawadeth wa-al-tawarea] emergency room

مدير الإدارة التنفيذية

[Modeer el-edarah al-tanfeedheyah] CEO

إداري administrative *adj* [ʔida:rij]

أداع let *v* [ʔada:ʕa]

أدان owe, condemn *v* [ʔada:na]

أدب literature *n* [dab]

أَدَب culture *n* [ʔadab]

بأَدَب

[Beadab] politely

ادخر save *(money)* *v* [ʔeddaxara]

أدخل enter *vt* [ʔadxala]

إدراك comprehension *n* [ʔidra:k]

أدْرِك realize *v* [ʔadraka]

أدرياتيكي Adriatic *adj* [ʔadrija:ti:ki:]

البحر الأدرياتيكي

[Albahr al adriateky] Adriatic Sea

إدّعَاء allegation *n* [ʔiddiʕa:ʔ]

أدنى minimum *n* ◃ lower, minimal *adj* [ʔadna:]

أدنى درجة

[Adna darajah] inferior

حد أدنى

[Had adna] minimum

أدهش astonish *v* [ʔadhaʃa]

أدى perform *v* [ʔadda]

إذا if *conj* [ʔiða:]

أذاب dissolve, melt *vt* [ʔaða:ba]

أذاع advertise *v* [ʔaða:ʕa]

أذاع broadcast *v* [ʔaða:ʕa]

إذاعة broadcast *n* [ʔiða:ʕa]

أذربيجان Azerbaijan *n* [ʔaðarbajʒa:n]

أذربيجاني Azerbaijani *adj* [ʔaðarbi:ʒa:nij]

Azerbaijani *n* ◃

أذْعَر panic *v* [ʔaðʕara]

اذن permission *n* [ʔiðn]

اذن بالدخول

[Edhn bel-dekhool] admittance

أذن ear *n* [ʔuðun]

سماعات الأذن

[Sama'at al-odhon] earphones

سِدادات الأذن

[Sedadat alodhon] earplugs

ألم الأذُن

[Alam al odhon] earache

طبلة الأذن

[Ṭablat alozon] eardrum

إذْن permission *n* [ʔiðn]

أذهل amaze *v* [ʔaðhala]

أذى hurt *v* [ʔaðja]

أراد want *v* [ʔara:da]

أريد... من فضلك

[areed... min faḍlak] I'd like..., please

...أريد أن أتركها في

[Areed an atrokha fee...] I'd like to leave it in...

أريد أن أتحدث مع... من فضلك

[areed an ataḥad-ath ma'aa... min faḍlak] I'd like to speak to..., please

...أريد أن أذهب إلى

[Areed an adhhab ela...] I need to get to...

.أريد تذكرتين من فضلك

[Areed tadhkaratayn men faḍlek.] I'd like two tickets, please

أريد التسجيل في الرحلة من فضلك

[areed al-tasjeel fee al-reḥla min faḍlak] I'd like to check in, please

أريد الذهاب إلى السوبر ماركت

[areed al-dhehaab ela al-subar market] I need to find a supermarket

إرادة will *(motivation)* *n* [ʔira:da]

أراق spill *vt* [ʔara:qa]

أربعة four *number* [ʔarbaʕatun]

أربعة عشر fourteen *number* [ʔarbaʕata ʕaʃr]

أربعون forty *number* [ʔarbaʕu:na]

أربِك confuse, rave *v* [ʔarbaka]

ارتَاب doubt *v* [ʔerta:ba]

ارتباط engagement *n* [irtiba:tˤ]

ارتباك confusion *n* [irtiba:k]

ارتبِط *v* [ʔertabatˤa]

يَرْتَبِط مع

[Yartabeṭ ma'aa] tie up

ارتجاج shock *n* [rtiʒa:ʒ]

ارتجاج في المخ

[Ertejaj fee al-mokh] concussion

ارتدّ bounce *vi* [ʔertadda]

ارتدى wear *vt* [ʔartada:]

ارتَطم *v* [ʔertatˤama]

يَرْتَطِم ب

[Yartaṭem be] strike

ارتعد tremble *v* [ʔertaʕada]

ارتعش shiver *v* [ʔertaʕaʃa]

ارتفاع height *n* [irtifa:ʕ]

ارتفع climb, go up, rise *v* [ʔertafaʕa]

ارتكب commit *v* [ʔertakaba]

يَرْتَكِبُ خطأ

[Yartekab khaṭaa] slip up

أرْجأ suspend *v* [ʔarʒaʔa]

أرجع back, put back, send back *v* [ʔarʒaʕa]

أرجنتيني Argentine *adj* [ʔarʒunti:nij]

Argentine *(person)* *n* ◂

أرجواني purple *adj* [urʒuwa:nij]

أرجوحة seesaw *n* [ʔurʒu:ħa]

الأرجوحة الشبكية

[Al orjoha al shabakiya] hammock

أرجوك please! *excl* [ʔarʒu:ka]

أَرْدَافٌ buttocks *npl* [ʔarda:fun]

أردني Jordanian *n* ◂ Jordanian *adj* [unrdunij]

اردواز slate *n* [ardwa:z]

أرز rice *n* [ʔurz]

أرز أسمر

[Orz asmar] brown rice

إرسال sending, shipping *n* [irsa:l]

جهاز إرسال الإشعاع

[Jehaz esrsaal al-esh'aaa'a] radiator

أريد إرسال فاكس

[areed ersaal fax] I want to send a fax

أين يمكن إرسال هذه الكروت؟

[ayna yamken ersaal hadhy al-korot?] Where can I mail these cards?

كم تبلغ تكلفة إرسال هذا الطرد؟

[kam tablugh taklifat ersal hadha al-ṭard?] How much will it cost to send this package?

لقد قمت بإرسال حقائبي مقدما

[la'qad 'qimto be-irsaal ḥa'qa-eby mu-'qadaman] I sent my luggage on ahead

من أين يمكنني إرسال تلغراف؟

[min ayna yamken -ini ersaal tal-ighraaf?] Where can I send a telegram?

أرسل forward *v* [ʔarsala]

يُرسِل رسالةً بالفاكس

[Yorsel resalah bel-fax] fax

يُرْسِل بريدا إلكترونيا

[Yorsel bareedan electroneyan] email

إرشادي guide *adj* [ʔirʃa:dijjat]

جولة إرشادية

[Jawlah ershadeyah] guided tour

أرشيف archive *n* [ʔarʃi:f]

أرض land *n* [ʔardˤ]

صاحب الأرض

[Ṣaheb ardh] landlord

سَطح الأرض

[Saṭh alarḍ] ground

أرض سبخة

[Arḍ sabkha] moor

أرض خضراء

[Arḍ khaḍraa] meadow

أرض المعارض

[Arḍ al ma'ariḍ] fairground

تحت سطح الأرض

[Taht saṭh al arḍ] underground

مالك الأرض

[Malek al-arḍ] landowner

إرضاع breast-feeding *n* [ʔirdˤa:ʕ]

هل يمكنني إرضاعه هنا؟

[hal yamken -any erḍa-'aaho huna?] Can I breast-feed here?

أرضي *adj* [ʔardˤij]

الدور الأرضي

[Aldoor al-arḍey] first floor

الكرة الأرضية

[Al-korah al-ardheyah] globe

أرضية floor *n* [ʔardˤijja]

أزعب frighten *v* [ʔarʕaba]

أرْغُن organ *(music)* *n* [ʔurɣun]

آلة الأرْغُن الموسيقية

[Aalat al-arghan al-moseeqeyah] organ *(music)*

أرْفَق attach *v* [ʔarfaqa]

أرق insomnia *n* [ʔaraq]

أرمل widower *n* [ʔarmal]

أرملة widow *n* [ʔarmala]

أرمني Armenian *adj* [ʔarminij]

Armenian *(person)* *n* ◂

اللغة الأرمنية

[Al-loghah al-armeeneyah] *(language)* Armenian

أرمنيا Armenia *n* [ʔarminja:]

أرنب hare, rabbit *n* [ʔarnab]

إرهاب terrorism *n* [ʔirha:b]

إرهابي terrorist *n* [ʔirha:bij]

هجوم إرهابي

[Hojoom 'erhaby] terrorist attack

إرْهاق strain *n* [ʔirha:q]

إريتريا Eritrea *n* [ʔiri:tirja:]

أريكة couch *n* [ʔri:ka]

أزال remove *v* [ʔaza:la]

يُزيل الغموض
[Yozeel al-ghmoọd] clear up
إزالة removal *n* [ʔiza:la]
ازداد *v* [ʔezda:da]
يَزداد ثلاثة أضعاف
[Yazdad thalathat aḍ'aaf] triple
ازدحام crowd *n* [izdiħa:m]
ازدحام المرور
[Ezdeḥam al-moror] traffic jam
هل هناك طريق بعيد عن ازدحام المرور؟
[hal hunaka ṭaree'q ba'aeed 'aan izde-ḥam al-miroor?] Is there a route that avoids the traffic?
ازدهار bloom, flourishing *n* [izdiha:r]
موسم ازدهار
[Mawsem ezdehar] peak season
إزدهار prosperity *n* [ʔizdiha:r]
أزرق blue *adj* [ʔazraq]
أزرق داكن
[Azra'q daken] navy-blue
إزعاج mischief, nuisance *n* [ʔizʕa:ʒ]
أزعَج disturb *v* [ʔazʕaʒa]
أزّل slip *vi* [ʔazalla]
أزمة crisis *n* [ʔazma]
أزمة قلبية
[Azmah 'qalbeyah] heart attack
إزميل chisel *n* [ʔizmi:l]
أزهَر flower, blossom *v* [ʔazhara]
أساء *v* [ʔasaʔa]
يُسِئ فهم
[Yoseea fahm] misunderstand
أساء *v* [ʔasa:ʔa]
يُسيء إلى
[Yoseea ela] offend
يُسيء استخدام
[Yosea estekhdam] abuse
إساءة offense *n* [ʔisa:ʔa]
أساس basis *n* [ʔasa:s]
أساسات foundations *npl* [ʔasa:sa:tun]
أساسي basic, main, major *adj* [ʔasa:sij]
بصورة أساسية
[Beṣorah asasiyah] primarily
بشكل أساسي
[Beshkl asasy] basically
أساسيات basics *npl* [ʔasa:sijja:tun]
أسباني Spaniard, *n* ◁ Spanish *adj* [ʔisba:nij] Spanish
أسبانيا Spain *n* [ʔisba:njja:]
أسبرين aspirin *n* [ʔasbiri:n]
أريد بعض الأسبرين
[areed ba'aḍ al-asbereen] I'd like some aspirin
أسبوع week *n* [ʔusbu:ʕ]
أريد تذكرة تزلج لمدة أسبوع
[areed tadhkera tazaluj le-mudat isboo'a] I'd like a ski pass for a week
الأسبوع التالي
[al-esboo'a al-taaly] next week
الأسبوع الذي يلي الأسبوع المقبل
[al-esboo'a al-ladhy yalee al-esboo'a al-mu'qbil] the week after next
الأسبوع الماضي
[al-esboo'a al-maaḍy] last week
الأسبوع قبل الماضي
[al-esboo'a 'qabil al-maaḍy] the week before last
في غضون أسبوع
[fee ghoḍon isboo'a] a week from today
كم تبلغ تكلفة الإقامة الأسبوعية بالغرفة؟
[kam tablugh taklifat al-e'qama al-isbo-'aiya bil-ghurfa?] How much is it per week?
منذ أسبوع
[mundho isboo'a] a week ago
أسبوعي weekly *adj* [ʔusbu:ʕij]
كم تبلغ التكلفة الأسبوعية؟
[kam tablugh al-taklifa al-isboo-'aiya?] How much is it for a week?
استئجار rent *n* [isti:ʒa:r]
استئجار سيارة
[isti-jar sayara] rental car
أريد استئجار موتوسيكل
[Oreed esteajaar motoseekl] I want to rent a motorcycle
استأجر hire *(people)* *v* [ʔestaʔʒara]
استاد stadium *n* [sta:d]
أستاذ *n* [ʔusta:ð]
أستاذ جامعي

[Ostaz jame'aey] professor

استئناف appeal *n* [ʔistiʔna:f]

استأنف continue *vi* [ʔestaʔnafa]

يَستأنِف حكما

[Yastaanef al-hokm] appeal

استبدال replacement *n* [istibda:l]

استبدل replace *v* [ʔestabdala]

استبعد rule out, exclude, leave *v* [ʔestabʕada] out

استبيان questionnaire *n* [istibja:n]

استثمار investment *n* [istiθma:r]

استثمر invest *v* [ʔestaθmara]

استثناء exception *n* [istiθna:ʔ]

استثنائي exceptional, *adj* [istiθna:ʔij] extraordinary

إستجابة response *n* [istiʒa:ba]

استجدى beg *v* [ʔestaʒda:]

استجواب inquest *n* [istiʒwa:b]

استجوب interrogate, question *v* [ʔestaʒwaba]

استجيب respond *v* [ʔestaʒa:ba]

استحق deserve *v* [ʔestaħaqqa]

متى يستحق الدفع؟

[mata yasta-ḥi'q al-daf'a?] When is it due to be paid?

استحم swim *v* [ʔestaħamma]

استحمام bathing *n* [istiħma:m]

سائل استحمام

[Saael estehmam] bubble bath

غطاء الشعر للاستحمام

[ghetaa al-sha'ar lel-estehmam] shower cap

جل الاستحمام

[Jel al-estehmam] shower gel

حقيبة أدوات الاستحمام

[Ha'qeebat adwat al-estehmam] toiletries bag

أين توجد أماكن الاستحمام؟

[ayna tojad amaken al-estiḥmam?] Where are the showers?

استحى blush *v* [ʔestaħa:]

استخدام use *n* [istixda:mu]

سهل الاستخدام

[Sahl al estekhdam] user-friendly

استخدام الحاسب الآلي

[Estekhdam al-haseb al-aaly] computing

يُسيء استخدام

[Yosea estekhdam] abuse

يُفضل استخدامه قبل التاريخ المُحدد

[Yofaḍḍal estekhdamoh 'qabl al-tareekh al-mohaddad] best-if-used-by date

إنه للاستخدام الشخصي

[inaho lel-estikhdam al-shakhṣi] It's for my own personal use

هل يمكنني استخدام تليفوني من فضلك؟

[hal yamken -any esti-khdaam talefonak min faḍlak?] May I use your phone, please?

هل يمكنني استخدام بطاقتي في ماكينة الصرف الآلي هذه؟

[hal yamken -any esti-khdaam beṭa-'qatee fee makenat al-ṣarf al-aaly hadhy?] Can I use my card with this ATM?

استخدم use *v* [ʔestaxdama]

استخرج *v* [ʔestaxraʒa]

يستخرج نسخة

[Yastakhrej noskhah] photocopy

اسْتَخف underestimate *v* [ʔestaxaffa]

استدِان borrow *v* [ʔestada:na]

استدعي page, call *v* [ʔestadʕa:]

استدلال guidance *n* [ʔistidla:l]

الاستدلال على الاتجاهات من الأقمار الصناعية

[Al-estedlal ala al-etejahat men al-'qmar alṣena'ayah] satellite navigation

إستراتيجي strategic *adj* [ʔistira:ti:ʒij]

إستراتيجية strategy *n* [ʔistira:ti:ʒijja]

استراح rest *vi* [ʔestara:ħa]

استراحة rest, break *n* [istira:ħa]

استراحة غداء

[Estrahet ghadaa] lunch hour

أسترالي Australian *n* ◃ Australian *adj* [ʔustra:lij]

أستراليا Australia *n* [ʔustra:lija:]

استرخاء relaxation *n* [istirxa:ʔ]

استرخَى relax *vi* [ʔestarxa:]

استرد *v* [ʔestarada]

أريد أن أسترد نقودي

[areed an asta-rid ni'qodi] I want my money back

هل يمكن أن أسترد المال مرة أخرى؟

[hal yamken an asta-rid al-maal marra okhra?]

Can I have a refund?

اسْتَرد restore, get back *v* [ʔestaradda]

استرليني *n* [ʒunajh]

جنيه استرليني

[Jeneh esterleeney] pound sterling

استسلم give in *v* [ʔestaslama]

استشار consult *v* [ʔestaʃa:ra]

استضاف entertain (يسلي)treat, *v* [ʔestadˤa:fa]

استطاع *v* [ʔestatˤa:ʕa]

لا يستطع التنفس

[la ysta-ṭee'a al-tanaf-uss] He can't breathe

استطاع can *v* [ʔestatˤa:ʕa]

استطلاع study *n* [istitˤla:ʕ]

استطلاع الرأي

[Eateṭla'a al-ray] opinion poll

محب للاستطلاع

[Moḥeb lel-esteṭlaa'a] curious

استطلع spot *v* [ʔestatˤlaʕa]

يَستطلع الرأي

[Yastaṭle'a al-ray] canvass

استعاد regain, resume *v* [ʔestaʕa:da]

استعبد slave *v* [ʔesataʕbada]

استعجال hurry *n* [istiʕʒa:l]

استعجل hurry up *v* [ʔestaʕʒala]

استعراض parade *n* [istiʕra:dˤ]

استعراضات القفز

[Este'araḍat al-'qafz] show-jumping

مجال الاستعراض

[Majal al-este'araḍ] show business

استعلام inquiry *n* [istiʕla:m]

استعلامات *npl* [istiʕla:ma:tun]

مكتب الاستعلامات

[Maktab al-este'alamaat] information booth

استعلم عن inquire *v* [ʔestaʕlama ʕan]

استعمال *n* [stiʕma:lin]

سوء استعمال

[Sooa este'amal] abuse

ما هي طريقة استعماله؟

[ma heya ṭaree-'qat esti-'amal-uho?] How should I take it?

استغرق *v* [ʔestaɣraqa]

كم من الوقت يستغرق تصليحها؟

[kam min al-wa'qt yast-aghri'q taṣle-ḥaha?] How long will it take to repair?

...ما الفترة التي سأستغرقها للوصول إلى

[Ma al-fatrah alatey sastaghre'qha lel-woṣool ela...] How long will it take to get to...?

ما هي المدة التي يستغرقها العبور؟

[ma heya al-mudda al-laty yasta-ghri'q-uha al-'auboor?] How long does the crossing take?

استغلّ exploit *v* [ʔestaɣalla]

استغلال exploitation *n* [istiɣla:l]

استغْني *v* [ʔestaɣna:]

يَستغْني عن

[Yastaghney 'aan] do without

استفاد benefit *v* [ʔestafa:da]

استفاق come around *v* [ʔestafa:qa]

استفهم query *v* [ʔestafhama]

استقال resign *v* [ʔestaqa:l]

استقبال reception *n* [istiqba:l]

جهاز الاستقبال

[Jehaz alest'qbal] receiver *(electronic)*

موظف الاستقبال

[mowadhaf al-este'qbal] receptionist

استقر settle down *v* [ʔestaqarra]

استقرار stability *n* [istiqra:r]

استقلال independence *n* [istiqla:lu]

استكشف explore *v* [ʔestakʃafa]

استلام takeover *n* [ʔistila:m]

استلام الأمتعة

[Estelam al-amte'aah] baggage claim

استلم receive *v* [ʔestalama]

استمارة *n* [istima:ra]

استمارة مطالبة

[Estemarat moṭalabah] claim form

استماع listening *n* [ʔistima:ʕ]

أين يمكننا الاستماع إلى عازفين محليين يعزفون الموسيقى؟

[ayna yamken-ana al-istima'a ela 'aazifeen ma-ḥaliyeen y'azifoon al-mose'qa?] Where can we hear local musicians play?

استمتاع relish, pleasure *n* [ʔistimta:ʕ]

نتمنى الاستمتاع بوجبتك

[nata-mana al-estim-ta'a be-waj-bataka] Enjoy your meal!

استمتع *v* [ʔestamtaʕa]

هل تستمتع بهذا العمل؟
[Hal tastamte'a behadha al-'amal] Do you enjoy it?

هل استمتعت؟
[hal istam-ta'at?] Did you enjoy yourself?

enjoy *v* [ʔestamtaʕa bi] **استمتع ب**

vt ◂ go on, carry on, last *v* [ʔestamarra] **استمر** continue

listen *v* [ʔestamaʕa] **استمع**

يَستمِع إلى
[Yastame'a ela] listen to

v [ʔestanada] **استند**

يَستنِد على
[Yastaned 'ala] lean on

clone *n* [istinsa:x] **استنساخ**

clone *v* [ʔestansax] **اسْتَنْسخ**

breathe in *v* [ʔestanʃaqa] **استنشق**

run out of *v* [ʔestanfaða] **استنفد**

v [ʔestahlaka] **استهلك**

يَستهلك كليةً
[Yastahlek koleyatan] use up

n [istiwa:ʔ] **استواء**

غابات المطر بخط الاستواء
[Ghabat al-maṭar be-khaṭ al-estwaa] rainforest

خط الاستواء
[Khaṭ al-estwaa] equator

tropical *adj* [istiwa:ʔij] **استوائي**

studio *n* [stu:dju:] **استوديو**

import *v* [ʔestawrada] **استورد**

v [ʔestawla:] **استَولى**

يستَولي على
[Yastwley 'ala] seize

Estonian *n* ◂ Estonian *adj* [ʔistu:nij] **إستوني** *(person)*

اللغة الإستوانية
[Al-loghah al-estwaneyah] *(language)* Estonian

Estonia *n* [ʔistu:nja:] **إستونيا**

import *n* [istijra:d] **استيراد**

wake up *v* [ʔestajqazˤa] **استيقظ**

lion *n* [ʔasad] **أسد**

capture *v* [ʔasira] **أسِر**

Israel *n* [ʔisra:ʔijl] **إسرائيل**

Israeli *n* ◂ Israeli *adj* [ʔisra:ʔi:lij] **إسرائيلي**

family *n* [ʔusra] **أسرة**

هل توجد أسرة للأطفال؟
[hal tojad a-serra lil-aṭfaal?] Do you have a crib?

هل يوجد لديكم أسرة فردية بدورين؟
[Hal yoojad ladaykom aserah fardeyah bedoor-ayen?] Do you have any single sex dorms?

accelerate, hurry, speed up *v* [ʔasraʕa] **أسْرِع**

stable *n* [istˤabl] **اسطبل**

cylinder, CD, roller *n* [ustˤuwa:na] **اسطوانة**

اسطوانة دى في دي
[Esṭwanah DVD] DVD

مشغل اسطوانات دى في دي
[Moshaghel esṭwanat D V D] DVD player

ناسخ لاسطوانات دى في دي
[Nasekh le-sṭewanat D V D] DVD burner

هل يمكنك وضع هذه الصور على اسطوانة من فضلك؟
[hal yamken -aka waḍi'a hadhy al-ṣowar 'aala esṭi-wana min faḍlak?] Could you put these photos on CD, please?

legend, myth *n* [ʔustˤu:ra] **اسطورة**

علم الأساطير
['aelm al asateer] mythology

navy *n* [ʔustˤu:l] **أسطول**

help *n* [ʔisʕa:f] **إسعاف**

سيارة إسعاف
[Sayarat es'aaf] ambulance

اتصل بعربة الإسعاف
[itaṣel be-'aarabat al-es'aaaf] Call an ambulance

v [ʔasʕada] **أسعد**

يسعدني أن التقي بك أخيرًا
[yas-'aedny an al-ta'qy beka akheran] I'm delighted to meet you at last

sorrow, regret *n* [ʔasaf] **أسف**

أناأسف للإزعاج
[Ana asef lel-ez'aaj] I'm sorry to bother you

regret *v* [ʔasfa] **أسف**

underneath *adv* [ʔasfala] **أسفلَ**

في الأسفل
[Fee al-asfal] underneath

beneath *prep* ◂ underneath *adj* [ʔasfalu] **أسفلُ**

sponge cake *n* [ʔisfanʒ] **إسفنج**

إسفنجة sponge *(for washing)* *n* [ʔisfanʒa]
أسقَط *v* [ʔasqatˤa]
يُسقِط من
[Yos'qeṭ men] subtract
أسْقُف bishop *n* [asquf]
اسكتلاندة Scotland *n* [iskutla:ndatu]
اسكتلاندي Scottish *adj* [iskutla:ndi:]
Scot, Scotsman *n* ◂
اسكتلاندية Scotswoman *n* [iskutla:ndijja]
اسكتلانديون Scots *adj* [iskutla:ndiju:na]
إسكندنافيا Scandinavia *n* [ʔiskundina:fja:]
اسكندينافي Scandinavian *adj* [ʔiskundina:fjj]
إسلامي Islamic *adj* [ʔisla:mij]
أسلوب technique *n* [ʔuslu:b]
اسم name, noun *n* [ism]
اسم المرأة قبل الزواج
[Esm al-marah 'qabl alzawaj] maiden name
اسم مستعار
[Esm mosťaar] alias
اسم مَسيحي
[Esm maseeḥey] first name
اسم مُستعار
[Esm mosť'aar] pseudonym
اسم مُختَصَر
[Esm mokhtaṣar] acronym
الاسم الأول
[Al-esm al-awal] first name
...اسمي
[ismee..] My name is...
...لقد قمت بحجز غرفة باسم
[La'qad 'qomt behajz ghorfah besm...] I reserved a room in the name of...
ما اسمك؟
[ma ismak?] What's your name?
أسمر brown *adj* [ʔasmar]
أرز أسمر
[Orz asmar] brown rice
أسمر محمر
[Asmar mehmer] auburn
خبز أسمر
[Khobz asmar] brown bread
أسمنت cement *n* [ʔasmant]
أسنان teeth *npl* [ʔasna:nu]

إسهاب layoff (حشو) *n* [ʔisha:b]
إسهال diarrhea *n* [ʔisha:l]
أعاني من الإصابة بالإسهال
[o-'aany min al-eṣaaba bel-es-haal] I have diarrhea
إسهام contribution *n* [ʔisha:m]
أسهم contribute *v* [ʔashama]
أسوأ worse *adj* [ʔaswaʔ]
الأسوأ
[Al-aswaa] worst
أسود black *adj* [ʔaswad]
أسى grief *n* [ʔasa:]
آسيا Asia *n* [ʔa:sja:]
أسيوي Asian *n* ◂ Asian, Asiatic *adj* [ʔa:sjawij]
أشار point *v* [ʔeʃa:ra]
يُشير إلى
[Yosheer ela] refer
يشير إلى
[Yosheer ela] indicate
إشارة signal *n* [ʔiʃa:ra]
إشارة إنشغال الخط
[Esharat ensheghal al-khat] busy signal
إشارات المرور
[Esharaat al-moroor] traffic lights
عمود الإشارة
['amood al-esharah] signpost
لغة الإشارة
[Loghat al-esharah] sign language
إشاعة rumor *n* [ʔiʃa:ʕa]
إشباع satisfaction *n* [ʔiʃba:ʕ]
أشبع *v* [ʔaʃbaʕa]
لقد شبعت
[la'qad sha-be'ato] I'm full
أشْبه resemble *v* [ʔaʃabbah]
أشْبِه look like *v* [ʔaʃbbaha]
اشتبِه *v* [ʔeʃtabaha]
يَشتبِه ب
[Yashtabeh be] suspect
اشتراك subscription *n* [iʃtira:k]
اشتراكي socialist *n* ◂ socialist *adj* [ʔiʃtira:kij]
اشتراكية socialism *n* [ʔiʃtira:kijja]
اشتَرك *v* [ʔeʃtaraka]
يَشتَرك في

[Yashtarek fee] participate

buy *v* [ʔeʃtara:] **اشتري**

سوف أشتريه

[sawfa ashtareeh] I'll take it

أين يمكن أن أشتري خريطة للبلد؟

[ayna yamken an ash-tary khareeṭa lil-balad?] Where can I buy a map of the country?

أين يمكن أن أشتري الهدايا؟

[ayna yamken an ash-tary al-hadaya?] Where can I buy gifts?

ignition *n* [iʃtiʕa:l] **اشتعال**

قابل للاشتعال

['qabel lel-eshte'aal] flammable

v [ʔeʃtamila] **اشتمل**

هل يشتمل على خضروات؟

[hal yash-tamil 'aala khiḍra-waat?] Are the vegetables included?

supervision *n* [ʔiʃra:f] **إشراف**

n [ʔaʃritˤa] **أشرطة**

أشرطة للزينة

[Ashreṭah lel-zeena] tinsel

notice *(note)* *n* [ʔiʃʕa:r] **إشعار**

radiation *n* [ʔiʃʕa:ʕ] **إشعاع**

making a fire *n* [ʔiʃʕa:l] **إشعال**

إشعال الحرائق

[Esha'aal alḥarae'q] arson

إشعال النار

[Esh'aal al-naar] bonfire

شمعة إشعال

[Sham'aat esh'aal] spark plug

npl [ʔuʃiʕʕatu] **أشعة**

أشعة الشمس

[Ashe'aat al-shams] sunshine

turn on *v* [ʔaʃʕala] **أشعَل**

v [ʔaʃfaqa] **أشفق**

يُشفق على

[Yoshfe'q 'aala] pity

siblings *npl* [ʔaʃiqa:ʔun] **أشِقّاء**

blonde *n* [ʔaʃqar] **أشقر**

v [ʔeʃmaʔazza] **اشمئز**

يَشمئز من

[Yashmaaez 'an] loathe

hit *v* [ʔasˤa:ba] **أصاب**

لقد أصيب أحد الأشخاص

[la'qad oṣeba aḥad al-ash-khaaṣ] Someone's injured

injury *n* [ʔisˤa:ba] **إصابة**

إصابة بالإيدز- إيجابية

[Eṣaba bel edz – ejabeyah] HIV-positive

إصابة بالإيدز- سلبية

[Eṣaba bel edz – salbeyah] HIV-negative

become *v* [ʔasˤbaħa] **أصبِح**

finger *n* [ʔisˤbaʕ] **إصبع**

إصبع القدم

[Eṣbe'a al'qadam] toe

issue *n* [ʔisˤda:r] **إصدار**

إصدار التعليمات

[Eṣdar al ta'alemat] briefing

v [ʔasˤarra] **أصّر**

يُصِر على

[Yoṣṣer 'aala] insist

v [ʔesˤtˤa:da] **اصطاد**

هل نستطيع أن نصطاد هنا؟

[hal nasṭa-ṭee'a an naṣ-ṭaad huna?] Can we fish here?

fish *vi* [ʔesˤtˤa:da] **اصطاد**

clash *vi* [ʔesˤtˤadama] **اصْطَدم**

wait in line *v* [ʔesˤtˤaffa] **اصْطَف**

selection *n* [isˤtˤifa:ʔ] **اصطفاء**

artificial *adj* [ʔisˤtˤina:ʕij] **اصطناعي**

junior, younger *adj* [ʔasˤɣaru] **أصغر**

yellow *adj* [ʔasˤfar] **أصفر**

varnish *v* [ʔasˤqala] **أصْقَل**

(source) origin *n* ◂ pedigree *adj* [ʔasˤl] **أصل**

في الأصل

[Fee al aṣl] originally

repair *n* [ʔisˤla:ħ] **إصلاح**

أين توجد أقرب ورشة لإصلاح الدراجات؟

[ayna tojad a'qrab warsha le-eṣlaḥ al-darrajaat?] Where is the nearest bike repair shop?

أين توجد أقرب ورشة لإصلاح الكراسي المتحركة؟

[ayna tojad a'qrab warsha le-eṣlaḥ al-karasy al-mutaḥarika?] Where's the nearest repair shop for wheelchairs?

هل يمكن أن أحصل على عدة الإصلاح؟

[Hal yomken an aḥsol ala ‘aedat eşlaḥ] May I have a repair kit?

repair, fix *v* [ʔasˤlaħa] **أصلح**

bald *adj* [ʔasˤlaʕ] **أصلع**

genuine, principal *adj* [ʔasˤlij] **أصلي**

موطن أصلي

[Mawṭen aşley] homeland

deaf *adj* [ʔasˤamm] **أصم**

in-laws *npl* [ʔasˤha:run] **أصهار**

original *adj* [ʔasˤi:l] **أصيل**

light *v* [ʔadˤa:ʔa] **أضاء**

lighting *n* [idˤa:ʔa] **اضاءة**

add *v* [ʔadˤa:fa] **أضاف**

addition *n* [ʔidˤa:fatan] **إضافة**

بالإضافة إلى

[Bel-edafah ela] besides

additive *n* [ʔidˤa:fa] **إِضَافة**

additional *adj* [ʔidˤa:fij] **إضافي**

إطار إضافي

[Eṭar eḍafy] spare tire

ضريبة إضافية

[Ḍareba eḍafeyah] surcharge

عجلة إضافية

[‘aagalh eḍafeyah] spare wheel

غرفة إضافية

[ghorfah eḍafeyah] spare room

strike *n* [ʔidˤra:b] **إضراب**

بسبب وجود إضراب

[besabab wijood eḍraab] because there was a strike

strike *(suspend work) vi* [ʔadˤraba] **أضرِب**

turbulence *n* [idˤtˤira:b] **اضطراب**

prosecute, persecute *v* [ʔedˤtˤahada] **اضطهد**

frame, rim *n* [ʔitˤa:r] **إطار**

إطار إضافي

[Eṭar eḍafy] spare tire

إطار الصورة

[Eṭar al ṣorah] picture frame

إطار العجلة

[Eṭar al ajalah] tire

obey *v* [ʔatˤa:ʕa] **أطاع**

v [ʔatˤa:la] **أطال**

يُطيل السهر

[Yoṭeel alsaḥar] wait up

flatter, applaud *v* [ʔatˤra:] **أطرى**

feed *vt* [ʔatˤʕama] **أطْعم**

food *n* [ʔatˤʕima] **أطعمة**

الأطعمة البحرية

[Al-aṭ’aemah al-baḥareyh] seafood

turn off *v* [ʔatˤfaʔa] **أطْفأ**

review *n* [itˤila:ʕ] **اطلاع**

release *n* [ʔitˤla:q] **إطلاق**

إطلاق سراح مشروط

[Eṭla’q ṣarah mashrooṭ] parole

إطلاق النار

[Eṭla’q al nar] shooting

launch, shoot *vt* [ʔatˤlaqa] **أطلق**

يُطلق سراح

[Yoṭle’q saraḥ] release

Atlantic *n* [ʔatˤlantˤij] **أطلنطي**

longer *adv* [ʔatˤwalu] **أطول**

bring back, return, repeat *v* [ʔaʕa:da] **أعاد**

يُعْيد عمل الشيء

[Yo’aeed ‘aamal al-shaya] redo

يُعْيد تزيين

[Yo’aeed tazyeen] redecorate

يُعْيد تشغيل

[Yo’aeed tashgheel] replay

يُعْيد تنظيم

[Yo’aeed tanḍheem] reorganize

يُعْيد تهيئة

[Yo’aeed taheyaah] format

يُعْيد استخدام

[Yo’aeed estekhdam] recycle, reuse

يُعْيد النظر في

[Yo’aeed al-naḍhar fee] reconsider

يُعْيد بناء

[Yo’aeed benaa] rebuild

يُعْيد شحن بطارية

[Yo’aeed shaḥn baṭareyah] recharge

يُعْيد طَمْأَنَتُه

[Yo’aeed ṭomaanath] reassure

يُعْيد ملء

[Yo’aeed mela] refill

هل يجب أن أعيد السيارة إلى هنا مرة أخرى؟

[hal yajib an a’aeed al-sayarah ela huna marra

okhra?] Do I have to return the car here?

إعادة returning, restoring *n* [ʔiʕa:da]

إعادة صُنْع

[E'aadat taşnea'a] remake

إعادة تصنيع

[E'aadat taşnee'a] recycling

إعادة تشغيل

[E'aadat tashgheel] replay

إعادة دفع

[E'aadat daf'a] refund

رجاء إعادة إرسال الفاكس

[rejaa e-'aadat ersaal al-fax] Please resend your fax

أين يمكن أن أشتري كارت إعادة شحن

[ayna yamken an ash-tary kart e-'aadat shaḥin?] Where can I buy a top-up card?

إعاقة disability *n* [ʔiʕa:qa]

أعال provide for *v* [ʔaʕa:la]

إعانة help, aid *n* [ʔiʕa:na]

إعانة بَطَالة

[E'anat baṭalah] welfare

إعانة مالية

[E'aanah maleyah] subsidy

اعتبر regard *v* [ʔeʕtabara]

اعتدال moderation *n* [iʕtida:l]

اعتذار apology *n* [ʔiʕtiða:r]

اعتذر apologize *v* [ʔaʕtaðara]

اعتراض objection *n* [iʕtira:dˤ]

اعتراف acknowledgment, admission *n* [iʕtira:f]

اعترِض protest *v* [ʔeʕtaradˤa]

اعترف confess *v* [ʔeʕtarafa]

اعْتَزِم intend to *v* [ʔeʕtazama]

اعتقاد belief *n* [ʕtiqa:d]

اعتقال arrest *n* [ʔiʕtiqa:l]

اعتقد *v* [ʔeʕtaqada]

أعتقِد أنه سوف يكون هناك رعدا

[a'ata'qid anna-ho sawfa yakoon hunaka ra'adan] I think it's going to thunder

اعتماد *n* [ʕtima:d]

أوراق اعتماد

[Awra'q e'atomaad] credentials

اعتمد *v* [ʔeʕtamada]

يعتمد على

[jaʕtamidu ʕala:] count on

اعتمد على depend *v* [ʔeʕtamada ʕala:]

يعتمد على

[jaʕtamidu ʕala:] count on

اعتنى care *v* [ʔeʕtana:]

يعتني بـ

[Ya'ataney be] take care of

إعجاب admiration *n* [ʔiʕʒa:b]

أعجب ب *v* [ʔoʕʒiba bi]

يُعجب بـ

[Yo'ajab be] admire

أعد prepare *v* [ʔaʕada]

أعدّ calculate *v* [ʔaʕadda]

إعداد preparation *n* [ʔiʕda:d]

أعدم execute *v* [ʔaʕdama]

أعزب bachelor *n* ◁ single *adj* [ʔaʕzab]

أعسر left-hand, left-handed *adj* [ʔaʕsar]

أعشاب herbs *npl* [ʔaʕʃa:bun]

شاى بالأعشاب

[Shay bel-a'ashab] herbal tea

إعصار hurricane *n* [ʔiʕsˤa:r]

إعصار قمعي

[E'aşar 'qam'ay] tornado

إعطاء giving *n* [ʔiʕtˤa:ʔ]

اعتقد أنه قد تم إعطاء الباقي لك خطأ

[a'ata'qid an-naka a'aṭytani al-baa-'qy khaṭa-an] I think you've given me the wrong change

أعْطى give *vt* [ʔaʕtˤa:]

إعلام information *n* [ʔiʕla:m]

وَسائِل الإعلام

[Wasaael al-e'alaam] media

إعلان ad, advertisement, *n* [ʔiʕla:n] announcement

صناعة الإعلان

[Şena'aat al e'alan] advertising

إعلان تجارى

[E'alaan tejarey] commercial

إعلان ملصق

[E'alan Molşa'q] poster

إعلانات صغيرة

[E'alanat şaghera] classified ads

إعلاني advertising *adj* [ʔiʕla:ni:]

فاصل إعلاني

[Faṣel e'alaany] commercial break

أعلم instruct, notify *v* [ʔaʕallama]

أعلن announce, declare *v* [ʔaʕlana]

أعلى higher *adj* [ʔaʕla:]

أعلى مكانة

[A'ala makanah] superior

الأعلى مقاماً

[Al a'ala ma'qaman] senior

بالأعلى

[Bel'aala] upstairs

أعْلى raise *v* [ʔaʕla:]

أعمال work *n* [ʔaʕma:l]

رَجُل أعمال

[Rajol a'amal] businessman

سيدة أعمال

[Sayedat a'amaal] businesswoman

أعمال تجارية

[A'amaal tejareyah] business

أعمال الخشب

[A'amal al khashab] woodwork

أعمال الطريق

[a'amal alṭ aree'q] road work

أعمال منزلية

[A'amaal manzelyah] housework

جدول أعمال

[Jadwal a'amal] agenda

درجة رجال الأعمال

[Darajat rejal ala'amal] business class

اغتسال *n* [ʔiɣtisa:l]

هل يوجد أماكن للاغتسال؟

[hal yujad amakin lel-ightisaal?] Are there showers?

اغتصاب rape *(sexual attack)* *n* [iɣtisˤa:b]

لقد تعرضت للاغتصاب

[la'qad ta-'aaraḍto lel-ighti-ṣaab] I've been raped

اغتصب canola (يسلب) *v* [ʔeɣtasˤaba]

أغذية food *n* [ʔaɣðijjat]

أغذية متكاملة

[Aghzeyah motakamelah] whole foods

إغراء temptation *n* [ʔiɣra:ʔ]

أغْرى tempt *v* [ʔaɣra:]

أغسطس August *n* [ʔuɣustˤus]

إغلاق closure *n* [ʔiɣla:q]

وَقْت الإغلاق

[Wa'qt al-eghlaa'q] closing time

أغلب most *adj* [ʔaɣlab]

في الأغلب

[Fee al-aghlab] mostly

أغلق shut, close *v* [ʔaɣlaqa]

يُغْلِق الباب

[Yoghle'q albab] slam

إغماء faint *n* [ʔiɣma:ʔ]

يُصَاب بإغماء

[yoṣab be-eghmaa] faint

أغْمَى *v* [ʔaɣma:]

يُغْمَى عليه

[Yoghma alayh] pass out

أغنَى sing *v* [ʔaɣna:]

أغنية song *n* [ʔuɣnija]

أغنية أطفال

[Aghzeyat aṭfaal] nursery rhyme

أغنية مرحة

[ogһneyah mareha] carol

أُغْنِيَّة song *n* [ʔuɣnijja]

إفادة notice, communication *n* [ʔifa:da]

الإفادة بالرأي

[Al-efadah bel-raay] feedback

أفَاق awake *v* [ʔafa:qa]

افتراض assumption *n* [iftira:dˤ]

على افتراض

[Ala eftraḍ] supposedly

بافتراض

[Be-efteraḍ] supposing

افتراضي *n* [iftira:dˤij]

واقع افتراضي

[Wa'qe'a eftraḍey] virtual reality

افْتَرِض assume *v* [ʔeftaradˤa]

افتقد miss *vt* [ʔeftaqada]

افراط excess *n* [ifra:tˤ]

افراط السحب على البنك

[Efraṭ al-saḥb ala al-bank] overdraft

أفريقي African *adj* [ʔifri:qij]

جنوب أفريقي

[Janoob afree'qy] South African

أفريقيا Africa *n* [ʔifri:qija:]

جمهورية أفريقيا الوسطى
[Jomhoreyat afre'qya al-wosṭa] Central African Republic
جنوب أفريقيا
[Janoob afree'qya] South Africa
شخص من جنوب أفريقيا
[Shkhṣ men janoob afree'qya] South African
شمال أفريقيا
[Shamal afreekya] North Africa
Africa *n* [ʔifri:qja:] إفريقيا
شخص من شمال إفريقيا
[Shakhs men shamal afree'qya] North African
من شمال إفريقيا
[Men shamal afree'qya] North African
n [ʔafri:ka:nij] أفريكاني
اللغة الأفريكانية
[Al-loghah al-afreekaneyah] Afrikaans
spoil *vt* [ʔafsada] أفسد
disclose *v* [ʔafʃa:] أفْشى
best, better *adj* [ʔafdˤalu] أفضل
من الأفضل
[Men al-'afḍal] preferably
breakfast *n* [ʔiftˤa:r] إفطار
إفطار كونتيننتال
[Efṭaar kontenental] continental breakfast
مبيت وإفطار
[Mabeet wa efṭaar] bed and breakfast, B&B
غير شاملة للإفطار
[gheyr shamela lel-efṭaar] without breakfast
شاملة الإفطار
[shamelat al-efṭaar] with breakfast
ما هو موعد الإفطار
[ma howa maw-'aid al-efṭaar?] What time is breakfast?
هل يمكن أن أتناول الإفطار داخل غرفتي؟
[hal yamken an ata-nawal al-efṭaar dakhil ghurfaty?] Can I have breakfast in my room?
n [ʔafʕa:] أفعى
الأفعى ذات الأجراس
[Al-af'aa dhat al-ajraas] rattlesnake
Afghanistan *n* [ʔafɣa:nista:n] افغانستان
Afghan *n* ◃ Afghan *adj* [ʔafɣa:nij] أفغاني
horizontal *adj* [ʔufuqij] أُفُقِي

lawyer, avocado *n* [ʔafu:ka:tu:] أفوكاتو
ثمرة الأفوكاتو
[Thamarat al-afokatoo] avocado
stay *v* [ʔaqama] أقام
stay *n* [ʔiqa:ma] إقامة
أريد الإقامة لليلتين
[areed al-e'qama le lay-la-tain] I'd like to stay for two nights
quote *n* [iqtiba:s] اقتباس
علامات الاقتباس
['aalamat al-e'qtebas] quotation marks
quote *v* [ʔeqtabasa] اقتبِس
break-in *n* [iqtiħa:m] اقتحام
offer, suggestion *n* [iqtira:ħ] اقتراح
poll *n* [iqtira:ʕ] اقتراع
approach *v* [ʔeqtaraba] اقترِب
propose, suggest *v* [ʔeqtaraħa] اقترح
economy *n* [iqtisˤa:d] اقتصاد
علم الاقتصاد
['aelm al-e'qtesad] economics
economic *adj* [iqtisˤa:dij] اقتصادي
عالم اقتصادي
['aaalem e'qteṣaadey] economist
economize *v* [ʔeqtasˤada] اقْتَصد
deduct *v* [ʔeqtatˤaʕa] اقْتَطع
pull out *v* [ʔeqtalaʕa] اقْتَلع
daisy, chamomile *n* [ʔuqħuwa:n] أقحُوان
زهرة الأقحُوان
[Thamrat al-o'qḥowan] daisy
feet *npl* [ʔaqda:mun] أقدام
courage *n* [ʔiqda:m] إقدام
earlier *adv* [aqdam] أقدم
admit *(confess)* *v* [ʔaqara] أقر
يُقِر ب
[Yo'qarreb] own up
confession *n* [ʔiqrar] إقرار
إقرار ضريبي
[E'qrar ḍareeby] tax return
n [ʔaqra:sˤ] أقراص
لا أتناول الأقراص
[la ata-nawal al-a'qraaṣ] I'm not on the pill
lend *v* [ʔaqradˤa] أقرِض
يُقرِض مالا

[Yo'qred malan] lend

أقسام part, department *npl* [ʔaqsa:mun]

محل مكون من أقسام

[Maḥal mokawan men a'qsaam] department store

أقسَم divide *vt* ◂ share out *v* [ʔaqassama]

أقصى maximum, most, ultimate *adj* [ʔaqsˤa:]

أقصى عقوبة

[A'qsa 'aoqobah] capital punishment

أقل fewer *adj* [ʔaqallu]

على الأقل

['ala ala'qal] at least

الأقل

[Al'aqal] least

إقلاع takeoff *n* [ʔiqla:ʕ]

أقلع *v* [ʔaqalaʕa]

يُقَلِع عن

[Yo'qle'a 'aan] quit

أقْلع *v* [ʔaqlaʕa]

يُقْلِع عن

[Yo'qle'a an] give up

أقلية minority *n* [ʔaqallija]

إقليم region, territory *n* [iqli:m]

إقليمي regional *adj* [iqli:mij]

أقْنع *v* [ʔaqnaʕa]

يُقْنِع بـ

[Yo'qn'a be] convince

أقواس parentheses *(round) npl* [ʔaqwa:sun]

أكاديمي academic *adj* [ʔaka:di:mij]

أكاديمية academy *n* [ʔaka:di:mijja]

أكبر bigger *adj* [ʔakbaru]

اكتئاب depression *n* [iktiʔa:b]

مضاد للاكتئاب

[Moḍad lel-ekteaab] antidepressant

اكتسب obtain, earn *v* [ʔektasaba]

اكْتَشف discover, find out *v* [ʔektaʃafa]

أكتوبر October *n* [ʔuktu:bar]

أكثر best, better *adv* ◂ more *adj* [ʔakθaru]

أكْثر multiply *v* [ʔakθara]

أكدّ emphasize *v* [ʔakadda]

يُؤَكِد على

[Yoaked ala] confirm

أكّد stress *v* [ʔakkada]

أكْر acre *n* [ʔakr]

إكرامية tip *(reward) n* [ʔikra:mijja]

أكروبات acrobat *n* [ʔakru:ba:t]

اكزيما eczema *n* [ikzi:ma:]

أكسجين oxygen *n* [ʔuksiʒi:n]

أكل *n* [ʔakl]

صالح للأكل

[Ṣaleḥ lel-aakl] edible

شراهة الأكل

[Sharahat alakal] bulimia

أكل eat *vt* [ʔakala]

إكليل *n* [ʔikli:l]

إكليل الجبل

[Ekleel al-jabal] rosemary

أكورديون accordion *n* [ʔaku:rdju:n]

الإباحية porn *n* [al-ʔiba:ħijatu]

الإبحار sailing *n* [al-ʔibħa:ri]

الاثنين Monday *n* [al-ʔiθnajni]

في يوم الاثنين

[fee yawm al-ithnayn] on Monday

يوم الاثنين الموافق 15 يونيو

[yawm al-ithnain al-muwa-fi'q 15 yon-yo] It's Monday, June fifteenth

الأجرة rental *n* [alʔuʒrati]

الأحد Sunday *n* [al-ʔaħadu]

يوم الأحد الموافق الثالث من أكتوبر

[yawm al-aḥad al- muwa-fi'q al-thalith min iktobar] It's Sunday, October third

الأربعاء Wednesday *n* [al-ʔarbiʕa:ʔi]

في يوم الأربعاء

[fee yawm al-arbe-'aa] on Wednesday

الأرجنتين Argentina *n* [ʔal-ʔarʒunti:n]

الأردن Jordan *n* [al-ʔurd]

الأرض earth *n* [al-ʔardˤi]

الاسترليني sterling *n* [al-istirli:nijju]

الإسلام Islam *n* [al-ʔisla:mu]

الأصغر youngest *adj* [al-ʔasˤɣaru]

الأطلس atlas *n* [ʔal-ʔatˤlasu]

الأغلبية majority *n* [al-ʔaɣlabijjatu]

الأفق horizon *n* [al-ʔufuqi]

الاقحوان chrysanthemum *n* [al-uqħuwa:nu]

الأقحوان marigold *n* [al-ʔuqħuwa:nu]

الاكوادور Ecuador *n* [al-ikwa:du:r]

الألف thousandth *adj* [al-ʔalfu]
الألفية millennium *n* [al-ʔalfijjatu]
الآلية machinery *n* [al-ajjatu]
آلام *n* [a:la:m]
مسكن آلام
[Mosaken lel-alam] painkiller
الأمن security *n* [alʔamnu]
الآن now *adv* [ʔal-ʔa:n]
من فضلك هل يمكنني الآن أن أطلب ما أريده؟
[min faḍlak hal yamkin-ani al-aan an aṭlib ma areed-aho?] May I order now, please?
الانترنت internet *n* [al-intirnit]
الأنثروبولوجيا *n* [ʔal-ʔanθiru:bu:lu:ʒja:] anthropology
الإنجيل Bible *n* [al-ʔinʒi:lu]
الأوبرا opera *n* [ʔal-ʔu:bira:]
الأوركسترا orchestra *n* [ʔal-ʔu:rkistra:]
الأوروجواياني Uruguayan *n* [al-ʔu:ru:ʒwa:ja:ni:]
الأوزون ozone *n* [ʔal-ʔu:zu:ni]
الأومليت omelette *n* [ʔal-ʔu:mli:ti]
الأونس ounce *n* [ʔal-ʔu:nsu]
الإيقاع rhythm *n* [ʔal-ʔi:qa:ʕu]
البابا pope *n* [al-ba:ba:]
ألباني Albanian *n* ◂ Albanian *adj* [ʔalba:nij] *(person)*
ألبانيا Albania *n* [ʔalba:nja:]
البحرين Bahrain *n* [al-baħrajni]
البرازيل Brazil *n* [ʔal-bara:zi:lu]
البربادوس Barbados *n* [ʔalbarba:du:s]
البرتغال Portugal *n* [al-burtuɣa:l]
ألبسة clothing *n* [ʔalbisa]
البندق hazelnut *n* [al-bunduqi]
البوذية Buddhism *n* [al-bu:ðijjatu]
البورصة stock market *n* [al-bu:rsˤatu]
البوسنة Bosnia *v* [ʔal-bu:snatu]
البوسنة والهرسك *n* [ʔal-bu:snatu wa ʔal-hirsik] Bosnia and Herzegovina
ألبوم album *n* [ʔalbu:m]
ألبوم الصور
[Albom al ṣewar] photo album
آلة machine *n* [a:la]
آلة الصنج الموسيقية
[Alat al-ṣanj al-mose'qeyah] cymbals
آلة الإكسيليفون الموسيقية
[aalat al ekseelefon al mose'qeiah] xylophone
آلة التينور الموسيقية
[aalat al teenor al mose'qeiah] tenor
آلة الفيولا الموسيقية
[aalat al veiola al mose'qeiah] viola
آلة حاسبة
[Aalah ḥasbah] calculator
آلة كاتبة
[aala katebah] typewriter
آلة كشف الشذوذ الجنسي
[aalat kashf al sheḍhoḍh al jensy] slot machine
التاسع عشر nineteenth *adj* [atta:siʕa ʕaʃara]
التذكِرة memento *n* [at-taðkiratu]
التفاف *n* [iltifa:f]
التفاف إبهام القدم
[Eltefaf ebham al-'qadam] bunion
التقط *v* [ʕeltaqatˤa]
هل يمكن أن تلتقط لنا صورة هنا من فضلك؟
[hal yamken an talta-'qiṭ lana ṣoora min faḍlak?] Would you take a picture of us, please?
الْتَقى *v* [ʔeltaqa:]
يَلْتَقي ب
[Yalta'qey be] meet
التماس petition *n* [iltima:s]
الْتَمس request *v* [ʔeltamasa]
التهاب inflammation *n* [ʔiltiha:b]
التهاب السحايا
[Eltehab al-sahaya] meningitis
التهاب الغدة النكفية
[Eltehab alghda alnokafeyah] mumps
التهاب الحنجرة
[Eltehab al-hanjara] laryngitis
التهاب الكبد
[El-tehab al-kabed] hepatitis
التهاب المثانة
[El-tehab al-mathanah] cystitis
التهاب المفاصل
[Eltehab al-mafaṣel] arthritis
التهاب شُعَبي
[Eltehab sho'aaby] bronchitis
إلتهاب *n* [ʔiltiha:bun]
التهاب الزائدة

[Eltehab al-zaedah] appendicitis

التواء [ʔiltiwa:ʔ] bend *n*

الثالث [aθ-θa:liθu] third *n*

الثامن [aθθa:min] eighth *adj*

الثامن عشر [aθ-θa:min ʕaʃar] eighteenth *adj*

الثاني [aθ-θa:ni:] second *adj*

الثلاثاء [aθ-θula:θa:ʔu] *n*

في يوم الثلاثاء

[fee yawm al-thalathaa] on Tuesday

الثور [aθθawri] Taurus *n*

الجابون [al-ʒa:bu:n] Gabon *n*

الجَدْي [alʒadjju] Capricorn *n*

الجدين [al-ʒaddajni] grandparents *npl*

الجذل [al-ʒaðalu] stub *n*

الجزائر [ʔal-ʒaza:ʔiru] Algeria *n*

الجمعة [al-ʒumuʕatu] Friday *n*

في يوم الجمعة

[fee yawm al-jum'aa] on Friday

يوم الجمعة الموافق الحادي والثلاثين من ديسمبر

[yawm al-jum'aa al- muwa-fi'q al-ḥady waal-thalatheen min desambar] on Friday, December thirty-first

الجوزاء [al-ʒawza:ʔu] Gemini *n*

الحادي عشر [al-ħa:di: ʕaʃar] *number*

الحادي عشر

[al-ħa:di: ʕaʃar] eleventh

الحاضرين [ʔal-ħa:dˤiri:na] attendance *npl*

الحج [al-ħaʒʒu] pilgrimage *n*

الحماة [al-ħama:tu] mother-in-law *n*

الحمو [alħamu:] father-in-law *n*

الحوت [al-ħu:tu] Pisces *n*

الحوض [alħawdˤi] pelvis *n*

إلخ [ʔilax] etc. *abbr*

الخاسر [al-xa:siru] loser *n*

الخامس عشر [al-xa:mis ʕaʃar] fifteenth *adj*

الخُلْد [al-xuldu] mole *(mammal)* *n*

الخميس [al-xami:su] *n*

في يوم الخميس

[fee yawm al-khamees] on Thursday

الدانمارك [ad-da:nma:rk] Denmark *n*

الذي [al-laði:] who, that, which *pron*

ما الذي بك؟

[ma al-lathy beka?] What's wrong?

الرابع عشر [ar-ra:biʕu ʕaʃari] fourteenth *adj*

الربيع [arrabi:ʕu] spring *(season)* *n*

الرضفة [aradˤfatu] kneecap *n*

الركمجة [ar-rakmaʒatu] surfing *n*

إلزامي [ʔilza:mij] compulsory *adj*

الزَبّال [az-zabba:lu] garbage collector *n*

الزعتر [az-zaʕtari] thyme *n*

السابع [as-sa:biʕu] seventh *n*

السادس [as-sa:disu] sixth *adj*

السادس عشر [assa:disa ʕaʃara] sixteenth *adj*

السبت [ʔa-sabti] Saturday *n*

في يوم السبت

[fee yawm al-sabit] on Saturday

السِحلية [as-siħlijjatu] lizard *n*

السعودية [ʔa-saʕu:dijjatu] Saudi Arabian *adj*

السنغال [as-siniɣa:lu] Senegal *n*

السنونو [as-sunu:nu:] *n*

طائر السنونو

[Ṭaaer al-sonono] swallow

السودان [as-su:da:nu] Sudan *n*

السوق [as-su:qi] marketplace *n*

السويد [as-suwi:du] Sweden *n*

السيخي [assi:xijju] Sikh *n*

تابع للديانة السِيخِية

[Tabe'a lel-zobabah al-sekheyah] Sikh

السيد [asajjidu] Mr. *n*

السيدة [asajjidatu] Mrs. *n*

الشتاء [aʃ-ʃita:ʔi] winter *n*

الشيشان [aʃ-ʃi:ʃa:n] Chechnya *n*

الصرب [asˤ-sˤirbu] Serbia *n*

الصومال [asˤ-sˤu:ma:lu] Somalia *n*

الصيف [asˤ-sˤajfu] summer *n*

الصين [asˤ-sˤi:nu] China *n*

ألعاب القوى [ʔalʕa:bun ʔalqiwa:] track-and-field *npl*

العاشر [al-ʕa:ʃiru] tenth *n* ◃ tenth *adj*

العذراء [al-ʕaðra:ʔi] Virgo *n*

العراق [al-ʕira:qi] Iraq *n*

العشرون [al-ʕiʃru:na] twentieth *adj*

العقرب [al-ʕaqrabi] Scorpio *n*

إلغاء [ʔilɣa:ʔ] abolition, cancellation *n*

الغوص [al-ɣawsˤu] diving *n*

ألغى abolish *v* [ʕalɣa:]

ألف thousand *number* [ʔalfun]

جزء من ألف
[Joza men al alf] thousandth

الفاتيكان Vatican *n* [al-fa:ti:ka:ni]

الفاحص examiner *n* [al-fa:ħisʕu]

القارض rodent *n* [al-qa:ridʕi]

القُرآن Koran *n* [al-qurʔa:nu]

ألقى *v* [ʔalqa:]

يُلقي بضغط
[Yol'qy be-ḍaght] pressure

يُلْقي الضوء على
[Yol'qy al-ḍawa 'aala] highlight

يُلْقي النفايات
[Yol'qy al-nefayat] dump

القيود handcuffs *npl* [al-quju:du]

الكاميرون Cameroon *n* [al-ka:mi:ru:n]

الكتروني electronic *adj* [iliktru:nijjat]

بريد الكتروني
[Bareed elektrooney] email

كتاب الكتروني
[Ketab elektrooney] e-book

لعبة الكترونية
[Lo'abah elektroneyah] computer game

إلكتروني electronic *adj* [ʔiliktru:ni:]

هل تلقيت أي رسائل بالبريد الإلكتروني؟
[hal tala-'qyto ay rasa-el bil-bareed al-alekitrony?] Is there any mail for me?

الكترونيات electronics *npl* [ilikturu:nijja:tun]

الكترونية *n* [ilikturu:nijja]

تجارة الكترونية
[Tejarah elektroneyah] e-commerce

إلكترونية *adj* [ʔilikturu:nijjat]

تذكرة إلكترونية
[Tadhkarah elektroneyah] e-ticket

الكونغو Congo *n* [al-ku:nɣu:]

الكويت Kuwait *n* [al-kuwi:tu]

الكياسة politeness *n* [al-kija:satu]

الله Allah, God *n* [allahu]

آلم ache *v* [ʔalama]

ألم pain *n* [ʔalam]

ألم الأذُن
[Alam al odhon] earache

ألم المَعِدة
[Alam alma'aedah] stomachache

ألم مفاجئ
[Alam Mofajea] stitch

أَلَمْ الظهر
[Alam al-ḍhahr] back pain

إن ظهري به آلام
[enna ḍhahry behe aa-laam] My back is sore

أريد أخذ حقنة لتخفيف الألم
[areed akhdh ḥu'qna le-takhfeef al-alam] I want an injection for the pain

أعاني من ألمِ في صدري
[o-'aany min alam fee ṣadry] I have a pain in my chest

أشعر بألم هنا
[ash-'aur be-alam huna] It hurts here

موضع الألم هنا
[mawḍi'a al-alam huna] It hurts here

هل يمكنك إعطائي شيئًا لتخفيف الألم؟
[hal yamken -aka e'aṭa-ee shay-an le-takhfeef al-alam?] Can you give me something for the pain?

الماركسية Marxism *n* [al-ma:rkisijjatu]

إلماع cue *n* [ʔilma:ʕ]

المؤلف author *n* [ʔal-muallifu]

ألماني German *n* ◁ German *adj* [ʔalma:nij] *(person)*

اللغة الألمانية
[Al loghah al almaniyah] *(language)* German

حصبة ألمانية
[Haṣbah al-maneyah] German measles

ألمانيا Germany *n* [ʔalma:nijja:]

المؤيد supporter *n* [al-muajjidu]

المتبجح bouncer *n* [al-mutabaʒʒiħ]

المتفاخر show-off *n* [almutafa:xiru]

المجر Hungary *n* [al-maʒari]

المحيط الهادي Pacific *n* [ʌl-moḥeet al-haadey]

المخنث transvestite *n* [al-muxannaθu]

المَسِيح Christ *n* [al-masi:ħu]

المَسيحية Christianity *n* [al-masi:ħijjatu]

المَشْرِق Far East *n* [ʔalmaʃriqi]

المغرب Morocco *n* [almaɣribu]

المكسيك Mexico *n* [al-miksi:ku]

الموظفين personnel *n* [almuwazˤzˤafi:na]
الميزان Libra *n* [al-mi:za:nu]
النجدة help! *excl* [al-naʒdati]
النرويج Norway *n* [ʔan-narwi:ʒ]
النقص decrease *n* [an-naqsˤu]
النقيض reverse *n* [anaqi:dˤu]
النِمْس ferret *n* [an-nimsu]
النمسا Austria *n* [ʔa-nnamsa:]
النَوْع gender *n* [an-nawʕu]
النيجر Niger *n* [an-ni:ʒar]
إِلَه god *n* [ʔilah]
الهند India *n* [al-hindi]
الهندوراس Honduras *n* [al-handu:ra:si]
ألومنيوم aluminum *n* [ʔalu:minju:m]
آلي automatic *adj* [ajj]
إليَّ me *pron* [ʔilajja]
إلى to *prep* [ʔila:]
آلياً automatically *adv* [ajjan]
اليابان Japan *n* [al-ja:ba:nu]
اليابسة mainland *n* [al-ja:bisatu]
ألياف fiber *n* [ʔalja:f]
أليف *adj* [ʔali:f]
حيوان أليف
[Ḥayawaan aleef] pet
اليَمَنْ Yemen *n* [al-jamanu]
اليَوْم today *adv* [aljawma]
اليونان Greece *n* [al-ju:na:ni]
أُم mother *n* [ʔumm]
أم الأب أو الأم
[Om al-ab aw al-om] grandmother
الأم البديلة
[al om al badeelah] surrogate mother
الأم المُربية
[al om almorabeyah] godmother
اللغة الأم
[Al loghah al om] native language
زوج الأم
[Zawj al-om] stepfather
متعلق بالأم
[Mota'ale'q bel om] maternal
إمارة emirate *n* [ʔima:ra]
إمارة أندورة
[ʔima:ratu ʔandu:rata] Andorra

أمام before *prep* ◃ before *adv* [ʔama:ma]
إلى الأمام
[Ela al amam] forward
أمامي foreground *n* ◃ front *adj* [ʔama:mij]
أمان safety, security *n* [ʔama:n]
حزام الأمان المثبت في المقعد
[Ḥezam al-aman al-mothabat fee al-ma'q'aad] seatbelt
أمانة honesty *n* [ʔama:na]
إمبراطور emperor *n* [ʔimbara:tˤu:r]
إمبراطورية empire *n* [ʔimbara:tˤu:rijja]
أمبير ampere *n* [ʔambi:r]
أمة nation *n* [ʔumma]
الأمم المتحدة
[Al-omam al-motahedah] United Nations
امتحان exam *n* [imtiħa:n]
امتد stretch *vi* [ʔemtada]
امتداد extension (توسع) *n* [imtida:d]
امتطي *v* [ʔemtatˤa:]
هل يمكننا أن نمتطي الجياد؟
[hal yamken -ana an namta-ṭy al-ji-yaad?] Can we go horseback riding?
أمتِعَة baggage *n* [ʔamtiʕa]
أمتعة محمولة في اليد
[Amte'aah maḥmoolah fee al-yad] carry-on baggage
أمتعة مُخزَّنة
[Amte'aah mokhazzanah] luggage storage
استلام الأمتعة
[Estelam al-amte'aah] baggage claim
مكتب الأمتعة
[Makatb al amte'aah] luggage storage office
وَزْن الأمتعة المسموح به
[Wazn al-amte'aah al-masmooh beh] baggage allowance
امْتَعض resent *v* [ʔemtaʕadˤa]
امتلك possess, own *v* [ʔemtalaka]
امتياز concession, privilege *n* [imtija:z]
أمحى erase *v* [ʔamħa:]
إمداد supply *n* [ʔimda:d]
أمر thing *n* [ʔamr]
أمر دفع شهري
[Amr daf'a shahrey] standing order

أمر order *v* [ʔamara]

امرأة woman *n* [imraʔa]

امرأة ملتحقة بالقوات المسلحة

[Emraah moltahe'qah bel-'qwat al-mosallaha] servicewoman

أمريكا America *n* [ʔamri:ka:]

أمريكا الجنوبية

[Amrika al janobeyiah] South America

أمريكا الشمالية

[Amreeka al- Shamaleyah] North America

أمريكا اللاتينية

[Amreeka al-lateeneyah] Latin America

أمريكا الوسطى

[Amrika al wostaa] Central America

شخص من أمريكا الشمالية

[Shkhş men Amrika al shamalyiah] North American

من أمريكا الشمالية

[men Amrika al shamalyiah] North American

من أمريكا اللاتينية

[men Amrika al lateniyah] Latin American

أمريكي American *n* ◃ American *adj* [ʔamri:kij]

جنوب أمريكي

[Janoob amriky] South American

الولايات المتحدة الأمريكية

[Alwelayat almotahdah al amrikiyah] USA

كرة القدم الأمريكية

[Korat al-'qadam al-amreekeyah] football

أمس yesterday *adv* [ʔamsun]

أمس الأول

[ams al-a-wal] the day before yesterday

منذ الأمس وأنا أعاني من المرض

[mundho al-ams wa ana o'aany min al-marad] I've been sick since yesterday

امساك stopping *n* [imsa:k]

مصاب بالامساك

[Moşab bel-emsak] constipated

أمسك *v* [ʔamasaka]

يُمْسِك ب

[Yomsek be] tackle ◃ *vt* catch

يمسك بإحكام

[Yamsek be-ehkam] grip

أمطر rain *v* [ʔamtˤara]

تمطر ثلجا

[Tomțer thaljan] snow

تمطر مطرا متجمدا

[Tomțer mațran motajamedan] sleet

إمكانية possibility, potential *n* [ʔimka:nijja]

أمكن *v* [ʔamkana]

أين يمكنني كيّ هذا؟

[Ayna yomkenaney kay hadhah] Where can I get this ironed?

هل هذا يمكن غسله؟

[hal hadha yamken ghas-loho?] Is it washable?

هل يمكن أن أجربها

[hal yamken an ajar-rebha] May I try it on?

هل يمكن أن نتقابل فيما بعد؟

[hal yamken an nta'qabal fema ba'ad?] Shall we meet afterwards?

هل يمكن تصليح هذه؟

[hal yamken taşleeḥ hadhy?] Can you repair this?

هل يمكنك إصلاحها؟

[hal yamken -aka eşlaḥ-aha?] Can you repair it?

هل يمكنك كتابة ذلك على الورق إذا سمحت؟

[hal yamken -aka ketabat dhaleka 'aala al-wara'q edha samaḥt?] Could you write it down, please?

أمل hope *n* [ʔamal]

خيبة الأمل

[Khaybat al-amal] disappointment

مفعم بالأمل

[Mof-'am bel-amal] hopefully

أمل hope *v* [ʔamela]

إملاء dictation *n* [ʔimla:ʔ]

أمْلى *v* [ʔamla:]

يُمْلي عليه

[Yomely 'aleyh] boss around

أمّم nationalize *v* [ʔammama]

آمن safety, security *n* [ʔa:min]

غير آمن

[Ghayr aamen] insecure

هل هذا المكان آمن للسباحة؟

[hal hadha al-makaan aamin lel-sebaha?] Is it safe to swim here?

هل هو آمن للأطفال

[hal howa aamin lil-aṭfaal?] Is it safe for children?

هل هو آمن للأطفال؟

[hal howa aamin lil-aṭfaal?] Is it safe for children?

آمن believe *v* [ʔamana]

آمِنْ safe *adj* [ʔa:mi]

أمن safety, security *n* [ʔamn]

حارس الأمن

[Ḥares al-amn] security guard

أمّن insure *v* [ʔammana]

أمنية wish *n* [ʔumnijja]

أمواج waves *npl* [ʔamwa:ʒun]

ركوب الأمواج

[Rokoob al-amwaj] surf

أمي illiterate *adj* [ʔumijju]

أمير prince *n* [ʔami:r]

أميرة princess *n* [ʔami:ra]

أميري fiscal *adj* [ʔami:rij]

أمين honest *adj* [ʔami:n]

أمين الصندوق

[Ameen alṣondoo'q] treasurer

أمين المكتبة

[Ameen al maktabah] librarian

غير أمين

[Gheyr amen] dishonest

أن if, that, a,though *conj* [ʔanna]

لأن

[liʔanna] because

أنّ groan *v* [ʔanna]

أنا I *pron* [ʔana]

إناء pot *n* [ʔina:ʔ]

أناناس pineapple *n* [ʔana:na:s]

أناني selfish *adj* [ʔana:nij]

انْبَعج dent *v* [ʔenbaʕaʒa]

أنبوب jet, tube, pipe *n* [ʔunbu:b]

أنبوب اختبار

[Anbob ekhtebar] test tube

أنبوب التصريف

[Anboob altaṣreef] drainpipe

أنبوب فخاري

[Onbob fokhary] tile

أنبوبة tube *n* [ʔunbu:ba]

أنت you *pron* [ʔanta]

انتاج production *n* [inta:ʒ]

تخفيض الانتاج

[Takhfeeḍ al-entaj] cutback

إنتاج production *n* [ʔinta:ʒ]

إعادة إنتاج

[E'adat entaj] reproduction

إنْتاج رَئيسي

[Entaj raaesey] staple *(commodity)*

إنتاجية productivity *n* [ʔinta:ʒijja]

انتباه attention *n* [ʔintiba:h]

شديد الانتباه

[shaded al-entebah] observant

أنتج produce *v* [ʔantaʒa]

انْتَحب weep *v* [ʔentaħaba]

انتحر suicide *v* [ʔetaħara]

انتخاب election *n* [intixa:b]

انتخابات *n* [intixa:ba:t]

انتخابات عامة

[Entekhabat 'aamah] general election

انتخابي electoral *adj* [intixa:bijjat]

دائرة انتخابية

[Daaera entekhabeyah] constituency

انتخب elect *v* [ʔentaxaba]

انتداب delegate *n* [intida:b]

انتدب delegate *v* [ʔantadaba]

انترنت internet *n* [intirnit]

جرائم الكمبيوتر والانترنت

[Jraem al-kmobyoter wal-enternet] cybercrime

مقهى الانترنت

[Ma'qha al-enṭernet] cybercafé

إنترنت internet *n* [ʔintirnit]

متصلا بالإنترنت

[Motaṣelan bel-enternet] online

هل هناك اتصال لاسلكي بالإنترنت داخل الحجرة

[hal hunak ite-ṣaal la-silki bel-internet dakhil al-ḥijra?] Does the room have wireless internet access?

هل يوجد أي مقهى للإنترنت هنا؟

[hal yujad ay ma'qha lel-internet huna?] Are there any internet cafés here?

انتشار spread *n* [intiʃa:r]

انتشر spread *vt* ◃ spread out *v* [ʔentaʃara]

انتصار triumph *n* [intisˁa:r]

تذكار انتصار

[tedhkaar enteṣar] trophy

انْتَصر triumph *v* [ʔentasˁara]

انتظار waiting *n* [intizˁa:r]

غرفة انتظار

[Ghorfat enteḍhar] waiting room

مكان انتظار

[Makan enteḍhar] rest area

هل يوجد مكان انتظار للسيارات بالقرب من هنا؟

[hal yujad makan inti-ḍhar lil-sayaraat bil-'qurb min huna?] Is there a parking lot near here?

انتظام order *n* [intizˁa:m]

بانتظام

[benteḍham] regularly

انتظر hang on, wait for *v* [ʔentazˁara]

ينتظر قليلا

[yantḍher 'qaleelan] hold on

انتظرني من فضلك

[intaḍhirny min faḍlak] Please wait for me

هل يمكن أن تنتظر هنا دقائق قليلة؟

[hal yamken an tanta-ḍher huna le-da'qa-e'q 'qalela?] Could you wait here for a few minutes?

انتفض shudder *v* [ʔentafadˁa]

انتقاء pick *n* [intiqa:ʔ]

انتقادي critical *adj* [intiqa:dij]

انتقال move, transition *n* [intiqa:l]

انتقام revenge *n* [intiqa:m]

انتقد criticize, lambaste *v* [ʔentaqada]

انتقل move in *v* [ʔentaqala]

انتقى pick out *v* [ʔentaqa:]

انتكاسة relapse *n* [intika:sa]

انتماء membership *n* [ntima:ʔ]

الانتماء الوطني

[Al-entemaa alwaṭaney] citizenship

انتمي *v* [ʔentama:]

ينتمي إلى

[Yantamey ela] belong to

انتهاء ending *n* [intiha:ʔ]

تاريخ الانتهاء

[Tareekh al-entehaa] expiration date

موعد الانتهاء

[Maw'aed al-entehaa] deadline

انْتَهى end *v* [ʔentaha:]

أنثى female *n* [ʔunθa:]

إنجاز achievement *n* [ʔinʒa:z]

انْجَرِف drift *vi* [ʔenʒarafa]

أنْجِز fulfill *v* [ʔanʒaza]

إنجلترا England *n* [ʔinʒiltira:]

انجليزي English *adj* [inʒili:zij]

إنجليزي English *n* ◃ English *adj* [ʔinʒili:zij]

مواطنة إنجليزية

[Mowaṭenah enjlezeyah] Englishwoman

هل يوجد لديكم كتيب باللغة الإنجليزية؟

[hal yujad laday-kum kuty-ib bil-lugha al-injile-ziya?] Do you have a brochure in English?

إنجليزية *n* [ʔinʒali:zijja]

هل تتحدث الإنجليزية

[hal tata- ḥadath al-injileez-iya?] Do you speak English?

أنجولا Angola *n* [ʔanʒu:la:]

أنجولي Angolan *n* ◃ Angolan *adj* [ʔanʒu:lij]

إنجيل gospel *n* [ʔinʒi:l]

انحدار slope, decline *n* [ʔinħida:r]

هل هو شديد الانحدار؟

[hal howa shadeed al-inḥi-daar?] Is it very steep?

انحدر descend *v* [ʔenħadara]

انحراف detour *(road)* *n* [inħira:f]

انحرف swerve *v* [ʔenħarafa]

انحناء bow *n* [inħina:ʔ]

انحني bend over *v* [ʔenħana:]

انخفض lower, come down *v* [ʔenxafadˁa]

اندفاع rush *n* [indifa:ʕ]

اندفع dash, rush *vi* [ʔandafaʕa]

أندونيسي Indonesian *(person)* *n* [ʔandu:ni:sij] Indonesian *adj* ◃

أندونيسيا Indonesia *n* [ʔandu:ni:sjja:]

إنذار alarm, notice *(termination)*, *n* [ʔinða:r] ultimatum

إنذار سرقة

[endhar saro'qa] burglar alarm

إنذار حريق

[endhar Haree'q] fire alarm

إنذار كاذب

[endhar kadheb] false alarm

then *adv* [ʔa:naða:ka] **آنذاك**

notice *v* [ʔanðara] **أنْذر**

slipping *n* [ʔinzila:q] **إنزلاق**

إنزلاق غضروفي

[Enzela'q ghodrofey] slipped disc

slide, skid *v* [ʔenzalaqa] **انزلق**

human being *n* [ʔinsa:n] **إنسان**

إنسان آلي

[Ensan aly] robot

حقوق الإنسان

[Ho'qoo'q al-ensan] human rights

من صنع الإنسان

[Men ṣon'a al-ensan] man-made

human *adj* [ʔinsa:nij] **إنساني**

ضمير إنساني

[Ḍameer ensaney] conscience

Miss *n* [ʔa:nisa] **آنسة**

recession *n* [insiħa:b] **انسحاب**

withdrawal *n* [ʔinsiħa:b] **إنسِحاب**

drag *vt* [ʔensaħaba] **انسحب**

blockage *n* [insida:d] **انسداد**

insulin *n* [ʔansu:li:n] **أنسولين**

construct *v* [ʔanʃaʔa] **أنْشأ**

construction *n* [ʔinʃa:ʔ] **إنشاء**

anchovy *n* [ʔunʃu:da] **أنشوجة**

get away *v* [ʔensˤarafa] **انْصَرف**

impression *n* [intˤibba:ʕ] **انطباع**

go ahead *v* [ʔentˤalaqa] **انطلق**

freshen up *v* [ʔanʕaʃa] **أنْعش**

reflection *n* [inʕika:s] **انعكاس**

adj [inʕika:sij] **انعكاسي**

رد انعكاسي

[Rad en'aekasey] reflex

nose *n* [ʔanf] **أنْف**

explosion *n* [infiʒa:r] **انفجار**

انفجار عاطفي

[Enfejar 'aatefy] gust

blow up, burst *v* [ʔenfaʒara] **انفجر**

لقد انفجر إطار السيارة

[la'qad infajara eṭar al-sayara] The tire has burst

isolation *n* [ʔinfira:d] **انفراد**

هل يمكنني التحدث إليك على انفراد؟

[hal yamken -any al-taḥaduth elayka 'aala enfi-raad?] May I speak to you in private?

separation *n* [infisˤa:l] **انفصال**

split up *v* [ʔenfasˤala] **انْفَصل**

n [infiʕa:l] **انفعال**

سريع الانفعال

[Saree'a al-enfe'aal] touchy

flu *n* [ʔinfilwa:nza:] **إنفلوانزا**

إنفلوانزا الطيور

[Enfelwanza al-ṭeyor] bird flu

influenza *n* [ʔanfluwanza:] **أنفلونزا**

rescue *n* [ʔinqa:ð] **إنقاذ**

عامل الإنقاذ

['aamel alen'qaḍh] lifeguard

حبل الإنقاذ

[Habl elen'qadh] helpline

أين يوجد أقرب مركز لخدمة الإنقاذ بالجبل؟

[ayna yujad a'qrab markaz le-khedmat al-en-'qaadh bil-jabal?] Where is the nearest mountain rescue station?

rescue *v* [ʔanqaða] **أنْقَذ**

split *vt* [ʔenqasama] **انْقَسم**

decrease *v* [ʔanqasˤa] **أنقص**

disruption *n* [inqitˤa:ʕ] **انقطاع**

انقطاع التيار الكهربي

[En'qetaa'a al-tayar alkahrabey] power outage

go off *v* [ʔenqatˤaʕa] **انقطع**

turnover *n* [inqila:b] **انقلاب**

capsize, upset *v* [ʔenqalaba] **انقلب**

n [inqija:d] **انقياد**

سهل الانقياد

[Sahl al-en'qyad] easygoing

denial *n* [ʔinka:ruhu] **إنكار**

لا يمكن إنكاره

[La yomken enkareh] undeniable

deny *v* [ʔankara] **أنكر**

v [ʔenkasara] **انكسر**

لقد انكسرت علبة التروس

[la'qad inkasarat 'ailbat al-tiroos] The transmis-sion is broken

collapse *v* [ʔenha:ra] **انهار**

v [ʔenhamaka] **انْهَمك**

يَنْهَمك في القيل والقال
[Yanhamek fee al-'qeel wa al-'qaal] gossip

أنْهى finalize *v* [ʔanha:]

انهيار avalanche, crash, collapse *n* [ʔinhija:r]

انهيار أرضي
[Enheyar ardey] landslide

إنهيار عصبي
[Enheyar aṣabey] nervous breakdown

أنواع species *npl* [ʔanwa:ʕ]

آنية *n* [ʔa:nija]

آنية من الصيني
[Aaneyah men al-ṣeeney] china

أنيق elegant *adj* [ʔani:q]

أنيميا anemia *n* [ʔani:mja:]

مُصاب بالأنيميا
[Moṣaab bel-aneemeya] anemic

أهان insult, slap *v* [ʔaha:na]

إهانة insult *n* [ʔiha:na]

اهتَز shake *vi* [ʔehtazza]

اهتم mind *vi* [ʔehtamma]

اهتمام concern, interest *(curiosity)* *n* [ihtima:m]
, regard

يُثير اهتمام
[yotheer ehtemam] interest

اهتياج agitation *n* [htija:ʒ]

شديد الاهتياج
[Shdeed al-ehteyaj] frantic

أهْدر growl *v* [ʔahdara]

أهل family *n* [ʔahl]

أهل البيت
[Ahl al-bayt] household

أهّل qualify *v* [ʔahala]

أهلا hello! *excl* [ʔahlan]

أهلي family *adj* [ʔahlij]

حرب أهلية
[Ḥarb ahleyah] civil war

إهمال neglect *n* [ʔihma:l]

أهْمَل neglect *v* [ʔahmala]

أهمية importance *n* [ʔahamijja]

أهمية مُلحة
[Ahameiah molehah] urgency

أوبوا oboe *n* [ʔu:bwa:]

أوتوبيس bus *n* [ʔu:tu:bi:s]

تذكرة أوتوبيس
[tadhkarat otobees] bus ticket

محطة أوتوبيس
[Mahaṭat otobees] bus station

موقف أوتوبيس
[Maw'qaf otobees] bus stop

أوتوجراف autograph *n* [ʔu:tu:ʒra:f]

أوثَق moor *v* [ʔawθaqa]

أوركيد *n* [ʔu:rki:d]

زهرة الأوركيد
[Zahrat al-orkeed] orchid

أوروبا Europe *n* [ʔu:ru:bba:]

أوروبي European *adj* [ʔu:ru:bij]

الاتحاد الأوروبي
[Al-tehad al-orobey] European Union

شخص أوروبي
[Shakhs orobby] European

أوروجواي Uruguay *n* [uwru:ʒwa:j]

أوروجواياني Uruguayan *adj* [ʔu:ru:ʒwa:ja:ni:]

أوزباكستان Uzbekistan *n* [ʔu:zba:kista:n]

إوزة goose, swan *n* [ʔiwazza]

أوزون *n* [ʔu:zu:n]

طبقة الأوزون
[Taba'qat al-odhoon] ozone layer

أوسترالاسيا Australasia *n* [ʔu:stra:la:sja:]

أوسط mid *adj* [ʔawsatˤ]

أوسيانيا Oceania *n* [ʔu:sja:nja:]

أوصى recommend *v* [ʔawsˤa:]

أوضَح point out *v* [ʔawdˤaħa]

أوضح clarify *v* [ʔawdˤaħa]

أوغندا Uganda *n* [ʔu:ɣanda:]

أوغندي Ugandan *n* ◃ Ugandan *adj* [ʔu:ɣandij]

أوقَع sign *v* [ʔawaqaʕa]

أوقف stop, turn out *v* [ʔawqafa]

يُوْقِف السيارة
[Yo'qef sayarah] pullover

أوكراني Ukrainian *n* ◃ Ukrainian *adj* [ʔu:kra:nij]
(person)

اللغة الأوكرانية
[Al loghah al okraneiah] *(language)* Ukrainian

أوكرانيا Ukraine *n* [ʔu:kra:nja:]

أول first *n* ◃ first *adj* [ʔawwal]

الاسم الأول

[Al-esm al-awal] first name

ما هو موعد أول قطار متجه إلى...؟

[ma howa maw-'aid awal 'qeṭaar mutajih ela...?] When is the first train to...?

first, firstly *adv* [ʔawwala:] **أولًا**

priority *n* [ʔawlawijja] **أولوية**

primary *adj* [ʔawwalij] **أولي**

الأحرف الأولى

[Al-aḥrof al-ola] initials

في الدرجة الأولى

[Fee al darajah al ola] mainly

إسعافات أولية

[Es'aafat awaleyah] first aid

signal *v* [ʔawmaʔa] **أومأ**

يُومئ برأسه

[Yomea beraaseh] nod

trick *v* [ʔewhama] **أوهم**

any *adj* [ʔajju] **أي**

أي شخص

[Ay shakhṣ] anybody

أي شيء

[Ay shaya] anything

أي من

[Ay men] any

على أي حال

[Ala ay ḥal] anyway

بأي طريقة

[Be-ay ṭaree'qah] anyhow

في أي مكان

[Fee ay makan] anywhere

positive *adj* [ʔi:ʒa:bij] **إيجابي**

rent *n* [ʔiʒa:r] **إيجار**

ideology *n* [ʔajdu:lu:ʒijja] **أيدولوجية**

revenue *n* [ʔi:ra:d] **إيراد**

Iran *n* [ʔi:ra:n] **إيران**

Iranian *(person)* *n* ◃ Iranian *adj* [ʔi:ra:nij] **إيراني**

Ireland *n* [ʔajrlanda:] **أيرلندا**

n [ʔajrlanda] **أيرلندة**

أيرلندة الشمالية

[Ayarlanda al-shamaleyah] Northern Ireland

Irish *adj* [ajrlandij] **أيرلندي**

الأيرلندي

[Alayarlandey] Irish

adj [ijrlandij] **إيرلندي**

رَجُل إيرلندي

[Rajol ayarlandey] Irishman

Irishwoman *n* [ijrlandijja] **إيرلندية**

n [ʔa:js] **آيس**

ستيك الآيس كريم

[Steek al-aayes kreem] Popsicle®

آيس كريم

[aayes kreem] ice cream

Icelandic *adj* [ʔajsla:ndi:] **أيسلاندي**

الأيسلندي

[Alayeslandey] Icelandic

Iceland *n* [ʔajslanda:] **أيسلندا**

voucher *n* [ʔi:sˤa:l] **إيصال**

receipts *(money)* *npl* [ʔi:sˤa:la:tun] **إيصالات**

also, else, too *adv* [ʔajdˤan] **أيضا**

adj [ʔi:dˤa:ħijjat] **إيضاحي**

تجربة إيضاحية

[Tajrebah eeḍaheyah] demonstration

Italian *(person)* *n* ◃ Italian *adj* [ʔi:tˤa:lij] **إيطالي**

اللغة الإيطالية

[alloghah al eṭaleyah] *(language)* Italian

Italy *n* [ʔi:tˤa:ljja:] **إيطاليا**

stopping *n* [ʔi:qa:f] **إيقاف**

لا يمكنني إيقاف تشغيله

[la yam-kinuni e-'qaaf tash-ghe-lehe] I can't turn the heat off

لن أقوم بإيقاف تشغيله

[Lan a'qoom be-ee'qaf tashgheeleh] It won't turn off

هل يمكن إيقاف السيارة بالقرب منا؟

[hal yamken e'qaaf al-sayara bil-'qurb min-na?] Can we park by our site?

icon *n* [ʔajqu:na] **أيقونة**

deer *n* [ʔajl] **أيْل**

gesture *n* [ʔi:ma:ʔa] **إيماءة**

faith *n* [ʔi:ma:n] **إيمان**

right-handed *adj* [ʔajman] **أيمن**

where *adv* [ʔajna] **أين**

أين تسكن؟

[ayna taskun?] Where do you live?

أين تقيم؟

[Ayn to'qeem?] Where are you staying?

أين يمكن أن نتقابل؟

[ayna yamken an nata-'qabal?] Where can we meet?

أين يمكنني إرضاع الرضيع؟

[ayna yamken-any erḍa'a al-raḍee'a?] Where can I breast-feed the baby?

أين يوجد قسم الشرطة؟

[ayna yujad 'qisim al- shurṭa?] Where's the police station?

من أين أنت؟

[min ayna anta?] Where are you from?

lodging *n* [ʔi:wa:ʔ] **إيوَاء**

دَار إيوَاء

[Dar eewaa] dormitory *(large bedroom)*

in, on, with, by *prep* [bi] **ب**

بجانب

[Bejaneb] beside

vendor *n* [ba:ʔiʕ] **بائع**

بائع تجزئة

[Bae'a tajzeah] retailer

بائع زهور

[Bae'a zohor] florist

door *n* [ba:b] **باب**

جرس الباب

[Jaras al-bab] doorbell

درجة الباب

[Darajat al-bab] doorstep

مقبض الباب

[Me'qbaḍ al-bab] door handle

...أين يوجد باب الخروج

[Ayn yojad bab al-khoroj...] Which exit for...?

أين يوجد مفتاح الباب الأمامي؟

[ayna yujad muftaaḥ al-baab al-ama-my?] Which is the key to the front door?

أين يوجد مفتاح الباب الخلفي؟

[ayna yujad muftaaḥ al-baab al-khalfy?] Which is the key to the back door?

أين يوجد مفتاح هذا الباب؟

[ayna yujad muftaaḥ hadha al-baab?] Which is the key to this door?

اترك الباب مغلقا

[itruk al-baab mughla'qan] Keep the door locked

الباب لا يُغلَق

[al-baab la yoghla'q] The door won't close

الباب لا يُقفَل

[al-baab la yo'qfal] The door won't lock

لقد أوصد الباب وأنا بخارج الغرفة

[la'qad o-ṣeda al-baab wa ana be kharej al-ghurfa] I've locked myself out of my room

daddy *n* [ba:ba:] **بابا**

n [buʔbuʔ] **بُؤبُؤ**

بُؤبُؤ العَيْن

[Boaboa al-'ayn] pupil *(eye)*

neatly *adv* [biʔitqa:nin] **بإتقان**

v [ba:ħa] **باح**

يبوح ب

[Yabooḥ be] reveal

close *adv* [biʔiħka:min] **بإحكام**

n [baxira] **باخِرَة**

باخِرَة رُكّاب

[Bakherat rokkab] liner

sincerely *adv* [biʔixlasˤin] **بإخلاص**

starter *n* [ba:diʔ] **بادِئ**

eggplant *n* [ba:ðinʒa:n] **باذنجان**

bar *(alcohol)* *n* [ba:r] **بار**

ساقي البار

[Sa'qey al-bar] bartender

well *n* [biʔr] **بئر**

Paraguay *n* [ba:ra:ʒwa:j] **باراجواي**

شخص من باراجواي

[Shakhṣ men barajway] Paraguayan

من باراجواي

[Men barajway] Paraguayan

n [ba:ra:si:ta:mu:l] **باراسيتامول**

أريد باراسيتامول

[areed barasetamol] I'd like some Tylenol®

paraffin *n* [ba:ra:fi:n] **بارافين**

focus *n* [buʔra] **بؤرة**

ثنائي البؤرة

[Thonaey al-booarah] bifocals

cold *adj* [ba:rid] **بارد**

إن الطعام بارد أكثر من اللازم

[enna al-ṭa'aam bared akthar min al-laazim] The

food is too cold

إن اللحم باردة

[En al-laḥm baredah] The meat is cold

الحمامات باردة

[al-doosh bared] The showers are cold

هذه الغرفة باردة أكثر من اللازم

[hathy al-ghurfa barda ak-thar min al-laazim] The room is too cold

بارز outstanding *adj* [ba:riz]

بارع skillful *adj* [ba:riʕ]

غير بارع

[gheer bare'a] unskilled

بارك bless *v* [ba:raka]

باروكة wig *n* [ba:ru:ka]

بأس *adj* [baʔs]

لا بأس

[la baas] No problem

لا بأس من أخذ الأطفال

[la baas min akhth al-aṭfaal] Is it OK to take children?

بؤس misery *n* [buʔs]

باستا pasta *n* [ba:sta:]

باستمرار continually *adv* [bistimrarin]

باسكي Basque *(person) n* ◃ Basque *adj* [ba:ski:]

باص *n* [ba:sˤ]

ميني باص

[Meny baas] minibus

باض whitewash, bleach *v* [ba:dˤa]

باطل void *adj* [ba:tˤil]

باطني inner *adj* [ba:tˤinij]

باع sell *v* [ba:ʕa]

يَبْيع المخزون

[Yabea'a al-makhzoon] sell out

يَبْيع بالتصفية

[Yabea'a bel-taṣfeyah] sell off

يَبْيع بالتجزئة

[Yabea'a bel-tajzeaah] retail

هل تبيع كروت التليفون؟

[hal tabee'a kroot al-talefon?] Do you sell phone cards?

باعث incentive *n* [ba:ʕiθ]

بَاقَة bouquet *n* [ba:qa]

باكراً early *adv* [ba:kiran]

باكستان Pakistan *n* [ba:kista:n]

باكستاني Pakistani *n* ◃ Pakistani *adj* [ba:kista:nij]

بالٍ shabby *adj* [ba:lin]

بالبَيْت at home *adv* [bi-al-bajti]

بالتأكيد surely *adv* [bi-at-taʔki:di]

بالتحديد precisely *adv* [bi-at-taħdi:di]

بالتدريج gradually *adv* [bi-at-tadri:ʒi]

بالحاح instantly *adv* [bi-ilħa:ħin]

بالضرورة necessarily *adv* [bi-adˤ-dˤaru:rati]

بالغ grown-up, teenager *n* [ba:liɣ]

بالغ exaggerate *v* [ba:laɣa]

بالفعل already *adv* [bi-al-fiʕli]

بالكَاد hardly *adv* [bil-ka:di]

بالكامل completely *adv* [bialka:mili]

بالمائة percent *adv* [biʕalmiʕati]

بالوعة sewer, sink *n* [ba:lu:ʕa]

بالون balloon *n* [ba:lu:n]

لبان بالون

[Leban balloon] bubble gum

باليه ballet *n* [ba:li:h]

راقص باليه

[Ra'qeṣ baleeh] ballet dancer

راقصة باليه

[Ra'ṣat baleeh] ballerina

أين يمكنني أن أشتري تذاكر لعرض الباليه؟

[ayna yamken-any an ashtray tadhaker le-'aarḍ al-baleh?] Where can I buy tickets for the ballet?

بأمانة honestly *adv* [biʔama:nati]

بانجو *n* [ba:nʒu:]

آلة البانجو الموسيقية

[Aalat al-banjoo al-mose'qeyah] banjo

بِإنْصَاف fairly *adv* [bi-ʔinsˤa:fin]

باهت dim *adj* [ba:hit]

باينت pint *n* [ba:jant]

ببغاء parrot *n* [babbaɣa:ʔ]

بترول petroleum *n* [bitru:l]

بئر بترول

[Beear betrol] oil well

بتسوانا Botswana *n* [butswa:na:]

بِثَبَات constantly *adv* [biθaba:tin]

بثرة pimple, blister *n* [baθra]

بَجَعَة pelican *n* [baʒaʕa]

بجنون madly *adv* [biʒunu:nin]

بحّار sailor *n* [baħħa:r]

بحث search *n* [baħθ]

محب للبحث والتحقيق

[moḥeb lel-baḥth wal-taḥ'qeeq] inquisitive

بَحْثْ دراسي

[Bahth derasy] research

بحث *v* [baħaθa]

يَبْحَث عن

[Yabḥath an] look for, seek

...إننا نبحث عن

[ena-na nabḥath 'aan...] We're looking for...

أنا أبحث عن بطاقات بريدية

[ana abḥath 'aan beṭa-'qaat baree-diya] I'm looking for postcards

أنا أبحث هدية لطفلي

[Ana abḥath ḥadeyah leṭfley] I'm looking for a present for a child

نحن نبحث عن أحد الفنادق

[naḥno nabḥath 'aan aḥad al-fanadi'q] We're looking for a hotel

بحر sea *n* [baħr]

ساحل البحر

[saḥel al-baḥr] seaside

عبر البحار

['abr al-behar] overseas

البحر الأحمر

[Al-bahr al-ahmar] Red Sea

البحر الشمالي

[Al-baḥr al-Shamaley] North Sea

البحر الكاريبي

[Al-baḥr al-kareebey] Caribbean

البحر المتوسط

[Al-bahr al-motawaseṭ] Mediterranean

مستوى سطح البحر

[Mostawa saṭh al-bahr] sea level

مياه البحر

[Meyah al-baḥr] sea water

أريد غرفة تطل على البحر

[areed ghurfa ta-ṭul 'aala al-baḥir] I'd like a room with a view of the sea

أعاني من دوار البحر

[o-'aany min dawaar al-baḥar] I suffer from travel sickness

هل تظهر هنا قناديل البحر؟

[hal taḍhhar huna 'qana-deel al-baḥir?] Are there jellyfish here?

هل البحر مرتفع اليوم؟

[hal al-baḥr murta-fi'a al-yawm?] Is the sea rough today?

بحري maritime, naval *adj* [baħrij]

رحلة بحرية

[Rehalh bahreyah] cruise

جندي بحري

[Jondey baharey] seaman

الأطعمة البحرية

[Al-aṭ'aemah al-baḥareyh] seafood

بحزم strictly *adv* [biħazmin]

بحَقْ truly *adv* [biħaqqin]

بُحَيْرة lake, lagoon *n* [buħajra]

بحيوية lively *adj* [biħajawijjatin]

بَخّاخ inhaler *n* [baxxa:x]

بُخَار steam *n* [buxa:r]

بَخْس inexpensive *adj* [baxs]

بَخيل miser *adj* [baxi:l]

بدا seem *v* [bada:]

بَدْء start *n* [badʔ]

بدأ begin, start *v* [badaʔa]

يَبْدأ الحركة والنشاط

[Yabdaa alḥarakah wal-nashaṭ] start off

متى يبدأ العرض؟

[mata yabda al-'aarḍ?] When does the performance begin?

متى يبدأ العمل هنا؟

[mata yabda al-'aamal huna?] When does it begin?

بدائي primitive *adj* [bida:ʔij]

بداخل into *prep* [bida:xili]

بداية beginning *n* [bida:ja]

في بداية شهر يونيو

[fee bedayat shaher yon-yo] at the beginning of June

بَدد squander, waste *v* [baddada]

بَدْر full moon *n* [badr]

بدروم basement *n* [bidru:m]

بدل *v* [baddala]

أين أستطيع أن أبدل ملابسي؟ [ayna as̄taṭe'a an abid-il mala-bisy] Where do I change?

هل يمكن أن أبدل الغرف [hal yamken an abad-il al-ghuraf?] Can I switch rooms?

بَدّل alter, transform *v* [baddala]

بدلًا instead of *prep* [badalan]

بدلًا من ذلك [Badalan men ḍhalek] instead of that

بدلة costume, outfit *n* [badla]

بدلة تدريب [Badlat tadreeb] jogging suit

بدلة العمل [Badlat al-'aamal] overalls

بدلة الغوص [Badlat al-ghawṣ] wetsuit

بدني physical *adj* [badanij]

عقوبة بدنية ['ao'qoba badaneyah] corporal punishment

بدون without *prep* [bidu:ni]

بدون توقف [Bedon tawa'qof] non-stop

بديع magnificent *adj* [badi:ʕ]

بديل alternative *n* [badi:l]

بَدِين fat *n* ◂ obese *adj* [badi:n]

بِذْرة seed *n* [biðra]

بذلة suit *n* [baðla]

بذلة غامقة اللون للرجال [Badlah ghame'qah al-loon lel-rejal] tuxedo

برئ innocent *adj* [bari:ʔ]

برازيلي Brazilian *n* ◂ Brazilian *adj* [bara:zi:lij]

براعم flower *n* [bara:ʕim]

براعم الورق [Bra'aem al-wara'q] sprouts

برامج software *n* [bara:miʒ]

براندي brandy *n* [bra:ndi:]

سأتناول براندي [sa-ata-nawal brandy] I'll have a brandy

برتغالي Portuguese *adj* [burtuɣa:lij]

Portuguese *(person)* *n* ◂

اللغة البرتغالية [Al-loghah al-bortoghaleyah] *(language)* Portuguese

برتقال orange *(fruit)* *n* [burtuqa:l]

عصير برتقال [Aṣeer borto'qaal] orange juice

برتقالة orange *n* [burtuqa:la]

برتقالي orange *adj* [burtuqa:lij]

برتو ريكو Puerto Rico *n* [burtu: ri:ku:]

برج tower *n* [burʒ]

برج محصن [Borj mohaṣṣan] dungeon

بُرج كهرباء [Borj kahrbaa] electrical tower

بُرْج الكنيسة [Borj al-kaneesah] steeple

برد cold *n* [bard]

أريد شيئًا للبرد [areed shyan lel-bard] I'd like something for a cold

أعاني من البرد [o-'aany min al-barid] I have a cold

أشعر بالبرد [ash-'aur bil-bard] I'm cold

برد *v* [brada]

يبرد بمبرد [Yobared bemobared] file *(smoothing)*

برّد chill *v* [barrada]

بَرْدَقُوش *n* [bardaqu:ʃ]

عُشب البَرْدَقُوش ['aoshb al-barda'qoosh] marjoram

برر account for *v* [barara]

برُز *v* [baroza]

يبْرُز من [Yabroz men] come out

برطمان jar *n* [bartˤama:n]

برغوث flea *n* [barɣu:θ]

بَرْق lightning *n* [barq]

برقوق plum, prune *n* [barqu:q]

بركان volcano *n* [burka:n]

بركانية volcanic *adj* [burka:nijjat]

الحمم البركانية [Al-ḥemam al-borkaneyah] lava

بِرْكَة pond, puddle *n* [birka]

برلمان parliament *n* [barlama:n]

بَرمج program *v* [barmaʒ]
برمجة programming *n* [barmaʒa]
برميل barrel *n* [birmi:l]
برنامج program, *(computer)* *n* [barna:maʒ] program
برنامج حواري
[Barnamaj hewary] talk show
بَرْهن demonstrate *v* [barhana]
بروتستانتي Protestant *adj* [bru:tista:ntij] Protestant *n* ◃
بروتين protein *n* [bru:ti:n]
برودة cold *n* [buru:da]
شديد البرودة
[Shadeedat al-broodah] freezing
بروش brooch *n* [bru:ʃ]
بروفة rehearsal, test *n* [bru:fa]
بروكسيل *n* [bru:ksi:l]
كرنب بروكسيل
[Koronb brokseel] Brussels sprouts
برونز bronze *n* [bru:nz]
بري wild *adj* [barrij]
بريد mail *n* [bari:d]
صندوق البريد
[Ṣondo'q bareed] mailbox
عنوان البريد الإلكتروني
['aonwan al-bareed al-electrooney] email address
بريد غير مرغوب
[Bareed gheer marghoob] junk mail
بريد جوي
[Bareed jawey] airmail
بريد الكتروني
[Bareed elektrooney] email
يُرْسِل بريدا إلكترونيا
[Yorsel bareedan electroneyan] email
ما المدة التي يستغرقها بالبريد العادي؟
[ma al-mudda al-laty yasta-ghru'qoha bil-bareed al-al-'aadee?] How long will it take by regular mail?
بريدي postal *adj* [bari:dij]
نظام بريدي
[neḍham bareedey] mail *(mail)*
هل يمكن أن أحصل على طوابع لأربعة كروت بريدية؟
[hal yamken an aḥṣal 'aala ṭawa-bi'a le-arba'aat kiroot baree-diya?] May I have stamps for four postcards to...
بريطاني British *n* ◃ British *adj* [bri:tˁa:nij]
بريطانيا Britain *n* [bri:tˁa:nja:]
بريطانيا العظمى
[Beretanyah al-'aoḍhma] Great Britain
بستان orchard *n* [busta:n]
بُستاني gardener *n* [busta:nij]
بَسْتَنة gardening *n* [bastana]
بسِط unroll *v* [basitˁa]
بَسط simplify *v* [basatˁa]
بسكويت cookie *n* [baskawi:t]
بِسِلّة peas *n* [bisalati]
بِسِلّة snow peas *n* [bisallatin]
بسهولة easily *adv* [bisuhu:latin]
بسيط plain, simple *adj* [basi:tˁ]
ببساطة
[Bebasata] simply
بشر grate (يحك بسطح خشن) *v* [baʃara]
بَشْرَة complexion *n* [baʃra]
بشري human *adj* [baʃarijjat]
قوة بشرية
['qowah bashareyah] manpower
بشرية mankind *n* [baʃarijja]
بَشِعْ hideous *adj* [baʃiʕ]
بُصاق spit *n* [busˁa:q]
بصِدْق faithfully *adv* [bisˁidqin]
بصر vision *n* [basˁar]
أعاني من ضعف البصر
[o-'aany min ḍu'auf al-baṣar] I'm visually impaired
بصري visual *adj* [basˁarij]
بصق spit *v* [bsˁaqa]
بصل onion *n* [basˁal]
بصل أخضر
[Baṣal akhdar] scallion
بصلة *n* [basˁala]
بصلة النبات
[baṣalat al-nabat] bulb *(electricity)*
بصمة imprint *n* [basˁma]
بصمة الإصبع

[Başmat al-eşba'a] fingerprint

بصمة كربونية

[Başma karbonyah] carbon footprint

بضائع goods *npl* [badˤa:ʔiʕun]

بطء slowness *n* [butˤʔ]

ببطء

[Beboṭa] slowly

هل يمكن أن تتحدث ببطء أكثر إذا سمحت؟

[hal yamken an tata-ḥadath be-buṭi akthar edha samaḥt?] Could you speak more slowly, please?

بطارية battery *n* [batˤtˤa:rijja]

أريد بطارية جديدة

[areed baṭaariya jadeeda] I need a new battery

هل لديك أي بطاريات كهربية لهذه الكاميرا؟

[hal ladyka ay baṭa-reyaat le-hadhy al-kamera?] Do you have batteries for this camera?

بطاطس potato *n* [batˤa:tˤis]

بطاطس بالفرن

[Baṭaṭes bel-forn] baked potato

بطاطس مشوية بقشرها

[Baṭaṭes mashweiah be'qshreha] baked potato

بطاطس مهروسة

[Baṭaṭes mahrosah] mashed potatoes

شرائح البطاطس

[Sharaeh al- baṭaṭes] potato chips

بطاقة card *n* [bitˤa:qa]

بطاقة عضوية

[Beṭaqat 'aodweiah] membership card

بطاقة تهنئة

[Beṭaqat tahneaa] greeting card

بطاقة بريدية

[Beṭaqah bareedyah] postcard

بطاقة شخصية

[beṭ a'qah shakhşeyah] identity card, ID card

بطاقة لعب

[Beṭaqat la'aeb] playing card

تفضل بطاقتي

[tafaḍal beṭa-'qaty] Here's my card

لقد سرقت بطاقتي

[la'qad sore'qat be-ṭa'qaty] My card has been stolen

هل لديك بطاقة تجارية؟

[hal ladyka beṭa'qa tejar-eya?] Do you have a business card?

هل يتم قبول بطاقات الخصم؟

[hal yatum 'qubool be-ṭa'qaat al- khaşim?] Do you take debit cards?

هل يمكنني الإطلاع على بطاقتك؟

[hal yamken -any al-eṭla'a 'aala beṭa-'qatuk?] May I have your card?

هل يمكنني الدفع ببطاقة الائتمان؟

[hal yamken -any al-daf'a be- beṭa-'qat al-etemaan?] Can I pay by credit card?

هل يمكنني الحصول على سلفه نقدية ببطاقة الائتمان الخاصة بي؟

[hal yamken -any al-ḥuşool 'aala silfa na'qdiya be- beṭa-'qat al-etemaan al-khaşa bee?] Can I get a cash advance with my credit card?

بطالة unemployment *n* [bitˤa:la]

بَطَالة *n* [batˤa:la]

إعانة بَطَالة

[E'anat baṭalah] welfare

بِطَانَة lining *n* [batˤa:na]

بطانية blanket *n* [batˤa:nijja]

بطانية كهربائية

[Baṭaneyah kahrobaeyah] electric blanket

من فضلك أريد بطانية إضافية

[min faḍlak areed baṭa-nya eḍa-fiya] Please bring me an extra blanket

بطة duck *n* [batˤtˤa]

بطريق penguin *n* [bitˤri:q]

بطل champion (*competition*), *n* [batˤal] hero (*novel*)

بَطَلَة heroine *n* [batˤala]

بطن stomach *n* [batˤn]

سُرَّة البطن

[Sorrat al-baṭn] belly button

بَطْنِيّ celiac *adj* [batˤnij]

بطولة championship *n* [butˤu:la]

بَطِيءٌ slow *adj* [batˤi:ʔ]

بطيخة watermelon *n* [batˤi:xa]

بعَث *v* [baʕaθa]

يِنْعَث ب

[Yab'ath be] send

يَبعث ب

[Tab'aath be] send out

يَنْبَعِثُ رائِحَةً

[Yab'ath raeḥah] smell

expedition *n* [biʕθa] **بِعْثَة**

after, besides *prep* ◁ after *conj* [baʕda] **بعد**

بَعْد ذلك

[Ba'ad dhalek] afterwards

بَعْدَما

[Ba'dama] after

بعد الميلاد

[Ba'ad al-meelad] AD

فيما بعد

[Feema baad] later

dimension *n* [buʕd] **بُعْد**

عن بُعْد

['an bo'ad] remotely

few, some *adj* [baʕdˤu] **بعض**

أي يمكن أن أشتري بعض البطاقات البريدية؟

[ʔajji jumkinu ʔan ʔaʃtari: baʕdˤa albitˤa:qa:ti albari:dijjati] Where can I buy some postcards?

هناك بعض الأشخاص المصابين

[hunaka ba'aḍ al-ash-khaaṣ al-muṣabeen] There are some people injured

deeply *adv* [biʕumqin] **بعمق**

mosquito *n* [baʕu:dˤa] **بعوضة**

distant, far, out *adj* [baʕi:d] **بعيد**

المسافة ليست بعيدة

[al-masaafa laysat ba'aeeda] It's not far away

هل المسافة بعيدة؟

[hal al-masafa ba'aeda?] Is it far away?

off, away *adv* [baʕi:dan] **بعيدا**

parakeet *n* [babbaɣa:ʔ] **بغبغاء**

hatred *n* [buɣdˤ] **بغض**

hate *v* [baɣadˤa] **بَغَض**

mule *n* [baɣl] **بَغْل**

obnoxious *adj* [baɣi:dˤ] **بغيض**

grossly *adv* [bifazˤa:zˤatin] **بفظاظة**

effectively *adv* [bifaʕa:lijjatin] **بفعالية**

survival *n* [baqa:ʔ] **بَقَاء**

grocer *n* [baqqa:l] **بَقَّال**

groceries *n* [baqa:la] **بِقَالَة**

remains *npl* [baqa:ja:] **بقايا**

bug *n* [baqqa] **بقة**

parsley *n* [baqdu:nis] **بَقْدُونِس**

cattle *n* [baqar] **بقر**

راعى البقر

[Ra'aey al-ba'qar] cowboy

cow *n* [baqara] **بقرة**

n [buqsuma:tˤ] **بُقسماط**

بُقسماط مطحون

[Bo'qsomat maṭḥoon] breadcrumbs

zwieback toast *n* [buqsuma:tˤin] **بُقْسُماط**

tip *n* [baqʃi:ʃan] **بقشيش**

يمنح بقشيشاً

[Yamnaḥ ba'qsheeshan] tip *(reward)*

هل من المعتاد إعطاء بقشيش؟

[hal min al-mu'a-taad e'aṭaa ba'q-sheesh?] Is it usual to give a tip?

stain *n* [buqaʕ] **بقع**

مزيل البقع

[Mozeel al-bo'qa,a] stain remover

spot *(blemish)* *n* [wasˤma] **بُقْعَة**

remain *v* [baqa:] **بقى**

cry *n* [buka:ʔ] **بُكَاء**

bacteria *npl* [baktirja:] **بكتريا**

قابل للتحلل بالبكتريا

['qabel lel-tahalol bel-bekteriya] biodegradable

reel *n* [bakara] **بَكَرَة**

pixel *n* [biksil] **بِكْسِل**

efficiently *adv* [bikafa:ʔatin] **بكفاءة**

Beijing *n* [biki:n] **بكين**

platinum *n* [bla:ti:n] **بلاتين**

plastic *n* [bla:sti:k] **بلاستيك**

plastic *adj* [bla:sti:kij] **بلاستيكي**

كيس بلاستيكي

[Kees belasteekey] plastic bag

n [bala:tˤ] **بلاط**

بلاط القصر

[Balaṭ al-'qaṣr] court

BlackBerry® *n* [bla:k bi:ri:] **بلاك بيري®**

PlayStation® *n* [bla:jsiti:ʃn] **بلايستيشن®**

Belgium *n* [bilʒi:ka:] **بلجيكا**

Belgian *n* ◁ Belgian *adj* [bilʒi:kij] **بلجيكي**

country, city, village *n* [balad] **بلد**

بَلَد نامٍ

[Baladen namen] developing country

ما هي أجرة التاكسي داخل البلد؟ [ma heya ejrat al-taxi dakhil al-balad?] How much is the taxi fare into town?

ما هي المسافة بيننا وبين وسط البلد؟ [ma heya al-masafa bay-nana wa bayn wasat al-balad?] How far are we from the downtown area?

بلدة town *n* [balda]

هل يوجد لديكم أي شيء يحمل طابع هذه البلدة؟ [hal yujad laday-kum ay shay yaḥmil ṭabi'a hadhy al-balda?] Do you have anything typical of this town?

بلدي native *adj* [baladij]

بَلْطَة ax *n* [baltˤa]

بلطجي bully *n* [baltˤaʒij]

بلطف gently *adv* [bilutˤfin]

بلع swallow *vt* [balaʕa]

بلغ *v* [balaɣa]

كم يبلغ سعر ذلك؟ [kam yablugh si'ar thalik?] How much does that come to?

كم يبلغ عمق المياه؟ [kam yablugh 'aom'q al-meah?] How deep is the water?

كم يبلغ ثمن تذكرة الذهاب فقط؟ [Kam yablogh thaman tadhkarat aldhehab fa'qaṭ?] How much is a one-way ticket?

كم يبلغ البقشيش الذي علي أن أدفعه؟ [Kam yablogh al-ba'qsheesh aladhey 'alay an adfa'aoh?] How much should I give as a tip?

كم يبلغ زمن العرض؟ [kam yablugh zamin al-'aarḍ?] How long does the performance last?

كم يبلغ طولك؟ [kam yablugh ṭoolak?] How tall are you?

كم يبلغ وزنك؟ [kam yablugh waznak?] How much do you weigh?

بلّغ reach *v* [balaɣa]

بلغاري Bulgarian *adj* [balɣa:ri:]

◃ Bulgarian *(person)* *n*

اللغة البلغارية [Al-loghah al-balghareyah] *(language)* Bulgarian

بلغاريا Bulgaria *n* [bulɣa:rja:]

بلقاني Balkan *adj* [balqa:nij]

بَلل drench *v* [balala]

بُلّور crystal *n* [billawr]

بلوزة blouse *n* [blu:za]

بَلّوط oak *n* [ballu:tˤ]

بلوفَر sweater *n* [bulu:far]

بلياردو *n* [bilaja:rdu:]

لعبة البلياردو [Lo'abat al-belyardo] billiards

بليزر blazer *n* [blajzir]

بن coffee *n* [bunn]

حبوب البن [Ḥobob al-bon] coffee bean

بناء building *n* [bina:ʔ]

بناء على [Benaa ala] accordingly

موقع البناء [Maw'qe'a al-benaa] construction site

بنّاء bricklayer, building contractor *n* [banna:ʔ]

◃ constructive *adj*

بِنَايَة block *(buildings)* *n* [bina:ja]

بِنَايَة عالية [Benayah 'aaleyah] high-rise

بَنْت girl *n* [bint]

بَنْت الأخت [Bent al-okht] niece

بنجاح successfully *adv* [binaʒa:ħin]

بنجر beet *n* [banʒar]

بنجلاديش Bangladesh *n* [banʒla:di:ʃ]

بنجلاديشي Bangladeshi *adj* [banʒla:di:ʃij]

◃ Bangladeshi *n*

بنجو *n* [banʒu:]

لعبة البنجو [Lo'abat al-benjo] bingo

بَنْد item *n* [bund]

بَنْدَا panda *n* [banda:]

بندقية gun, rifle *n* [bunduqijja]

بندقية رش [Bonde'qyat rash] shotgun

بنزين gasoline *n* [binzi:n]

خزان بنزين
[Khazan benzeen] gas tank
بنزين خالي من الرصاص
[Benzene khaly men al- raṣaṣ] unleaded gasoline
محطة بنزين
[Mahaṭat benzene] gas station
penicillin *n* [binisili:n] **بنسلين**
pants *n* [bantˤalu:n] **بنطلون**
بنطلون صيق
[Banṭaloon ṣaye'q] leggings
بنطلون ضيق
[banṭaloon ḍaye'q] tights
بنطلون قصير
[Banṭaloon 'qaṣeer] trunks
حمالات البنطلون
[Hammalaat al- banṭaloon] garters
هل يمكن أن أجرب هذا البنطلون؟
[hal yamken an ajar-reb hadha al-ban-taloon?] May I try on these pants?
violet *adj* [banafsaʒij] **بنفسجي**
bank *(finance)* *n* [bank] **بنك**
بنك تجاري
[Bank Tejarey] merchant bank
موظف بنك
[mowaḍhaf bank] banker
ما هي المسافة بينا وبين البنك؟
[Ma heya al-masafa bayna wa been al-bank?] How far away is the bank?
هل يوجد بنك هنا؟
[hal yujad bank huna?] Is there a bank here?
adj [bankij] **بنكي**
حساب بنكي
[Hesab bankey] bank account
كشف بنكي
[Kashf bankey] bank statement
مصاريف بنكية
[Maṣareef Bankeyah] bank charges
Panama *n* [banama:] **بنما**
build *vt* [bana:] **بني**
brown *adj* [bunnij] **بُنيٌ**
structure *n* [binja] **بِنْيَة**
بِنْيَة أساسية
[Benyah asaseyah] infrastructure
delight, joy *n* [bahʒa] **بهجة**
quietly *adv* [bihudu:ʔin] **بهدوء**
jolly, merry *adj* [bahi:ʒ] **بهيج**
doorman *n* [bawwa:b] **بواب**
gate *n* [bawwa:ba] **بوابة**
بوابة متحركة
[Bawabah motaharekah] turnstile
by *prep* [biwa:sitˤati] **بواسطة**
powder *n* [bu:dra] **بودرة**
podcast *n* [bu:dka:st] **بودكاست**
n [bu:dal] **بودل**
كلب البودل
[Kalb al-boodel] poodle
n [bu:di:nʒ] **بودينج**
حلوى البودينج
[Ḥalwa al-boodenj] dessert
Buddha *n* [bu:ða:] **بوذا**
Buddhist *n* ◃ Buddhist *adj* [bu:ðij] **بوذي**
Burma *n* [bu:rma:] **بورما**
Burmese *n* ◃ Burmese *adj* [bu:rmij] **بورمي** *(person)*
اللغة البورمية
[Al-loghah al-bormeyah] *(language)* Burmese
Bosnian *(person)* *n* [bu:snij] **بوسني**
inch *n* [bawsˤa] **بوصة**
compass *n* [bawsˤala] **بوصلة**
clearly *adv* [biwudˤu:ħin] **بوضوح**
buffet *n* [bu:fi:h] **بوفيه**
عربة البوفيه
['arabat al-boofeeh] dining car
trumpet, cornet, horn *n* [bu:q] **بوق**
n [bu:kar] **بوكَر**
لُعبَة البوكَر
[Lo'abat al-bookar] poker
urine *n* [bawl] **بَوْل**
Poland *n* [bu:landat] **بولندة**
Pole, Polish *n* ◃ Polish *adj* [bu:landij] **بولندي**
Polynesian *adj* [bu:linisij] **بولنسي**
n [bu:li:sˤa] **بوليصة**
بوليصة تأمين
[Booleeṣat taameen] insurance policy
Bolivian *n* ◃ Bolivian *adj* [bu:li:fij] **بوليفي**

بوليفيا Bolivia *n* [bu:lijfja:]

بولينسيا Polynesia *n* [bu:li:nisja:]

بولينيسي Polynesian *(person)* *n* [bu:li:ni:sij]

اللغة البولينيسية

[Al- loghah al-bolenseyah] *(language)* Polynesian

بومة owl *n* [bu:ma]

بيئة environment *n* [bi:ʔit]

صديق للبيئة

[Ṣadeek al-beeaah] environmentally friendly

علم البيئة

['aelm al-beeah] ecology

البيئة المُحِيطة

[Al- beeaah almoheeṭah] surroundings

بيأس desperately *adv* [bija?sin]

بياضات bedding *npl* [bajja:dˤa:tun]

بياضات الأسرّة

[Bayaḍat al-aserah] bed linen

بيان account *(report)* (بالأسباب) *n* [baja:n]

بيانات data *npl* [baja:na:tun]

بيانو piano *n* [bija:nu:]

لاعب البيانو

[La'aeb al-beyano] pianist

بيئي ecological, environmental *adj* [bi:ʔij]

بيت house *n* [bajt]

أهل البيت

[Ahl al-bayt] household

بيت من طابق واحد

[Bayt men ṭabe'q wahed] bungalow

بيتزا pizza *n* [bi:tza:]

بيجْ beige *n* [bi:ʒ]

بيجامة pajamas *n* [bi:ʒa:ma]

بيرة beer *n* [bi:ra]

مصنع البيرة

[maṣna'a al-beerah] brewery

كأس آخر من البيرة

[kaas aakhar min al-beera] another beer

بيرو Peru *n* [bi:ru:]

بيرو® ballpoint pen *n* [bi:ru:]

بيروفي Peruvian *n* ◂ Peruvian *adj* [bi:ru:fij]

بيروقراطية bureaucracy *n* [bi:ru:qra:tˤijjati]

بيرِيه beret *n* [bi:ri:h]

بيسبول baseball *adj* [bi:sbu:l]

بيض egg *n* [bajdˤ]

بيض عيد الفصح

[Bayḍ 'aeed al-feṣh] Easter egg

بيض مخفوق

[Bayḍ makhfou'q] scrambled eggs

لا أستطيع تناول البيض النيئ

[la asṭa-ṭee'a ta-nawil al-bayḍ al-nee] I can't eat raw eggs

بيضة egg *n* [bajdˤa]

صفار البيض

[Ṣafar al-bayḍ] egg yolk

بيضة مسلوقة

[Bayḍah maslo'qah] hard-boiled egg

بياض البيض

[Bayaḍ al-bayḍ] egg white

كأس البيضة

[Kaas al-bayḍah] eggcup

بيضوي oval *adj* [bajdˤawij]

بيع sale *n* [bajʕ]

الأكثر مبيعا

[Al-akthar mabe'aan] bestseller

بيع بالتجزئة

[Bay'a bel- tajzeaah] retail

بيع بالجملة

[Bay'a bel-jomlah] wholesale

طاولة بيع

[Ṭawelat bey'a] counter

بِيع *v* [bee:ʕa]

أين تُباع التذاكر؟

[ayna tuba'a al-tadhaker?] Where can I get tickets?, Where do I buy a ticket?

بيكيني bikini *n* [bi:ki:ni:]

بيلاروسي Belarussian, Belarussian *n* [bi:la:ru:sij] *(person)*

اللغة البيلاروسية

[Al-loghah al-belaroseyah] *(language)* Belarussian

بين between *prep* [bajna]

بينما

[bajnama:] as

بينما while, whereas, as *conj* [bajnama:]

بينما

[bajnama:] as

بيوتر [biju:tar] *n*

سبيكة البيوتر

[Sabeekat al-beyooter] pewter

بيولوجي [bju:lu:ʒij] biological *adj*

بيولوجي إحصائي

[Bayology ehŞaey] biometric

بيولوجيا [bju:lu:ʒja:] biology *n*

تائه lost *adj* [ta:ʔih]

تابع following *n* [ta:biʕa]

شركة تابعة

[Sharekah tabe'ah] subsidiary

تابوت coffin, box, case *n* [ta:bu:t]

تأثير impact *n* [taʔθi:r]

تاج crown *n* [ta:ʒ]

تاجر dealer *n* [ta:ʒir]

تاجر الأسماك

[Tajer al-asmak] fish dealer

تاجر مخدرات

[Tajer mokhaddrat] drug dealer

تأجير rental, lease *n* [taʔʒi:r]

تأجير سيارة

[Taajeer sayarah] car rental

هل تقومون بتأجير أجهزة DVD؟

[Hal ta'qomoon betaajeer ajhezat DVD?] Do you have DVDs for rent?

هل يمكن تأجير عربات للأطفال؟

[hal yamken ta-jeer 'aarabat lil-aṭfaal?] Do you rent out strollers?

تأجيل delay *n* [taʔʒi:l]

لقد تم تأجيل موعد الرحلة

[la'qad tum-a ta-jeel maw-'aid al-reḥla] The flight has been delayed

تأخر delay *v* [taʔaxxara]

يتأخر في النوم في الصباح

[Yataakhar fee al-nawm fee al-ṣabah] sleep in

هل تأخر القطار عن الموعد المحدد؟

[hal ta-akhar al-'qiṭaar 'aan al-maw'aid al-muḥadad?] Is the train running late?

تأخير delay *n* [taʔxi:r]

تأديب discipline *n* [taʔdi:b]

تأرجح rock *v* [taʔarʒaħa]

تَأرْجُح swing *n* [taʔarʒuħ]

تاريخ date, history *n* [ta:ri:x]

تاريخ الانتهاء

[Tareekh al-entehaa] expiration date

متعلق بما قبل التاريخ

[Mota'ale'q bema 'qabl al-tareekh] prehistoric

يُفضل استخدامه قبل التاريخ المُحدد

[Yofaḍḍal estekhdamoh 'qabl al-tareekh al-mohaddad] best-if-used-by date

ما هو التاريخ؟

[ma howa al-tareekh?] What is the date?

تاريخي historical *adj* [ta:ri:xij]

تاسع ninth *n* ◁ ninth *adj* [ta:siʕ]

تأشيرة visa *n* [taʔʃi:ra]

لدي تأشيرة دخول

[la-daya ta-sherat dikhool] I have an entry visa

هذه هي التأشيرة

[hathy heya al-taa-sheera] Here is my visa

تافه trivial, lousy, ridiculous, vain *adj* [ta:fih] ◁ trifle *n*

تاكسي taxi *n* [ta:ksi:]

موقف سيارات تاكسي

[Maw'qaf sayarat taksy] taxi stand

أنا في حاجة إلى تاكسي

[ana fee ḥaja ela taxi] I need a taxi

أين يمكن استقلال التاكسي؟

[Ayn yomken este'qlal al-taksey?] Where can I get a taxi?

لقد تركت حقائبي في التاكسي

[la'qad ta-rakto ḥa'qa-eby fee al-taxi] I left my bags in the taxi

من فضلك أريد نقل الحقائب إلى التاكسي

[min faḍlak areed ni'qll al-ḥa'qa-eb ela al-taxi] Please take my luggage to a taxi

من فضلك احجز لي تاكسي

[min faḍlak iḥjiz lee taxi] Please order me a taxi

هل يمكن أن نشترك في التاكسي؟
[hal yamken an nash-tarek fee al-taxi?] We could share a taxi

تأكيد confirmation *n* [taʔki:d]

بكل تأكيد
[Bekol taakeed] absolutely, definitely

تالٍ next *adv* [ta:lin]

تَأَلف *v* [taʔallafa]

يَتَأَلف من
[Yataalaf men] consist of

تالي further, next *adj* [ta:li:]

متى سنتوقف في المرة التالية؟
[mata sa-nata-wa'qaf fee al-murra al-taleya?] When do we stop next?

ما هو الموعد التالي للأتوبيس المتجه إلى...؟
[ma howa al-maw'aid al-taaly lel-baaş al-mutajeh ela...?] When is the next bus to...?

ما هو موعد القطار التالي من فضلك؟
[ma howa maw-'aid al-'qeṭaar al-taaly min faḍlak?] The next available train, please

تام perfect *adj* [ta:mm]

تآمر plot *(secret plan)* *v* [taʔa:mara]

تَأَمل speculate *v* [taʔammala]

تَأَمُّل meditation *n* [taʔammul]

تأمين insurance *n* [taʔmi:n]

تأمين سيارة
[Taameen sayarah] car insurance

تأمين ضد الحوادث
[Taameen ḍed al-hawaadeth] accident insurance

تأمين على الحياة
[Taameen 'ala al-hayah] life insurance

تأمين السفر
[Taameen al-safar] travel insurance

تأمين لدى الغير
[Tameen lada algheer] liability insurance

بوليصة تأمين
[Booleeşat taameen] insurance policy

شهادة تأمين
[Shehadat taameen] insurance certificate

أريد عمل الترتيبات الخاصة بالتأمين ضد الحوادث الشخصية
[areed 'aamal al-tar-tebaat al-khaşa bil-taameen ḍid al-ḥawadith al-shakhşiya] I'd like to arrange personal accident insurance

أحتاج إلى إيصال لأجل التأمين
[aḥtaaj ela eşaal leajl al-taameen] I need a receipt for the insurance

تفضل هذه هي بيانات التأمين الخاص بي
[Tafaḍal hadheh heya beyanaat altaameen alkhaş bee] Here's my insurance information

لدي تأمين صحي خاص
[la-daya ta-meen şiḥy khaş] I have health insurance

لا أعلم ما إذا كان لدي تأمين صحي لأسناني أم لا
[la a'alam ma etha kana la-daya taameen şiḥee le-asnan-ny am la] I don't know if I have dental insurance

ليس لدي تأمين صحي
[laysa la-daya ta-meen şiḥee] I don't have health insurance

ليس لدي تأمين في السفر
[laysa la-daya ta-meen lel-safar] I don't have travel insurance

هل ستدفع لك شركة التأمين مقابل ذلك
[hal sa-tadfaa laka share-kat al-tameen ma'qabil dhalik?] Will the insurance pay for it?

هل لديك تأمين؟
[hal ladyka ta-meen?] Do you have insurance?

تانزاني Tanzanian *n* ◁ Tanzanian *adj* [ta:nza:nij]

تَأنق dress up *v* [taʔannaqa]

تاهيتي Tahiti *n* [ta:hi:ti:]

تايِبِسْتْ typist *n* [ta:jbist]

تايلاند Thailand *n* [ta:jla:nd]

تايلاندي Thai *(person)* *n* ◁ Thai *adj* [ta:jla:ndij]

اللغة التايلاندية
[Al-logha al-taylandeiah] *(language)* Thai

تايوان Taiwan *n* [ta:jwa:n]

تايواني Taiwanese *n* ◁ Taiwanese *adj* [ta:jwa:nij]

تَبَادل exchange *v* [taba:dala]

تَبَاهى boast *v* [taba:ha:]

تباين contrast *n* [taba:jun]

تبديل change, substitute *n* [tabdi:l]

أين غرف تبديل الملابس؟
[ayna ghuraf tabdeel al-malabis?] Where are the clothes lockers?

تَبْرع donate *v* [tabarraʕa]

تبعِيَّات repercussions *n* [tabaʕijja:t]

تبغ tobacco *n* [tibɣ]

تبن hay *n* [tibn]

تَبَنِّي adoption *n* [tabanni:]

تَبَنى adopt (يُقر) *v* [tabanna:]

تبين figure out *v* [tabajjana]

تَتبع track down *v* [tatabbaʕa]

تَثَاءب yawn *v* [taθa:ʔaba]

تثقيفي informative *adj* [taθqi:fij]

تجارب experiment *n* [taʒa:rib]

حقل للتجارب

[Ha'ql lel-tajareb] guinea pig *(for experiment)*

تجارة trade *n* [tiʒa:ra]

تجارة الكترونية

[Tejarah elektroneyah] e-commerce

تجاري commercial *adj* [tiʒa:rij]

إعلان تجارى

[E'alaan tejarey] commercial

أعمال تجارية

[A'amaal tejareyah] business

فاتورة تجارية

[Fatoorah tejareyah] invoice

ما هو موعد إغلاق المحلات التجارية؟

[ma howa maw-'aid eghla'q al-maḥalat al-tejariya?] What time do the stores close?

تِجَاه across the street *adv* [tiʒa:ha]

تَجاهل ignore *v* [taʒa:hala]

تجاوز pass *(on road)*, go past *v* [taʒa:waza]

تجديد *n* [taʒdi:d]

ممكن تجديده

[Momken tajdedoh] renewable

تجديف canoeing, rowing *n* [taʒdi:f]

أين يمكن أن أمارس رياضة التجديف بالقوارب الصغيرة؟

[ayna yamken an omares riyaḍat al-tajdeef bil- 'qawareb al-ṣaghera?] Where can we go canoeing?

أين يمكننا أن نذهب للتجديف؟

[ʔajna jumkinuna: ʔan naðhabu littaʒdi:fi] Where can we go rowing?

تجربة experiment, try *n* [taʒriba]

تجربة إيضاحية

[Tajrebah eeḍaheyah] demo

تجسس spying *n* [taʒassus]

تَجسس spy *vi* [taʒassasa]

تجشأ burp *vi* [taʒaʃʃaʔa]

تَجَشُّؤ burp *n* [taʒaʃʃuʔ]

تجعيد wrinkle *n* [taʒʕi:d]

ماكينة تجعيد الشعر

[Makeenat taj'aeed sha'ar] curler

تجفيف drying *n* [taʒfi:f]

تجفيف الشعر

[Tajfeef al-saha'ar] blow-dry

لوحة تجفيف

[Lawhat tajfeef] drainboard

هل يمكنك من فضلك تجفيفه؟

[hal yamken -aka min faḍlak taj-fefaho?] Could you color my hair, please?

هل يوجد مكان ما لتجفيف الملابس؟

[hal yujad makan ma le-tajfeef al-malabis?] Is there somewhere to dry clothes?

تجمد freezing *n* [taʒammud]

مانع للتجمد

[Mane'a lel-tajamod] antifreeze

تَجمد freeze *vi* [taʒammada]

تجمع meeting *n* [taʒammuʕ]

متى يحين موعد التجمع؟

[mata yaḥeen maw'aid al-tajamu'a?] When is mass?

تجميل *n* [taʒmi:l]

جراحة تجميل

[Jerahat tajmeel] plastic surgery

مستحضرات التجميل

[Mosṫahdraat al-tajmeel] makeup

تجميلي cosmetic *adj* [taʒmi:lij]

مادة تجميلية تبرز الملامح

[Madah tajmeeleyah tobrez al-malameḥ] highlighter

تَجنب avoid *v* [taʒanabba]

تجول wander, tour *v* [taʒawwala]

تَجَوُّل stroll *n* [taʒawwul]

تجويف sinus *n* [taʒwi:f]

تَحَالُف alliance *n* [taħa:luf]

تحت below *prep* ◂ below *adv* [taħta]

تحتي lower *adj* [taħtij]

سِروال تحتي
[Serwaal taḥtey] underpants
تحدّ challenge *n* [taħaddin]
تحدث talk *vi* [taħaddaθa]
يتحدث إلى
[yataḥdath ela] talk to
يتحدث بحرية وبدون تحفظ
[yathadath be-ḥorreyah wa-bedon taḥaffoḍh] speak up
تحدى challenge *v* [taħadda:]
تحديداً specifically *adv* [taħdi:dan]
تحذير warning *n* [taħði:r]
أضواء التحذير من الخطر
[Aḍwaa al-tahdheer men al-khaṭar] hazard warning lights
تحرري liberal *adj* [taħarurij]
تحرك movement *n* [taħaruk]
لا يمكنها التحرك
[la yam-kinuha al-taḥaruk] She can't move
تحرّك *v* [taħarraka]
متى يتحرك أول ناقل للمتزلجين؟
[mata yata-ḥarak awal na'qil lel-muta-zalijeen?] When does the first chairlift go?
تَحرك move *vi* [taħarraka]
يَتَحرك إلى الأمام
[Yatḥarak lel-amam] move forward
يَتَحرك للخلف
[Yatḥarak lel-khalf] move back
تحرير liberation *n* [taħri:r]
تحريك moving *n* [taħri:k]
هل يمكنك تحريك سيارتك من فضلك؟
[hal yamken -aka taḥreek saya-ratuka min faḍlak?] Could you move your car, please?
تحسّن *v* [taħassana]
أتمني أن تتحسن حالة الجو
[ata-mana an tata-ḥasan ḥalat al-jaw] I hope the weather improves
تَحَسُن advance *n* [taħassun]
تحسين improvement *n* [taħsi:n]
تَحَطَم wreck, crash *v* [taħatˤtˤama]
تَحَطّم wreck *n* [taħatˤum]
تحَفُظ reservation *n* [taħafuzˤin]
تحفيز motivation *n* [taħfi:z]
تحقيق investigation *n* [taħqi:qu]
تحكم control *n* [taħakkum]
التحكم عن بعد
[Al-taḥakom an bo'ad] remote control
وحدة التحكم في ألعاب الفيديو
[Wehdat al-tahakom fee al'aab al-vedyoo] game console
لقد تعطلت مفاتيح التحكم عن العمل
[la'qad ta-'aaṭalat mafa-teeḥ al-taḥa-kum 'aan al-'aamal] The controls have jammed
تحكم *v* [taħakkama]
يَتحكم ب
[Yataḥkam be] overrule
تحكيم arbitration *n* [taħki:m]
تحلية dessert *n* [taħlija]
تحليق *n* [taħli:q]
التحليق في الجو
[Al-taḥlee'q fee al-jaw] gliding
تحليل analysis *n* [taħli:l]
تحمل undergo *v* [taħammala]
تحميل download *n* [taħmi:l]
تحول detour *n* [taħawwul]
تحول في المظهر
[taḥawol fee almaḍhhar] makeover
تحّول convert *v* [taħawwala]
تحويل transfer *n* [taħwi:l]
قابل للتحويل
['qabel lel-taḥweel] convertible
كم يستغرق التحويل؟
[kam yasta-ghri'q al-taḥweel?] How long will it take to transfer?
تحية greeting *n* [taħijja]
تَخاصم squabble *v* [taxa:sˤama]
تخرج graduation *n* [taxarruʒ]
تَخْريب vandalism *n* [taxri:b]
تخريبي destructive *adj* [taxri:bij]
عمل تخريبي
['amal takhreeby] sabotage
تَخصص specialize *v* [taxasˤsˤasˤa]
تَخَصُص specialty *n* [taxasˤusˤsˤ]
تخطى skip *vt* [taxatˤtˤa:]
تخطيط planning *n* [taxtˤi:tˤ]
تخطيط المدينة

[Takhṭeeṭ almadeenah] town planning
تخطيط بياني
[Takhṭeeṭ bayany] graph
reduction *n* [taxfi:dˤ] **تخفيض**
تخفيض الانتاج
[Takhfeeḍ al-entaj] cutback
تخفيض قيمة العملة
[Takhfeeḍ 'qeemat al'aomlah] devaluation
هل هناك تخفيض للأشخاص المعاقين؟
[hal hunaka takhfeeḍ lel-ash-khaṣ al-mu'aa-'qeen?] Is there a discount for disabled people?
هل يوجد أي تخفيضات لطلبة؟
[hal yujad ay takhfeeḍ-aat lel-ṭalaba?] Are there any discounts for students?
هل يوجد أي تخفيضات للأطفال؟
[hal yujad ay takhfeeḍ-aat lil-aṭfaal?] Are there any discounts for children?
هل يوجد أي تخفيضات للمواطنين من كبار السن؟
[hal yujad ay takhfeeḍ-aat lel-mowa-ṭineen men kebaar al-sin?] Are there any discounts for senior citizens?
relief *n* [taxfi:f] **تخفيف**
لا أريد أخذ حقنة لتخفيف الألم
[la areed akhith ḥu'qna li-takhfeef al-alam] I don't want an injection for the pain
n [taxallusˤ] **تخلص**
ممكن التخلص منه
[Momken al-takhalos menh] disposable
throw away *v* [taxallasˤa] **تَخَلَّص**
lag behind *v* [taxallafa] **تخلف**
v [taxallafa] **تخلّف**
لقد تخلفت عنه
[la'qad takha-lafto 'aanho] I've been left behind
v [taxalla:] **تخلى**
يَتخلى عن
[Yatkhala an] let down
يَتَخَلّى عن
[Yatkhala 'an] part with
frontier *n* [tuxm] **تخم**
guess *n* [taxmi:n] **تخمين**
select *v* [taxajjara] **تخّير**

imagine, fancy *v* [taxajjala] **تَخَيّل**
imaginary *adj* [taxajjulij] **تَخَيُّلي**
go in *v* [tadaxxala] **تدخل**
smoking *n* [tadxi:n] **تدخين**
التدخين
[Al-tadkheen] smoking
أريد غرفة مسموح فيها بالتدخين
[areed ghurfa masmooḥ feeha bil-tadkheen] I'd like a smoking room
n [tadruʒ] **تدرج**
طائر التدرج
[Ṭaear al-tadraj] pheasant
training *n* [tadri:b] **تدريب**
gradual *adj* [tadri:ʒij] **تدريجي**
teaching *n* [tadri:s] **تدريس**
هل تقومون بالتدريس؟
[hal ta'qo-moon bil-tadrees?] Do you give lessons?
n [tadri:m] **تدريم**
تدريم الأظافر
[Tadreem al-aḍhaafe] manicure
heating *n* [tadfiʔa] **تدفئة**
تدفئة مركزية
[Tadfeah markazeyah] central heating
إن نظام التدفئة لا يعمل
[enna neḍham al-tad-fe-a la ya'amal] The heating doesn't work
current *(flow)* *n* [tadaffuq] **تدفق**
flow *v* [tadaffaqa] **تدفق**
massage *n* [tadli:k] **تدليك**
destruction *n* [tadmi:r] **تدمير**
cycling *n* [tadwi:ru] **تدوير**
souvenir *n* [tiðka:r] **تذكار**
remember *v* [taðakkara] **تَذكر**
ticket, pass *n* [taðkira] **تذكرة**
تذكرة إلكترونية
[Tadhkarah elektroneyah] e-ticket
تذكرة إياب
[tadhkarat eyab] round-trip ticket
تذكرة أوتوبيس
[tadhkarat otobees] bus ticket
تذكرة الركن
[tadhkarat al-rokn] parking ticket

تذكرة انتظار
[tadhkarat enteḍhar] stand-by ticket

تذكرة ذهاب
[tadhkarat dhehab] one-way ticket

تذكرة ذهاب وعودة في نفس اليوم
[tadhkarat dhehab we-'awdah fee nafs al-yawm] one-day round-trip ticket

تذكرة فردية
[tadhkarat fardeyah] one-way ticket

شباك التذاكر
[Shobak al-taḍhaker] box office

ماكينة التذاكر
[Makenat al-taḍhaker] ticket machine

تذكرة طفل
[tadhkerat ṭifil] a child's ticket

كم يبلغ ثمن تذكرة الذهاب والعودة؟
[Kam yablogh thaman tadhkarat al-dhab wal-'awdah?] How much is a round-trip ticket?

كيف تعمل ماكينة التذاكر؟
[kayfa ta'amal makenat al-tathaker?] How does the ticket machine work?

لقد ضاعت تذكرتي
[la'qad ḍa'aat taḍhkeraty] I've lost my ticket

ما هو سعر التذكرة في الأسبوع؟
[ma howa si'ar al-tathkara fee al-asboo'a?] How much is a pass per week?

ما هو ثمن تذكرة التزلج؟
[ma howa thaman tathkarat al-tazal-oj?] How much is a ski pass?

من أين يمكن شراء تذكرة الأتوبيس؟
[Men ayen yomken sheraa tadhkarat al otoo-bees?] Where can I buy a bus card?

هل يمكن أن أشتري التذاكر هنا؟
[hal yamken an ashtary al-tadhaker huna?] Can I buy the tickets here?

تَذَوق taste *v* [taðawwaqa]

تراجع عن back out *v* [tara:ʒaʕa ʕan]

ترام streetcar *n* [tra:m]

ترانزستور transistor *n* [tra:nzistu:r]

تَراوح range *v* [tara:waħa]

تربة soil *n* [turba]

تربوي educational *adj* [tarbawij]

تربية upbringing *n* [tarbija]

ترتيب arrangement *n* [tarti:b]

على الترتيب
[Ala altarteeb] respectively

ترجم translate *v* [tarʒama]

هل يمكن أن تترجم لي من فضلك؟
[hal yamken an tutar-jim lee min faḍlak?] Could you act as an interpreter for us, please?

ترجمة translation *n* [tarʒama]

ترحيب welcome *n* [tarħi:b]

تردد frequency *n* [taraddud]

تَردد hesitate *v* [taraddada]

ترشيح nomination *n* [tarʃi:ħ]

جهاز ترشيح
[Jehaz tarsheeḥ] filter

ترفيه *n* [tarfi:h]

هل يوجد ملهي للترفيه هنا؟
[hal yujad mula-hee lel-tarfeeh huna?] Is there a playground near here?

تُرْقُوة collarbone *n* [turquwa]

ترك leave *v* [taraka]

أين يمكن أن أترك متعلقاتي الثمينة؟
[ayna yamken an atruk muta-'ala'qaty al-thameena?] Where can I leave my valuables?

ترَكز focus *v* [tarakkaza]

تركي Turkish *adj* [turkij]

تركيا Turkey *n* [turkija:]

تركيب composition, installment *n* [tarki:b]

تركيز concentration *n* [tarki:z]

ترمومتر thermometer *n* [tirmu:mitir]

ترَنم hum *v* [tarannama]

ترنيمة hymn *n* [tarni:ma]

ترويج promotion *n* [tarwi:ʒ]

ترياق antidote *n* [tirja:q]

تزامن coincidence *n* [taza:mana]

تَزامن coincide *v* [taza:mana]

تزحلق sledding, skating, rolling, *n* [tazaħluq] sliding

ممر التزحلق
[Mamar al-tazahlo'q] ski pass

تَزَلُج على العجل
[Tazaloj 'ala al-'ajal] rollerskating

تَزَلُج على الجليد
[Tazaloj 'ala al-jaleed] ice-skating

تَزَلُج على اللوح

[Tazaloj 'ala al-looh] skateboarding

تَزَلُج على المياه

[Tazaloj 'ala al-meyah] waterskiing

تَزَلُج شِرَاعِي

[Tazaloj shera'aey] windsurfing

حلبة تَزَلُج

[Ḥalabat tazaloj] skating rink

أين يمكنك ممارسة رياضة التزحلق على الماء؟

[ayna yamken-ak muma-rasat riyaḍat al-tazaḥlu'q 'ala al-maa?] Where can you go waterskiing?

تزَعَم lead *vt* [tzaʕʕama]

تزلج *n* [tazaluʒ]

لوح التزلج

[Lawh al-tazalloj] skateboard

أريد إيجار عصي تزلج

[areed e-jar 'aoṣy tazaluj] I want to rent ski poles

أين يمكن أن نؤجر معدات التزلج؟

[ayna yamken an noa-jer mo'aedat al-tazal-oj?] Where can I rent skiing equipment?

أين يمكن أن نذهب للتزلج على الجليد؟

[ayna yamken an nadhhab lel-tazaluj 'ala al-jaleed?] Where can we go ice-skating?

ما هي أسهل ممرات التزلج؟

[ma heya as-hal mama-raat al-tazal-oj?] Which are the easiest runs?

من أين يمكن أن نشتري تذاكر التزلج؟

[min ayna yamken an nash-tary tadhaker al-tazal-oj?] Where can I buy a ski pass?

تزلج skate *v* [tazallaʒa]

أين يمكن أن نتزلج على عربات التزلج؟

[ayna yamken an natazalaj 'ala 'aarabat al-tazal-oj?] Where can we go sledding?

تَزّلُج skiing *n* [tazzaluʒ]

تزلق tobogganing *n* [tazaluq]

تَزوج marry *v* [tazawwaʒa]

يَتَزوج ثانية

[Yatazawaj thaneyah] remarry

تزوير forgery *n* [tazwi:r]

تَزْيين *n* [tazji:nu]

تَزْيين الحلوى

[Tazyeen al-ḥalwa] icing

تساؤل query *n* [tasa:ʔul]

تَسابق race *vi* [tasa:baqa]

تسجل *v* [tasaʒʒala]

يتسجل فى فندق

[Yatasajal fee fondo'q] check in

تسجيل registration *n* [tasʒi:lu]

عملية التسجيل

['amalyat al-tasjeel] recording

جهاز التسجيل

[Jehaz al-tasjeel] recorder *(music)*

التسجيل فى فندق

[Al-tasjeel fee fondo'q] check-in

ماكينة تسجيل الكاش

[Makenat tasjeel al-kaash] cash register

مكتب التسجيل

[Maktab al-tasjeel] county clerk's office

تسخين heating *n* [tasxi:n]

تَسَرُب leak *n* [tasarrub]

تسريح *n* [tasri:ħ]

هل تبيع مستحضرات لتسريح الشعر؟

[hal tabee'a musta-ḥḍaraat le-tasreeḥ al-sha'air?] Do you sell styling products?

تسريحة hairstyle *n* [tasri:ħa]

أريد تسريحة جديدة تمامًا

[areed tas-reeḥa jadeeda ta-maman] I want a completely new style

هذه التسريحة من فضلك

[hathy al-tasreeḥa min faḍlak] This style, please

تسريع acceleration *n* [tasri:ʕ]

تسعة nine *number* [tisʕatun]

تسعة عشر nineteen *number* [tisʕata ʕaʃara]

تسعين ninety *number* [tisʕi:nun]

تسلسل sequence *n* [tasalsul]

تسلق climbing *n* [tasalluq]

تسلق الصخور

[Tasalo'q alṣokhoor] rock climbing

تسلق الجبال

[Tasalo'q al-jebal] mountaineering

أود أن أذهب للتسلق؟

[awid an adhhab lel tasalo'q] I'd like to go climbing

تسلق climb *v* [tasallaqa]

hack (كمبيوتر) *v* [tasallala] **تَسلل**

pastime *n* [taslija] **تسلية**

delivery *n* [tasli:m] **تسليم**

Tasmania *n* [tasma:nja:] **تسمانيا**

poisoning *n* [tasammum] **تسمم**

تسمم الدم

[Tasamom al-dam] blood poisoning

التسمم الغذائي

[Al-tasmom al-ghedhaaey] food poisoning

n [tashi:l] **تسهيل**

ما هي التسهيلات التي تقدمها للمعاقين؟

[ma heya al-tas-helaat al-laty tu'qadem-ha lel-mu'aa'qeen?] What facilities do you have for disabled people?

shopping *n* [tasawwuq] **تسوق**

ترولي التسوق

[Trolley altasaw'q] shopping cart

tsunami *n* [tsu:na:mi:] **تسونامي**

compromise *n* [taswija] **تسوية**

marketing *n* [taswi:qu] **تسويق**

similarity *n* [taʃa:buh] **تَشابُه**

scrap, fall out *v* [taʃa:ʒara] **تشاجر**

يتشاجر مع

[Yatashajar ma'a] quarrel

Chad *n* [tʃa:d] **تشاد**

hug *n* [taʃabbuθ] **تشبث**

encouragement *n* [taʃʒi:ʕ] **تشجيع**

diagnosis *n* [taʃxi:sˤ] **تشخيص**

legislation *n* [taʃri:ʕ] **تشريع**

working, functioning *n* [taʃɣi:l] **تشغيل**

إعادة تشغيل

[E'aadat tashgheel] replay

لا يمكنني تشغيله

[la yam-kinuni tash-gheloho] I can't turn the heat on

لن أقوم بتشغيله

[Lan a'qoom betashgheeloh] It won't turn on

confusion, mix-up *n* [taʃawwuʃ] **تشوش**

suspense, thriller *n* [taʃwi:q] **تشويق**

Czech *adj* [tʃi:kij] **تشيكي**

اللغة التشيكية

[Al-loghah al-teshekeyah] *(language)* Czech

شخص تشيكي

[Shakhṣ tesheekey] *(person)* Czech

Chilean *adj* [tʃi:lij] **تشيلي**

دولة تشيلي

[Dawlat tesheeley] Chile

مواطن تشيلي

[Mowaṭen tsheeley] Chilean

v [tasˤa:dafa] **تصادف**

يتصادف مع

[Yataṣaadaf ma'a] bump into

collision *n* [tasˤa:dum] **تصادم**

collide *v* [tasˤa:dama] **تصادم**

correction *n* [tasˤħi:ħ] **تصحيح**

n [tasˤdi:q] **تصديق**

غير قابل للتصديق

[Ghayr 'qabel leltaṣdee'q] fabulous

behave *v* [tasˤarrafa] **تَصَرف**

permission, permit [tasˤri:ħ] **تصريح**

تصريح عمل

[Taṣreeh 'amal] work permit

تصريح خروج

[Taṣreeh khoroj] Passover

تصريح الركوب

[Taṣreeh al-rokob] boarding pass

هل أنت في احتياج إلى تصريح بالصيد؟

[hal anta fee iḥti-yaj ela taṣreeḥ bil-ṣayd?] Do you need a fishing license?

هل يوجد أي تخفيضات مع هذا التصريح؟

[hal yujad ay takhfeeḍ-aat ma'aa hadha al-taṣ-reeḥ?] Is there a discount with this pass?

n [tasˤri:f] **تصريف**

أنبوب التصريف

[Anboob altaṣreef] drainpipe

تصريف الأفعال

[Taṣreef al-afaal] conjugation

browse *vt* [tassˤaffaħa] **تصّفح**

يَتَصَفح الانترنت

[Yataṣafaḥ al-enternet] surf

alignment *n* [tasˤfi:f] **تصفيف**

تصفيف الشعر

[taṣfeef al-sha'ar] hairstyle

applause *n* [tasˤfi:q] **تصفيق**

repair *n* [tasˤli:ħ] **تصليح**

عدة التصليح

['aodat altaşleeh] repair kit

أين يمكنني تصليح هذه الحقيبة؟

[ayna yamken-any taşleeḥ hadhe al-ḥa'qeba?] Where can I get this repaired?

كم تكلفة التصليح؟

[kam taklifat al-taşleeḥ?] How much will the repairs cost?

هل تستحق أن يتم تصليحها؟

[hal tasťa-ḥi'q an yatum taşle-ḥaha?] Is it worth repairing?

هل يمكن تصليح ساعتي؟

[hal yamken taşleeḥ sa'aaty?] Can you repair my watch?

هل يمكن تصليحها؟

[hal yamken taşleeḥ-aha?] Can you repair it?

design, resolution *n* [tasˤmi:m] **تصميم**

assortment *n* [tasˤni:f] **تصنيف**

visualize *v* [tasˤawwara] **تَصور**

vote *n* [tasˤwi:t] **تصويت**

drawing, photography *n* [tasˤwi:r] **تصوير**

التصوير الفوتوغرافي

[Al-taşweer al-fotoghrafey] photography

ماكينة تصوير

[Makenat taşweer] photocopier

أين يوجد أقرب محل لبيع معدات التصوير الفوتوغرافي؟

[Ayn yoojad a'qrab mahal lebay'a mo'aedat al-taşweer al-fotoghrafey] Where is the nearest place to buy photography equipment?

هل يمكنني القيام بالتصوير السينمائي هنا؟

[hal yamken -any al-'qeyaam bil-taş-weer al-sena-maiy huna?] Can I film here?

inflation *n* [tadˤaxxum] **تَضَخُّم**

include *v* [tadˤammana] **تَضمن**

extremism *n* [tatˤarruf] **تطرف**

embroidery *n* [tatˤri:z] **تطريز**

vaccination *n* [tatˤʕi:m] **تطعيم**

أنا أحتاج إلى تطعيم

[ana aḥtaaj ela taţ-'aeem] I need a vaccination

app (*IT: = application*) *n* [tatbeeq] **تطبيق**

require *v* [tatˤallaba] **تَطَلَّب**

development *n* [tatˤawwur] **تطور**

develop *vi* [tatˤawwara] **تطور**

volunteer *v* [tatˤawwaʕa] **تطوع**

pretend *v* [tazˤa:hara] **تظاهر**

v [taʕa:dala] **تعادل**

يتعادل مع

[Yata'aaadal ma'a] tie (*equal with*)

disagree *v* [taʕa:radˤa] **تعارَض**

sympathy *n* [taʕa:tˤuf] **تعاطف**

sympathize *v* [taʕa:tˤafa] **تعاطف**

cooperation *n* [taʕa:wun] **تعاون**

collaborate *v* [taʕa:wana] **تعاون**

exhaustion *n* [taʕib] **تعب**

تعب بعد السفر بالطائرة

[Ta'aeb ba'ad al-safar bel-ţaerah] jetlag

أشعر بالتعب

[ash-'aur bil-ta'aab] I'm tired

packaging *n* [taʕbiʔit] **تعبئة**

expression *n* [taʕbi:r] **تعبير**

blackout *n* [taʕti:m] **تعتيم**

trip, stumble *v* [taʕaθθara] **تَعَثَّر**

wonder *v* [taʕaʒʒaba] **تَعجب**

modification *n* [taʕdi:l] **تعديل**

mining *n* [taʕdi:n] **تعدين**

torture *n* [taʕði:b] **تعذيب**

v [taʕarradˤa] **تعرض**

لقد تعرضت حقائبي للضرر

[la'qad ta-'aaradat ḥa'qa-eby lel-ḍarar] My luggage has been damaged

v [taʕarrafa] **تعَرف**

يَتْعَرف على

[Yata'araf 'ala] recognize

perspiration *n* [taʕarruq] **تَعَرُّق**

adj [taʕarri:] **تعري**

راقصة تعري

[Ra'qeşat ta'arey] stripper

definition, description *n* [taʕri:f] **تعريف**

تعريف الهوية

[Ta'areef al-haweyah] identification

tariff, notice *n* [taʕri:fa] **تعريفة**

gear (*mechanism*) *n* [taʕʃi:qa] **تعشيقة**

break down *v* [taʕatˤtˤala] **تعطل**

لقد تعطلت سيارتي

[la'qad ta-'aaţalat sayaraty] My car has broken down

ماذا أفعل إلى تعطلت السيارة؟
[madha af'aal edha ta'aa-ṭalat al-sayara?] What do I do if I have car trouble?

breakdown *n* [taʕatˤul] تَعَطّل

decay, rot *v* [taʕaffana] تعفن

discretion *n* [taʕaqqul] تعقل

complication *n* [taʕqi:d] تعقيد

v [taʕallaqa] تعلق

فيما يتعلق بـ
[Feema yat'ala'q be] moving

learn *v* [taʕallama] تعلم

caption, commentary, *n* [taʕli:q] تعليق
suspension

teaching, education, tuition *n* [taʕli:m] تعليم

تعليم عالى
[Ta'aleem 'aaaly] higher education

تعليم الكبار
[Ta'aleem al-kebar] adult education

نظام التعليم الإضافي
[neḍham al-ta'aleem al-eḍafey] higher education *(lower-level)*

instructions *npl* [taʕli:ma:tun] تعليمات

educational *adj* [taʕli:mijjat] تعليمي

منحة تعليمية
[Menḥah ta'aleemeyah] scholarship

n [tʕmi:d] تعميد

حفلة التعميد
[Ḥaflat alt'ameed] christening

compensation *n* [taʕwi:dˤ] تعويض

miserable, unhappy *adj* [taʕi:s] تعيس

nutrition *n* [taɣðija] تغذية

سوء التغذية
[Sooa al taghdheyah] malnutrition

coverage *n* [taɣtˤija] تغطية

تغطية الكيك
[taghṭeyat al-keek] frosting

v [taɣallaba] تَغلب

يَتَغلب على
[Yatghalab 'ala] get over

يَتَغْلَب على
[Yatghalab 'ala] overcome

يَتَغْلَب على
[Yatghalab 'ala] cope

play hooky *v* [taɣajjaba] تغَيّب

shift, change *n* [taɣajjur] تغير

تغير المناخ
[Taghyeer almonakh] climate change

change *vi* [taɣajjara] تغَير

change *n* [taɣji:r] تغيير

قابل للتغيير
['qabel lel-tagheyer] changeable, variable

أريد تغيير تذكرتي
[areed taghyeer tadhkeraty] I want to change my ticket

أين يمكنني تغيير ملابس الرضيع؟
[ayna yamken-any taghyeer ma-labis al-raḍee'a?] Where can I change the baby?

هل من المتوقع أن يحدث تغيير في حالة الجو
[Hal men al-motwa'qa'a an yahdoth tagheer fee ḥalat al-jaw] Is the weather going to change?

optimism *n* [tafa:ʔul] تفاؤل

apple *n* [tuffa:ħ] تفاح

عصير تفاح
['aaṣeer tofaḥ] hard cider

فطيرة التفاح
[Faṭeerat al-tofaaḥ] apple pie

apple *n* [tuffa:ħa] تفاحة

flee *v* [tafa:da:] تفَادى

react *v* [tafaaʕala] تفاَعل

reaction *n* [tafa:ʕul] تَفَاعُل

n [tafa:hum] تفاهم

هناك سوء تفاهم
[hunaka so-i tafa-hum] There's been a misunderstanding

negotiate *v* [tafa:wadˤa] تفاوَض

n [tafti:ʃ] تَفتيش

غُرفِة تَفتيش
[Ghorfat tafteesh] septic tank

bombing *n* [tafʒi:r] تفجير

examine (يستجوب) *v* [tafaħħasˤa] تَفحَص

unpacking *n* [tafri:ɣ] تفريغ

يحب على تفريغ الحقائب
[yajib 'aala-ya taf-reegh al-ḥa'qaeb] I have to unpack

detail *n* [tafsˤi:l] تفصيل

preference *n* [tafdˤi:l] تفضيل

تفقد *v* [tafaqqada]

أين يمكن أن أتفقد حقائبي؟

[ayna yamken e-da'a ḥa'qa-eby?] Where do I check in my luggage?

تَفَقُّد review, inspection *n* [tafaqqud]

تَفَقُّد الحضور

[Tafa'qod al-ḥoḍor] roll call

تفكير thought *n* [tafki:r]

مستغرق في التفكير

[Mostaghre'q fee al-tafkeer] thoughtful

تقابل *v* [taqa:bala]

متى سنتقابل

[Mata sanata'qabal] Where shall we meet?

تقاطع intersection, exit *n* [taqa:tˤuʕ]

اتجه نحو اليمين عند التقاطع الثاني

[Etajeh naḥw al-yameen] Turn right at the next intersection

...السيارة بالقرب من التقاطع رقم

[al-sayara bil-'qurb min al-ta'qa-ṭu'a ra'qim...] The car is near exit number...

...ما هو التقاطع الذي يوصل إلى

[ma howa al-ta'qa-ṭu'a al-lathy yo-waṣil ela...?] Which exit is it for...?

تقاعد retirement *n* [taqa:ʕud]

تقاعد *v* [taqa:ʕada]

لقد تقاعدت عن العمل

[Le'qad ta'qa'adt 'an al-'amal] I'm retired

تَقَاعد retire *v* [taqa:ʕada]

تقدُم progress *n* [taqaddum]

تقَدم advance *v* [taqadama]

تقدير estimate *n* [taqdi:r]

تقديم presentation *n* [taqdi:m]

تقديم الهدايا

[Ta'qdeem al-hadayah] awards ceremony

تقريبا approximately, almost *adv* [taqri:ban]

تقريبي approximate *adj* [taqri:bij]

تقرير report *n* [taqri:r]

تقرير مدرسي

[Ta'qreer madrasey] report card

تقسيم division *n* [taqsi:m]

تقشير peeling *n* [taqʃi:r]

جهاز تقشير البطاطس

[Jehaz ta'qsheer al-baṭaṭes] potato peeler

تقطير filtration, distillation *n* [taqtˤi:r]

معمل التقطير

[Ma'amal alta'qṭeer] distillery

تقلص contraction *n* [taqallunsˤ]

تقلص عضلي

[Ta'qaloṣ 'aḍaley] spasm

تقلّص shrink *v* [taqallasˤa]

تقليد tradition *n* [taqli:d]

تقليدي conventional, traditional *adj* [taqli:dij]

غير تقليدي

[Gheer ta'qleedey] unconventional

تقليل reduction *n* [taqli:l]

تقني technical *adj* [tiqnij]

techie *n* ◁

تقنية mechanism *n* [tiqnija]

تقويم calendar *n* [taqwi:m]

تقيأ vomit *v* [taqajjaʔa]

تَكاسَل avoid work *v* [taka:sala]

تكبير enlargement *n* [takbi:r]

تَكْتك check *v* [taktaka]

تكتيكات tactics *npl* [takti:ka:tun]

تكثيف condensation *n* [takθi:f]

تكدس pileup *n* [takaddus]

تكرار repeat *n* [tikra:r]

تكراري repetitive *adj* [tikra:rij]

تكريس dedication *n* [takri:s]

تكلفة cost *n* [taklufa]

تكلفة المعيشة

[Taklefat al-ma'aeeshah] cost of living

...كم تبلغ تكلفة المكالمة التليفونية إلى

[kam tablugh taklifat al-mukalama al-talefoniya ela...?] How much would it cost to telephone...?

كم تبلغ تكلفة ذلك؟

[kam tablugh taklifat dhalik?] How much does that cost?

كم تبلغ تكلفة هذا؟

[kam tablugh taklifat hadha?] How much does it cost?

هل يشمل ذلك تكلفة الكهرباء؟

[hal yashmil dhalik taklifat al kah-rabaa?] Is the cost of electricity included?

تكلم speech *n* [takallum]

عسر التكلم
['aosr al-takalom] dyslexia

تكلم speak *v* [takalama]

تكنولوجي technological *adj* [tiknu:lu:ʒij]

تكنولوجيا technology *n* [tiknu:lu:ʒja:]

تَكَيف adapt *v* [takajjafa]

تكييف regulation, adjusting *n* [takji:fu]

تكييف الهواء
[Takyeef al-hawaa] air conditioning

هل هناك تكييف هواء بالغرفة
[hal hunaka takyeef hawaa bil-ghurfa?] Does the room have air conditioning?

تل hill *n* [tall]

تلاءم *v* [tala:ʔama]

يَتلائَم مع
[Yatalaam ma'a] fit in

تلخبط mess around *v* [talaxbatˤa]

تلْعثم stammer *v* [talaʕθama]

تلغراف telegram *n* [tiliɣra:f]

أريد إرسال تلغراف
[areed ersaal tal-ghraaf] I want to send a telegram

هل يمكن إرسال تلغراف من هنا؟
[hal yamken ersaal tal-ghraf min huna?] Can I send a telegram from here?

تلفاز television, TV *n* [tilfa:z]

أين أجد جهاز التلفاز؟
[ayna ajid jehaz al-tilfaz?] Where is the TV set?

تلفزيون television *n* [tilifiziju:n]

تلفزيون الواقع
[Telefezyon al-wa'qe'a] reality TV

وَصْلَة تلفزيونية
[Wșlah telefezyoneyah] cable television

هل يوجد قاعة لمشاهدة التلفزيون؟
[hal yujad 'qa'aa le-musha-hadat al-tali-fizyon?] Is there a television lounge?

تلفزيوني *adj* [tilifizju:nij]

دائرة تلفزيونية مغلقة
[Daerah telefezyoneyah moghla'qa] CCTV

تَلَقف grab *v* [talaqqafa]

تلقى *v* [talaqqa:]

يتلقى حملا
[Yatala'qa ḥemlan] load

تلقيح vaccination *n* [talqi:ħ]

تلَمس *v* [talammasa]

يَتلَمس طريقه في الظلام
[Yatalamas ṭaree'qah fee al-ḍhalam] grope

تلميح hint *n* [talmi:ħ]

تلميذ, تلميذة *n* [tilmi:ðun, tilmi:ða, tilmi:ða] pupil, schoolboy, schoolgirl

تلميذ داخلي
[telmeedh dakhely] boarder

تلميذة schoolgirl *n* [tilmi:ða]

تلوث pollution *n* [talawwuθ]

تلوين coloring *n* [talwi:n]

تليسكوب telescope *n* [tili:sku:b]

تليفريك chairlift *n* [tili:fri:k]

تليفزيون TV *n* [tili:fizju:n]

تليفزيون رقمي
[telefezyoon ra'qamey] digital television

تليفزيون بلازما
[Telefezyoon ra'qamey] plasma TV

تليفزيون ملون
[Telefezyon molawan] color television

شاشة تليفزيون
[Shashat telefezyoon] screen

هل يوجد تليفزيون بالغرفة
[hal yujad tali-fizyon bil-ghurfa?] Does the room have a TV?

تليفون telephone *n* [tili:fu:n]

رقم التليفون
[Ra'qm al-telefone] phone number

تليفون المدخل
[Telefoon al-madkhal] entry phone

تليفون بكاميرا
[Telefoon bekamerah] camera phone

تليفون مزود بوظيفة الرد الآلي
[Telephone mozawad be-waḍheefat al-rad al-aaley] answering machine

كارت تليفون
[Kart telefone] cardphone, phone card

كابينة تليفون
[Kabeenat telefoon] phone booth

تليفوني *adj* [tili:fu:nij]

يجب أن أقوم بإجراء مكالمة تليفونية
[yajib an a'qoom be-ijraa mukalama talefonia] I

have to make a phone call

fully, altogether, exactly *adv* [tama:man] **تماما**

swing, sway *vi* [tama:jala] **تمايل**

stutter *v* [tamtama] **تمْتم**

statue *n* [timθa:l] **تمثال**

acting *n* [tamθi:ll] **تمثيل**

التمثيل الصامت

[altamtheel al-ṣamet] pantomime

n [tamri:dˤ] **تمريض**

دار التمريض

[Dar al-tamreeḍ] nursing home

exercise *n* [tamri:n] **تمرين**

تمرين الضغط

[Tamreen al- Ḍaghṭ] push-up

tear up *v* [tamzzaqa] **تَمزَق**

tear (*split*) *n* [tamzi:q] **تَمْزيق**

crocodile *n* [timsa:ħ] **تمساح**

تمساح أمريكي

[Temsaah amreekey] alligator

تمساح نهري أسيوي

[Temsaah nahrey asyawey] mugger

wish *v* [tamanna:] **تَمَنى**

n [tamwi:ʒu] **تمويج**

تمويج الشعر

[Tamweej al-sha'ar] perm

finance *n* [tamwi:l] **تمويل**

stand out *v* [tamajjaza] **تمَيز**

discrimination *n* [tamji:z] **تمييز**

تمييز عنصري

[Tamyeez 'aonory] racism

ممكن تمييزه

[Momken tamyezoh] recognizable

waiver, surrender, fight *n* [tana:zul] **تنازل**

أريد عمل الترتيبات الخاصة بالتنازل عن تعويض التصادم

[areed 'aamal al-tar-tebaat al-khaṣa bil-tanazul 'aan ta'aweeḍ al-ta-ṣadum] I'd like to arrange a collision damage waiver

v [tana:zala] **تنازَل**

يَتنازَل عن

[Tetnazel 'an] waive

breed *v* [tana:sala] **تناَسل**

rivalry *n* [tana:fus] **تنافس**

compete *v* [tana:fasa] **تنافَس**

competitive *adj* [tana:fusij] **تنافسي**

contradiction *n* [tana:qudˤ] **تناقض**

relay race *n* [tana:wub] **تناوب**

taking, having *n* [tana:wul] **تناول**

أحب تناوله بدون...من فضلك

[aḥib tana-wilaho be-doon... min faḍlak] I'd like it without..., please

أحب تناوله وبه...زائد من فضلك

[aḥib tana-wilaho be-zeyaada... min faḍlak] I'd like it with extra..., please

لا يمكنني تناول الأسبرين

[la yam-kinuni tanawil al-asbireen] I can't take aspirin

ماذا تريد تناوله في الإفطار

[madha tureed tana-wilho fee al-efṭaar?] What would you like for breakfast?

نريد تناول بعض الحلوى

[nureed tanawil ba'aḍ al-ḥalwa] We'd like dessert

v [tana:wala] **تناول**

سوف أتناول هذا

[sawfa ata-nawal hadha] I'll have this

ماذا تريد أن تتناول؟

[madha tureeḍ an tata-nawal?] What would you like to eat?

هل يمكن أن أتناول أحد المشروبات؟

[Hal yomken an atanaawal aḥad al-mashroo-bat?] Can I get you a drink?

هل يمكن أن أتناول الإفطار داخل غرفتي؟

[hal yamken an ata-nawal al-efṭaar dakhil ghur-faty?] Can I have breakfast in my room?

predict *v* [tanabbaʔa] **تنبأ**

يتنَبأ ب

[Yatanabaa be] foresee

forecast *n* [tanabuʔ] **تنبؤ**

لا يمكن التنبؤ به

[La yomken al-tanaboa beh] unpredictable

n [tanʒi:m] **تنجيم**

علم التنجيم

[A'elm al-tanjeem] astrology

Tanzania *n* [tanza:nija:] **تنزانيا**

hiking *n* [tanazzuh] **تنزه**

التنزه بين المرتفعات
[Altanazoh bayn al-mortaf'aat] hiking
tennis *n* [tinis] تنس
تنس الريشة
[Tenes al-reshah] badminton
لاعب تنس
[La'aeb tenes] tennis player
مضرب تنس
[Maḍrab tenes] tennis racket
ملعب تنس
[Mal'aab tenes] tennis court
نود أن نلعب التنس؟
[nawid an nal'aab al-tanis] We'd like to play tennis
format *n* [tansi:q] تنسيق
sniff *v* [tanaʃʃaqa] تنشَق
cleaning *n* [tanzˤi:f] تنظيف
تنظيف شامل للمنزل بعد انتهاء الشتاء
[tanḍheef shamel lel-manzel ba'ad entehaa al-shetaa] spring-cleaning
خادم للتنظيف
[Khadem lel-tanḍheef] cleaner
محل التنظيف الجاف
[Mahal al- tanḍheef al-jaf] dry-cleaner's
regulation *n* [tanzˤi:m] تنظيم
تنظيم المعسكرات
[Tanṭeem al-mo'askarat] camping
تنظيم النسل
[tanḍheem al-nasl] birth control
breathing *n* [tanaffus] تنفس
breathe *v* [tanafasa] تنفَس
execution *n* [tanfi:ð] تنفيذ
executive *adj* [tanfi:ðijjat] تنفيذي
سُلطة تنفيذية
[Soltah tanfeedheyah] (مدير) executive
disguise *v* [tanakkara] تنكَر
sigh *v* [tanahhada] تنهَد
sigh *n* [tanhi:da] تنهيدة
n [tannu:b] تنوب
شجر التنوب
[Shajar al-tanob] fir (tree)
n [tannu:ra] تنورة
تنورة تحتية
[Tanorah taḥteyah] petticoat
تنورة قصيرة بها ثنيات واسعة
[Tannorah 'qaṣeerah beha thanayat wase'aah] kilt
variety *n* [tanawwuʕ] تنوع
dragon *n* [tinni:n] تنين
stagger *v* [taha:da:] تهادَى
spelling *n* [tahʒiʔa] تهجئة
مصحح التهجئة
[Moṣaheh altahjeaah] spell checker
threat *n* [tahdi:d] تهديد
threatening *adj* [tahdi:dij] تهديدي
smuggling *n* [tahri:bu] تهريب
ironic *adj* [tahakumij] تهكمي
charge *(accusation)* *n* [tuhma] تُهمة
congratulations *npl* [tahniʔat] تهنئة
ventilation *n* [tahwijatin] تهوية
lullaby *n* [tahwi:da] تهويدة
soon *adv* [tawwan] تواً
seasoning, spice *n* [tawa:bil] توابل
balance *n* [tawa:zun] توازن
n [tawa:lajtu] تواليت
السيفون لا يعمل في التواليت
[al-seefon la ya'amal fee al-toilet] The toilet won't flush
twin *n* [tawʔam] توأم
berry, raspberry *n* [tu:tt] توت
توت برى
[Toot barrey] cranberry
تُوتْ أزرق
[Toot azra'q] blueberry
tension *n* [tawattur] توتر
مسبب توتر
[Mosabeb tawator] stressful
documentation *n* [tawθi:q] توثيق
Togo *n* [tu:ʒu:] توجو
direction, steering *n* [tawʒi:h] توجيه
directions *npl* [tawʒi:ha:tun] توجيهات
flush (يتدفق) *v* [tawarrada] تَورد
v [tawarratˤa] تَورط
يَتوَرط في
[Yatawaraṭ fee] get into
supply *n* [tawri:d] توريد

تَوْريد الطعام
[Tarweed al-ṭa'aam] catering

توريدات supplies *npl* [tawri:da:tun]

توزيع *n* [tawzi:ʕ]

صُنبور توزيع
[Ṣonboor twazea'a] dispenser

طريق توزيع الصحف
[ṭaree'q tawze'a al-ṣohof] paper route

توصية recommendation *n* [tawsˤijja]

توصيل conveyance *n* [tawsˤi:l]

طلب التوصيل
[Ṭalab al-tawseel] hitchhiking

أريد إرسال ساعي لتوصيل ذلك
[areed ersaal sa'ay le-tawṣeel hadha] I want to send this by courier

هل يمكن توصيل حقائبي إلى أعلى؟
[hal yamken tawṣeel ḥa'qa-ebee ela a'ala?] Could you have my luggage taken up?

توصيلة *n* [tawsˤi:la]

توصيلة مجانية
[tawṣeelah majaneyah] ride *(free ride)*

توضيح illustration *n* [tawdˤi:ħ]

توظيف recruitment *n* [tawzˤi:f]

تَوَفُّر availability *n* [tawaffur]

توق *n* [tawq]

توق شديد
[Too'q shaded] anxiety

تُوق *v* [tawaqa]

يَتُوق إلى
[Yatoo'q ela] long

تَوَقع expect, wait *v* [tawaqqaʕa]

تَوَقُّع prospect *n* [tawaqqaʕa]

توقف setback, stop *n* [tawaqquf]

توقف في رحلة
[Tawa'qof fee rehlah] stopover

شاشة تَوَقُّف
[Shashat taw'qof] screen saver

توقف *v* [tawaqafa]

...هل سنتوقف في
[hal sanata-wa'qaf fee...?] Do we stop at...?

هل يتوقف القطار في...؟
[hal yata-wa'qaf al-'qeṭaar fee...?] Does the train stop at...?

تَوَقف stop *vi* [tawaqqafa]

توقيع signature *n* [tawqi:ʕ]

تَوَلّى take over *v* [tawalla:]

توليب tulip *n* [tawli:bu]

توليد reproduction, midwifery *n* [tawli:d]

مستشفى توليد
[Mostashfa tawleed] maternity hospital

تونجا *n* [tu:nʒa:]

مملكة تونجا
[Mamlakat tonja] Tonga

تونس Tunisia *n* [tu:nus]

تونسي Tunisian *n* ◃ Tunisian *adj* [tu:nusij]

تيار current *(electricity) n* [tajja:r]

تيبت Tibet *n* [ti:bit]

تيبتي *adj* [ti:bitij]

اللغة التيبتية
[Al-loghah al-tebeteyah] *(language)* Tibetan

تيبيتي Tibetan *adj* [ti:bi:tij]

شخص تيبيتي
[Shakhṣ tebetey] *(person)* Tibetan

تيتانوس tetanus *n* [ti:ta:nu:s]

تيّم *v* [tajjamma]

يُتَيمّ ب
[Yotayam be] love

تين fig *n* [ti:n]

rebellious, furious *adj* [θa:ʔir] **ثائر**

fixed, still *adj* [θa:bit] **ثابت**

persevere *v* [θa:bara] **ثَابِر**

thirdly *adv* [θa:liθan] **ثالثاً**

thirteenth *adj* [θa:liθa ʕaʃara] **ثالث عشر**

minor *adj* [θa:nawij] **ثانوي**

next, second *adj* [θa:ni:] **ثاني**

اتجه نحو اليسار عند التقاطع الثاني

[Etajh naḥw al-yasar 'aend al-ta'qato'a al-thaney] Turn left at the next intersection

secondly *adv* [θa:ni:an] **ثانياً**

second *n* [θa:nija] **ثَانِيَة**

twelfth *adj* [θa:nija ʕaʃara] **ثاني عشر**

do up, fix *v* [θabbata] **ثبّت**

breast *n* [θadjj] **ثَدْي**

talkative *adj* [θarθa:r] **ثرثار**

thermostat *n* [θirmu:sta:t] **ثرموستات**

wealth *n* [θarwa] **ثروة**

wealthy *adj* [θarij] **ثري**

snake *n* [θuʕba:n] **ثعبان**

fox *n* [θaʕlab] **ثعلب**

ثعلب الماء

[Tha'alab al-maaa] otter

culture *n* [θaqa:fa] **ثقافة**

cultural *adj* [θaqa:fij] **ثقافى**

heaviness *n* [θaqqa:la] **ثقالة**

ثقالة الورق

[Na'qalat al-wara'q] paperweight

aperture, puncture, piercing *n* [θuqb] **ثقب**

prick, bore *v* [θaqaba] **ثُقُب**

يَثْقب بمثقاب

[Yath'qob bemeth'qaab] drill

confidence *(secret)*, confidence *n* [θiqa] **ثقة** *(trust)*

غير جدير بالثقة

[Ghaayr jadeer bel-the'qa] unreliable

ثقة بالنفس

[The'qah bel-nafs] confidence *(self-assurance)*

heavy *adj* [θaqi:l] **ثقيل**

إنه ثقيل جدا

[inaho tha'qeel jedan] This is too heavy

number [θala:θun] **ثلاث**

عندي ثلاثة أطفال

['aendy thalathat aṭfaal] I have three children

Tuesday *n* [θula:θa:ʔ] **ثلاثاء**

ثلاثاء المرافع

[Tholathaa almrafe'a] Mardi Gras

three *number* [θala:θatun] **ثلاثة**

thirteen *number* [θala:θata ʕaʃara] **ثلاثة عشر**

thirty *number* [θala:θu:na] **ثلاثون**

triple *adj* [θula:θij] **ثلاثي**

ثلاثي الأبعاد

[Tholathy al-ab'aaad] three-dimensional

triplets *npl* [θula:θijjun] **ثُلاثِي**

fridge, refrigerator *n* [θalla:ʒa] **ثلاجة**

ثلاجة صغيرة

[Thallaja ṣagheerah] minibar

snow *n* [θalʒ] **ثلج**

رجل الثلج

[Rajol al-thalj] snowman

صندوق الثلج

[Ṣondoo'q al-thalj] icebox

ثلج أسود

[thalj aswad] black ice

كرة ثلج

[Korat thalj] snowball

كتلة ثلج رقيقة

[Kotlat thalj ra'qee'qah] snowflake

محراث الثلج

[Mehrath thalj] snowplow

مكعب ثلج

[Moka'aab thalj] ice cube

يَتَزحلق على الثلج

[Yatazahal'q ala al-thalj] ski

تتساقط الثلوج

[tata-sa'qaṭ al-tholooj] It's snowing

الثلوج كثيفة جدا

[al- tholoj kathefa jedan] The snow is very heavy

هل تعتقد أن الثلوج سوف تتساقط؟

[hal ta'ata-'qid an-na al-thilooj sawfa tata-sa'qaṭ?] Do you think it's going to snow?

ثلوج *n* [θulu:ʒ]

ماكينة إزالة الثلوج

[Makenat ezalat al-tholo'j] de-icer

ثمانون eighty *number* [θama:nu:na]

ثمانية eight *number* [θama:nijatun]

ثمانية عشر eighteen *number* [θama:nijata ʕaʃara]

ثمرة fruit *n* [θamara]

ثمرة العُليق

[Thamrat al-'alay'q] blackberry

ثمرة البلوط

[Thamarat al-baloot] acorn

ثمرة الكاجو

[Thamarat al-kajoo] cashew

ثَمِل drunk *adj* [θamil]

ثمن cost, value *n* [θaman]

مرتفع الثمن

[mortafe'a al-thaman] expensive

كم يبلغ الثمن لكل ساعة

[kam yablugh al-thaman le-kul layla?] How much is it per night?

لقد طلب مني ثمنًا باهظًا

[la'qad ṭuleba min-y thamanan ba-heḍhan] I've been overcharged

ما هو ثمن التذاكر؟

[Ma hwa thamn al-tadhaker?] How much are the tickets?

ثمّن rate *v* [θammana]

ثُمن eighth *n* [θumun]

ثمين valuable *adj* [θami:n]

أريد أن أضع بعض الأشياء الثمينة في الخزينة

[areed an aḍa'a ba'aḍ al-ashiaa al-thameena fee al-khazeena] I'd like to put my valuables in the safe

ثني bend *v* [θana:]

ثنية crease *n* [θanja]

ثوب garment *n* [θawb]

ثوب الراقص أو البهلوان

[Thawb al-ra'qes aw al-bahlawan] leotard

ثوب فضفاض

[Thawb feḍeaḍ] negligee

ثور bull *n* [θawr]

ثورة revolution *n* [θawra]

ثوري revolutionary *adj* [θawrij]

ثوم garlic *n* [θu:m]

ثوم معمر

[Thoom mo'aamer] chives

هل به ثوم؟

[hal behe thoom?] Is there any garlic in it?

ثياب clothing *n* [θija:b]

ثياب النوم

[Theyab al-noom] nightgown

أيجب أن نرتدي ثيابًا خاصة؟

[ayajib an nartady the-aban khaṣa?] Is there a dress code?

ثيرموس® thermos *n* [θi:rmu:s]

ج

جائر unfair *adj* [ʒa:ʔir]

جائزة award, prize *n* [ʒa:ʔiza]

الفائز بالجائزة

[Al-faez bel-jaaezah] prizewinner

جاتوه layer cake *n* [ʒa:tu:]

جاد serious *adj* [ʒa:dd]

جادل argue, quarrel *(to argue)* *v* [ʒa:dala]

جاذبية attraction *n* [ʒa:ðibijja]

جار neighbor *n* [ʒa:r]

جاروف shovel *n* [ʒa:ru:f]

جاز jazz *n* [ʒa:z]

موسيقى الجاز

[Mosey'qa al-jaz] jazz

جازف risk *v* [ʒazafa]

جاسوس spy *n* [ʒa:su:s]

جاسوسية espionage *n* [ʒa:su:sijja]

جاف dry *adj* [ʒa:ff]

تنظيف جاف

[tanḍheef jaf] dry-cleaning

جاف تماماً

[Jaf tamaman] bone dry

أنا شعري جاف

[ana sha'ary jaaf] I have dry hair

كأس من مشروب الشيري الجاف من فضلك

[Kaas mashroob al-sheery al-jaf men faḍlek] A dry sherry, please

جاكت jacket *n* [ʒa:kit]

جاكت العشاء

[Jaket al-'aashaa] dinner jacket

جاكيت ثقيل

[Jaket tha'qeel] parka

جالس *v* [ʒa:lasa]

يُجالس الأطفال

[Yojales al-aṭfaal] babysit

جاليري art museum *n* [ʒa:li:ri:]

جامايكي Jamaican *n* ◂ Jamaican *adj* [ʒa:ma:jkij]

جامبيا Gambia *n* [ʒa:mbija:]

جامع mosque *n* ◂ inclusive *adj* [ʒa:miʕ]

جامع التذاكر

[Jame'a al-tadhaker] ticket collector

جامع الجوز

[Jame'a al-jooz] nut case

جامعة university *n* [ʒa:miʕa]

جامعي academic *adj* [ʒa:miʕij]

الحرم الجامعي

[Al-ḥaram al-jame'aey] campus

جامل compliment *v* [ʒa:mala]

جاموسة buffalo *n* [ʒa:mu:sa]

جانب side *n* [ʒa:nib]

بجانب

[Bejaneb] beside

جانبي *adj* [ʒa:nibij]

ضوء جانبي

[Ḍowa janebey] parking light

آثار جانبية

[Aathar janeebyah] side effect

شارع جانبي

[Share'a janebey] side street

جاهز bought *adj* [ʒa:hiz]

جاهزة *adj* [ʒa:hizat]

السيارة ستكون جاهزة

[al-sayara sa-ta-koon ja-heza] When will the car be ready?

متى ستكون جاهزة للتشغيل؟

[mata sata-koon jaheza lel-tash-gheel?] When will it be ready?

جاهل ignorant *adj* [ʒa:hil]

جبال mountains *npl* [ʒiba:l]

جبال الألب

[ʒiba:lu al-ʔalbi] Alps

جبال الأنديز
[ʒiba:lu al-ʔandi:zi] Andes
جبل
[ʒabal] mountain
جبل جليدي
[Jabal jaleedey] iceberg
دراجة الجبال
[Darrajah al-jebal] mountain bike
أريد غرفة مطلة على الجبال
[areed ghurfa mu-ṭella 'aala al-jebaal] I'd like a room with a view of the mountains
أين يوجد أقرب كوخ بالجبل؟
[ayna yujad a'qrab kookh bil-jabal?] Where is the nearest mountain hut?
جبان coward *n* ◂ cowardly *adj* [ʒaba:n]
جبد fit *adj* [ʒabad]
جبلي mountainous *adj* [ʒabalij]
جبن cheese *n* [ʒubn]
جبن قريش
[Jobn 'qareesh] cottage cheese
ما نوع الجبن؟
[ma naw'a al-jibin?] What kind of cheese?
جبهة forehead *n* [ʒabha]
جثة corpse *n* [ʒuθθa]
جحيم hell *n* [ʒaħi:m]
جد granddad, grandfather, grandpa *n* [ʒadd]
الجَدّ الأكبر
[Al-jad al-akbar] great-grandfather
جداً very *adv* [ʒidan]
مسرور جداً
[Masroor jedan] delighted
إلى جد بعيد
[Ela jad ba'aeed] most
جدار wall *n* [ʒida:r]
الجدار الواقي
[Al-jedar al-wa'qey] firewall
جدة grandma, granny *n* [ʒadda]
الجدة الأكبر
[Al-jaddah al-akbar] great-grandmother
جَدد renew *v* [ʒaddada]
جدف row *(in boat)* *v* [ʒaddafa]
جَدَلي controversial *adj* [ʒadalij]
جدول stream, table *(chart)* *n* [ʒadwal]
جدول أعمال
[Jadwal a'amal] agenda
جدول زمني
[Jadwal zamaney] schedule, timetable
جدياً seriously *adv* [ʒiddi:an]
جديد new, unprecedented *adj* [ʒadi:d]
جدير worthy *adj* [ʒadi:r]
جدير بالذكر
[Jadeer bel-dhekr] particular
جدير بالملاحظة
[Jadeer bel-molahaḍhah] remarkable
جذاب attractive *adj* [ʒaðða:b]
جذب pull *vt* ◂ attract *v* [ʒaðaba]
جِذر root *n* [ʒiðr]
جِذْع trunk *n* [ʒiðʕ]
جَذّف paddle *vi* [ʒaððafa]
جر *v* [ʒarra]
يَجُر سيارة
[Yajor sayarah] tow away
جرُأ dare *v* [ʒaraʔa]
جرئ daring *adj* [ʒariʔ]
جراب bag, carryall *n* [ʒira:b]
جراج garage *n* [ʒara:ʒ]
جراح surgeon *n* [ʒarra:ħ]
جراحة doctor's office *n* [ʒira:ħa]
جراحة تجميل
[Jerahat tajmeel] plastic surgery
جراحة تجميلية
[Jerahah tajmeeleyah] plastic surgery
جراد *n* [ʒara:d]
جراد الجندب
[Jarad al-jandab] grasshopper
جراد البحر
[Jarad al-bahr] crayfish
جَرَاد البحر
[Garad al-baḥr] lobster
جرار tractor *n* [ʒaraar]
جرافة bulldozer *n* [ʒarra:fa]
جرافيك *n* [ʒara:fi:k]
رسوم جرافيك
[Rasm jrafek] graphics
جرام gram *n* [ʒra:m]
جرانيت *n* [ʒara:ni:t]

حجر الجرانيت
[Ḥajar al-jraneet] granite
جرب try *v* [ʒarraba]
هل يمكن أن أجربها من فضلك؟
[hal yamken an ajar-rebha min faḍlak?] May I test it, please?
جرثومة germ *n* [ʒurθu:ma]
جرح injury, wound *n* [ʒurħ]
قابل للجرح
['qabel lel-jarh] vulnerable
جرح injure, wound *v* [ʒaraħa]
جرحي traumatic *adj* [ʒarħij]
جَرِد strip *v* [ʒarrada]
جرذ rat *n* [ʒurð]
جرس bell *n* [ʒaras]
جرس الباب
[Jaras al-bab] doorbell
جرعة dose *n* [ʒurʕa]
جرعة زائدة
[Jor'aah zaedah] overdose
جرف drift, cliff *n* [ʒurf]
جرم crime *n* [ʒurm]
جرائم الكمبيوتر والانترنت
[Jraem al-kmobyoter wal-enternet] cybercrime
جُرن trough *n* [ʒurn]
جرو puppy *n* [ʒarw]
جرى run *v* [ʒara:]
يَجْري بالفرس
[Yajree bel-faras] gallop
جريدة newspaper *n* [ʒari:da]
أين يمكن أن أشتري الجرائد الإخبارية؟
[Ayn yomken an ashtray al-jraaed al-yawmeyah] Where can I buy a newspaper?
أين يوجد أقرب محل لبيع الجرائد؟
[Ayn yojad a'qrab mahal leby'a aljraaed?] Where is the nearest place to buy newspapers?
هل يوجد لديكم جرائد إخبارية؟
[hal yujad laday-kum jara-ed ekhbar-iya?] Do you have newspapers?
جريمة crime *n* [ʒari:ma]
شريك في جريمة
[Shareek fee jareemah] accomplice

جرينلاند Greenland *n* [ʒri:nala:ndi]
جِزّ mow *v* [ʒazza]
جزء part *n* [ʒuzʔ]
جزء صغير
[Joza ṣagheer] bit
جزء ذو أهمية خاصة
[Joza dho ahammeyah khaṣah] highlight
لا يعمل هذا الجزء كما ينبغي
[la ya'amal hatha al-juz-i kama yan-baghy] This part doesn't work properly
جَزِأ break up *v* [ʒazzaʔa]
جزاء penalty *n* [ʒaza:ʔ]
جزائري Algerian *adj* [ʒaza:ʔirij]
شخص جزائري
[Shakhṣ jazayry] Algerian
جزار butcher *n* [ʒazza:r]
جزازة mower *n* [ʒazza:zatu]
جزازة العشب
[Jazazt al-'aoshb] lawnmower
جزئي partial *adj* [ʒuzʔij]
بدوام جزئي
[Bedwam jozay] part-time
جزئياً partly *adv* [ʒuzʔijan]
جزر carrot *n* [ʒazar]
جزر أبيض
[Jazar abyad] parsnip
جزر الهند الغربية
[Jozor al-hend al-gharbeyah] West Indies
جزر الباهاما Bahamas *npl* [ʒuzuru ʔal-ba:ha:ma:]
جزيء molecule *n* [ʒuzajʔ]
جزيرة island *n* [ʒazi:ra]
جزيرة استوائية غير مأهولة
[Jozor ghayr maahoolah] desert island
شبه الجزيرة
[Shebh al-jazeerah] peninsula
جسر bridge, embankment *n* [ʒisr]
جسر معلق
[Jesr mo'aala'q] suspension bridge
جسم body *n* [ʒism]
جسم السفينة
[Jesm al-safeenah] hull
جسم مضاد
[Jesm moḍad] antibody

جشع greedy *adj* [ʒaʃiʕ]
جص plaster *(for wall)* *n* [ʒibsˤ]
جعة *n* [ʒunʕa]
جعة معتقة
[Jo'aah mo'ata'qah] lager beer
جعَل *v* [ʒaʕala]
يَجعَله عصريا
[Tej'aalah 'aşreyan] update
جغرافيا geography *n* [ʒuɣra:fja:]
جفاف drought *n* [ʒafa:f]
جَفف dry *v* [ʒaffafa]
جِفن eyelid *n* [ʒafn]
جل gel *n* [ʒil]
جل الشعر
[Jel al-sha'ar] hair gel
جلالة majesty *n* [ʒala:la]
جلب fetch, pick up *v* [ʒlaba]
جَلَبة fuss *n* [ʒalaba]
جلد skin *n* [ʒildu]
جلد الغنم
[Jeld al-ghanam] sheepskin
جلد مدبوغ
[Jeld madboogh] leather
جلد مزأبر
[Jeld mazaabar] suede
قشعريرة الجلد
['qash'aarerat al-jeld] goose bumps
جلد thump *v* [ʒalada]
جلس *v* [ʒalasa]
هل يمكن أن نجلس معا؟
[hal yamken an najlis ma'aan?] Can we have seats together?
جلس sit down *v* [jaʒlasa]
يَجْلِس مرة أخرى
[Yajles marrah okhra] retake
جلسة session *n* [ʒalsa]
جلطة stroke *n* [ʒaltˤa]
جلوتين gluten *n* [ʒlu:ti:n]
جلوس sitting *n* [ʒulu:s]
حجرة الجلوس
[Hojrat al-joloos] family room
أين يمكنني الجلوس؟
[ayna yamken-any al-jiloos?] Where can I sit down?
هل يوجد مكان يمكنني الجلوس فيه؟
[hal yujad makan yamken -ini al-juloos feehe?] Is there somewhere I can sit down?
جلوكوز glucose *n* [ʒluku:z]
جَلّي obvious *adj* [ʒalij]
جليد ice *n* [ʒali:d]
جليدي icy *adj* [ʒali:dij]
نهر جليدي
[Nahr jaleedey] glacier
جليس companion *(male)* *n* [ʒali:s]
جليس أطفال
[Jalees aţfaal] babysitter
جليسة companion *(female)* *n* [ʒali:sa]
جليسة أطفال
[Jaleesat aţfaal] nanny
جليل glorious *adj* [ʒali:l]
جماع sexual intercourse *n* [ʒima:ʕ]
جماعة group *n* [ʒama:ʕa]
جماعي collective *adj* [ʒama: ʕij]
جمال beauty *n* [ʒama:l]
جمانزيوم gym, gymnasium *n* [ʒimna:zju:mi]
أخصائي الجمنازيوم
[akheşaaey al-jemnazyom] gymnast
تدريبات الجمنازيوم
[Tadreebat al-jemnazyoom] gymnastics
جمبري shrimp *n* [ʒambarij]
جمبري كبير
[Jambarey kabeer] scampi
جمجمة skull *n* [ʒumʒuma]
جمركي *adj* [ʒumrukij]
رسوم جمركية
[Rosoom jomrekeyah] customs
جمع plural *n* [ʒamʕ]
جمعة Friday *n* [ʒumuʕa]
الجمعة العظيمة
[Al-jom'ah al-'aadheemah] Good Friday
جمعية association *n* [ʒamʕijja]
جمل camel *n* [ʒamal]
جملة sentence *(words)* *n* [ʒumla]
جملي wholesale *adj* [ʒumalij]
جمهور audience *n* [ʒumhu:r]
جمهور الناخبين

[Jomhoor al-nakhebeen] electorate

جمهورية republic *n* [ʒunmhu:rijjati]

جمهورية أفريقيا الوسطى

[Jomhoreyat afre'qya al-wosṭa] Central African Republic

جمهورية التشيك

[Jomhoreyat al-tesheek] Czech Republic

جمهورية الدومنيكان

[Jomhoreyat al-domenekan] Dominican Republic

جميع all *adj* [ʒami:ʕ]

جميل beautiful *adj* [ʒami:l]

على نحو جميل

[Ala nahw jameel] prettily

بشكل جميل

[Beshakl jameel] beautifully

جنائي criminal *adj* [ʒina:ʔij]

جناح van, wing *n* [ʒana:ħ]

جناح أيسر

[Janah aysar] left-wing

جناح أيمن

[Janah ayman] right-wing

جناح من مستشفى

[Janah men al-mostashfa] ward *(hospital room)*

جنازة funeral *n* [ʒana:za]

جنب side *n* [ʒanbun]

من الجنب

[Men al-janb] sideways

جنة paradise, heaven *n* [ʒanna]

جندي serviceman, soldier *n* [ʒundij]

جندي بحري

[Jondey baharey] seaman

جنس category, class, gender, sex *n* [ʒins]

مؤيد للتفرقة العنصرية بحسب الجنس

[Moaed lel-tare'qa al'aonṣeryah behasb aljens] sexist

مشته للجنس الآخر

[Mashtah lel-jens al-aakahar] heterosexual

جنسي sexual *adj* [ʒinsij]

مثير جنسيا

[Motheer jensyan] sexy

مُثير للشهوة الجنسية

[Motheer lel shahwah al-jenseyah] erotic

مَيْل جِنسي

[Mayl jensey] sexuality

جنسية nationality *n* [ʒinsijja]

جنوب south *n* [ʒanu:bu]

جنوب أفريقيا

[Janoob afree'qya] South Africa

جنوب شرقي

[Janoob shr'qey] southeast

متجه للجنوب

[Motageh lel-janoob] southbound

واقع نحو الجنوب

[Wa'qe'a nahw al-janoob] southern

جنوباً south *adv* [ʒanu:ban]

جنوبي south *adj* [ʒanu:bij]

القارة القطبية الجنوبية

[Al-'qarah al-'qoṭbeyah al-janoobeyah] Antarctic

القطب الجنوبي

[Al-k'qotb al-janoobey] South Pole

شخص من أمريكا الجنوبية

[Shakhṣ men amreeka al-janoobeyah] South American

قطبي جنوبي

['qoṭbey janoobey] Antarctic

كوريا الجنوبية

[Korya al-janoobeyah] South Korea

جنون madness *n* [ʒunu:n]

جنية fairy *n* [ʒinnija]

جنين fetus *n* [ʒani:n]

جنيني prenatal *adv* [ʒani:nijjun]

جنيه *n* [ʒunajh]

جنيه استرليني

[Jeneh esterleeney] pound sterling

جهاز apparatus, gear *(equipment)*, *n* [ʒiha:z] appliance

جهاز الرد الآلي

[Jehaz al-rad al-aaly] answering machine

جهاز المناعة

[Jehaz al-mana'aa] immune system

جهاز النداء الآلي

[Jehaz al-nedaa al-aaley] beeper

جهاز حفر

[Jehaz hafr] rig

جهد effort *n* [ʒuhd]

جهد كهربي

[Jahd kahrabey] voltage

بجهد شديد

[Bejahd shaded] barely

جهّز accommodate (يوفر) *v* [ʒahhaza]

يُجَهِّز بالسِّلَع

[Yojahez bel-sela'a] stock up on

جهل ignorance *n* [ʒahl]

جو weather, air, atmosphere *n* [ʒaww]

الجو شديد البرودة

[al-jaw shaded al-boroda] It's freezing

الجو شديد الحرارة

[al-jaw shaded al-ḥarara] It's very hot

كيف ستكون حالة الجو غدا؟

[kayfa sata-koon ḥalat al-jaw ghadan?] What will the weather be like tomorrow?

ما هي حالة الجو المتوقعة غدا؟

[ma heya ḥalat al-jaw al-muta-wa'qi'aa ghadan?] What's the weather forecast?

هل من المتوقع أن يحدث تغيير في حالة الجو

[Hal men al-motwa'qa'a an yahdoth tagheer fee ḥalat al-jaw] Is the weather going to change?

جواتيمالا Guatemala *n* [ʒwa:ti:ma:la:]

جواد *n* [ʒawa:d]

جواد السباق

[Jawad al-seba'q] racehorse

جواز permit *n* [ʒawa:z]

جواز سفر

[Jawaz al-safar] passport

جواز مرور

[Jawaz moror] pass *(permit)*

الأطفال مقيدون في هذا الجواز

[Al-aṭfaal mo'aydoon fee hadha al-jawaz] The children are on this passport

لقد سرق جواز سفري

[la'qad sure'qa jawaz safary] My passport has been stolen

لقد ضاع جواز سفري

[la'qad ḍa'aa jawaz safary] I've lost my passport

لقد نسيت جواز سفري

[la'qad nasyto jawaz safary] I've forgotten my passport

من فضلك، أريد أن أسترد جواز سفري

[min faḍlak, areed an asta-rid jawaz safary] Please give me my passport back

جواهرجي jeweler *n* [ʒawa:hirʒi:]

محل جواهرجي

[Maḥal jawaherjey] jewelry store

جودة quality *n* [ʒawda]

جودو judo *n* [ʒu:du:]

جورب stocking *n* [ʒawrab]

جورب قصير

[Jawrab 'qaṣeer] sock

جورجي Georgian *adj* [ʒu:rʒij]

مواطن جورجي

[Mowaṭen jorjey] Georgian *(inhabitant of Georgia)*

جورجيا Georgia *(country)* *n* [ʒu:rʒja:]

ولاية جورجيا

[Welayat jorjeya] Georgia *(US state)*

جوز walnut *n* [ʒawz]

جامع الجوز

[Jame'a al-jooz] nut case

حساسية الجوز

[Hasaseyat al-joz] nut allergy

جوزة nut *(food)* *n* [ʒawza]

جوزة الهند

[Jawzat al-hend] coconut

جوع hunger *n* [ʒu:ʕ]

جوّع starve *v* [ʒu:ʕa]

جوعان hungry *adj* [ʒawʕa:n]

جَوْقَةٌ choir *n* [ʒawqa]

جوكي jockey *n* [ʒu:kij]

جولة tour *n* [ʒawla]

جولة إرشادية

[Jawlah ershadeyah] guided tour

جولف *n* [ʒu:lf]

رياضة الجولف

[Reyadat al-jolf] golf

ملعب الجولف

[Mal'aab al-jolf] golf course

نادي الجولف

[Nady al-jolf] golf club *(game)*

أين يمكنني أن ألعب الجولف؟

[ayna yamken-any an al-'aab al-jolf?] Where can I play golf?

جونلة skirt *n* [ʒawnala]

جونلة قصيرة

[Jonelah 'qaṣeerah] miniskirt

جوهر substance *n* [ʒawhar]

جوهرة jewel *n* [ʒawhara]

جَوهَري essential *adj* [ʒawharij]

جوي air *adj* [ʒawwij]

ما المدة التي يستغرقها بالبريد الجوي؟

[ma al-mudda al-laty yasta-ghru'qoha bil-bareed al-jaw-wy?] How long will it take by air?

جوية *n* [ʒawijja]

أريد تغيير رحلتي الجوية

[areed taghyeer reḥlaty al-jaw-wya] I'd like to change my flight

جيانا Guyana *n* [ʒuja:na:]

جيب pocket *n* [ʒajb]

جيتار guitar *n* [ʒi:ta:r]

جيد good, excellent *adj* [ʒajjid]

إنه جيد جدًا

[inaho jayed jedan] It's pretty good

أتعتقد أن الجو سيكون جيدا؟

[a-ta'ata'qed enna al-jaw sayakoon jayidan?] Is the weather going to be good?

هل يوجد شواطئ جيدة قريبة من هنا؟

[hal yujad shawaṭee jayida 'qareeba min huna?] Are there any good beaches near here?

جيدًا well *adv* [ʒajjidan]

مذاقه ليس جيدًا

[madha-'qaho laysa jay-edan] It doesn't taste very good

هل نمت جيدًا؟

[hal nimt jayi-dan?] Did you sleep well?

جير lime *(compound)* *n* [ʒi:r]

جيرانيوم *n* [ʒi:ra:nju:mi]

نبات الجيرانيوم

[Nabat al-jeranyom] geranium

جيش army *n* [ʒajʃ]

جيل generation *n* [ʒi:l]

جيلي Jell-O® *n* [ʒi:li:]

جين *n* [ʒi:n]

جين وراثي

[Jeen werathey] gene

جينز *n* [ʒi:nz]

ملابس الجينز

[Malabes al-jeenz] jeans

جيني genetic *adj* [ʒi:nnij]

جيولوجيا geology *n* [ʒju:lu:ʒja:]

ح

حائز *n* [ħa:ʔiz]

الحائز على المرتبة الثانية

[Al-ḥaez ala al-martabah al-thaneyah] runner-up

حائط wall *n* [ħa:ʔitˤ]

ورق حائط

[Wara'q ḥaeṭ] wallpaper

حَاجّ pilgrim *n* [ħa:ʒʒ]

حاجب eyebrow, janitor *n* [ħa:ʒib]

حاجة need *n* [ħa:ʒa]

حاجة ملحة

[Hajah molehah] demand

إننا في حاجة إلى مفتاح آخر

[ena-na fee ḥaja ela muftaaḥ aakhar] We need a second key

أنا في حاجة إلى مكواة

[ana fee ḥaja ela muk-wat] I need an iron

نحن في حاجة إلى المزيد من المفارش

[naḥno fee ḥaja ela al-mazeed min al-mafa-rish] We need more sheets

حاجز barrier *n* [ħa:ʒiz]

حاجز الأمواج

[Hajez al-amwaj] mole *(infiltrator)*

حاجز الماء

[Hajez al-maa] jetty

حاجز حجرى

[Hajez hajarey] curb

حاجز وضع التذاكر

[Hajez wad'a al-tadhaker] ticket barrier

حاخام rabbi *n* [ħa:xa:m]

حاد sharp *adj* [ħa:dd]

حادث accident *n* [ħa:diθ]

إدارة الحوادث والطوارئ

[Edarat al-hawadeth wa-al-tawarea] emergency room

تأمين ضد الحوادث

[Taameen ḍed al-hawaadeth] accident insurance

تعرضت لحادث

[ta'aar-ḍto le-ḥadith] I've had an accident

لقد وقع لي حادث

[la'qad wa'qa lee ḥadeth] I've been in an accident

ماذا أفعل عند وقوع حادث؟

[madha af'aal 'aenda wi-'qoo'a ḥadeth?] What do I do if I have an accident?

حادثة *n* [ħa:diθa]

كانت هناك حادثة

[kanat hunaka ḥadetha] There's been an accident!

حار hot *adj* [ħa:rr]

فلفل أحمر حار

[Felfel aḥmar ḥar] chili

هذه الغرفة حارة أكثر من اللازم

[hathy al-ghurfa ḥara ak-thar min al-laazim] The room is too hot

حارِب fight *v* [ħa:raba]

حارة *n* [ħa:ra]

أنت تسير في حارة غير صحيحة

[Anta taseer fee ḥarah gheyr ṣaheehah] You're in the wrong lane

حارس guard *n* [ħa:ris]

حارس الأمن

[Ḥares al-amn] security guard

حارس المرمى

[Hares al-marma] goalkeeper

حارس شخصي

[ḥares shakhṣ] bodyguard

حازم strict *adj* [ħa:zim]

حاسب calculator, computer *n* [ħa:sib]

علوم الحاسب الآلى

['aoloom al-ḥaseb al-aaly] computer science

استخدام الحاسب الآلي

[Esťekhdam al-haseb al-aaly] computing

حاسبة *n* [ħa:siba]

آلة حاسبة

[Aalah ḥasbah] calculator

آلة حاسبة للجيب

[Alah haseba lel-jeeb] pocket calculator

حاسة sense *n* [ħa:ssa]

حاسة السمع

[Hasat al-sama'a] audition

حاسم decisive *adj* [ħa:sim]

غير حاسم

[Gahyr hasem] indecisive

حاشية border *n* [ħa:ʃijja]

حاضر present *(time being) n* ◃ present *adj* [ħa:dˁir]

حاضر lecture *v* [ħa:dˁara]

حافة edge *n* [ħa:ffa]

حافز motive *n* [ħa:fiz]

حافظ guardian *n* [ħa:fizˁa]

مادة حافظة

[Madah ḥafeḍhah] preservative

حافظ *v* [ħa:fazˁa]

يُحافِظ على

[Yoḥafez 'aala] save

حافظة folder, wallet *n* [ħa:fizˁa]

حافلة car *(train) n* [ħa:fila]

حاقد spiteful *adj* [ħa:qid]

حاكم ruler *(commander) n* [ħa:kim]

حاكم judge *v* [ħa:kama]

حال situation *n* [ħa:l]

على أي حال

[Ala ay ḥal] anyway

فى الحال

[Fee al-hal] immediately

هل يجب علي دفعها في الحال؟

[hal yajib 'aala-ya daf'aa-ha fee al-ḥaal?] Do I have to pay it right away?

هل يمكنك تصليحها في الحال؟

[hal yamken -aka taşlee-ḥaha fee al-ḥaal?] Can you do it right away?

حالًا readily *adv* [ħa:la:]

حالة state, situation, condition *n* [ħa:la]

الحالة الاجتماعية

[Al-halah al-ejtemaayah] marital status

حالة طارئة

[Ḥalah ṭareaa] emergency

حالة مزاجية

[Halah mazajeyah] mood

حالي current *adj* [ħa:lij]

حالياً currently *adv* [ħa:lijjan]

حامض sour *adj* [ħa:midˁ]

حامل rack *n* [ħa:mil]

حامل أسهم

[Hamel ashom] shareholder

حامل حقائب السفر

[Hamel ha'qaeb al-safar] luggage rack

حامل حقيبة الظهر

[Hamel ha'qeebat al-ḍhahr] backpacker

حانة pub *n* [ħa:na]

صاحب حانة

[Şaheb hanah] pub owner

حانوتي funeral director *n* [ħa:nu:tij]

حاوِل attempt *v* [ħa:wala]

حاوية container *n* [ħa:wija]

حب love *n* [ħubb]

حب الأطفال

[Hob al-atfaal] pedophile

حب الشباب

[Hob al-shabab] acne

حبار squid *n* [ħabba:r]

حبة grain, seed, pill *n* [ħabba]

حبة الحمص

[Habat al-hommoş] chickpea

حبة نوم

[Habit nawm] sleeping pill

حِبر ink *n* [ħibr]

حَبْس prison *n* [ħabs]

حَبك knitting *n* [ħibk]

حبل cord, rope *n* [ħabl]

الحبل الشوكي

[Al-ḥabl alshawkey] spinal cord

حبل الغسيل

[ḥ abl al-ghaseel] clothesline

حَبلى pregnant *adj* [ħubla:]

حبوب cereals *n* [ħubu:b]
حبوب البن
[Ḥobob al-bon] coffee bean
حبيب darling *n* [ħabi:b]
حبيبة *n* [ħabi:ba]
حبيبات خشنة
[Ḥobaybat khashabeyah] grit
حتمياً ultimately *adv* [ħatmi:an]
حتى even *adv* [ħatta:]
حثّ persuade *v* [ħaθθa]
حثالة refuse *n* [ħuθa:la]
حجاب veil, cover *n* [ħiʒa:b]
حجاب واقى
[Ḥejab wara'qey] dashboard
حجاب واقٍ
[Hejab wa'q] shield
حجب screen *v* [ħaʒaba]
حجة argument, document, pretext *n* [ħuʒʒa]
حجر stone *n* [ħaʒar]
أحجار الدومينو
[Ahjar al-domino] dominoes
حجر رملي
[Hajar ramley] sandstone
حجر الجرانيت
[Ḥajar al-jraneet] granite
حجر الجير
[Hajar al-jeer] limestone
حجر كريم
[Ajar kareem] gem
حَجْر صحي
[Ḥajar ṣeḥey] quarantine
حجرة room *n* [ħuʒra]
حجرة دراسية
[Ḥojrat derasah] classroom
حجرة لحفظ المعاطف
[Hojarah le-hefḍh al-ma'atef] cloakroom
هل هناك تدفئة بالحجرة
[hal hunaka tad-fiaa bil-ḥijra?] Does the room have heating?
هل يوجد وصلة إنترنت داخل الحجرة
[hal yujad wṣlat internet dakhil al-ḥijra?] Is there an internet connection in the room?
حجز reservation *n* [ħaʒz]
حجز مقدم
[Hajz mo'qadam] advance reservation
لدي حجز
[la-daya ḥajiz] I have a reservation
لقد أكدت حجزي بخطاب
[la'qad akad-to ḥajzi bekhe-ṭab] I confirmed my reservation by letter
هل يمكن أن أغير الحجز الذي قمت به؟
[hal yamken an aghyir al-ḥajiz al-ladhy 'qumt behe?] Can I change my reservation?
حجز reserve *v* [ħʒiza]
أريد حجز غرفة لشخص واحد
[areed ḥajiz ghurfa le-shakhiṣ waḥid] I'd like to reserve a double room, I'd like to reserve a single room
أين يمكنني أن أحجز ملعبًا؟
[ayna yamken-any an aḥjiz mal-'aaban?] Where can I reserve a court?
حجم size, volume *n* [ħaʒm]
حُجَيْرَة *n* [ħuʒajra]
حُجَيْرَةُ الطَّيّار
[Ḥojayrat al-ṭayar] cockpit
حد boundary *n* [ħadd]
حد أقصى
[Had a'qsa] maximum
حداد mourning *n* [ħida:d]
حدث event *n* [ħadaθ]
حدث عرضي
[Hadth 'aradey] incident
حدث *v* [ħadaθa]
ماذا حدث
[madha ḥadatha?] What happened?
من الذي يحدثني؟
[min al-ladhy yoḥadi-thny?] Who am I talking to?
حدث happen *v* [ħadaθa]
حدد specify *v* [ħaddada]
حَدَسْ intuition *n* [ħads]
حدق gaze *v* [ħaddaqa]
يُحَدِق بإمعان
[Yoḥade'q be-em'aaan] pry
حدوث occurrence *n* [ħudu:θ]
حدوق *n* [ħaddu:q]

سمك الحدوق
[Samak al-ḥadoo'q] haddock

حديث recent *adj* [ħadi:θ]

حديثاً recently *adv* [ħadi:θan]

حديثة *n* [ħadi:θa]

لغات حديثة
[Loghat hadethah] modern languages

حديد iron *n* [ħadi:d]

سكة حديد تحت الأرض
[Sekah hadeed taht al-arḍ] underground

محل تاجر الحديد والأدوات المعدنية
[Maḥal tajer alḥadeed wal-adwat al-ma'adaneyah] hardware store

حديدي iron *adj* [ħadi:dijjat]

قضبان السكة الحديدية
['qoḍban al-sekah al-ḥadeedeyah] rail

حديقة garden *n* [ħadi:qa]

حديقة ألعاب
[Hadee'qat al'aab] theme park

حديقة الحيوان
[Hadee'qat al-hayawan] zoo

حديقة وطنية
[Hadee'qah waṭaneyah] national park

حذاء shoe *n* [ħiða:ʔ]

حذاء عالي الساق
[hedhaa 'aaley al-sa'q] boot

حذاء الباليه
[hedhaa al-baleeh] ballet shoes

حذاء برقبة
[Hedhaa be-ra'qabah] rubber boots

زوج أحذية رياضية
[Zawj ahzeyah Reyaḍeyah] sneakers

هل يمكن إعادة تركيب كعب لهذا الحذاء؟
[hal yamken e'aa-dat tarkeeb ka'ab le-hadha al-ḥedhaa?] Can you reheel these shoes?

هل يمكن تصليح هذا الحذاء؟
[hal yamken taṣleeḥ hadha al-ḥedhaa?] Can you repair these shoes?

حذر cautious *adj* [ħaðir]

بحذر
[beḥadhar] cautiously

توخي الحذر
[ta-wakhy al-ḥadhar] Take care

حذّر warn *v* [ħaððara]

حَذَر caution *n* [ħaðar]

حَذِرٌ careful *adj* [ħaðir]

حذف eliminate *v* [ħðefa]

حذف delete *v* [ħaðafa]

حَذِق cute *adj* [ħaðiq]

حر free *(no restraint)* *adj* [ħurr]

شديد الحر
[Shadeed al-har] sweltering

يعمل بشكل حر
[Ya'amal beshakl ḥor] freelance

حُر *adj* [ħurru]

حُر المهنة
[Ḥor al-mehnah] self-employed

حرارة heat *n* [ħara:ra]

درجة الحرارة
[Darajat al-haraarah] temperature

درجة حرارة سلزيوس
[Darajat ḥararah selezyos] degree Celsius

درجة حرارة فهرنهايتي
[Darjat hararh ferhrenhaytey] degree Fahrenheit

لا يمكنني النوم بسبب حرارة الغرفة
[la yam-kinuni al-nawm be-sabab ḥararat al-ghurfa] I can't sleep because of the heat

حرب war *n* [ħarb]

حرب أهلية
[Ḥarb ahleyah] civil war

حرة *n* [ħura]

أين يوجد السوق الحرة؟
[ayna tojad al-soo'q al-ḥorra?] Where is the duty-free shopping?

حرث plow *vt* [ħaraθa]

حرِد sulk *v* [ħarada]

حَرِر free *v* [ħarrara]

حرس guard *v* [ħarasa]

حرف letter *(a, b, c)* *n* [ħarf]

حرف ساكن
[ḥarf saken] consonant

حرف عطف
[Harf 'aaṭf] conjunction

حَرِّف wrench *v* [ħarrafa]

حرفة craft *n* [ħirfa]

craftsman *n* [ħirafij] **حِرَفي**
literally *adv* [ħarfijjan] **حرفياً**
burn *n* [ħuriqa] **حرق**
burn *vt* [ħaraqa] **حرق**
burning *n* [ħurqa] **حرقة**
حرقة في فم المعدة
[Ḥor'qah fee fom al-ma'adah] heartburn
move *vt* [ħarraka] **حَرّك**
movement *n* [ħaraka] **حركة**
حركة مفاجئة
[Ḥarakah mofajeah] hitch
n [ħaram] **حرم**
الحرم الجامعي
[Al-ḥaram al-jame'aey] campus
v [ħarrama] **حرّم**
يُحرِم شخصاً من الدخول
[Yoḥrem shakhṣan men al-dokhool] lock out
forbid *v* [ħarrama] **حَرّم**
freedom *n* [ħurrijja] **حرية**
silk *n* [ħari:r] **حرير**
fire *n* [ħari:q] **حريق**
سُلَم النجاة من الحريق
[Solam al-najah men al-ḥaree'q] fire escape
طفاية الحريق
[Ṭafayat ḥaree'q] fire extinguisher
belt *n* [ħiza:m] **حزام**
حزام الأمان
[Hezam al-aman] safety belt
حزام النجاة من الغرق
[Hezam al-najah men al-ghar'q] life preserver
حزام لحفظ المال
[Hezam lehefḍh almal] money belt
party *(group)* *n* [ħizb] **حزب**
n [ħuzam] **حزم**
أنا في حاجة لحزم أمتعتي الآن
[ana fee ḥaja le-ḥazem am-te-'aaty al-aan] I need to pack now
pack *vt* [ħazama] **حَزم**
bunch, package *n* [ħuzma] **حزمة**
sorrow, sore *n* [ħuzn] **حُزْن**
بحُزْن
[Beḥozn] sadly
sad *adj* [ħazi:nu] **حزين**

sense, feeling *n* [ħiss] **حِس**
الحِس العام
[Al-ḥes al-'aaam] common sense
soup *n* [ħasa:ʔ] **حساء**
ما هو حساء اليوم؟
[ma howa ḥasaa al-yawm?] What is the soup of the day?
account *(in bank)* *n* [ħisa:b] **حساب**
رقم الحساب
[Ra'qm al-hesab] account number
حساب جارى
[Hesab tejarey] checking account
حساب بنكي
[Hesab bankey] bank account, bank balance
حساب مشترك
[Hesab moshtarak] joint account
يخصم مباشرةً من حساب العميل
[Yokhṣam mobasharatan men hesab al'ameel] direct debit
المشروبات على حسابي
[al-mashro-baat 'ala ḥesaby] The drinks are on me
sensitive, sentimental *adj* [ħassa:s] **حساس**
غير حساس
[Ghayr hasas] insensitive
allergy *n* [ħasa:sijja] **حساسية**
حساسية تجاه الفول السوداني
[Hasaseyah tejah al-fool alsodaney] peanut allergy
حساسية الجوز
[Hasaseyat al-joz] nut allergy
believe *v* [ħsaba] **حسب**
count *v* [ħasaba] **حسَب**
calculation *n* [ħusba:n] **حُسبان**
envy *n* [ħasad] **حسد**
envy *v* [ħasada] **حسد**
rebate *n* [ħasm] **حَسْم**
well *adj* [ħasan] **حَسَن**
حسن الاطلاع
[Hosn al-etela'a] knowledgeable
حسن المظهر
[Hosn al-maḍhar] good-looking
excellence, beauty *n* [ħusn] **حُسْن**

حسن السلوك
[Ḥasen al-solook] well-behaved

حسن الأحوال
[Hosn al-ahwaal] well-off

حسن الدخل
[Hosn al-dakhl] well-paid

لحسن الطالع
[Le-hosn alṭale'a] luckily

حسناً okay!, OK! *excl* [ħasanan]

حسود envious *adj* [ħasu:d]

حسي sensuous *adj* [ħissij]

حشد crowd, host *(multitude)* *n* [ħaʃd]

حشرة insect *n* [ħaʃara]

الحشرة العصوية
[Al-hasherah al-'aodweia] stick insect

حشرة صرار الليل
[Hashrat ṣarar al-layl] cricket *(insect)*

حشرة القرادة
[Hashrat al-'qaradah] check mark

حشو filling *n* [ħaʃw]

لقد تآكل الحشو
[la'qad ta-aa-kala al-ḥasho] A filling has fallen out

هل يمكنك عمل حشو مؤقت؟
[hal yamken -aka 'aamal ḥasho mo-a'qat?] Can you do a temporary filling?

حشوة stuffing *n* [ħaʃwa]

حشي cram, charge *(electricity)* *vi* [ħaʃeja]

حشية mattress *n* [ħiʃja]

حشيش cannabis *n* [ħaʃi:ʃ]

حشيش مخدر
[Hashesh mokhader] marijuana

حصاة pebble *n* [ħasˤa:t]

حصاة المرارة
[Haṣat al-mararah] gallstone

حصاد harvest *n* [ħasˤa:d]

حصالة *n* [ħasˤsˤa:la]

حصالة على شكل خنزير
[Ḥaṣalah ala shakl khenzeer] piggy bank

حصان horse *n* [ħisˤa:n]

حصان خشبي هزاز
[Heṣan khashabey hazaz] rocking horse

حدوة الحصان
[Hedawat heṣan] horseshoe

حصبة measles *n* [ħasˤaba]

حصبة ألمانية
[Haṣbah al-maneyah] German measles

حصة portion *n* [ħisˤsˤa]

حصد harvest *v* [ħasˤada]

حصل *v* [jaħsˤala]

يَحصُل على
[Taḥṣol 'ala] get

هل يمكن أن أحصل على جدول المواعيد من فضلك؟
[hal yamken an aḥṣal 'aala jadwal al-mawa-'aeed min faḍlak?] May I have a timetable, please?

حصن fort *n* [ħisˤn]

حصول acquisition *n* [ħusˤu:l]

...أرغب في الحصول على خمسمائة
[Arghab fee al-ḥoṣol alaa khomsamah...] I'd like five hundred...

أريد الحصول على أرخص البدائل
[areed al-ḥuṣool 'aala arkhaṣ al-badaa-el] I'd like the cheapest option

كيف يمكن لنا الحصول على التذاكر؟
[kayfa yamkun lana al-ḥuṣool 'aala al-tadhak-er?] Where can we get tickets?

هل يمكنني استخدام بطاقتي للحصول على أموال نقدية؟
[hal yamken -any esti-khdaam beṭa-'qatee lil-ḥiṣool 'aala amwaal na'qdiya?] Can I use my card to get cash?

هل يمكنني الحصول على شوكة نظيفة من فضلك؟
[hal yamken -any al-ḥuṣool 'aala shawka naḍhefa min faḍlak?] Could I have a clean fork, please?

حصى gravel *n* [ħasˤa:]

حضارة civilization *n* [ħadˤa:ra]

حضانة nursery *n* [ħadˤa:na]

حضانة أطفال
[Haḍanat aṭfal] day nursery

حضر *n* [ħadˤr]

حضر التجول
[haḍr al-tajawol] curfew

حضر v [ʔeħadˤara]

يَحضر حفل

[Taḥḍar ḥafl] party

حضّر attend, bring v [ħadˤdˤara]

حضن lap n [ħudˤn]

حضور presence n [ħudˤu:r]

حطام wreckage n [ħutˤa:m]

سفينة محطمة

[Safeenah mohaṭamah] shipwrecked

حطام السفينة

[Hoṭam al-safeenah] shipwreck

حُطام النيزك

[Ḥoṭaam al-nayzak] meteorite

حطم wreck v [ħatˤama]

حظ luck n [ħazˤzˤ]

حظ سعيد

[haḍh sa'aeed] fortune

لسوء الحظ

[Le-soa al-haḍh] unfortunately

لحسن الحظ

[Le-hosn al-haḍh] fortunately

حظر ban n [ħazˤr]

حظر prohibit v [ħazˤara]

حظيرة yard *(enclosure)* n [ħazˤi:ra]

حفار digger n [ħaffa:r]

حفر dig vt [ħafara]

حفرة hole n [ħufra]

حفرة رملية

[Hofrah ramleyah] sandbox

حَفَّز prompt v [ħaffaza]

حفَظ keep vt ◂ memorize v [ħafazˤa]

يَحفَظ في ملف

[yahfaḍh fee malaf] file *(folder)*

حفل gathering, event n [ħafl]

حفل راقص

[Half ra'qeṣ] ball *(dance)*

أين يمكنني شراء تذاكر الحفل الغنائي؟

[ayna yamken-any sheraa tadhaker al-ḥafil al-ghenaee?] Where can I buy tickets for the concert?

نحن هنا لحضور حفل زفاف

[naḥno huna le-ḥiḍor ḥafil zafaaf] We're here for a wedding

حفلة party *(social gathering)* n [ħafla]

حفلة عشاء

[Ḥaflat 'aashaa] dinner party

حفلة موسيقية

[Haflah mose'qeyah] concert

حفيد grandchild n [ħafi:d]

حفيدة granddaughter n [ħafi:da]

حق right n [ħaq]

حق الرفض

[Ha'q al-rafḍ] veto

حق المرور

[Ha'q al-moror] right of way

حقوق الإنسان

[Ho'qoo'q al-ensan] human rights

حقوق الطبع والنشر

[Ho'qoo'q al-ṭab'a wal-nashr] copyright

حقوق مدنية

[Ḥo'qoo'q madaneyah] civil rights

حقاً right *excl* ◂ indeed *adv* [ħaqqan]

حقد v [ħaqada]

يَحْقِد على

[yaḥ'qed 'alaa] spite

حقق achieve v [ħaqqaqa]

حقل field n [ħaql]

حقل النشاط

[Ha'ql al-nashaṭ] career

حقل للتجارب

[Ha'ql lel-tajareb] guinea pig *(for experiment)*

حقن injection n [ħaqn]

حقن inject v [ħaqana]

حقنة shot, syringe n [ħuqna]

أحتاج إلى حقنة تيتانوس

[aḥtaaj ela ḥe'qnat tetanus] I need a tetanus shot

حقوق law *npl* [ħuqu:qun]

كلية الحقوق

[Kolayt al-ho'qooq] law school

حقيبة bag n [ħaqi:ba]

حقيبة صغيرة

[Ha'qeebah ṣagheerah] fanny pack

حقيبة سِرج الحصان

[Ha'qeebat sarj al-hoṣan] saddlebag

حقيبة أوراق

[Ha'qeebat awra'q] portfolio
حقيبة أوراق جلدية
[Ha'qeebat awra'q jeldeyah] briefcase
حقيبة الظهر
[Ha'qeebat al-ḍhahr] backpack
حقيبة للرحلات القصيرة
[Ha'qeebah lel-rahalat al-'qaṣeerah] overnight bag
حقيبة للكتب المدرسية
[Ha'qeebah lel-kotob al-madraseyah] satchel
حقيبة مبطنة
[Ha'qeebah mobaṭanah] cosmetics bag
حقيبة ملابس تحمل على الظهر
[Ha'qeebat malabes tohmal 'aala al-ḍhahr] backpack
حقيبة من البوليثين
[Ha'qeebah men al-bolytheleyn] polyethylene bag
حقيبة يد
[Ha'qeebat yad] handbag
شكرًا لا أحتاج إلى حقيبة
[shukran la aḥtaj ela ḥa'qeba] I don't need a bag, thanks
من فضلك هل يمكنني الحصول على حقيبة أخرى؟
[min faḍlak hal yamkin-ani al-ḥuṣool 'aala ḥa'qeba okhra?] May I have an extra bag, please?
حقير stingy *adj* [ħaqi:r]
حقيقة fact, truth *n* [ħaqi:qa]
حقيقي true *adj* [ħaqi:qij]
غير حقيقي
[Ghayer ha'qee'qey] unreal
حك scratching *n* [ħakka]
يَتَطلب الحك
[yataṭalab al-hak] itchy
حكّ rub *v* [ħakka]
حكاية tale *n* [ħika:ja]
أحد حكايات الجان
[Aḥad ḥekayat al-jan] fairy tale
حكم *v* [ħakama]
يَحْكُم على
[Yaḥkom 'ala] sentence

حَكَم umpire *n* [ħakam]
حَكَم مباريات رياضية
[Hosn almaḍhar] referee
حُكم rule, sentence *(punishment)* *n* [ħukm]
حُكم المحلفين
[Hokm al-mohallefeen] verdict
حُكْم ذاتي
[ḥokm ḍhatey] autonomy
حِكمة wisdom *n* [ħikma]
حكومة government *n* [ħukuwamt]
موظف حكومة
[mowaḍhaf hokomah] civil servant
حكومي governmental *adj* [ħuku:mij]
موظف حكومي
[mowaḍhaf ḥokomey] servant
حكيم wise *adj* [ħaki:m]
غير حكيم
[Ghayer hakeem] unwise
حل solution *n* [ħall]
حل *v* [ħalla]
يَحل محل
[Taḥel maḥal] substitute
حلّ work out *v* [ħalla]
حلاق shaving, barber *n* [ħalla:q]
ماكينة حلاقة
[Makeenat ḥelaqah] clippers
صالون حلاقة
[Ṣalon ḥelaqah] hairdresser's
شفرة حلاقة
[Shafrat hela'qah] razor blade
ماكينة حِلاقَة
[Makenat ḥela'qa] shaver
موسى الحلاقة
[Mosa alḥela'qah] razor
حلب milk *v* [ħalaba]
حلبة rink *n* [ħalaba]
حلبة تَزَلُّج
[Ḥalabat tazaloj] skating rink
حلبة السباق
[ḥ alabat seba'q] racetrack
حلبة من الجليد الصناعي
[Ḥalabah men aljaleed alṣena'aey] ice rink
حلزون snail *n* [ħalazu:n]

حلف swear *v* [ħalafa]
حلق shave *v* [ħalaqa]
حلقة round, circle, ring *n* [ħalaqa]
حلل analyze *v* [ħallala]
حلم dream *n* [ħulm]
حلم dream *v* [ħalama]
حلو sweet *(taste)* *adj* [ħulw]
حلوى dessert, toffee *n* [ħalwa:]
حلوى البودينج
[Ḥalwa al-boodenj] dessert
قائمة الحلوى من فضلك
['qaemat al-ḥalwa min faḍlak] The dessert menu, please
حلويات candy *npl* [ħalawija:tun]
حليب milk *n* [ħali:b]
حليب منزوع الدسم
[Haleeb manzoo'a al-dasam] skim milk
حليب نصف دسم
[Haleeb nesf dasam] reduced-fat milk
بالحليب دون خلطه
[bil ḥaleeb doon khal-ṭuho] with the milk on the side
حلية ornament *n* [ħilijja]
حلية متدلية
[Halabh motadaleyah] pendant
حليف ally *n* [ħali:f]
حليق shaved *adj* [ħali:q]
غير حليق
[Ghayr ḥalee'q] unshaven
حمار donkey *n* [ħima:r]
الحمار الوحشي
[Al-hemar al-wahshey] zebra
حماسة enthusiasm *n* [ħama:sa]
حُماق chickenpox *n* [ħumq]
حمالة suspenders, sling *n* [ħamma:la]
حمالة ثياب
[Hammalt theyab] hanger
حَمَّالة صَدْر
[Hammalat ṣadr] bra
حمام bath, bathroom, toilet *n* [ħamma:m]
بُرْنس حمام
[Bornos hammam] bathrobe
حمام بخار
[Hammam bokhar] sauna
مستلزمات الحمام
[Mosٔtalzamat al-hammam] toiletries
منشفة الحمام
[Manshafah alḥammam] bath towel
يَأخُذ حمام شمس
[yaakhoḍ hammam shams] sunbathe
الحمام تغمره المياه
[al-ḥamaam taghmurho al-me-aa] The bathroom is flooded
هل يوجد حمام خاص داخل الحجرة
[hal yujad ḥamam khaṣ dakhil al-ḥujra?] Does the room have a private bathroom?
حمامات public swimming *npl* [ħamma:ma:tun] pool
حمامة pigeon *n* [ħama:ma]
حماية protection *n* [ħima:ja]
حمض acid *n* [ħimdˤ]
حمضي *adj* [ħimdˤijjat]
أمطار حمضية
[Amṭar ḥemdeyah] acid rain
حمل pregnancy *n* [ħaml]
عازل طبى لمنع الحمل
['aazel ṭebey le-man'a al-haml] condom
حمل حقيبة الظهر
[Hamal ha'qeebat al-ḍhahr] backpacking
منع الحمل
[Man'a al-ḥml] contraception
مواد مانعة للحمل
[Mawad mane'aah lel-haml] contraceptive
أحتاج إلى منع الحمل
[aḥtaaj ela maniُ'a al-ḥamil] I need contraception
حمل download *v* [ħammala]
حمل carry *vt* [ħamala]
حَمَل lamb *n* [ħiml]
حَمْل pregnancy *n* [ħaml]
حِمل load *n* [ħiml]
حملة campaign *n* [ħamla]
حملق glare (يسطع)stare, *v* [ħamlaqa]
حُمولة cargo *n* [ħumu:la]
حمى fever *n* [ħumma:]
حمى protect *v* [ħama:]

حميم [ħami:m] close, intimate *adj*
حنث [ħinθ] *n*
الحنث باليمين
[Al-ḥanth bel-yameen] perjury
حنجرة [ħanʒura] throat *n*
حنفية [ħanafijja] faucet *n*
حنون [ħanu:n] affectionate, kind *adj*
حنين [ħani:n] longing *adj*
حنين إلى الوطن
[Ḥaneem ela al-waṭan] homesick
حوار [ħiwa:ru] dialogue *n*
حوالة [ħawa:la] *n*
حوالة مالية
[Ḥewala maleyah] postal money order
حوالي [ħawa:laj] about *prep*
حَوّامَة [ħawwa:ma] hovercraft *n*
حوت [ħu:t] whale *n*
حور [ħu:r] poplar *n*
خشب الحور
[Khashab al-ḥoor] poplar, wood
حورية [ħu:rijja] *n*
حورية الماء
[Ḥooreyat al-maa] mermaid
حوض [ħawdˤdˤ] basin, pool *n*
حوض سمك
[Hawḍ al-samak] aquarium
حوض استحمام
[Hawḍ estehmam] bathtub
حوض السفن
[Hawḍ al-sofon] dock
حوض الغسل
[Hawḍ al-ghaseel] sink
حوض مرسى السفن
[Hawḍ marsa al-sofon] marina
حوض منتج للنفط
[Hawḍ montej lel-naft] pool *(resources)*
حوض نباتات
[Hawḍ nabatat] planter

حَوض [ħawdˤ] pool *(water)* *n*
حَوض سباحة للأطفال
[Ḥaeḍ sebaha lel-aṭfaal] wading pool
حول [ħawla] around *prep*
حوّل [ħawwala] *v*
يَحْوِل عَيْنَه
[Yoḥawel aynah] squint
حَوّل [ħawwala] switch *v*
حي [ħajj] live *adj*
حي الفقراء
[Hay al-fo'qraa] slum
حياة [ħaja:t] life *n*
على قيد الحياة
[Ala 'qayd al-hayah] alive
حياة برية
[Hayah bareyah] wildlife
مُنقذ للحياة
[Mon'qedh lel-ḥayah] life-saving
نمط حياة
[Namaṭ hayah] lifestyle
حيادي [ħija:dij] neutral *n*
حيازة [ħija:za] possession *n*
حيث [ħajθu] where *conj*
حيث أن
[Hayth ann] as, because
حيثما [ħajθuma:] everywhere *adv*
حيطة [ħi:tˤa] precaution *n*
حيوان [ħajawa:n] animal *n*
حيوان أليف
[Ḥayawaan aleef] pet
حيوان الغُرَير
[Ḥayawaan al-ghoreer] badger
حيوان الهمستر
[Heyawaan al-hemester] hamster
حيوي [ħajawij] vital *adj*
مضاد حيوي
[Moḍad ḥayawey] antibiotic
حيوية [ħajawijja] zipper *n*

خ

خائر excellent *adj* [xa:ʔir]

خائر القوى

[Khaaer al-'qowa] faint

خائف afraid, apprehensive, scared *adj* [xa:ʔif]

خائف من الأماكن المغلقة

[Khaef men al-amaken al-moghla'ah] claustrophobic

خائن unfaithful *adj* [xa:ʔin]

خاتم ring *n* [xa:tam]

خاتم الخطوبة

[Khatem al-khotobah] engagement ring

خاتم البريد

[Khatem al-bareed] postmark

خاتم الزواج

[Khatem al-zawaj] wedding ring

خاتمة conclusion *n* [xa:tima]

خادم server *(person)*, servant *n* [xa:dim]

خادمة maid *n* [xa:dima]

خادمة فى فندق

[Khademah fee fodo'q] maid

خارج outside *n* [xa:riʒ]

خارج النطاق المُحَدد

[Kharej al-neta'q al-mohadad] offside

بالخارج

[Bel-kharej] abroad

خارجاً out, outside *adv* [xa:riʒan]

خارجي exterior, outside *adj* [xa:riʒij]

أريد إجراء مكالمة خارجية، هل يمكن أن تحول لي أحد الخطوط؟

[areed ejraa mukalama kharij-iya, hal yamkin an it-ḥawil le aḥad al-khiṭooṭ?] I want to make an outside call. May I have a line?

خارطة map, chart *n* [xa:ritˤatu]

خارطة الشارع

[khareṭat al-share'a] street map

خارق out-of-the-ordinary *adj* [xa:riq]

خارق للطبيعة

[Khare'q lel-ṭabe'aah] supernatural

خازوق pole *n* [xa:zu:q]

خاص special *adj* [xa:sˤsˤ]

عرض خاص

['aarḍ khaṣ] special offer

خاصة specially *adv* [xa:sˤsˤatan]

خاط sew *v* [xa:tˤa]

خاطئ incorrect, wrong *adj* [xa:tˤiʔ]

على نحو خاطئ

[Ala nahwen khaṭea] wrong

خاطر thought, wish *n* [xa:tˤir]

عن طيب خاطر

[An ṭeeb khaṭer] willingly

خاطف momentary *adj* [xa:tˤif]

خاف fear *v* [xa:fa]

خال empty *adj* [xa:lin]

خالّ mole *(skin)* *n* [xa:l]

خالد eternal *adj* [xa:lid]

خالي free (of) *adj* [xa:li:]

خالى من الرصاص

[Khaley men al-raṣaṣ] lead-free

هل توجد أطباق خالية من الجلوتين؟

[hal tojad aṭba'q khaleya min al-jiloteen?] Do you have gluten-free dishes?

هل توجد أطباق خالية من منتجات الألبان؟

[hal tojad aṭba'q khaleya min munta-jaat al-albaan?] Do you have dairy-free dishes?

هل يمكن إعداد وجبة خالية من الجلوتين؟

[hal yamken e'adad wajba khaliya min al-jiloteen?] Could you prepare a meal without gluten?

هل يمكن إعداد وجبة خالية من البيض؟

[hal yamken e'adad wajba khaliya min al-bayḍ?]

Could you prepare a meal without eggs?

خام raw *adj* [xa:m]

خامة *n* [xa:ma]

ما هي خامة الصنع؟

[ma heya khamat al-şuni'a?] What is the material?

خامس fifth *adj* [xa:mis]

خان inn *n* [xa:na]

خان betray *v* [xa:na]

خانق stifling *adj* [xa:niq]

خبّ *v* [xabba]

يَخِبُّ الفَرَس

[Yakheb al-faras] trot

خباز baker *n* [xabba:z]

خبرة experience *n* [xibra]

خبرة العمل

[Khebrat al'aamal] work experience

قليل الخبرة

['qaleel al-khebrah] inexperienced

خبز bread, baking *n* [xubz]

خبز أسمر

[Khobz asmar] brown bread

خبز محمص

[Khobz mohammş] toast *(grilled bread)*

خبز ملفوف

[Khobz malfoof] roll

كِسْرة خبز

[Kesrat khobz] crumb

محمصة خبز كهربائية

[Mohamaşat khobz kahrobaeyah] toaster

من فضلك أحضر لي المزيد من الخبز

[min faḍlak iḥḍir lee al-mazeed min al-khibz] Please bring more bread

هل تريد بعض الخبز؟

[hal tureed ba'aḍ al-khubz?] Would you like some bread?

خبز bake *v* [xabaza]

خبل crazy *(insane) adj* [xabil]

خبيث malicious, malignant *adj* [xabi:θ]

خبير expert *n* [xabi:r]

ختم seal *v* [xatama]

خِتم seal *(mark) n* [xitm]

خجلان ashamed *n* [xaʒla:n]

خجول self-conscious *adj* [xaʒu:l]

خد cheek *n* [xadd]

خِدَاع scam *n* [xida:ʕ]

خَدِر numb *adj* [xadir]

خدش scratch *n* [xudʃu]

خدش scratch *v* [xadaʃa]

خدَع bluff, kid *v* [xadaʕa]

خدعة trick *n* [xudʕa]

خدم serve *v* [xadama]

خدمة service *n* [xidma]

خدمة رسائل الوسائط المتعددة

[Khedmat rasael al-wasaaeţ almota'aadedah] multimedia messaging service, MMS

خدمة سرية

[Khedmah serreyah] secret service

خدمة الغرف

[Khedmat al-ghoraf] room service

خدمة ذاتية

[Khedmah ḍateyah] self-service, with kitchen *(lodging)*

مدة خدمة

[Modat khedmah] serve

محطة الخدمة

[Mahaţat al-khedmah] service station

أريد في تقديم شكاوى بشأن الخدمة

[areed ta'q-deem shakawee be-shan al-khedma] I want to complain about the service

أي الصيدليات تقدم خدمة الطوارئ؟

[ay al-şyda-lyaat to'qadem khidmat al-ţawa-ree] Which pharmacy provides emergency service?

كانت الخدمة سيئة للغاية

[kanat il-khidma say-ia el-ghaya] The service was terrible

هل توجد خدمة رعاية الأطفال الفكرية؟

[hal tojad khidmat le-re'aayat al-aţfaal?] Is there childcare service?

هل هناك مصاريف للحصول على الخدمة؟

[Hal honak maşareef lel-ḥoşol ala al-khedmah] Is there a charge for the service?

خديعة bluff *n* [xadi:ʕa]

خراب ruin, wreck *n* [xara:b]

خراج abscess *n* [xura:ʒ]

أعاني من وجود خراج

[o-'aany min wijood khuraaj] I have an abscess

خُرَّاج abscess *n* [xurra:ʒ]

خرافي superstitious *n* [xura:fij]

خرِّب sabotage *v* [xxarraba]

خرَّب *v* [xarraba]

يُخَرِّب الممتلكات العامة والخاصة عن عمد

[Yokhareb al-momtalakat al-'aaamah 'an 'amd] vandalize

خربش scribble *v* [xarbaʃa]

خرج *v* [xraʒa]

متى سيخرج من المستشفى؟

[mata sa-yakhruj min al-mus-tashfa?] When will he be discharged?

خرج get out *v* [xaraʒa]

خرخر purr *v* [xarxara]

خُرْدة junk *n* [xurda]

خردل mustard *n* [xardal]

خرزة bead *n* [xurza]

خرشوف artichoke *n* [xarʃu:f]

خرصانة concrete *n* [xarasˤa:na]

خرطوشة cartridge *n* [xartˤu:ʃa]

خرطوم hose *n* [xurtˤu:m]

خرطوم المياه

[Kharṭoom al-meyah] hosepipe

خرِق pierce *v* [xaraqa]

خرقة rag *n* [xirqa]

خرّم punch *v* [xarrama]

خروج exit, departure *n* [xuru:ʒ]

أين يوجد باب الخروج؟

[ayna yujad bab al-khorooj?] Where is the exit?

خروف sheep *n* [xaru:f]

صوف الخروف

[Ṣoof al-kharoof] fleece

خريج graduate *n* [xirri:ʒ]

خريطة map *n* [xari:tˤa]

خريطة البروج

[khareeṭat al-brooj] horoscope

خريطة الطريق

[Khareeṭat al-ṭaree'q] road map

...أريد خريطة الطريق لـ

[areed khareeṭat al-ṭaree'q le...] I need a road map of...

أين يمكن أن أشتري خريطة للمنطقة؟

[ayna yamken an ash-tary khareeṭa lil-manṭa'qa?] Where can I buy a map of the region?

هل لديكم خريطة لمحطات المترو؟

[hal ladykum khareeṭa le-muḥaṭ-aat al-metro?] Do you have a map of the subway?

هل يمكن أن أري مكانه على الخريطة؟

[Hal yomken an ara makanah ala al-khareeṭah] Could you show me where it is on the map?

هل يمكن أن أحصل على خريطة؟

[hal yamken an aḥṣal 'aala khareeṭa?] May I have a map?

هل يمكنني الحصول على خريطة المترو من فضلك؟

[hal yamken -any al-ḥuṣool 'aala khareeṭat al-mitro min faḍlak?] Could I have a map of the subway, please?

هل يوجد لديك خريطة... ؟

[hal yujad ladyka khareeṭa...?] Do you have a map of...?

هل يوجد لديك خريطة لمسارات التزلج؟

[hal yujad ladyka khareeṭa lema-saraat al-tazal-oj?] Do you have a map of the ski runs?

خريف *n* [xari:f]

الخريف

[Al-khareef] autumn

خزان reservoir *n* [xazza:nu]

خزان بنزين

[Khazan benzeen] gas tank

خزانة safe, treasury, closet, cabinet *n* [xiza:na]

خزانة الأمتعة المتروكة

[Khezanat al-amte'ah al-matrookah] luggage locker

خزانة الثياب

[Khezanat al-theyab] wardrobe

خزانة بقفل

[Khezanah be-'qefl] locker

خزانة كتب

[Khezanat kotob] bookcase

خزانة للأطباق والكؤوس

[Khezanah lel aṭba'q wal-koos] cupboard

خزانة ملابس بأدراج

[Khezanat malabes be-adraj] bureau

خزفي ceramic *adj* [xazafiij]
خزن stock *v* [xazana]
خزّن store *v* [xazzana]
خزي shame *n* [xizj]
خزينة safe *n* [xazi:na]
أريد أن أضع مجوهراتي في الخزينة
[areed an aḍa'a mujaw-haraty fee al-khazeena] I'd like to put my jewelry in the safe
ضع هذا في الخزينة من فضلك
[ḍa'a hadha fee al-khazena, min faḍlak] Put that in the safe, please
خَسّ lettuce *n* [xussu]
خسارة loss *n* [xasa:ra]
خسر lose *vt* [xasara]
خسيس lousy *adj* [xasi:s]
خشب wood *(material)* *n* [xaʃab]
خشب أبلكاج
[Khashab ablakaj] plywood
خشبة *n* [xaʃabatu]
خشبة المسرح
[Khashabat al-masrah] stage
خشبي wooden *adj* [xaʃabij]
خشخاش poppy *n* [xaʃxa:ʃ]
خشخيشة *n* [xaʃxi:ʃa]
خشخيشة الأطفال
[Khashkheeshat al-aṭfaal] rattle
خشن harsh, rough *adj* [xaʃin]
خص belong *v* [xasˤsˤa]
خِصب fertility *n* [xisˤb]
خَصر waist *n* [xasˤr]
خصص privatize *v* [xasˤsˤasˤa]
خُصلة *n* [xusˤla]
خُصلة شعر
[Khoṣlat sha'ar] lock *(hair)*
خصم deduction, discount *n* [xasˤm]
خصم للطلاب
[Khaṣm lel-ṭolab] student discount
هل يتم قبول بطاقات الخصم؟
[hal yatum 'qubool be-ṭa'qaat al- khaṣim?] Do you take debit cards?
خَصْم adversary, opponent, rival *n* [xasˤm]
خصوص *n* [xusˤu:sˤ]
على وجه الخصوص
[Ala wajh al-khoṣoṣ] particularly
خصوصاً especially *adv* [xusˤwusˤan]
خصوصي private *adj* [xusˤu:sˤij]
خصية testicle *n* [xisˤja]
خضار vegetable *n* [xudˤa:r]
خضر vegetables *npl* [xudˤar]
متجر الخضر والفاكهة
[Matjar al-khoḍar wal-fakehah] fruit and vegetable store
خط line *n* [xatˤtˤu]
إشارة إنشغال الخط
[Esharat ensheghal al-khat] busy signal
خط أنابيب
[Khaṭ anabeeb] pipeline
خط التماس
[Khaṭ al-tamas] touchline
خط الاستواء
[Khaṭ al-estwaa] equator
خط طول
[Khaṭ ṭool] longitude
ما هو الخط الذي يجب أن أستقله؟
[ma howa al-khaṭ al-lathy yajeb an asta'qil-uho?] Which line should I take for...?
خطأ mistake *n* [xatˤa]
رقم خطأ
[Ra'qam khaṭaa] wrong number
خطأ فادح
[Khata fadeh] serious mistake
خطأ مطبعي
[Khata matba'aey] misprint
خطاب letter, message, speech, *n* [xitˤa:b] address
أريد أن أرسل هذا الخطاب
[areed an arsil hadha al-kheṭab] I'd like to send this letter
خُطاف crook *n* [xutˤa:f]
خُطبة speech *n* [xutˤba]
خطة plan *n* [xutˤtˤa]
خطر danger *n* [xatˤar]
هل يوجد خطر من وجود الكتلة الجليدية المنحدرة؟
[hal yujad khatar min wijood al-kutla al-jalee-diya al-muḥadera?] Is there a danger of

avalanches?

abduct *v* [xatˤafa] خطَف

step *n* [xutˤwa] خطوة

sin *n* [xatˤi:ʔa] خطيئة

fiancé *n* [xatˤi:b] خطيب

fiancée *n* [xatˤi:ba] خطيبة

dangerous *adj* [xatˤi:r] خطير

n [xalnaʒ] خَلَـنج

نبات الخَلَـنج

[Nabat al-khalnaj] heather

bat *(mammal)* *n* [xuffa:ʃ] خُفّاش

guard *n* [xafar] خفر

خفر السواحل

[Khafar al-şawaḥel] coast guard

reduce *v* [xaffadˤa] خَفّض

dilute, relieve *v* [xafaffa] خفف

throb *v* [xafaqa] خفق

hidden *adj* [xafij] خفي

light *(not dark)*, light *(not heavy)* *adj* [xafi:f] خفيف

vinegar *n* [xall] خل

summary *n* [xula:sˤa] خلاصة

خلاصة بحث أو منهج دراسي

[Kholaşat bahth aw manhaj derasey] syllabus

mixer *n* [xala:atˤ] خلاط

خلاط كهربائي

[Khalaṭ kahrabaey] blender

contrast, difference *n* [xila:f] خلاف

بخلاف

[Be-khelaf] apart from

creative *adj* [xalla:q] خلاق

through *prep* [xila:la] خلال

خلال ذلك

[Khelal dhalek] meanwhile

mix up *v* [xalatˤa] خلط

v [xalaʕa] خلع

يَخلع ملابسه

[Yakhla'a malabesh] take off

behind *adv* [xalfa] خلف

للخلف

[Lel-khalf] backwards

rear *adj* [xalfij] خلفي

متجه خلفاً

[Motajeh khalfan] back

background *n* [xalfijja] خلفية

marinate *v* [xallala] خلّل

eternity *n* [xulu:d] خُلود

n [xulu:l] خُلُول

أُم الخُلُول

[Om al-kholool] mussel

outdoor *adj* [xalawij] خلوي

cell *n* [xalijja] خلية

bay *n* [xali:ʒ] خليج

دُوَل الخليج العربي

[Dowel al-khaleej al'arabey] Gulf States

mixture *n* [xali:tˤ] خليط

mistress *n* [xali:la] خليلة

veil *n* [xima:r] خمار

five-part *adj* [xuma:sij] خماسي

مباراة خماسية

[Mobarah khomaseyah] pentathlon

stub out *v* [xamada] خمد

wine *n* [xamr] خمر

خَمْر الشِري

[Khamr alsherey] sherry

خَمْر الطعام

[Khamr al-ţa'aam] table wine

هذا الخمر ليس مثلج

[hatha al-khamur lysa muthal-laj] This wine isn't chilled

هذه البقعة بقعة خمر

[hathy al-bu'q-'aa bu'q-'aat khamur] This stain is wine

five *number* [xamsatun] خَمْسة

fifteen *number* [xamsata ʕaʃar] خَمْسة عشر

fifty *number* [xamsu:na] خَمْسُون

guess *v* [xammana] خمّن

yeast *n* [xami:ra] خَمِيرَة

trench *n* [xandaq] خَنْدَق

خَنْدَق مائي

[Khanda'q maaey] moat

pig *n* [xinzi:r] خنزير

خنزير غينيا

[Khnzeer ghemyah] guinea pig *(rodent)*

فخذ الخنزير المدخن

[Fakhdh al-khenzeer al-modakhan] ham

لحم خنزير

[Lahm al-khenzeer] pork

لحم خنزير مقدد

[Laḥm khanzeer me'qaded] bacon

خُنْفِسَاء beetle *n* [xunfusa:ʔ]

خُنْفِسَاء الدَعْسُوقَة

[Khonfesaa al-da'aso'qah] ladybug

خنق strangle, suffocate *v* [xanaqa]

خُوخ nectarine, peach *n* [xu:x]

خوذة helmet *n* [xuwða]

هل يمكن أن أحصل على خوذة؟

[hal yamken an aḥṣal 'aala khoo-dha?] May I have a helmet?

خوف fear *n* [xawf]

خوف مرضي

[Khawf maraḍey] phobia

خوّف intimidate *v* [xawwafa]

خِيَار cucumber, option *n* [xija:r]

خَيَّاط tailor *n* [xajja:tˤ]

خياطة sewing *n* [xija:tˤa]

ماكينة خياطة

[Makenat kheyaṭah] sewing machine

خِيَاطة sewing *n* [xaja:tˤa]

خيال imagination *n* [xaja:l]

خيال علمي

[Khayal 'aelmey] science fiction

خيال الظِل

[Khayal al-ḍhel] scarecrow

خَيَالِي fantastic *adj* [xaja:lij]

خيب *n* [xajba]

خيبة الأمل

[Khaybat al-amal] disappointment

خيّب disappoint *v* [xajjaba]

خير good *adj* [xajr]

بخير، شكرا

[be-khair, shukran] Fine, thanks

خَيْزُرَان bamboo *n* [xajzura:n]

خيط *v* [xajatˤa]

يُخيط تماما

[Yokhayeṭ tamaman] sew up

خَيْط thread *n* [xajtˤ]

خَيْط تنظيف الأسنان

[Khayṭ tandheef al-asnan] dental floss

خيل horse *n* [xajl]

ركوب الخيل

[Rekoob al-khayl] horseback riding

دوامة الخيل

[Dawamat al-kheel] merry-go-round

أود أن أشاهد سباقًا للخيول؟

[awid an oshahed seba'qan lil-khiyool] I'd like to see a horse race

أود أن أقوم بنزهة على ظهر الخيول؟

[awid an a'qoom be-nozha 'aala ḍhahir al-khiyool] I'd like to go trail riding

هيا نذهب لركوب الخيل

[hya nadhhab le-rikoob al-khayl] Let's go horseback riding

خيم camp *v* [xajjama]

خيمة tent *n* [xajma]

عمود الخيمة

['amood al-kheemah] tent pole

نريد موقع لنصب الخيمة

[nureed maw'qi'a le-naṣib al-khyma] We'd like a site for a tent

هل يمكن أن ننصب خيمتنا هنا؟

[Hal yomken an nansob khaymatna hona?] Can we pitch our tent here?

د

داء illness *n* [da:ʔ]

داء البواسير

[Daa al-bawaseer] hemorrhoids

داء الكلب

[Daa al-kalb] rabies

دائرة circle, round *(series)* *n* [da:ʔira]

دائرة تلفزيونية مغلقة

[Daerah telefezyoneyah moghla'qa] CCTV

دائرة البروج

[Dayrat al-boroj] zodiac

دائرة انتخابية

[Daaera entekhabeyah] constituency, pedestrian area

دائرة من مدينة

[Dayrah men madeenah] ward *(area)*

الدائرة القطبية الشمالية

[Al-daerah al'qoṭbeyah al-Shamaleyah] Arctic Circle

دائري circular *adj* [da:ʔirij]

طريق دائري

[Ṭaree'q dayery] beltway

دائم permanent *adj* [da:ʔim]

بشكل دائم

[Beshakl daaem] permanently

دائما always *adv* [da:ʔiman]

دَاخِل inside *n* [da:xila]

دَاخِلٌ interior *n* [da:xil]

داخلًا inside *adv* [da:xila:]

داخلي domestic, indoor, internal *adj* [da:xilij]

أنبوب داخلي

[Anboob dakheley] inner tube

تلميذ داخلي

[telmeedh dakhely] boarder

لباس داخلي

[Lebas dakhely] panties

مدرسة داخلية

[Madrasah dakheleyah] boarding school

ملابس داخلية

[Malabes dakheleyah] underwear

مُصَمِم داخلي

[Moṣamem dakheley] interior designer

نظام الاتصال الداخلي

[nedhaam aleteṣaal aldakheley] intercom

ما الأنشطة الرياضية الداخلية المتاحة؟

[ma al-anshiṭa al-reyaḍya al-dakhiliya al-mutaḥa?] What indoor activities are there?

داخلياً indoors *adv* [da:xilijjan]

دار house, building *n* [da:r]

دار سك العملة

[Daar ṣaak al'aomlah] mint *(coins)*

دار ضيافة

[Dar eḍafeyah] guesthouse

دار البلدية

[Dar al-baladeyah] town hall

دار الشباب

[Dar al-shabab] youth hostel

دار المجلس التشريعى

[Dar al-majles al-tashre'aey] government-subsidized housing

ماذا يعرض الآن في دار الأوبرا؟

[madha yu'a-raḍ al-aan fee daar al-obera?] What's on tonight at the opera house?

دارة circuit *n* [da:ra]

داس stamp *vt* ◁ step on *v* [da:sa]

دافئ warm *adj* [da:fiʔ]

دافع *n* [da:fiʕ]

دافع الضرائب

[Daafe'a al-ḍarayeb] tax payer

دافع defend *v* [da:faʕa]

دانماركي Dane *n* ◁ Danish *adj* [da:nma:rkij]

دانمركي adj [da:nmarkijjat]

اللغة الدانمركية

[Al-loghah al-danmarkeyah] *(language)* Danish

دُبّ bear *n* [dubb]

دُب تيدي بير

[Dob tedey beer] teddy bear

دبابة tank *(combat vehicle)* *n* [dabba:ba]

دَبَّاسَة stapler *n* [dabba:sa]

دَبّس *v* [dabbasa]

يُدَبِّس الأوراق

[Yodabes al-wra'q] staple

دِبْس *n* [dibs]

دِبس السكُر

[Debs al-sokor] molasses

دبلوما diploma *n* [diblu:ma:]

دبلوماسي diplomatic *adj* [diblu:ma:sij]

diplomat *n* ◃

دبور wasp *n* [dabu:r]

دبوس pin *n* [dabbu:s]

دبوس أمان

[Daboos aman] safety pin

دبوس تثبيت اللوائح

[Daboos tathbeet al-lawaeh] tack

دبوس شعر

[Daboos sha'ar] bobby pin

أحتاج إلى دبوس آمن

[aḥtaaj ela dub-boos aamin] I need a safety pin

دُجّ thrush *n* [duʒʒ]

دجاجة hen, chicken *n* [daʒa:ʒa]

دَجَّال juggler *n* [daʒʒa:l]

دخان smoke *n* [duxa:n]

كاشف الدُخان

[Kashef al-dokhan] smoke detector

هناك رائحة دخان بغرفتي

[hunaka ra-eḥa dukhaan be-ghurfaty] My room smells like smoke

دخل income *n* [daxl]

ضريبة دخل

[Ḍareebat dakhl] income tax

دخل access, come in *v* [daxala]

دَخْل income *n* [daxla]

دخن *v* [daxxin]

أين يمكن أن أدخن؟

[ayna yamken an adakhin?] Where can I smoke?

هل أنت ممن يدخنون؟

[hal anta me-man yoda-khinoon?] Do you smoke?

دخَّن smoke *v* [daxana]

دخول entry (مادة) *n* [duxu:l]

رَسْم الدخول

[Rasm al-dokhool] admission fee

يَسمَح بالدخول

[Yasmaḥ bel-dokhool] admit *(allow in)*

دخيل exotic, alien *adj* [daxi:l]

دَرابِزين banister *n* [dara:bizi:n]

درابزينات railings *npl* [dara:bzi:na:tun]

دراجة bicycle *n* [darra:ʒa]

راكب الدراجة

[Rakeb al-darrajah] cyclist

دراجة ترادفية

[Darrajah tradofeyah] tandem bicycle

دراجة ثلاثية

[Darrajah tholatheyah] tricycle

دراجة آلية

[darrajah aaleyah] moped

دراجة الرِجْل

[Darrajat al-rejl] scooter

دراجة الجبال

[Darrajah al-jebal] mountain bike

دراجة بخارية

[Darrajah bokhareyah] bicycle *(bike)*

دراجة بمحرك

[Darrajah be-moharrek] motorbike

دراجة نارية

[Darrajah narreyah] motorcycle

دراجة هوائية

[Darrajah hawaeyah] bike

ممر الدراجات

[Mamar al-darajat] bicycle path

منفاخ دراجة

[Monfakh draajah] bicycle pump

دراسة study *n* [dira:sa]

دراسة السوق

[Derasat al-soo'q] market research

لا زلت في الدراسة

[la zilto fee al-deraasa] I'm still studying

دراسي academic *adj* [dira:sij]

عام دراسي

['aam derasey] academic year

حجرة دراسية

[Ḥojrat derasah] classroom

كتاب دراسي

[Ketab derasey] textbook

منهج دراسى

[Manhaj derasey] curriculum

دراما drama *n* [dra:ma:]

درامي dramatic *adj* [dra:mij]

درب driveway *n* [darb]

درّب train *vt* [darraba]

دَرَج staircase *n* [daraʒ]

دُرج drawer *n* [durʒ]

دُرج الأسطوانات المدمجة

[Dorj al-esṭewanaat al-modmajah] CD-ROM

دُرج العربة

[Dorj al-'aarabah] glove compartment

دُرج النقود

[Dorj al-no'qood] cash register

درجة degree, class *n* [daraʒa]

إلى درجة فائقة

[Ela darajah fae'qah] extra

درجة رجال الأعمال

[Darajat rejal ala'amal] business class

درجة سياحية

[Darjah seyaḥeyah] economy class

درجة أولى

[Darajah aula] first-class

درجة ثانية

[Darajah thaneyah] second class

درجة الباب

[Darajat al-bab] doorstep

درجة الحرارة

[Darajat al-haraarah] temperature

درجة حرارة سلزيوس

[Darajat ḥararah solozyos] degree Celsius

درجة حرارة فهرنهايتي

[Darjat hararh ferhrenhaytey] degree Fahrenheit

درجة حرارة مئوية

[Draajat ḥaraarah meaweyah] degree centigrade

بدرجة أقل

[Be-darajah a'qal] less

بدرجة أكبر

[Be-darajah akbar] more

بدرجة كبيرة

[Be-darajah kabeerah] largely

من الدرجة الثانية

[Men al-darajah althaneyah] second-rate

دردار elm *n* [darda:r]

شجر الدردار

[Shajar al-dardaar] elm tree

دردش chat *v* [dardaʃa]

دردشة chat *n* [dardaʃa]

درز stitch *v* [daraza]

درس study *v* [darasa]

يَدْرُس بِجِد

[Yadros bejed] cram *(study)*

دَرس teach *v* [darrasa]

دَرْس lesson *n* [dars]

درس خصوصي

[Dars khoṣoṣey] tutorial

دَرْس القيادة

[Dars al-'qeyadah] driving lesson

هل يمكن أن نأخذ دروسا؟

[hal yamken an nakhudh di-roosan?] Can we take lessons?

دِرْع armor *n* [dirʕ]

درم do one's nails *v* [darrama]

دروة *n* [dirwa]

دروة تدريبية

[Dawrah tadreebeyah] training course

دستة dozen *n* [dasta]

دستور constitution *n* [dustu:r]

دسم fat *n* [dasam]

قليل الدسم

['qaleel al-dasam] low-fat

الطعام كثير الدسم

[al-ṭa'aam katheer al-dasim] The food is very greasy

دش shower *n* [duʃʃ]

الدش لا يعمل

[al-doosh la ya'amal] The shower doesn't work

الدش متسخ

[al-doosh mutasikh] The shower is dirty

دعا invite *v* [daʕa:]

يَدْعو إلى

[Yad'aoo ela] call for

دعائم hemorrhoids *npl* [daʕa:ʔimun]

دُعَابة humor *n* [duʕa:ba]

دعامة pier, pillar, support *n* [daʕa:ma]

دِعَايَة propaganda *n* [diʕa:jat]

دعم support, backing *n* [daʕm]

دعم back up *v* ◃ support *n* [dʕama]

دعوة invitation *n* [daʕwa]

دعوة إلى طعام أو شراب

[Dawah elaa ṭa'aam aw sharaab] treat

دعوى law suit *n* [daʕwa:]

دعوى قضائية

[Da'awa 'qaḍaeyah] proceedings

دَغدغ tickle *v* [daɣdaɣa]

دغل jungle *n* [daɣl]

دَغَل bush *(thicket)* *n* [daɣal]

دفء warmth *n* [difʔ]

بدأ الدفء في الجو

[Badaa al-defaa fee al-jaw] It's thawing out

دفاع defense *n* [difa:ʕ]

الدفاع عن النفس

[Al-defaa'a 'aan al-nafs] self-defense

دفتر notebook *n* [diftar]

دفتر صغير

[Daftar ṣagheer] notepad

دفتر العناوين

[Daftar al-'aanaaween] address book

دفتر الهاتف

[Daftar al-hatef] phonebook

دفتر شيكات

[Daftar sheekaat] checkbook

دفتر تذاكر من فضلك

[daftar tadhaker min faḍlak] A book of tickets, please

دفع payment *n* [dafʕ]

دفع بالغيبة

[Dafa'a bel-ghaybah] alibi

واجب دفعه

[Wajeb daf'aaho] payable

أين يتم الدفع؟

[ayna yatim al-daf'a?] Where do I pay?

هل سيكون الدفع واجبًا علي؟

[hal sayakon al-dafi'a wajeban 'aalya?] Will I have to pay?

هل يجب دفع أي مصاريف أخرى؟

[hal yajib dafi'a ay maṣa-reef okhra?] Are there any additional surcharges?

هل يجب الدفع مقدما؟

[hal yajib al-dafi'a mu'qad-aman?] Do I pay in advance?

دفع pay, push *v* [dfaʕa]

متى أدفع؟

[mata adfa'a?] When do I pay?

هل هناك أية إضافة تدفع؟

[hal hunaka ayaty eḍafa tudfa'a?] Are there any additional surcharges?

هل يمكن أن تدفع سيارتي

[hal yamken an tadfa'a sayaraty?] Could you give me a push?

يجب أن تدفع لي

[yajib an tad-fa'a lee...] You owe me...

دفن bury *v* [dafana]

دقّ ring *v* [daqqa]

دقة *n* [daqqa]

دقة قديمة

[Da'qah 'qadeemah] old-fashioned

دِقّة accuracy *n* [diqqa]

بِدِقّة

[Bedae'qah] accurately

دقق *v* [daqqaqa]

يدقق الحسابات

[Yoda'qe'q al-ḥesabat] audit

دقيق accurate *adj* [daqi:q]

غير دقيق

[Ghayer da'qee'q] inaccurate

دقيق الحجم

[Da'qee'q al-hajm] minute

دقيق الشوفان

[Da'qee'q al-shofaan] oatmeal

دقيق طحين

[Da'qee'q ṭaheen] flour

minute *n* [daqi:qa] **دقيقة**

من فضلك، هل يمكن أن أترك حقيبتي معك لدقيقة واحدة؟

[min faḍlak, hal yamkin an atrik ḥa'qebaty ma'aak le-da'qe'qa waḥeda?] Could you watch my bag for a minute, please?

هناك أتوبيس يغادر كل 20 دقيقة

[Honak otobees yoghader kol 20 da'qee'qa] The bus runs every twenty minutes

bossy *n* [dikta:tu:rij] **دكتاتوري**

significance *n* [dala:la] **دِلالة**

locket *n* [dala:ja] **دَلايَة**

pail, bucket *n* [dalw] **دلو**

directory, evidence, handbook, *n* [dali:l] **دليل** proof

دليل التشغيل

[Daleel al-tashgheel] manual

دليل الهاتف

[Daleel al-hatef] telephone directory

استعلامات دليل الهاتف

[Este'alamat daleel al-hatef] directory assistance

ما هو رقم استعلامات دليل التليفون؟

[ma howa ra'qim esti'a-lamaat daleel al-talefon?] What's the number for directory assistance?

blood *n* [dam] **دم**

ضغط الدم

[ḍaghṭ al-dam] blood pressure

تسمم الدم

[Tasamom al-dam] blood poisoning

اختبار الدم

[Ekhtebar al-dam] blood test

فصيلة دم

[faṣeelat dam] blood type

نقل الدم

[Na'ql al-dam] blood transfusion, transfusion

هذه البقعة بقعة دم

[hathy al-bu'q-'aa bu'q-'aat dum] This stain is blood

destruction *n* [dama:r] **دمار**

مسبب لدمار هائل

[Mosabeb ledamar haael] devastating

brain *n* [dima:ɣ] **دِمَاغ**

adj [damiθ] **دَمِث**

دَمِث الأخلاق

[Dameth al-akhla'q] good-natured

merge *v* [damaʒa] **دمج**

merger *n* [damʒ] **دَمْج**

destroy *v* [dammara] **دمّر**

ruin *v* [dammara] **دَمّر**

tear *(from eye)* *n* [damʕa] **دَمْعَة**

stamp *n* [damɣa] **دمغة**

pimple *n* [dumul] **دُمّل**

bloody *n* [damawij] **دموي**

doll *n* [dumja] **دمية**

دمية متحركة

[Domeyah motaḥarekah] puppet

n [dani:m] **دنيم**

قماش الدنيم القطنى

['qomash al-deneem al-'qotney] denim

n [dini:mi] **دِنيم**

سروال من قماش الدِنيم القطنى

[Serwal men 'qomash al-deneem al-'qotney] jeans

paint *n* [diha:n] **دِهَان**

greasy *adj* [duhnij] **دُهْني**

remedy, medicine *n* [dawa:ʔ] **دواء**

دواء مُقَوِي

[Dawaa mo'qawey] tonic

حبة دواء

[Habbat dawaa] pill

vertigo, motion sickness *n* [duwa:ru] **دوار**

دوار الجو

[Dawar al-jaw] airsick

vertigo *n* ◁ dizzy *adj* [duwa:r] **دُوار**

pedal *n* [dawwa:sa] **دَوَّاسة**

length of time *n* [dawa:m] **دوام**

دوام كامل

[Dawam kamel] full-time

vertigo, nausea *n* [du:xa] **دوخة**

أعاني من الدوخة

[o-'aany min al-dokha] I suffer from vertigo

أشعر بدوخة

[ash-'aur be-dowkha] I feel dizzy

لا زلت أعاني من الدوخة

[la zilto o'aany min al-dokha] I keep having dizzy spells

دُودَة worm *n* [du:da]

دور round, floor, role *n* [dawr]

دَور رئيسي

[Dawr raaesey] lead *(in play/film)*

على من الدور؟

[Ala man al-door?] Whose turn is it?

في أي دور تقع هذه الغرفة

[fee ay dawr ta'qa'a hadhy al-ghurfa?] What floor is it on?

في أي دور توجد محلات الأحذية؟

[fee ay dawr tojad maḥa-laat al-aḥ-dhiyah?] Which floor are shoes on?

دور turn, cycle *v* [dawara]

السيارة لا تدور

[al-sayara la tadoor] The car won't start

يجب أن تدور إلى الخلف

[yajib an tadoor ela al-khalf] You have to turn round

دَوَران circulation *n* [dawara:n]

دورة cycle *(recurring period)*, turn *n* [dawra]

دورة تنشيطية

[Dawrah ṭansheeṭeyah] refresher course

دَوْرَة تعليمية

[Dawrah ta'aleemeyah] course

دورق carafe, flask *n* [dawraq]

دورق من النبيذ الأبيض

[dawra'q min al-nabeedh al-abyaḍ] a carafe of white wine

دَورية patrol *n* [dawrijja]

دولاب *n* [du:la:b]

أي من دولاب من هذه الدواليب يخصني؟

[ay doolab lee?] Which locker is mine?

دُولَار dollar *n* [du:la:r]

دولة country *n* [dawla]

دولة تشيلي

[Dawlat tesheeley] Chile

دُولفين dolphin *n* [du:lfi:n]

دولي international *adj* [dawlij]

أين يمكن أن أقوم بإجراء مكالمة دولية؟

[ayna yamken an a'qoom be-ijraa mukalama daw-liya?] Where can I make an international phone call?

هل تبيع كروت المكالمات الدولية التليفونية؟

[hal tabee'a kroot al-muka-lamat al-daw-liya al-talefoniya?] Do you sell international phone cards?

دومنيكان Dominican *adj* [du:mini:ka:n]

جمهورية الدومنيكان

[Jomhoreyat al-domenekan] Dominican Republic

دومينو *n* [du:mi:nu:]

أحجار الدومينو

[Ahjar al-domino] dominoes

دونَ تلامُس *(payment, technology)* [duna ta;aamus] contactless *adj*

لعبة الدومينو

[Loabat al-domeno] domino

دوّن make a note of, blog, write *v* [dawwana] down

دير monastery *n* [dajr]

دَيْر الراهبات

[Deer al-rahebat] convent

دَيْر الرهبان

[Deer al-rohban] abbey, monastery

هل الدير مفتوحة للجمهور؟

[Hal al-deer maftoḥah lel-jomhoor?] Is the monastery open to the public?

ديزيل *n* [di:zi:l]

وقود الديزيل

[Wa'qood al-deezel] diesel

ديسكو disco *n* [di:sku:]

ديسمبر December *n* [di:sambar]

دى في دي *n* [di:fi: di:]

اسطوانة دى في دي

[Esṭwanah DVD] DVD

ديك rooster *n* [di:k]

ديّك رومي

[Deek roomey] turkey

ديّك صغير

[Deek ṣagheer] cockerel

ديكتاتور dictator *n* [di:kta:tu:r]

ديمقراطي democratic *adj* [di:muqra:tˤij]

ديمقراطية democracy *n* [di:muqra:tˤijja]

دَيْن debt *n* [dajn]

دِينْ [dajn] religion *n*

ديناصور [di:na:sˤu:r] dinosaur *n*

ديناميكي [di:na:mi:kajj] dynamic *adj*

ديني [di:nij] religious, sacred *adj*

melt *vi* [ða:ba] **ذاب**

wolf *n* [ðiʔb] **ذئب**

personal *adj* [ða:tij] **ذاتي**

سيرة ذاتية

[Seerah dhateyah] résumé

حُكْم ذاتي

[ḥokm ḍhatey] autonomy

v [ða:qa] **ذاق**

هل يمكنني تذوقها؟

[hal yamken -any tadha-we'qha?] May I taste it?

memory *n* [ða:kira] **ذَاكِرة**

n [ða:hib] **ذاهب**

...نحن ذاهبون إلى

[naḥno dhahe-boon ela...] We're going to...

fly *n* [ðuba:ba] **ذُبَابَة**

ذُبَابَة صغيرة

[Dhobabah ṣagheerah] midge

n [ðabħa] **ذبحة**

ذبحة صدرية

[dhabhah ṣadreyah] angina

wilt *v* [ðabula] **ذبُل**

ammunition *n* [ðaxi:ra] **ذَخِيرة**

ذخيرة حربية

[dhakheerah ḥarbeyah] magazine *(ammunition)*

arm *n* [ðira:ʕ] **ذِرَاع**

ذِراع الفتيس

[dhera'a al-fetees] gearshift

لا يمكنني تحريك ذراعي

[la yam-kinuni taḥreek thera-'ay] I can't move my arm

لقد جرح ذراعه

[la'qad jara-ḥa thera-'aehe] He's hurt his arm

n [ðura] **ذرة**

ذرة سكري

[dhorah sokarey] sweetcorn

نشا الذرة

[Nesha al-zorah] cornstarch

atom *n* [ðarra] **ذَرَّة**

cereal crops *n* [ðura] **ذُرَة**

رقائق الذُرَة

[Ra'qae'a al-dorrah] cornflakes

peak *n* [ðirwa] **ذروة**

ساعات الذروة

[Sa'aat al-dhorwah] peak hours

في غير وقت الذروة

[Fee ghaeyr wa'qt al-dhorwah] off-peak

n [ðuru:r] **ذرور**

ذرور معطر

[Zaroor mo'aṭar] sachet

atomic *adj* [ðarij] **ذَري**

panic, scare *n* [ðuʕr] **ذُعْر**

chin *n* [ðaqn] **ذَقْن**

intelligence *n* [ðaka:ʔ] **ذكاء**

شخص متقد الذكاء

[shakhṣ mota'qed al-dhakaa] brilliant

remind *v* [ðakkara] **ذكّر**

AI *abbr* [azzakaa' al estinaa'ey] **الذّكاء الاصطناعيّ** *(= artificial intelligence)*

mention *v* [ðkara] **ذَكر**

male *n* [ðakar] **ذَكَر**

male *adj* [ðakarij] **ذَكَرِي**

memory, remembrance *n* [ðikra:] **ذِكْرى**

ذِكْرى سنوية

[dhekra sanaweyah] anniversary

brainy, smart, intelligent *adj* [ðakij] **ذكي**

tail *n* [ðanab] **ذنب**

نجم ذو ذنب

[Najm dho dhanab] comet

guilt *n* [ðanb] **ذَنْب**

ذهاب going *n* [ðaha:b]

أريد الذهاب للتزلج

[areed al-dhehaab lil-tazal-oj] I'd like to go skiing

أين يمكن الذهاب لـ...؟

[ayna yamken al-dhehaab le...?] Where can you go...?

أين يمكنني الذهاب للعدو؟

[ayna yamken-any al-dhehab lel-'aado?] Where can I go jogging?

...نريد الذهاب إلى

[nureed al-dhehaab ela...] We'd like to go to...

هل سيجب عليها الذهاب إلى المستشفى؟

[hal sayajib 'aalyha al-dhehaab ela al-mustash-fa?] Will she have to go to the hospital?

هل يمكن أن تقترح بعض الأماكن الشيقة التي يمكن الذهاب إليها؟

[hal yamken an ta'qta-reḥ ba'aḍ al-amakin al-shay-i'qa al-laty yamken al- dhehaab elay-ha?] Could you suggest somewhere interesting to go?

هل يمكننا الذهاب إلى...؟

[hal yamken -ana al- dhehaab ela...?] Can we go to...?

ذهب gold *n* [ðahab]

مطلي بالذهب

[Maṭley beldhahab] gold-plated

ذهب go *v* [ðahaba]

يَذهَب بسرعة

[yaḍhab besor'aa] go away

...سوف أذهب إلى

[Sawf adhhab ela] I'm going to...

...لم أذهب أبدا إلى

[lam athhab abadan ela...] I've never been to...

لن أذهب

[Lan adhhab] I'm not coming

...هل ذهبت إلى

[hal dhahabta ela...?] Have you ever been to...?

ذهبي golden *adj* [ðahabij]

سمك ذهبي

[Samak dhahabey] goldfish

ذهن mind *n* [ðihn]

شارِد الذهن

[Shared al-dhehn] absentminded

ذوبان dissolving, melting *n* [ðawaba:n]

قابل للذوبان

['qabel lel-dhawaban] soluble

ذوق taste *n* [ðawq]

عديم الذوق

['aadeem al-dhaw'q] tasteless

حسن الذوق

[Hosn aldhaw'q] tasteful

ذوى fade *v* [ðawwa:]

ذيل tail *n* [ðajl]

ر

رائحة smell *n* [ra:ʔiħa]

رائحة كريهة

[Raaehah kareehah] stink

كريه الرائحة

[Kareeh al-raaehah] smelly

مزيل رائحة العرق

[Mozeel raaehat al-'aara'q] deodorant

أنني أشم رائحة غاز

[ina-ny ashum ra-e-hat ghaaz] I can smell gas

توجد رائحة غريبة في الغرفة

[toojad raeḥa ghareba fee al-ghurfa] There's a funny smell

رائع fine (رقيق)amazing, picturesque, *adj* [ra:ʔiʕ]

على نحو رائع

[Ala nahw rae'a] fine

رائعاً remarkably *adv* [ra:ʔiʕan]

رائعة masterpiece *n* [ra:ʔiʕa]

رابط link *n* [ra:bitˤ]

رَابِطة connection *n* [ra:bitˤa]

رابع fourth *adj* [ra:biʕu]

رئة lung *n* [riʔit]

راتب salary *n* [ra:tib]

راتينج *n* [ra:ti:nʒ]

مادة الراتينج

[Madat al-ratenj] resin

راجِع revise *v* [ra:ʒaʕa]

راحة leisure, relief, rest *n* [ra:ħa]

راحة اليد

[Rahat al-yad] palm *(part of hand)*

أسباب الراحة

[Asbab al-rahah] amenities

وسائل الراحة الحديثة

[Wasael al-rahah al-hadethah] modern conveniences

يساعد على الراحة

[Yosaed ala al-rahah] relaxing

يوم الراحة

[Yawm al-raḥah] Sabbath

راحل gone *adj* [ra:ħil]

رادار radar *n* [ra:da:r]

راديو radio *n* [ra:dju:]

راديو رقمي

[Radyo ra'qamey] digital radio

محطة راديو

[Mahaṭat radyo] radio station

هل يمكن أن أشغل الراديو؟

[hal yamken an osha-ghel al-radio?] May I turn on the radio?

هل يمكن أن أطفئ الراديو؟

[hal yamken an aṭfee al-radio?] May I turn off the radio?

رأس head *n* [raʔs]

رأس البرعم القطني

[Raas al-bor'aom al-'qaṭaney] cotton swab

سماعات الرأس

[Samaat al-raas] headphones

عصابة الرأس

['eṣabat al-raas] headband

غطاء للرأس والعنق

[Gheṭa'a lel-raas wal-a'ono'q] hood

حليق الرأس

[Halee'q al-raas] skinhead

وِشاح غطاء الرأس

[Weshaḥ gheṭaa al-raas] headscarf

رَأس إصبع القدم

[Raas eṣbe'a al-'qadam] tiptoe

رَأس السَنَة

[Raas alsanah] New Year

هل توجد سماعات رأس؟

[hal tojad simma-'aat raas?] Does it have

headphones?

رأس head *v* [raʔasa]

راسخ firm *adj* [ra:six]

رأسمالية capitalism *n* [raʔsuma:lijja]

رَأسي vertical *adj* [raʔsij]

راشد adult *adj* [ra:ʃid]

طالب راشد

[Ṭaleb rashed] adult learner

راض satisfied *adj* [ra:dˤin]

غير راض

[Ghayr raḍ] dissatisfied

راعي shepherd, sponsor *n* [ra:ʕi:]

راعى البقر

[Ra'aey al-ba'qar] cowboy

رافع *n* [ra:fiʕ]

رافع الأثقال

[Rafe'a al-ath'qaal] weightlifter

رافعة crane *(bird)*, jack *n* [ra:fiʕa]

رافق escort, accompany *v* [ra:faqa]

راقص dancer *nm* [ra:qisˤu]

راقص باليه

[Ra'qeṣ baleeh] ballet dancer

راقصة dancer *nf* [ra:qisˤa]

راقصة باليه

[Ra'ṣat baleeh] ballerina

راكب passenger, rider *n* [ra:kib]

راكب الدراجة

[Rakeb al-darrajah] cyclist

راكون *n* [ra:ku:n]

حيوان الراكون

[Ḥayawaan al-rakoon] racoon

راكيت *n* [ra:ki:t]

مضرب الراكيت

[Maḍrab alrakeet] racket

رام *v* [ra:ma]

على ما يُرام

['aala ma yoram] all right

إنه ليس على ما يرام

[inaho laysa 'aala ma you-ram] He's sick

راهب monk *n* [ra:hib]

راهبة nun *n* [ra:hiba]

راهن current *adj* [ra:hin]

الوضع الراهن

[Al-waḍ'a al-rahen] status quo

راهن bet *vi* [ra:hana]

راوغ dodge *v* [ra:waɣa]

راوند *n* [ra:wand]

عشب الراوند

['aoshb al-rawend] rhubarb

رَاوِي teller *n* [ra:wi:]

رأي option *n* [raʔj]

الرأي العام

[Al-raaey al-'aam] public opinion

ما رأيك في الخروج وتناول العشاء

[Ma raaek fee al-khoroj wa-tanawol al-'aashaa] Would you like to go out for dinner?

رَأْي opinion *n* [raʔjj]

رأى see *vt* [raʔa]

نريد أن نرى النباتات والأشجار المحلية

[nureed an nara al-naba-taat wa al-ash-jaar al-maḥali-ya] We'd like to see local plants and trees

رؤية sight *n* [ruʔja]

رئيس captain, president *n* [raʔijs]

رئيس أساقفة

[Raees asa'qefah] archbishop

رئيس عصابة

[Raees eṣabah] godfather *(criminal leader)*

رئيس الطهاة

[Raees al-ṭohah] chef

رئيس المجلس

[Raees al-majlas] chairman

رئيس الوزراء

[Raees al-wezaraa] prime minister

نائب الرئيس

[Naeb al-raaes] assistant principal

رئيسي chief *adj* [raʔi:sij]

صفحة رئيسية

[Ṣafḥah raeseyah] home page

دَور رئيسي

[Dawr raaesey] lead *(in play/film)*

طريق رئيسي

[ṭaree'q raeysey] main road

طبق رئيسي

[Ṭaba'q raeesey] main course

مراكز رئيسية

[Marakez raeaseyah] headquarters

مقال رئيسي فى صحيفة

[Ma'qal raaeaey fee şaheefah] lead *(position)*

مكتب رئيسي

[Maktab a'ala] head office

رباط band *(strip)* *n* [riba:tˤ]

رباط عنق على شكل فراشة

[Rebaṭ 'ala shakl frashah] bow tie

رباط العنق

[Rebaṭ al-'aono'q] tie

رباطَ الحذاء

[Rebaṭ al-hedhaa] shoelace

رباط مطاطى

[rebaṭ maṭaṭey] rubber band

رباعية quartet *n* [ruba:ʕijjatu]

ربان quarter *n* [rubba:n]

ربان الطائرة

[Roban al-ṭaaerah] pilot

رَبْة lady, owner *n* [rabba]

رَبْة المنزل

[Rabat al-manzel] housewife

ربَح gain *vt* [rabaħa]

رِبْح profit *n* [ribħ]

ربِض crouch *v* [rabadˤa]

ربِط join *vt* [rabatˤa]

رَبْط attachment *n* [rabtˤ]

ربع quarter *n* [rubʕ]

سباق الدور رُبع النهائي

[Seba'q al-door roba'a al-nehaaey] quarter final

الساعة الثانية إلا ربع

[al-sa'aa al-thaneya ella rubu'a] It's a quarter to two

رُبما maybe *adv* [rubbama:]

ربو *n* [rabw]

الربو

[Al-rabw] asthma

أعاني من مرض الربو

[o-'aany min maraḍ al-raboo] I suffer from asthma

ربى bring up *v* [rabba:]

ربيب godchild, godson, stepson *n* [rabi:b]

ربيبة goddaughter, stepdaughter *n* [rabi:ba]

ربيع spring *n* [rabi:ʕ]

زهرة الربيع

[Zahrat al-rabee'a] primrose

فصل الربيع

[Faşl al-rabeya] springtime

رتّب arrange, rank *v* [rattaba]

رَتّب tidy *v*

رُتبة row *(line)* *n* [rutba]

رَتيب drab *adj* [rati:b]

رَثّ worn *adj* [raθθ]

رجال men *npl* [riʒa:lun]

دَوْرِة مياه للرجال

[Dawrat meyah lel-rejal] men's room

رجِع turn back, go back *v* [raʒaʕa]

رجل man *n* [raʒul]

رَجُل أعمال

[Rajol a'amal] businessman

رَجُل المخاطر

[Rajol al-makhater] stuntman

أنا رجل أعمال

[ana rajul a'amaal] I'm a businessman

رِجل leg *n* [riʒl]

رجوع return *n* [ruʒu:ʕ]

أود الرجوع إلى البيت

[awid al-rijoo'a ela al-bayt] I'd like to go home

رحّب *v* [raħħaba]

يُرحِب ب

[Yoraḥeb bee] greet

رحل depart *v* [raħala]

رحلة journey, passage *(musical)* *n* [riħla]

رحلة سيرًا على الأقدام

[rehalah sayran ala al-a'qdam] hike *(long walk)*

رحلة على الجياد

[Rehalah ala al-jeyad] trail riding

رحلة عمل

[Reḥlat 'aamal] business trip

رحلة جوية

[Rehalah jaweyah] flight

رحلة جوية مُؤجَرة

[Rehalh jaweyah moajarah] charter flight

رحلة بعربة ثيران

[Rehlah be-arabat theran] trek

رحلة بحرية

[Rehalh bahreyah] cruise

رحلة قصيرة

[Rehalh ‘qaṣeerah] trip

رحلةانكفائية

[Reḥlah enkefaeyah] round trip

خطة رحلة شاملة الإقامة والانتقالات

[Khotah rehalah shamelah al-e’qamah wal-ente’qalat] vacation package

رحم womb *n* [raħim]

فحص عنق الرحم

[Faḥṣ ‘aono’q al-raḥem] smear test

رحمة mercy *n* [raħma]

رحيق nectar *n* [raħi:q]

شُجيرة غنية بالرحيق

[Shojayrah ghaneyah bel-raḥee’q] honeysuckle

رحيل parting *n* [raħi:l]

رُخَام marble *n* [ruxa:m]

رخصة license *n* [ruxsˤa]

رُخْصَة القيادة

[Rokhṣat al-’qeyadah] driver’s license

رُخصَة بيع الخمور لتناولها خارج المحل

[Rokhṣat baye’a al-khomor letnawolha kharej al-maḥal] liquor license

...رقم رخصة قيادتي هو

[ra’qim rikhṣat ‘qeyad-aty howa...] My driver’s license number is...

أحمل رخصة قيادة، لكنها ليست معي الآن

[Aḥmel rokhṣat ‘qeyadah, lakenaha laysat ma’aey al-aan] I don’t have my driver’s licence on me

رَخْو flabby *adj* [raxw]

رخيص cheap *adj* [raxi:sˤ]

هل هناك أي رحلات جوية رخيصة؟

[hal hunaka ay reḥ-laat jaw-wya rakheṣa?] Are there any cheap flights?

رد return, response, reply *n* [radd]

رد انعكاسي

[Rad en’aekasey] reflex

تليفون مزود بوظيفة الرد الآلي

[Telephone mozawad be-waḍheefat al-rad al-aaley] answering machine

جهاز الرد الآلي

[Jehaz al-rad al-aaly] answering machine

رد give back *v* [radda]

مال يرد بعد دفعه

[Maal yorad daf’ah] drawback

رُدهَة hallway *n* [radha]

رذاذ drizzle *n* [raða:ð]

رذيلة vice *n* [raði:la]

رزّة *n* [razza]

رزّة سلكية

[Rozzah selkeyah] staple *(wire)*

رِزق living *n* [rizq]

رزمة pack, packet *n* [ruzma]

رسالة message *n* [risa:la]

رسالة تذكير

[Resalat tadhkeer] reminder

هل وصلتكم أي رسائل من أجلي؟

[hal waṣal-kum ay rasaa-el min ajlee?] Are there any messages for me?

هل يمكن أن أترك رسالة؟

[hal yamken an atruk resala?] May I leave a message?

رسام painter *n* [rassa:m]

رسخ settle *v* [rassixa]

رُسغ *n* [rusɣ]

رُسغ القدم

[rosgh al-’qadam] ankle

رسم charge *(price)*, drawing *n* [rasm]

رسم بياني

[Rasm bayany] chart, diagram

رسم بياني دائري

[Rasm bayany daery] pie chart

رسوم جمركية

[Rosoom jomrekeyah] customs

رسوم التعليم

[Rasm al-ta’aleem] tuition fees

رسوم متحركة

[Rosoom motaharekah] cartoon

رَسْم الدخول

[Rasm al-dokhool] admission fee

رَسْم الخدمة

[Rasm al-khedmah] service charge

رَسْم الالتحاق

[Rasm al-elteha’q] admission charge

هل يحتسب رسم تحويل؟

[hal yoḥ-tasab rasim taḥ-weel?] Is there a transfer charge?

رسم draw (*sketch*) *v* [rasama]

يَرسِم خطا تحت

[Yarsem khaṭan taḥt] underline

هل يمكن أن ترسم لي خريطة للاتجاهات؟

[Hal yomken an tarsem le khareeṭah lel-etejahaat?] Could you draw me a map with directions?

رسمي official *adj* [rasmij]

غير رسمي

[Ghayer rasmey] unofficial

غير رسمي

[Ghayer rasmey] informal

زي رسمي

[Zey rasmey] uniform

شكل رسمي

[Shakl rasmey] formality

رسول messenger *n* [rasu:l]

رسوم toll *n* [rusu:m]

أين سأدفع رسوم المرور بالطريق؟

[ayna sa-adfa'a rosom al-miroor bil-ṭaree'q?] Where can I pay the toll?

هل هناك رسوم يتم دفعها للمرور بهذا الطريق؟

[hal hunaka risoom yatim daf-'aaha lel-miroor be-hadha al- ṭaree'q?] Is there a toll on this highway?

رش splash *v* [raʃʃa]

رشاد *n* [raʃa:d]

نبات رشاد

[Nabat rashad] cress

رشاش machine gun, spray *n* [raʃʃa:ʃ]

رشاش مياه

[Rashah meyah] watering can

رشح *v* [raʃaħa]

ماذا ترشح لنا؟

[madha tura-shiḥ lana?] What do you recommend?

هل يمكن أن ترشح لي أحد الأطباق المحلية؟

[hal yamken an tura-shiḥ lee aḥad al-aṭbaa'q al-maḥa-leya?] Can you recommend a local dish?

هل يمكن أن ترشح لي نوع جيد من النبيذ الوردي؟

[hal yamken an tura-shiḥ lee naw'a jayid min al-nabeedh al-wardy?] Can you recommend a good rosé wine?

رَشّح nominate *v* [raʃʃaħa]

رشوة bribery *n* [raʃwa]

رصاص lead *n* [rasˤa:sˤa]

خلو من الرصاص

[Khelow men al-raṣaṣ] unleaded

رصاصة bullet *n* [rasˤa:sˤa]

رصيف sidewalk *n* [rasˤi:fu]

رصيف الميناء

[Raṣeef al-meenaa] quay

رضا content *n* [ridˤa:]

رضع nursing *n* [rudˤdˤaʕ]

هل توجد تسهيلات لمن معهم أطفالهم الرضع؟

[hal tojad tas-heelat leman ma-'aahum aṭfaal-ahum al-ruḍa'a?] Are there facilities for parents with babies?

رضع breast-feed *v* [radˤaʕa]

رضَع suck *v* [radˤaʕa]

رطب humid *adj* [ratˤb]

الجو رطب

[al-jaw raṭb] It's muggy

رطل pound *n* [ratˤl]

رطوبة humidity *n* [rutˤu:ba]

رعاية sponsorship *n* [riʕa:ja]

رعاية الأطفال

[Re'aayat al-aṭfal] childcare

رُعْب fright *n* [ruʕb]

رعد thunder *n* [raʕd]

مصحوب برعد

[Maṣḥoob bera'ad] thundery

رعديّ *adj* [raʕdij]

عاصفة رعدية

['aasefah ra'adeyah] thunderstorm

رعشة thrill *n* [raʕʃa]

رعى tend, sponsor *v* [raʕa:]

رغب desire *v* [raɣaba]

رغبة desire *n* [raɣba]

رغب في *v* [rɣeba fi:]

أرغب في ترتيب إجراء اجتماع مع.....؟

[arghab fee tar-teeb ejraa ejtemaa ma'aa...] I'd

like to arrange a meeting with...

من فضلك أرغب في التحدث إلى المدير

[min faḍlak arghab fee al-taḥaduth ela al-mudeer] I'd like to speak to the manager, please

هل ترغب في تناول أحد المشروبات؟

[hal tar-ghab fee tanawil aḥad al-mashro-baat?] Would you like a drink?

رغم despite *prep* [raɣma]

بالرغم من

[Bel-raghm men] although

رغوة foam *n* [raɣwa]

رغوة الحلاقة

[Raghwat ḥela'qah] shaving foam

رغيف loaf *n* [raɣi:f]

رف shelf *n* [raffu]

رف المستوقد

[Raf al-mostaw'qed] mantel

رَف السقف

[Raf alsa'qf] roof rack

رَف الكُتُب

[Raf al-kotob] bookshelf

رفاق companion, group *npl* [rifa:qun]

الرفاق الموجودون في الأسرة المجاورة يسببون إزعاجا شديدا

[al-osrah al-mojawera ḍajeej-oha sha-deed] My roommates are very noisy

رفاهية luxury *n* [rafa:hijja]

رفرف lifting *n* [rafraf]

رفرف العجلة

[Rafraf al-'ajalah] fender

رفرِف flap *v* [rafrafa]

رفض refuse *v* [rafadˤa]

رَفْض refusal *n* [rafdˤ]

رفع *n* [rafʕ]

رفع الأثقال

[Raf'a al-th'qaal] weightlifting

رفع lift *v* [rafaʕa]

يَرفَع بصره

[Yarfa'a baṣarah] look up

من فضلك، ارفع صوتك في الحديث

[min faḍlak, irfa'a ṣawtak fee al-ḥadeeth] Could you speak louder, please?

رفيع slender *adj* [rafi:ʕ]

رفيق boyfriend, buddy *n* [rafi:q]

رفيق الحجرة

[Refee'q al-hohrah] roommate

رقابة *n* [riqa:ba]

الرقابة على جوازات السفر

[Al-re'qabah ala jawazat al-safar] passport control

رقاقة chip *(small piece)*, wafer *n* [ruqa:qa]

رقائق الذُرَة

[Ra'qae'a al-dorrah] cornflakes

رقاقة معدنية

[Re'qaeq ma'adaneyah] foil

رَقَبَة neck *n* [raqaba]

رقص dancing *n* [raqsˤ]

رقص ثنائي

[Ra'qṣ thonaaey] ballroom dancing

رقص الكلاكيت

[Ra'qṣ al-kelakeet] tap-dancing

أين يمكننا الذهاب للرقص؟

[ayna yamken-ana al-dhehaab lel-ra'qṣ?] Where can we go dancing?

هل تحب الرقص؟

[hal taḥib al-ra'qiṣ?] Would you like to dance?

.يتملكني شعور بالرغبة في الرقص

[yatamal-akany shi'aoor bil-raghba fee al-ri'qṣ] I feel like dancing

رقص dance *v* [raqasˤa]

يَرقص الفالس

[Yar'qos al-fales] waltz

رقصة dance *n* [raqsˤa]

رقصة الفالس

[Ra'qṣat al-fales] waltz

رقعة patch *n* [ruqʕa]

رقم figure, number *n* [raqm]

رقم الغرفة

[Ra'qam al-ghorfah] room number

رقم التليفون

[Ra'qm al-telefone] phone number

رقم الحساب

[Ra'qm al-hesab] account number

رقم المحمول

[Ra'qm almahmool] cell phone number

رقم مرجعي

[Ra'qm marje'ay] reference number
أين توجد الكابينة رقم خمسة؟
[Ayn tojad al-kabeenah ra'qm khamsah?]
Where is cabin number five?
ما هو رقم تليفونك المحمول؟
[ma howa ra'qim talefonak al-maḥmool?]
What's your cell number?
ما هو رقم التليفون؟
[ma howa ra'qim al-talefon?] What's the telephone number?
ما هو رقم الفاكس؟
[ma howa ra'qim al-fax?] What is the fax number?
مفتاح الغرفة رقم مائتين واثنين
[muftaaḥ al-ghurfa ra'qim ma-atyn wa ithnayn] the key for room number two hundred and two
هل يمكن أن أحصل على رقم تليفونك؟
[hal yamken an aḥṣal 'aala ra'qm talefonak?] May I have your phone number?
رقمي digital *adj* [raqmij]
راديو رقمي
[Radyo ra'qamey] digital radio
ساعة رقمية
[Sa'aah ra'qameyah] digital watch
تليفزيون رقمي
[telefezyoon ra'qamey] digital television
كاميرا رقمية
[Kameera ra'qmeyah] digital camera
أريد كارت ذاكرة لهذه الكاميرا الرقمية من فضلك
[areed kart dhakera le-hadhy al-kamera al-ra'qm-eya min faḍlak] A memory card for this digital camera, please
رقيق delicate *adj* [raqi:q]
طين رقيق القوام
[Teen ra'qee'q al'qawam] slush
رُكَام *n* [ruka:m]
رُكَام مُبَعثَر
[Rokaam moba'athar] litter *(trash)*
ركب get in, get on, put in *v* [rakaba]
ركَب ride *vt* [rakaba]
رَكْبَة ride *n* [runkbatu]

رُكبَة knee *n* [rukba]
رَكْبي *n* [rakbi:]
رياضة الرُّكْبي
[Reyaḍat al-rakbey] rugby
ركّز concentrate *v* [rakkaza]
ركض *v* [rakadˤa]
يَرْكُض بِسُرْعَه
[Yrkoḍ besor'aah] sprint
ركَع kneel *v* [rakaʕa]
ركل kick *vt* [rakala]
ركلة kick *n* [rakla]
الركلة الأولى
[Al-raklah al-ola] kickoff
ركوب riding *n* [ruku:b]
تصريح الركوب
[Taṣreeh al-rokob] boarding pass
رم *n* [ramm]
شراب الرّم
[Sharab al-ram] rum
رمادي gray *adj* [rama:dij]
رمال sand *n* [rima:l]
رُمّان pomegranate *n* [rumma:n]
رُمْح javelin *n* [rumħ]
رمز symbol, code *n* [ramz]
رمز بريدي
[Ramz bareedey] zip code
رمز stand for *v* [ramaza]
يَرْمُز إلى
[Yarmoz ela] hint
رِمش *n* [rimʃ]
رِمش العين
[Remsh al'ayn] eyelash
رَمَضَانْ Ramadan *n* [ramadˤa:n]
رملي *adj* [ramlij]
حجر رملي
[Hajar ramley] sandstone
كثبان رملية
[Kothban ramleyah] sand dune
رمم renovate *v* [rammam]
رمى throw, pitch *vt* [rama:]
رَمْيَة pitch *(sport)* *n* [ramja]
رِنجَة *n* [ranʒa]
سمك الرِنجَة

[Samakat al-renjah] herring

رنين sound *n* [rani:nu]

رنين انشغال الخط

[Raneen ensheghal al-khaṭ] busy signal

رهان bet *n* [riha:n]

رَهْن mortgage *n* [rahn]

رهيب horrendous, horrible *adj* [rahi:b]

رهينة hostage *n* [rahi:na]

رَوَائي novelist *n* [riwa:ʔij]

رواق porch, corridor *n* [riwa:q]

رواية novel *n* [riwa:ja]

رُوب *n* [ru:b]

رُوب الحَمَّام

[Roob al-ḥamam] bathrobe

رُوبيَان shrimp *n* [ru:bja:n]

روتين routine *n* [ru:ti:n]

روّج promote *v* [rawwaʒa]

رَوح spirit *n* [ru:ħ]

روحي spiritual *adj* [ru:ħij]

أب روحي

[Af rooḥey] godfather *(baptism)*

روسي Russian *adj* [ru:sij]

روسي الجنسية

[Rosey al-jenseyah] *(person)* Russian

اللغة الروسية

[Al-loghah al-roseyah] *(language)* Russian

روسيا Russia *n* [ru:sja:]

روسيا البيضاء Belarus *n* [ru:sja: ʔal-bajdˤa:ʔu]

رَوّع scare *v* [rawwaʕa]

يُرَوْع فجأة

[Yorawe'a fajaah] startle, surprise

روليت roulette *n* [ru:li:t]

روماتيزم rheumatism *n* [ru:ma:ti:zmu]

رومانسي romantic *adj* [ru:ma:nsij]

رومانسية romance *n* [ru:ma:nsijja]

رومانسيكي *adj* [ru:ma:nsi:kij]

طراز رومانسيكي

[Ṭeraz romanseekey] Romanesque

روماني Roman, Romanian *adj* [ru:ma:nij]

روماني الجنسية

[Romaney al-jenseyah] *(person)* Romanian

اللغة الرومانية

[Al-loghah al-romanyah] *(language)* Romanian

شخص روماني كاثوليكي

[shakhṣ romaney katholeekey] Roman Catholic

رومانيا Romania *n* [ru:ma:nja:]

روى water *v* [rawa:]

رياح wind *n* [rijja:ħ]

مذرو بالرياح

[Madhro bel-reyah] windy

رياضة sport *n* [rija:dˤa]

رياضة دموية

[Reyaḍah damaweyah] blood sports

رياضة الطائرة الشراعية الصغيرة

[Reyadar al-Ṭaayearah al-ehraeyah al-ṣagherah] hang gliding

رياضي *adj* [rija:dˤij]

رجل رياضي

[Rajol reyaḍey] sportsman

(رياضي) متعلق بالرياضة البدنية

[(Reyaḍy) mota'ale'q bel- Reyaḍah al-badabeyah] athletic

(رياضي) متعلق بالألعاب الرياضية

[(Reyaḍey) mota'ale'q bel- al'aab al-reyaḍah] sporty

سيدة رياضية

[Sayedah reyaḍah] sportswoman

زي رياضي

[Zey reyaḍey] jogging suit

ملابس رياضية

[Malabes reyaḍah] sportswear

إلى أي الأحداث الرياضية يمكننا أن نذهب؟

[Ela ay al-aḥdath al-reyaḍiyah yamkuno-na an nadhhab?] Which sporting events can we go to?

كيف نصل إلى الإستاد الرياضي؟

[kayfa naṣil ela al-isṭad al-riyaḍy?] How do we get to the stadium?

ما الخدمات الرياضية المتاحة؟

[ma al-khadamat al-reyaḍya al-mutaḥa?] What sports facilities are there?

رياضيات mathematics *npl* [rija:dˤijja:tun]

علم الرياضيات

['aelm al-reyaḍeyat] math

ريح wind *n* [ri:ħ]

ريح موسمية

[Reeḥ mawsemeyah] monsoon

ريح هوجاء

[Reyḥ ḥawjaa] gale

رَيحان basil *n* [rajħa:nn]

ريشة feather, pen *n* [ri:ʃa]

كُرَة الريشة

[Korat al-reeshaa] birdie *(badminton)*

رِيفْ countryside *n* [ri:f]

ريفي rural *adj* [ri:fij]

قصر ريفي

['qaṣr reefey] mansion

ز

زائد [za:ʔidun]

زائد الطهو

[Zaed al-ţahw] overdone

زائد الوزن

[Zaed alwazn] overweight

زَائِد extra *adj* [za:ʔid]

زائر visitor *n* [za:ʔir]

زائف fake (مدع) *n* ◃ false *adj* [za:ʔif]

زئبق mercury *n* [ziʔbaq]

زاخر *adj* [za:xir]

زاخر بالأحداث

[Zakher bel-aḥdath] (خطير) eventful

زاد increase *v* [za:da]

يزيد من

[Yazeed men] pile up, accumulate

هذا يزيد عن العداد

[hatha yazeed 'aan al-'aadad] It's more than on the meter

زار visit *v* [za:ra]

زَار forge *v* [za:ra]

زال *v* [za:la]

لا يزال

[La yazaal] still

زامبي Zambian *n* ◃ Zambian *adj* [za:mbij]

زامبيا Zambia *n* [za:mbja:]

زاوية angle, corner *n* [za:wija]

زاوية يُمنى

[Zaweyah yomna] right angle

زايَد *(at auction)* bid *(at auction) vi* [za:jada]

زبادي yogurt *n* [zaba:dij]

زُبْدَة butter *n* [zubda]

زُبْدَة الفستق

[Zobdat al-fosto'q] peanut butter

زبون client *n* [zabu:n]

زبيب currant, raisin *n* [zabi:b]

زجاج glass *n* [zuʒa:ʒ]

الزجاج الأمامي

[Al-zojaj al-amamy] windshield

زجاج مُعَشَّق

[Zojaj moasha'q] stained glass

طبقتين من الزجاج

[Ţaba'qatayen men al-zojaj] Thermopane®

مادة ألياف الزجاج

[Madat alyaf alzojaj] fiberglass

لقد تحطم الزجاج الأمامي

[la'qad taḥa-ţama al-zujaj al-amamy] The windshield is broken

هل يمكن أن تملئ خزان المياه لمساحات الزجاج؟

[hal yamken an tamlee khazaan al-meaah le-massa-ḥaat al-zujaaj?] Could you add some windshield wiper fluid?

زجاجة bottle *n* [zuʒa:ʒa]

زجاجة رضاعة الطفل

[Zojajat reḍa'aat al-ţefl] baby bottle

زجاجة الخمر

[Zojajat al-khamr] wineglass

زجاجة من النبيذ الأحمر

[zujaja min al-nabeedh al-aḥmar] a bottle of red wine

زجاجة مياه معدنية

[zujaja meaa ma'adan-iya] a bottle of mineral water

معي زجاجة للمشروبات الروحية

[ma'ay zujaja lil-mashroobat al-roḥiya] I have a bottle of liquor to declare

من فضلك أحضر لي زجاجة أخرى

[min faḍlak iḥḍir lee zujaja okhra] Please bring another bottle

زجاجي *adj* [zuʒa:ʒij]

لوح زجاجي
[Loḥ zojajey] windowpane
crawl *v* [zaħafa] **زحف**
decorate *v* [zaxrafa] **زَخرف**
button *n* [zirr] **زِرٌّ**
button *n* [zira:r] **زرار**
أزرار كم القميص
[Azrar kom al'qameeṣ] cufflinks
farming, agriculture *n* [zira:ʕa] **زراعة**
agricultural *adj* [zira:ʕij] **زراعي**
giraffe *n* [zara:fa] **زرافة**
seed, planting *n* [zarʕ] **زرع**
زرع الأعضاء
[Zar'a al-a'aḍaa] transplant
plant *v* [zaraʕa] **زرع**
npl [zaʕa:nifun] **زعانف**
زعانف الغطس
[Za'aanef al-ghaṭs] flippers
n [zaʕtar] **زَعْتَر**
زَعْتَر بَري
[Za'atar barey] oregano
n [zaʕru:r] **زعرور**
زعرور بلدي
[Za'aroor baladey] hawthorn
crocus *n* [zaʕfara:n] **زعفران**
نبات الزعفران
[Nabat al-za'afaran] saffron
squeak *v* [zaʕaqa] **زعَق**
boss *n* [zaʕi:m] **زعيم**
hiccups *npl* [zuɣtˤatun] **زُغْطَّة**
wedding *n* [zifa:f] **زِفَاف**
breathe out *v* [zafara] **زفر**
alley, lane *n* [zuqa:q] **زُقَاق**
زُقَاق دائري
[Zo'qa'q daerey] bicycle lane
cold *n* [zuka:m] **زكام**
doughnut, dumpling *n* [zala:bijja] **زلابية**
skates *npl* [zala:ʒa:tun] **زلاجات**
ski *n* [zala:ʒa] **زلاجة**
أريد أن أؤجر زلاجة
[areed an o-ajer zalaja] I want to rent skis
slide *n* [zalla:qa] **زِلاقَةٌ**
earthquake *n* [zilza:l] **زلزال**

slippery *adj* [zalaqa] **زَلَق**
time *n* [zaman] **زمن**
عقد من الزمن
['aa'qd men al-zaman] decade
adj [zamanij] **زمني**
جدول زمني
[Jadwal zamaney] timetable
colleague *n* [zami:l] **زميل**
زميل الفصل
[Zameel al-faṣl] classmate
spring *(coil)* *n* [zunburk] **زُنْبُرك**
n [zanbaq] **زَنْبَق**
زَنْبَق الوادي
[Zanba'q al-wadey] lily of the valley
lily *n* [zanbaqa] **زنبقة**
ginger *n* [zanʒabi:l] **زَنْجَبيل**
n [zinʒijja] **زنجية**
زنجية عجوز
[Enjeyah 'aajooz] auntie
zinc *n* [zink] **زنك**
flower *n* [zahra] **زهرة**
زهرة الشجرة المثمرة
[Zahrat al-shajarah al-mothmerah] blossom
vase *n* [zahrijja] **زهرية**
marriage *n* [zawa:ʒ] **زواج**
عقد زواج
['aa'qd zawaj] marriage certificate
عيد الزواج
['aeed al-zawaj] wedding anniversary
reptile *n* [zawa:ħif] **زواحف**
cyclone *n* [zawbaʕa] **زَوْبَعة**
husband *n* [zawʒ] **زوج**
زوج سابق
[Zawj sabe'q] ex-husband
زوج الإبنة
[Zawj al-ebnah] son-in-law
زوج الأخت
[zawj alokht] brother-in-law
زوج الأم
[Zawj al-om] stepfather
أنا أبحث عن هدية لزوجي
[ana abḥath 'aan hadiya le-zawjee] I'm looking for a present for my husband

هذا زوجي
[hatha zawjee] This is my husband
زوجان couple, pair *n* [zawʒa:ni]
زوجة wife *n* [zawʒa]
أخت الزوجة
[Okht alzawjah] sister-in-law
زوجة سابقة
[Zawjah sabe'qah] ex-wife
زوجة الأب
[Zawj al-aab] stepmother
زوجة الابن
[Zawj al-ebn] daughter-in-law
هذه زوجتي
[hathy zawjaty] This is my wife
زود provide, service, supply *v* [zawwada]
زورق boat *n* [zawraq]
زورق صغير
[Zawra'q ṣagheer] baby carriage
زورق تجديف
[Zawra'q] dinghy
زورق بخاري مخصص لقائد الأسطول
[Zawra'q bokharee mokhaṣaṣ le-'qaaed al-osṭool] barge
زورق بمحرك
[Zawra'q be-moḥ arek] motorboat
استدعي زورق النجاة
[istad'ay zawra'q al-najaat] Call out the lifeboat!
زي clothing, outfit *n* [zij]
زي رياضي
[Zey reyaḍey] jogging suit
زي تنكري
[Zey tanakorey] costume *(party)*
زي مدرسي موحد
[Zey madrasey mowaḥad] school uniform
زِي costume *n* [zajj]
زيادة increase *n* [zija:da]
زيادة السرعة
[Zeyadat alsor'aah] speeding
زيارة visit *n* [zija:ra]
ساعات الزيارة
[Sa'at al-zeyadah] visiting hours
زيارة المعالم السياحية
[Zeyarat al-ma'aalem al-seyahyah] sightseeing
أنا هنا لزيارة أحد الأصدقاء
[ʔana: huna: lizija:ratin ʔaħada alʔasˤdiqa:ʔa] I'm here visiting friends
أيمكننا زيارة الحدائق؟
[a-yamkun-ana zeyarat al-ḥada-e'q?] Can we visit the gardens?
متى تكون ساعات الزيارة؟
[mata takoon sa'aat al-zeyara?] When are visiting hours?
...نريد زيارة
[nureed ze-yarat...] We'd like to visit...
هل الوقت متاح لزيارة المدينة؟
[hal al-wa'qt muaaḥ le-ziyarat al-madeena?] Do we have time to visit the town?
زيت *n* [zajt]
زيت سمرة الشمس
[Zayt samarat al-shams] suntan oil
زيت الزيتون
[Zayt al-zaytoon] olive oil
طبقة زيت طافية على الماء
[Ṭaba'qat zayt ṭafeyah alaa alma] oil slick
معمل تكرير الزيت
[Ma'amal takreer al-zayt] oil refinery
هذه البقعة بقعة زيت
[hathy al-bu'q-'aa bu'q-'aat zayt] This stain is oil
زيتون olive *n* [zajtu:n]
زيت الزيتون
[Zayt al-zaytoon] olive oil
شجرة الزيتون
[Shajarat al-zaytoon] olive tree
زيمبابوي Zimbabwe *n* [zi:mba:bwij]
دولة زيمبابوي
[Dawlat zembabway] Zimbabwean
مواطن زيمبابوي
[Mewaṭen zembabway] Zimbabwean
زَيّن embroider, trim *v* [zajjana]
يُزَين بالنجوم
[Yozaeyen bel-nejoom] star

سائح tourist *n* [sa:ʔiħ]

دليل السائح

[Daleel al-saaeh] itinerary

سائس *n* [sa:ʔis]

سائس خيل

[Saaes kheel] groom

سائق driver *n* [sa:ʔiq]

سائق سيارة

[Saae'q sayarah] chauffeur, motorist

سائق سيارة سباق

[Sae'q sayarah seba'q] racecar driver

سائق تاكسي

[Sae'q taksey] taxi driver

سائق دراجة بخارية

[Sae'q drajah bokhareyah] motorcyclist

سائق شاحنة

[Sae'q shahenah] truck driver

سائق لوري

[Sae'q lorey] trucker

سائق مبتدئ

[Sae'q mobtadea] student driver

سائل liquid *n* [sa:ʔil]

سائل غسيل الأطباق

[Saael ghaseel al-aṭba'q] dishwashing liquid

سائل تنظيف

[Sael tanḍheef] cleansing lotion

سائل استحمام

[Saael estehmam] bubble bath

سائل متقطّر

[Sael mota'qaṭer] drop

سُؤال question *n* [sua:l]

سابح swimmer *n* [sa:biħ]

سابع seventh *adj* [sa:biʕu]

سابع عشر seventeenth *adj* [sa:biʕa ʕaʃara]

سابق former *adj* [sa:biq]

زوج سابق

[Zawj sabe'q] ex-husband

سابقاً formerly *adv* [sa:biqan]

ساحة *n* [sa:ħa]

ساحة الدار

[Sahat al-dar] courtyard

ساحر attractive, appealing, magic *adj* [sa:ħir]

magician *n* ◁

ساحرة witch *n* [sa:ħira]

ساحِق terrific *adj* [sa:ħiq]

ساحل coast, shore *n* [sa:ħil]

ساخر sarcastic *adj* [sa:xir]

ساخن hot *adj* [sa:xinat]

زجاجة مياه ساخنة

[Zojajat meyah sakhenah] hot-water bottle

إن الطعام ساخن أكثر من اللازم

[enna al-ṭa'aam sakhen akthar min al-laazim] The food is too hot

أهو مسبح ساخن؟

[a-howa masbaḥ sakhin?] Is the pool heated?

لا توجد مياه ساخنة

[La tojad meyah sakhena] There's no hot water

ساذَج naïve *adj* [sa:ðaʒ]

سار pleasant, savory *adj* [sa:rr]

سار جداً

[Sar jedan] delightful

غير سار

[Ghayr sar] unpleasant

سار march *v* [sa:ra]

سارق robber *n* [sa:riq]

ساطع bright, glaring *adj* [sa:tˤiʕ]

ساعة hour *n* [sa:ʕa]

ساعة رقمية

[Sa'aah ra'qameyah] digital watch

ساعة تناول الشاي
[Saa'ah tanawol al-shay] late afternoon
ساعة الإيقاف
[Saa'ah al-e'qaaf] stopwatch
ساعة حائط
[Saa'ah ḥaaet] clock
ساعة يدوية
[Saa'ah yadaweyah] watch
عكس عقارب الساعة
['aaks 'aa'qareb al-saa'ah] counterclockwise
باتجاه عقارب الساعة
[Betejah a'qareb al-saa'ah] clockwise
شؤون الساعة
[Sheoon al-saa'ah] current affairs
كل ساعة
[Kol al-saa'ah] hourly
محسوب بالساعة
[Mahsoob bel-saa'ah] hourly
نصف ساعة
[Neṣf saa'aah] half hour
كم تبلغ تكلفة الدخول على الإنترنت لمدة ساعة؟
[kam tablugh taklifat al-dikhool 'ala al-internet le-mudat sa'aa?] How much does it cost to log on for an hour?
كم يبلغ الثمن لكل ساعة؟
[kam yablugh al-thaman le-kul sa'a a?] How much is it per hour?
help *vt* [sa:ʕada] **ساعد**
courier *n* [sa:ʕi:] **ساعي**
ساعي البريد
[Sa'aey al-bareed] postal worker
courier *(female)* *n* [sa:ʕijatu] **ساعية**
ساعية البريد
[Sa'aeyat al-bareed] postal worker
travel *v* [sa:fira] **سافر**
يُسافر متطفلًا
[Yosaafer motaṭafelan] hitchhike
يُسافر يومياً من وإلى مكان عمله
[Yosafer yawmeyan men wa ela makan 'ama-leh] commute
أنا أسافر بمفردي
[ana asaafir be-mufrady] I'm traveling alone
n ◁ calm, motionless *adj* [sa:kin] **ساكن**
inhabitant
حرف ساكن
[ḥarf saken] consonant
ask *v* [saʔala] **سأَل**
يَسأَل عن
[Yasaal 'an] inquire
n [sa:la:mi:] **سالامي**
طعام السالامي
[Ṭa'aam al-salamey] salami
preceding *adj* [sa:lif] **سالِف**
poisonous *adj* [sa:mm] **سام**
boredom *n* [saʔam] **سَأم**
fed up *adj* [saʔima] **سَئِمَ**
San Marino *n* [sa:n ma:ri:nu:] **سان مارينو**
haggle *v* [sa:wama] **ساوِم**
equal *v* [sa:wa:] **ساوى**
يُساوي بين
[Yosawey bayn] equalize
...إنه يساوي
[Enah yosaawey...] It's worth...
كم يساوي؟
[kam yusa-wee?] How much is it worth?
n [sabba:ba] **سبابة**
اصبع السبابة
[Eṣbe'a al-sababah] index finger
swimming *n* [siba:ħa] **سباحة**
سباحة تحت الماء
[Sebaḥah taḥt al-maa] snorkel
سباحة الصدر
[Sebaḥat al-ṣadr] breaststroke
سِروال سباحة
[Serwl sebaḥah] swimming trunks
حمام سباحة
[Hammam sebaḥah] swimming pool
زي السباحة
[Zey sebaḥah] bathing suit
أين يمكنني أن أذهب للسباحة؟
[ayna yamken-any an adhhab lel-sebaḥa?] Where can I go swimming?
هل يوجد حمام سباحة؟
[hal yujad ḥamam sebaḥa?] Is there a swimming pool?
هيا نذهب للسباحة

[hya nadhhab lil-sebaḥa] Let's go swimming

سباق race *(contest)* *n* [siba:q]

سباق سيارات

[Seba'q sayarat] auto racing

سباق الراليات

[Seba'q al-raleyat] rally

سباق الضاحية

[Seba'q al-ḍaheyah] cross-country

سباق الخيول

[Seba'q al-kheyol] horse racing

سباق قصير سريع

[Seba'q 'qaṣer sare'a] sprint

حلبة السباق

[ḥ alabat seba'q] racetrack

سباك plumber *n* [sabba:k]

سِبَاكة plumbing *n* [siba:ka]

سبانخ spinach *n* [saba:nix]

سبب cause *(ideals)*, cause *(reason)* *n* [sabab]

ما السبب في هذا الوقوف؟

[ma al-sabab fee hatha al-wi'qoof?] What is causing this hold-up?

سبب cause *v* [abbaba]

يُسبِب الملل

[Yosabeb al-malal] bored

سبتمبر September *n* [sibtumbar]

سبَح swim *vi* [sabaħa]

سبخة marsh *n* [sabxa]

سبعة seven *number* [sabʕatun]

سبعة عشر seventeen *number* [sabʕata ʕaʃara]

سبعين seventy *number* [sabʕi:na]

سبورة blackboard *n* [sabu:ra]

سبيل path, way *n* [sabi:l]

على سبيل المثال

['ala sabeel al-methal] e.g.

ستارة curtain *n* [sita:ra]

ستارة النافذة

[Setarat al-nafedhah] blind

ستارة مُعتِمة

[Setarah mo'atemah] Venetian blind

ستة six *number* [sittatun]

ستة عشر sixteen *number* [sittata ʕaʃara]

سترة coat, jacket *n* [sutra]

سترة صوفية

[Sotrah ṣofeyah] cardigan

سُترة النجاة

[Sotrat al-najah] life jacket

سُترة بولو برقبة

[Sotrat bolo be-ra'qabah] polo-necked sweater

سترودي steroid *n* [stirwudij]

ستريو stereo *n* [stirju:]

ستون sixty *number* [sittu:na]

سجائر *n* [saʒa:ʔir]

هل يمكنني الحصول على طفاية للسجائر؟

[hal yamken -any al-ḥuṣool 'aala ṭafa-ya lel-saja-er?] May I have an ashtray?

سجاد *n* [saʒʒa:d]

سجاد مثبت

[Sejad mothabat] wall-to-wall carpeting

سجادة carpet, rug *n* [saʒa:dda]

سجد kneel down *v* [saʒada]

سجق sausage *n* [saʒq]

سجل register *n* [siʒʒil]

سجل مدرسي

[Sejel madrasey] transcript

سِجل القصاصات

[Sejel al'qeṣaṣat] scrapbook

سجِّل record, register *v* [saʒʒala]

يُسجِل الدخول

[Yosajel al-dokhool] log in

يُسجِل الخروج

[Yosajel al-khoroj] log off

يُسَجِّل على شريط

[Yosajel 'aala shereeṭ] tape

سجن jail *n* [siʒn]

ضابط سجن

[Ḍabeṭ sejn] corrections officer

سجِن jail *v* [saʒana]

سجين prisoner *n* [saʒi:n]

سحاب clouds *n* [saħa:b]

ناطحة سحاب

[Naṭehat saḥab] skyscraper

سحابة cloud *n* [saħa:ba]

سحب draw, withdrawing *n* [saħb]

كارت سحب

[Kart sahb] debit card

سحَب withdraw, pull up *v* [saħaba]

يَسحب كلامه
[Yasḥab kalameh] take back
سحر spell, magic *n* [siħr]
سحر spell *v* [jasħiru]
سِحري magical *adj* [siħrij]
سحق crush *v* [saħaqa]
سُخام soot *n* [suxa:m]
سخان heater *n* [saxxa:n]
سخَر *v* [saxara]
يَسخَر من
[Yaskhar men] scoff
سُخرية irony *n* [suxrijja]
سَخن heat up *v* [saxxana]
سَخَّن heat, warm up *v* [saxxana]
سخي generous *adj* [saxij]
سَخيف absurd *adj* [saxi:f]
سد dam *n* [sadd]
سَداد repayment *n* [sadda:d]
سِدادة tampon *n* [sidda:da]
سَدَّد pay back *v* [saddada]
سِرّ secret *n* [sirr]
سِراً secretly *adv* [sirran]
سراخس *n* [sara:xis]
نبات السراخس
[Nabat al-sarakhes] fern
سُرادق pavilion *n* [sara:diq]
سَرّب leak *vi* [sarraba]
سِرب flock *n* [sirb]
سُرَّة navel *n* [surra]
سُرَّة البطن
[Sorrat al-baṭn] belly button
سرج saddle *n* [sarʒ]
سَرَّح lay off *v* [sarraħa]
سردين sardine *n* [sardi:nu]
سرطان *n* [saratˤa:n]
حيوان السرطان
[Ḥayawan al-saraṭan] crab
مرض السرطان
[Maraḍ al-saraṭan] cancer *(illness)*
سرعة speed *n* [surʕa]
سرعة السير
[Sor'aat al-seer] pace
بسرعة
[Besor'aah] fast
حد السرعة
[Ḥad alsor'aah] speed limit
ذراع نقل السرعة
[Dhera'a na'ql al-sor'aah] gearshift
سرق steal *v* [saraqa]
يَسرِق عَلانيةً
[Yasre'q 'alaneytan] rip off
لقد سرق شخص ما حقيبتي
[la'qad sara'qa shakh-ṣon ma ḥa'qebaty] Someone's stolen my bag
سرقة rip-off, theft *n* [sariqa]
سرقة السلع من المَتَاجِر
[Sare'qat al-sela'a men al-matajer] shoplifting
سرقة الهوية
[Sare'qat al-hawyiah] identity theft
أريد التبليغ عن وقوع سرقة
[areed al-tableegh 'an wi'qoo'a sare'qa] I want to report a theft
سروال pants *n* [sirwa:l]
سروال تحتي قصير
[Serwal taḥtey 'qaṣeer] briefs
سروال قصير
[Serwal 'qaṣeer] (women's) underpants
سروال من قماش الدِنيم القطنى
[Serwal men 'qomash al-deneem al-'qotney] jeans
سرور pleasure *n* [suru:r]
بكل سرور
[bekul siroor] With pleasure!
من دواعي سروري العمل معك
[min dawa-'ay siro-ry al-'aamal ma'aak] It's been a pleasure working with you
سروري *n* [suru:rij]
من دواعي سروري أن التقي بك
[min dawa-'ay siro-ry an al-ta'qy bik] It was a pleasure to meet you
سري *adj* [sirrij]
سري للغاية
[Serey lel-ghayah] top-secret
سِريّ confidential, secret *adj* [sirij]
سرية privacy *n* [sirrija]
سرير bed *n* [sari:r]

سرير محمول للطفل
[Sareer maḥmool lel-ţefl] baby carrier

سريرين منفصلين
[Sareerayn monfaș elayen] twin beds

بياضات الأسرّة
[Bayaḍat al-aserah] bed linen

سَرير رحلات
[Sareer raḥalat] cot

سَرير بدورين
[Sareer bedoreen] bunk beds

سَرير فردي
[Sareer fardey] single bed

سَرير مبيت
[Sareer mabeet] bunk

سَرير مُزدوج
[Sareer mozdawaj] double bed

أريد سرير بدورين
[Areed sareer bedoreen] I'd like a dorm bed

أريد غرفة بسرير مزدوج
[areed ghurfa be-sareer muzdawaj] I'd like a room with a double bed

السرير ليس مريحًا
[al-sareer laysa mureeḥan] The bed is uncomfortable

ملاءات السرير متسخة
[ma-la-at al-sareer muta-sikha] The sheets are dirty

هل يجب علي البقاء في السرير؟
[hal yajib 'aala-ya al-ba'qaa fee al-sareer?] Do I have to stay in bed?

fast, quick *adj* [sariːʕ] **سريع**

سريع الغضب
[Saree'a al-ghaḍab] ticklish

زورق بخاري سريع
[Zawra'q bokharey sarea'a] speedboat

quickly *adv* [sariːʕan] **سريعاً**

Sri Lanka *n* [sriː laːnkaː] **سِري لانكا**

surface *n* [satˤħ] **سطح**

سَطح المبنى
[Saṭh al-mabna] roof

سَطح مستوي
[Saṭ mostawey] plane *(surface)*

أيمكننا أن نخرج إلى سطح المركب؟
[a-yamkun-ana an nakhruj ela saṭ-ḥ al-markab?] Can we go out on deck?

external, superficial *adj* [satˤħij] **سطحي**

robbery, burglary *n* [satˤw] **سطو**

سطو مُسلح
[Saṭw mosalaḥ] hold-up

burgle *v* [satˤwaː] **سطو**

يسطو على
[Yasṭo 'ala] break in

happiness *n* [saʕaːda] **سَعادة**

بسعادة
[Besa'aaadah] happily

cough *n* [suʕaːl] **سُعال**

capacity *n* [siʕa] **سعة**

n [siʕr] **سعر**

سعر التجزئة
[Se'ar al-tajzeah] retail price

سعر البيع
[Se'ar al-bay'a] selling price

بنصف السعر
[Be-nesf al-se'ar] half-price

رجاء كتابة السعر
[rejaa ketabat al-si'ar] Please write down the price

كم سعره؟
[kam si'aroh?] How much is it?

كم سيكون سعره؟
[kam saya-koon si'araho?] How much will it be?

ما هو سعر الصرف؟
[ma howa si'ar al-șarf?] What's the exchange rate?

ما هو سعر التذكرة لليوم الواحد؟
[ma howa si'ar al-tathkara le-yawm waḥid?] How much is a pass for a day?

ما هو سعر الوجبة الشاملة؟
[ma howa si'ar al-wajba al-shamela?] How much is the set menu?

ما هي الأشياء التي تدخل ضمن هذا السعر؟
[ma heya al-ashyaa al-laty tadkhul ḍimn hatha al-si'ar?] What is included in the price?

هل لديكم أشياء أقل سعرا؟
[hal ladykum ashyaa a'qal si'aran?] Do you

have anything cheaper?

هل يشمل السعر حذاء البوت العالي الرقبة

[hal yash-mil al-si'ar al- jusmah?] Does the price include boots?

شغر *n* [suɪr]

شغر حراري

[So'ar hararey] calorie

سِعر price *n* [siɪr]

سِعر الصرف

[Se'ar al-ṣ arf] exchange rate, foreign-exchange rate

سعل cough *vi* [saɪala]

سعودي Saudi *n* ◁ Saudi *adj* [saɪu:dij]

المملكة العربية السعودية

[Al-mamlakah al-'aarabeyah al-so'aodeyah] Saudi Arabia

مواطن سعودي

[Mewaṭen saudey] Saudi Arabian

سعَى *v* [saɪa:]

يَسعَى إلى

[Yas'aaa ela] aim

يَسعَى وراء

[Yas'aa waraa] pursue, follow

سعيد fortunate, glad, happy *adj* [saɪi:d]

حظ سعيد

[haḍh sa'aeed] fortune

سفاح killer, thug *n* [saffa:ħ]

سفارة embassy *n* [sifa:ra]

أريد الاتصال بسفارة بلادي

[areed al-etiṣal be-safaarat belaady] I'd like to phone my embassy

أحتاج إلى الاتصال بسفارة بلادي

[aḥtaaj ela al-iteṣaal be-safaarat belaady] I need to call my embassy

سفاري *n* [safa:ri:]

رحلة سفاري

[Reḥlat safarey] safari

سفر trip, travel, traveling *n* [safar]

أجرة السفر

[Ojrat al-safar] fare

دُوار السفر

[Dowar al-safar] travel sickness

حقائب السفر

[ḥa'qaeb al-safar] luggage

حقيبة سفر

[Ha'qeebat al-safar] suitcase

أريد السفر في الدرجة الأولى

[areed al-safar fee al-daraja al-oola] I would like to travel first-class

لم تصل حقائب السفر الخاصة بي بعد

[Lam taṣel ḥa'qaeb al-safar al-khaṣah bee ba'ad] My luggage hasn't arrived

هذا هو جواز السفر

[hatha howa jawaz al-safar] Here is my passport

سُفرة snack bar *n* [sufra]

سَفْعَة *n* [safɪa]

سَفْعَة شمس

[Saf'aat ahams] sunburn

سُفلى downstairs *adj* [sufla:]

سفلياً downstairs *adv* [suflijjan]

سفن ships *npl* [sufun]

تِرْسَانة السُفن

[Yarsanat al-sofon] shipyard

بناء السفن

[Benaa al-sofon] shipbuilding

حوض السفن

[Hawḍ al-sofon] dock

سَفير ambassador *n* [safi:r]

سَفينة ship *n* [safi:na]

سَفينة حربية

[Safeenah ḥarbeyah] battleship

سقالات scaffolding *npl* [saqa:la:tun]

سقط drop, fall down *v* [saqatˤa]

سقطت

[sa'qaṭat] She fell

لقد سقط مقبض الباب

[la'qad sa'qaṭa me-'qbaḍ al-baab] The handle has come off

هل تظن أن المطر سوف يسقط؟

[hal taḍhun ana al-maṭar sawfa yas'qiṭ?] Do you think it's going to rain?

سقف roof, ceiling *n* [saqf]

يوجد تسرب في السقف

[yujad tasa-rub fee al-sa'qf] The roof leaks

سقم sickness *n* [saqam]

fall *n* [suqu:tˁ] **سُقوط**

ill *adj* [saqi:m] **سقيم**

population *n* [sukka:n] **سكان**

pour *vt* [sakaba] **سكب**

shut up *v* [sakata] **سكت**

road *n* [sikka] **سكة**

سكة حديد بالملاهي

[Sekat ḥadeed bel-malahey] roller coaster

سكة حديدية

[Sekah haedeedyah] railroad

قضبان السكة الحديدية

['qoḑban al-sekah al-ḥadeedeyah] rail

sugar *n* [sukar] **سكر**

سكر ناعِم

[Sokar na'aem] confectioners' sugar

خالي من السكر

[Khaley men al-oskar] sugar-free

مرض السكر

[Maraḑ al-sokar] diabetes

بدون سكر

[bedoon suk-kar] no sugar

drunk *n* [sakra:n] **سكران**

secretary *n* [sikirti:r] **سكرتير**

هل يمكنني ترك رسالة مع السكرتير الخاص به؟

[hal yamken -any tark resala ma'aa al-sikertair al-khaş behe?] May I leave a message with his secretary?

adj [sukkarij] **سكري**

شخص مصاب بالبول السكرى

[Shakhş moşaab bel-bol al-sokarey] diabetic

مصاب بالسكري

[Moşab bel sokkarey] diabetic

n [saksijja] **سكسية**

آلة السكسية

[Alat al-sekseyah] saxophone

v [sakana] **سكن**

...أسكن في

[askun fee..] We live in...

...أسكن في

[askun fee..] I live in...

residential *adj* [sakanij] **سَكني**

alcoholic *n* [sikki:r] **سكير**

knife *n* [sikki:n] **سكين**

سكين القلم

[Sekeen al-'qalam] penknife

سَكاكين المائدة

[Skakeen al-maeadah] flatware

knife *n* [sikki:na] **سكينة**

tuberculosis *n* [sull] **سُلّ**

weapon *n* [sila:ħ] **سلاح**

سلاح الطيران

[Selaḥ al-ţayaran] Air Force

سلاح المُشَاة

[Selaḥ al-moshah] infantry

سلاح ناري

[Selaḥ narey] revolver

salad *n* [sala:tˁa] **سلاطة**

سَلاطة خضراء

[Salaţat khadraa] green salad

سلاطة مخلوطة

[Salata makhloţa] mixed salad

سَلاطة الكرنب والجزر

[Salaţ at al-koronb wal-jazar] coleslaw

سَلاطة فواكه

[Salaţat fawakeh] fruit salad

race *(origin)* *n* [sula:la] **سلالة**

peace *n* [sala:m] **سلام**

safety *n* [sala:ma] **سلامة**

rob *v* [salaba] **سلب**

negative, passive *adj* [silbij] **سلبي**

basket *n* [salla] **سلة**

سلة الأوراق المهملة

[Salat al-awra'q al-mohmalah] wastepaper basket

سلة المهملات

[Salat al-mohmalat] trash can

كرة السلة

[Korat al-salah] basketball

tortoise, turtle *n* [sulħufa:t] **سُلحفاة**

n [silizju:s] **سلزيوس**

درجة حرارة سلزيوس

[Darajat ḥararah selezyos] degree Celsius

fluent (فصيح) *adj* [salis] **سَلس**

chain *n* [silsila] **سِلسة**

سلسلة رسوم هزلية

[Selselat resoom hazaleyah] comic strip

سلسلة جبال

[Selselat jebal] range *(mountains)*

سلسلة متتابعة

[Selselah motatabe'ah] episode

سلسلة مباريات

[Selselat mobarayat] tournament

sultana *n* [sultˁa:na] سلطانة

زَبيب سلطانة

[Zebeeb solṭanah] golden raisin

bowels *n* [sultˁa:nijja] سُلطانية

command, power *n* [sultˁa] سلطة

predecessor, ancestor *n* [salaf] سلف

boil *vi* [slaqa] سلق

string, wire *n* [silk] سِلْك

سِلك شائك

[Selk shaaek] barbed wire

n [silkij] سلكي

لا سلكى

[La-selkey] cordless

stair, staircase *n* [sullam] سلم

سلم متحرك

[Solam motaḥarek] escalator

سُلَم نقال

[Sollam na'q'qaal] stepladder

سلالم

[sala:lim] stairs

deliver *vt* ◃ hand, surrender *v* [sallama] سَلَّم

يُسَلِم ب

[Yosalem be] presume

ladder *n* سُلَم

n [salamu:n] سلمون

سمك السلمون

[Samak al-salmon] salmon

ذَكَر سمك السلمون

[Dhakar samak al-salamon] smoked herring

Slovak *adj* [slu:fa:kij] سلوفاكي

اللغة السلوفاكية

[Al-logha al-slofakeyah] *(language)* Slovak

مواطن سلوفاكي

[Mowaṭen slofakey] *(person)* Slovak

Slovakia *n* [slu:fa:kija:] سلوفاكيا

Slovenian *adj* [slu:fa:ni:] سلوفاني

اللغة السلوفانية

[Al-logha al-slofaneyah] *(language)* Slovenian

مواطن سلوفاني

[Mowaṭen slofaney] *(person)* Slovenian

Slovenia *n* [slu:fa:nija:] سلوفانيا

behavior, manner *n* [sulu:k] سلوك

adj [sulu:kij] سلوكي

عادة سلوكية

['aadah selokeyah] habit

manners *npl* [sulu:kijja:tun] سلوكيات

amuse *v* [salla:] سَلَّى

intact, sound, whole *adj* [sali:m] سليم

poison, venom *n* [summ] سُمّ

sky *n* [sama:ʔ] سماء

manure, fertilizer *n* [sama:d] سماد

سماد عضوي

[Semad 'aodwey] organic fertilizer

سِمَاد طبيعي

[Semad ṭabe'ay] peat

hands-free kit *n* [samma:ʕa:t] سماعات

thickness *n* [sama:ka] سَماكة

n [simma:n] سِمَّان

طائر السِمَّان

[Ṭaaer al-saman] quail

characteristic, feature *n* [sima] سمة

allow *v* [samaħa] سمَح

tan *n* [sumra] سُمرة

سُمرة الشمس

[Somrat al-shams] suntan

broker *n* [samsa:r] سِمسار

سِمسار عقارات

[Semsaar a'qarat] real estate agent

سِمسار البورصة

[Semsar al-borṣah] stockbroker

hearing *n* [samʕ] سَمْع

reputation, good name *n* [sumʕa] سمعة

حسن السمعة

[Ḥasen al-som'aah] reputable

acoustic *adj* [samʕij] سَمعي

symphony *n* [samfu:nijja] سِمفونية

fish *n* [samak] سمك

صياد السمك

[Ṣayad al-samak] fisherman

سمك سياف البحر

[Samak aayaf al-baḥr] swordfish
سمك السَّلْمون المُرَقَّط
[Samak al-salamon almora'qaṭ] trout
سمك الأبيض
[Samak al-abyaḍ] whiting
سمك التونة
[Samak al-tonah] tuna
سمك الشص
[Samak al-shaṣ] fisherman
سمك القد
[Samak al'qad] cod
سمك ذهبي
[Samak dhahabey] goldfish
معدات صيد السمك
[Mo'aedat ṣayed al-samak] fishing tackle
سوف أتناول سمك
[sawfa ata-nawal samak] I'll have the fish
لا أتناول الأسماك
[la ata-nawal al-asmaak] I don't eat fish
ماذا يوجد من أطباق السمك؟
[madha yujad min aṭbaa'q al-samak?] What fish dishes do you have?
هل هذا مطهي بمرقة السمك؟
[hal hadha maṭhee be-mara-'qat al-samak?] Is this cooked in fish stock?
هل يمكن إعداد وجبة خالية من الأسماك؟
[hal yamken e'adad wajba khaliya min al-asmaak?] Could you prepare a meal without fish?
fish *n* [samaka] **سَمك**
سَمكة مياه عذبة
[Samakat meyah adhbah] freshwater fish
سَمكة الأنقليس
[Samakat al-anfalees] eel
poison *v* [sammama] **سَمَّم**
butter *n* [samn] **سَمْن**
سَمْن نباتي
[Samn nabatey] margarine
salamander *n* [samandal] **سَمندل**
سَمندل الماء
[Samandal al-maa] newt
toxic *adj* [summij] **سُمي**
thick *adj* [sami:k] **سَميك**

fat *adj* [sami:n] **سَمين**
tooth *n* [sinn] **سن**
أطقم أسنان صناعية
[Aṭ'qom asnan ṣena'aeyah] dentures
أكبر سِنّاً
[Akbar senan] elder
خَيْط تنظيف الأسنان
[Khayṭ tandheef al-asnan] dental floss
الأكبر سناً
[Al-akbar senan] eldest
طبيب أسنان
[Ṭabeeb asnan] dentist
متعلق بطب الأسنان
[Mota'ale'q be-ṭeb al-asnan] dental
عندي وجع في الأسنان
['aendy waja'a fee al-as-nan] I have a toothache
لقد كسرت سنتي
[la'qad kasarto sin-ny] I've broken a tooth
ليس لدي تأمين صحي لأسناني
[laysa la-daya ta-meen ṣiḥee le-asnany] I don't have dental insurance
هذا السن يؤلمني
[haḍha al-sen yoelemoney] This tooth hurts
tooth *n* [sin] **سِن**
سِن المرء
[Sen al-mara] age
سِن المراهقة
[Sen al-moraha'qah] adolescence
حد السِّن
[Had alssan] age limit
brace *n* [sana:d] **سناد**
fishing rod *n* [s'anna:ra] **سِنارة**
cent, penny *n* [sint] **سِنت**
year *n* [sana] **سنة**
سنة ضريبية
[Sanah ḍareebeyah] fiscal year
سَنة كبيسة
[Sanah kabeesah] leap year
سَنة مالية
[Sanah maleyah] financial year
رَأس السَنَة
[Raas alsanah] New Year

كل سنة
[Kol sanah] yearly

centimeter *n* [santi:mitar] **سنتيمتر**

squirrel *n* [sinʒa:b] **سِنجاب**

bond *n* [sanad] **سَند**

sandwich *n* [sandiwi:tʃ] **سَندويتش**

Senegalese *n* [siniɣa:lij] **سنغالي**

teethe *v* [sannana] **سَنَّن**

n [snu:kar] **سنُوكِر**

لُعْبَةُ السْنُوكِر
[Lo'abat al-sonoker] snooker

annual *adj* [sanawij] **سنوي**

yearly *adv* [sanawijan] **سنويا**

n [sahra] **سهرة**

ملابس السهرة
[Malabes al-sahrah] formal attire

easy, flat *adj* [sahl] **سهل**

سهل الانقياد
[Sahl al-en'qyad] easygoing

سهل الوصول
[Sahl al-woṣool] accessible

arrow, dart *n* [sahm] **سهم**

سهم مالي
[Sahm maley] share

لعبة رمي السهام
[Lo'abat ramey al-seham] darts

oversight *(mistake)* *n* [sahw] **سهو**

misfortune *n* [su:ʔ] **سوء**

سوء الحظ
[Soa al-ḥaḍh] misfortune

سوء فهم
[Soa fahm] misunderstanding

سوء معاملة الأطفال
[Soo mo'aamalat al-aṭfaal] child abuse

bracelet *n* [suwa:r] **سُوَار**

سُوَار الساعة
[Sowar al-sa'aah] watchband

Swaziland *n* [swa:zi:la:nd] **سوازيلاند**

Sudanese *n* ◁ Sudanese *adj* [su:da:nij] **سوداني**

Syrian *n* ◁ Syrian *adj* [su:rij] **سوري**

Syria *n* [su:rja:] **سوريا**

whip *n* [sawtˤ] **سَوط**

market, market place *n* [su:q] **سوق**

سوق خيرية
[Soo'q khayreyah] fair

سُوق الأوراق المالية
[Soo'q al-awra'q al-maleyah] stock exchange

سُوق للسلع الرخيصة
[Soo'q lel-sealaa al-ṣgheerah] flea market

متى يبدأ العمل في السوق؟
[mata yabda al-'aamal fee al-soo'q?] When is the market?

vulgar *adj* [su:qij] **سُوقي**

n [su:la:r] **سولار**

...سولار من فضلك
[Solar men faḍlek…] … worth of diesel, please

together *adv* [sawijjan] **سويا**

Swede *n* ◁ Swedish *adj* [swi:dij] **سويدي**

اللغة السويدية
[Al-loghah al-sweedeyah] Swedish

اللِّفْت السويدي
[Al-left al-sweedey] rutabaga

Switzerland *n* [swi:sra:] **سويسرا**

Swiss *n* ◁ Swiss *adj* [swi:srij] **سويسري**

bad *adj* [sajjiʔ] **سيء**

على نحو سيء
[Ala nahw saye] badly

أسوأ
[ʔaswaʔun] worse

على نحو أسوأ
[Ala nahw aswaa] worse

الأسوأ
[Al-aswaa] worst

fence *n* [sija:ʒ] **سياج**

سياج نقال
[Seyaj na'qal] hurdle

سِياج من الشجيرات
[Seyaj men al-shojayrat] hedge

tourism *n* [sija:ħa] **سياحة**

adj [sija:ħij] **سياحي**

درجة سياحية
[Darjah seyaḥeyah] economy class

مرشد سياحي
[Morshed seyaḥey] tour guide

مكتب سياحي
[Maktab seayaḥey] tourist office

لقد سرق شخص ما الشيكات السياحية الخاصة بي
[la'qad sara'qa shakh-ṣon ma al-shaikaat al-seyaḥiya al-khaṣa be] Someone's stolen my traveler's checks

هل يتم قبول الشيكات السياحية؟
[hal yatum 'qubool al-shaikaat al-seyaḥiya?] Do you accept traveler's checks?

هل يمكنني تغيير الشيكات السياحية الخاصة بي هنا؟
[hal yamken -any taghyeer al-shaikaat al-seyaḥiya al-khaṣa bee?] Can I cash my traveler's checks here?

سيارة car *n* [sajja:ra]

إيجار سيارة
[Ejar sayarah] car rental

سائق سيارة
[Saae'q sayarah] chauffeur

سيارة صالون
[Sayarah ṣalon] sedan

سيارة إسعاف
[Sayarat es'aaf] ambulance

سيارة إيجار
[Sayarah eejar] rental car

سيارة أجرة
[Sayarah ojarah] cab

سيارة السباق
[Sayarah al-seba'q] racecar

سيارة الدورية
[Sayarah al-dawreyah] patrol car

سيارة الشركة
[Sayarat al-sharekah] company car

سيارة بصالون متحرك المقاعد
[Sayarah be-ṣalon motaḥarek al-ma'qaed] station wagon

سيارة بباب خلفى
[Sayarah be-bab khalfey] hatchback

سيارة كوبيه
[Sayarah kobeeh] convertible

سيارة مستأجرة
[Sayarah mos̄taajarah] rented car

غسيل سيارة
[ghaseel sayaarah] car wash

تأجير سيارة
[Taajeer sayarah] car rental

تأمين سيارة
[Taameen sayarah] car insurance

استئجار سيارة
[is̄ti-jar sayara] rental car

سيارة تعمل بنظام نقل السرعات الآلي من فضلك
[sayara ta'amal be-neḍham na'qil al-sur'aat al-aaly, min faḍlak] An automatic, please

أريد أن استأجر سيارة
[areed an as̄ta-jer sayara] I want to rent a car

الأطفال في السيارة
[al-aṭfaal fee al-sayara] My children are in the car

كم تبلغ مصاريف سيارة لشخصين؟
[kam tablugh ma-ṣareef sayarah le-sha-khṣyn?] How much is it for a car for two people?

لقد صدمتُ سيارتي
[la'qad ṣadamto sayaraty] I've wrecked my car

لقد تركت المفاتيح في السيارة
[la'qad ta-rakto al-mafateeḥ fee al-sayara] I left the keys in the car

متى ستغادر السيارة في الصباح؟
[mata satu-ghader al-sayarah fee al-ṣabaaḥ?] When does the bus leave in the morning?

هل يمكن أن أوقف السيارة هنا؟
[hal yamken an o'qef al- sayara huna?] Can I park here?

هل يمكنك توصيلي بالسيارة؟
[hal yamken -aka taw-ṣeely bil-sayara?] Could you take me by car?

هل يمكنك جر سيارتي إلى ورشة السيارات؟
[Hal yomkenak jar sayaratey ela warshat al-sayarat?] Could you tow me to a repair shop?

هل يوجد تكييف هواء بالسيارة؟
[hal yujad takeef hawaa bil-sayara?] Does it have air conditioning?

هناك أحد الأشخاص صدمته سيارة
[hunaka aḥad al-ash-khaaṣ ṣada-matho asayara] Someone's been knocked down by a car

هناك ثقب في ردياتير السيارة

[Honak tho'qb fee radyateer al-sayarah] There's a leak in the radiator

سياسة politics *n* [sija:sa]

رجل سياسة

[Rajol seyasah] politician

علم السياسة

['aelm alseyasah] political science

سياسي political *adj* [sija:sij]

سياق context *n* [sija:q]

سيبيريا Siberia *n* [si:bi:rja:]

سيجار cigar *n* [si:ʒa:r]

سيجارة cigarette *n* [si:ʒa:ra]

سيخ skewer *n* [si:x]

سيد chief *n* [sajjid]

سيدة lady *n* [sajjida]

سيدة أعمال

[Sayedat a'amaal] businesswoman

سيدي sir *n* [sajjidi:]

سير belt, march *n* [sajr]

سرعة السير

[Sor'aat al-seer] pace

سير المروحة

[Seer almarwaha] fan belt

سير متحرك

[Sayer motaḥrrek] conveyor belt

أريد صعود التل سيرا على الأقدام

[areed ṣi'aood al-tal sayran 'aala al-a'qdaam] I'd like to go hiking

هل يمكن السير هناك؟

[hal yamken al-sayr hunak?] Can I walk there?

هل يوجد أي جولات للسير مع أحد المرشدين؟

[hal yujad ay jaw-laat lel-sayer ma'aa aḥad al-murshid-een?] Are there any guided walks?

سيرة biography *n* [si:ra]

سيرة ذاتية

[Seerah dhateyah] autobiography, résumé, CV

سيرفر *n* [si:rfar]

جهاز السيرفر

[Jehaz al-servo] server *(computer)*

سيرك circus *n* [si:rk]

سيف sword *n* [sajf]

سيكولوجي psychological *adj* [sajku:lu:ʒij]

سَيْل downpour *n* [sajl]

سينما movie theater *n* [si:nima:]

ماذا يعرض الآن على شاشات السينما؟

[madha yu'a-raḍ al-aan 'aala sha-shaat al-se-nama?] What's playing at the movie theater?

سينمائي *adj* [si:nima:ʔij]

نجم سينمائي

[Najm senemaaey] movie star

شائع common *adj* [ʃa:ʔiʕ]

شائك prickly *adj* [ʃa:ʔiku]

نبات شائك الأطراف

[Nabat shaek al-aṭraf] holly

شَائِن disgraceful *adj* [ʃa:ʔin]

شَاب young *adj* [ʃa:bb]

شَابِك snarl *v* [ʃa:baka]

شاة ewe *n* [ʃa:t]

شاحب pale *adj* [ʃa:ħib]

شاحِن charger *n* [ʃa:ħin]

شاحِنة truck *n* [ʃa:ħina]

شاحِنة لوري

[Shaḥenah loorey] truck

شاحنة قَطْر

[Shaḥenat 'qaṭr] tow truck

شاحِنة نقل

[Shahenat na'ql] moving van

شاذ odd *adj* [ʃa:ðð]

شارِب mustache *n* [ʃa:rib]

شارَة badge *n* [ʃa:ra]

شارع street *n* [ʃa:riʕ]

شارع جانبي

[Share'a janebey] side street

خريطة الشارع

[Khareeṭat al-share'a] street plan

أريد خريطة لشوارع المدينة

[areed khareeṭa le-shawari'a al-madena] I want a street map of the city

شارِك share *v* [ʃa:raka]

شاشة monitor *n* [ʃa:ʃa]

شاشة بلازما

[Shashah blazma] plasma screen

شاشة مسطحة

[Shasha mosṭahah] flat-screen

شاطئ beach *n* [ʃa:tˤiʔ]

شاطئ البحر

[Shaṭeya al-baḥr] seashore

سوف أذهب إلى الشاطئ

[sawfa adhab ela al-shaṭee] I'm going to the beach

ما هي المسافة بيننا وبين الشاطئ؟

[ma heya al-masafa bay-nana wa bayn al-shaṭee?] How far are we from the beach?, How far away is the beach?

هل يوجد أتوبيس إلى الشاطئ؟

[Hal yojad otobees elaa al-shaṭea?] Is there a bus to the beach?

شاطر clever *adj* [ʃa:tˤir]

شاعر intuitive *adj* ◁ poet *n* [ʃa:ʕir]

شاعر بالإطراء

[Shaa'aer bel-eṭraa] flattered

شاغَب riot *v* [ʃa:ɣaba]

شاغِر vacant *adj* [ʃa:ɣir]

شَاكوش hammer *n* [ʃa:ku:ʃ]

شال shawl *n* [ʃa:l]

شامبانيا champagne *n* [ʃa:mba:nija:]

شامبو shampoo *n* [ʃa:mbu:]

هل تبيع شامبوهات

[hal tabee'a shambo-haat?] Do you sell shampoo?

شامة scenic area *n* [ʃa:ma]

شامل comprehensive, thorough *adj* [ʃa:mil]

بشكل شامل

[Be-shakl shamel] thoroughly

ما هو المبلغ الإضافي لتغطية التأمينية الشاملة؟

[ma: huwa almablaɣu alʔidˤa:fiju litaɣtˤijjati attaʔmi:nijjati aʃʃa:milati] How much extra is comprehensive insurance coverage?

شأن affair *n* [ʃaʔn]

شؤون الساعة

[Sheoon al-saa'ah] current affairs

witness *n* [ʃa:hid] **شاهد**

watch *v* [ʃa:hada] **شاهد**

أنا أشاهد فقط

[ana ashahid fa'qaṭ] I'm just looking

steep, high *adj* [ʃa:hiq] **شاهق**

tea *n* [ʃa:j] **شاي**

براد الشاي

[Brad shaay] teapot

فنجان شاي

[Fenjan shay] teacup

كيس شاي

[Kees shaay] tea bag

ملعقة شاي

[Mel'a'qat shay] teaspoon

شاي من فضلك

[shaay min faḍlak] Hot tea, please

هل يمكن من فضلك الحصول على كوب آخر من الشاي؟

[hal yamken min faḍlak al-ḥusool 'aala koob aakhar min al-shay?] Could we have another cup of tea, please?

youth *n* [ʃaba:b] **شباب**

بيت الشباب

[Bayt al-shabab] hostel

n [ʃubba:k] **شباك**

شباك التذاكر

[Shobak al-taḍhaker] box office

ghost *n* [ʃabaħ] **شبح**

spooky *adj* [ʃabaħij] **شَبحي**

flip-flops *n* [ʃubʃub] **شبشب**

شبشب حمام

[Shebsheb ḥamam] slipper

net, network *n* [ʃabaka] **شبكة**

شبكة عنكبوتية

[Shabakah 'ankaboteyah] web

شبكة داخلية

[Shabakah dakheleyah] intranet

كرة الشبكة

[Korat al-shabakah] netball

شبكة قضبان مُتصالِبة

[Shabakat 'qodban motaṣalebah] grid

لا أستطيع الوصول إلى الشبكة

[la asṫa-ṭee'a al-wiṣool ela al-shabaka] I can't get a network

cub *n* [ʃibl] **شِبْل**

duplex, resemblance *n* [ʃibhu] **شبه**

mist *n* [ʃabuwra] **شَبّورة**

winter *adj* [ʃitwijjat] **شتوي**

رياضات شتوية

[Reyḑat shetweyah] winter sports

swearword, insult *n* [ʃati:ma] **شتيمة**

quarrel *n* [ʃiʒa:r] **شجار**

brave *n* [ʃuʒa:ʕ] **شجاع**

bravery *n* [ʃaʒa:ʕa] **شجاعة**

tree *n* [ʃaʒar] **شجر**

شجر البتولا

[Ahjar al-betola] birch

شجر الطقسوس

[Shajar al-ṭa'qsoos] yew

أشجار الغابات

[Ashjaar al-ghabat] lumber

tree *n* [ʃaʒara] **شجرة**

شجرة عيد الميلاد

[Shajarat 'aeed al-meelad] Christmas tree

شجرة الصنوبر

[Shajarat al-ṣonobar] pine

شجرة الصنوبر المخروطية

[Shajarat al-ṣonobar al-makhrooṭeyah] conifer

شجرة الصِفْصَاف

[Shajart al-ṣefṣaf] willow

شجرة الزان

[Shajarat al-zaan] beech (tree)

encourage *v* [ʃaʒʒaʕa] **شجَّع**

bush *(shrub)* *n* [ʃuʒajra] **شُجَيْرَة**

blackbird *n* [ʃaħru:r] **شحرور**

grease *n* [ʃaħm] **شحم**

charge *(electricity)* *n* [ʃaħn] **شحن**

إنها لا تقبل الشحن

[inaha la ta'qbal al-shaḥin] It isn't charging

freight *n* [ʃuħna] **شُحنة**

person, character *n* [ʃaxsˤun] **شخص**

أي شخص

[Ay shakhṣ] anybody

شخص عربي

[Shakhṣ 'arabey] *(person)* Arab
شخص جزائري
[Shakhṣ jazayry] Algerian
كم تبلغ تكلفة عربة مجهزة للمخيمات لأربعة أشخاص؟
[kam tablugh taklifat 'aaraba mujahaza lel-mukhyamat le-arba'aat ash-khaṣ?] How much is it for a camper with four people?
هل هذا مناسب للأشخاص النباتيين
[hal hadha munasib lel-ash-khaaṣ al-nabat-iyen?] Is this suitable for vegetarians?
شخصي personal *adj* [ʃaxsˤij]
بطاقة شخصية
[beṭ a'qah shakhṣeyah] identity card
حارس شخصي
[ḥares shakhṣ] bodyguard
أريد عمل الترتيبات الخاصة بالتأمين ضد الحوادث الشخصية
[areed 'aamal al-tar-tebaat al-khaṣa bil-taameen ḍid al-ḥawadith al-shakhṣiya] I'd like to arrange personal accident insurance
شخصياً personally *adv* [ʃaxsˤi:an]
شخصية character, personality *n* [ʃaxsˤijja]
شَحنة shipment *n* [ʃaxna]
شديد extreme, intensive *adj* [ʃadi:d]
بدرجة شديدة
[Bedarajah shadeedah] extremely
شَذا odor *n* [ʃaða:]
شراء purchase *n* [ʃira:ʔ]
شراء كامل
[Sheraa kaamel] buyout
أين يمكن شراء الطوابع؟
[ayna yamken sheraa al-ṭawabi'a?] Where can I buy stamps?
هل يجب شراء تذكرة لإيقاف السيارة؟
[hal yajib al-sayarah tadhkara] Do I need to buy a ticket to park?
شرائح french fries *npl* [ʃara:ʔiħun]
شراب drink, syrup *n* [ʃara:b]
إسراف في الشراب
[Esraf fee alsharab] booze
الإفراط في تناول الشراب
[Al-efraaṭ fee tanawol alsharab] binge drinking

شراب الجين المُسكِر
[Sharaab al-jobn al-mosaker] (محلج القطن) gin
شراب البَنْش المُسكِر
[Sharaab al-bensh al-mosker] punch *(hot drink)*
شراب مُسكِر
[Sharaab mosker] diaper
شرارة spark *n* [ʃara:ra]
شراشف bedding *n* [ʃara:ʃif]
شِراع sail *n* [ʃira:ʕ]
شرب drinking *n* [ʃurb]
مياه الشرب
[Meyah al-shorb] drinking water
شرب drink *v* [ʃareba]
.أنا لا أشرب
[ana la ashrab] I'm not drinking
أنا لا أشرب الخمر أبدا
[ana la ashrab al-khamr abadan] I never drink wine
أنا لا أشرب الكحول
[ana la ashrab al-koḥool] I don't drink alcohol
هل أنت ممن يشربون اللبن؟
[hal anta me-man yash-raboon al-laban?] Do you drink milk?
شرب drink *vt* [ʃaraba]
شرح explain *v* [ʃaraħa]
هل يمكن أن تشرح لي ما الذي بي؟
[hal yamken an tash-raḥ lee ma al-ladhy be?] Can you explain what the matter is?
شَرح explanation *n* [ʃarħ]
شَرِسٌ bad-tempered *adj* [ʃaris]
شَرط condition *n* [ʃartˤ]
شرطة police *n* [ʃurtˤa]
ضابط شرطة
[Ḍabeṭ shorṭah] policeman
شرطة سرية
[Shorṭah serryah] detective
شرطة قصيرة
[Sharṭah 'qaṣeerah] hyphen
شرطة مائلة للأمام
[Sharṭah maelah lel-amam] forward slash
شرطة مائلة للخلف
[Sharṭah maelah lel-khalf] backslash
قسم شرطة

['qesm shorṭah] police station

سوف يجب علينا إبلاغ الشرطة

[sawfa yajeb 'aalyna eb-laagh al-shurṭa] We'll have to report it to the police

أريد الذهاب إلى قسم الشرطة؟

[areed al-dhehaab ela 'qism al-shurṭa] I need to find a police station

ارغب في التحدث إلى أحد رجال الشرطة

[arghab fee al-taḥaduth ela shurṭia] I want to speak to a policewoman

اتصل بالشرطة

[itaṣel bil-shurṭa] Call the police

احتاج إلى عمل محضر في الشرطة لأجل التأمين

[aḥtaaj ela 'aamal maḥḍar fee al-shurṭa le-ajl al-taameen] I need a police report for my insurance

شرطي cop *n* [ʃurtˤij]

شَرطي provisional *adj* [ʃartˤij]

شُرطي *adj* [ʃurtˤijju]

شُرطي المرور

[Shrṭey al-moror] parking enforcement officer

شَرْعِيّ legal, kosher *adj* [ʃarʕij]

شرَّف supervise *v* [ʃarrafa]

شَرف honor *n* [ʃaraf]

شرفة balcony *n* [ʃurfa]

مزود بشرفة

[Mozawad be-shorfah] in a row *(row houses)*

شُرفة مكشوفة

[Shorfah makshofah] terrace

هل يمكن أن أتناول طعامي في الشرفة؟

[hal yamken an ata-nawal ṭa'aa-mee fee al-shur-fa?] Can I eat on the terrace?

شرق east *n* [ʃarq]

الشرق الأقصى

[Al-shar'q al-a'qsa] Far East

الشرق الأوسط

[Al-shar'q al-awṣaṭ] Middle East

شرقاً east *adv* [ʃarqan]

متجه شرقاً

[Motajeh sharqan] eastbound

شرقي east, eastern *adj* [ʃarqij]

جنوب شرقي

[Janoob shr'qey] southeast

شمال شرقي

[Shamal shar'qey] northeast

شركة company *n* [ʃarika]

سيارة الشركة

[Sayarat al-sharekah] company car

شركة تابعة

[Sharekah tabe'ah] subsidiary

شركة طيران

[Sharekat ṭayaraan] airline

شركة متعددة الجنسيات

[Shreakah mota'adedat al-jenseyat] multinational

أريد الحصول على بعض المعلومات عن الشركة

[areed al-ḥuṣool 'aala ba'aḍ al-ma'aloomat 'an al-shareka] I'd like some information about the company

تفضل بعض المعلومات المتعلقة بشركتي

[tafaḍal ba'aḍ al-ma'a-lomaat al-muta'a-le'qa be-share-katy] Here's some information about my company

شروق *n* [ʃuru:q]

شروق الشمس

[Sheroo'q al-shams] sunrise

شُريان artery *n* [ʃurja:n]

شريحة chip *(electronic)*, splint *n* [ʃari:ħatt]

شريحة صغيرة

[Shareehat ṣagheerah] microchip

شريحة السليكون

[Shreeḥah men al-selekoon] silicon chip

شريحة لحم مخلية من العظام

[Shreeḥat laḥm makhleyah men al-eḍham] (عصابة رأس) fillet

شريحة من لحم البقر

[Shreeḥa men laḥm al-ba'qar] round steak

شَريحة slice *n* [ʃari:ħa]

شَريحة لحم

[Shareehat laḥm] steak

شَريحة لحم خنزير

[Shareehat laḥm khenzeer] pork chop

شَريحة لحم مشوية

[Shareehat laḥm mashweyah] cutlet

شريد homeless *adj* [ʃari:d]

شرير evil, villain *adj* [ʃirri:r]

شريط tape *n* [ʃari:tˤ]

شريط الحذاء

[Shreeṭ al-ḥedhaa] lace

شريط قياس

[Shreeṭ 'qeyas] tape measure

شريطة strip *n* [ʃari:tˤa]

شريعة sharia *n* [ʃari:ʕa]

هل توجد أطباق مباح أكلها في الشريعة الإسلامية؟

[hal tojad aṭba'q mubaḥ akluha fee al-sharee-'aa al-islam-iya?] Do you have halal dishes?

شريك partner *n* [ʃari:k]

شريك السكن

[Shareek al-sakan] inmate

شريك حياة

[Shareek al-ḥayah] match *(partnership)*

شريك في جريمة

[Shareek fee jareemah] accomplice

شطب cross out *v* [ʃatˤaba]

شطرنج checkers ◂ chess [ʃatˤranʒ]

شطف rinse *v* [ʃatˤafa]

شَطْف rinse *n* [ʃatˤf]

شظية splinter *n* [ʃazˤijja]

شعائري ritual *adj* [ʃaʕa:ʔirij]

شِعَار logo *n* [ʃiʕa:r]

شُعاعِيّ *adj* [ʃuʕa:ʕij]

صورَةٌ شُعاعِيَّة

[Ṣewar sho'aeyah] X-ray

شعب public *n* [ʃaʕb]

شعبي popular, public *adj* [ʃaʕbij]

موسيقى شعبية

[Mose'qa sha'abeyah] folk music

شعبية popularity *n* [ʃaʕbijjit]

شَعْبيّة publicity *n* [ʃaʕbijja]

شعر hair *n* [ʃaʕr]

رمادي الشعر

[Ramadey al-sha'ar] gray-haired

سْبراي الشعر

[Sbray al-sha'ar] hair spray

أحمر الشعر

[Aḥmar al-sha'ar] red-haired

تسريحة الشعر

[Tasreehat al-sha'ar] hairdo

جل الشعر

[Jel al-sha'ar] hair gel

خصلة شعر مستعار

[khoṣlat sha'ar mosta'aar] toupee

قصة شعر قصيرة

['qaṣat sha'ar] crew cut

كثير الشعر

[Katheer sha'ar] hairy

ماكينة تجعيد الشعر

[Makeenat taj'aeed sha'ar] curler

يَعْقِص الشعر

[Ya'aqeṣ al-sha'ar] curl

إن شعري مصبوغ

[enna sha'ary maṣboogh] My hair is highlighted

أنا شعري دهني

[ana sha'ary dihny] I have oily hair

أنا في حاجة إلى مجفف شعر

[ana fee ḥaja ela mujaf-if sh'aar] I need a hair dryer

شعري أشقر بطبيعته

[sha'ary ash'qar beṭa-be'aatehe] My hair is naturally blonde

شعري مموج

[sha'ary mu-ma-waj] My hair is permed

ما الذي تنصحني به لأجل الحفاظ على شعري؟

[ma al-lathy tan-ṣaḥany behe le-ajil al-ḥefaaḍh 'aala sha'ary?] What do you recommend for my hair?

هل تبيع بلسم مرطب للشعر؟

[hal tabee'a balsam mura-ṭib lil-sha'air?] Do you sell conditioner?

هل يمكن أن تصبغ لي جذور شعري من فضلك؟

[hal yamken an taṣbugh lee jidhoor sha'ary min faḍlak?] Could you color my roots, please?

هل يمكن أن تقص أطراف شعري؟

[hal yamken an ta'quṣ aṭraaf sha'ary?] Could I have a trim?

شعر feel *v* [ʃaʕura]

كيف تشعر الآن

[kayfa tash-'aur al-aan?] How are you feeling now?

شِعْر poetry *n* [ʃiʕr]
شعر ب *v* [ʃaʕura bi]
أشعر بهرش في قدمي
[ash-'aur be-harsh fee sa'qy] My leg itches
شُعُور feeling *n* [ʃuʕu:r]
شَعِير barley *n* [ʃaʕi:rr]
شَعِيرة ritual *n* [ʃaʕi:ra]
شَغَبْ riot *n* [ʃaɣab]
شَغَّل turn on, operate *(to function)* *v* [ʃaɣɣala]
شفاء cure, recovery *n* [ʃifa:ʔ]
شَفّاف transparent *adj* [ʃaffa:f]
شفاه lip *n* [ʃifa:h]
شفرة blade, edge *n* [ʃafra]
شفرة حلاقة
[Shafrat hela'qah] razor blade
شفقة pity *n* [ʃafaqa]
شفهي oral *adj* [ʃafahij]
فحص شفهي
[Faḥṣ shafahey] oral
شفى heal, recover *v* [ʃafa:]
شقّ rip *vt* [ʃaqqa]
شقة *n* [ʃaqqa]
شقة ستديو
[Sha'qah stedeyo] studio apartment
شقة بغرفة واحدة
[Sh'qah be-ghorfah waḥedah] studio apartment
إننا نبحث عن شقة
[ena-na nabḥath 'aan shu'qa] We're looking for an apartment
...لقد قمنا بحجز شقة باسم
[la'qad 'qimto be- ḥajis shu'qa be-isim...] We've reserved an apartment in the name of...
هل يمكن أن نرى الشقة؟
[hal yamken an naraa al-shu'qa?] Could you show us around the apartment?
شقي mischievous *adj* [ʃaqij]
شك doubt *n* [ʃakk]
معتنق مذهب الشك
[Mo'atane'q maḍhhab al-shak] skeptical
شَكْ doubt *n* [ʃak]
بلا شَكْ
[Bela shak] certainly

شكا complain *v* [ʃaka:]
شكر thank *v* [ʃakara]
شكرا thanks! *excl* [ʃukran]
!شكرا
[Shokran!] thanks!
شكرا جزيلا
[shukran jazeelan] Thank you very much
شكرا لك
[Shokran lak] That's very kind of you
شكل form *n* [ʃakl]
بشكل صحيح
[Beshakl ṣaheeh] correctly
بشكل سيء
[Be-shakl sayea] unwell
بشكل كامل
[Beshakl kaamel] totally
بشكل مُنفَصِل
[Beshakl monfaṣel] apart
شكل رسمي
[Shakl rasmey] formality
ما هو شكل الثلوج؟
[ma howa shakl al-thilooj?] What is the snow like?
شَكَّل model *v* [ʃakkala]
شكوى complaint, gripe *(complaint)* *n* [ʃakwa:]
إني أرغب في تقديم شكوى
[inny arghab fee ta'qdeem shakwa] I'd like to make a complaint
شكيمة curb *n* [ʃaki:ma]
شَلّال waterfall *n* [ʃalla:l]
شَلّال كبير
[Shallal kabeer] cataract *(waterfall)*
شلل *n* [ʃalal]
شلل أطفال
[Shalal aṭfaal] polio
شمّ smell *vt* [ʃamma]
شماعة *n* [ʃamma:ʕa]
شماعة المعاطف
[Shama'aat al-ma'aatef] coat hanger
شمال north *n* [ʃama:l]
شمال أفريقيا
[Shamal afreekya] North Africa
شمال غربي

[Shamal gharbey] northwest

شمال شرقي

[Shamal shar'qey] northeast

شمالا north *adv* [ʃama:lan]

متجه شمالًا

[Motajeh shamalan] northbound

شمالي northern *adj* ◂ north *n* [ʃama:lij]

أمريكا الشمالية

[Amreeka al- Shamaleyah] North America

أيرلندة الشمالية

[Ayarlanda al-shamaleyah] Northern Ireland

الدائرة القطبية الشمالية

[Al-daerah al'qoṭbeyah al-Shamaleyah] Arctic Circle

البحر الشمالي

[Al-baḥr al-Shamaley] North Sea

القطب الشمالي

[A'qoṭb al-shamaley] North Pole

المحيط القطبي الشمالي

[Al-moḥeeṭ al-'qoṭbey al-shamaley] Arctic Ocean

كوريا الشمالية

[Koreya al-shamaleyah] North Korea

شَمَّام melon *n* [ʃamma:m]

شمبانزي chimpanzee *n* [ʃamba:nzij]

شمر *n* [ʃamar]

نبات الشمر

[Nabat al-shamar] fennel

شمس sun *n* [ʃams]

عباد الشمس

['aabaad al-shams] sunflower

حمام شمس

[Ḥamam shams] sunbed

كريم الشمس

[Kreem shams] sunscreen

كريم للوقاية من الشمس

[Kreem lel-we'qayah men al-shams] sunblock

مسفوع بأشعة الشمس

[Masfoo'a be-ashe'aat al-shams] sunburned

أعاني من حروق من جراء التعرض للشمس

[O'aaney men ḥoro'q men jaraa al-ta'aroḍ lel-shams] I'm sunburned

شمسي solar *adj* [ʃamsij]

طاقة شمسية

[Ṭa'qah shamseyah] solar power

نظارات شمسية

[naḍharat shamseyah] sunglasses

نظام شمسي

[neḍham shamsey] solar system

شمع wax *n* [ʃamʕ]

شمعة candle *n* [ʃamʕa]

شمعدان candlestick *n* [ʃamʕada:n]

شمل involve *v* [ʃamela]

هل يشمل السعر عصي التزلج

[hal yash-mil al-si'ar 'aoṣy al-tazal-oj?] Does the price include poles?

هل يشمل ذلك الإفطار؟

[hal yash-mil dhalik al-iftaar?] Is breakfast included?

شنّ *v* [ʃanna]

يَشُن غارة

[Yashen gharah] raid

شنق hang *vt* [ʃanaqa]

شنيع awful, outrageous *adj* [ʃaniːʕ]

شهادة certificate *n* [ʃaha:da]

شهادة تأمين

[Shehadat taameen] insurance certificate

شهادة طبية

[Shehadah ṭebeyah] medical certificate

شهادة ميلاد

[Shahadat meelad] birth certificate

هل يمكنني الإطلاع على شهادة التأمين من فضلك؟

[hal yamken -any al-eṭla'a 'aala sha-hadat al-tameen min faḍlak?] May I see your insurance certificate, please?

شهر month *n* [ʃahr]

شَهْر العسل

[Shahr al-'asal] honeymoon

في غضون شهر

[fee ghoḍon shahr] a month from now

في نهاية شهر يونيو

[fee nehayat shahr yon-yo] at the end of June

من المقرر أن أضع في غضون خمسة أشهر

[min al-mu'qarar an aḍa'a fee ghiḍoon khamsat ash-hur] I'm due in five months

منذ شهر
[mundho shahr] a month ago
celebrity *n* [ʃuhra] **شُهْرَة**
monthly *adj* [ʃahrij] **شهري**
lust *n* [ʃahwa] **شهوة**
delicious *adj* [ʃahij] **شهي**
appetite *n* [ʃahijja] **شهية**
martyr *n* [ʃahi:d] **شهيد**
renowned *adj* [ʃahi:r] **شهير**
الشهير بـ
[Al-shaheer be-] alias
broiler *v* [ʃawa:] **شوا**
n [ʃiwa:ʔu] **شواء**
شواء اللحم
[Shewaa al-lahm] barbecue
whiskers *npl* [ʃawa:ribun] **شَوَارِب**
grill *n* [ʃawwa:ja] **شواية**
shorts *n* [ʃu:rt] **شورت**
شورت بوكسر
[Short boksar] boxer shorts
oats *n* [ʃu:fa:n] **شوفان**
دقيق الشوفان
[Da'qee'q al-shofaan] oatmeal
thistle *n* [ʃawk] **شَوْك**
thorn, fork *n* [ʃawkatu] **شوكة**
شوكة طعام
[Shawkat ṭa'aaam] fork
chocolate *n* [ʃu:ku:la:ta] **شوكولاتة**
object, thing *n* [ʃajʔun] **شيء**
أي شيء
[Ay shaya] anything
شيء ما
[Shaya ma] something

لا شيء
[La shaya] nothing, zero
porter *n* [ʃajja:l] **شَيَّال**
n [ʃajx] **شيخ**
طب الشيخوخة
[Ṭeb al-shaykhokhah] geriatric
geriatric *adj* [ʃajxu:xij] **شيخوخي**
devil *n* [ʃajtˤa:n] **شيطان**
Shiite *adj* [ʃi:ʕij] **شيعي**
check *n* [ʃi:k] **شيك**
دفتر شيكات
[Daftar sheekaat] checkbook
شيك على بياض
[Sheek ala bayad] blank check
شِيك سياحي
[Sheek seyahey] traveler's check
شِيك بنكي
[Sheek bankey] check
أريد صرف شيكًا من فضلك
[areed ṣarf shaikan min faḍlak?] I want to cash a check, please
هل يمكنني الدفع بشيك؟
[hal yamken -any al-daf'a be- shaik?] Can I pay by check?
n [ʃi:ku:la:ta] **شيكولاتة**
شيكولاتة سادة
[Shekolatah sada] dark chocolate
شيكولاتة باللبن
[Shekolata bel-laban] milk chocolate
كريمة شيكولاتة
[Kareemat shekolatah] mousse
communist *n* ◁ communist *adj* [ʃuju:ʕij] **شيوعي**
communism *n* [ʃuju:ʕijja] **شيوعية**

صابون soap *n* [sˤa:bu:n]

طبق صابون

[Ṭaba'q ṣaboon] soap dish

مسحوق الصابون

[Mashoo'q ṣaboon] laundry detergent

لا يوجد صابون

[la yujad ṣaboon] There's no soap

صاح scream, shout *v* [sˤa:ħa]

صاحب companion *n* [sˤa:ħib]

صاحب الأرض

[Ṣaheb ardh] landlord

صاحب العمل

[Ṣaheb 'aamal] employer

صَاحب escort *v* [sˤa:ħaba]

صاد hunt *v* [sˤa:da]

صادِر export (تصدير) *n* [sˤa:dir]

صادق truthful *adj* [sˤa:diq]

صَارِخ blatant *adj* [sˤa:rix]

صارم stark *adj* [sˤa:rim]

صاروخ rocket *n* [sˤa:ru:xin]

صاري mast *n* [sˤa:ri:]

صاعداً upward *adv* [sˤa:ʕidan]

صافي net *adj* [sˤa:fi:]

صالة *n* [sˤa:la]

صالة العبور

[Ṣalat al'aoboor] transit lounge

صالة المغادرة

[Ṣalat al-moghadarah] departure lounge

أين توجد صالة الألعاب الرياضية؟

[ayna tojad ṣalat al-al'aab al-reyaḍeya?] Where's the gym?

صالح fitting, good *adj* [sˤa:liħ]

صالح للأكل

[Ṣaleḥ lel-aakl] edible

غير صالح

[Ghayer Ṣaleḥ] unfit

صالون sedan *n* [sˤa:lu:n]

صالون تجميل

[Ṣalon ḥela'qa] beauty parlor

صالون حلاقة

[Ṣalon ḥelaqah] hairdresser's

صامت silent *adj* [sˤa:mit]

صامولة bolt *n* [sˤa:mu:la]

صان maintain *v* [sˤa:na]

صانِع maker *n* [sˤa:niʕ]

صباح morning *n* [sˤaba:ħ]

غثيان الصباح

[Ghathayan al-ṣabaḥ] morning sickness

صباح الخير

[ṣabaḥ al-khyer] Good morning

سوف أغادر غدا في الساعة العاشرة صباحا

[sawfa oghader ghadan fee al-sa'aa al-'aashera ṣaba-han] I shall be leaving tomorrow morning at ten a.m.

غدًا في الصباح

[ghadan fee al-ṣabaḥ] tomorrow morning

في الصباح

[fee al-ṣabaḥ] in the morning

منذ الصباح وأنا أعاني من المرض

[mundho al-ṣabaah wa ana o'aany min al-maraḍ] I've been sick since this morning

هذا الصباح

[hatha al-ṣabaḥ] this morning

صباحا morning *adj* [sˤaba:ħan]

صبار cactus *n* [sˤabba:r]

صبر patience *n* [sˤabr]

بدون صبر

[Bedon ṣabr] impatiently

نفاذ الصبر

[nafadh al-ṣabr] impatience

dye *v* [sˤabaɣa] **صبِغ**
dye *n* [sˤibɣa] **صبغة**
patient *adj* [sˤabu:r] **صبور**
boy *n* [sˤabij] **صبي**
journalism *n* [sˤaħa:fa] **صحافة**
health *n* [sˤiħħa] **صحة**
correct *v* [sˤaħħaħa] **صحح**
desert *n* [sˤaħra:ʔu] **صحراء**
الصحراء الكبرى
[Al-ṣaḥraa al-kobraa] Sahara
journalist *n* [sˤaħafij] **صحفي**
dish *n* [sˤaħn] **صحن**
صحن الفنجان
[Ṣaḥn al-fenjaan] saucer
healthy *adj* [sˤiħij] **صحي**
غير صحي
[Ghayr ṣshey] unhealthy
منتجع صحي
[Montaja'a ṣeḥey] spa
correct, right *(correct) adj* [sˤaħi:ħ] **صحيح**
بشكل صحيح
[Beshakl ṣaheeh] correctly, rightly
لم تكن تسير في الطريق الصحيح
[lam takun ta-seer fee al-ṭaree'q al-ṣaḥeeḥ] It wasn't your right of way
ليس مطهي بشكلٍ صحيح
[laysa maṭ-hee be-shakel ṣaḥeeḥ] This isn't cooked right
newspaper, plate *n* [sˤaħi:fa] **صحيفة**
rock *n* [sˤaxra] **صخرة**
rust *n* [sˤada] **صدأ**
rusty *adj* [sˤadiʔ] **صدِئ**
headache *n* [sˤuda:ʕ] **صداع**
صداع النصفي
[Ṣoda'a al-naṣfey] migraine
أريد شيئًا للصداع
[areed shyan lel-ṣuda'a] I'd like something for a headache
friendship *n* [sˤada:qa] **صداقة**
export *v* [sˤaddara] **صَدّر**
bust, chest *(body part) n* [sˤadr] **صَدْر**
undershirt *n* [sˤadra] **صدرة**
vest *n* [sˤadrijja] **صدرية**

صدرية طفل
[Ṣadreyat ṭefl] bib
crack *vi* [sˤadaʕa] **صدع**
crack *(fracture) n* [sˤadʕ] **صَدْع**
oyster *n* [sˤadafa] **صَدَفَة**
n [sˤudfa] **صُدْفَة**
بالصُدْفَة
[Bel-ṣodfah] accidentally
v [sˤddaqa] **صدّق**
لا يصدق
[La yoṣda'q] incredible
believe *vt* [sˤaddaqa] **صدّق**
shock *v* [sˤadama] **صدم**
يَصْدِم بقوة
[Yaṣdem be'qowah] ram
shock *n* [sˤadma] **صَدْمَة**
صَدْمَة كهربائية
[Ṣadmah kahrbaeyah] electric shock
echo *n* [sˤada:] **صَدَى**
friend, pal *n* [sˤadi:q] **صديق**
صديق بالمراسلة
[Ṣadeek belmoraslah] pen pal
صديق للبيئة
[Ṣadeek al-beeaah] ecofriendly
أنا هنا مع أصدقائي
[ana huna ma'aa aṣde'qa-ee] I'm here with my friends
friend, girlfriend *n* [sˤadi:qa] **صديقة**
clarity *n* [sˤara:ħa] **صراحة**
بصراحة
[Beṣarahah] frankly
scream *n* [sˤura:x] **صراخ**
conflict *n* [sˤira:ʕ] **صراع**
صراع عنيف
[Ṣera'a 'aneef] tug-of-war
cashier *n* [sˤarra:f] **صَرّافٌ**
banking *n* [sˤira:fa] **صرافة**
ماكينة صرافة
[Makenat ṣerafah] ATM
مكتب صرافة
[Maktab ṣerafah] currency exchange counter
أريد الذهاب إلى مكتب صرافة
[areed al-dhehaab ela maktab ṣerafa] I need to

find a place to exchange money
متى يبدأ مكتب الصرافة عمله؟
[mata yabda maktab al-şirafa ‘aamalaho?]
When is the foreign exchange counter open?
صربي Serbian *(person)* *n* ◂ Serbian *adj* [sˤirbij]
اللغة الصربية
[Al-loghah al-şerbeyah] *(language)* Serbian
صَرَّح *v* [sˤarraħa]
يُصَرِح ب
[Yoşareh be] state
صرخ shriek, cry *v* [sˤraxa]
صرصور cockroach *n* [sˤarsˤu:r]
صرع *n* [sˤaraʕ]
نوبة صرع
[Nawbat şar’a] epileptic seizure
صرَع knock down *v* [sˤaraʕa]
صرف *n* [sˤarafa]
لقد ابتلعت ماكينة الصرف الآلي بطاقتي
[la’qad ibtal-’aat makenat al-şarf al-aaly be-ţa’qaty] The ATM swallowed my card
هل توجد ماكينة صرف آلي هنا؟
[hal tojad makenat şarf aaly huna?] Is there an ATM here?
هل يمكنني صرف شيك؟
[hal yamken -any şarf shaik?] Can I cash a check?
صرِف dismiss *v* [sˤarafa]
يَصْرِف من الخدمة
[Yaşref men al-khedmah] fire
صَرّف *v* [sˤarrafa]
يُصَرّف ماءً
[Yoşşaref maae] drain
صريح outspoken, straightforward *adj* [sˤari:ħ]
صعب challenging, difficult, hard *adj* [sˤaʕb] *(difficult)*
صَعْب الإرضاء
[Şa’ab al-erḑaa] (منمق) fussy
صعوبة difficulty *n* [sˤuʕu:ba]
صعود rise *n* [sˤuʕu:d]
صغير little, small *adj* [sˤaɣi:r]
شريحة صغيرة
[Shareehat şagheerah] microchip
إنه صغير جدا
[inaho şagheer jedan] It's too small
الغرفة صغيرة جدا
[al-ghurfa şagherah jedan] The room is too small
هل يوجد مقاسات صغيرة؟
[hal yujad ma’qaas-at şaghera?] Do you have a small?
صف rank *(line)* *n* [sˤaff]
صف مسائي
[Şaf masaaey] night class
صَفْ line *n* [sˤaf]
صفار yolk *n* [sˤafa:r]
صَفَّارَة whistle *n* [sˤaffa:ra]
صَفَّارَة إنْذار
[Şafarat enḑhar] siren
صفة adjective *n* [sˤifa]
صفحة page *n* [sˤafħa]
صفحة رئيسية
[Şafḥah raeseyah] home page
صفر zero *n* [sˤifr]
صَفّر whistle *v* [sˤaffara]
صفَع slap, smack *v* [sˤafaʕa]
صَفّق clap *vi* [sˤaffaqa]
صفقة bargain, deal *n* [sˤafqa]
صَفى filter *v* [sˤaffa:]
صفيح tin *n* [sˤafi:ħ]
صقيع frost *n* [sˤaqi:ʕ]
تَكَوْن الصقِيع
[Takawon al-sa’qee’a] frosty
صلاة prayer *n* [sˤala:t]
صلب hard, steel, solid *adj* [sˤalb]
صلب غير قابل للصدأ
[Şalb ghayr ‘qabel lel-şadaa] stainless steel
صلصال clay *n* [sˤalsˤa:l]
صلصة sauce *n* [sˤalsˤa]
صلصة السلطة
[Şalşat al-salata] salad dressing
صلصة طماطم
[Şalşat ţamaţem] tomato sauce
صَلى pray *v* [sˤala:]
صليب cross *n* [sˤali:b]
الصليب الأحمر
[Al-Şaleeb al-aḥmar] Red Cross

صمام n [sˤamma:m]

صمام كهربائي

[Ṣamam kahrabaey] fuse

صَمْت silence n [sˤamt]

صمد bear up v [sˤamada]

صمّم design v [sˤammama]

صمولة nut (*device*) n [sˤamu:la]

صناعة industry n [sˤina:ʕa]

صناعي industrial *adj* [sˤina:ʕij]

أطقم أسنان صناعية

[Aṭ'qom asnan ṣena'aeyah] dentures

عقارات صناعية

['aa'qarat ṣenaeyah] industrial park

قمر صناعي

['qamar ṣenaaey] satellite

صُنبور n [sˤunbu:r]

صُنبور توزيع

[Ṣonboor twazea'a] dispenser

صنج n [sˤanʒ]

آلة الصنج الموسيقية

[Alat al-ṣanj al-mose'qeyah] cymbals

صندل sandal (حذاء)canoe, n [sˤandal]

صندوق box, chest (*storage*), n [sˤundu:q] wastebasket

صندوق العدة

[Ṣondok al-'aedah] kit

صندوق الخطابات

[Ṣondok al-kheṭabat] mailbox

صندوق القمامة

[Ṣondok al-'qemamah] garbage can

صندوق الوارد

[Ṣondok alwared] in-box

صنع manufacture, making n [sˤunʕ]

من صنع الإنسان

[Men ṣon'a al-ensan] man-made

صنَع make v [sˤanaʕa]

صنّع manufacture v [sˤanaʕa]

صنف sort, kind n [sˤinf]

صَنّف type v [sˤannafa]

صهريج tank (*large container*) n [sˤihri:ʒ]

صوبة n [sˤu:bba]

صوبة زراعية

[Ṣobah zera'aeyah] greenhouse

صوت sound, voice n [sˤawt]

صوت السوبرانو

[Ṣondok alsobrano] soprano

جهاز الصوت المجسم الشخصي

[Jehaz al-ṣawt al-mojasam al-shakhṣey] personal stereo (*old*)

بصوت مرتفع

[Beṣot mortafe'a] aloud

كاتم للصوت

[Katem lel-ṣawt] silencer

مكبر الصوت

[Mokabber al-ṣawt] speaker

صَوّت vote v [sˤawwata]

صوتي *adj* [sˤawtij]

بريد صوتي

[Bareed ṣawṭey] voicemail

صوّر v [sˤawwara]

يُصور فوتوغرافيا

[Yoṣawer fotoghrafeyah] photograph

صورة image, picture n [sˤu:ra]

صورة عارية

[Ṣoorah 'aareyah] nude

صورة فوتوغرافية

[Ṣorah fotoghrafeyah] photo, photograph

صورة للوجه

[Ṣorah lel-wajh] portrait

صوص n [sˤu:sˤu]

صوص الصويا

[Ṣoṣ al-ṣoyah] soy sauce

صوف wool n [sˤu:f]

شال من الصوف الناعم

[Shal men al-Ṣoof al-na'aem] cashmere

صوفي woolen *adj* [sˤu:fij]

صَوْم frost n [sˤawm]

الصَوْم الكبير

[Al-ṣawm al-kabeer] Lent

صومالي Somali n ◃ Somali *adj* [sˤsˤu:ma:lij] (*person*)

اللغة الصومالية

[Al-loghah al-Ṣomaleyah] (*language*) Somali

صويا soy n [sˤu:ja:]

صوص الصويا

[Ṣoṣ al-ṣoyah] soy sauce

صياد hunter *n* [sˤajja:d]

صيانة maintenance *n* [sˤija:na]

صيحة shout *n* [sˤajħa]

صيد hunting *n* [sˤajd]

صيد السمك

[Ṣayd al-samak] fishing

صيد بالسِنّارة

[Ṣayd bel-sayarah] fishing

قارب صيد

['qareb ṣayd] fishing boat

صيدلي pharmacist *n* [sˤajdalij]

صيدلية pharmacy *n* [sˤajdalijja]

صيغة formula *n* [sˤi:ɣa]

صيغة الفعل

[Ṣeghat al-fe'al] tense

صيف summer *n* [sˤajf]

بعد فصل الصيف

[ba'ad faṣil al-ṣayf] after summer

في الصيف

[fee al-ṣayf] in summer

قبل الصيف

['qabl al-ṣayf] before summer

صيفي summer *adj* [sˤajfij]

الأجازات الصيفية

[Al-ajazat al-ṣayfeyah] summer vacation

منزل صيفى

[Manzel ṣayfey] vacation home

صيني Chinese *(person)* *n* ◁ Chinese *adj* [sˤi:nij]

آنية من الصيني

[Aaneyah men al-ṣeeney] china

اللغة الصينية

[Al-loghah al-ṣeeneyah] *(language)* Chinese

اللغة الصينية الرئيسية

[Al-loghah al-Ṣeneyah alraeseyah] mandarin *(official)*

صينية tray *n* [sˤi:nijja]

ضابط officer *n* [dˤa:bitˤ]

ضابط رَقيب

[Ḍabeṭ ra'qeeb] sergeant

ضابط سجن

[Ḍabeṭ sejn] corrections officer

ضابط شرطة

[Ḍabeṭ shorṭah] police officer

ضابطة police, officer *(female)* *n* [dˤa:bitˤa]

ضابطة شرطة

[Ḍaabeṭ shorṭah] policewoman

ضَاجِع sleep together *v* [dˤa:ʒaʕa]

يُضَاجِع أكثر من إمرأة

[Yoḍaje'a akthar men emraah] sleep around

ضاحية suburb *n* [dˤa:ħija]

ساكن الضاحية

[Saken al-ḍaheyah] suburban

سباق الضاحية

[Seba'q al-ḍaheyah] cross-country

ضَارِب striker *n* [dˤa:rib]

ضاع misplace, lose *v* [dˤa:ʕa]

لقد ضاع جواز سفري

[la'qad ḍa'aa jawaz safary] I've lost my passport

ضاعف double *vt* [dˤa:ʕafa]

ضَالّ stray *n* [dˤa:l]

ضأن sheep *n* [dˤaʔn]

لحم ضأن

[Lahm ḍaan] mutton

ضاهى match *vt* [dˤa:ha:]

ضايق annoy, pester, tease *v* [dˤa:jaqa]

ضئيل remote, tiny *adj* [dˤaʔijl]

ضباب fog *n* [dˤaba:b]

ضبابي misty, foggy *adj* [dˤaba:bij]

ضبط control, adjustment *n* [dˤabtˤ]

على وجه الضبط

[Ala wajh al-ḍabṭ] just

يُمْكِن ضبطه

[Yomken ḍabṭoh] adjustable

هل يمكنك ضبط الأربطة لي من فضلك؟

[hal yamken -aka ḍabṭ al-arbe-ṭa lee min faḍlak?] Could you adjust my bindings, please?

ضبط control, adjust *v* [dˤabatˤa]

ضَجّة bang *n* [dˤaʒʒa]

ضجيج din *n* [dˤaʒi:ʒ]

ضحَك laugh *v* [dˤaħaka]

يَضحَك ضحكاً نصف مكبوت

[Yaḍhak ḍeḥkan neṣf makboot] snicker

ضحكة laugh *n* [dˤaħka]

ضَحِك

[dˤaħik] laughter

ضحل shallow *adj* [dˤaħl]

ضحية victim *n* [dˤaħijja]

ضخّ pump *v* [dˤaxxa]

ضخم enormous, massive *adj* [dˤaxm]

ضد against *prep* [dˤiddun]

ضرّ damage, harm *v* [dˤarra]

ضرِب beat *(strike)*, strike *v* [dˤaraba]

يَضرِب ضربة عنيفة

[Yaḍreb ḍarban 'aneefan] swat

يَضرِب بعنف

[Yaḍreb be'aonf] bash

ضربة bash, hit, strike, bump *n* [dˤarba]

ضربة عنيفة

[Ḍarba 'aneefa] knock

ضربة خلفية

[Ḍarba khalfeyah] backstroke

ضربة حرة

[Ḍarba ḥorra] free kick

ضربة شمس

[Ḍarbat shams] sunstroke

ضرر damage *n* [dˤarar]

ضرورة necessity *n* [dˤaru:ra]

ضروري necessary *adj* [dˤaru:rij]

غير ضروري

[Ghayer ḑarorey] unnecessary

ضريبة tax *n* [dˤari:ba]

ضريبة دخل

[Ḑareebat dakhl] income tax

ضريبة طُرُق

[Ḑareebat ţoro'q] highway tax

ضريبي *adj* [dˤari:bij]

مَعْفِي من الضرائب

[Ma'afey men al-ḑaraaeb] duty-free goods

ضريح shrine, grave, tomb *n* [dˤari:ħ]

ضرير blind *adj* [dˤari:r]

ضعف weakness *n* [dˤiʕfa]

ضعيف crazy, weak *adj* [dˤaʕi:f]

ضغط stress, pressure *n* [dˤaɣtˤ]

ضغط الدم

[ḑaghţ al-dam] blood pressure

تمرين الضغط

[Tamreen al- Ḑaghţ] push-up

ضغط press *v* [dˤaɣatˤa]

ضغينة grudge, spite *n* [dˤaɣi:na]

ضفة bank *(ridge)*, shore *n* [dˤiffa]

ضفدع frog *n* [dˤifdaʕ]

ضفدع الطين

[Ḑofda'a al- ţeen] toad

ضفيرة pigtail, ponytail *n* [dˤafi:ra]

ضِلْع rib *n* [dˤilʕ]

ضلل *v* [dˤallala]

لقد ضللنا الطريق

[la'qad ḑalalna al-ţaree'q] We're lost

ضمادة bandage *n* [dˤamma:da]

أريد ضمادة جروح

[areed ḑimadat jirooḥ] I'd like a bandage

أريد ضمادة جديدة

[areed ḑimada jadeeda] I'd like a fresh bandage

ضمان guarantee *n* [dˤama:n]

ضمن guarantee *v* [dˤamana]

ضمير pronoun *n* [dˤami:r]

ضمير إنساني

[Ḑameer ensaney] conscience

حى الضمير

[Hay al-Ḑameer] conscientious

ضوء light *n* [dˤawʔ]

ضوء الشمس

[Ḑawa al-shams] sunlight

ضوء مُسَلّط

[Dawa mosalţ] spotlight

هل يمكن أن أشاهدها في الضوء؟

[hal yamken an osha-heduha fee al-ḑoe?] May I take it over to the light?

ضواح outskirts *npl* [dˤawa:ħin]

ضوضاء clutter, noise *n* ◂ noisy *adj* [dˤawdˤa:ʔ]

ضيافة *n* [dˤija:fa]

حُسن الضيافة

[Ḥosn al-ḑeyafah] hospitality

ضيف guest *n* [dˤajf]

ضيق narrow *adj* [dˤajjiq]

ضيق جدا

[Ḑaye'q jedan] skin-tight

ضَيّق الأفُق

[Ḑaye'q al-ofo'q] narrow-minded

ضَيّق tighten *v* [dˤajjiqa]

ط

طائر bird *n* [tˤa:ʔir]

طائر أبو الحناء

[Ţaaer abo elḥnaa] robin

طائر الرفراف

[Ţaayer alrafraf] kingfisher

طائر الغِطاس

[Ţaayer al-ghaṭas] wren

طائر الحَجل

[Ţaayer al-hajal] partridge

طائر الكناري

[Ţaaer al-kanarey] canary

طائر الوقواق

[Ţaaer al-wa'qwa'q] cuckoo

طائرة aircraft, plane *(airplane)*, plane *n* [tˤa:ʔira] *(tool)*

رياضة الطائرة الشراعية الصغيرة

[Reyadar al-Ţaayearah al-ehraeyah al-ṣagherah] hang gliding

طائرة شراعية

[Ţaayearah ehraeyah] glider

طائرة نفاثة

[Ţaayeara nafathah] jumbo jet

طائرة ورقية

[Ţaayeara wara'qyah] kite

كرة طائرة

[Korah Ţaayeara] volleyball

مضيف الطائرة

[moḍeef al-ţaaerah] flight attendant

طائش thoughtless *adj* [tˤa:ʔiʃ]

طائفة sect *n* [tˤa:ʔifa]

طائفة شهود يهوه المسيحية

[Ţaaefat shehood yahwah al-maseyheyah] Jehovah's Witness

طابع stamp *n* [tˤa:baʕ]

أين يوجد أقرب محل لبيع الطوابع؟

[ayna yujad a'qrab maḥal le-bay'a al-ţawabi'a?] Where is the nearest place to buy stamps?

هل تبيعون الطوابع؟

[hal tabee'a-oon al-ţawa-bi'a] Do you sell stamps?

هل يوجد لديكم أي شيء يحمل طابع هذه المنطقة؟

[hal yujad laday-kum ay shay yaḥmil ţabi'a hadhy al- manţa'qa?] Do you have anything typical of this region?

طابعة printer *(person)*, printer *n* [tˤa:biʕa] *(machine)*

هل توجد طابعة ملونة؟

[hal tojad ţabe-'aa mulawa-na?] Is there a color printer?

طابق story *(building)* *n* [tˤa:baq]

طابق علوي

[Ţabe'q 'aolwei] attic

طاجكستان Tajikistan *n* [tˤa:ʒikista:n]

طاحونة mill *n* [tˤa:ħu:na]

طار fly *vi* [tˤa:ra]

طارئ casual, accidental *adj* [tˤa:riʔ]

حالة طارئة

[Ḥalah ţareaa] emergency

طارئة accident *n* [tˤa:riʔit]

أحتاج إلى الذهاب إلى قسم الحوادث الطارئة

[aḥtaaj ela al-dhehaab ela 'qisim al-ḥawadith al-ţaa-reaa] I need to go to the emergency room

طارد expulsion, repellent *n* [tˤa:rid]

طارد للحشرات

[Ţared lel-ḥasharat] insect repellent

هل لديك طارد للحشرات؟

[hal ladyka ţared lel-ḥasha-raat?] Do you have insect repellent?

طارِد chase *v* [tˤa:rada]

طازج fresh *adj* [tˤa:zaʒ]
هل الخضروات طازجة أم مجمدة؟
[hal al-khiḍ-rawaat ţazija amm mujam-ada?] Are the vegetables fresh or frozen?
هل يوجد بن طازج؟
[hal yujad bun ţaazij?] Do you have fresh coffee?
طاقة energy *n* [tˤa:qa]
طاقة شمسية
[Ţa'qah shamseyah] solar power
ملئ بالطاقة
[Maleea bel-ţa'qah] energetic
طاقم crew *n* [tˤa:qam]
طالب student *n* [tˤa:lib]
طالب راشد
[Ţaleb rashed] adult learner
طالب عسكري
[Ţaleb 'askarey] cadet
طالب لجوء سياسي
[ţ aleb lejoa seyasy] asylum seeker
طالب لم يتخرج بعد
[ţ aleb lam yatakharaj ba'aad] undergraduate
طالب claim *v* [tˤa:laba]
يُطَالِب ب
[Yoţaleb be] demand
طاولة *n* [tˤa:wila]
طاولة بيع
[Ţawelat bey'a] counter
طاولة قهوة
[Ţawlat 'qahwa] coffee table
كرة الطاولة
[Korat al-ţawlah] table tennis
لعبة طاولة
[Lo'abat ţawlah] board game
طَاوِلَة زينة
[Ţawlat zeenah] dressing table
طاووس peacock *n* [tˤa:wu:s]
طَبَّاخ cook *n* [tˤabba:x]
طباشير chalk *n* [tˤaba:ʃi:r]
طبال drummer *n* [tˤabba:l]
طبخ cooking *n* [tˤabx]
فن الطبخ
[Fan al-ţabkh] cookery

طبع temper, character *n* [tˤabʕ]
سَئ الطبع
[Sayea al-ţabe'a] grumpy
طبَع print *v* [tˤabaʕa]
طبعة edition, printing *n* [tˤabʕa]
طبق dish *n* [tˤabaq]
طبق رئيسي
[Ţaba'q raeesey] main course
طبق صابون
[Ţaba'q şaboon] soap dish
طبق قمر صناعي
[Ţaba'q şena'aey] satellite dish
ما الذي في هذا الطبق؟
[ma al-lathy fee hatha al-ţaba'q?] What is in this dish?
ما هو طبق اليوم
[ma howa ţaba'q al-yawm?] What's the dish of the day?
طبقة layer, level, class *n* [tˤabaqa]
طبقة صوت
[Ţabaqat şawţ] pitch *(sound)*
طبقة عاملة
[Ţaba'qah 'aaamelah] working-class
طبقة الأوزون
[Taba'qat al-odhoon] ozone layer
طبقتين من الزجاج
[Ţaba'qatayen men al-zojaj] Thermopane®
من الطبقة الوسطى
[men al-Ţaba'qah al-wosţa] middle-class
طبلة drum *n* [tˤabla]
طبلة الأذن
[Ţablat alozon] eardrum
طبلة كبيرة رنانة غليظة الصوت
[Ţablah kabeerah rannanah ghaleeḍhat al-şawt] bass drum
طبي medical *adj* [tˤibbij]
فحص طبي شامل
[Fahş ţebey shamel] physical
طبيب doctor *n* [tˤabi:b]
طبيب أسنان
[Ţabeeb asnan] dentist
طبيب أمراض نساء
[Ţabeeb amraḍ nesaa] gynecologist

طبيب بيطري
[Ţabeeb bayţareey] vet
طبيب مساعد
[Ţabeeb mosaa'aed] paramedic
طبيب نفساني
[Ţabeeb nafsaaney] psychiatrist
أرغب في استشارة طبيب
[arghab fee es-ti-sharat ţabeeb] I'd like to speak to a doctor
أحتاج إلى طبيب
[aḥtaaj ela ţabeeb] I need a doctor
اتصل بالطبيب
[itaşel bil-ţabeeb] Call a doctor!
من فضلك اتصل بطبيب الطوارئ
[min faḑlak itaşil beţa-beeb al-ţawaree] Please call the emergency doctor
هل يمكنني تحديد موعد مع الطبيب؟
[hal yamken -any taḥdeed maw'aid ma'aa al-ţabeeb?] Can I have an appointment with the doctor?
هل يوجد طبيب هنا يتحدث الإنجليزية؟
[hal yujad ţabeeb huna yata-ḥadath al-injile-ziya?] Is there a doctor who speaks English?
طبيبة doctor *(female)* *n* [tˤabi:ba]
أرغب في استشارة طبيبة
[arghab fee es-ti-sharat ţabeeba] I'd like to speak to a female doctor
طبيعة nature *n* [tˤabi:ʕa]
طبيعي natural, normal *adj* [tˤabi:ʕij]
naturally *adv* ◃
علاج طبيعي
['aelaj ţabeye] physiotherapy
غير طبيعي
[Ghayer ţabe'aey] abnormal
بصورة طبيعية
[beşoraten ţabe'aey] normally
موارد طبيعية
[Mawared ţabe'aey] natural resources
طّحْلُب *n* [tˤunħlub]
طّحْلُب بحري
[Ţoḥleb baḥahrey] seaweed
طُحْلُب moss *n* [tˤuħlub]
طحَن grind *vt* [tˤaħana]

طراز model, kind *n* [tˤira:z]
قديم الطراز
['qadeem al-ţeraz] unstylish
طرَح lay *vt* [tˤaraħa]
يَطْرَح جانبا
[Yaţraḥ janeban] fling
طرد package *n* [tˤard]
أريد أن أرسل هذا الطرد
[areed an arsil hadha al-ţard] I'd like to send this package
طرد expel *v* [tˤarada]
طرف terminal *n* [tˤaraf]
طرف مستدق
[Ţaraf mosťabe'q] tip *(end of object)*
طرفي terminal *adj* [tˤarafij]
طرق corridor, aisle *n* [tˤuruq]
طرق متقاطعة
[Ţaree'q mot'qat'ah] crossroads
طرقة *n* [tˤarqa]
أريد مقعد بجوار الطرقة
[Oreed ma'q'aad bejwar al-ţor'qah] I'd like an aisle seat
طريدة quarry *n* [tˤari:da]
طريف quaint, odd *adj* [tˤari:f]
طريق road *n* [tˤari:q]
عن طريق الخطأ
[Aan ţaree'q al-khataa] mistakenly
طريق رئيسي
[ţaree'q raeysey] main road
طريق اسفلتي
[ţaree'q asfaltey] blacktop
طريق السيارات
[ţaree'q alsayaraat] expressway
طريق مسدود
[Taree'q masdood] dead end
طريق متصل بطريق سريع للسيارات أو منفصل عنه
[ţaree'q mataşel be- ţaree'q sarea'a lel-sayaraat aw monfaşel 'anho] highway ramp
طريق مختصر
[ţaree'q mokhtaşar] shortcut
طريق مزدوج الاتجاه للسيارات
[Taree'q mozdawaj al-etejah lel-sayarat] four-

lane highway

طريق مشجر
[ṭaree'q moshajar] avenue

طريق ملتو
[ṭaree'q moltawe] rotary

مشاحنات على الطريق
[Moshahanaat ala al-ṭaree'q] road rage

ما هو الطريق الذي يؤدي إلى... ؟
[ma howa al-ṭaree'q al-lathy yo-aady ela...?] Which road do I take for...?

هل يوجد خريطة طريق لهذه المنطقة؟
[hal yujad khareeṭat ṭaree'q le-hadhy al-manṭa'qa?] Do you have a road map of this area?

طريقة method *n* [tˤari:qa]

بأي طريقة
[Be-ay ṭaree'qah] anyhow

بطريقة صحيحة
[Be- ṭaree'qah ṣaḥeeḥah] right

بطريقة أخرى
[ṭaree'qah okhra] otherwise

طعام food *n* [tˤaʕa:m]

عربة تناول الطعام في القطار
['arabat tanawool al-ṭa'aaam fee al-'qeṭar] dining car

غرفة طعام
[ghorat ṭa'aam] dining room

توريد الطعام
[Tarweed al-ṭa'aam] catering

بقايا الطعام
[Ba'qaya ṭ a'aam] leftovers

طعام مطهو بالغلي
[ṭ a'aam maṭhoo bel-ghaley] stew

وجبة طعام خفيفة
[Wajbat ṭ a'aam khafeefah] refreshments

وَجْبَة الطعام
[Wajbat al-ṭa'aam] dinner

الطعام متبل أكثر من اللازم
[al-ṭa'aam mutabal akthar min al-laazim] The food is too spicy

هل تقدمون الطعام هنا؟
[hal tu'qa-dimoon al-ṭa'aam huna?] Do you serve food here?

هل يوجد لديكم طعام؟
[hal yujad laday-kum ṭa'aam?] Do you have food?

طعم taste *n* [tˤaʕm]

أطعمة معلبة
[a ṭ'aemah mo'aalabah] delicatessen

طعن stab *v* [tˤaʕana]

طفا float *vi* [taˤfa:]

طفاية *n* [tˤaffa:ja]

طفاية السجائر
[Ṭafayat al-sajayer] ashtray

طفاية الحريق
[Ṭafayat ḥaree'q] extinguisher

طفح rash *n* [tˤafħ]

طفح جلدي
[Ṭafh jeldey] rash

أعاني من طفح جلدي
[O'aaney men ṭafḥ jeldey] I have a rash

طفح run over *v* [tˤafaħa]

طفل child, baby *n* [tˤifl]

سرير محمول للطفل
[Sareer maḥmool lel-ṭefl] baby carrier

طفل رضيع
[Ṭefl readea'a] baby

طفل صغير عادة ما بين السنة الأولى والثانية
[Ṭefl ṣagheer 'aaadatan ma bayn al-sanah wal-sanatayen] toddler

طفل حديث الولادة
[Ṭefl ḥadeeth alweladah] newborn

طفل متبنى
[Ṭefl matabanna] foster child

طفل مزعج
[Ṭefl moz'aej] brat

عندي طفل واحد
['aendy ṭifil waḥid] I have one child

الطفل مقيد في هذا الجواز
[Al- ṭefl mo'qayad fee hadha al-jawaz] The child is on this passport

لقد فقد طفلي
[la'qad fo'qida ṭifly] My child is missing

ليس لدي أطفال
[laysa la-daya aṭfaal] I have no children

هل توجد أنشطة للأطفال

[hal tojad anshi-ṭa lil-aṭfaal?] Do you have activities for children?

هل توجد نونية للأطفال؟

[hal tojad non-iya lil-aṭfaal?] Do you have a potty?

هل توجد وجبات للأطفال؟

[hal tojad wajbaat lil-aṭfaal?] Do you have children's portions?

هل يمكن أن ترشح لي أحد أطباء الأطفال؟

[hal yamken an tura-shiḥ lee aḥad aṭebaa al-aṭfaal?] Can you recommend a pediatrician?

هل يوجد لديك مقعد للأطفال؟

[hal yujad ladyka ma'q'aad lil-aṭfaal?] Do you have a child's seat?

طفولة childhood *n* [tˤufu:la]

طُفُولِيٌّ childish *adj* [tˤufu:lij]

طفيف slight *adj* [tˤafi:f]

بدرجة طفيفة

[Bedarajah ṭafeefah] slightly

طقس weather *n* [tˤaqs]

توقعات حالة الطقس

[Tawa'qo'aat ḥalat al-ṭaqs] weather forecast

ما هذا الطقس السيئ

[Ma hadha al-ṭa'qs al-sayea] What awful weather!

طقم set *n* [tˤaqm]

هل يمكنك إصلاح طقم أسناني؟

[hal yamken -aka eṣlaaḥ ṭa'qum asnany?] Can you repair my dentures?

طلّ *v* [tˤalla]

يَطُلُّ على

[Ya'aṣeb al-'aynayn] overlook

طلا paint *vt* [tˤala:]

طلاء coating *n* [tˤila:ʔ]

طلاء أظافر

[Ṭelaa aḍhafer] nail polish

طلاء المينا

[Ṭelaa al-meena] enamel

طلاق divorce *n* [tˤala:q]

طلب application, order *n* [tˤalab]

مُقدم الطلب

[Mo'qadem al-ṭalab] applicant

نموذج الطلب

[Namozaj al-ṭalab] application form

يَتقَدم بطلب

[Yata'qadam be-ṭalab] apply

طلب ask for *v* [tˤalaba]

هل تطلب عمولة؟

[hal taṭlub 'aumoola?] Do you charge commission?

طلع come up *v* [tˤalaʕa]

طماطم tomato *n* [tˤama:tˤim]

طَمئن assure *v* [tˤmaʔana]

طَمْثٌ menstruation *n* [tˤamθ]

طَموح ambitious *adj* [tˤumu:ħ]

طُموح ambition *n* [tˤamu:ħ]

طُنٌ ton *n* [tˤunn]

طها cook *v* [tˤaha:]

طهي *v* [tˤahja:]

كيف يطهي هذا الطبق؟

[Kayfa yoṭhaa hadha alṭaba'q] How do you cook this dish?

طَهْيٌ cooking *n* [tˤahj]

طوا fold *vt* [tˤawa:]

طوارئ emergency *n* [tˤawa:riʔ]

مخرج طوارئ

[Makhraj ṭawarea] emergency exit

طوال throughout, durring [tˤiwa:la]

طوال شهر يونيو

[ṭewal shahr yon-yo] all through June

طوبة brick *n* [tˤu:ba]

طَور develop *vt* [tˤawwara]

طَوْعي voluntary *adj* [tˤawʕij]

طَوْف raft *n* [tˤawf]

طوفان flood *n* [tˤu:fa:n]

طوق strap, necklace *n* [tˤawq]

طول length *n* [tˤu:l]

على طول

[Ala ṭool] along

طول الموجة

[Ṭool al-majah] wavelength

هذا الطول من فضلك

[hatha al-ṭool min faḍlak] This length, please

طويل long *adj* [tˤawi:l]

طويل القامة

[Ṭaweel al-'qamah] tall

طويل مع هزال

[Ṭaweel ma'aa hozal] lanky

طويلًا long *adv* [tˤawi:la:an]

طي fold (حظيرة خراف) *n* [tˤajj]

طيب goodness *n* [tˤi:bu]

جوزة الطيب

[Jozat al-ṭeeb] nutmeg

طية braid *n* [tˤajja]

طير bird *n* [tˤajr]

طيور جارحة

[Ṭeyoor jareḥah] bird of prey

طيران flying *n* [tˤajara:n]

شركة طيران

[Sharekat ṭayaraan] airline

أود أن أمارس رياضة الطيران الشراعي؟

[awid an oma-ris reyaḍat al- ṭayaran al-shera'ay]

I'd like to go hang-gliding

طين mud, soil *n* [tˤi:n]

طيهوج *n* [tˤajhu:ʒ]

طائر الطيهوج

[Ṭaaer al-ṭayhooj] grouse (*game bird*)

ظاهر apparent *adj* [zˤa:hir]

ظاهرة phenomenon *n* [zˤa:hira]

ظاهرة الاحتباس الحراري

[dhaherat al-eḥtebas al-ḥararey] global warming

ظبي antelope *n* [zˤabjj]

ظرف adverb *n* [zˤarf]

ظروف circumstances *npl* [zˤuru:fun]

ظُفر fingernail, claw *n* [zˤufr]

ظل shade, shadow *n* [zˤill]

ظل العيون

[ḍhel al-'aoyoon] eye shadow

ظل stay up *v* [zˤalla]

إلى متى ستظل هكذا؟

[ela mata sa-taḍhil hakadha] How long will it stay fresh?

أتمنى أن يظل الجو على ما هو عليه

[ata-mana an yaḍhil al-jaw 'aala ma howa 'aa-ly-he] I hope the weather stays like this

ظلام dark *n* [zˤala:m]

ظلم injustice *n* [zˤulm]

ظُلْمَة darkness *n* [zˤulma]

ظمأ thirst *n* [zˤama]

ظمآن thirsty *adj* [zˤamʔa:n]

ظنّ suppose *v* [zˤanna]

ظهر show up, appear, turn up *v* [zˤahara]

ظَهر back *n* [zˤahr]

أَلَمْ الظهر

[Alam al-ḍhahr] backache

ظهر المركب

[ḍhahr al-mrkeb] deck

لقد أصيب ظهري

[la'qad oṣeba ḍhahry] I have a bad back

لقد جرحت في ظهري

[la'qad athayto ḍhahry] I've hurt my back

ظُهر noon *n* [zˤuhr]

بَعْد الظهر

[Ba'ada al-ḍhohr] afternoon

الساعة الثانية عشر ظهرًا

[al-sa'aa al-thaneya 'aashar ḍhuhran] It's twelve noon

كيف يمكن الوصول إلى السيارة على ظهر المركب؟

[kayfa yamkin al-wiṣool ela al-sayarah 'ala ḍhahr al-markab?] How do I get to the car deck?

هل المتحف مفتوح بعد الظهر؟

[hal al-mat-ḥaf maf-tooḥ ba'ad al-ḍhihir?] Is the museum open in the afternoon?

ظهيرة noon *n* [zˤahi:ra]

أوقات الظهيرة

[Aw'qat aldhaherah] dessert

غدًا في فترة بعد الظهيرة

[ghadan ba'ad al-ḍhuhr] tomorrow afternoon

في فترة ما بعد الظهيرة

[ba'ada al-ḍhuhr] in the afternoon

ع

عائد return *(yield)* *n* [ʕa:ʔid]

عائدات proceeds *npl* [ʕa:ʔida:tun]

عائلة family *n* [ʕa:ʔila]

أقرب أفراد العائلة

[A'qrab afrad al-'aaleah] next-of-kin

أنا هنا مع عائلتي

[ana huna ma'aa 'aa-elaty] I'm here with my family

عاثر *n* [ʕa:θir]

حظ عاثر

[Ḥadh 'aaer] mishap

عاج ivory *n* [ʕa:ʒ]

عاجز disabled, unable to *adj* [ʕa:ʒiz]

عاجل immediate *adj* [ʕa:ʒil]

أنا في حاجة إلى إجراء مكالمة تليفونية عاجلة

[ana fee ḥaja ela ejraa mukalama talefoniya 'aajela] I need to make an emergency telephone call

هل يمكنك الترتيب للحصول على بعض الأموال التي تم إرسالها بشكل عاجل؟

[hal yamken -aka tarteeb ersaal ba'aḍ al-amwaal be-shakel 'aajil?] Can you arrange to have some money sent over quickly?

عاجلا sooner, immediately *adv* [ʕa:ʒila:]

عاد come back *v* [ʕa:da]

عادة custom, practice *n* [ʕa:datun]

عادة سلوكية

['aadah selokeyah] habit

عادة من الماضي

['aadah men al-maḍey] hangover

عادةً generally, usually *adv* [ʕa:datan]

عادل fair *(reasonable)* *adj* [ʕa:dil]

عادم waste, exhaust *n* [ʕa:dim]

أدخنة العادم

[Adghenat al-'aadem] exhaust fumes

ماسورة العادم

[Masorat al-'aadem] exhaust pipe

لقد انكسرت ماسورة العادم

[Le'aad enkasarat masoorat al-'adem] The exhaust is broken

عادي ordinary *adj* [ʕa:dij]

عادى antagonize *v* [ʕa:da:]

عار naked *adj* [ʕa:r]

عارِض oppose *v* [ʕa:radˤa]

عَارِض *adj* [ʕa:ridˤ]

بشكل عَارِض

[Beshakl 'aareḍ] casually

عارضة staff *(stick or rod)*, post, beam *n* [ʕa:ridˤa]

عَارِضَةٌ خَشَبِيَّةٌ

['aareḍeh khashabeyah] beam

عاري naked *adj* [ʕa:ri:]

صورة عارية

[Ṣoorah 'aareyah] nude

عَازِل insulation *n* [ʕa:zil]

عاش live *v* [ʕa:ʃa]

يعيش سوياً

[Ya'aeesh saweyan] live together

يعيش على

[Ya'aeesh ala] live on

عاصف stormy *adj* [ʕa:sˤif]

الجو عاصف

[al-jaw 'aaṣuf] It's stormy

عاصفة storm *n* [ʕa:sˤifa]

عاصفة ثلجية

['aasefah thaljeyah] snowstorm

عاصفة ثلجية عنيفة

['aasefah thaljeyah 'aneefah] blizzard

هل تتوقع هبوب أية عواصف؟

[Hal tatawa'q'a hobob 'awasef?] Do you think there'll be a storm?

عاصمة capital *n* [ʕa:sˤima]
عاصي disobedient *adj* [ʕa:sˤi:]
عاطفة emotion, affection *n* [ʕa:tˤifa]
عاطفي emotional, affectionate *adj* [ʕa:tˤifij]
عاطل jobless, idle *adj* [ʕa:tˤil]
عاطل عن العمل
['aatel 'aan al-'aamal] unemployed
عاق ungrateful, disrespectful *adj* [ʕa:qq]
عاق obstruct *v* [ʕa:qa]
عَاقَب punish *v* [ʕa:qaba]
عاقبة consequence *n* [ʕa:qiba]
عال high *adj* [ʕa:lin]
بصوت عال
[Besot 'aaley] loudly
عالج cure *vt* ◃ deal with *v* [ʕa:laʒa]
يُعالِج باليد
[Yo'aalej bel-yad] manipulate
عالق *adj* [ʕa:liq]
درج الملابس عالق
[durj al-malabis 'aali'q] The drawer is jammed
عالم world *n* [ʕa:lam]
عالم آثار
['aalem aathar] archaeologist
عالم اقتصادي
['aaalem e'qteṣaadey] economist
عالم لغويات
['aalem laghaweyat] linguist
العالم الثالث
[Al-'aalam al-thaleth] Third World
عَالِم scientist *n* [ʕa:lim]
عالمي global *adj* [ʕa:lamij]
عالي high *adj* [ʕa:lijju]
قفزة عالية
['qafzah 'aaleyah] high jump
كعوب عالية
[Ko'aoob 'aleyah] high heels
عالياً up *adv* [ʕa:lijan]
عام general, public *adj* [ʕa:m]
عام دراسي
['aam derasey] academic year
الحِس العام
[Al-ḥes al-'aaam] common sense
كل عام
[Kol-'aaam] annually
مصاريف عامة
[Maṣareef 'aamah] overhead
نقل عام
[Na'ql 'aam] public transportation
عامل worker, laborer, workman *n* [ʕa:mil]
عامل مناجم
['aaamel manajem] miner
عامَل *v* [ʕa:mala]
يُعامِل معاملة سيئة
[Yo'aamal mo'aamalh sayeah] abuse
عَامَل handle *v* [ʕa:mala]
عاملة worker *(female)* *n* [ʕa:mila]
عاملة النظافة
['aamelat al-nadhafah] cleaning lady
عاملين staff *(workers)* *n* [ʕa:mili:na]
غرفة العاملين
[Ghorfat al'aameleen] staff room
عامِّية slang *n* [ʕa:mmija]
عانِس spinster *n* [ʕa:nis]
عانق cuddle, hug *v* [ʕa:naqa]
عانى suffer *v* [ʕa:na:]
أنه يعاني من الحمى
[inaho yo-'aany min al- ḥomma] He has a fever
عاهرة prostitute *n* [ʕa:hira]
عاوِد *v* [ʕa:wada]
يُعاوِد الاتصال
[Yo'aaawed al-eteṣaal] call back
عايَر gauge *v* [ʕa:jara]
عبء burden *n* [ʕibʔ]
عبارة phrase *n* [ʕiba:ra]
عبد slave *n* [ʕabd]
عبد worship *v* [ʕabada]
عبر across *prep* [ʕabra]
عَبر cross *vt* [ʕabara]
يُعَبِر عن
[Yo'aber 'an] express
عِبري Jewish *adj* [ʕibri:]
عبَس frown *v* [ʕabasa]
عبقري ingenious *adj* [ʕabqarij]
شخص عبقري
[Shakhṣ'ab'qarey] genius
عبور crossing, transit *n* [ʕubu:r]

كان العبور صعبا
[kan il-'aobor ṣa'aban] The crossing was rough

عبير aroma *n* [ʕabi:r]

عتلة lever *n* [ʕatla]

عتيق antique *adj* [ʕati:q]

عثة moth *n* [ʕaθθa]

عُجالة *n* [ʕuʒa:la]

في عُجالة
[Fee 'aojalah] hastily

عجز disability, shortage *n* [ʕaʒz]

عجز فى الميزانية
['ajz fee- almezaneyah] deficit

عجل calf *n* [ʕiʒl]

عجلة wheel *n* [ʕaʒala]

عجلة إضافية
['aagalh eḍafeyah] spare wheel

عجلة القيادة
['aagalat al-'qeyadh] steering wheel

عجلة اليد
['aagalat al-yad] wheelbarrow

عجوز old *adj* [ʕaʒu:z]

عجيب weird, wonderful *adj* [ʕaʒi:b]

عَجِيزَةٌ butt *n* [ʕaʒi:za]

عجينة dough *n* [ʕaʒi:na]

عجينة الباف باستري
['ajeenah aleyaf bastrey] puff pastry

عجينة الكريب
['aajenat al-kreeb] batter

عدَّاء runner *n* [ʕadda:ʔ]

عدائي hostile *adj* [ʕida:ʔij]

عداد meter *n* [ʕadda:d]

عداد السرعة
['adaad al-sor'aah] speedometer

عداد الأميال المقطوعة
['adaad al-amyal al-ma'qto'aah] odometer

عداد وقوف السيارة
['adaad wo'qoof al-sayarah] parking meter

أين يوجد عداد الكهرباء؟
[ayna yujad 'aadad al-kah-raba?] Where's the electricity meter?

من فضلك قم بتشغيل العداد
[Men faḍlek 'qom betashgheel al'adaad] Please use the meter

هل لديك عداد؟
[hal ladyka 'aadaad?] Do you have a meter?

عَدَالة justice *n* [ʕada:la]

عدة tackle *n* [ʕudda]

عدد quantity, amount *n* [ʕadad]

...كما عدد المحطات الباقية على الوصول إلى
[kam 'aadad al-muḥaṭaat al-ba'qiya lel-wiṣool ela...?] How many stops is it to...?

عدس lentils *n* [ʕadas]

نبات العدس
[Nabat al-'aads] lentils

عدسة lens *n* [ʕadasa]

عدسة تكبير
['adasah mokaberah] zoom lens

عدسة مكبرة
['adasat takbeer] magnifying glass

أنني استعمل العدسات اللاصقة
[ina-ny asťamil al-'aadasaat al-laṣi'qa] I wear contact lenses

محلول مطهر للعدسات اللاصقة
[maḥlool muṭaher lil-'aada-saat al-laṣi'qa] cleansing solution for contact lenses

عدل fairness *n* [ʕadl]

عدّل rectify *v* [ʕaddala]

عَدّل modify *v* [ʕadala]

عدم lack, absence *n* [ʕadam]

عدم التأكد
['adam al-taakod] uncertainty

عدم الثبات
['adam al-thabat] instability

عدم المُلاءمة
['adam al-molaamah] inconvenience

أنا أسف لعدم معرفتي باللوائح
[Ana aasef le'aadam ma'arefatey bel-lawaeah] I'm very sorry, I didn't know the rules

عدو enemy, run *n* [ʕaduww]

عدواني aggressive *adj* [ʕudwa:nij]

عدوى infection *n* [ʕadwa:]

ناقل للعدوى
[Na'qel lel-'aadwa] contagious

عديد several *adj* [ʕadi:d]

عديم lacking *adj* [ʕadi:m]

عديم الجدوى

['aadam al-jadwa] useless

عديم الاحساس

['adeem al-ehsas] senseless

عديم القيمة

['adeem al-'qeemah] worthless

عذب sweet *(pleasing)* *adj* [ʕaðb]

عَذَّب torture *v* [ʕaððaba]

عذر excuse, pardon *n* [ʕuðran]

عذر excuse *v* [ʕaðara]

عذراء virgin, Virgo *n* [ʕaðra:ʔ]

عراء *n* [ʕara:ʔ]

في العراء

[Fee al-'aaraa] outdoors

عراقي Iraqi *n* ◃ Iraqi *adj* [ʕira:qij]

عِراك scrap *(dispute)* *n* [ʕira:k]

عربة cart, vehicle *n* [ʕaraba]

عربة صغيرة خفيفة

['arabah ṣagheerah khafeefah] buggy

عربة تناول الطعام في القطار

['arabat tanawool al-ṭa'aaam fee al-'qeṭar] dining car

عربة الأعطال

['arabat al-a'ataal] tow truck

عربة الترولي

['arabat al-troley] cart

عربة البوفيه

['arabat al-boofeeh] dining car

عربة النوم

['arabat al-nawm] sleeping car

عربة حقائب السفر

['arabat ḥa'qaaeb al-safar] baggage cart

عربة طفل

['arabat ṭefl] stroller

عربة مقطورة

['arabat ma'qtoorah] trailer

هل يوجد عربة متنقلة لحمل الحقائب؟

[hal yujad 'aaraba muta-na'qela leḥaml al-ḥa'qaeb?] Are there any baggage carts?

عربي Arabic, Arab *adj* [ʕarabij]

عربي الجنسية

['arabey al-jenseyah] Arab

الإمارات العربية المتحدة

[Al-emaraat al'arabeyah al-motaḥedah] United Arab Emirates

اللغة العربية

[Al-loghah al-arabeyah] *(language)* Arabic

المملكة العربية السعودية

[Al-mamlakah al-'aarabeyah al-so'aodeyah] Saudi Arabia

عرج limp *v* [ʕaraʒa]

عرش throne *n* [ʕarʃ]

عرض proposal *n* [ʕardˤ]

عرض أسعار

['aarḍ as'aar] quotation

جهاز عرض

[Jehaz 'ard] projector

جهاز العرض العلوي

[Jehaz al-'ard al-'aolwey] overhead projector

خط العرض

[Khaṭ al-'arḍ] latitude

عرض *v* [ʕaradˤa]

أي فيلم يعرض الآن على شاشة السينما؟

[ay filim ya'aruḍ al-aan 'ala sha-shat al-senama?] Which film is playing at the movie theater?

عرِض display, set out, show *v* [ʕaradˤa]

عَرَّض *v* [ʕarradˤa]

يُعَرِض للخطر

[Yo'areḍ lel-khaṭar] endanger

عرضي accidental *adj* [ʕaradˤij]

عرف custom *n* [ʕurf]

عرف know, define *v* [ʕarafa]

لا أعرف

[la a'arif] I don't know

هل تعرفه؟

[hal ta'a-rifuho?] Do you know him?

عُرفي formal *adj* [ʕurafij]

عرق sweat *n* [ʕirq]

مبلل بالعرق

[Mobala bel-ara'q] sweaty

عرَق sweat *v* [ʕaraqa]

عرقي ethnic *adj* [ʕirqij]

عروس bride *n* [ʕaru:s]

وصيفة العروس

[Waṣeefat al-'aroos] bridesmaid

عُزْي *n* [ʕurj]

مُناصر للعُرْي

[Monaṣer lel'aory] nudist

undress *v* [ʕarra:] **عَرّى**

bridegroom *n* [ʕari:s] **عريس**

إشبين العريس

[Eshbeen al-aroos] best man

large, wide *adj* [ʕari:dˤ] **عريض**

ابتسامة عريضة

[Ebtesamah areeḍah] grin

wide *adv* [ʕari:dˤun] **عريضا**

corporal *n* [ʕari:f] **عرّيف**

estate *n* [ʕizba] **عِزبة**

foster, boost (يتبنى) *v* [ʕazzaza] **عزّز**

play *(music) vt* [ʕazafa] **عزِف**

n [ʕazf] **عَزْف**

آلة عَزْف

[Aalat 'aazf] player *(instrumentalist)*

determination *n* [ʕazm] **عزم**

عاقد العزم

['aaa'qed al-'aazm] determined

dear *(loved) adj* [ʕazi:z] **عزيز**

pricey *(expensive) adj* [ʕazi:zi:] **عزيزي**

difficulty *n* [ʕusr] **عسر**

عسر التكلم

['aosr al-takalom] dyslexia

عسر الهضم

['aosr al-haḍm] indigestion

military *adj* [ʕaskarij] **عسكري**

طالب عسكري

[Ṭaleb 'askarey] cadet

honey *n* [ʕasal] **عسل**

nest *n* [ʕuʃ] **عش**

dinner, supper *n* [ʕaʃa:ʔ] **عشاء**

حفلة عشاء

[Ḥaflat 'aashaa] dinner party

متناول العشاء

[Motanawal al-'aashaa] diner

كان العشاء شهيا

[kan il-'aashaa sha-heyan] The dinner was delicious

ما رأيك في الخروج وتناول العشاء

[Ma raaek fee al-khoroj wa-tanawol al-'aashaa] Would you like to go out for dinner?

ما هو موعد العشاء؟

[ma howa maw-'aid al-'aashaa?] What time is dinner?

grass *(plant) n* [ʕuʃb] **عشب**

عُشْب الحَوْذان

['aoshb al-hawdhan] buttercup

عُشْب الطرخون

['aoshb al-ṭarkhoon] tarragon

n [ʕuʃba] **عشبة**

عشبة ضارة

['aoshabah ḍarah] weed

ten *number* [ʕaʃar] **عشر**

أحد عشر

[ʔaħada ʕaʃar] eleven

الحادي عشر

[al-ħa:di: ʕaʃar] eleventh

لقد تأخرنا عشرة دقائق

[la'qad ta-akharna 'aashir da-'qae'q] We're ten minutes late

ten *number* [ʕaʃaratun] **عشرة**

twenty *number* [ʕiʃru:na] **عشرون**

decimal *adj* [ʕuʃarij] **عشري**

passion *n* [ʕiʃq] **عشق**

فاكهة العشق

[Fakehat al-'aesh'q] passion fruit

adore *v* [ʕaʃaqa] **عشق**

random *adj* [ʕaʃwa:ʔij] **عشوائي**

eve *n* [ʕaʃijja] **عشية**

عشية عيد الميلاد

['aasheyat 'aeed al-meelad] Christmas Eve

stick *n* [ʕasˤa:] **عصا**

عصا القيادة

['aaṣa al-'qeyadh] joystick

عصا المشي

['asaa almashey] cane

gang, band *n* [ʕisˤa:ba] **عصابة**

عصابة الرأس

['eṣabat al-raas] headband

معصوب العينين

[Ma'aṣoob al-'aainayn] blindfold

neurotic *adj* [ʕisˤa:bij] **عصابي**

nerve *(to/from brain) n* [ʕasˤab] **عصب**

v [ʕasˤaba] **عصب**

يَغْصِبُ العينين
['Ya'aṣeb al-ozonayn] blindfold

neural, nervous *adj* [ʕasˤabij] **عصبي**

عصبي جداً
['aṣabey jedan] uptight

عصبي المزاج
['aṣabey] nervous

squeeze *v* [ʕasˤara] **عصر**

modern *adj* [ʕasˤrij] **عصري**

sparrow *n* [ʕusˤfuːr] **عصفور**

disobey *v* [ʕasˤaː] **عصى**

crucial *adj* [ʕasˤiːb] **عصيب**

oatmeal *n* [ʕasˤiːda] **عصيدة**

juice *n* [ʕasˤiːru] **عصير**

عصير الفاكهة
['aṣeer fakehah] fruit juice

عصير برتقال
[Aṣeer borto'qaal] orange juice

muscle *n* [ʕadˤala] **عضلة**

muscular *adj* [ʕadˤalij] **عضلي**

member *n* [ʕudˤw] **عضو**

عضو في عصابة
['aoḍw fee eṣabah] gangster

عضو في الجسد
['aoḍw fee al-jasad] organ *(body part)*

عضو مجلس
['aodw majles] council member

عضو مُنتَدب
['aḍow montadab] president *(business)*

عضو نقابة عمالية
['aḍw ne'qabah a'omaleyah] union member

هل يجب أن تكون عضوا؟
[hal yajib an takoon 'auḍwan?] Do you have to be a member?

هل يجب علي أن أكون عضوا؟
[hal yajib 'aala-ya an akoon 'auḍwan?] Do I have to be a member?

organic *adj* [ʕudˤwij] **عضوي**

سماد عضوي
[Semad 'aodwey] organic fertilizer

غير عضوي
[Ghayer 'aoḍwey] mineral

membership *n* [ʕudˤwijja] **عضوية**

عضوية في مجلس تشريعي
['aoḍweyah fee majles tashreaey] seat *(constituency)*

perfume, scent *n* [ʕitˤr] **عطر**

أشعر بالعطش
[ash-'aur bil-'aaṭash] I'm thirsty

sneeze *v* [ʕatˤasa] **عطس**

vacation, unemployment *n* [ʕutˤla] **عطلة**

عطلة أسبوعية
['aoṭlah osboo'ayeah] weekend

عطلة نصف الفصل الدراسي
['aoṭlah neṣf al-faṣl al-derasey] midterm vacation

خطة عطلة شاملة الإقامة والانتقال
[Khoṭ at 'aoṭlah shamelat al-e'qamah wal-ente'qal] vacation package

bone *n* [ʕazˤm] **عظم**

عظم الوجنة
[aḍhm al-wajnah] cheekbone

bone *n* [ʕazˤama] **عظمة**

grand, great *adj* [ʕazˤiːm] **عظيم**

الجمعة العظيمة
[Al-jom'ah al-'aaḍheemah] Good Friday

mold *(fungus)* *n* [ʕafan] **عفن**

spontaneous *adj* [ʕafawij] **عفوي**

punishment *n* [ʕiqaːb] **عقاب**

eagle *n* [ʕuqaːb] **عُقاب**

medication, drug *n* [ʕaqaːr] **عقار**

عقار مسكن
['aa'qaar mosaken] sedative

عقار مخدر موضعي
['aa'qar mokhader mawde'aey] local anesthetic

end *n* [ʕaqib] **عقب**

مقلوب رأسا على عقب
[Ma'qloob raasan 'ala 'aa'qab] upside down

obstacle *n* [ʕaqaba] **عقبة**

contract *n* [ʕaqd] **عقد**

عقد إيجار
['aa'qd eejar] lease

عقد من الزمن
['aa'qd men al-zaman] decade

knit *v* [ʕaqada] **عقد**

knot *n* [ʕuqda] **عقدة**

عقرب scorpion, Scorpio *n* [ʕaqrab]

عقص *v* [ʕaqasˤa]

يَعْقِص الشعر

[Ya'aqeṣ al-sha'ar] curl

عَقْعَق *n* [ʕaqʕaq]

طائر العَقْعَق

[Ṭaaer al'a'qa'q] magpie

عقل mind, intelligence *n* [ʕaqil]

ضرس العقل

[Ḍers al-a'aql] wisdom tooth

عقلاني rational *adj* [ʕaqla:nij]

عقلي mental *adj* [ʕaqlij]

عقلية mentality *n* [ʕaqlijja]

عَقّم sterilize *v* [ʕaqqama]

عقوبة punishment *n* [ʕuqu:ba]

أقصى عقوبة

[A'qsa 'aoqobah] capital punishment

عقوبة بدنية

['ao'qoba badaneyah] corporal punishment

عقيفة hook *n* [ʕaqi:fa]

عقيم sterile *adj* [ʕaqi:m]

عكاز crutch *n* [ʕukka:z]

عكس reverse, reversal *n* [ʕaks]

عكس عقارب الساعة

['aaks 'aa'qareb al-saa'ah] counterclockwise

والعكس كذلك

[Wal-'aaks kaḍalek] vice versa

عكس reflect *v* [ʕakasa]

علاج therapy, treatment *n* [ʕila:ʒ]

علاج بالعطور

['aelaj bel-oṭoor] aromatherapy

علاج طبيعي

['aelaj ṭabeye] physiotherapy

علاج نفسي

['aelaj nafsey] psychotherapy

مُركّب لعلاج السعال

[Morakab le'alaaj also'aal] cough syrup

علاقة relation, relationship *n* [ʕala:qa]

علاقات عامة

['ala'qat 'aamah] public relations

آسف، أنا على علاقة بأحد الأشخاص

[ʔa:sifun ʔana: ʕala: ʕila:qatin biʔaħadin alʔaʃxa:sˤi] Sorry, I'm in a relationship

عَلَاقَة *n* [ʕala:qatu]

عَلَاقَة مفاتيح

['aalaqat mafateeḥ] keyring

علامة mark, symptom, tag, token *n* [ʕala:ma]

علامة تعجب

['alamah ta'ajob] exclamation point

علامة تجارية

['alamah tejareyah] trademark

علامة استفهام

['alamat estefham] question mark

علامة مميزة

['alamah momayazah] bookmark

العلامة التجارية

[Al-'alamah al-tejareyah] brand name

يَضَع عَلامَة صَح

[Beḍa'a 'aalamat ṣaḥ] check off

علاوة bonus *n* [ʕala:wa]

علاوة على ذلك

['aelawah ala ḍalek] further

علب cans *npl* [ʕulab]

فتاحة علب

[fatta ḥat 'aolab] can opener

علبة package *n* [ʕulba]

علبة صغيرة

['aolbah ṣagherah] canister

علبة التروس

['aolbat al-teroos] transmission

علبة الفيوز

['aolbat al-feyoz] fuse box

علبة كارتون

['aolbat kartoon] carton

عَلّق hang *vt* [ʕallaqa]

يُعَلِق على

[Yo'alle'q ala] comment

علكة chewing gum *n* [ʕilka]

عَلَّل justify *v* [ʕallala]

علم knowledge, science *n* [ʕilm]

علم التنجيم

[A'elm al-tanjeem] astrology

علم الاقتصاد

['aelm al-e'qtesad] economics

علم البيئة

['aelm al-beeah] ecology

علم الحيوان
['aelm al-hayawan] zoology
علم الفلك
['aelm al-falak] astronomy
علم النحو والصرف
['aelm al-naḥw wal-ṣarf] grammar
علوم الحاسب الآلى
['aoloom al-ḥaseb al-aaly] computer science
عَلَم flag *n* [ʕalam]
عِلم *n* [ʕilm]
عِلم الآثار
['Aelm al-aathar] archaeology
عِلْم science (المعرفة) *n* [ʕilmu]
علمي scientific *adj* [ʕilmij]
خيال علمي
[Khayal 'aelmey] sci-fi
عُلُوْ altitude *n* [ʕuluww]
علوي top *adj* [ʕulwij]
على above *adv* ◃ on *prep* [ʕala:]
على طول
[Ala ṭool] along
عِلية attic *n* [ʕilja]
عليل sick *adj* [ʕali:l]
عم uncle *n* [ʕamm]
ابن العم
[Ebn al-'aam] cousin
عمارة building *n* [ʕima:ra]
فن العمارة
[Fan el-'aemarah] architecture
عمال labor *n* [ʕumma:l]
عمان Oman *n* [ʕuma:n]
عمة aunt (خالة) *n* [ʕamma]
عمر age *n* [ʕumur]
شخص متقدم العمر
[Shakhṣ mota'qadem al-'aomr] senior citizen
إنه يبلغ من العمر عشرة أعوام
[inaho yabligh min al-'aumr 'aashrat a'a-wam] He's ten years old
أبلغ من العمر خمسين عاماً
[ablugh min al-'aumr khamseen 'aaman] I'm fifty years old
كم عمرك؟
[kam 'aomrak?] How old are you?

عمق depth *n* [ʕumq]
عمل work *n* [ʕamal]
رحلة عمل
[Reḥlat 'aamal] business trip
ساعات عمل مرنة
[Sa'aat 'aamal marenah] flexitime
ساعات العمل
[Sa'aat al-'amal] office hours, opening hours
مكان العمل
[Makan al-'amal] workspace
أنا هنا للعمل
[ana huna lel-'aamal] I'm here for work
عمل work *v* [ʕamala]
يعمل بشكل حر
[Ya'amal beshakl ḥor] freelance
سيارة تعمل بنظام نقل السرعات اليدوي من فضلك
[sayara ta'amal be-neḍham na'qil al-sur'aat al-yadawy, min faḍlak] A standard transmission, please
...أعمل لدى
[a'amal lada...] I work for...
أنا أعمل
[ana a'amal] I work
أين تعمل؟
[ayna ta'amal?] Where do you work?
التكيف لا يعمل
[al-tak-yeef la ya'amal] The air conditioning doesn't work
المفتاح لا يعمل
[al-muftaaḥ la ya'amal] The key doesn't work
كيف يعمل هذا؟
[Kayfa ya'amal hatha?] How does this work?
ماذا تعمل؟
[madha ta'amal?] What do you do?
ماكينة التذاكر لا تعمل
[makenat al-tadhaker la-ta'amal] The ticket machine isn't working
مفتاحي لا يعمل
[mufta-ḥy la-ya'amal] My key doesn't work
هذا لا يعمل كما ينبغي
[hatha la-ya'amal kama yan-baghy] This doesn't work

عملاق giant, gigantic *adj* [ʕimla:q]

عملة currency, pay *n* [ʕumla]

عملة معدنية

[Omlah ma'adaneyah] coin

عملة متداولة

[A'omlah motadawlah] currency

تخفيض قيمة العملة

[Takhfeeḍ 'qeemat al'aomlah] devaluation

دار سك العملة

[Daar ṣaak al'aomlah] mint *(coins)*

عملي feasible, practical *adj* [ʕamalij]

غير عملي

[Ghayer 'aamaley] impractical

عمليا practically *adv* [ʕamalijan]

عملية operation *(undertaking)*, *n* [ʕamalijja] process

عملية جراحية

['amaleyah jeraheyah] operation *(surgery)*, surgery *(operation)*

عملية الأيض

['amaleyah al-abyaḍ] metabolism

عَمَّم generalize *v* [ʕammama]

عمود column, post *(stake)* *n* [ʕamu:d]

عمود النور

['amood al-noor] lamppost

عمود فقري

['amood fa'qarey] backbone, spine

عموديا upright *adv* [ʕamu:dijan]

عمولة commission *n* [ʕumu:la]

ما هي العمولة؟

[ma heya al-'aumola?] What's the commission?

عموما overall *adv* [ʕumu:man]

عمى blind *n* [ʕama:]

مصاب بعمى الألوان

[Moṣaab be-'ama al-alwaan] colorblind

عميق deep *adj* [ʕami:q]

واد عميق وضيق

[Wad 'amee'q wa-ḍaye'q] ravine

عميل customer, client, agent *n* [ʕami:l]

عن about, from *prep* [ʕan]

عناق cuddle *n* [ʕina:q]

عناية care *n* [ʕina:ja]

بِعناية

[Be-'aenayah] carefully

عنب grape *n* [ʕinab]

عنب أحمر

['aenab aḥmar] red currant

كَرْمَة العنب

[Karmat al'aenab] vine

عنبر hospital ward *n* [ʕanbar]

في أي عنبر يوجد......؟

[fee ay 'aanbar yujad...?] Which ward is... in?

عند at *prep* [ʕinda]

عنصر element *n* [ʕunsˤur]

عنصري racist *n* ◁ racial *adj* [ʕunsˤurij]

التفرقة العنصرية بحسب الجنس

[Al-tafre'qa al'aonṣoreyah beḥasab al-jens] sexism

عنف violence *n* [ʕunf]

عَنّف scold *v* [ʕannafa]

عنكبوت spider *n* [ʕankabu:t]

بيت العنكبوت

[Bayt al-'ankaboot] cobweb

عنوان address *(location)* *n* [ʕunwa:n]

عنوان البريد الإلكتروني

['aonwan al-bareed al-electrooney] e-mail address

عنوان المنزل

['aonwan al-manzel] home address

عنوان الويب

['aonwan al-web] Web address

دفتر العناوين

[Daftar al-'aanaaween] address book

عُنوان رئيسي

['aonwan raaesey] headline

...عنوان موقع الويب هو

['ainwan maw-'q i'a al-web howa...] The Web site address is...

ما هو عنوان بريدك الالكتروني؟

[ma howa 'ain-wan bareed-ak al-alikit-rony?] What's your e-mail address?

من فضلك قم بتحويل رسائلي إلى هذا العنوان

[min faḍlak 'qum be-taḥweel rasa-ely ela hadha al-'ainwan] Please forward my mail to this address

هل يمكن لك أن تدون العنوان، إذا تفضلت؟

[hal yamken laka an tudaw-win al-'aenwaan, edha tafaḍalt?] Could you write down the address, please?

عنيد stubborn *adj* [ʕani:d]

عنيف drastic, violent *adj* [ʕani:f]

عهد promise *n* [ʕahd]

منذ عهد قريب

[monḍh 'aahd 'qareeb] lately

عوامة flotation device, buoy *n* [ʕawa:ma]

عود stick *n* [ʕu:d]

عود الأسنان

['aood al-asnan] toothpick

عودة return *n* [ʕawda]

تذكرة ذهاب وعودة في نفس اليوم

[tadhkarat dhehab we-'awdah fee nafs al-yawm] one-day round-trip ticket

تذكرتين ذهاب وعودة إلى ..

[..tadhkaratayen dhehab we awdah ela] two round-trip tickets to...

رجاء العودة بحلول الساعة الحادية عشر مساءً

[rejaa al-'aawda beḥilool al-sa'aa al-ḥade-a 'aashar masa-an] Please come home by eleven p.m.

ما هو موعد العودة؟

[ma howa maw-'aid al-'aawda?] When do we get back?

يمكنك العودة وقتما رغبت ذلك

[yam-kunaka al-'aawda wa'qt-ama raghabta dhalik] Come home whenever you like

عوّض compensate *v* [ʕawwadˤa]

يُعوّض عن

[Yo'aweḍ 'an] reimburse

عَوَّل *v* [ʕawwala]

يُعَوِل على

[yo'awel 'ala] rely on

عَوْلَمَة globalization *n* [ʕawlama]

عون aid *n* [ʕawn]

عوى howl *v* [ʕawa:]

عيادة clinic *n* [ʕija:da]

عيب defect, fault, disadvantage *n* [ʕajb]

عيد festival, holiday *n* [ʕi:d]

عيد الحب

['aeed al-ḥob] Valentine's Day

عيد الفصح

['aeed al-fesḥ] Easter

عيد الميلاد المجيد

['aeed al-meelad al-majeed] Christmas

عيد ميلاد

['aeed al-meelad] birthday

عيش *n* [ʕajʃ]

عيش الغراب

['aaysh al-ghorab] mushroom

عين eye *n* [ʕajn]

إن عيناي ملتهبتان

[enna 'aynaya multa-hebatan] My eyes are sore

يوجد شيء ما في عيني

[yujad shay-un ma fee 'aynee] I have something in my eye

عيّن appoint *v* [ʕajjana]

يُعَيِّنُ الهوِيَّة

[Yo'aeyen al-haweyah] identify

عينة sample *n* [ʕajjina]

عينه same *adj* [ʕajinnat]

غ

غائب absent *adj* [ɣa:ʔibb]

غائم cloudy, foggy *adj* [ɣa:ʔim]

غاب *v* [ɣa:ba]

يَغيب عن الأنظار

[Yagheeb ‘an al-anḍhaar] vanish

غابة forest, woods *(forest)* *n* [ɣa:ba]

غابات المطر بخط الاستواء

[Ghabat al-maṭar be-khaṭ al-eśtwaa] rainforest

غادر *v* [ɣa:dara]

يغادر الفندق

[Yoghader al-fodo'q] check out

يُغادِر المكان

[Yoghader al-makanan] go out

يُغَادر مكانا

[Yoghader makanan] go away

سوا أغادر غدا

[Sawa oghader ghadan] I'm leaving tomorrow

أي وقت يغادر؟

[Ay wa'qt yoghader] What time does it leave?

أين نترك المفتاح عندما نغادر؟

[ayna natruk al-muftaaḥ ‘aendama nughader?] Where do we hand in the key when we're leaving?

على أي رصيف يغادر القطار؟

[‘ala ay raṣeef yo-ghader al-'qeṭaar?] Which platform does the train leave from?

لقد غادر الأتوبيس السياحي بدوني

[la'qad ghadar al-oto-bees al-siya-ḥey be-doony] The bus has left without me

من أي مكان يغادر المركب؟

[min ay makan yoghader al-markab?] Where does the boat leave from?

هل هذا هو الرصيف الذي يغادر منه القطار المتجه إلى...؟

[hal hadha howa al-raṣeef al-ladhy yoghader minho al-'qeṭaar al-mutajeh ela...?] Is this the right platform for the train to...?

غادِر foul *adj* [ɣa:dir]

غار *n* [ɣa:r]

ورق الغار

[Wara'q alghaar] bay leaf

غارة raid *n* [ɣa:ra]

غاز gas *n* [ɣa:z]

غاز طبيعي

[ghaz ṭabeeaey] natural gas

غاز مسيل للدموع

[Ghaz moseel lel-domooa] tear gas

موقد يعمل بالغاز للمعسكرات

[Maw'qed ya'amal bel-ghaz lel-mo'askarat] portable gas cylinder

أين يوجد عداد الغاز؟

[ayna yujad ‘aadad al-ghaz?] Where's the gas meter?

هل يمكنك إعادة ملء الولاعة بالغاز؟

[hal yamken -aka e'aadat mil-e al-walla-'aa bil-ghaz?] Do you have a refill for my gas lighter?

غَازِل flirt *v* [ɣa:zala]

غاضب angry, stuffy *adj* [ɣa:dˤib]

غاظ fret *v* [ɣa:zˤa]

غالباً often *adv* [ɣa:liban]

غالي *adj* [ɣa:li:]

إنه غالي جدا ولا يمكنني شراؤه

[Enaho ghaley gedan wala yomken sheraaoh] It's too expensive for me

إنه غالي بالفعل

[inaho ghalee bil-fi'ail] It's a little expensive

غالى *v* [ɣa:la:]

يغالي في الثمن

[Yoghaley fee al-thaman] overcharge

يُغَالي في التقدير

[Yoghaley fee al-ta'qdeer] overestimate

غامض mysterious *adj* [ɣa:midˤ]

غانا Ghana *n* [ɣa:na:]

غاني Ghanaian *adj* [ɣa:nij]

مواطن غاني

[Mowaṭen ghaney] Ghanaian

غبار dust *n* [ɣuba:r]

غبي stupid *adj* [ɣabijju]

غثيان nausea *n* [ɣaθaja:n]

غَجَرِيّ gypsy *n* [ɣaʒarij]

غد *n* [ɣad]

أريد أن توقظني بالتليفون في الساعة السابعة من صباح الغد

[areed an to'qeḍhaney bel-telefone fee al-sa'aah al-sabe'aah men ṣabaḥ al-ghad] I'd like a wake-up call for tomorrow morning at seven o'clock

بعد غد

[ba'ad al-ghad] the day after tomorrow

غداً tomorrow *adv* [ɣadan]

هل هو مفتوح غدا؟

[hal how maftooḥ ghadan?] Is it open tomorrow?

هل يمكن أن أتصل بك غدا؟

[hal yamken an ataṣel beka ghadan?] May I call you tomorrow?

غداء lunch *n* [ɣada:ʔ]

غدة gland *n* [ɣuda]

غذاء *n* [ɣaða:ʔ]

وجبة الغذاء المعبأة

[Wajbat al-ghezaa al-mo'abaah] box lunch

كان الغذاء رائعا

[kan il-ghadaa ra-e'aan] The lunch was excellent

متى سنتوقف لتناول الغذاء؟

[mata sa-nata-wa'qaf le-tanawil al-ghadaa?] Where do we stop for lunch?

متى سيتم تجهيز الغذاء؟

[mata sayatim taj-heez al-ghadaa?] When will lunch be ready?

غذائي *adj* [ɣiða:ʔij]

التسمم الغذائي

[Al-tasmom al-ghedhaaey] food poisoning

نظام غذائي

[Neḍhaam ghedhey] diet

غِر child *n* [ɣirr]

غراء glue *n* [ɣira:ʔ]

غراب crow *n* [ɣura:b]

غراب أسود

[Ghorab aswad] raven

غرّافة carafe *n* [ɣarra:fa]

غرامة fine *n* [ɣara:ma]

أين تدفع الغرامة؟

[ayna tudfa'a al-gharama?] Where do I pay the fine?

كم تبلغ الغرامة؟

[kam tablugh al-gharama?] How much is the fine?

غرب *n* [ɣarban]

متجه غرباً

[Motajeh gharban] westbound

غَرْب west *n* [ɣarb]

غرباً west *adv* [ɣarban]

غربي west, western *adj* [ɣarbij]

ساكن الهند الغربية

[Saken al-hend al-gharbeyah] West Indian

جنوب غربي

[Janoob gharbey] southwest

شمال غربي

[Shamal gharbey] northwest

غرز stick *vi* [ɣaraza]

غرض purpose *n* [ɣaradˤ]

غرفة room *n* [ɣurfa]

رقم الغرفة

[Ra'qam al-ghorfah] room number

غرفة إضافية

[ghorfah eḍafeyah] spare room

غرفة عمليات

[ghorfat 'amaleyat] operating room

غرفة تبديل الملابس

[Ghorfat tabdeel al-malabes] changing room

غرفة خدمات

[ghorfat khadamat] utility room

غرفة القياس

[ghorfat al-'qeyas] changing room

غرفة المعيشة

[ghorfat al-ma'aeshah] living room

غرفة النوم

[Ghorfat al-noom] bedroom

غرفة طعام

[ghorat ṭa'aam] dining room

غرفة لشخص واحد

[ghorfah le-shakhṣ wahed] single room

غرفة محادثة

[ghorfat mohadathah] chatroom

غرفة مزدوجة

[Ghorfah mozdawajah] double room, twin room

غُرفة خشبية

[Ghorfah khashabeyah] shed

أريد غرفة أخرى غيرها

[areed ghurfa ukhra ghyraha] I'd like another room

أريد غرفة بسريرين

[areed ghurfa be-sareer-iyn] I'd like a room with twin beds

أريد غرفة للإيجار

[areed ghurfa lil-eejar] I'd like to rent a room

أريد حجز غرفة عائلية

[areed ḥajiz ghurfa 'aa-e-liya] I'd like to reserve a family room

أريد حجز غرفة لشخصين

[areed ḥajiz ghurfa le-shakhiṣ-yen] I want to reserve a double room

أريد حجز غرفة لفرد واحد

[areed ḥajiz ghurfa le-fard waḥid] I want to reserve a single room

أيمكنني الحصول على أحد الغرف؟

[a-yamkun-iny al-ḥuṣool 'ala aḥad al-ghuraf?] Do you have a room?

أين توجد غرفة الكمبيوتر؟

[ayna tojad ghurfat al-computer] Where is the computer room?

الغرفة ليست نظيفة

[al-ghurfa laysat naḍhefa] The room isn't clean

الغرفة متسخة

[al-ghurfa mutaskha] The room is dirty

متى يجب علي إخلاء الغرفة

[mata yajib 'aalaya ekhlaa al-ghurfa?] When do I have to vacate the room?

هذه هي الغرفة الخاصة بك؟

[hathy heya al-ghurfa al-khaṣa beek] This is your room

هل هناك خدمة للغرفة؟

[hal hunaka khidma lil-ghurfa?] Is there room service?

هل يمكن أن أرى الغرفة؟

[hal yamken an ara al-ghurfa?] May I see the room?

هناك ضوضاء كثيرة جدا بالغرفة

[hunaka ḍaw-ḍaa kathera jedan bil-ghurfa] The room is too noisy

sink, drown *vi* [ɣaraqa] **غرق**

sunset *n* [ɣuru:b] **غُروب**

glue *v* [ɣarra:] **غَرَّى**

strange, spooky, creepy *adj* [ɣari:b] **غريب**

شخص غريب

[Shakhṣ ghareeb] stranger

n [ɣurajr] **غُرَير**

حيوان الغُرَير

[Ḥayawaan al-ghoreer] badger

instinct *n* [ɣari:za] **غريزة**

flirt (حركة خاطفة) *n* [ɣazl] **غزل**

غزل البنات

[Ghazl al-banat] cotton candy

invade, conquer *v* [ɣaza:] **غزى**

washing machine *n* [ɣassa:la] **غسالة**

غسالة أطباق

[ghasalat aṭba'q] dishwasher

dusk *n* [ɣasaq] **غَسَقْ**

n [ɣasl] **غسل**

قابل للغسل في الغسالة

['qabel lel-ghaseel fee al-ghassaalah] machine washable

أرغب في غسل هذه الأشياء

[arghab fee ghasil hadhy al-ashyaa] I'd like to get these things washed

wash *v* [ɣasala] **غسل**

يَغْسِل الأطباق

[Yaghsel al-aṭbaa'q] wash the dishes

أريد أن أغسل السيارة

[areed an aghsil al-sayara] I'd like to wash

the car
أين يمكن أن أغسل يدي؟
[ayna yamken an aghsil yady?] Where can I wash my hands?
هل يمكنك من فضلك غسله
[hal yamken -aka min faḍlak ghaslaho?] Could you wash my hair, please?
cleanser *n* [ɣasu:l] **غسول**
غسول سمرة الشمس
[ghasool somrat al-shams] suntan lotion
washing *n* [ɣassi:l] **غسيل**
غسيل سيارة
[ghaseel sayaarah] car wash
غسيل الأطباق
[ghaseel al-atba'q] washing the dishes
خط الغسيل
[Khat al-ghaseel] clothesline
حبل الغسيل
[ḥ abl al-ghaseel] clothesline
مسحوق الغسيل
[Mashoo'q alghaseel] laundry detergent
مشبك الغسيل
[Mashbak al-ghaseel] clothespin
cheat *n* [ɣaʃʃa] **غش**
deceive, cheat *v* [ɣaʃʃa] **غشّ**
anger *n* [ɣadˤab] **غضب**
سريع الغضب
[Saree'a al-ghaḍab] irritable
غضب شديد
[ghaḍab shaded] rage
مثير للغضب
[Mother lel-ghaḍab] infuriating
plastered *adj* [ɣadˤba:n] **غضبان**
v [ɣutˤtˤa] **غطّ**
يَغُطُ في النوم
[yaghoṭ fee al-nawm] snore
cover, lid *n* [ɣitˤa:ʔ] **غطاء**
غطاء سرير
[Gheṭa'a sareer] bedspread
غطاء المصباح
[Gheṭaa almeṣbaḥ] lampshade
غطاء الوسادة
[gheṭaa al-wesadah] pillowcase

غطاء قنينة
[Gheṭa'a 'qeneenah] cap
غطاء للرأس والعنق
[Gheṭa'a lel-raas wal-a'ono'q] hood
غطاء للوقاية أو الزينة
[Gheṭa'a lel-we'qayah aw lel-zeenah] hubcap
غطاء مخملى
[Gheṭa'a makhmaley] comforter
غطاء مائدة
[Gheṭa'a maydah] tablecloth
diver *n* [ɣatˤtˤa:s] **غطاس**
dive *n* [ɣatˤasa] **غطس**
لوح غطس
[Looḥ ghaṭs] diving board
dive *v* [ɣatˤisa] **غطس**
plunge *v* [ɣatˤasa] **غطس**
cover *v* [ɣatˤtˤa:] **غَطّى**
snooze *v* [ɣafa] **غفا**
forgive *v* [ɣafara] **غفر**
nap *n* [ɣafwa] **غفوة**
kid *n* [ɣula:m] **غلام**
teakettle *n* [ɣalla:ja] **غلاية**
mistake *v* [ɣalatˤun] **غلط**
error *n* [ɣaltˤa] **غلطة**
wrap, wrap up *v* [ɣallafa] **غلّف**
هل يمكن أن تغلفه من فضلك؟
[hal yamken an tugha-lifho min faḍlak?] Could you wrap it up for me, please?
n [ɣalaqa] **غلق**
ما هو ميعاد الغلق هنا؟
[ma howa me-'aad al-ghali'q huna?] When does it close?
boil *vi* [ɣala:] **غلى**
boiling *n* [ɣalaja:n] **غليان**
flood *vt* [ɣamara] **غمر**
wink *v* [ɣamaza] **غمز**
dip *vt* [ɣamasa] **غمس**
dip *(food/sauce)* *n* [ɣams] **غَمْس**
mutter *v* [ɣamɣama] **غَمْغَم**
mystery *n* [ɣumu:dˤ] **غموض**
singing *n* [ɣina:ʔ] **غناء**
غِنَاء مع الموسيقى
[Ghenaa ma'a al-mose'qa] karaoke

غنائي *adj* [ɣina:ʔijjat]

قصائد غنائية

['qaṣaaed ghenaaeah] lyrics

غنم *n* [ɣanam]

جلد الغنم

[Jeld al-ghanam] sheepskin

غني rich *adj* [ɣanij]

غني بالألوان

[Ghaney bel-alwaan] colorful

غواصة submarine *n* [ɣawwa:sˤa]

غوريلا gorilla *n* [ɣu:ri:la:]

غوص diving *n* [ɣawsˤ]

غوص بأجهزة التنفس

[ghawṣ beajhezat altanafos] scuba diving

أين يمكننا أن نجد أفضل مناطق الغوص؟

[ayna yamken-ana an najed afḍal manaṭi'q al-ghawṣ?] Where is the best place to dive?

غياب absence *n* [ɣija:b]

غيار *n* [ɣijja:r]

هل لديك قطع غيار لماركة تويوتا

[hal ladyka 'qiṭa'a gheyaar le-markat toyota?] Do you have parts for a Toyota?

غيبة *n* [ɣajba]

دفع بالغيبة

[Dafa'a bel-ghaybah] alibi

غيبوبة *n* [ɣajbu:ba]

غيبوبة عميقة

[Ghaybobah 'amee'qah] coma

غير not *adj* [ɣajru]

غير صبور

[Ghaeyr ṣaboor] impatient

غير معتاد

[Ghayer mo'ataad] unusual

غير مُرتب

[Ghayer moratb] untidy

غَيّر vary, change *v* [ɣajjara]

غينيا Guinea *n* [ɣi:nja:]

غينيا الاستوائية *n* [ɣi:nja: al-istiwa:ʔijjatu] Equatorial Guinea

غيور jealous *adj* [ɣaju:r]

فائدة benefit *n* [faːʔida]

معدل الفائدة

[Moaadal al-faaedah] interest rate

فائز winning *adj* [faːʔiz]

شخص فائز

[Shakhṣ faaez] winner

فائض surplus *adj* [faːʔidˤ]

فائق *adj* [faːʔiq]

فائق الجمال

[Faae'q al-jamal] gorgeous

فئة category *n* [fiʔa]

فاتح fair *(light color)* *adj* [faːtiħ]

نريد تناول فاتح للشهية

[nureed tanawil fatiḥ lil-sha-hyaa] We'd like an aperitif

فاتر dull, lukewarm *adj* [faːtir]

فاتن catching, glamorous, superb, *adj* [faːtin] fascinating

فاتورة *n* [faːtuːra]

فاتورة رسمية

[Fatoorah rasmeyah] bill *(account)*

فاتورة تجارية

[Fatoorah tejareyah] invoice

فاتورة تليفون

[Fatoorat telefon] phone bill

يُعِد فاتورة

[Yo'aed al-fatoorah] invoice

قم بإضافته إلى فاتورتي

['qim be-iḍa-fatuho ela foatoraty] Put it on my bill

قم بإعداد الفاتورة من فضلك

['qim be-i'adad al-foatora min faḍlak] Please prepare the bill

من فضلك أحضر لي الفاتورة

[min faḍlak iḥḍir lee al-fatora] Please bring the check

هل لي أن أحصل على فاتورة مفصلة؟

[hal lee an aḥṣil 'aala fatoora mufa-ṣala?] May I have an itemized bill?

فاحش obscene *adj* [faːħiʃ]

فأر mouse *n* [faʔr]

فارسي Persian *adj* [faːrisij]

فارغ blank *adj* [faːriɣ]

فارق distinction *n* [faːriq]

فاز win *v* [faːza]

فاسد corrupt *adj* [faːsid]

فاصل interval *n* [faːsˤil]

فاصل إعلاني

[Faṣel e'alaany] commercial break

فاصلة comma *n* [faːsˤila]

فاصلة علوية

[Faṣela a'olweyah] apostrophe

فاصوليا *n* [faːsˤuːljaː]

فاصوليا خضراء متعرشة

[faṣoleya khadraa mota'aresha] scarlet runner bean

فاصوليا خضراء

[Faṣoleya khaḍraa] green beans

فاض flood *vi* [faːdˤa]

فاكس fax *n* [faːks]

هل يوجد فاكس؟

[hal yujad fax?] Do you have a fax?

فاكهة fruit *n* [faːkiha]

عصير الفاكهة

['aṣeer fakehah] fruit juice

متجر الخضر والفاكهة

[Matjar al-khoḍar wal-fakehah] fruit and vegetable store

مثلجات الفاكهة

[Mothalajat al-fakehah] sorbet

فانيلة *n* [fa:ni:la]

صوف فانيلة

[Ṣoof faneelah] washcloth

فانيليا vanilla *n* [fa:ni:lja:]

فبراير February *n* [fabra:jir]

فتاة girl *n* [fata:t]

فتاحة *n* [fatta:ħa]

فتاحة علب

[fatta ḥat 'aolab] can opener

فتاحة علب التصبير

[Fatahat 'aolab al-taṣdeer] can opener

فتاحة الزجاجات

[Fatahat al-zojajat] bottle-opener

فتح *n* [fataħa]

أريد أن أبدأ بالمكرونة لفتح شهيتي

[areed an abda bil-makarona le-fatiḥ sha-heiaty] I'd like pasta as an appetizer

ما هو ميعاد الفتح هنا؟

[ma howa me-'aad al-fatiḥ huna?] When does it open?

فتح open *vt* [fataħa]

يفتح النشاط

[Yaftah nashaṭ] unzip

يَفْتَح القفل

[Yaftaḥ al-'qafl] unlock

الباب لا يُفتح

[al-baab la yoftaḥ] The door won't open

متى يُفتح القصر؟

[mata yoftaḥ al-'qaṣir?] When is the palace open?

متى يُفتح المعبد؟

[mata yoftaḥ al-ma'abad?] When is the temple open?

فتحة slot *n* [fatħa]

فتحة سقف السيارة

[fatḥ at saa'qf al-sayaarah] clearance

فتحة سَقف

[Fathat sa'qf] sunroof

فتحة الأنف

[Fathat al-anf] nostril

فتحة التوصيل

[Fathat al-tawṣeel] drain

فترة *n* [fatra]

فترة راحة

[Fatrat raaḥ a] break

فترة ركود

[Fatrat rekood] off season

فترة المحاكمة

[Fatrat al-moḥkamah] trial period

فترة النهار

[Fatrat al-nehaar] daytime

فترة وجيزة

[Fatrah wajeezah] while

إنها لا تزال داخل فترة الضمان

[inaha la tazaal dakhel fatrat al-ḍaman] It's still under warranty

لقد ظللنا منتظرين لفترة طويلة

[La'qad ḍhallalna montaḍhereen le-fatrah ṭaweelah] We've been waiting for a very long time

ما الفترة التي سأستغرقها للوصول إلى هناك؟

[Ma alfatrah alaty saastaghre'qha lel-woṣool ela honak?] How long will it take to get there?

فَتّش search *v* [fattaʃa]

فتق hernia *n* [fatq]

فتنة charm *n* [fitna]

فَتى guy *n* [fata:]

فَج crude *adj* [faʒʒ]

فجأةً suddenly *adv* [faʒʔatun]

فجّر explode *v* [faʒʒara]

فَجْر dawn *n* [faʒr]

فجل radish *n* [fiʒl]

فجل حار

[Fejl ḥar] horseradish

فجوة gap *n* [faʒwa]

فحص check, examination *n* [faħsˤ]

فحص طبى عام

[Faḥṣ ṭebey 'aam] checkup

هل تسمح بفحص إطارات السيارة؟

[hal tasmaḥ be-faḥṣ eṭaraat al-sayarah?] Could you check the tires, please?

فحص check, inspect *vt* [faħasˤa]

فحم coal *n* [faħm]

منجم فحم

[Majam fahm] colliery

فَحْم نباتي

[Faḥm nabatey] charcoal

فخار *n* [faxxa:r]

مصنع الفخار

[Maṣna'a al-fakhaar] pottery

thigh *n* [faxð] **فخذ**

pride *n* [faxr] **فخر**

proud *adj* [faxu:r] **فخور**

ransom *n* [fidja] **فدية**

escape *vi* [farra] **فر**

bed *n* [fira:ʃ] **فراش**

فراش كبير الحجم

[Ferash kabeer al-ḥajm] king-size bed

عند العودة سوف نكون في الفراش

['aenda al-'aoda sawfa nakoon fee al-feraash]
We'll be in bed when you get back

butterfly, moth *n* [fara:ʃa] **فراشة**

void *n* [fara:ɣ] **فراغ**

وَقْت فراغ

[Wa'qt faragh] spare time

brake *n* [fara:mil] **فرامل**

الفرامل لا تعمل

[Al-faramel la ta'amal] The brakes aren't working, The brakes don't work

هل يوجد فرامل في الدراجة؟

[hal yujad fara-mil fee al-darraja?] Does the bike have brakes?

strawberry *n* [fara:wla] **فراولة**

فرخ *n* [farx]

فرخ الضفدع

[Farkh al-ḍofda'a] tadpole

single, person *n* [fard] **فرد**

أقرب أفراد العائلة

[A'qrab afrad al-'aaleah] next-of-kin

individual *adj* [fardijjat] **فردي**

مباراة فردية

[Mobarah fardeyah] singles

sort out *v* [faraza] **فرِز**

mare *n* [faras] **فرس**

عدو الفرس

[adow al-faras] (جري) gallop

فرس النهر

[Faras al-nahr] hippo

فَرَس قزم

[Faras 'qezm] pony

brush *n* [furʃa:t] **فرشاة**

فرشاة أظافر

[Forshat aḍhafer] nail brush

فرشاة الأسنان

[Forshat al-asnaan] toothbrush

فرشاة الدهان

[Forshat al-dahaan] paintbrush

فرشاة الشعر

[Forshat al-sha'ar] hairbrush

يُنَظِف بالفرشاة

[yonaḍhef bel-forshah] brush

opportunity *n* [fursˤa] **فرصة**

branch *n* [farʕ] **فرع**

عناوين فرعية

['anaween far'aeyah] subtitles

فرعي *adj* [farʕijji]

مزود بعنوان فرعي

[Mozawad be'aonwan far'aey] subtitled

empty *vt* [farraɣa] **فرَّغ**

يُفْرِغ حمولة

[Yofaregh ḥomolah] unload

فرق *n* [firaq]

فرق كشافة

[Fear'q kashafah] troops

separate *vt* [farraqa] **فَرِّق**

فرقة *n* [firqa]

فرقة الآلات النحاسية

[Fer'qat al-aalat al-naḥaseqeyah] brass band

فرقة مطافيء

[Fer'qat maṭafeya] fire department

فرقة موسيقية

[Fer'qah mose'qeyah] band *(musical group)*

من فضلك اتصل بفرقة المطافئ

[min faḍlak itaṣil be-fir'qat al-maṭa-fee] Please call the fire department

scrub *v* [faraka] **فرك**

chop *n* [faram] **فرم**

chop *v* [farama] **فرم**

brake *v* [farmala] **فَرْمَل**

فرملة *n* [farmala]

فرملة يَدّ

[Farmalat yad] emergency brake

فرن oven *n* [furn]
فرنسا France *n* [faransa:]
فرنسي French *adj* [faransij]
اللغة الفرنسية
[All-loghah al-franseyah] French
بوق فرنسي
[Boo'q faransey] French horn
مواطن فرنسي
[Mowaṭen faransey] Frenchman
مواطنة فرنسية
[Mowaṭenah faranseyah] Frenchwoman
فرو fur *n* [farw]
فريد peculiar, unique *adj* [fari:d]
فريزر freezer *n* [fri:zar]
فريسة prey *n* [fari:sa]
فريق team *n* [farjq]
فريق البحث
[Faree'q al-bahth] search party
فَزَع horror *n* [fazaʕ]
فساد corruption *n* [fasa:d]
فستان dress *n* [fusta:n]
فستان الزفاف
[Fostaan al-zefaf] wedding dress
هل يمكن أن أجرب هذا الفستان؟
[hal yamken an ajar-reb hadha al-fustaan?] May I try on this dress?
فسَد deteriorate *v* [fasada]
فَسّر interpret *v* [fassara]
فسيفساء mosaic *n* [fusajfisa:ʔ]
فشار popcorn *n* [fuʃa:r]
فشل failure *n* [faʃal]
فشل fail *vi* [faʃala]
فص *n* [fasˤsˤ]
فص ثوم
[Faṣ thawm] clove
فصَام *n* [fisˤa:m]
مريض بالفصَام
[Mareeḍ bel-feṣaam] schizophrenic
فصل chapter *n* [fasˤl]
فصل دراسي
[Faṣl derasey] semester
فصل الربيع
[Faṣl al-rabeya] springtime
فصل الصيف
[Faṣl al-ṣayf] summertime
فصل من فصول السنة
[Faṣl men foṣol al-sanah] term *(division of year)*
فصل disconnect *v* [fasˤala]
فصلة *n* [fasˤla]
فصلة منقوطة
[faṣelah man'qoṭa] semicolon
فصيلة *n* [fasˤi:la]
فصيلة دم
[faṣeelat dam] blood type
فصيلة دمي 0 موجب
[faṣeelat damey 0 mojab] My blood type is O positive
فضّ unwrap *v* [fadˤdˤa]
فضاء space *n* [fadˤa:ʔ]
رائد فضاء
[Raeed faḍaa] astronaut
سَفينة الفضاء
[Safenat al-faḍaa] spacecraft
فضة silver *n* [fidˤdˤa]
فضفاض loose *adj* [fadˤfa:dˤ]
كنزة فضفاضة يرتديها الرياضيون
[Kanzah feḍfaḍh yartadeha al-reyadeyon] sweatshirt
فضل *n* [fadˤl]
غير المدخنين من فضلك
[gheyr al-mudakhin-een min faḍlak] Nonsmoking, please
.في الأمام من فضلك
[Fee al-amaam men faḍlek] Facing the front, please
...من فضلك أخبرني عندما نصل إلى
[min faḍlak ikh-birny 'aindama naṣal ela...] Please let me know when we get to...
فضل *v* [fadˤala]
أفضل أن تكون الرحلة الجوية في موعد أقرب
[ofaḍel an takoon al-reḥla al-jaw-wya fee maw-'aed a'qrab] I'd rather have an earlier flight
...أنا أفضل
[ana ofaḍel...] I like..., I'd rather...
من فضلك
[min faḍlak] Please

فَضَّل prefer *v* [fadˤdˤala]

فضلات waste *n* [fadˤala:t]

فَضْلَة scrap *(small piece)* *n* [fadˤla]

فضولي nosy *adj* [fudˤu:lij]

فضيحة scandal *n* [fadˤi:ħa]

فطر *n* [fatˤara]

فطر الغاريقون

[Feṭr al-gharekoon] toadstool

فَطِن witty *adj* [fatˤin]

فِطْنَة wit *n* [fitˤna]

فطير *adj* [fatˤi:ratu]

فطيرة التفاح

[Faṭeerat al-tofaaḥ] apple pie

فطيرة pie *n* [fatˤi:ra]

فطيرة فُلَان

[Faṭerat folan] flan

فطيرة محلاة

[Faṭerah moḥalah] pancake

فطيرة هَشْة

[Faṭerah hashah] shortcrust pastry

فَطيرَة مَحْشُوَّة

[Faṭeerah maḥshowah] tart

فظ coarse *adj* [fazˤzˤ]

حيوان الفَظّ

[Ḥayawan al-fadh] walrus

فظاعة *n* [fazˤa:ʕa]

بفظاعة

[befaḍha'aah] awfully

فعال effective *adj* [faʕʕa:l]

غير فعال

[Ghayer fa'aal] inefficient

فعل verb, act, action *n* [fiʕl]

فعل do *v* [faʕala]

ما الذي يمكن أن نفعله هنا؟

[ma al-lathy yamkin an naf-'aalaho hona?] What is there to do here?

فعلا quite *adv* [fiʕlan]

فعلي actual *n* [fiʕlij]

فُقّاعة bubble *n* [fuqa:ʕa]

فقدان *n* [fuqda:n]

فقدان الشهية

[Fo'qdaan al-shaheyah] anorexia

فَقْر poverty *n* [faqr]

فقرة paragraph *n* [faqra]

فقط only *adv* [faqatˤ]

فقمة *n* [fuqma]

حيوان الفقمة

[Ḥayawaan al-fa'qmah] (حيوان) seal *(animal)*

فقيد late *(dead)* *adj* [faqi:d]

فقير poor *adj* [faqi:r]

فك jaw *n* [fakk]

فكّ unpack *v* [fakka]

فكّ unwind, undo *vt* [fakka]

يَفُكّ اللولب

[Yafek al-lawlab] unscrew

فكاهة *n* [fuka:ha]

حس الفكاهة

[Ḥes al-fokahah] sense of humor

فكاهي humorous *adj* [fuka:hij]

فكّة *n* [fakkat]

معذرة، ليس لدي أية فكّة

[Ma'adheratan, lays laday ay fakah] Sorry, I don't have any change

هل يمكن إعطائي بعض الفكّة من فضلك؟

[Hal yomken e'ataaey ba'aḍ alfakah men faḍlek] Could you give me some change, please?

فَكَّر think *v* [fakkara]

يُفَكِر في

[Yofaker fee] consider

فكرة idea *n* [fikra]

فكرة عامة

[Fekrah 'aamah] general

فكرة مفيدة

[Fekrah mofeedah] tip *(suggestion)*

فِكْري intellectual *n* ◂ intellectual *adj* [fikrij]

فَكَّك *v* [fakkaka]

يُفَكِّك إلى أجْزاء

[Yo'fakek ela ajzaa] take apart

فلاش *n* [fla:ʃ]

إن الفلاش لا يعمل

[enna al-flaash la ya'amal] The flash isn't working

فلامنجو *n* [fla:minʒ]

طائر الفلامنجو

[Ṭaaer al-flamenjo] flamingo

فلبيني Filipino *adj* [filibbi:nij]

مواطن فلبيني
[Mowaṭen felebeeney] Filipino
فلسطين Palestine *n* [filastˤi:nu]
فلسطيني Palestinian *adj* [filastˤi:nij]
◁ Palestinian *n*
فلسفة philosophy *n* [falsafa]
فلفل pepper *n* [fulful]
فلفل أحمر حار
[Felfel aḥmar ḥar] chili
مطحنة الفلفل
[maṭḥanat al-felfel] peppermill
فُلْفُل مطحون
[Felfel maṭhoon] paprika
فلك *n* [falak]
علم الفلك
['aelm al-falak] astronomy
فلوت *n* [flu:t]
آلة الفلوت
[Aalat al-felot] flute
فلوري fluorescent *adj* [flu:rij]
فلين cork *n* [filli:n]
فم mouth *n* [fam]
غسول الفم
[Ghasool al-fam] mouthwash
فن art (مهارة) *n* [fann]
فناء *n* [fana:ʔ]
فناء مرصوف
[Fenaa marṣoof] patio
فنان artist *n* [fanna:n]
فنان متسول
[Fanan motasawol] street musician
فنان مشترك في حفلة عامة
[Fanan moshtarek fe ḥaflah 'aama] (فنان) entertainer
فنجان cup *n* [finʒa:n]
صحن الفنجان
[Ṣaḥn al-fenjaan] saucer
فنجان شاي
[Fenjan shay] teacup
هل يمكن الحصول على فنجان آخر من القهوة من فضلك؟
[hal yamken al-ḥuṣool 'aala fin-jaan aakhar min al-'qahwa min faḍlak?] Could we have another cup of coffee, please?
فندق hotel *n* [funduq]
جناح في فندق
[Janaḥ fee fond'q] suite
يغادر الفندق
[Yoghader al-fodo'q] check out
يتسجل فى فندق
[Yatasajal fee fondo'q] check in
إنه يدير الفندق
[inaho yodeer al-finda'q] He runs the hotel
أنا مقيم في فندق
[ana mu'qeem fee finda'q] I'm staying at a hotel
أيمكنك أن تحجز لي بالفندق؟
[a-yamkun-ika an taḥjuz lee bil-finda'q?] Could you make a hotel reservation for me?
ما هو أفضل طريق للذهاب إلى هذا الفندق
[Ma howa afḍal taree'q lel-dhehab ela al-fondo'q] What's the best way to get to this hotel?
ما هي أجرة التاكسي للذهاب إلى هذا الفندق؟
[ma heya ejrat al-taxi lel-thehaab ela hatha al-finda'q?] How much is the taxi fare to this hotel?
هل يمكن أن تنصحني بأحد الفنادق؟
[hal yamken an tan-ṣaḥny be-aḥad al-fana-di'q] Could you recommend a hotel?
هل يمكن الوصول إلى الفندق بكراسي المقعدين المتحركة؟
[hal yamken al-wiṣool ela al-finda'q be-karasi al-mu'q'aadeen al-mutaḥarika?] Is your hotel wheelchair accessible?
فنزويلا Venezuela *n* [finzwi:la:]
فنزويلي Venezuelan *adj* [finizwi:li:]
◁ Venezuelan *n*
فنلندا Finland *n* [finlanda:]
فنلندي Finnish *adj* [fanlandij]
مواطن فنلندي
[Mowaṭen fenlandey] Finn
فني artistic *adj* [fanij]
عمل فني
['amal faney] work of art
جاليري فني

[Jalery faney] art gallery

technician *n* [fannij] **فَنّي**

index *(list)* , Index *(numerical n* [fahras] **فهرس**
scale)

n [fahranha:jti:] **فهرنهايتي**

درجة حرارة فهرنهايتي

[Darjat hararh ferhrenhaytey] degree Fahrenheit

n [fahm] **فهم**

سوء فهم

[Soa fahm] misunderstanding

understand *v* [fahama] **فهم**

أفهمت؟

[a-fa-hemt?] Do you understand?

فهمت

[fahamto] I understand

لم أفهم

[lam afham] I don't understand

carbonated *adj* [fuwa:r] **فوار**

npl [fawa:sˤilun] **فواصل**

فواصل معقوفة

[Fawaṣel ma'a'qoofah] quotation marks

n [fu:tu:ɣra:fijja] **فوتوغرافي**

صورة فوتوغرافية

[Ṣorah fotoghrafeyah] photo

كم تبلغ تكلفة الصور الفوتوغرافية؟

[kam tablugh taklifat al-ṣowar al-foto-ghrafiyah?]
How much do the photos cost?

regiment *n* [fawʒu] **فوج**

vodka *n* [fu:dka:] **فودكا**

promptly *adv* [fawran] **فورا**

adv ◃ immediate *adj* [fawrij] **فوري**
simultaneously

authorize *v* [fawwadˤa] **فَوَّض**

messy *adj* [fawdˤawij] **فوضوي**

chaos, mess *n* [fawdˤa:] **فوضى**

n [fu:tˤa] **فوطة**

فوطة تجفيف الأطباق

[Foṭah tajfeef al-aṭbaa'q] dish towel

above *prep* [fawqa] **فوق**

فوق ذلك

[Faw'q dhalek] neither

upper *adj* [fawqi:] **فوقي**

fava bean, bean *n* [fu:l] **فول**

حبة فول سوداني

[Ḥabat fool sodaney] peanut

براعم الفول

[Braa'em al-fool] bean sprouts

folklore *n* [fu:lklu:r] **فولكلور**

in *prep* [fi:] **في**

vitamin *n* [fi:ta:mi:n] **فيتامين**

Vietnam *n* [fi:tna:m] **فيتنام**

Vietnamese *adj* [fi:tna:mij] **فيتنامي**

اللغة الفيتنامية

[Al-loghah al-fetnameyah] *(language)* Vietnamese

شخص فيتنامي

[Shakhṣ fetnamey] *(person)* Vietnamese

Fiji *n* [fi:ʒi:] **فيجي**

video *n* [fi:dju:] **فيديو**

كاميرا فيديو نقال

[Kamera fedyo na'q'qaal] camcorder

هل يمكنني تشغيل ألعاب الفيديو؟

[hal yamken -any tash-gheel al-'aab al-video?]
Can I play video games?

turquoise *adj* [fajru:zij] **فيروزي**

virus *n* [fi:ru:s] **فيروس**

مضاد للفيروسات

[Moḍad lel-fayrosat] antivirus

visa *n* [fi:za:] **فيزا**

physics *n* [fi:zja:ʔ] **فيزياء**

physicist *n* [fi:zja:ʔij] **فيزيائي**

flooding *n* [fajadˤa:n] **فيضان**

elephant *n* [fi:l] **فيل**

villa *n* [fi:la:] **فيلا**

أريد فيلا للإيجار

[areed villa lil-eejar] I'd like to rent a villa

movie *n* [fi:lm] **فيلم**

فيلم رعب

[Feelm ro'ab] horror movie

فيلم وثائقي

[Feel wathaae'qey] documentary

throw up *v* [qa:ʔa] **قاء**

principal *n*(**قائدة**) [qa:ʔidun, qa:ʔida] **قائد**

(principal), leader

قائد فرقة موسيقية

['qaaed fer'qah mose'qeyah] conductor

adj [qa:ʔim] **قائم**

القائم برحلات يومية من وإلى عمله

[Al-'qaem beraḥlaat yawmeyah men wa ela 'amaleh] commuter

قائم على مرتفع

['qaem ala mortafa'a] uphill

list *n* [qa:ʔima] **قائمة**

قائمة أسعار

['qaemat as'aar] price list

قائمة خمور

['qaemat khomor] wine list

قائمة انتظار

['qaemat enteḍhar] waiting list

قائمة بريد

['qaemat bareed] mailing list

قائمة طعام

['qaemat ṭa'aam] menu

قائمة مرشحين

['qaemat morashaḥeen] short list

قائمة مجموعات الأغذية

['qaemat majmo'aat al-oghneyah] set menu

plug *n* [qa:bis] **قابِس**

clutch *n* [qa:bidˁ] **قَابَض**

adj [qa:bil] **قابل**

قابل للتغيير

['qabel lel-tagheyer] changeable

قابل للتحويل

['qabel lel-taḥweel] convertible

قابل للطي

['qabel lel-ṭay] folding

قابل للمقارنة

['qabel lel-mo'qaranah] comparable

interview, meet *v* [qa:bala] **قابَل**

midwife *n* [qa:bila] **قَابِلة**

murderer *n* [qa:til] **قاتل**

infertile *adj* [qa:ħil] **قاحل**

drive *v* [qa:da] **قاد**

كان يقود السيارة بسرعة كبيرة

[ka:na jaqu:du assajja:rata bisurʕatin kabi:ratin] He was driving too fast

able *adj* [qa:dir] **قادِر**

adj [qa:dim] **قادم**

أريد تذكرتين للجمعة القادمة

[areed tadhkeara-tayn lel-jum'aa al-'qadema] I'd like two tickets for next Friday

ما هي المحطة القادمة؟

[ma heya al-muḥaṭa al-'qadema?] What is the next stop?

هل المحطة القادمة هي محطة...؟

[Hal al-maḥaṭah al-'qademah hey maḥṭat...?] Is the next stop...?

يوم السبت القادم

[yawm al-sabit al-'qadem] next Saturday

reader *n* [qa:riʔ] **قارئ**

قارئ الأخبار

['qarey al-akhbar] newscaster

adj [qa:rib] **قارب**

قارب صيد

['qareb ṣayd] fishing boat

قارب تجديف

['qareb tajdeef] rowboat

قارب ابحار

['qareb ebḥar] sailboat

قارب نجاة

['qareb najah] lifeboat

قارة continent *n* [qa:rra]

قارص stingy *adj* [qa:risˤ]

قارن compare *v* [qa:rana]

قاروس *n* [qa:ru:s]

سمك القاروس

[Samak al-faros] bass

قاس ruthless, stiff *adj* [qa:sin]

قاس measure *v* [qasa]

يَقْيس ثوباً

[Ya'qees thawban] try on

يَقْيس مقدار

[Ya'qees me'qdaar] quantify

قاسي cruel *adj* [qa:si:]

قاصر underage *adj* [qa:sˤir]

شخص قاصر

[Shakhṣ 'qaṣer] minor

قاضي judge, magistrate *n* [qa:dˤi:]

قَاضى sue *v* [qa:dˤa:]

قاطع edgy, enthusiastic *adj* [qa:tˤiʕ]

قَاطَعَ interrupt *v* [qa:tˤaʕa]

قاع bottom *n* [qa:ʕ]

قاعة hall *n* [qa:ʕa]

قاعة إعداد الموتى

['qaat e'adad al-mawta] funeral home

ماذا يعرضون هذه الليلة في قاعة الحفلات الغنائية؟

[madha ya'a-reḍoon hadhehe al-layla fee 'qa'aat al-ḥaf-laat al-ghena-eya?] What's on tonight at the concert hall?

قاعدة base *n* [qa:ʕida]

قاعدة بيانات

['qaedat bayanat] database

قافلة fleet *n* [qa:fila]

قال say *v* [qa:la]

قالب mold *(shape)* *n* [qa:lab]

قالب مستطيل

['qaleb mosṭaṭeel] bar *(strip)*

قام ب *v* [qa:ma bi ʕamalin]

يَقُوم بعمل

[Ya'qoom be] act

قامر gamble *v* [qa:mara]

قاموس dictionary *n* [qa:mu:s]

قانون law *n* [qa:nu:n]

مشروع قانون

[Mashroo'a 'qanooney] bill *(legislation)*

قانوني legal *adj* [qa:nu:nij]

غير قانوني

[Ghayer 'qanooney] illegal

قاوِم resist *v* [qa:wama]

قايض swap *v* [qa:jadˤa]

قبر grave *n* [qabr]

شاهد القبر

[Shahed al-'qabr] gravestone

قبرص Cyprus *n* [qubrusˤ]

قبرصي Cypriot *(person)* *n* ◃ Cypriot *adj* [qubrusˤij]

قبِض *v* [qabadˤa]

يَقْبِض على

[jaqbudˤu ʕala:] grasp

قبضة fist *n* [qabdˤa]

قبِض على arrest *v* [qabadˤa ʕala:]

قبعة hat *n* [qubaʕa]

قُبَعة *n* [qubbaʕa]

قُبَعة البيسبول

['qoba'at al-beesbool] baseball cap

قبقاب clog *n* [qubqa:b]

قبل *prep* [qabla]

من قبل

[Men 'qabl] previously

قبَل accept *v* ◃ agree *n* [qabbala]

قَبّل kiss *v* [qabbala]

قبلة kiss *n* [qibla]

قبو cellar *n* [qabw]

قبيح ugly *adj* [qabi:ħ]

قبيلة tribe *n* [qabi:la]

قتال fight, fighting *n* [qita:l]

قتل *n* [qatl]

جريمة قتل

[Jareemat 'qatl] murder

قتل kill *v* [qatala]

يقتل عمداً

[Ya'qtol 'aamdan] murder

قداحة cigarette lighter, lighter *n* [qadda:ħa]

قُدّاس mass *(church)* *n* [qudda:s]

قدر afford, appreciate *v* [qadara]

قَدَر destiny, fate *n* [qadar]

قدرة ability *n* [qudra]

القدرة الفنية
[Al'qodarh al-faneyah] know-how
قدرة على الاحتمال
['qodrah ala al-eḥtemal] stamina
قدم foot *n* [qadam]
أثر القدم
[Athar al-'qadam] footstep
حافي القدمين
[Ḥafey al-'qadameyn] barefoot
لاعب كرة قدم
[La'eb korat 'qadam] soccer player
مُعَالِج القدم
[Mo'aaleg al-'qadam] podiatrist
إن قدماي تؤلمني
[enna 'qadam-aya to-al-imany] My feet are sore
مقاس قدمي ستة
[ma'qas 'qadamy sit-a] My feet are a size seven
قدم offer, bring forward, introduce, *v* [qaddama] put forward
كيف يقدم هذا الطبق؟
[kayfa yu'qadam hatha al-ṭaba'q?] How is this dish served?
قُدُمَاً ahead *adv* [qudumaan]
قَدّيس saint *n* [qiddi:s]
قديم ancient *adj* [qadi:m]
قديماً since *adv* [qadi:man]
قذارة dirt *n* [qaða:ra]
قذر filthy, sloppy *adj* [qaðir]
قذف toss, throw out *v* [qaðafa]
قذيفة *n* [qaði:fa]
قذيفة صاروخية
['qadheefah ṣarookheyah] missile
قرَأ read *v* [qaraʔa]
يَقْرَأ الشفاه
[Ya'qraa al-shefaa] lip-read
يَقْرَأ بصوت مرتفع
[Ya'qraa beṣawt mortafe'a] read out
قراءة reading *n* [qira:ʔa]
قرابة proximity *n* [qura:ba]
قرار decision *n* [qara:r]
قراصنة *n* [qara:sˤina]
قراصنة الكمبيوتر
['qaraṣenat al-kombyotar] (كمبيوتر) hacker

قرب *n* [qurb]
هل توجد مغسلة آلية بالقرب من هنا؟
[hal tojad maghsala aalya bil-'qurb min huna?] Is there a Laundromat near here?
هل هناك أي أماكن شيقة للمشي بالقرب من هنا؟
[hal hunaka ay amakin shay-i'qa lel-mashy bil-'qurb min huna?] Are there any interesting places to walk nearby?
هل يوجد بنك بالقرب من هنا؟
[hal yujad bank bil-'qurb min huna?] Is there a bank nearby?
هل يوجد ورشة سيارات بالقرب من هنا؟
[hal yujad warshat sayaraat bil-'qurb min huna?] Is there a repair shop near here?
قُرب near *adv* [qurba]
قرة *n* [qurra]
قرة العين
['qorat al-'ayn] watercress
قرحة ulcer *n* [qurħa]
قرحة البرد حول الشفاة
['qorḥat al-bard ḥawl al-shefah] cold sore
قرد monkey *n* [qird]
قرر opt out, decide *v* [qarrara]
قرش *n* [qirʃ]
سمك القرش
[Samak al-'qersh] (سمك) shark
قرص disc *n* [qursˤ]
سواقة أقراص
[Sowa'qat a'qraṣ] disk drive
قرص صغير
['qorṣ ṣagheyr] diskette
قرص صلب
['qorṣ ṣalb] hard disk
قرص مضغوط
['qorṣ maḍghooṭ] compact disc
قرِص pinch *vt* [qarasˤa]
قُرْصان pirate *n* [qursˤa:n]
قرض loan *n* [qardˤ]
قرط earring *n* [qirtˤ]
قرَع knock *v* [qaraʕa]
قَرْع pumpkin *n* [qarʕ]
نبات القْرع

[Nabat al-'qar'a] squash
cinnamon *n* [qirfa] **قرفة**
scarlet *adj* [qurmuzij] **قرمزي**
n [qarmi:d] **قرميد**
مكسو بالقرميد
[Makso bel-'qarmeed] tiled
century, centenary *n* [qarn] **قرن**
broccoli *n* [qarnabi:tˤ] **قرنبيط**
relative *n* ◁ near *adj* [qari:b] **قريب**
على نحو قريب
[Ala naḥw 'qareeb] nearby
قريب من
['qareeb men] close by
shortly, soon *adv* [qari:ban] **قريباً**
أراكم قريبا
[arakum 'qareeban] See you soon
village *n* [qarja] **قرية**
n [quzaħijja] **قزحية**
قزحية العين
['qazeḥeyat al-'ayn] iris
dwarf *n* [qazam] **قزم**
pastor *n* [qiss] **قِس**
section, oath, department *n* [qism] **قسم**
cruelty *n* [qaswa] **قسوة**
بقسوة
[Be'qaswah] roughly
يُوَبِخ بقسوة
[Yowabekh be-'qaswah] spank
priest *n* [qasi:s] **قسيس**
n [qasi:ma] **قسيمة**
قسيمة هدية
['qaseemat hadeyah] gift certificate
straw *n* [qaʃʃ] **قش**
كومة مضغوطة من القش
[Kawmah maḍghoṭah men al-'qash] haystack
مسقوف بالقش
[Mas'qoof bel-'qash] thatched
cream *n* [qiʃda] **قشدة**
peel *vt* [qaʃʃara] **قَشّر**
n [qiʃritu] **قشرة**
قشرة الرأس
['qeshart al-raas] dandruff
npl [quʃaʕri:ratun] **قشعريرة**
قشعريرة الجلد
['qash'aarerat al-jeld] goose bumps
n [qasˤsˤ] **قص**
من فضلك أريد قص شعري وتجفيفه
[min faḍlak areed 'qaṣ sha'ary wa taj-fefaho] A cut and blow-dry, please
slip *(paper)* *n* [qusˤa:sˤa] **قصاصة**
reed *n* [qasˤaba] **قصبة**
قَصَبة الرِجْل
['qaṣabat al-rejl] shin
story *n* [qisˤsˤa] **قصة**
قصة خيالية
['qeṣah khayaleyah] fiction
قصة الشعر
['qaṣat al-sha'ar] haircut
قصة شعر قصيرة
['qaṣat sha'ar] crew cut
قصة قصيرة
['qeṣah 'qaṣeerah] short story
mean *v* [qasˤada] **قصد**
n [qasˤd] **قَصْد**
بدون قَصْد
[Bedoon 'qaṣd] inadvertently
palace *n* [qasˤr] **قصر**
بلاط القصر
[Balaṭ al-'qaṣr] court
قصر ريفي
['qaṣr reefey] mansion
هل القصر مفتوح للجمهور؟
[hal al-'qaṣir maf-tooḥ lel-jamhoor?] Is the palace open to the public?
bomb *vt* [qasˤafa] **قصف**
poem *n* [qasˤi:da] **قصيدة**
short *adj* [qasˤi:r] **قصير**
قصير الأكمام
['qaṣeer al-akmam] short-sleeved
n [qadˤa:ʔijja] **قضائي**
دعوى قضائية
[Da'awa 'qaḍaeyah] proceedings
bite *n* [qadˤma] **قضمة**
spend *v* [qadˤa:] **قضى**
rod *n* [qadˤi:b] **قضيب**
قضيب قياس العمق

['qaḍeeb 'qeyas al-'aom'q] dipstick

قضية case *n* [qadˁijja]

قطار train *n* [qitˁa:r]

بطاقة للسفر بالقطار

[Beṭa'qah lel-safar bel-kharej] railcard

...كيف يمكن أن أركب القطار المتجه إلى

[kayfa yamkin an arkab al- 'qetaar al-mutajih ela...?] Where can I get a train to...?

لم أتمكن من اللحاق بالقطار

[lam atamakan min al-leḥa'q bil-'qeṭaar] I've missed my train

متى يحين موعد القطار؟

[mata yaḥeen maw'aid al-'qeṭaar?] When is the train due?

ما هو أفضل طريق للذهاب إلى محطة القطار

[Ma howa af ḍal ṭaree'q lel-dhehab ela maḥaṭat al-'qeṭaar] What's the best way to get to the train station?

ما هو موعد القطار التالي المتجه إلى...؟

[ma howa maw-'aid al-'qeṭaar al-taaly al-mutajih ela...?] When is the next train to...?

ما هو موعد القطار المتجه إلى...؟

[ma howa maw-'aid al-'qeṭaar al-mutajih ela...?] What time is the train to...?

هل هذا هو القطار المتجه إلى...؟

[hal hadha howa al-'qeṭaar al-mutajeh ela...?] Is this the train for...?

هل يمكن الوصول إلى القطار بالكراسي المتحركة؟

[hal yamken al-wiṣool ela al-'qeṭaar bel-karasi al-mutaḥarika?] Is the train wheelchair-accessible?

هل يوجد أي تذاكر مخفضة السعر للقطار؟

[hal yujad ay tadhaker mukhafaḍat al-si'ar lil-'qeṭaar?] Are there any cheap train fares?

قطاع sector *n* [qitˁa:ʕ]

قطب pole *n* [qutˁb]

القطب الشمالي

[A'qoṭb al-shamaley] North Pole

قطبي polar *adj* [qutˁbij]

الدب القطبي

[Al-dob al-shamaley] polar bear

القارة القطبية الجنوبية

[Al-'qarah al-'qoṭbeyah al-janoobeyah] Antarctic

قطبي جنوبي

['qoṭbey janoobey] Antarctic

قطبي شمالي

['qoṭbey shamaley] Arctic

قطة cat *n* [qitˁa]

قطر Qatar *n* [qatˁar]

قطر drip *v* [qatˁara]

قَطْر *n* [qatˁr]

شاحنة قَطْر

[Shaḥenat 'qaṭr] tow truck

قُطْر diameter *n* [qutˁr]

قطرة drop *n* [qatˁra]

قطرة للعين

['qaṭrah lel-'ayn] eyedrops

قطري diagonal *adj* [qutˁrij]

قطع clipping *n* [qitˁaʕ]

قطع غيار

['qaṭa'a gheyar] spare part

قطع cut *v* [qatˁaʕa]

قَطَّع *v* [qatˁtˁaʕa]

يُقَطِّع إلى شرائح

[Yo'qaṭe'a ela shraeḥ] slice

يُقَطِّع إلى شرائح

[Yo'qaṭe'a ela shraeḥ] fillet

قطعة piece *n* [qitˁʕa]

قطعة أرض

['qeṭ'aat arḍ] plot *(piece of land)*

قطعة غليظة قصيرة

['qet'aah ghaleḍhah] chunk

قطن cotton *n* [qutˁn]

قطن طبى

['qoṭn ṭebey] cotton

قطني *adj* [qutˁnijju]

رأس البرعم القطني

[Raas al-bor'aom al-'qaṭaney] cotton swab

قعد sit *vi* [qaʕada]

قفاز glove *n* [quffa:z]

قفاز فرن

['qoffaz forn] oven mitt

قفاز يغطي الرسغ

['qoffaz yoghaṭey al-rasgh] mitten

pop-up book *n* [qafaza] **قفز**
قفز بالحبال
['qafz bel-ḥebal] bungee jumping
قفز بالزانة
['qafz bel-zanah] pole vault
jump *vi* [qafaza] **قفز**
n [qafza] **قفزة**
قفزة عالية
['qafzah 'aaleyah] high jump
قفزة طويلة
['qafzah ṭaweelah] long jump
cage *n* [qafasˤ] **قفص**
padlock *n* [qufl] **قفل**
lock *vt* ◃ shut down *v* [qafala] **قفل**
necklace, plaque *n* [qila:da] **قلادة**
قلادة قصيرة
['qeladah 'qaṣeerah] collar
n [qala:wu:zˤ] **قلاووظ**
لقد انفك المسمار القلاووظ
[La'qad anfak al-mesmar al-'qalawoḍh] The screw has come loose
frying pan *n* [qala:jja] **قلاية**
heart *n* [qalb] **قلب**
واقع في قلب المدينة
[Wa'qe'a fee 'qalb al-madeenah] downtown
أعاني من حالة مرضية في القلب
[o-'aany min ḥala maraḍiya fee al-'qalb] I have a heart condition
reverse *v* [qalaba] **قلب**
stir *vt* [qallaba] **قَلّب**
adj [qalbijjat] **قلبي**
أزمة قلبية
[Azmah 'qalbeyah] heart attack
shortfall *n* [qilla] **قلة**
imitate *v* [qallada] **قَلّد**
castle *n* [qalʕa] **قلعة**
قلعة من الرمال
['qal'aah men al-remal] sand castle
أيمكننا زيارة القلعة؟
[a-yamkun-ana zeyarat al-'qal'aa?] Can we visit the castle?
n ◃ restless, upset, worried *adj* [qalaq] **قلق**
trouble

worry, bother *vi* [qalaqa] **قلق**
diminish, turn down *v* [qallala] **قَلل**
pen *n* [qalam] **قلم**
أقلام ملونة
[A'qlaam molawanah] crayon
قلم رصاص
['qalam raṣaṣ] pencil
قلم تحديد العينين
['qalam taḥdeed al-'ayn] eyeliner
قلم حبر
['qalam ḥebr] fountain pen
قلم حبر جاف
['qalam ḥebr jaf] ballpoint pen
قلم ذو سن من اللباد
['qalam dho sen men al-lebad] felt-tip pen
هل يمكن أن أستعير منك أحد الأقلام؟
[hal yamken an asta-'aeer minka aḥad al-a'qlaam?] Do you have a pen I could borrow?
hood *(car)* *n* [qulunsuwa] **قلنسوة**
deep-fry, fry *v* [qala:] **قلى**
scarce *adj* [qali:l] **قليل**
cloth, fabric *n* [quma:ʃ] **قماش**
قماش الرسم
['qomash al-rasm] canvas
قماش الدنيم القطنى
['qomash al-deneem al-'qotney] denim
قماش قطنى متين
['qomash 'qoṭ ney mateen] corduroy
قماش مقلم
['qomash mo'qallem] stripe
قماشة لغسل الأطباق
['qomash le-ghseel al-aṭbaa'q] dishcloth
trash *n* [quma:ma] **قمامة**
أين تُوضع القمامة؟
[ayna toḍa'a al-'qemama?] Where do we leave the trash?
peak, top *n* [qima] **قمة**
مؤتمر قمة
[Moatamar 'qemmah] summit
wheat *n* [qamħ] **قمح**
حساسية القمح
[Ḥasaseyah al-'qamḥ] wheat intolerance
moon *n* [qamar] **قمر**

قمر صناعي
['qamar ṣenaaey] satellite
قمع funnel *n* [qamʕ]
قمل lice *npl* [qamlun]
قميص shirt *n* [qamiːsˤ]
أزرار كم القميص
[Azrar kom al'qameeṣ] cufflinks
قميص تحتي
['qameeṣ taḥtey] slip *(underwear)*
قميص بولو
['qameeṣ bolo] polo shirt
قميص قصير الكمين
['qameeṣ 'qaṣeer al-kmayen] T-shirt
قميص من الصوف
['qameeṣ men al-ṣoof] jersey
قميص نوم نسائي
['qamees noom nesaaey] nightie
قناة canal *n* [qanaːt]
قناع mask *n* [qinaːʕ]
قنبلة bomb *n* [qunbula]
قنبلة ذرية
['qobelah dhareyah] atom bomb
قنبلة موقوتة
['qonbolah maw'qota] timebomb
قنبيط cauliflower *n* [qanbiːtˤ]
قندس beaver *n* [qundus]
قنديل *n* [qindiːl]
قنديل البحر
['qandeel al-baḥr] jellyfish
قنصل consul *n* [qunsˤul]
قنصلية consulate *n* [qunsˤulijja]
قنطرة arch *n* [qantˤara]
قنفذ hedgehog *n* [qunfuð]
قهر *v* [qahara]
لا يقهر
[La yo'qhar] unbeatable
قَهْقه giggle *v* [qahqaha]
قهوة coffee *n* [qahwa]
أبريق القهوة
[Abreeq al-'qahwah] coffeepot
طاولة قهوة
[Ṭawlat 'qahwa] coffee table
قهوة سادة
['qahwa sadah] black coffee
قهوة منزوعة الكافيين
['qahwa manzo'aat al-kafayen] decaffeinated coffee
قهوة باللبن من فضلك
['qahwa bil-laban min faḍlak] Coffee with milk, please
قهوة من فضلك
['qahwa min faḍlak] Coffee, please
هذه البقعة بقعة قهوة
[hathy al-bu'q-'aa bu'q-'aat 'qahwa] This stain is coffee
قوّا strengthen *v* [qawwaː]
قوة power, strength *n* [quwwa]
بقوة
[Be-'qowah] hard, strongly
قوة عسكرية
['qowah askareyah] force
قوة الإرادة
['qowat al-eradah] willpower
قوة العاملة
['qowah al-'aamelah] workforce
قوة بشرية
['qowah bashareyah] manpower
قوس bow *(weapon)* *n* [qaws]
قوس قزح
['qaws 'qazh] rainbow
قُوقَاز Caucasus *n* [quːqaːz]
قَوْل saying *n* [qawl]
قولون colon *n* [quːluːn]
قوم *v* [qawwama]
هل يمكن أن أقوم بإجراء مكالمة دولية من هنا؟
[hal yamken an a'qoom be-ijraa mukalama dawleya min huna?] Can I call internationally from here?
هل يمكن أن نقوم بعمل مخيم للمبيت هنا؟
[hal yamken an na'qoom be-'aamal mukhyam lel-mabeet huna?] Can we camp here overnight?
قومي national *adj* [qawmijju]
قَوْمِيّة nationalism *n* [qawmijja]
قوي powerful, tough *adj* [qawij]
قيادة lead *(metal)* *n* [qijaːda]

رُخْصَة القيادة
[Rokhṣat al-'qeyadah] driver's license

سهل القيادة
[Sahl al-'qeyadah] manageable

عجلة القيادة اليمنى
['aajalat al-'qeyadah al-yomna] right-hand drive

دَرْس القيادة
[Dars al-'qeyadah] driving lesson

اختبار القيادة
[Ekhtebar al-'qeyadah] driver's test

القيادة تحت تأثير الكحول
[Al-'qeyadh taḥt taatheer al-koḥool] drunk driving

معلم القيادة
[Mo'alem al-'qeyadh] driving instructor

قياس *n* [qija:s]

وحدة قياس
[Weḥdat 'qeyas] module

قياسات measurements *n* [qija:sa:t]

قياسي standard *adj* [qija:sij]

قيام *n* [qija:m]

أيمكنك القيام بذلك وأنا معك هنا؟
[a-yamkun-ika al-'qeyam be-dhalek wa ana ma'aka huna?] Can you do it while I wait?

نعم، أحب القيام بذلك
[na'aam, aḥib al-'qiyam be-dhalik] Yes, I'd love to

هل تفضل القيام بأي شيء غدا؟
[Hal tofaḍel al-'qeyam beay shaya ghadan?] Would you like to do something tomorrow?

قيثار harp *n* [qi:θa:ra]

قيح pus *n* [qajħ]

قيد limit *n* [qajd]

قيَّد tie, restrict *v* [qajjada]

قيراط carat *n* [qi:ra:tˤ]

قيقب *n* [qajqab]

أشجار القيقب
[Ashjaar al-'qay'qab] maple

قيَّم estimate *v* [qajjama]

قيمة value *n* [qi:ma]

قيمة مالية
['qeemah maleyah] worth

pron [ka] **ك**

كما

[kama:] as

situated *adj* [ka:ʔin] **كائن**

كائن حي

[Kaaen ḥay] organism

blues *n* [kaʔa:ba] **كآبة**

cable *n* [ka:bil] **كابل**

nightmare *n* [ka:bu:s] **كابوس**

[ka:bi:na] **كابينة**

كابينة تليفون

[Kabeenat telefoon] phone booth

كابينة الطاقم

[Kabbenat al-ṭa'qam] cabin crew

كابينة من الدرجة الأولى

[kabeena min al-daraja al-o-la] a first-class cabin

كابينة من الدرجة العادية

[kabeena min al-daraja al-'aadiyah] a standard-class cabin

n [ka:tib] **كاتب**

الكاتب

[Al-kateb] writer

كاتب مسرحي

[Kateb masrḥey] playwright

cathedral *n* [ka:tidra:ʔijja] **كاتدرائية**

متى تُفتح الكاتدرائية؟

[mata tuftaḥ al-katid-ra-eya?] When is the cathedral open?

ketchup *n* [ka:tʃub] **كاتشب**

Catholic *adj* [ka:θu:li:kij] **كاثوليكي**

روماني كاثوليكي

[Romaney katholeykey] Roman Catholic

شخص كاثوليكي

[Shakhṣ katholeykey] Catholic

carbohydrate *n* [ka:rbu:hajdra:t] **كَارْبُوهَيْدْرَات**

n [ka:rt] **كارت**

كارت إعادة الشحن

[Kart e'aadat shaḥn] top-up card

كارت سحب

[Kart sahb] debit card

كارت تليفون

[Kart telefone] cardphone

كارت ائتمان

[Kart eateman] credit card

كارت الكريسماس

[Kart al-kresmas] Christmas card

كارت ذاكرة

[Kart dhakerah] memory card

أريد كارت للمكالمات الدولية من فضلك

[areed kart lel-mukalamat al-dawleya min faḍlak] An international phone card, please

أين يمكن أن اشتري كارت للهاتف؟

[ayna yamken an ash-tary kart lil-haatif?] Where can I buy a phone card?

n [ka:rtu:n] **كارتون**

علبة كارتون

['aolbat kartoon] carton

disaster *n* [ka:riθa] **كارثه**

disastrous *adj* [ka:riθij] **كارثي**

curry *n* [ka:ri:] **كاري**

مسحوق الكاري

[Mashoo'q alkaarey] curry powder

Caribbean *adj* [ka:rajbi:] **كاريبي**

البحر الكاريبي

[Al-baḥr al-kareebey] Caribbean

Kazakhstan *n* [ka:za:xista:n] **كازاخستان**

casino *n* [ka:zi:nu:] **كازينو**

n [kaʔs] **كأس**

كأس العالم

[Kaas al-'aalam] World Cup
كأس من البيرة من فضلك
[kaas min al-beera min faḍlak] A draft beer, please
كاسيت cassette *n* [ka:si:t]
كاش *n* [ka:ʃ]
ماكينة تسجيل الكاش
[Makenat tasjeel al-kaash] cash register
كاف efficient, enough *adj* [ka:fin]
كافح struggle *v* [ka:faħa]
كافي *adj* [ka:fi:]
غير كافي
[Ghayr kafey] insufficient
كافيتريا cafeteria *n* [kafijtirja:]
كافين caffeine *n* [ka:fi:n]
كافيين *n* [ka:faji:n]
منزوع منه الكافيين
[Manzoo'a menh al-kafayeen] decaffeinated
كاكاو cocoa *n* [ka:ka:w]
كالسيوم calcium *n* [ka:lsju:m]
كامبوديا Cambodia *n* [ka:mbu:dja:]
كامل complete *adj* [ka:mil]
على نحو كامل
[Ala naḥw kaamel] perfectly
بدوام كامل
[Bedawam kaamel] full-time
بشكل كامل
[Beshakl kaamel] entirely
شراء كامل
[Sheraa kaamel] buyout
كاميرا camera *n* [ka:mi:ra:]
كاميرا رقمية
[Kameera ra'qmeyah] digital camera
كاميرا الانترنت
[Kamera al-enternet] webcam
كاميرا فيديو
[Kamera fedyo] video camera
كاميرا فيديو نقال
[Kamera fedyo na'q'qaal] camcorder
هل يمكن أن أحصل على شريط فيديو لهذه الكاميرا من فضلك؟
[hal yamken an aḥṣal 'aala shar-eeṭ video le-hadhy al-kamera min faḍlak?] Can I have a tape for this video camera, please?
هناك التصاق بالكاميرا
[hunaka el-tiṣaa'q bel-kamera] My camera is sticking
كان be *v* [ka:na]
كاهن minister *(clergy)* *n* [ka:hin]
كئيب gloomy *adj* [kaʔijb]
كباب kebab *n* [kaba:b]
كَبْح inhibition *n* [kabħ]
كبد liver *n* [kabid]
التهاب الكبد
[El-tehab al-kabed] hepatitis
كبسولة capsule *n* [kabsu:la]
كبش ram *n* [kabʃ]
كبير big, mega *adj* [kabi:r]
إنه كبير جدا
[inaho kabeer jedan] It's too big
كتاب book *n* [kita:b]
كتاب دراسي
[Ketab derasey] textbook
كتاب العبارات
[Ketab al-'aebarat] phrasebook
كتاب الكتروني
[Ketab elektrooney] e-book
كتاب طهى
[Ketab ṭahey] cookbook
كتاب مدرسي
[Ketab madrasey] schoolbook
كتاب هزلي
[Ketab hazaley] comic book
كتاب ورقي الغلاف
[Ketab wara'qey al-gholaf] paperback
كتابة writing *n* [kita:ba]
كتالوج catalog *n* [kata:lu:ʒ]
أريد مشاهدة الكتالوج
[areed mu-shahadat al-kataloj] I'd like a catalog
كتان linen *n* [katta:n]
كتب write *v* [kataba]
كتب بسرعة
[Katab besor'aah] jot down
كتف shoulder *n* [katif]
كتف طريق صلب
[Katef ṭaree'q ṣalb] hard shoulder

لَوْح الكَتِف
[Looh al-katef] shoulder blade
لقد أصبت في كتفي
[la'qad oṣibto fee katfee] I've hurt my shoulder
chick *n* [kutku:t] **كتكوت**
block *(solid piece)* *n* [kutla] **كُتلة**
كُتلة خشبية أو حجرية
[Kotlah khashebeyah aw hajareyah] block *(obstruction)*
sly *adj* [katu:m] **كتوم**
pamphlet, booklet *n* [kutajjib] **كتيب**
كتيب إعلاني
[Kotayeb e'alaaney] brochure
كتيب ملاحظات
[Kotayeb molaḥaḍhat] notepad
كُتَيِّب الإرشادات
[Kotayeb al-ershadat] guidebook
density *n* [kaθa:fa] **كثافة**
many, much *adj* [kaθi:r] **كثير**
لا تقم بقص الكثير منه
[la ta'qum be-'qaṣ al-katheer minho] Don't cut too much off
...يوجد به الكثير من
[yujad behe al-kather min...] There's too much... in it
much *adv* [kaθi:ran] **كثيرا**
dense *adj* [kaθi:f] **كثيف**
n [kuħħa] **كحة**
أعاني من الكحة
[o-'aany min al-kaḥa] I have a cough
alcohol *n* [kuħu:l] **كحول**
خالي من الكحول
[Khaley men al-koḥool] alcohol-free
القيادة تحت تأثير الكحول
[Al-'qeyadh taḥt taatheer al-koḥool] drunk driving
قليلة الكحول
['qaleelat al-koḥool] low-alcohol
أنا لا أشرب الكحول
[ana la ashrab al-koḥool] I don't drink alcohol
معي كمية من الكحول لا تزيد عن الكمية المصرح بها
[ma'ay kam-iya min al-kuḥool la tazeed 'aan al-kam-iya al-muṣa-raḥ beha] I have the allowed amount of alcohol to declare
هل يحتوى هذا على الكحول؟
[hal yaḥ-tawy hadha 'aala al-kiḥool?] Does that contain alcohol?
alcoholic *adj* [kuħu:lij] **كحولي**
boring task *n* [kadaħ] **كدح**
bruise *n* [kadama] **كدمة**
liar *n* [kaða:b] **كذاب**
lie *v* [kaððaba] **كذّب**
lie *n* [kiðba] **كذبة**
karate *n* [kara:ti:h] **كراتيه**
dignity *n* [kara:ma] **كرامة**
carbon *n* [karbu:n] **كربون**
n [karbu:na:t] **كربونات**
ثاني كربونات الصوديوم
[Thaney okseed al-karboon] bicarbonate of soda
ball *(toy)* *n* [kura] **كرة**
الكرة الأرضية
[Al-korah al-ardheyah] globe
كرة صغيرة
[Korat ṣagheerah] pellet
كرة السلة
[Korat al-salah] basketball
كرة الشبكة
[Korat al-shabakah] netball
كرة القدم
[Korat al-'qadam] soccer
كرة القدم الأمريكية
[Korat al-'qadam al-amreekeyah] football
كرة اليد
[Korat al-yad] handball
كرة لحم
[Korat laḥm] meatball
v [karrara] **كرر**
كرر ما قلت، إذا سمحت
[kar-ir ma 'qulta, edha samaḥt] Could you repeat that, please?
rehearse *v* [karara] **كَرر**
cherry *n* [karaz] **كرز**
chair *(furniture)* *n* [kursij] **كرسي**
كرسي بعجلات

[Korsey be-'ajalat] wheelchair

كرسي بجوار الممر

[Korsey be-jewar al-mamar] aisle seat

كرسي بلا ظهر أو ذراعين

[Korsey bela ḍhahr aw dhera'aayn] stool

كرسي مريح

[Korsey moreeḥ] easy chair

كرسي مزود بذراعين

[Korsey mozawad be-dhera'aayn] armchair

كرسي هَزَّاز

[Korsey hazzaz] rocking chair

كُرْسي مُرتَفِع

[Korsey mortafe'a] high chair

هل توجد كراسي عالية للأطفال؟

[hal tojad kursy 'aaleya lil-aṭfaal?] Do you have a high chair?

كرفس celery *n* [kurfus]

كَرَم generosity *n* [karam]

كَرْم vineyard *n* [karm]

كرميل caramel *n* [karami:l]

كرنب cabbage *n* [kurnub]

كرنب بروكسيل

[Koronb brokseel] Brussels sprouts

كرنفال carnival *n* [karnafa:l]

كره dislike *v* [kareha]

كرواتي Croatian *adj* [kruwa:tijjat]

◁ Croatian *(person) n*

اللغة الكرواتية

[Al-loghah al-korwateyah] *(language)* Croatian

كرواتيا Croatia *n* [karwa:tja:]

كريسماس Xmas *n* [kri:sma:s]

كريكيت *n* [kri:ki:t]

لعبة الكريكيت

[Lo'abat al-kreeket] cricket *(game)*

كريم *n* [kri:m]

كريم الحلاقة

[Kereem al-helaka] shaving cream

كريم للشفاه

[Kereem lel shefah] lip balm

أريد تناول آيس كريم

[areed tanawil ice kreem] I'd like some ice cream

كريمة *n* [kri:matu]

كريمة شيكولاتة

[Kareemat shekolatah] mousse

كريمة مخفوقة

[Keremah makhfoo'qah] whipped cream

كريمي cream *adj* [kri:mi:]

كريه nasty, wicked *adj* [kari:h]

كزبرة coriander *(seed) n* [kuzbara]

كسارة *n* [kassa:ra]

كسارة الجوز

[Kasarat al-jooz] cracker

كسترد custard sauce *n* [kustard]

كَستِناء chestnut *n* [kastana:ʔ]

كسر fracture *n* [kasr]

غير قابل للكسر

[Ghayr 'qabel lelkasr] unbreakable

قابل للكسر

['qabel lel-kassr] fragile

كسر break, snap *vt* [kasara]

كِسْرة *n* [kisra]

كِسْرة خبز

[Kesrat khobz] crumb

كسرولة casserole *n* [kasru:latu]

كسول lazy *adj* [kasu:l]

كسيح lame *adj* [kasi:ħ]

كشاف scout *n* [kaʃʃa:f]

كشاف كهربائي

[Kashaf kahrabaey] flashlight

كشّر grin *v* [kaʃʃara]

كشف *n* [kaʃf]

كشف بنكي

[Kashf bankey] bank statement

كشف *v* [kzʃafa]

يَكْشِف عن

[Yakshef 'an] bare

كشك kiosk *n* [kiʃk]

كشمش gooseberry *n* [kuʃmuʃ]

كِشمِش *n* [kiʃmiʃ]

كِشمِش أسود

[Keshmesh aswad] black currant

كعب heel *n* [kaʕb]

كعب عالى

[Ka'ab 'aaaley] high-heeled

كعوب عالية

[Ko'aoob 'aleyah] high heels

كعك cake *n* [kaʕk]

كعكة bun *n* [kaʕka]

كعكات محلاة مقلية

[Ka'akat moḥallah ma'qleyah] doughnut

كف *n* [kaff]

كف الحيوان

[Kaf al-ḥayawaan] paw

كفؤ *adj* [kufuʔ]

غير كفؤ

[Ghayr kofa] incompetent

كفاح struggle *n* [kifa:ħ]

كفالة bail, warranty *n* [kafa:la]

كفتي *adj* [kafatajj]

كفتي الميزان

[Kafatay al-meezan] scales

كفل ensure *v* [kafala]

كفى *v* [kafa:]

هذا يكفي شكرًا لك

[hatha ykfee shukran laka] That's enough, thank you

كل all *pron* [kulla]

بكل تأكيد

[Bekol taakeed] absolutely

كل يوم سبت

[kul yawm sabit] every Saturday

كلًا *adj* [kula:an]

كلًا من

[Kolan men] both

كلارينت clarinet *n* [kla:ri:nit]

كلاسيكي *n* ◃ classic, classical *adj* [kla:si:kij] classic

كلام talk *n* [kala:m]

فاقد القدرة على الكلام

[Fa'qed al-'qodrah 'aala al-kalam] speechless

كلاهما both *pron* [kila:huma:]

كلب dog, bitch *(female dog)* *n* [kalb]

كلب ترير

[Kalb tereer] terrier

كلب اسكتلندى ضخم

[Kalb eskotalandey dakhm] collie

كلب الراعي

[Kalb al-ra'aey] sheepdog

كلب السبنيلي

[Kalb al-sebneeley] spaniel

كلب بِكِيني

[Kalb bekkeeney] Pekinese

كلب هادي مدرب للمكفوفين

[Kalb hadey modarab lel-makfoofeen] Seeing Eye® dog

وجار الكلب

[Wejaar alkalb] kennel

لدي كلب يرشدني في السير

[la-daya kalb yar-shidiny fee al-sayr] I have a guide dog

كَلَّف cost *v* [kallafa]

كلمة word *n* [kalima]

كلمة السر

[Kelmat al-ser] password

كلمة واحدة فقط

[kilema waḥeda fa'qaṭ] all one word

...ما هي الكلمة التي تعني

[ma heya al-kalema al-laty ta'any...?] What is the word for...?

كلور chlorine *n* [klu:r]

كلية *n* [kulijja]

كلية الحقوق

[Kolayt al-ho'qooq] law school

كلية الفنون

[Koleyat al-fonoon] art school

كُلِيَةً well *adv* [kulijjatan]

كُلِية college *n* [kulijja]

كُلْيَة kidney *n* [kilja]

كم sleeve *n* [kumm]

بدون أكمام

[Bedon akmaam] sleeveless

كما *conj* [kama:]

كما

[kama:] as

كمّاشة pliers *n* [kamma:ʃa]

كمال *n* [kama:l]

كمال الأجسام

[Kamal al-ajsaam] bodybuilding

كماليات accessory *n* [kama:lijja:t]

كمان violin *n* [kama:n]

عازف الكمان

['aazef al-kaman] violinist

آلة الكَمَان الموسيقية

[Aalat al-kaman al-moose'qeyah] violin

كمبودي Cambodian *adj* [kambu:dij]

شخص كمبودي

[Shakhṣ kamboodey] *(person)* Cambodian

كمبيوتر computer *n* [kumbiju:tar]

هل لي أن استخدم الكمبيوتر الخاص بك؟

[hal lee an astakhdim al-computer al-khaaṣ bik?] May I use your computer?

كُمّثرى pear *n* [kummiθra:]

كمنجة violin *n* [kamanʒa]

كمنجة كبيرة

[Kamanjah kabeerah] cello

كَمّون cumin *n* [kammu:n]

كمية quantity *n* [kammija]

كمين ambush *n* [kami:n]

كناري canary *adj* [kana:rij]

طائر الكناري

[Ṭaaer al-kanarey] canary

طيور الكناري

[tˤuju:ru al-kana:rijji] Canaries

كناسة *n* [kanna:sati]

جاروف الكناسة

[Jaroof al-kannasah] dustpan

كنبة sofa *n* [kanaba]

كنبة سرير

[Kanabat sereer] sofa bed

كندا Canada *n* [kanada:]

كندي Canadian *n* [kanadij]

شخص كندي

[Shakhṣ kanadey] Canadian

كنز treasure *n* [kanz]

كنس sweep *v* [kanasa]

يَكْنِس بالمكنسة الكهربائية

[Yaknes bel-maknasah al-kahrabaeyah] vacuum

كُنْغُر kangaroo *n* [kanɣur]

كنية nickname *n* [kinja]

كنيسة church *n* [kani:sa]

كنيسة صغيرة

[Kanesah ṣagherah] chapel

كنيسة معمدانية

[Kaneesah me'amedaneyah] Baptist

أيمكننا زيارة الكنيسة؟

[a-yamkun-ana zeyarat al-kaneesa] Can we visit the church?

كهرباء electricity *n* [kahraba:ʔ]

مشتغل بالكهرباء

[Moshtaghel bel-kahrabaa] electrician

لا توجد كهرباء

[la tojad kah-rabaa] There's no electricity

هل يحب علينا دفع مصاريف إضافية للكهرباء؟

[hal yajib 'aala-yna daf'a maṣa-reef eḍafiya lel-kah-rabaa?] Do we have to pay extra for electricity?

كهربائي electrical *adj* [kahraba:ʔij]

صَدْمَة كهربائية

[Ṣadmah kahrbaeyah] electric shock

سِلك كهربائي

[Selk kahrabaey] (لي) electric cord

بطانية كهربائية

[Baṭaneyah kahrobaeyah] electric blanket

كهربي *adj* [kahrabij]

انقطاع التيار الكهربي

[En'qetaa'a al-tayar alkahrabey] power outage

أين توجد علبة المفاتيح الكهربية

[ayna tojad 'ailbat al-mafateeḥ al-kahraba-eya?] Where's the fusebox?

هل لديك أي بطاريات كهربية؟

[hal ladyka ay baṭa-reyaat?] Do you have any batteries?

هناك خطأ ما في الوصلات الكهربية

[hunaka khaṭaa ma fee al-waslaat al-kah-rabiya] There's something wrong with the electrical system

كهرمان amber *n* [kahrama:n]

كهف cave *n* [kahf]

كهل middle-aged *adj* [kahl]

كهنوت ministry *(religion)* *n* [kahnu:t]

كهولي elderly *adj* [kuhu:lij]

كوب *n* [ku:b]

كوب من الماء

[koob min al-maa] a glass of water

كوبا Cuba *n* [ku:ba:]

كوبي Cuban *n* ◁ Cuban *adj* [ku:bij]

كوخ cabin, hut *n* [ku:x]

كوخ لقضاء العطلة

[Kookh le-'qadaa al-'aotlah] cottage

كود *n* [ku:du]

كود الاتصال بمنطقة أو بلد

[Kod al-eteṣal bemanṭe'qah aw balad] area code

كُروم chrome *n* [ku:ru:mu]

كورونا *abbr (= coronavirus disease 2019)* [korona] Covid

كوري Korean *(person)* *n* ◁ Korean *adj* [ku:rijjat]

اللغة الكورية

[Al-loghah al-koreyah] *(language)* Korean

كوريا Korea *n* [ku:rja:]

كوريا الشمالية

[Koreya al-shamaleyah] North Korea

كوسة zucchini *n* [ku:sa]

كوستاريكا Costa Rica *n* [ku:sta:ri:ka:]

كوسوفو Kosovo *n* [ku:su:fu:]

كوكايين cocaine *n* [ku:ka:ji:n]

كوكب planet *n* [kawkab]

كوكبة *n* [kawkaba]

كوكبة القوس والرامي

[Kawkabat al-'qaws wa alramey] Sagittarius

كوكتيل cocktail *n* [ku:kti:l]

أتقدمون الكوكتيلات؟

[a-tu'qade-moon al-koktailaat?] Do you sell cocktails?

كولِسْتِرُول cholesterol *n* [ku:listiru:l]

كولومبي Colombian *adj* [ku:lu:mbi:]

شخص كولومبي

[Shakhṣ kolombey] Colombian

كولومبيا Colombia *n* [ku:lu:mbija:]

كولونيل colonel *n* [ku:lu:ni:l]

كومة heap *n* [ku:ma]

كومة منتظم

[Komat montaḍhem] stack

كومودينو nightstand *n* [ku:mu:di:nu:]

كوميديا comedy *n* [ku:mi:dja:]

كوميديا الموقف

[Komedya al-maw'qf] sitcom

كَوْن universe *n* [kawn]

كونتيننتال *adj* [ku:nti:nunta:l]

إفطار كونتيننتال

[Efṭaar kontenental] continental breakfast

كوى iron *v* [kawa:]

كويتي Kuwaiti *n* ◁ Kuwaiti *adj* [kuwajtij]

كيّ *n* [kajj]

كيّ الملابس

[Kay almalabes] ironing

لوح الكي

[Looḥ alkay] ironing board

كيرجستان Kyrgyzstan *n* [ki:raʒista:n]

كيروسين kerosene *n* [ki:runwsi:n]

كيس sack *(container)* *n* [ki:s]

كيس التسوق

[Kees al-tasawo'q] shopping bag

كيس النوم

[Kees al-nawm] sleeping bag

كيس بلاستيكي

[Kees belasṫeekey] plastic bag

كيس مشتريات

[Kees moshtarayat] shopping bag

كيف how *adv* [kajfa]

كيف حالك؟

[kayfa ḥaluka?] How are you?

كيف يمكن أن أصل إلى هناك؟

[kayfa yamkin an aṣal ela hunaak?] How do I get there?

كيلو kilo *n* [ki:lu:]

كيلومتر kilometer *n* [ki:lu:mitr]

كيمياء chemistry *n* [ki:mija:ʔ]

كيمياء حيوية

[Kemyaa ḥayaweyah] biochemistry

كيميائي pharmacist *adj* [ki:mija:ʔij]

معمل كيميائي

[M'amal kemyaeay] pharmacy

مادة كيميائية

[Madah kemyaeyah] chemical

كيني Kenyan *adj* [ki:nij]

شخص كيني

[Shakhs keeny] Kenyan

كينيا Kenya *n* [ki:nja:]

كيوي *n* [ki:wi:]

طائر الكيوي

[Ṭaarr alkewey] kiwi

ل

ل prep [li]

لأن

[liʔanna] because

لا no, not adv [la:]

لائَم suit v [la:ʔama]

لاتيفي Latvian adj [la:ti:fi:]

اللغة الاتيفية

[Al-loghah al-atefeyah] (language) Latvian

شخص لاتيفي

[Shakhs lateefey] (person) Latvian

لاتيفيا Latvia n [la:ti:fja:]

لاتيني Latin adj ◃ Latin n [la:ti:ni:]

أمريكا اللاتينية

[Amreeka al-lateeneyah] Latin America

لاجئ refugee n [la:ʒiʔ]

لأجل for prep [liʔaʒli]

لاحظ observe v [la:ħazˤa]

أعتذر، لم ألاحظ ذلك

[A'atadher, lam olaḥeḍh dhalek] Sorry, I didn't catch that

لاحق following adj [la:ħiq]

سوف أتصل بك لاحقا

[sawfa ataṣil beka laḥi'qan] I'll call back later

هل يجب أن أدفع الآن أم لاحقا؟

[hal yajib an adfa'a al-aan am la-ḥe'qan?] Do I pay now or later?

هل يمكن أن أعود في وقت لاحق؟

[hal yamken an a'aood fee wa'qt la-ḥi'q?] Shall I come back later?

لاحق pursue v [la:ħaqa]

يلاحق خطوة بخطوة

[Yolaḥek khoṭwa bekhoṭwah] keep up

لاحقاً eventually adv [la:ħiqan]

لاصق adj [la:sˤiq]

شريط لاصق

[Shreeṭ laṣe'q] Scotch® tape

لاصقة n [la:sˤiqa]

أريد بعض اللاصقات الطبية

[areed ba'aḍ al-laṣi-'qaat al-ṭub-iya] I'd like some Band-Aids®

لاطَف stroke v [la:tˤafa]

لاعب player (of a sport) n [la:ʕib]

لاعب رياضي

[La'aeb reyaḍey] athlete

لاعب كرة القدم

[La'aeb korat al-'qadam] soccer player

لافت adj [la:fit]

لافت للنظر

[Lafet lel-nadhar] striking

لافتة sign n [la:fita]

لافتة طريق

[Lafetat ṭaree'q] road sign

لافندر lavender n [la:fandar]

لؤلؤة pearl n [luʔluʔa]

لام blame v [la:m]

لامع shiny, vivid adj [la:miʕ]

لأن conj [liʔanna]

لأن

[liʔanna] because

لاهوت theology n [la:hu:t]

لاووس n [la:wu:s]

جمهورية لاووس

[Jomhoreyat lawoos] Laos

لايصدق unbelievable adj [la:jusˤaddaq]

لايْلاكْ lilac n [la:jla:k]

لُبْ core n [lubb]

لبؤة lioness n [labuʔa]

لباد felt n [liba:d]

لباس style n [liba:s]

لباس الاستحمام

[Lebas al-esṫehmam] bathing suit

لباقة tact *n* [laba:qa]

لبس dress *vi* [labasa]

لبق tactful, graceful *adj* [labiq]

غير لبق

[Ghaey labe'q] tactless

لِبْلاب ivy *n* [labla:b]

لبن *n* [laban]

لبن أطفال

[Laban aṭfaal] formula

لبن مبستر

[Laban mobaṡter] UHT milk

مصنع منتجات الألبان

[maṣna'a montajat al-alban] dairy

منتجات الألبان

[Montajat al-baan] dairy products

إنه منتج بلبن غير مبستر

[inaho muntaj be-laban ghayr mubaṡtar] Is it made with unpasteurised milk?

لبنان Lebanon *n* [lubna:n]

لبناني Lebanese *adj* [lubna:nij]

لبون mammal *n* [labu:n]

لِتر liter *n* [litr]

لثة gum *n* [laθatt]

لثتي تنزف

[lathaty tanzuf] My gums are bleeding

لجأ *v* [laʒaʔa]

لجأ إلى

[Lajaa ela] resort to

لِجَام reins *n* [liʒa:m]

لجنة committee *n* [laʒna]

لَحاء bulb *(plant)* *n* [liħa:ʔ]

لحاف quilt *n* [liħa:f]

لحظة moment *n* [laħzˤa]

كل لحظة

[Kol laḥḍhah] momentarily

لحظة واحدة من فضلك

[laḥḍha waheda min faḍlak] Just a moment, please

لحق ب catch up *n* [laħiqa bi]

لحم meat *n* [laħm]

شرائح اللحم البقري المشوي

[Shraeḥ al-laḥm al-ba'qarey al-mashwey] beefburger

كرة لحم

[Korat laḥm] meatball

لحم أحمر

[Laḥm aḥmar] red meat

لحم ضأن

[Lahm ḍaan] mutton

لحم عجل

[Laḥm 'aejl] veal

لحم غزال

[Laḥm ghazal] venison

لحم خنزير مقدد

[Laḥm khanzeer me'qaded] bacon

لحم بقري

[Laḥm ba'qarey] beef

لحم مفروم

[Laḥm mafroom] ground meat

لا أتناول اللحوم

[la ata-nawal al-liḥoom] I don't eat meat

لا أتناول اللحوم الحمراء

[la ata- nawal al-liḥoom al-ḥamraa] I don't eat red meat

لا أحب تناول اللحوم

[la aḥib ta-nawal al-liḥoom] I don't like meat

لا أكل اللحوم

[la aakul al-liḥoom] I don't eat meat

ما هي الأطباق التي لا تحتوي على لحوم أو أسماك؟

[ma heya al-aṭba'q al-laty la taḥtawy 'aala liḥoom aw asmak?] Which dishes have no meat / fish?

هذه اللحم ليست طازجة

[Hadheh al-lahm laysat ṭazejah] This meat is spoiled

هل أنت ممن يتناولون اللحوم؟

[hal anta me-man yata-nawal-oon al-liḥoom?] Do you eat meat?

هل هذا مطهي بمرقة اللحم؟

[hal hadha maṭhee be-mara-'qat al-laḥam?] Is this cooked in meat stock?

لحن melody *n* [laħn]

لحن منفرد

[Laḥn monfared] concerto

لحية beard *n* [liħja]
لَخْبط shuffle *v* [lxbatˤa]
لختنشتاين Liechtenstein *n* [lixtunʃta:jan]
لَخّص summarize *v* [laxxasˤa]
لدغ sting *v* [ladaɣa]
لقد لدغت
[la'qad lode'q-to] I've been stung
لدغة sting *n* [ladɣa]
لذيذ *adj* [laði:ð]
لذيذ المذاق
[Ladheedh al-madha'q] tasty
كان مذاقه لذيذًا
[kan madha-'qoho ladhe-dhan] That was delicious
كان هذا لذيذًا
[kan hadha ladhe-dhan] That was delicious
لزج sticky *adj* [laziʒ]
لسان tongue *n* [lisa:n]
لسع bite *v* [lasaʕa]
لص thief *n* [lisˤsˤ]
لص المنازل
[Leş al-manazel] burglar
لصقة *n* [lasˤqa]
لصقة طبية
[Laş'qah ţebeyah] Band-Aid
لَطخ stain *v* [latˤtˤaxa]
لطخة stain, smudge *n* [latˤxa]
لطف kindness *n* [lutˤf]
لطفاً kindly *adv* [lutˤfan]
لطمة blow *n* [latˤma]
لطيف mild, nice, tender *adj* [latˤi:f]
لُعَاب saliva *n* [luʕa:b]
لعب play *n* [laʕib]
لعب play *(in sports)* *vt* [laʕaba]
أين يمكنني أن ألعب التنس؟
[ayna yamken-any an al-'aab al-tanis?] Where can I play tennis?
لعبة toy *n* [luʕba]
لعبة رمي السهام
[Lo'abat ramey al-seham] darts
لعبة ترفيهية
[Lo'abah trafeheyah] game arcade
لعبة الاستغماية
[Lo'abat al-estoghomayah] hide-and-seek
لعبة البولنغ العشرية
[Lo'aba al-boolenj al-'ashreyah] bowling
لعبة البولينج
[Lo'aba al-boolenj] bowling
لعبة الكريكيت
[Lo'abat al-kreeket] cricket *(game)*
لعبة الكترونية
[Lo'abah elektroneyah] computer game
لعبة طاولة
[Lo'abat ţawlah] board game
لعَق lick *v* [laʕaqa]
لَعَّل perhaps *adv* [laʕalla]
لعنة curse *n* [laʕna]
لعوب cheerful *adj* [laʕu:b]
لعين damn *adj* [laʕi:nu]
لغة language *n* [luɣa]
اللغة الصينية
[Al-loghah al-şeeneyah] *(language)* Chinese
اللغة الأرمنية
[Al-loghah al-armeeneyah] *(language)* Armenian
اللغة الألبانية
[Al-loghah al-albaneyah] *(language)* Albanian
اللغة العربية
[Al-loghah al-arabeyah] *(language)* Arabic
اللغة التشيكية
[Al-loghah al-teshekeyah] *(language)* Czech
اللغة الباسكية
[Al-loghah al-bakestaneyah] *(language)* Basque
اللغة البلغارية
[Al-loghah al-balghareyah] *(language)* Bulgarian
اللغة البورمية
[Al-loghah al-bormeyah] *(language)* Burmese
اللغة البيلاروسية
[Al-loghah al-belaroseyah] *(language)* Belarussian
اللغة الفنلندية
[Al-loghah al-fenlandeyah] Finnish
اللغة الكرواتية
[Al-loghah al-korwateyah] *(language)* Croatian
مُفردات اللغة

[Mofradat Al-loghah] vocabulary
puzzle *n* [luɣz] لغز
linguistic *adj* [luɣawij] لغوي
roll *vi* [laffa] لفّ
go around *v* لفّ
scarf *n* [lifa:ʕ] لفاع
turnip *n* [laft] لفت
نبات اللفت
[Nabat al-left] rape *(plant)*
roll *n* [laffa] لَفّة
blast *n* [lafħa] لفحة
n [liqa:ʔ] لقاء
إلى اللقاء
[ela al-le'qaa] bye-bye!
إلى اللقاء
[ela al-le'qaa] Goodbye
pollen *n* [liqa:ħ] لقاح
last name, title *n* [laqab] لقب
vaccinate *v* [laqqaħa] لَقّح
n [laqtˤa] لقطة
لقطة فوتوغرافية
[La'qṭah fotoghrafeyah] snapshot
Luxembourg *n* [luksambu:rɣ] لكسمبورغ
per *prep* [likulli] لكل
poke *v* [lakama] لكم
n [lamba] لمبة
اللمبة لا تضئ
[al-lumbah la-tuḍee] The lamp isn't working
glance *v* [lamaħa] لمح
glance *n* [lamħa] لمحة
n [lams] لمس
لوحة اللمس
[Lawḥat al-lams] touch pad
touch *v* [lamasa] لمس
shine *v* [lamaʕa] لمَع
London *n* [lund] لندن
flame *n* [lahab] لهب
dialect *n* [lahʒa] لهجة
fun *n* [lahw] لهو
pollute *v* [lawwaθa] لَوّث
board *(wood)* *n* [lawħ] لوح
لوح صلب
[Looḥ ṣolb] hardboard
لوح غطس
[Looḥ ghaṭs] diving board
لوح الركمجة
[Looḥ al-rakmajah] surfboard
لوح الكي
[Looḥ alkay] ironing board
wave *v* [lawwaħa] لَوّح
pill, painting *n* [lawħa] لوحة
لوحة الأرقام
[Looḥ al-ar'qaam] license plate
لوحة الفأرة
[Looḥat al-faarah] mouse pad
لوحة الملاحظات
[Looḥat al-molahḏhat] bulletin board
لوحة النشرات
[Looḥat al-nasharaat] bulletin board
لوحة بيضاء
[Looḥ bayḍaa] whiteboard
لوحة مفاتيح
[Looḥat mafateeḥ] keyboard
لوحة مفاتيح تحكم
[Looḥat mafateeḥ taḥakom] switchboard
n [lu:ri:] لوري
شاحِنة لوري
[Shaḥenah loorey] truck
almond *n* [lawz] لوز
n [lawza] لوزة
التهاب اللوزتين
[Eltehab al-lawzateyn] tonsillitis
tonsils *npl* [lawzatajni] لوزتين
n [lawʃan] لوشن
لوشن بعد التعرض للشمس
[Loshan b'ad al-t'aroḍ lel shams] aftersun lotion
leukemia *n* [lu:ki:mja:] لوكيميا
blame *n* [lawm] لوم
color *n* [lawn] لون
لون مائي
[Lawn maaey] watercolor
أنا لا أحب هذا اللون
[ana la oḥibo hadha al-lawn] I don't like the color
بالألوان

[bil-al-waan] in color

هذا اللون من فضلك

[hatha al-lawn min faḍlak] This color, please

هل يوجد لون آخر غير ذلك اللون؟

[hal yujad lawn aakhar ghayr dhalika al-lawn?] Do you have this in another color?

لوى twist *vt* [lawa:]

يلوي المفصل

[Yalwey al-mefṣal] sprain

ليبي Libyan *n* ◃ Libyan *adj* [li:bij]

ليبيا Libya *n* [li:bja:]

ليبيري Liberian *n* ◃ Liberian *adj* [li:bi:rij]

ليبيريا Liberia *n* [li:bi:rja:]

ليتواني Lithuanian *adj* [li:twa:nij]

اللغة الليتوانية

[Al-loghah al-letwaneyah] *(language)* Lithuanian

شخص ليتواني

[shakhṣ letwaneyah] *(person)* Lithuanian

ليتوانيا Lithuania *n* [li:twa:nja:]

ليزر laser *n* [lajzar]

ليس *adv* [lajsa]

ليس لدي أية فكّة أصغر

[Laysa laday ay fakah aṣghar] I don't have anything smaller

ليل night *n* [lajl]

منتصف الليل

[montaṣaf al-layl] midnight

غدًا في الليل

[ghadan fee al-layl] tomorrow night

ليلًا at night *adv* [lajla:]

ليلة night *n* [lajla]

في هذه الليلة

[Fee hadheh al-laylah] tonight

.أريد تذكرتين لحفلة الليلة، إذا تفضلت

[areed tadhkara-tayn le-ḥaflat al-layla, edha tafaḍalt] Two tickets for tonight, please

أريد تذكرتين لهذه الليلة

[areed tadhkeara-tayn le-hadhy al-layla] I'd like two tickets for tonight

أريد البقاء لليلة أخرى

[areed al-ba'qaa le-layla ukhra] I want to stay an extra night

أريد حجز مائدة لأربعة أشخاص الليلة في تمام الساعة الثامنة

[areed ḥajiz ma-e-da le-arba'at ashkhaaṣ al-layla fee ta-mam al-sa'aa al-thamena] I'd like to reserve a table for four people for tonight at eight o'clock

أريد حجز مائدة لثلاثة أشخاص هذه الليلة

[areed ḥajiz ma-e-da le-thalathat ashkhaaṣ hadhy al-layla] I'd like to reserve a table for three people for tonight

الليلة الماضية

[al-laylah al-maaḍiya] last night

كم تبلغ تكلفة الإقامة في الليلة الواحدة؟

[kam tablugh taklifat al-e'qama fee al-layla al-waḥida?] How much is it per night?

كم تبلغ تكلفة الخيمة في الليلة الواحدة؟

[kam tablugh taklifat al-khyma fee al-layla al-waḥida?] How much is it per night for a tent?

ليلة سعيدة

[layla sa'aeeda] Good night

ما المكان تفضل الذي الذهاب إليه الليلة؟

[ma al-makan aladhy tofaḍel al-dhehab wlayhe al-laylah?] Where would you like to go tonight?

ماذا يعرض الليلة على شاشة السينما؟

[madha yu'a-raḍ al-layla 'aala sha-shat al-senama?] What's playing tonight at the movie theater?

نريد حجز مقعدين في هذه الليلة

[nureed ḥajiz ma'q-'aad-ayn fee hadhy al-layla] We'd like to reserve two seats for tonight

هل سيكون الجو باردا الليلة؟

[hal sayakon al-jaw baredan al-layla?] Will it be cold tonight?

هل لديكم غرفة شاغرة الليلة؟

[hal ladykum ghurfa shaghera al-layla?] Do you have a room for tonight?

ليلي nighttime *adj* [lajlij]

الخدمات الترفيهية الليلية

[Alkhadmat al-tarfeeheyah al-layleyah] nightlife

مدرسة ليلية

[Madrasah layleyah] night school

نادي ليلي

[Nadey layley] nightclub

نوبة ليلية [Noba layleyah] night shift

ليموزين limousine *n* [li:mu:zi:n]

ليمون lemon, lime *(fruit)* *n* [lajmu:n]

عصير الليمون المحلى ['aaṣeer al-laymoon al-moḥala] lemonade

بالليمون [bil-laymoon] with lemon

ليو Leo *n* [liju:]

م

ما what *pron* [ma:]

كما

[kama:] as

ما الذي بك؟

[ma al-lathy beka?] What's the matter?

ماء water *n* [ma:ʔ]

تحت الماء

[Taḥt al-maa] underwater

ماء ملحي

[Maa mel'ḥey] saltwater

إبريق من الماء

[ebree'q min al-maa-i] a jug of water

أتسمح بفحص الماء بالسيارة؟

[a-tas-maḥ be-faḥiṣ al-maa-i bil-sayara?] Could you check the water, please?

.أود أن أسبح تحت الماء

[Owad an asbaḥ taḥt al-maa.] I'd like to go snorkeling

مائة hundred *number* [ma:ʔitun]

...أرغب في تغيير مائة... إلى

[arghab fee taghyeer ma-a... ela...] I'd like to exchange a hundred... for...

...أرغب في الحصول على مائتي

[arghab fee al-ḥuṣool 'aala ma-a-tay...] I'd like two hundred...

مائدة *n* [ma:ʔida]

سَكاكين المائدة

[Skakeen al-maeadah] flatware

أريد حجز مائدة لشخصين في ليلة الغد

[areed ḥajiz ma-e-da le-shakhṣiyn fee laylat al-ghad] I'd like to reserve a table for two people for tomorrow night

من فضلك أريد مائدة لأربعة أشخاص

[min faḍlak areed ma-eda le-arba'aat ash-khaṣ] A table for four people, please

مائِل *adj* [ma:ʔil]

مائِل للبرودة

[Mael lel-brodah] cool *(cold)*

مؤامرة conspiracy *n* [muʔa:mara]

مات die *v* [ma:ta]

مؤتمر conference *n* [muʔtamar]

مؤتمر صحفي

[Moatamar ṣaḥafey] press conference

مؤتمن trusting *adj* [muʔtaman]

مؤثر impressive *adj* [muʔaθir]

مؤخرًا *adv* [muʔaxxaran]

أصبت مؤخرًا بمرض الحصبة

[oṣebtu mu-akharan be-maraḍ al- ḥaṣba] I had measles recently

مُؤَخِرَّةٌ backside *n* [muʔaxirra]

مؤخرة الجيش

[Mowakherat al-jaysh] rear

مُؤَخَّرَه behind *n* [muʔaxxirra]

مؤدب polite *adj* [muʔaddab]

مادة clause, material *n* [ma:dda]

مادة سائلة

[madah saaelah] liquid

مادة غير عضوية

[Madah ghayer 'aodweyah] mineral

مادة تلميع

[Madah talmee'a] polish

مادة كيميائية

[Madah kemyaeyah] chemical

مادة لاصقة

[Madah laṣe'qah] bandage *(for wound)*

مادة مركبة

[Madah morakabah] complex

مادة مسيلة

[Madah moseelah] blender

مادة متفجرة

[Madah motafajerah] explosive

مادة منظفة

[Madah monadhefah] detergent

مادة منكهة

[Madah monakahah] flavoring

adj [ma:dijat] **مادي**

مكونات مادية

[Mokawenat madeyah] hardware

mischievous adj [muʔðin] **مؤذ**

غير مؤذ

[Ghayer modh] harmless

pron [ma:ða:] **ماذا**

ماذا أفعل؟

[madha af'aal?] What do I do?

ماذا يوجد في هذا؟

[madha yujad fee hadha?] What is in this?

ماذا؟

[Madeyah] Pardon?

abusive v ◁ harmful adj [muʔði:] **مؤذي**

n [ma:raθu:n] **مارثون**

سباق المارثون

[Seba'q al-marathon] marathon

historian n [muʔarrix] **مُؤرِّخ**

giant n [ma:rid] **مارد**

March n [ma:ris] **مارس**

practice v [ma:rasa] **مارس**

يُمارِس رياضة العدو

[Yomares reyadat al-'adw] jog

.أود أن أمارس رياضة ركوب الأمواج

[Awad an omares reyadat rekob al-amwaj.] I'd like to go wind-surfing

أين يمكن أن نمارس رياضة التزلج بأحذية التزلج؟

[ayna yamken an nomares riyadat al-tazal-oj be-ahdheat al-tazal-oj?] Where can we go roller skating?

brand n [ma:rka] **ماركة**

ماركة جديدة

[Markah jadeedah] brand-new

marijuana n [ma:ri:ʒwa:na:] **ماريجوانا**

pinafore n [miʔzar] **مئزر**

ordeal n [maʔziq] **مأزق**

diamond n [ma:s] **ماس**

tragedy n [maʔsa:t] **مأساة**

tragic adj [maʔsa:wij] **مأساوي**

n [ma:siħ] **ماسح**

ماسح ضوئي

[Maaseh daweay] scanner

ماسح الأراضي

[Maseh al-araadey] surveyor

n [ma:siħa] **ماسحة**

ماسحة زجاج السيارة

[Masehat zojaj sayarh] windshield wiper

adj [muʔassas] **مؤسس**

مؤسس على

[Moasas ala] based

firm, institution n [muʔassasa] **مؤسسة**

mascara n [ma:ska:ra:] **ماسكارا**

pipe n [ma:su:ra] **ماسورة**

cursor, indicator n [muʔaʃʃir] **مُؤَشِّر**

cattle npl [ma:ʃijjatun] **ماشية**

past n [ma:dˤi:] **ماضي**

goat n [ma:ʕiz] **ماعز**

temporary adj [muʔaqqat] **مُؤَقَّت**

عامِل مُؤَقَّت

['aamel mowa'qat] temp

cunning adj [ma:kir] **ماكر**

n [ma:kiri:li] **ماكريل**

سمك الماكريل

[Samak al-makreel] mackerel

machine n [ma:ki:na] **ماكينة**

ماكينة صرافة

[Makenat serafah] ATM

ماكينة تسجيل الكاش

[Makenat tasjeel al-kaash] cash register

ماكينة الشقبية

[Makenat al-sha'qabeyah] vending machine

ماكينة بيع

[Makenat bay'a] vending machine

أين توجد ماكينة التذاكر؟

[ayna tojad makenat al-tadhaker?] Where is the ticket machine?

هل توجد ماكينة فاكس يمكن استخدامها؟

[hal tojad makenat fax yamken istekh-damuha?] Is there a fax machine I can use?

money n [ma:l] **مال**

مال يرد بعد دفعه

[Maal yorad daf'ah] drawback
أريد تحويل بعض الأموال من حسابي
[areed taḥweel ba'aḍ al-amwal min ḥesaaby] I would like to transfer some money from my account
ليس معي مال
[laysa ma'ay maal] I have no money
هل يمكن تسليفي بعض المال؟
[hal yamken tas-leefy ba'aḍ al-maal?] Could you lend me some money?
tip *(incline)*, bend down *v* [ma:la] **مال**
adj [ma:liħ] **مالح**
ماء مالح
[Maa maleḥ] marinade
Malta *n* [ma:ltˤa] **مالطة**
Maltese *(person)* *n* ◂ Maltese *adj* [ma:ltˤij] **مالطي**
اللغة المالطية
[Al-loghah al-malṭeyah] *(language)* Maltese
author *n* [muʔallif] **مؤلف**
مؤلف موسيقى
[Moaalef mosee'qy] composer
owner *n* [ma:lik] **مالك**
مالك الأرض
[Malek al-arḍ] landowner
مالك الحزين
[Malek al ḥazeen] heron
من فضلك هل يمكنني التحدث إلى المالك؟
[min faḍlak hal yamkin-ani al-taḥaduth ela al-maalik?] Could I speak to the owner, please?
n [ma:lika] **مالكة**
مالكة الأرض
[Malekat al-arḍ] landlady
painful *adj* [mulim] **مؤلم**
familiar *adj* [maʔlu:f] **مألوف**
غير مألوف
[Ghayer maaloof] unfamiliar
financial *adj* [ma:lij] **مالي**
سَنة مالية
[Sanah maleyah] financial year
موارد مالية
[Mawared maleyah] funds
ورقة مالية
[Wara'qah maleyah] bill

Malaysian *adj* [ma:li:zij] **ماليزي**
شخص ماليزي
[shakhṣ maleezey] Malaysian
Malaysia *n* [ma:li:zja:] **ماليزيا**
mom, mommy *(mother)* *n* [ma:ma:] **ماما**
secure *adj* **مُأَمَّن**
n [muʔamman] **مؤمن**
مؤمن عليه
[Moaman 'aalayh] insured
أنا مؤمن علىّ
[ana mo-aaman 'aalya] I have insurance
mammoth *n* [ma:mu:θ] **ماموث**
feminine, female *adj* [muʔannaθ] **مؤنث**
donor *n* [ma:niħ] **مَانِح**
n [ma:niʕ] **مانع**
هل لديك مانع في أن أدخن؟
[Hal ladayk mane'a fee an adakhan?] Do you mind if I smoke?
v [ma:naʕa] **مانع**
أنا لا أمانع
[ana la omani'a] I don't mind
هل تمانع؟
[hal tumani'a?] Do you mind?
skilled *adj* [ma:hir] **ماهر**
capable *n* [moahhal] **مؤهل**
qualified *adj* [muahhal] **مُؤهَل**
qualification *n* [muahhil] **مُؤهِل**
adj [ma:hu:ʒnij] **ماهوجني**
خشب الماهوجني
[Khashab al-mahojney] mahogany
Maori *adj* [ma:wrij] **ماوري**
اللغة الماورية
[Al-loghah al-mawreyah] *(language)* Maori
شخص ماوري
[Shakhṣ mawrey] *(person)* Maori
n [miʔiwijja] **مئوية**
درجة حرارة مئوية
[Draajat ḥaraarah meaweyah] degree centigrade
adv [ma: jura:m] **ما يرام**
أشعر أنني لست على ما يرام
[ash-'aur enna-nee lasto 'aala ma yo-raam] I feel sick

هل أنت على ما يرام
[hal anta 'aala ma yoraam?] Are you all right?
مايو May *n* [ma:ju:]
مَايوه swimsuit *n* [ma:ju:h]
مبادرة initiative *n* [muba:dara]
مباراة game, match *(sport)* *n* [muba:ra:t]
مباراة الإياب فى ملعب المضيف
[Mobarat al-eyab fee mal'aab al-moḍeef] home game
مباراة الذهاب
[Mobarat al-dhehab] away game
مباراة كرة قدم
[Mobarat korat al-'qadam] soccer game
مباشر direct *adj* [muba:ʃir]
غير مباشر
[Ghayer mobasher] indirect
أفضل الذهاب مباشرة
[ofaḍel al-dhehaab muba-sharatan] I'd prefer to go direct
هل يتجه هذا القطار مباشرة إلى...؟
[hal yata-jih hadha al-'qeṭaar muba-sha-ratan ela...?] Is it a direct train?
مباشرةً directly *adv* [muba:ʃaratan]
مُبَاعٌ sold out *adj* [muba:ʕ]
مبالغ *adj* [muba:laɣ]
مبالغ فيه
[mobalagh feeh] overdrawn
مبالغة exaggeration *n* [muba:laɣa]
مباني *npl* [maba:ni:]
مباني وتجهيزات
[Mabaney watajheezaat] plant *(site/equipment)*
مبتدئ *adj* [mubtadiʔ]
المبتدئ
[Almobtadea] beginner
أين توجد منحدرات المبتدئين؟
[Ayn tojad monḥadrat al-mobtadean?] Where are the beginners' slopes?
مبتذل stale *adj* [mubtaðal]
مبتسر premature *adj* [mubatasir]
مبتل wet *adj* [mubtal]
مُبْتَل moist *adj* [mubtall]
مبدأ principle *n* [mabdau]
مبدئياً initially *adv* [mabdaʔijjan]
مبدع ingenious *adj* [mubdiʕ]
مبراة pencil sharpener *n* [mibra:t]
مبرد *n* [mibrad]
مبرد أظافر
[Mabrad aḍhafer] nail file
مُبّرر reason *n* [mubbarir]
مُبَرْمِج programmer *n* [mubarmiʒ]
مبستر pasteurized *adj* [mubastar]
مُبَشِّر missionary *n* [mubaʃʃir]
مُبطئ late *(delayed)* *adj* [mubtˤiʔ]
مبكر early *adj* [mubakkir]
مبكرًا *adv* [mubakiran]
لقد وصلنا مبكرًا
[la'qad waṣalna mu-bakiran] We arrived early / late
مبلغ amount *n* [mablaɣ]
مبلل *adj* [muballal]
مبلل بالعرق
[Mobala bel-ara'q] sweaty
مبنى *n* [mabna:]
المبنى والأراضي التابعه له
[Al-mabna wal-aradey al-taabe'ah laho] premises
مبنى نُصُب تذكاري
[Mabna noṣob tedhkarey] monument
مبهج cheerful *adj* [mubhaʒ]
مبهم vague *adj* [mubham]
مبيت *n* [mabi:t]
مبيت وإفطار
[Mabeet wa efṭaar] bed and breakfast, B&B
هل يجب علي المبيت؟
[hal yajib 'aala-ya al-mabeet?] Do I have to stay overnight
مبيد *n* [mubi:d]
مبيد الأعشاب الضارة
[Mobeed al'ashaab al-ḍarah] weedkiller
مبيد الجراثيم
[Mobeed al-jaratheem] disinfectant
مبيد حشرات
[Mobeed hasharat] pesticide
مُبَيِّض bleached *adj* [mubajjidˤ]
مِبْيَض ovary *n* [mabi:dˤ]
مبيع *n* [mubi:ʕ]

مبيعات بالتليفون
[Mabee'aat bel-telefoon] telemarketing
مندوب مبيعات
[Mandoob mabee'aat] sales rep
متأثر impressed *adj* [mutaʔaθirr]
متأخر delayed *adj* [mutaʔaxxir]
متأخراً late *adv* [mutaʔaxiran]
متأخرات arrears *npl* [mutaʔaxxira:tun]
متأكد sure *adj* [mutaʔakkid]
غير متأكد
[Ghayer moaakad] unsure
متأنق dressed *adj* [mutaʔanniq]
متأهب ready *adj* [mutaʔahib]
متاهة maze *n* [mata:ha]
متبادل mutual *adj* [mutaba:dal]
متبرع *n* [mutabarriʕ]
محل لبضائع متبرع بها لجهة خيرية
[Maḥal lebaḍae'a motabar'a beha lejahah khayryah] charity store
متبقي remaining *adj* [mutabaqij]
متبل spicy *adj* [mutabbal]
متبلد blunt *adj* [mutaballid]
متبلد الحس
[Motabled al-ḥes] cool *(stylish)*
مُتَبَنّى adopted *adv* [mutabanna:]
متتابع *adj* [mutata:biʕ]
سلسلة متتابعة
[Selselah motatabe'ah] episode
متتالية series *n* [mutata:lija]
متجر *n* [matʒar]
صاحب المتجر
[Ṣaheb al-matjar] store owner
متجر البقالة
[Matjar al-be'qalah] grocery store
متجر المقتنيات القديمة
[Matjar al-mo'qtanayat al-'qadeemah] antique store
متجر كبير جداً
[Matjar kabeer jedan] hypermarket
متجر هدايا
[Matjar hadaya] gift shop
واجهة العرض في المتجر
[Wagehat al-'aarḍ fee al-matjar] store window

مَتجر السجائر
[Matjar al-sajaaer] tabaconist
متجعد wrinkled *adj* [mutaʒaiid]
متجمد frozen *adj* [mutaʒammid]
مطر متجمد
[Maṭar motajamed] sleet
متجه *adj* [muttaʒih]
ما هو الموعد التالي للمركب المتجه إلى...؟
[ma howa al-maw'aid al-taaly lel-markab al-mutajeh ela...?] When is the next sailing to...?
مُتَجوِّل hiker *n* [mutaʒawwil]
متحامل prejudiced *adj* [mutaħa:mil]
متحجر petrified *adj* [mutaħaʒʒir]
متحد united *adj* [muttaħid]
الإمارات العربية المتحدة
[Al-emaraat al'arabeyah al-motaḥedah] United Arab Emirates
الأمم المتحدة
[Al-omam al-motahedah] United Nations
المملكة المتحدة
[Al-mamlakah al-motahedah] UK
الولايات المتحدة
[Al-welayat al-motḥedah al-amreekeyah] United States, US
متحدث *adj* [mutaħaddiθ]
متحدث باللغة الأم
[motaḥdeth bel-loghah al-om] native speaker
مُتَحدِّث باسم
[Moṭaḥadeth besm] spokesman, spokesperson
مُتَحدِّثة *n* [mutaħddiθa]
مُتَحدِّثة باسم
[Motaḥadethah besm] spokeswoman
متحرك moving *adj* [mutaħarriki]
سلم متحرك
[Solam motaḥarek] escalator
سير متحرك
[Sayer motaḥrrek] conveyor belt
مُتَحَرِّكٌ mobile *adj* [mutaħarrik]
متحضر *adj* [mutaħadˤdˤir]
غير متحضر
[ghayer motahaḍer] uncivilized
متحف museum *n* [mathaf]
متى يُفتح المتحف؟

[mata yoftaḥ al-matḥaf?] When is the museum open?

هل المتحف مفتوح في الصباح؟

[hal al-mat-ḥaf maf-tooḥ fee al-ṣabaḥ] Is the museum open in the morning?

shy *adj* [mutaħaffizˤ] **متحفظ**

adj [mutaħakkim] **متحكم**

متحكم به عن بعد

[Motaḥkam beh an bo'ad] radio-controlled

enthusiastic *adj* [mutaħammis] **متحمس**

baffled, bewildered *adj* [mutaħajjir] **متحير**

biased *adj* [mutaħajjiz] **متحيز**

غير متحيز

[Ghayer motaḥeyz] impartial

متحيز عنصريا

[Motaḥeyz 'aonṣoreyan] racist

specialist *n* [mutaxasˤsˤisˤ] **متخصص**

out-of-date *adj* [mutaxaliff] **متخلف**

adj [mutada:walat] **متداول**

عملة متداولة

[A'omlah motadawlah] currency

trainee *n* [mutadarrib] **متدرب**

meter *n* [mitr] **متر**

roadblock *n* [mutara:sin] **متراس**

adj [mutara:kiz] **متراكز**

لا متراكز

[La motrakez] eccentric

translator *n* [muntarʒim] **مترجم**

luxurious *adj* [mutraf] **مترف**

tipsy *adj* [mutaranniħ] **مترنح**

n [mitru:] **مترو**

محطة مترو

[Mahaṭat metro] subway station

أين توجد أقرب محطة للمترو؟

[ayna tojad a'qrab muḥaṭa lel-metro?] Where is the nearest subway station?

metric *adj* [mitrij] **متري**

simultaneous *adj* [mutaza:min] **متزامن**

adj [mutaza:jid] **متزايد**

بشكل متزايد

[Beshakl motazayed] increasingly

skier *n* [mutazalliʒ] **مُتَزَلِّج**

married *adj* [mutazawwiʒ] **متزوج**

غير متزوج

[Ghayer motazawej] unmarried

sprinter *n* [mutasa:biq] **مُتَسابِق**

tolerant *adj* [mutasa:miħ] **متسامح**

adj [muttasix] **متسخ**

إنها متسخة

[inaha mutasikha] It's dirty

n [mutasalliq] **متسلق**

متسلق الجبال

[Motasale'q al-jebaal] mountaineer

متسلق الجبال

[Motasale'q al-jebaal] climber

tramp *(beggar)* *n* [mutasawwil] **متسول**

المتسول

[Almotasawel] beggar

فنان متسول

[Fanan motasawol] street musician

pessimistic, pessimist *adj* [mutaʃa:ʔim] **متشائم**

cracked *adj* [mutasˤaddiʕ] **متصدع**

browser *n* [mutasˤaffiħ] **متصفح**

متصفح شبكة الإنترنت

[Motaṣafeḥ shabakat al-enternet] Web browser

مُتَصِّفِح الانترنت

[Motaṣafeḥ al-enternet] surfer

adj [muttasˤil] **متصل**

غير متصل بالموضوع

[Ghayr motaṣel bel-maeḍo'a] irrelevant

متصل بالإنترنت

[motaṣel bel-enternet] online

من المتصل؟

[min al-mutaṣil?] Who's calling?

inconsistent *adj* [mutadˤa:rib] **متضارب**

identical *adj* [mutatˤa:biq] **متطابق**

extremist *n* [mutatˤarrif] **متطرف**

intruder *n* [mutatˤafil] **متطفل**

volunteer *n* [mutatˤawwiʕ] **متطوع**

sympathetic *adj* [mutaʕa:tˤif] **متعاطف**

consecutive, successive *adj* [mutaʕa:qib] **متعاقب**

tired *adj* [mutʕab] **متعب**

arrogant *adj* [mutaʕaʒrif] **متعجرف**

numerous *adj* [mutaʕaddid] **متعدد**

تَلَيُّف عصبي متعدد

[Talayof 'aaṣabey mota'aded] multiple sclerosis

متعدد الجنسيات

[Mota'aded al-jenseyat] multinational

متعدد الجوانب

[Mota'aded al-jawaneb] versatile

متعذر [mutaʕaððir] *adj*

متعذر تجنبه

[Mota'adhar tajanobah] unavoidable

متعذر التحكم فيه

[Mota'adher al-tahakom feeh] uncontrollable

متعسر [mutaʕassir] *adj*

شخص متعسر النطق

[Shakhṣ mota'aser al-noṭ'q] dyslexic

متعصب [mutaʕasˤsˤib] *adj*

شخص متعصب

[Shakhṣ motaṣeb] fanatic

مُتَعصِب [mutaʕasˤibb] intolerant *adj*

متعفن [mutaʕaffin] moldy *adj*

متعلق [mutaʕalliq] *adj*

متعلق بالعملة

[Mota'ale'q bel-'omlah] monetary

متعلق بالبدن

[Mota'ale'q bel-badan] physical

متعلق بالقرون الوسطى

[Mot'aale'q bel-'qroon al-wosṭa] medieval

متعلقات [mutaʕalliqa:tun] belongings *npl*

متعلم [mutaʕallim] educated *adj*

مُتَعَلِّم [mutaʕallinm] learner *n*

متعمد [mutaʕammad] deliberate *adj*

غير متعمد

[Ghayr mota'amad] unintentional

بشكل متعمد

[Be-shakl mota'amad] deliberately

متغضن [mutaɣadˤdˤin] creased *adj*

متغير [mutaɣajjir] *adj*

غير متغير

[Ghayr motaghayer] unchanged

متفائل [mutafa:ʔil] optimistic, optimist *adj*

متفاجئ [mutafa:ʒiʔ] surprised *adj*

متفرغ [mutafarriɣ] dedicated *adj*

غِير مُتَفَرِغ

[Ghayr motafaregh] part-time

مُتفق [muttafaq] *adj*

مُتفق عليه

[Moṭafa'q 'alayeh] agreed

متفهم [mutafahhim] understanding *adj*

متقاطع [mutaqa:tˤiʕat] *adj*

طرق متقاطعة

[Ṭaree'q mot'qat'ah] crossroads

كلمات متقاطعة

[Kalemat mota'qat'aa] crossword puzzle

مُتَقَاطِع [mutaqa:tˤiʕ] cross *adj*

متقاعد [mutaqa:ʕid] retired *adj*

متقدم [mutaqaddim] advanced *adj*

شخص متقدم العمر

[Shakhṣ mota'qadem al-'aomr] senior citizen

متقلب [mutaqalibb] unsteady *adj*

متقلب المزاج

[Mota'qaleb al-mazaj] moody

متقلص [mutaqallisˤ] shrunken *adj*

متقلقل [mutaqalqil] shaky *adj*

متكبر [mutakabbir] snob *n*

متكرر [mutakarrir] frequent, recurring *adj*

على نحوِ متكرر

['aala nahw motakarer] repeatedly

سُؤال مُتكرر

[Soaal motakarer] FAQ

متكلف [mutakallif] sophisticated *adj*

متلازمة [mutala:zima] *n*

متلازمة داون

[Motalazemat dawon] Down's syndrome

مُتَلقِ [mutalaqi] recipient *n*

متماثل [mutama:θil] symmetrical *adj*

متماسك [mutama:sik] consistent *adj*

متمتِّع [mutamattiʕ] *adj*

متمتِّع بحُكْم ذاتي

[Motamet'a be-ḥokm dhatey] autonomous

متمرد [mutamarrid] rebellious *adj*

متمم [mutammim] complementary *adj*

متموج [mutamawwiʒ] wavy *adj*

مُتَناوب [mutana:wibb] alternate *adj*

متناول [mutana:wil] *n*

في المتناول

[Fee almotanawal] convenient

متنزه [mutanazzah] park *n*

متنقل [mutanaqil] *n*

هل يمكن أن نوقف عربة النوم المتنقلة هنا؟

[hal yamken an nuwa-'qif 'aarabat al-nawm al-muta-na'qila huna?] Can we park our trailer here?

متنكر masked *adj* [mutanakkir]

متنوع miscellaneous *adj* [mutanawwiʕ]

متهم accused *n* [muttaham]

متوازن balanced *adj* [mutawa:zinn]

متوازي parallel *adj* [mutawa:zi:]

متواصل continual *adj* [mutawasˤil]

متواضع humble *adj* [mutawa:dˤiʕ]

متوافق compatible *adj* [mutawa:fiq]

متوافِق مع المعايير

[Motawaf'q fee al-m'aayeer] pass *(meets standard)*

متوان slack *adj* [mitwa:n]

متوتر stressed, tense *adj* [mutawattir]

متوحد lonely *adj* [mutawaħħid]

متورم conceited *adj* [mutawarrim]

متوسط average, moderate *adj* [mutawassitˤ]

متوسط الحجم

[Motawaseṭ al-hajm] medium-sized

متوسطي Mediterranean *n* [mutawassitˤij]

متوفر available *adj* [mutawaffir]

متوفى dead *adj* [mutawaffin]

متوقع predictable *adj* [mutawaqqaʕ]

على نحو غير متوقع

[Ala naḥw motawa'qa'a] unexpectedly

غير متوقع

[Ghayer motwa'qa'a] unexpected

متى when *adv* [mata:]

متى ستنتهي من ذلك؟

[mata satan-tahe min dhalik?] When will you have finished?

متى حدث ذلك؟

[mata ḥadatha dhalik?] When did it happen?

مُثار excited *adj* [muθa:r]

مثال example *n* [miθa:l]

على سبيل المثال

['ala sabeel al-methal] e.g.

مَثّال sculptor *n* [maθθa:l]

مثالي ideal, model *adj* [miθa:lij]

بشكل مثالي

[Be-shakl methaley] ideally

مِثالِيّة perfection *n* [miθa:lijja]

مثانة bladder, cyst *n* [maθa:na]

التهاب المثانة

[El-tehab al-mathanah] cystitis

مثقاب drill *n* [miθqa:b]

مثقاب هوائي

[Meth'qaab hawaey] pneumatic drill

مثقب punch *(blow)* *n* [miθqab]

مثقوب pierced *adj* [maθqu:b]

مَثَل proverb *n* [maθal]

مَثّل represent *v* [maθθala]

مثلث triangle *n* [muθallaθ]

مثلج *adj* [muθliʒ]

هل النبيذ مثلج؟

[hal al-nabeedh mutha-laj?] Is the wine chilled?

مُثْلِج chilly *adj* [muθallaʒ]

مثلي *adj* [miθlij]

العلاج المِثْلي

[Al-a'elaj al-methley] homeopathy

معالج مثلي

[Moalej methley] homeopathic

مثير exciting, gripping, sensational *adj* [muθi:r]

عمل مثير

['aamal Mother] stunt

مثير المتاعب

[Mother al-mataa'aeb] troublemaker

مثير للغضب

[Mother lel-ghaḍab] infuriating, irritating

مثير للاشمئزاز

[Mother lel-sheazaz] disgusting, repulsive

مثير للحساسية

[Mother lel-hasaseyah] allergic

مثير للحزن

[Mother lel-ḥozn] pathetic

مَجّ mug *n* [maʒʒ]

مجاز pass *(in mountains)* *n* [maʒa:z]

مجاعة famine *n* [maʒa:ʕa]

مجال area *n* [maʒa:l]

مجال جوي

[Majal jawey] airspace

مجال البصر

[Majal al-baṣar] eyesight

مجالسة *n* [muʒa:lisa]

مجالسة الأطفال
[Mojalasat al-atfaal] babysitting

مُجامِل complimentary *adj* [muʒa:mil]

مجاملة compliment *n* [muʒa:mala]

مجاني free *(no cost) adj* [maʒʒa:nij]

مجاور adjacent, nearby *adj* [muʒa:wir]

مُجَاوِرة neighborhood *n* [muʒa:wira]

مجتمع society, community *n* [muʒtamaʕ]

مجد glory *n* [maʒd]

مجداف oar *n* [miʒda:f]

مُجدد *adj* [muʒaddid]

مُجدد للنشاط
[Mojaded lel-nashaṭ] refreshing

مجدول stranded *adj* [maʒdu:l]

مجذوب lunatic, maniac *n* [maʒðu:b]

مجراف spade *n* [miʒra:f]

مُجَرِّب experienced *adj* [muʒarrib]

مجرد mere, bare *adj* [muʒarrad]

مجرم criminal *n* [muʒrim]

مجروح injured *adj* [maʒru:ħ]

مجري Hungarian *adj* [maʒrij]

مَجَري Hungarian *adj* [maʒarij]

مَجَري الجنسية
[Majra al-jenseyah] *(person)* Hungarian

مجرى *n* [maʒra:]

مجرى نهر
[Majra nahr] channel

مجزر shambles *n* [maʒzar]

مُجْزي rewarding *adj* [muʒzi:]

مجفف dried, dehydrated, dryer *adj* [muʒaffif]

مجفف ملابس
[Mojafef malabes] (clothes) dryer

مُجَفِف دوار
[Mojafef dwar] spin dryer

مُجَفِف الشعر
[Mojafef al-sha'ar] hair dryer

مجلة magazine *(periodical) n* [maʒalla]

أين يمكن أن أشتري المجلات؟
[ayna yamken an ash-tary al-majal-aat?] Where can I buy a magazine?

مجلس council *n* [maʒlis]

رئيس المجلس
[Raees al-majlas] chairman

عضو مجلس
['aodw majles] council member

دار المجلس التشريعى
[Dar al-majles al-tashre'aey] government-subsidized housing

مجمد *adj* [muʒammad]

هل السمك طازج أم مجمد؟
[hal al-samak ṭazij amm mujam-ad?] Is the fish fresh or frozen?

هل الخضروات طازجة أم مجمدة؟
[hal al-khiḍ-rawaat ṭazija amm mujam-ada?] Are the vegetables fresh or frozen?

مجموع *n* [maʒmu:ʕ]

مجموع مراهنات
[Majmoo'a morahnaat] jackpot

مجموع نقاط
[Majmo'aat ne'qaaṭ] score *(game/match)*

مجموعة collection *n* [maʒmu:ʕa]

مجموعة قوانين السير في الطرق السريعة
[Majmo'aat 'qwaneen al-sayer fee al-ṭoro'q al-saree'aah] traffic code

مجموعة كتب
[Majmo'aat kotob] set

مجموعة لعب
[Majmo'aat le'aab] playgroup

مجموعة مؤتلفة
[Majmo'aah moatalefa] combination

مجنون insane, mad *(angry) adj* [maʒnu:n]
madman *n* ◃

مجهد intense *adj* [muʒhid]

مجهز equipped *adj* [muʒahhaz]

مجوهرات jewelry *n* [muʒawhara:t]

محادثة conversation *n* [muħa:daθa]

محار shellfish *n* [maħa:r]

محار الاسقلوب
[maḥar al-as'qaloob] scallop

محارب *n* [muħa:rib]

محارب قديم
[Moḥareb 'qadeem] veteran

محارة shell *n* [maħa:ra]

محاسب accountant *n* [muħa:sib]

مُحَاسَبَة accountancy *n* [muħa:saba]

محاضر assistant professor *n* [muħa:dˤir]

lecture *n* [muħa:dˤara] **محاضرة**

mayor *n* [muħa:fizˤ] **محافظ**

شخص محافظ

[Shakhṣ moḥafeḍh] conservative

n [muħa:fazˤa] **مُحافظة**

المُحافظة على الموارد الطبيعية

[Al-moḥafadhah ala al-mawared al-ṭabe'aeyah] conservation

imitation *n* [muħa:ka:t] **محاكاة**

trial *n* [muħa:kama] **محاكمة**

lawyer *n* [muħa:mij] **محامي**

محامي ولاية

[Moḥamey welayah] lawyer

interviewer *n* [muħa:wir] **محاور**

attempt *n* [muħa:wala] **محاولة**

adj [muħa:jid] **محايد**

شخص محايد

[Moḥareb moḥayed] neutral

adj [muħibb] **محب**

محب للاستطلاع

[Moḥeb lel-esteṭlaa'a] curious

lover *n* [muħib] **مُحِب**

مُحِب لنفسه

[Moḥeb le-nafseh] self-centered

lovely *adj* [muħabbab] **مُحبب**

depressed, disappointed *adj* [muħbatˤ] **محبط**

disappointing *adj* [muħbitˤ] **مُحبِط**

adj [maħbu:b] **محبوب**

غير محبوب

[Ghaey maḥboob] unpopular

stuck *adj* [maħbu:sa] **محبوس**

professional *n* [muħtarif] **محترف**

respectable *adj* [muħtaram] **محترم**

likely, probable *adj* [muħtamal] **محتمل**

غير محتمل

[Ghaeyr moḥtamal] unlikely

بصورة محتملة

[be ṣorah moḥtamalah] presumably

inevitable *adj* [maħtu:m] **محتوم**

contents *npl* [muħtawaja:tun] **محتويات**

reserved *adj* [maħʒu:z] **محجوز**

up-to-date *adj* [muħaddiθ] **مُحَدَث**

certain, specific *adj* [muħadadd] **محدد**

في الموعد المحدد

[Fee al-maw'aed al-moḥadad] on time

plow *n* [miħra:θ] **محراث**

paddle *n* [miħra:k] **محراك**

embarrassed *adj* [muħraʒ] **مُحرَج**

embarrassing *adj* [muħriʒ] **مُحرِج**

editor *n* [muħarrir] **مُحَرِر**

crematorium *n* [maħraqa] **مَحْرَقة**

engine *n* [muħarrik] **محرك**

محرك البحث

[moḥarek al-baḥth] search engine

المحرك حرارته مرتفعه

[al-muḥar-ik ḥarara-tuho murtafe'aa] The engine is overheating

banned *adj* [muħarram] **محرم**

معزول بوصفه محرما

[Ma'azool bewaṣfeh moḥaraman] taboo

محرمات مقدسات

[moḥaramat mo'qadasat] taboo

depressing, sore *adj* [muħzin] **محزن**

humanitarian *adj* [muħsin] **مُحسِن**

sensible *adj* [maħsu:s] **محسوس**

crammed *adj* [maħʃuww] **محشو**

collector *n* [muħasˤsˤil] **مُحصِّل**

crop *n* [maħsˤu:l] **محصول**

record *n* [maħdˤar] **محضر**

محضر الطعام

[Moḥder al-ṭa'aam] food processor

station *n* [maħatˤtˤa] **محطة**

محطة راديو

[Mahaṭat radyo] radio station

محطة سكك حديدية

[Mahaṭat sekak ḥadeedeyah] train station

محطة أنفاق

[Mahaṭat anfa'q] subway station

محطة أوتوبيس

[Mahaṭat otobees] bus station

محطة عمل

[Mahaṭat 'aamal] work station

محطة الخدمة

[Mahaṭat al-khedmah] service station

محطة بنزين

[Mahaṭat benzene] gas station

محطة مترو
[Mahaṭat metro] subway station

أين توجد أقرب محطة للمترو؟
[ayna tojad a'qrab muḥaṭa lel-metro?] Where is the nearest subway station?

أين توجد محطة الأتوبيس؟
[ayna tojad muḥaṭat al-baaṣ?] Where is the bus station?

كيف يمكن أن أصل إلى أقرب محطة مترو؟
[Kayf yomken an aṣel ela a'qrab mahaṭat metro?] How do I get to the nearest subway station?

ما هو أفضل طريق للذهاب إلى محطة القطار
[Ma howa af ḍal ṭaree'q lel-dhehab ela mahaṭat al-'qeṭaar] What's the best way to get to the train station?

هل يوجد محطة بنزين قريبة من هنا؟
[hal yujad muḥaṭat banzeen 'qareeba min huna?] Is there a gas station near here?

محظور prohibited *adj* [maħzˁu:r]

محظوظ lucky *adj* [maħzˁu:zˁ]

غير محظوظ
[Ghayer mahḍhooḍh] unlucky

محفز motivated *adj* [muħaffiz]

محفظة wallet *n* [miħfazˁa]

لقد سرقت محفظة نقودي
[la'qad sore'qat meḥ-faḍhat ni-'qoody] My wallet has been stolen

لقد ضاعت محفظتي
[la'qad ḍa'aat meḥ-faḍhaty] I've lost my wallet

محفوف *adj* [maħfu:f]

محفوف بالمخاطر
[Maḥfoof bel-makhaater] risky

مُحَقّق reporter *n* [muħaqqiq]

مُحكم precise, tight *adj* [muħkam]

مُحكم الغلق
[Moḥkam al-ghal'q] airtight

محكمة tribunal *n* [maħkama]

محل store *n* [maħall]

محل أحذية
[Maḥal aḥdheyah] shoe store

محل تجاري
[Maḥal tejarey] store

محل تاجر الحديد والأدوات المعدنية
[Maḥal tajer alḥadeed wal-adwat al-ma'adanoyah] hardware store

محل العمل
[Maḥal al-'aamal] workplace

محل الجزار
[Maḥal al-jazar] butcher shop

محل الميلاد
[Mahal al-meelad] birthplace

محل لبضائع متبرع بها لجهة خيرية
[Maḥal lebaḍae'a motabar'a beha lejahah khayryah] charity store

محل مكون من أقسام
[Maḥal mokawan men a'qsaam] department store

محلل *n* [muħallil]

محلل نظم
[Moḥalel noḍhom] systems analyst

محلي local *adj* [maħalij]

أريد أن أجرب أحد الأشياء المحلية من فضلك
[areed an ajar-rub aḥad al-ashyaa al-maḥal-lya min faḍlak] I'd like to try something local, please

ما هو الطبق المحلي المميز؟
[ma howa al-ṭaba'q al-maḥa-ly al-muma-yaz?] What's the local specialty?

محمص roast *adj* [muħamasˁsˁ]

محمول portable *adj* [maħmu:l]

كمبيوتر محمول
[Kombeyotar maḥmool] laptop

مَحْمِيَّة preserve *(land)* *n* [maħmijja]

محنك streetwise, veteran *adj* [muħannak]

محور *n* [miħwar]

محور الدوران
[Meḥwar al-dawaraan] axle

محول *n* [muħawwil]

محول إلى منطقة مشاه
[Meḥawel ela manṭe'qat moshah] reserved for pedestrians

مُحَوِّل كهربي
[Moḥawel kahrabey] adapter

مُحير puzzling *adj* [muħajjir]

محيط ocean *n* [muħi:tˁ]

المحيط القطبي الشمالي
[Al-moḥeeṭ al-'qoṭbey al-shamaley] Arctic Ocean
المحيط الهادي
[Al-moḥeeṭ al-haadey] Pacific
المحيط الهندي
[Almoḥeeṭ alhendey] Indian Ocean
مخادع tricky *adj* [muxa:diʕ]
مخاطرة risk *n* [muxa:tˤara]
مخالفة foul *n* [muxa:lafa]
مخبز bakery *n* [maxbaz]
مخبوز baked *adj* [maxbu:z]
مختار chosen *adj* [muxta:r]
مُختَبَر laboratory *n* [muxtabar]
مُختَبَر اللغة
[Mokhtabar al-loghah] language laboratory
مُختَرِع inventor *n* [muxtaraʕ]
مختص competent *adj* [muxtasˤsˤ]
مُختَطِف hijacker *n* [muxtatˤif]
مختلف different, various *adj* [muxtalif]
مُخَدِر *n* [muxadirru]
مُخَدِر كلي
[Mo-khader koley] general anesthetic
مُخَدِر crack *(cocaine)*, anesthetic *n* [muxaddir]
مخدرات drug *n* [muxaddira:t]
مخرب vandal *n* [muxarrib]
مخرج exit *n* [maxraʒ]
مخرج طوارئ
[Makhraj ṭawarea] emergency exit
مخروط cone *n* [maxru:tˤ]
مخزن storage *n* [maxzan]
مخزن حبوب
[Makhzan ḥoboob] barn
مخزون inventory, stock *n* [maxzu:n]
مخطئ mistaken *adj* [muxtˤiʔ]
مخطط plan, layout *n* [muxatˤatˤ]
مخطط تمهيدي
[Mokhaṭaṭ tamheedey] outline
مُخَطَّط sketch *n* [muxatˤtˤatˤ]
مخطوطة manuscript *n* [maxtˤu:tˤa]
مخفف diluted *adj* [muxaffaf]
مخفف الصدمات
[Mokhafef al-ṣadamat] cushion

مخفوق *n* [maxfu:q]
مخفوق الحليب
[Makhfoo'q al-ḥaleeb] milkshake
مخلص faithful, sincere *adj* [muxlisˤ]
مخلوط mixed *adj* [maxlu:tˤ]
مخلوق creature *n* [maxlu:q]
مخيب frustrated *adj* [muxajjib]
مخيف scary *adj* [muxi:f]
مد *n* [madd]
مد وجزر
[Mad wa-jazr] tide
متى يعلو المد؟
[mata ya'alo al-mad?] When is high tide?
مُدَافِع defender *n* [muda:fiʕ]
مدالية *n* [mida:lijja]
مدالية كبيرة
[Medaleyah kabeerah] medallion
مدة period, duration *n* [mudda]
مُدّخَرَات savings *npl* [muddaxara:tin]
مدخل entrance *n* [madxal]
مدخن *n* [mudaxxin]
أريد مقعد في المكان المخصص للمدخنين
[areed ma'q'ad fee al-makan al-mukhaṣaṣ lel -mudakhineen] I'd like a seat in the smoking area
مُدَخِن smoker *n* [muðaxxin]
غير مُدَخِن
[Ghayr modakhen] nonsmoking
شخص غير مُدَخِن
[Shakhṣ Ghayr modakhen] nonsmoker
مَدخَنة chimney *n* [midxana]
مدرب coach *(trainer)*, trained, *n* [mudarrib] trainer
مدربون gym shoes *npl* [mudarribu:na]
مَدْرَج runway *n* [madraʒ]
مُدرّج registered *adj* [mudarraʒ]
غير مُدرّج
[Ghayer modraj] unlisted
مدرس master, teacher, *n* [mudarris] schoolteacher
مدرس أول
[Modares awal] principal
مدرس خصوصي

[Modares khoṣooṣey] tutor

مُدرّس بديل

[Modares badeel] substitute teacher

مدرسة school *n* [madrasa]

طلاب المدرسة

[Ṭolab al-madrasah] schoolchildren

مدرسة إبتدائية

[Madrasah ebtedaeyah] elementary school

مدرسة أطفال

[Madrasah aṭfaal] kindergarten

مدرسة عامة

[Madrasah 'aamah] private school

مدرسة ثانوية

[Madrasah thanaweyah] middle school

مدرسة داخلية

[Madrasah dakheleyah] boarding school

مدرسة الحضانة

[Madrasah al-ḥaḍanah] nursery school

مدرسة لغات

[Madrasah lo-ghaat] language school

مدرسة ليلية

[Madrasah layleyah] night school

مدرسة نوعية

[Madrasah naw'aeyah] elementary school

مدير مدرسة

[Madeer madrasah] principal

مدرسي *adj* [madrasij]

حقيبة مدرسية

[Ḥa'qeebah madraseyah] schoolbag

زي مدرسي موحد

[Zey madrasey mowaḥad] school uniform

كتاب مدرسي

[Ketab madrasey] schoolbook

مدرك aware *adj* [mudrik]

مدعي *adj* [muddaʕi:]

مدعي العلم بكل شيء

[Moda'aey al'aelm bel-shaya] know-it-all

مُدَعى *adj* [mudaʕʕa:]

مُدَعى عليه

[Moda'aa 'aalayh] defendant

مدغشقر Madagascar *n* [madaɣaʃqar]

مدفأة *n* [midfaʔa]

كيف تعمل المدفأة؟

[kayfa ta'amal al-madfaa?] How does the heating work?

مدفع *n* [midfaʕu]

مدفع الهاون

[Madafa'a al-hawon] mortar *(military)*

مدفن graveyard *n* [madfan]

مدفوع *adj* [madfu:ʕ]

مدفوع بأقل من القيمة

[Madfoo'a be-a'qal men al-q'eemah] underpaid

مدفوع مسبقا

[Madfo'a mosba'qan] prepaid

مدلل spoiled *adj* [mudallal]

مدمر devastated *adj* [mudammar]

مدمن addict, addicted *n* [mudmin]

مدمن مخدرات

[Modmen mokhadarat] drug addict

مدني civilian *n* ◂ civilian *adj* [madanijjat]

حقوق مدنية

[Ḥo'qoo'q madaneyah] civil rights

مدهش marvelous, splendid *adj* [mudhiʃ]

مدو loud *adj* [mudawwin]

مُدَوَّنة blog *n* [mudawwana]

مدى extent, range *(limits)* *n* [mada:]

مدير manager, director *n* [mudi:r]

مدير الإدارة التنفيذية

[Modeer el-edarah al-tanfeedheyah] CEO

مدير مدرسة

[Madeer madrasah] principal

مديرة manager *n* [mudi:ra]

مَدين debit *n* [madi:n]

مدينة city *n* [madi:na]

وسط المدينة

[Wasaṭ al-madeenah] downtown area

واقع في قلب المدينة

[Wa'qe'a fee 'qalb al-madeenah] downtown

وَسَطْ المدينة

[Wasaṭ al-madeenah] downtown area

أين يمكن أن أشتري خريطة للمدينة؟

[ayna yamken an ash-tary khareeṭa lil-madena?] Where can I buy a map of the city?

هل يوجد أتوبيس إلى المدينة؟

[Hal yojad otobees ela al-madeenah?] Is there a bus to the city?

مذبح n [maðbaħ]
مذبح الكنيسة
[madhbaḥ al-kaneesah] altar
مذبحة massacre n [maðbaħa]
مذكر masculine adj [muðakkar]
مذكرة memo n [muðakkira]
مذنب guilty, culprit adj [muðnib]
مذهل astonishing, stunning adj [muðhil]
مذهول astonished, stunned adj [maðhu:l]
مذيب solvent n [muði:b]
مر bitter adj [murr]
مرّ pass vi ◃ go by v [marra]
مرآة mirror n [mirʔa:t]
مرآة جانبية
[Meraah janebeyah] side-view mirror
مرآة الرؤية الخلفية
[Meraah al-roayah al-khalfeyah] rearview mirror
مرأة n [marʔa]
اسم المرأة قبل الزواج
[Esm al-marah ‘qabl alzawaj] maiden name
شخص موال لمساواة المرأة بالرجل
[Shakhṣ mowal le-mosawat al-maraah bel-rajol] feminist
مراجع n [mura:ʒiʕ]
مراجع حسابات
[Moraaje’a ḥesabat] auditor
مراجعة revision n [mura:ʒaʕa]
مراجعة حسابية
[Moraj’ah ḥesabeyah] audit
مَرَارَة gall bladder n [marra:ra]
مُرَاسِل correspondent n [mura:sil]
مراسلة correspondence n [mura:salatu]
مراسم ceremony n [mara:sim]
مرافق associate, companion n [mura:fiq]
بدون مُرافق
[Bedon morafe’q] unattended
مراقب observer, irritated, exam n [mura:qib] proctor
نقطة مراقبة
[No’qtat mora’qabah] observatory
مراقبة n [mura:qaba]
مراقبة جوية
[Mora’qabah jaweyah] air-traffic controller
مراهق adolescent n [mura:hiq]
مراهنة betting n [mura:hana]
مرؤوس inferior n [marʔuws]
مرئي visible adj [marʔij]
مربح lucrative, profitable adj [murbiħ]
مربط n [marbatˤu]
مربط الجواد
[Marbaṭ al-jawad] stall
مربع adj [murabbaʕ]
ذو مربعات
[dho moraba’aat] checked
مربع الشكل
[Moraba’a al-shakl] square
مُربِك confusing adj [murbik]
مربّى jam n [murabba:]
وِعاء المربّى
[We’aaa almorabey] jam jar
مربية nanny n [murabbija]
مرّةً once adv [marratan]
مرة ثانية
[Marrah thaneyah] again
مرّةٌ n [mara]
مرة واحدة
[Marah waḥedah] one-off
مرتاح relieved adj [murta:ħ]
مرتب tidy adj [murattab]
مرتبة n [martaba]
مرتبة ثانية
[Martabah thaneyah] second-class
هل يوجد مرتبة احتياطية؟
[hal yujad ferash iḥte-yaṭy?] Is there any spare bedding?
مرتبط related adj [murtabitˤ]
مرتبك puzzled, confused adj [murtabik]
مُرْتَجِل pedestrian n [murtaʒil]
مرتفع high adv [murtafiʕun]
بصوت مرتفع
[Beṣot mortafe’a] aloud
مرتفع الثمن
[mortafe’a al-thaman] expensive
المقعد مرتفع جدا
[al-ma’q’ad mur-taf’a jedan] The seat is too

high

مرتين twice *adv* [marratajni]

مرج lawn *n* [marʒ]

مُرجان coral *n* [marʒa:n]

مرجع reference *n* [marʒaʕin]

مرجل boiler *n* [mirʒal]

مرح hilarious *adj* [maraħ]

مرحاض washroom, bathroom *n* [mirħa:dˤ]

لفة ورق المرحاض

[Lafat wara'q al-merhaḍ] roll of toilet paper

مرحبا welcome! *excl* [marħaban]

!مرحبا

[marħaban] hi!

مرحلة instance *n* [marħala]

مَرْزيبان marzipan *n* [marzi:ba:n]

مرساة anchor *n* [mirsa:t]

مُرسِل sender *n* [mursil]

مرسى berth *n* [marsa:]

مرشة sprinkler *n* [miraʃʃa]

مُرَشّح candidate *n* [muraʃʃaħ]

مرشد guide *n* [murʃid]

مرشد سياحي

[Morshed seyaḥey] tour guide

في أي وقت تبدأ الرحلة مع المرشد؟

[fee ay wa'qit tabda al-reḥla m'aa al-murshid?] What time does the guided tour begin?

هل يوجد أي رحلات مع مرشد يتحدث بالإنجليزية؟

[hal yujad ay reḥlaat ma'aa murshid yata-ḥadath bil-injile-ziya?] Is there a guided tour in English?

هل يوجد لديكم مرشد لجولات السير المحلية؟

[hal yujad laday-kum murshid le-jaw-laat al-sayr al-maḥal-iya?] Do you have a guide to local trails?

مرض disease *n* [maradˤ]

مرض تصلب الأنسجة المتعددة

[Maraḍ taṣalob al-ansejah al-mota'adedah] MS

مرض السرطان

[Maraḍ al-saraṭan] cancer *(illness)*

مرض السكر

[Maraḍ al-sokar] diabetes

مرض التيفود

[Maraḍ al-tayfood] typhoid

مرض الزهايمر

[Maraḍ al-zehaymar] Alzheimer's disease

مرض حمى القش

[Maraḍ ḥomma al-'qash] hay fever

مرض ذات الرئة

[Maraḍ dhat al-re'aa] pneumonia

مرضي disease-related *adj* [maradˤij]

إذْن غياب مرضي

[edhn gheyab maraḍey] sick note

أجازة مَرَضِيَّة

[Ajaza maraḍeyah] sick leave

غير مرضي

[Ghayr marḍa] unsatisfactory

الأجر المدفوع خلال الأجازة المرضية

[Al-'ajr al-madfoo'a khelal al-'ajaza al-maraḍeyah] sick pay

مرطب moisturizer *n* [muratˤtˤib]

مرعب frightening, horrifying, *adj* [murʕib] alarming

مرعوب frightened, terrified *adj* [marʕu:b]

مُرفق included *adj* [murfiq]

مِرفق elbow *n* [mirfaq]

مرق broth *n* [maraq]

مرقة *n* [marqatu]

مرقة اللحم

[Mara'qat al-laḥm] gravy

مرقط spotty *adj* [muraqqatˤ]

مرقع patched *adj* [muraqqaʕ]

مَركب boat *n* [markab]

ظهر المركب

[ḍhahr al-mrkeb] deck

ما هو موعد آخر مركب؟

[ma howa maw-'aid aakhir markab?] When is the last boat?

مُركّب medication *n* [murakkab]

مُركّب لعلاج السعال

[Morakab le'alaaj also'aal] cough syrup

مُرَكّب complex *adj* [markab]

مَركَبَة bus *(vehicle)* *n* [markaba]

مركز strong *adj* [markazu]

مراكز رئيسية

[Marakez raeaseyah] headquarters

مركز ترفيهي
[Markaz tarfehy] leisure center
مركز تسوق
[Markaz tasawe'q] shopping center
مركز العمل
[markaz al-'aamal] employment office
مركز الاتصال
[Markaz al-eteṣal] call center
مركز زائري
[Markaz zaerey] visitor center
مركز موسيقى
[Markaz mose'qa] stereo
مركزي central *adj* [markazijjat]
تدفئة مركزية
[Tadfeah markazeyah] central heating
مرن flexible *adj* [marin]
غير مَرِن
[Ghayer maren] stubborn
مرهق exhausted, strained *adj* [murhiq]
مرهق الأعصاب
[Morha'q al-a'aṣaab] nerve-racking
مرهم ointment *n* [marhamuns]
مُرهِن pawnbroker *n* [murhin]
مرهوظ baggy *adj* [marhu:zˤ]
مروحة fan *n* [mirwaħa]
هل يوجد مروحة بالغرفة
[hal yujad mirwa-ḥa bil-ghurfa?]
Does the room have a fan?
مُرور traffic *n* [muru:r]
مُرَوَض tame *adj* [murawwidˤ]
مروع appalling, grim, *adj* [murawwiʕ] terrific
مريب dubious *adj* [muri:b]
مريح comfortable, restful *adj* [muri:ħ]
غير مريح
[Ghaeyr moreeḥ] uncomfortable
دافئ ومريح
[Dafea wa moreeḥ] cozy
كرسي مريح
[Korsey moreeḥ] easy chair
مريض invalid, patient *n* [mari:dˤ]
مريض التّوحّد autistic *adj* [mareed attwahhud]
مريع terrible *adj* [muri:ʕ]

بشكل مريع
[Be-shakl moreeḥ] terribly
مريلة *n* [marjala]
مريلة مطبخ
[Maryalat maṭbakh] apron
مِزَاج temper *n* [miza:ʒ]
مزاد auction *n* [maza:d]
مزارع farmer *n* [maza:riʕ]
مزج mix *vt* [maziʒa]
مزح joke *v* [mazaħa]
مزحة prank *n* [mazħa]
مزحي fun *adj* [mazħij]
مُزَخْرَف painter *(in house)* *n* [muzaxraf]
مزدحم crowded *adj* [muzdaħim]
مزدهر lush, thrifty *adj* [muzdahir]
مزدوج twinned *adj* [muzdawaʒ]
غرفة مزدوجة
[Ghorfah mozdawajah] double room
غرفة مزودة بأسرة مزدوجة
[Ghorfah mozawadah be-aserah mozdawajah] room with twin beds
طريق مزدوج الاتجاه للسيارات
[Taree'q mozdawaj al-etejah lel-sayarat] four-lane highway
مزرعة farm *n* [mazraʕa]
مزرعة خيل استيلاد
[Mazra'at khayl esteelaad] stud
مزعج *adj* [muzʕiʒ]
طفل مزعج
[Ṭefl moz'aej] brat
مَزْعوم alleged *adj* [mazʕu:m]
مزق rip up, disrupt, tear *v* [mazzaqa]
مزلجة sled *n* [mizlaʒa]
مزلجة بعجل
[Mazlajah be-'aajal] rollerskates
مزلقان railroad crossing *n* [mizlaqa:n]
مزلقة toboggan *n* [mizlaqa]
مزمار bassoon *n* [mizma:r]
مزامير القربة
[Mazameer al-'qarbah] bagpipes
مزمن chronic *adj* [muzmin]
مَزهُوّ *adj* [mazhuww]
مَزهُوٌّ بِنَفْسِه

[Mazhowon benafseh] smug

مزود *n* [muzawwad]

مزود بخدمة الإنترنت

[Mozawadah be-khedmat al-enternet] ISP

مُزَوِّر mock *adj* [muzawwir]

مزيج mix *n* [mazi:ʒ]

مزيد *adj* [mazi:d]

من فضلك أحضر لي المزيد من الماء

[min faḍlak iḥḍir lee al-mazeed min al-maa] Please bring more water

نحن في حاجة إلى المزيد من أواني الطهي

[naḥno fee ḥaja ela al-mazeed min awany al-ṭahy] We need more dishes

نحن في حاجة إلى المزيد من البطاطين

[Naḥn fee ḥajah ela al-mazeed men al-baṭaṭeen] We need more blankets

مُزَيَّف fake *adj* [muzajjaf]

مزيل *n* [muzi:l]

مزيل رائحة العرق

[Mozeel raaehat al-'aara'q] deodorant

مزيل طلاء الأظافر

[Mozeel ṭalaa al-aḍhafer] nail-polish remover

مساء evening *n* [masa:ʔ]

في المساء

[fee al-masaa] in the evening

مساء الخير

[masaa al-khayer] Good evening

ما الذي ستفعله هذا المساء

[ma al-lathy sataf-'aalaho hatha al-masaa?] What are you doing this evening?

ماذا يمكن أن نفعله في المساء؟

[madha yamken an naf-'aalaho fee al-masaa?] What is there to do in the evenings?

هذه المائدة محجوزة للساعة التاسعة من هذا المساء

[hathy al-ma-eda maḥjoza lel-sa'aa al-tase'aa min hatha al-masaa] The table is reserved for nine o'clock this evening

مساءً p.m. *adv* [masa:ʔun]

مسائي *adj* [masa:ʔij]

صف مسائي

[Ṣaf masaaey] night class

مُسَابِق racer *n* [musa:biq]

مسابقة contest *n* [musa:baqa]

مسار track *n* [masa:r]

مسار كرة البولينج

[Maser korat al-boolenj] bowling alley

مساعد assistant *n* ◁ associate *adj* [musa:ʕid]

مساعد اللبس

[Mosa'aed al-lebs] dresser

مساعد المدرس

[Mosa'aed al-modares] teacher's aide

مساعد المبيعات

[Mosa'aed al-mobee'aat] sales assistant

مساعد شخصي

[Mosa'aed shakhṣey] personal assistant

مساعد في متجر

[Mosa'aed fee matjar] salesperson

مساعدة assistance, help *n* [musa:ʕada]

وسائل المساعدة السمعية

[Wasael al-mosa'adah al-sam'aeyah] hearing aid

سرعة طلب المساعدة

[isri'a be-ṭalab al-musa-'aada] Get help quickly!

أحتاج إلى مساعدة

[aḥtaaj ela musa-'aada] I need assistance

هل يمكن مساعدتي

[hal yamken musa-'aadaty?] Can you help me?

هل يمكنك مساعدتي في الركوب من فضلك؟

[hal yamken -aka musa-'aadaty fee al-rikoob min faḍlak?] Can you help me get on, please?

هل يمكنك مساعدتي من فضلك؟

[hal yamken -aka musa-'aadaty min faḍlak?] Can you help me, please?

مسافة distance *n* [masa:fa]

على مسافة بعيدة

[Ala masafah ba'aedah] far

مسافة بالميل

[Masafah bel-meel] mileage

مسافر traveler *n* [musa:fir]

مسافر يوقف السيارات ليركبها مجانا

[Mosafer yo'qef al-sayarat le-yarkabha majanan] hitchhiker

مسألة matter *n* [masʔala]

مسالم peaceful *adj* [musa:lim]

مساهم stockholder *n* [musa:him]

مساو equal *adj* [musa:win]
مساواة equality *n* [musa:wa:t]
مسؤول accountable, responsible *adj* [masʔu:l]
غير مسئول
[Ghayr maswool] irresponsible
مسئول الجمرك
[Masool al-jomrok] customs officer
مسؤولية responsibility *n* [masʔuwlijja]
مُساوي equivalent *n* [musa:wi:]
مسبب *adj* [musabbibu]
مسبب الصمم
[Mosabeb lel-ṣamam] deafening
مسبح *n* [masbaħ]
هل يوجد مسبح؟
[hal yujad masbaḥ?] Is there a swimming pool?
مستاء hurt, resentful *adj* [musta:ʔ]
مستأجر tenant *n* [mustaʔʒir]
مُسْتَثمر investor *n* [mustaθmir]
مستحسن *adj* [mustaħsan]
من مستحسن
[Men al-mostahsan] advisable
مستحضر *n* [mustaħdˤara:t]
مستحضرات تزيين
[Mostaḥdarat tazyeen] cosmetics
مُستحضر *n* [mustaħdˤar]
مُستحضر سائل
[Mosṫḥdar saael] lotion
مستحق *adj* [mustaħaqq]
مستحق الدفع
[Mostaḥa'q al-daf'a] due
مستحيل impossible *adj* [mustaħi:l]
مُستَخدَم used *adj* [mustaxdamu]
مُستَخدِم user *n* [mustaxdim]
مُستَخدِم الانترنت
[Mostakhdem al-enternet] internet user
مستدير round *adj* [mustadi:r]
مسترخي laid-back *adj* [mustarxi:]
مستريح relaxed *adj* [mustri:ħ]
مستشار specialist *(physician)* *n* [mustaʃa:r]
مستشفى hospital *n* [mustaʃfa:]
مستشفى أمراض عقلية
[Mostashfa amraḍ 'aa'qleyah] psychiatric hospital
مستشفى توليد
[Mostashfa tawleed] maternity hospital
أعمل في أحد المستشفيات
[A'amal fee aḥad al-mostashfayat] I work in a hospital
أين توجد المستشفى؟
[ayna tojad al-mustashfa?] Where is the hospital?
علينا أن ننقله إلى المستشفى
['alayna an nan-'quloho ela al-mustashfa] We have to get him to a hospital
كيف يمكن أن أذهب إلى المستشفى؟
[kayfa yamkin an athhab ela al-mustashfa?] How do I get to the hospital?
هل سيجب عليه الذهاب إلى المستشفى؟
[hal sayajib 'aalyhe al-dhehaab ela al-mustash-fa?] Will he have to go to the hospital?
مستطيل rectangle *n* [mustatˤi:l]
مستطيل الشكل
[Mostaṭeel al-shakl] oblong, rectangular
مُستعار *adj* [mustaʕa:r]
اسم مُستعار
[Esm most'aar] pseudonym
مستعد willing *adj* [mustaʕidd]
مستعص obstinate *adj* [mustaʕsˤin]
مستعمل secondhand *adj* [mustaʕmal]
مُستَغِل extortionate *adj* [mustaɣill]
مستقبل future *n* [mustaqbal]
مستقبلي future *adj* [mustaqbalij]
مستقر stable *adj* [mustaqir]
غير مستقر
[Ghayr mosta'qer] unstable
مستقل independent *adj* [mustaqil]
مُستَقل *adj* [mustaqilin]
بشكل مُستَقل
[Beshakl mosta'qel] freelance
مستقيم straight *adj* [mustaqi:m]
في خط مستقيم
[Fee khad mosta'qeem] straight ahead
مستكشف explorer (مسبار) *n* [mustakʃif]
مُستَكمَل done *adj* [mustakmal]
مُستَلِم receiver *(person)* *n* [mustalim]
مستمر constant, continuous *adj* [mustamirr]
running *n* ◁

مستمع listener *n* [mustamiʕ]
مستنبت زجاجي ى [mustanbatun zuʒa:ʒijjun] conservatory
مستند document *n* [mustanad]
أريد نسخ هذا المستند
[areed naskh hadha al-mus̄tanad] I want to copy this document
مستندات documents *npl* [mustanada:tun]
مستنقع bog *n* [mustanqaʕ]
مُستَهل outset *n* [mustahall]
مُسْتَهلِك consumer *n* [mustahlik]
مستو even *adj* [mustawin]
مستودع warehouse *n* [mustawdaʕu]
مستودع الزجاجات
[Mos̄tawda'a al-zojajat] glass recycling container
مستوقد fireplace *n* [mustawqid]
مستوى *n* [mustawa:]
مستوى المعيشة
[Mos̄tawa al-ma'aeeshah] standard of living
مُستيقظ awake *adj* [mustajqizˤ]
مسجد *n* [masʒid]
هل يوجد هنا مسجد؟
[hal yujad huna masjid?] Where is there a mosque?
مسجل *adj* [musaʒʒal]
مسجل شرائط
[Mosajal sharayeṭ] tape recorder *(old)*
ما المدة التي يستغرقها بالبريد المسجل؟
[ma al-mudda al-laty yas̄ta-ghru'qoha bil-bareed al-musajal?] How long will it take by certified mail?
مُسَجَل registered *adj* [mussaʒal]
مُسَجِّل recorder *(scribe)* *n* [musaʒʒal]
مسح survey *n* [masħ]
مسح ضوئي
[Masḥ ḍawaey] scan
مسح mop up, wipe, wipe up *v* [masaħa]
يمسح الكترونياً
[Yamsaḥ elektroneyan] scan
مسحوق *n* [masħu:q]
مسحوق خبز
[Masḥoo'q khobz] baking powder

مسحوق الكاري
[Masḥoo'q alkaarey] curry powder
مَسْحوقُ الطَّلْق
[Masḥoo'q al-ṭal'q] talcum powder
مسخ monster *n* [masx]
مسدد paid *adj* [musaddad]
غير مسدد
[Ghayr mosadad] unpaid
مسدس pistol *n* [musaddas]
مسدود blocked *n* [masdu:d]
طريق مسدود
[Taree'q masdood] dead end
مسرح theater *n* [masraħ]
ماذا يعرض الآن على خشبة المسرح؟
[madha yu'a-raḍ al-aan 'aala kha-shabat al-masraḥ?] What's on at the theater?
مسرحي *adj* [masraħij]
متى يمكننا أن نذهب لمشاهدة عرضًا مسرحيًا؟
[mata yamkin-ona an nadhab le-musha-hadat 'aarḍan masra-ḥyan?] Where can we go to see a play?
مسرحية *n* [masraħijja]
مسرحية موسيقية
[Masraḥeyah mose'qeya] musical
مسرف extravagant *adj* [musrif]
مسرور pleased *adj* [masru:r]
مسرور جداً
[Masroor jedan] delighted
مُسَطّح apartment *n* [musatˤtˤaħ]
مسطرة ruler *(measure)* *n* [mistˤara]
مسطرين trowel *n* [mistˤarajni]
مُسكِر liqueur *n* [muskir]
مسكن accommodations *n* [maskan]
عقار مسكن
['aa'qaar mosaken] sedative
مسكون *n* [masku:n]
غير مسكون
[Ghayr maskoon] uninhabited
مسل entertaining *adj* [musallin]
مُسلح armed *adj* [musallaħ]
مسلسل *n* [musalsal]
حلقة مسلسلة
[Ḥala'qah mosalsalah] serial

مسلسل درامي
[Mosalsal deramey] soap opera
مسلك route *n* [maslak]
مُسلِم Muslim *n* ◃ Moslem, Muslim *adj* [muslim]
مُسَلَّم intact, accepted *adj* [musallam]
مُسَلَّم به
[Mosalam beh] undisputed
مسلوق poached *(simmered gently) adj* [maslu:q]
مسمار nail *n* [misma:r]
مسمار صغير يدفع بالإبهام
[Mesmar ṣagheer yodfa'a bel-ebham] thumb-tack
مسمار قلاووظ
[Mesmar 'qalawooḍh] screw
مسموح *adj* [masmu:ħ]
أريد غرفة غير مسموح فيها بالتدخين
[areed ghurfa ghyer masmooḥ feeha bil-tadkheen] I'd like a no-smoking room
أمسموح لي أن أصطاد هنا؟
[amasmooḥ lee an aṣ-ṭad huna?] Am I allowed to fish here?
ما هو الحد المسموح به من الحقائب؟
[ma howa al-ḥad al-masmooḥ behe min al-ḥa'qaeb?] What is the baggage allowance?
ما هي أقصى سرعة مسموح بها على هذا الطريق؟
[ma heya a'qṣa sur'aa masmooḥ beha 'aala hatha al- ṭaree'q?] What's the speed limit on this road?
مسمى *adj* [musamma:]
غير مسمى
[ghayr mosama] anonymous
مُسِن aged *adj* [musinn]
مسودة draft *n* [muswadda]
مسيء offensive *adj* [musi:ʔ]
مسيح *n* [masi:ħ]
نزول المسيح
[Nezool al-maseeḥ] advent
مَسيحي Christian *n* ◃ Christian *adj* [masi:ħij]
اسم مَسيحي
[Esm maseeḥey] Christian name
مشادة *n* [muʃa:dda]
مشادة كلامية
[Moshadah kalameyah] argument
مُشادَة quarrel *(argument) n* [muʃa:da]
مُشاركة *n* [muʃa:rika]
مُشاركة في الوقت
[Mosharakah fee al-wa'qt] timeshare
مُشاركَة communion *n* [muʃa:raka]
مشاعِر *n* [maʃa:ʕir]
مُراعٍ لمشاعر الآخرين
[Moraa'a le-masha'aer al-aakhareen] considerate
مشاهد spectator, bystander *n* [muʃa:hid]
مشاهد التلفزيون
[Moshahadat al-telefezyon] viewer
مشاهدة *n* [muʃa:hada]
متى يمكننا أن نذهب لمشاهدة فيلمًا سينمائيا؟
[Mata yomkenona an nadhab le-moshahadat feelman senemaeyan] Where can we go to see a movie?
هل يمكن أن نذهب لمشاهدة الغرفة؟
[hal yamken an nadhhab le-musha-hadat al-ghurfa?] Could you show me, please?
مَشْئُوم sinister *adj* [maʃʔwm]
مشبع *adj* [muʃbaʕ]
مشبع بالماء
[Moshaba'a bel-maa] schmaltzy
مشبك clip *n* [maʃbak]
مشبك الغسيل
[Mashbak al-ghaseel] clothespin
مشبك ورق
[Mashbak wara'q] paperclip
مشبوه suspicious *adj* [maʃbu:h]
مشْتبه suspect *n* [muʃtabah]
مشْتبه به
[Moshtabah beh] suspect
مشترك joint *adj* [muʃtarak]
مشتري buyer *n* [muʃtari:]
مشتعل inflamed *adj* [muʃtaʕil]
مشتغل *n* [muʃtaɣil]
مشتغل بالكهرباء
[Moshtaghel bel-kahrabaa] electrician
مشتل garden center *n* [maʃtal]
مشجع encouraging *adj* [muʃaʒʒiʕ]
مشرحة morgue *n* [maʃraħa]

مشرف supervisor *n* [muʃrif]

مشرف على بيت
[Moshref ala bayt] caretaker

مَشرِقي far-eastern *adj* [maʃriqij]

مشروب beverage, drink *n* [maʃru:b]

مشروب غازي
[Mashroob ghazey] soft drink

مشروب النَّخْب
[Mashroob al-nnkhb] toast *(tribute)*

مشروب فاتح للشهية
[Mashroob fateḥ lel shaheyah] aperitif

مشروبات روحية
[Mashroobat rooḥeyah] spirits

أي المشروبات لديك رغبة في تناولها؟
[ay al-mash-roobat la-dyka al-raghba fee tanawilha?] What would you like to drink?

ما هو مشروبك المفضل
[ma howa mashro-bak al-mufaḍal?] What is your favorite drink?

ماذا يوجد من المشروبات المسكرة المحلية؟
[madha yujad min al-mash-robaat al-musakera al-maḥa-leya?] What liqueurs do you have?

هل لديك رغبة في تناول مشروب؟
[hal ladyka raghba fee tanawil mash-roob?] Would you like a drink?

مشروط conditional *adj* [maʃru:tˤ]

غير مشروط
[Ghayr mashrooṭ] unconditional

مشروع valid *adj* ◂ project *n* [maʃru:ʕ]

مشط comb *n* [muʃtˤ]

مشّط comb *v* [maʃatˤa]

مشع radioactive *adj* [muʃiʕʕ]

مُشعوذ sorcerer, juggler *n* [muʃaʕwið]

مشغل operator *n* [muʃaɣɣil]

مشغل اسطوانات دى في دي
[Moshaghel esṭwanat D V D] DVD player

مشغل الأغنيات المسجلة
[Moshaghel al-oghneyat al-mosajalah] disc jockey

مشغل الاسطوانات
[Moshaghel al-esṭewanat] CD player

MP3 مشغل ملفات
[Moshaghel malafat MP3] MP3 player

MP4 مشغل ملفات
[Moshaghel malafat MP4] MP4 player

مشغول busy, engaged *adj* [maʃɣu:l]

مشغول البال
[Mashghool al-bal] preoccupied

إنه مشغول
[inaho mash-ghool] It's busy

مَشْفَى infirmary *n* [maʃfa:]

مشكلة problem *n* [muʃkila]

هناك مشكلة ما في الغرفة
[Honak moshkelatan ma fel-ghorfah] There's a problem with the room

هناك مشكلة ما في الفاكس
[Honak moshkelah ma fel-faks] There's a problem with your fax

مشكوك *adj* [maʃku:k]

مشكوك فيه
[Mashkook feeh] doubtful

مشلول paralyzed *adj* [maʃlu:l]

مشمئز disgusted *adj* [muʃmaʔizz]

مشمس sunny *adj* [muʃmis]

الجو مشمس
[al-jaw mushmis] It's sunny

مشمش apricot *n* [miʃmiʃ]

مشمع *n* [muʃammiʕ]

مشمع الأرضية
[Meshama'a al-arḍeyah] linoleum

مشهد scene *n* [maʃhad]

مشهدي spectacular *adj* [maʃhadij]

مشهور known, well-known, *adj* [maʃhu:r] famous

مُشْوار walk *n* [miʃwa:r]

مشوش chaotic *adj* [muʃawwaʃ]

مُشَوِق interesting *adj* [muʃawwiq]

مشوي broiled *adj* [maʃwij]

مَشْي walking *n* [maʃj]

مشى walk *v* [maʃa:]

يَمشي أثناء نومه
[Yamshee athnaa nawmeh] sleepwalk

مشيخي Presbyterian *adj* [maʃjaxij]

كَنيسة مَشْيَخِيَّة
[Kaneesah mashyakheyah] Presbyterian

مصاب casualty *adj* [musˤa:b]

مصاب بدوار البحر
[Moṣab be-dawar al-baḥr] seasick
مصاب بالسكري
[Moṣab bel sokkarey] diabetic
مصاب بالامساك
[Moṣab bel-emsak] constipated
إنها مصابة بالدوار
[inaha muṣa-ba bel-dawar] She's fainted
مصادفة chance *n* [musˤa:dafa]
مُصارِع wrestler *n* [musˤa:riʕ]
مصارعة wrestling *n* [musˤa:raʕa]
مصاريف *n* [masˤa:ri:f]
هل يوجد مصاريف للحجز؟
[hal yujad maṣareef lel-ḥajz?] Is there a service charge?
مصاص *n* [masˤsˤa:sˤ]
مصاص دماء
[Maṣaṣ demaa] vampire
مَصّاصَه lollipop *n* [masˤsˤasˤa]
مصباح lamp *n* [misˤba:ħ]
مصباح أمامى
[Mesbaḥ amamey] headlight
مصباح علوي
[Mesbaḥ 'aolwey] headlight
مصباح اضاءة
[Mesbaḥ eḍaah] light bulb
مصباح الضباب
[Mesbaḥ al-ḍabab] fog light
مصباح الشارع
[Mesbaḥ al-share'a] streetlight
مصباح الفرامل
[Mesbaḥ al-faramel] brake light
مِصْبَاح بِسَرِير
[Meṣbaaḥ besareer] bedside lamp
مصد bumper *n* [musˤidd]
مَصْدَر infinitive *n* [masˤdar]
مصدم shocking *adj* [musˤdim]
مصر Egypt *n* [misˤru]
مُصِر persistent *adj* [musˤirru]
مصراع *n* [misˤra:ʕ]
مصراع النافذة
[meṣraa'a alnafedhah] shutters
مصرف ditch *n* [masˤrif]

المصاريف المدفوعة مقدما
[Al-maṣaareef al-madfoo'ah mo'qadaman] cover charge
مصرف للمياه
[Maṣraf lel-meyah] drain
مصرف النفايات به انسداد
[muṣraf al-nifayaat behe ensi-dad] The drain is clogged
مصروف *n* [masˤru:f]
مصروف الجيب
[Maṣroof al-jeeb] pocket money
مصري Egyptian *n* ◃ Egyptian *adj* [misˤrij]
مصعد elevator *(up/down)* *n* [misˤʕad]
مِصْعَد التَّزَلُّج
[Meṣ'aad al-tazalog] ski lift
أين يوجد المصعد؟
[ayna yujad al-maṣ'aad?] Where is the elevator?
هل يوجد مصعد في المبنى؟
[hal yujad maṣ'aad fee al-mabna?] Is there an elevator in the building?
مُصَغَر miniature *adj* [musˤaɣɣar]
شَكْل مُصَغَّر
[Shakl moṣaghar] miniature
مصفاة colander *n* [misˤfa:t]
مصفاة معمل التكرير
[Meṣfaah ma'amal al-takreer] refinery
مُصفف *n* [musˤaffif]
مُصفف الشعر
[Moṣafef al-sha'ar] hairdresser
مصلحة interest *(income)* *n* [masˤlaħa]
مُصَمِم designer *n* [musˤammim]
مُصَمِم أزياء
[Moṣamem azyaa] stylist
مُصَمِم داخلي
[Moṣamem dakheley] interior designer
مُصَمِم موقع
[Moṣamem maw'qe'a] Webmaster
مصنع factory *n* [masˤnaʕ]
صاحب المصنع
[Ṣaheb al-maṣna'a] manufacturer
مصنع البيرة
[maṣna'a al-beerah] brewery

مصنع منتجات الألبان
[maṣna'a montajat al-alban] dairy
مصنع منزلياً
[Maṣna'a manzeleyan] homemade
أعمل في أحد المصانع
[A'amal fee aḥad al-maṣaane'a] I work in a factory
مصور cameraman *n* [musˤawwir]
مصور فوتوغرافي
[moṣawer fotoghrafey] photographer
مصيدة trap *n* [misˤjada]
مضاد opposite *adj* [mudˤa:d]
جسم مضاد
[Jesm moḍad] antibody
مضاد حيوي
[Moḍad ḥayawey] antibiotic
مضاد لإفراز العرق
[Moḍad le-efraz al-'aar'q] antiperspirant
مضاد للفيروسات
[Moḍad lel-fayrosat] antivirus
مضارب *n* [mudˤa:rib]
هل يؤجرون مضارب الجولف؟
[hal yo-ajeroon maḍarib al-jolf?] Do they rent out golf clubs?
هل يقومون بتأجير مضارب اللعب؟
[hal ya'qo-moon be-ta-jeer maḍarib al-li'aib?] Do they rent out rackets?
مضاعف double *adj* [mudˤa:ʕaf]
مضاعفة multiplication *n* [mudˤa:ʕafa]
مضايق annoying *adj* [mudˤa:jiq]
مُضايقة harassment *n* [mudˤa:jaqa]
مضبوط exact *adj* [madˤbu:tˤ]
مضجع couch *n* [madˤʒaʕ]
مضجع صغير
[Maḍja'a ṣagheer] sleeping berth
مضحك funny *adj* [mudˤħik]
مضخة pump *n* [midˤaxxa]
المضخة رقم ثلاثة من فضلك
[al-maḍakha ra'qum thalath min faḍlak] Pump number three, please
مضرب bat *(with ball)* *n* [midˤrab]
مضرب كرة الطاولة
[Maḍrab korat al-ṭawlah] racket

مَضْرَب whisk *n* [midˤrabu]
مضغ chew *v* [madˤaɣa]
مضغوط compact, jammed *adj* [madˤɣu:tˤ]
قرص مضغوط
['qorṣ maḍghooṭ] compact disc
مُضَلِل misleading *adj* [mudˤallil]
مضيف host *(entertains)*, steward *n* [mudˤi:f]
مضيف الطائرة
[moḍeef al-ṭaaerah] flight attendant
مضيف بار
[Moḍeef bar] bartender
مضيفة *n* [mudˤi:fa]
مضيفة جوية
[Moḍeefah jaweyah] flight attendant
مضيفة بار
[Moḍeefat bar] bartender
مطار airport *n* [matˤa:r]
أتوبيس المطار
[Otobees al-maṭar] airport bus
كيف يمكن أن أذهب إلى المطار
[Kayf yomken an adhhab ela al-maṭar] How do I get to the airport?
مُطَارَد haunted *adj* [mutˤa:rad]
مطاردة chase *n* [mutˤa:rada]
مطاط rubber band *n* [matˤtˤa:tˤ]
مطاطي stretchy *adj* [matˤa:tˤij]
شريط مطاطي
[shareeṭ maṭaṭey] rubber band
قفازات مطاطية
['qoffazat maṭaṭeyah] rubber gloves
مطافئ *adj* [matˤa:fiʔ]
رَجُل المطافئ
[Rajol al-maṭafeya] fireman
مطالب *adj* [matˤa:lib]
كثير المطالب
[Katheer almaṭaleb] demanding
مطالبة claim *n* [mutˤa:laba]
مطبخ kitchen *n* [matˤbax]
مطبخ مجهز
[Maṭbakh mojahaz] built-in kitchen
مطبوع *adj* [matˤbu:ʕ]
...هل يوجد لديكم أي مطبوعات عن
[hal yujad laday-kum ay maṭ-bo'aat 'aan...?] Do

you have any brochures on...?

مطبوعات printout *npl* [matˤbu:ʕa:tun]

مطحنة *n* [mitˤħanatu]

مطحنة الفلفل

[maṭḥanat al-felfel] peppermill

مطر rain *n* [matˤar]

أمطار حمضية

[Amṭar ḥemdeyah] acid rain

هل تظن أن المطر سوف يسقط؟

[hal taḍhun ana al-maṭar sawfa yas'qiṭ?]

Do you think it's going to rain?

مطرد steady *adj* [mutˤrad]

مطعم cafeteria, restaurant *n* [matˤʕam]

هل يمكن أن تنصحني بمطعم جيد؟

[hal yamken an tan-ṣaḥny be-maṭ'aam jayid?]

Can you recommend a good restaurant?

هل يوجد أي مطاعم نباتية هنا؟

[hal yujad ay maṭa-'aem nabat-iya huna?]

Are there any vegetarian restaurants here?

مطل outlook *n* [mutˤill]

مطلب request, requirement *n* [matˤlab]

مُطَلَّق divorced *adj* [mutˤallaq]

مُطْلَق sheer *adj* [mutˤlaq]

مُطمئِن reassuring *adj* [mutˤmaʔin]

مطنب laid off *adj* [mutˤanabb]

مُطهر antiseptic *n* [mutˤahhir]

مطهو ready-to-serve *adj* [matˤhuww]

مطيع obedient *adj* [mutˤi:ʕ]

مُظَاهَرة demonstration *n* [muzˤa:hara]

مظلة umbrella, parachute *n* [mizˤalla]

مظلم dark *adj* [muzˤlim]

مظهر appearance, showing, shape *n* [mazˤhar]

مع with *prep* [maʕa]

معاد unfavorable *adj* [muʕa:d]

مُعادلة equation *n* [muʕa:dala]

معارض opposing *adj* [muʕa:ridˤ]

مُعارضَة opposition *n* [muʕa:radˤa]

معاش pension *n* [maʕa:ʃ]

صاحب المعاش

[Ṣaheb al-ma'aash] senior

صاحب معاش كبير السن

[Ṣaheb ma'aash kabeer al-sen] senior citizen

معاصر contemporary *adj* [muʕa:sˤiru]

مُعاقون disabled people *npl* [mu'aaqoun]

مُعَاكِس contrary *n* [muʕa:kis]

مُعَالِج *n* [muʕa:liʒ]

مُعَالِج القدم

[Mo'aaleg al-'qadam] podiatrist

معالم *n* [maʕa:lim]

ما هي المعالم التي يمكن أن نزورها هنا؟

[ma heya al-ma'aalim al-laty yamken an nazo-raha huna?] What sights can you visit here?

معاملة treatment, transaction *n* [muʕa:mala]

سوء معاملة الأطفال

[Soo mo'aamalat al-aṭfaal] child abuse

معاهدة treaty *n* [muʕa:hada]

معبد temple *n* [muʕabbad]

معبد اليهود

[Ma'abad al-yahood] synagogue

معتاد usual, regular *adj* [muʕta:d]

معتدل medium *(between extremes) adj* [muʕtadil] , modest

معتل unwell *adj* [muʕtal]

معتم overcast *adj* [muʕtim]

معجزة miracle *n* [muʕʒiza]

معجل accelerator *n* [muʕaʒʒil]

معجنات pastry *n* [muʕaʒʒana:t]

معجون paste *n* [maʕʒu:n]

معجون الأسنان

[ma'ajoon asnan] toothpaste

مُعَد prepared *adj* [muʕadd]

مُعْد infectious *adj* [muʕdin]

معدات *n* [muʕida:t]

هل يمكن أن نؤجر المعدات؟

[hal yamken an no-ajer al-mu'ae-daat?] Can we rent the equipment?

مُعدات equipment, outfit *n* [muʕadda:t]

معدة stomach *n* [maʕida]

مُعَدَّة device *n* [muʕadda]

معدل average, rate *n* ◂ varied *adj* [muʕaddal]

معدل وراثيا

[Mo'aaddal weratheyan] genetically modified

معدن metal *n* [maʕdin]

معدني *adj* [maʕdinij]

زجاجة من المياه المعدنية غير الفوارة

[zujaja min al-meaa al-ma'adan-iya gher al-fawara] a bottle of still mineral water

معدي adj [muʕddi:]

هل هو معدي؟

[hal howa mu'ady?] Is it infectious?

معدية ferry *n* [muʕdija]

معدية سيارات

[Me'adeyat sayarat] car ferry

معذرة *excl* [maʕðiratun]

معذرة، هذا هو مقعدي؟

[ma'a-dhera, hadha howa ma'q'aady] Excuse me, that's my seat

معرض exhibition, show *n* [maʕridˤ]

معرفة knowledge *n* [maʕrifa]

معركة battle *n* [maʕraka]

معروف favor *n* [maʕru:f]

غير معروف

[Gheyr ma'aroof] unknown

معزول isolated *adj* [maʕzu:l]

معسر drunk *adj* [muʕassir]

معسكر camp, camper *n* [muʕaskar]

تنظيم المعسكرات

[Tanṭeem al-mo'askarat] camping

موقد يعمل بالغاز للمعسكرات

[Maw'qed ya'amal bel-ghaz lel-mo'askarat] portable gas cylinder

معصم wrist *n* [miʕsˤam]

معضلة dilemma *n* [muʕdˤila]

معطف overcoat *n* [miʕtˤaf]

معطف المطر

[Me'ataf lel-maṭar] raincoat

معطف فرو

[Me'ataf farw] fur coat

معطف واق من المطر

[Me'ataf wa'qen men al-maarṭar] raincoat

معطل broken down *adj* [muʕatˤtˤal]

عداد موقف الانتظار معطل

['adad maw'qif al-entiḍhar mo'aaṭal] The parking meter is broken

العداد معطل

[al-'aadad mu'aaṭal] The meter is broken

معفى *adj* [muʕfa:]

معفى من الرسوم الضريبية

[Ma'afee men al-rosoom al-ḍareebeyah] duty-free

معقد complicated *adj* [muʕaqqad]

معقوص curly *adj* [maʕqu:sˤ]

معقول reasonable *adj* [maʕqu:lin]

إلى حد معقول

[Ela ḥad ma'a'qool] pretty

على نحو معقول

[Ala naḥw ma'a'qool] reasonably

غير معقول

[Ghear ma'a'qool] unreasonable

معلب canned *adj* [muʕallab]

معلق outstanding *adj* [muʕallaq]

مُعلِق commentator *n* [muʕalliq]

معلم *n* [muʕallim]

معلم القيادة

[Mo'alem al-'qeyadh] driving instructor

مَعلَم landmark *n* [maʕlam]

مُعَلِم instructor *n* [muʕallim]

معلومات information *n* [amaʕlu:ma:t]

...أريد الحصول على بعض المعلومات عن

[areed al-ḥuṣool 'aala ba'aḍ al-ma'aloomat 'an...] I'd like some information about...

معلومة *n* [maʕlu:ma]

معلومات عامة

[Ma'aloomaat 'aamah] general knowledge

معماري architect *n* [miʕmairjj]

معمداني *n* [maʕmada:nijja]

كنيسة معمدانية

[Kaneesah me'amedaneyah] Baptist

معمل lab *n* [maʕmal]

معمل كيميائي

[M'amal kemyaeay] pharmacy

معنويات morale *npl* [maʕnawijja:tun]

مَعنيّ concerned *adj* [maʕnij]

معنى meaning *n* [maʕna:]

معهد institute *n* [maʕhad]

معي gut *n* [maʕjj]

معيار criterion *n* [miʕjIr]

معيد demonstrator *n* [muʕiːd]

معيشة *n* [maʕi:ʃa]

تكلفة المعيشة

[Taklefat al-ma'aeeshah] cost of living

حجرة المعيشة
[Ḥojrat al-ma'aeshah] living room

faulty *adj* [maʕju:b] **معيوب**

departure *n* [muɣa:dara] **مغادرة**

مغادرة الفندق
[Moghadarat al-fondo'q] checkout

adventurous *adj* [muɣa:mir] **مُغامر**

adventure *n* [muɣa:mara] **مغامرة**

dusty *adj* [muɣbarr] **مغبر**

rapist *n* [muɣtasˤib] **مُغتَصِب**

nutritious *adj* [muɣaððij] **مغذي**

مادة مغذية
[Madah moghadheyah] nutrient

tempting *adj* [muɣrin] **مغر**

Moroccan *n* ◂ Moroccan *adj* [maɣribij] **مغربي**

ladle *n* [miɣrafa] **مغرفة**

stuck-up *adj* [maɣru:r] **مغرور**

moral *n* [maɣzan] **مغزى**

بلا مغزى
[Bela maghdha] pointless

laundry *n* [miɣsala] **مغسلة**

naive, foolish *adj* [muɣaffal] **مغفّل**

fool *n* [muɣaffl] **مُغَفّل**

envelope *n* ◂ packed *adj* [muɣallaf] **مغلف**

closed *adj* [muɣlaq] **مغلق**

closely *adv* [muɣlaqan] **مغلقاً**

boiled *adj* [maɣlij] **مغلي**

magnet *n* [miɣna:tˤi:s] **مغناطيس**

magnetic *adj* [miɣna:tˤi:sij] **مغناطيسي**

singer *n* [muɣanni:] **مغني**

مغني أو عازف منفرد
[Moghaney aw 'aazef monfared] soloist

مُغَنّي حفلات
[Moghaney ḥafalat] lead singer

n [muɣajjir] **مُغَيِّر**

مُغَيِّر السرعة
[Moghaey al-sor'aah] gearshift

(خطير)sudden, surprising, *adj* [mufa:ʒiʔ] **مفاجئ**
abrupt

على نحو مفاجئ
[Ala naḥw mofaheya] surprisingly

بشكل مفاجئ
[Be-sakl mofajeya] abruptly

حركة مفاجئة
[Ḥarakah mofajeah] hitch

surprise *n* [mufa:ʒaʔa] **مفاجئة**

reactor *n* [mufa:ʕil] **مُفَاعِل**

negotiator *n* [mufa:widˤ] **مفاوض**

negotiations *npl* [mufa:wadˤa:tun] **مفاوضات**

key *(for lock)* *n* [mifta:ħ] **مفتاح**

صانع المفاتيح
[Ṣaane'a al-mafateeḥ] locksmith

مفتاح ربط
[Meftaḥ rabṭ] wrench

مفتاح ربط وفك الصواميل
[Meftaḥ rabṭ wafak al-ṣawameel] wrench

مفتاح كهربائي
[Meftaḥ kahrabaey] switch

مفتاح لغز
[Meftaḥ loghz] clue

مفاتيح السيارة
[Meftaḥ al-sayarah] car keys

أين يمكن أن أحصل على المفتاح...؟
[ayna yamken an naḥṣal 'ala al-muftaaḥ...?] Where do we get the key...?

...أين يوجد مفتاح
[le-ay ghurfa hadha al-muftaaḥ?] What's this key for?

أين يوجد مفتاح الجراج؟
[ayna yujad muftaaḥ al-jaraj?] Which is the key to the garage?

المفتاح لو سمحت
[al-muftaaḥ law samaḥt] The key, please

لقد نسيت المفتاح
[la'qad nasyto al-muftaaḥ] I've forgotten the key

fierce, ravenous *adj* [muftaris] **مفترس**

inspector *n* [mufattiʃ] **مفتش**

مفتش التذاكر
[Mofatesh taḍhaker] ticket inspector

open *adj* [maftu:ħ] **مفتوح**

هل المعبد مفتوح للجمهور؟
[hal al-ma'abad maf-tooḥa lel-jamhoor?] Is the temple open to the public?

هل المتحف مفتوح أيام السبت؟
[hal al-mat-ḥaf maf-tooḥ ayaam al-sabit?] Is the

museum open on Sundays?

مفجر [mufaʒʒir] *n*

مفجر انتحاري

[Mofajer enteḥaarey] suicide bomber

مفر [mafarr] *adj*

لا مفر منه

[La mafar menh] indispensable

مُفرِح [mufriħ] *adj* thrilling

مفرد [mufrad] *n* singular

مفرط [mufritˤ] *adj* excessive

مفروش [mafru:ʃ] *adj* furnished

مفروض [mafru:dˤ] *adj*

هل هناك رسوم مفروضة على كل شخص؟

[hal hunaka risoom maf-rooḍa 'aala kul shakhiṣ?] Is there a cover charge?

مفزع [mufziʕ] *adj* dreadful

مفسد [mufsid] *n*

مفسد المتعة

[Mofsed al-mot'aah] spoilsport

مُفَسِّر [mufassir] *n* interpreter

مفصل [mifsˤal] *adj*

التواء المفصل

[El-tewaa al-mefṣal] sprain

مُفَصِّل [mufasˤsˤal] *adj* detailed

مَفصَل [mafsˤal] *n* joint *(meat)*

مِفصلة [mifsˤala] *n* hinge

مفصول [mafsˤu:l] *adj*

غير مفصول فيه

[Ghaey mafṣool feeh] undecided

مفضل [mufadˤdˤal] *adj* favorite

مُفقِد [mufqid] *n*

مُفقِد للشهية

[Mof'qed lel-shaheyah] anorexic

مفقود [mafqu:d] *adj* missing

مفقودات وموجودات

[maf'qodat wa- mawjoodat] lost-and-found

إن ابنتي مفقودة

[enna ibnaty maf-'qoda] My daughter is missing

مفك [mifakk] *n* screwdriver

مفكرة [mufakkira] *n* notebook

مفلس [muflis] *adj* broke, bankrupt

مفهوم [mafhu:m] *adj* understandable

مُفَوِّض [mufawwdˤ] *adj*

تلميذ مُفَوِّض

[tolmeedh mofawaḍ] prefect

مفيد [mufi:d] *adj* helpful

غير مفيد

[Ghayr mofeed] unhelpful

مقابل [muqa:bil] *adj* opposed

مقابلة [muqa:bala] *n* interview

مقارنة [muqa:rana] *n* comparison

قابل للمقارنة

['qabel lel-mo'qaranah] comparable

مقاس [maqa:s] *n*

مقاس كبير

[Ma'qaas kabeer] plus-size

هل يوجد مقاس أصغر من ذلك؟

[hal yujad ma'qaas aṣghar min dhalik?] Do you have this in a smaller size?

هل يوجد مقاس أكبر من ذلك؟

[hal yujad ma'qaas akbar min dhalik?] Do you have this in a larger size?

هل يوجد مقاس كبير جدا؟

[hal yujad ma'qaas kabeer jedan?] Do you have an extra large?

مقاطعة [muqa:tˤaʕa] *n* interruption

مقال [maqa:l] *n* essay

مقالة [maqa:la] *n* article

مقام [maqa:m] *adj*

هل يوجد أية حفلات غنائية ممتعة مقامة حاليًا؟

[hal yujad ayat ḥaf-laat ghena-eya mumti'aa mu'qama ḥaleyan?] Are there any good concerts?

مقامر [muqa:mir] *n* gambler

مقامرة [muqa:mara] *n* gambling

مقاول [muqa:wil] *n* contractor

مقاوم [muqa:wim] *adj*

مقاوم لحرارة الفرن

[Mo'qawem le-ḥarart al-forn] ovenproof

مقاوم للبلل

[Mo'qawem lel-balal] showerproof

مقاوم للمياه

[Mo'qawem lel-meyah] waterproof

مقاومة [muqa:wama] *n* resistance

مقبرة [maqbara] *n* cemetery, tomb

مقبس socket *n* [miqbas]

مقبض handle, knob *n* [miqbadˤ]

مقبض الباب

[Me'qbaḍ al-bab] door handle

لقد سقط مقبض الباب

[la'qad sa'qaṭa me-'qbaḍ al-baab] The door handle has come off

مقبل coming *n* [muqbil]

مقبول acceptable, okay *adj* [maqbu:l]

غير مقبول

[Ghayr ma'qool] unacceptable

مقتصد sober, economical *adj* [muqtasˤid]

مقدار *n* [miqda:r]

مقدار كبير

[Me'qdaar kabeer] mass *(amount)*

مِقدام courageous *adj* [miqda:m]

مقدس holy *adj* [muqadas]

مقدم host *n* [muqaddim]

مقدم برامج

[Mo'qadem bramej] master of ceremonies

مُقدم الطلب

[Mo'qadem al-ṭalab] applicant

مقدماً beforehand *adv* [muqaddaman]

مقدمة introduction *n* [muqadima]

مُقَرّب intimate, close *adj* [muqarrab]

شخص مُقَرّب

[Shakhṣ mo'qarab] favorite

مقروء legible *adj* [maqru:ʔ]

غير مقروء

[Ghayr ma'qrooa] illegible

مقص scissors *n* [miqasˤ]

مقص أظافر

[Ma'qaṣ aḍhafer] nail scissors

مَقصَد destination *n* [maqsˤid]

مقصود intentional *adj* [maqsˤu:d]

مقصورة compartment *n* [maqsˤu:ra]

مقطب *n* [muqatˤtˤab]

مقطب الجبين

[Mo'qṭ ab al-jabeen] sulky

مقطع *n* [maqtˤaʕ]

مقطع لفظي

[Ma'qṭa'a lafḍhy] syllable

مَقْطُورَةٌ trailer *n* [maqtˤu:ra]

موقع المَقْطُورَة

[Maw'qe'a al-ma'qṭorah] trailer park

مقطوعة *n* [maqtˤunwʕa]

مقطوعة موسيقية

[Ma'qṭoo'aah moose'qeyah] tune

مقعد seat *(furniture)* *n* [maqʕad]

مقعد بجوار النافذة

[Ma'q'aad bejwar al-nafedhah] window seat

أريد حجز مقعد في العربة المخصصة لغير المدخنين

[areed ḥajiz ma'q'ad fee al-'aaraba al-mukhaṣaṣa le-ghyr al-mudakhin-een] I want to reserve a seat in a nonsmoking compartment

أريد مقعد في العربة المخصصة لغير المدخنين

[areed ma'q'aad fee al-'aaraba al-mukhaṣaṣa le-ghyr al-mudakhineen] I'd like a nonsmoking seat

أريد مقعد لطفل عمره عامين

[areed ma'q'ad le- ṭifil 'aumro 'aam-yin] I'd like a child seat for a two-year-old child

المقعد منخفض جدا

[al-ma'q'ad mun-khafiḍ jedan] The seat is too low

لقد قمت بحجز المقعد

[la'qad 'qimto be-ḥajis al-ma'q'aad] I have a seat reservation

هل يمكن الجلوس في هذا المقعد؟

[hal yamken al-jiloos fee hadha al-ma'q-'aad?] Is this seat free?

مقلاة pan, saucepan *n* [miqla:t]

مقلب *n* [muqallib]

مقلب النفايات

[Ma'qlab al-nefayat] landfill

مقلق worrying *adj* [muqliq]

مقلم striped *adj* [muqallam]

مقلمة pencil case *n* [miqlama]

مقلي fried *adj* [maqlij]

مقنع convincing, persuasive *adj* [muqniʕ]

مقهى café *n* [maqha:]

مقهى الانترنت

[Ma'qha al-enternet] cybercafé, internet café

مقود handlebars *n* [miqwad]

سيارة مقودها على الجانب الأيسر
[Sayarh me'qwadoha ala al-janeb al-aysar] left-hand drive

مقياس gauge, standard *n* [miqja:s]

مقيم resident *n* [muqi:m]

أجنبي مقيم
[Ajnabey mo'qeem] au pair

مكاتب office *n* [maka:tib]

أعمل في أحد المكاتب
[A'amal fee aḥad al-makateb] I work in an office

مكاسب earnings *npl* [maka:sibun]

مكافئ matching *adj* [muka:fiʔ]

مكافأة reward *n* [muka:faʔa]

مكالمة call *n* [muka:lama]

أين يمكن أن أقوم بإجراء مكالمة تليفونية؟
[ayna yamken an a'qoom be-ijraa mukalama talefoniya?] Where can I make a phone call?

مكان location, place, spot *(place)* *n* [maka:n]

في أي مكان
[Fee ay makan] anywhere

ليس في أي مكان
[Lays fee ay makan] nowhere

مكان عمل
[Makan 'aamal] workstation

مكان الحوادث
[Makan al-ḥawadeth] venue

مكان الميلاد
[Makan al-meelad] place of birth

أتعرف مكانا جيدا يمكن أن أذهب إليه؟
[a-ta'aruf makanan jayidan yamkin an adhhab e-lay-he?] Do you know a good place to go?

...أنا في المكان
[ana fee al-makaan...] My location is....

مكانة position, rank *(status)* *n* [maka:na]

مكانة أعلى
[Makanah a'ala] superior

مكبح *n* [makbaħ]

مكبح العربة
[Makbaḥ al-'arabah] spoke

مكبر amplifier *n* [mukabbir]

مِكْبَس piston *n* [mikbas]

مكة Mecca *n* [makkatu]

مكتب desk, disk, office *n* [maktab]

مكتب رئيسي
[Maktab a'ala] head office

مكتب صرافة
[Maktab ṣerafah] currency exchange counter

مكتب التسجيل
[Maktab al-tasjeel] county clerk's office

مكتب التذاكر
[Maktab al-taḍhaker] ticket office

مكتب الاستعلامات
[Maktab al-este'alamaat] information desk, information booth

مكتب البريد
[maktab al-bareed] post office

مكتب الحجز
[Maktab al-ḥjz] ticket office

مكتب المراهنة
[Maktab al-morahanah] betting shop

مكتب المفقودات
[Maktab al-maf'qodat] lost-and-found department

مكتب وكيل السفريات
[Maktab wakeel al-safareyat] travel agency

أين يوجد مكتب السياحة؟
[ayna maktab al-siyaḥa?] Where is the tourist office?

هل لديك مكتب إعلامي؟
[hal ladyka maktab e'a-laamy?] Do you have a press office?

هل لي أن أستخدم المكتب الخاص بك؟
[hal lee an astakhdim al-maktab al-khaaṣ bik?] May I use your desk?

مكتبة library *n* [maktaba]

مكتبة لبيع الكتب
[Maktabah le-bay'a al-kotob] bookstore

مكتبي *adj* [maktabij]

أعمال مكتبية
[A'amaal maktabeyah] paperwork

أدوات مكتبية
[Adawat maktabeyah] stationery

مكث stick out, stay in *v* [makaθa]

مُكَثَّف *adj* [mukaθθaf]

بصورة مُكَثَّفة

[Beṣorah mokathafah] heavily

n [mukarban] **مكربن**

المكربن

[Al-makreen] carburetor

devoted *adj* [mukarras] **مكرس**

macaroni *npl* [makaru:natun] **مكرونة**

مكرونة سباجتي

[Makaronah spajety] spaghetti

مكرونة اسباجتي

[Makaronah spajety] noodles

gain *n* [maksab] **مَكْسَب**

broken *adj* [maksu:r] **مكسور**

مكسور القلب من شدة الحزن

[Maksoor al-'qalb men shedat al-ḥozn] heart-broken

إنها مكسورة

[inaha maksoora] This is broken

القفل مكسور

[al-'qiful maksoor] The lock is broken

Mexican *n* ◃ Mexican *adj* [miksi:kij] **مكسيكي**

cube *n* ◃ cubic *adj* [mukaʕʕab] **مكعب**

مكعب ثلج

[Moka'aab thalj] ice cube

مكعب حساء

[Moka'aab ḥasaa] bouillon cube

supplement *n* [mukammill] **مُكَمِّل**

broom *n* [miknasatu] **مكنسة**

مكنسة كهربائية

[Meknasah kahrobaeyah] vacuum cleaner

electric *adj* [mukahrab] **مكهرب**

shuttle *n* [makku:k] **مكوك**

n ◃ component *adj* [mukawwin] **مكون** component

ingredient *n* [mukawwan] **مُكَوّن**

v [malaʔa] **ملأ**

يَملأ ب

[Yamlaa be] fill up

fill *vt* [malaʔa] **ملأ**

يَمْلأ الفراغ

[Yamlaa al-faragh] fill out

adj [malʔ] **ملئ**

ملئ بالطاقة

[Maleea bel-ṭa'qah] energetic

sheet *n* [malla:ʔa] **ملاءة**

ملاءة مثبتة

[Melaah mothabatah] fitted sheet

appropriate, suitable *adj* [mula:ʔim] **ملائم**

غير ملائم

[Ghayr molaem] inadequate, inconvenient

clothes *npl* [mala:bisun] **ملابس**

غرفة تبديل الملابس

[Ghorfat tabdeel al-malabes] changing room

ملابس داخلية

[Malabes dakheleyah] lingerie

ملابس السهرة

[Malabes al-sahrah] formal attire

ملابس قطنية خشنة

[Malabes 'qotneyah khashenah] dungarees

ملابسي بها بلل

[mala-bisy beha balal] My clothes are damp

comment, note *(message)* *n* [mula:ħazˤa] **ملاحظة** , remark

ملاحظة الطيور

[molaḥaḍhat al-ṭeyoor] birdwatching

pursuit *n* [mula:ħaqa] **ملاحقة**

malaria *n* [mala:rja:] **ملاريا**

n [mula:zim] **ملازم**

ملازم أول

[Molazem awal] lieutenant

mortar *(plaster)* *n* [mala:tˤ] **ملاط**

n [mala:qitˤ] **ملاقط**

ملاقط صغيرة

[Mala'qeṭ ṣagheerah] tweezers

angel *n* [mala:k] **ملاك**

boxer *n* [mula:kim] **ملاكم**

boxing *n* [mula:kama] **ملاكمة**

amusement park *n* [mala:hiju] **ملاهي**

Malawi *n* [mala:wi:] **ملاوي**

shelter *n* [multaʒa] **ملتجأ**

ملتجأ آمن

[Moltajaa aamen] asylum

bearded *adj* [multaħin] **مُلتحِ**

adj [multahib] **ملتهب**

لثتي ملتهبة

[lathaty multaheba] My gums are sore

refuge *n* [malʒa] **ملجأ**

ملح instant, urgent *adj* ◂ salt *n* [milħ]

مُلحِد atheist *n* [mulħid]

ملحق attached *adj* [mulħaq]

ملحوظ noticeable *n* [malħu:zˤ]

ملحي *adj* [milħij]

ماء ملحي

[Maa mel'ḥey] saltwater

ملخص summary *n* ◂ brief *adj* [mulaxxasˤ]

ملصق sticker *n* [mulsˤaq]

ملصق بيانات

[Molsa'q bayanat] label

ملطف conditioner *n* [mulatˤtˤif]

ملعب playground *n* [malʕab]

مباراة الإياب فى ملعب المضيف

[Mobarat al-eyab fee mal'aab al-moḍeef] home game

ملعب رياضي

[Mal'aab reyady] playing field

ملعب الجولف

[Mal'aab al-jolf] golf course

ملعقة spoon *n* [milʕaqa]

مقدار ملعقة صغيرة

[Me'qdar mel'a'qah ṣagheerah] spoonful

ملعقة البسط

[Mel'a'qat al-basṫ] spatula

ملعقة الحلويات

[Mel'a'qat al-ḥalaweyat] dessert spoon

ملعقة شاي

[Mel'a'qat shay] teaspoon

ملعقة مائدة

[Mel'a'qat maedah] tablespoon

ملف file *(folder)*, file *(tool)* *n* [milaff]

ملف PDF

[Malaf PDF] PDF

ملف على شكل حرف U

[Malaf 'ala shakl ḥarf U] U-turn

ملف له حلقات معدنية لتثبيت الورق

[Malaf lah hala'qaat ma'adaneyah lotathboot al-wara'q] ring binder

ملك king, monarch *n* [milk]

ملك have *v* [malaka]

ملكة queen *n* [malika]

ملكه own *adj* [mulkahu]

مَلَكي royal *adj* [milki:]

مِلكِية property *n* [milkijja]

مِلكِية خاصة

[Melkeyah khaṣah] private property

ملل *n* [malal]

يُسبِب الملل

[Yosabeb al-malal] bored

ملوث dirty, polluted *adj* [mulawwaθ]

ملون *adj* [mulawwan]

تليفزيون ملون

[Telefezyon molawan] color television

ملون على نحو خفيف

[Molawan ala naḥw khafeef] tinted

أرجو الحصول على نسخة ضوئية ملونة من هذا المستند

[arjo al-ḥuṣool 'aala nuskha mu-lawana min hadha al-mustanad min faḍlak] I'd like a color photocopy of this, please

فيلم ملون من فضلك

[filim mola-wan min faḍlak] A color film, please

مِلْيَار billion *n* [milja:r]

مليمتر millimeter *n* [mili:mitr]

ملين *n* [mulajjin]

ملين الأمعاء

[Molayen al-am'aa] laxative

مليون million *n* [milju:n]

مليونير millionaire *n* [milju:ni:ru]

مماثل similar *adj* [muma:θil]

ممارسة practice *n* [muma:rasa]

ممانع reluctant *adj* [muma:niʕ]

ممتاز excellent *adj* [mumta:z]

ممتاز جدا

[Momtaaz jedan] super

ممتد extensive *adj* [mumtadd]

ممتع enjoyable *adj* [mumtiʕ]

ممتلئ chubby *adj* [mumtaliʔ]

ممتلئ الجسم

[Momtaleya al-jesm] plump

ممتليء full *adj* [mumtali:ʔʔ]

ممتن grateful *adj* [mumtann]

ممثل actor (عامل) *n* [mumaθθil]

ممثل هزلي

[Momthel hazaley] comedian

ممثلة actress *n* [mumaθθila]
ممحاة rubber *n* [mimħa:t]
ممر passage *(route)* *n* [mamarr]
ممر جانبي
[Mamar janebey] bypass
مَمَر سُفْلِي
[Mamar sofley] underpass
ممر دخول
[Mamar dokhool] entrance
ممر خاص لعبور المشاه
[Mamar khaṣ leaboor al-moshah] crosswalk
ممر الدراجات
[Mamar al-darajat] bicycle path
ممر المشاة
[mamar al-moshah] footpath
ممر للمشاة ملون بالأبيض والأسود
[Mamar lel-moshah molawan bel-abyaḍ wal-aswad] crosswalk
مُمْرِض sickening *adj* [mumridˤ]
ممرضة nurse *n* [mumarridˤa]
أرغب في استشارة ممرضة
[arghab fee es-ti-sharat mu-mareḍa] I'd like to speak to a nurse
ممسحة *n* [mimsaħa]
ممسحة أرجل
[Memsahat arjol] mat
ممسحة تنظيف
[Mamsaḥat tanḍheef] mop
ممسوس moved *adj* [mamsu:s]
ممشى aisle, walkway *n* [mamʃa:]
مُمطر rainy *adj* [mumtˤir]
ممكن possible, potential *adj* [mumkin]
من الممكن
[Men al-momken] possibly
ممل boring, monotonous *adj* [mumill]
مملح salty *adj* [mumallaħ]
مملكة kingdom *n* [mamlaka]
المملكة العربية السعودية
[Al-mamlakah al-'aarabeyah al-so'aodeyah] Saudi Arabia
المملكة المتحدة
[Al-mamlakah al-motahedah] United Kingdom
مملكة تونجا
[Mamlakat tonja] Tonga
ممنوع forbidden *adj* [mamnu:ʕ]
مميت fatal (مقدر) *adj* [mumi:t]
مميز distinctive *adj* [mumajjaz]
من from *prep* [min]
أي من
[Ay men] any
...أنا من
[ana min...] I'm from...
من هذا؟
[man hadha?] Who is it?
مَنْ who *pron* [man]
مِنْ from *prep* [min]
مناخ climate *n* [muna:x]
منارة lighthouse *n* [mana:ra]
مُنازِع contestant *n* [muna:ziʕ]
مناسب convenient, proper *adj* [muna:sib]
غير مناسب
[Ghayr monaseb] unsuitable
بشكل مناسب
[Be-shakl monaseb] properly
مناسبة occasion *n* [muna:saba]
هل توجد حمامات مناسبة للمعاقين؟
[hal tojad ḥama-maat muna-seba lel-mu'aa'qeen?] Are there any restrooms for disabled people?
مناسبي occasional *adj* [muna:sabij]
مناشف *n* [mana:ʃif]
مَناشِف الصُّحون
[Manashef al-ṣoḥoon] dish towel
لقد استهلكت المناشف
[la'qad isʈuh-lekat al-mana-shif] There are no more towels
هل يمكن أن أقترض منك أحد المناشف؟
[hal yamken an a'qta-reḍ minka aḥad al-mana-shif?] Could you lend me a towel?
مُناصر *n* [muna:sˤir]
مُناصر للطبيعة
[monaṢer lel-ṭabe'aah] naturalist
مُنَاصر للقومية
[Monaṣer lel-'qawmeyah] nationalist
مناصفة fifty-fifty *adv* [muna:sˤafatan]
مقسم مناصفة

[Mo'qassam monaṣafah] fifty-fifty

مناظر *n* [mana:zˤir]

نريد أن نشاهد المناظر المثيرة

[nureed an nusha-hid al-manaḍhir al-muthera]

We'd like to see spectacular views

منافس rival, competitor *adj* [muna:fis]

منافسة competition *n* [muna:fasa]

منافق insincere *adj* [muna:fiq]

مناقشة debate, discussion *n* [muna:qaʃa]

مناقصة bid *n* [muna:qasˤa]

منبسط level *n* ◃ flat, level *adj* [munbasitˤ]

منبه alarm clock *n* [munabbih]

منبوذ maroon *adj* [manbu:ð]

منتبه alert *adj* [muntabih]

منتج *n* [muntaʒ]

منتج ألبان

[Montej albaan] dairy products

منتجات الألبان

[Montajat al-baan] dairy products

منتَج product *n* [mantu:ʒ]

مُنتِج producer *n* [muntiʒ]

منتجع resort *n* [muntaʒaʕ]

منتسب *adj* [muntasib]

منتسب لجماعة الأصحاب

[Montaseb le-jama'at al-aṣḥaab] Quaker

منتشر widespread *adj* [muntaʃir]

مُنتشي thrilled *adj* [muntaʃij]

منتصف *n* [muntasˤaf]

إلى منتصف المسافة

[Ela montaṣaf al-masafah] halfway

منتصف الليل

[montaṣaf al-layl] midnight

منتصف اليوم

[Montaṣaf al-yawm] noon

منتظم *adj* [muntazˤim]

غير منتظم

[Ghayr montaḍhem] irregular

منتفخ swollen *adj* [muntafixx]

منتهي over *adj* [muntahij]

منثني bent (*not straight*) *adj* [munθanij]

مَنجا mango *n* [manʒa:]

مُنجَزْ finished *adj* [munʒaz]

منجم mine *n* [manʒam]

منح *v* [manaħa]

يمنح بقشيشاً

[Yamnaḥ ba'qsheeshan] tip (*reward*)

منحة grant *n* [minħa]

منحة تعليمية

[Menḥah ta'aleemeyah] scholarship

منحدر slope *n* [munħadir]

طريق منحدر

[Ṭaree'q monḥadar] ramp

منحدر التزلج للمبتدئين

[monḥadar al-tazaloj lel-mobtadeen] bunny hill

منحدر النهر

[Monḥadar al-nahr] rapids

منحني crooked (*dishonest*), *adj* [munħanij] reclining

منخفض low *adj* [munxafidˤ]

منخفضاً low *adv* [munxafadˤan]

منخُل sieve *n* [manxal]

مندهش amazed *adj* [mundahiʃ]

مندوب *n* [mandu:b]

مندوب مبيعات

[Mandoob mabee'aat] salesman, salesperson

مندوبة *n* [mandu:ba]

مندوبة مبيعات

[Mandoobat mabee'aat] saleslady

منديل hankie *n* [mindi:l]

منديل أطفال

[Mandeel aṭfaal] baby wipe

منديل المائدة

[Mandeel al-maaedah] napkin

منديل قماش

[Mandeel 'qomash] handkerchief

منزل home *n* [manzil]

منزل ريفي

[Mazel reefey] farmhouse

منزل صيفى

[Manzel ṣayfey] villa

منزل فخم

[Mazel fakhm] mansion

منزل متحرك

[Mazel motaḥarek] mobile home

منزل منفصل

[Manzel monfaṣelah] house

منزل نصف متصل
[Mazel neșf motașel] duplex
grade *n* [manzila] **مَنْزِلة**
adj [manzilijjat] **منزلي**
أعمال منزلية
[A'amaal manzelyah] housework
forgotten *adj* [mansijju] **منسي**
n [manʃa] **منشأ**
منشأ السلعة المصنوعة
[Manshaa al-sel'aah al-mașno'aah] brand
facilities (تسهيلات) *npl* [munʃaʔa:tun] **منشآت**
saw *n* [minʃa:r] **منشار**
منشار المنحنيات
[Menshar al-monḥanayat] jigsaw puzzle
towel *n* [minʃafa] **منشفة**
منشفة صحية
[Manshafah șeḥeyah] sanitary napkin
منشفة الحمام
[Manshafah alḥammam] bath towel
مِنشَفة الوجه
[Menshafat al-wajh] washcloth
publication *n* [manʃu:r] **منشور**
منشور الكتروني
[Manshoor elektrooney] webzine
platform *n* [minasˤsˤa] **منصة**
منصة البهلوان
[Manașat al-bahlawan] trampoline
outgoing *adj* [munsˤarif] **منصرف**
past, previous *adj* [munsˤarim] **منصرم**
punctual *adj* [mundˤabitˤ] **مُنْضَبِط**
table *(furniture)* *n* [mindˤada] **منضدة**
district, zone *n* [mintˤaqa] **منطقة**
منطقة تقديم الخدمات
[Menta'qat ta'qdeem al- khadamat] service area
منطقة مجاورة
[Menta'qat mojawerah] vicinity
منطقة مشاه
[Menta'qat moshah] pedestrian area
logical *adj* [mantˤiqij] **منطقي**
binoculars *n* [minzˤa:r] **منظار**
view, scenery *n* [manzˤar] **منظر**
منظر طبيعى
[manḍhar ṭabe'aey] landscape

adj [munazˤzˤif] **منظف**
مادة منظفة
[Madah monaḍhefah] detergent
n [munazˤzˤim] **منظم**
منظم رحلات
[monaḍhem raḥalat] tour operator
منظم الضارة
[monaḍhem al-ḍarah] catalytic converter
منظم الخطوات
[monaḍhem al-khaṭawat] pacemaker
منظم شخصي
[monaḍhem shakhșey] personal organizer
organization *n* [munazˤzˤama] **منظمة**
منظمة تعاونية
[monaḍhamah ta'aaaweneyah] collective
perspective *n* [manzˤu:r] **منظور**
غير منظور
[Ghayr monaḍhoor] invisible
n [manʕ] **منع**
منع الحمل
[Man'a al-ḥml] contraception
prevent *v* [manaʕa] **منع**
ban *v* [manaʕa] **منَع**
bleak *adj* [munʕazil] **منعزل**
turnoff *n* [munʕatˤaf] **منعطف**
هل هذا هو المنعطف الذي يؤدي إلى...؟
[hal hadha howa al-mun'aa-ṭaf al-ladhy yo-addy ela...?] Is this the turnoff for...?
Mongolian *adj* [manɣu:lij] **منغولي**
Mongolian *(person)* *n* ◁
اللغة المنغولية
[Al-koghah al-manghooleyah] *(language)* Mongolian
Mongolia *n* [manɣu:lja:] **منغوليا**
n [minfa:x] **منفاخ**
منفاخ دراجة
[Monfakh draajah] bicycle pump
هل لديك منفاخ؟
[hal ladyka minfaakh?] Do you have a pump?
n [manfað] **منفذ**
منفذ جوي أو بحري
[manfaḍh jawey aw baḥrey] port *(ships)*
منفذ خروج

[Manfaz khoroj] exit
adj [munfarid] **منفرد**
عمل منفرد
['amal monfared] solo
لحن منفرد
[Laḥn monfared] concerto
separate *adj* [munfasˁil] **منفصل**
بصورة منفصلة
[Beşorah monfaşelah] separately
منزل منفصل
[Manzel monfaşelah] house
بشكل مُنفَصِل
[Beshakl monfaşel] apart
فواتير منفصلة من فضلك
[fawateer mufa-ṣa-lah min fadlak] Separate checks, please
exile *n* [manfa:] **منفى**
beak *n* [minqa:r] **منقار**
adj [munqið] **مُنقذ**
مُنقذ للحياة
[Mon'qedh lel-ḥayah] life-saving
extinct *adj* [munqaridˁ] **منقرض**
soaked *adj* [manqu:ʕ] **منقوع**
n [mink] **مِنْك**
حيوان المِنْك
[Ḥayawaan almenk] mink
n [manhaʒ] **منهج**
منهج دراسى
[Manhaj derasey] curriculum
Methodist *adj* [manhaʒij] **منهجي**
tiring *adj* [munhak] **منهك**
sperm *n* [manij] **مَنيّ**
migrant *adj* [muha:ʒir] **مهاجر**
skill *n* [maha:ra] **مهارة**
furious *adj* [muhta:ʒ] **مهتاج**
interested *adj* [muhttam] **مهتم**
مهتم بالآخرين
[Mohtam bel-aakhareen] caring
معذرة، أنا غير مهتم بهذا الأمر
[maʕðaratun ʔana: ɣajru muhtammin biha:ða: alʔamri] Sorry, I'm not interested
lonesome, obsolete *adj* [mahʒu:r] **مهجور**
crib, cradle *n* [mahd] **مهد**

tranquilizer *n* [muhaddiʔ] **مُهَدّئ**
decent, subtle *adj* [muhaððab] **مهذب**
foal *n* [mahr] **مهر**
n [muharrib] **مهرب**
مهرب بضائع
[Moharreb badae'a] smuggler
clown *n* [muharriʒ] **مهرج**
festival *n* [mihraʒa:n] **مهرجان**
shaken *adj* [mahzu:zz] **مهزوز**
assignment, task *n* [mahamma] **مهمة**
careless, neglected *adj* [muhmil] **مهمل**
occupation *(work)* *n* [mihna] **مهنة**
engineer *n* [muhandis] **مهندس**
vocational *adj* [mihanij] **مهني**
مهني مبتدئ
[Mehaney mobtadea] apprentice
obsessed *adj* [mahwu:s] **مهووس**
prestigious *adj* [mahi:b] **مَهيب**
GM *adj* [mim waw] **م.و**
citizen *n* [muwa:tˁin] **مواطن**
مواطن إثيوبي
[Mowaṭen ethyobey] Ethiopian
مواطن تشيلي
[Mowaṭen tsheeley] Chilean
مواطن انجليزي
[mowaṭen enjeleezey] Englishman
مواطنة إنجليزية
[Mowaṭenah enjlezeyah] Englishwoman
approval *n* [muwa:faqa] **موافقة**
adj [muwa:kib] **مواكب**
مواكب للموضة
[Mowakeb lel-moḍah] trendy
death *n* [mawt] **مَوْت**
motor *n* [mawtu:r] **موتور**
authentic *adj* [muwaθθiq] **مُوثّق**
adj [mawθu:q] **موثوق**
موثوق به
[Mawthoo'q beh] reliable
موثوق فيه
[Mawthoo'q beh] credible
wave, surge *n* [mawʒa] **موجة**
concise *adj* [mu:ʒaz] **موجز**
adj [mawʒu:d] **موجود**

ما هي النكهات الموجودة؟
[Ma hey al-nakhaat al-mawjoodah] What flavors do you have?
هل... موجود؟
[hal... mawjood?] Is... there?
موحد adj [muwaħħad]
الفاتورة موحدة من فضلك
[al-fatoorah mowaḥada min faḍlak] All together, please
موحش dismal adj [mu:ħiʃ]
موحل muddy adj [mu:ħil]
مودم modem n [mu:dim]
مورد supplier n [muwarrid]
مَورِد resource n [mu:rad]
مورس Morse code n [mu:ris]
مورفين morphine n [mu:rfi:n]
موروث heritage n [mawru:θ]
موريتاني Mauritius n [mu:ri:ta:nij]
موريتانيا Mauritania n [mu:ri:ta:nja:]
موز banana n [mawz]
موزع distributor n [muwazziʕ]
موزمبيق Mozambique n [mu:zambi:q]
مُوَسَّع adj [muwassaʕ]
بشكل مُوَسَّع
[Beshakl mowasa'a] extensively
موسم season n [mawsim]
موسم راكد
[Mawsem raked] off-season
موسمي seasonal adj [mawsimijjat]
التذاكر الموسمية
[Al-tadhaker al-mawsemeyah] season ticket
موسوعة encyclopedia n [mawsu:ʕa]
موسى adj [mu:sa:]
موسى الحلاقة
[Mosa alḥela'qah] razor
موسيقي musical adj [mu:si:qij]
آلة موسيقية
[Aala mose'qeyah] musical instrument
حفلة موسيقية
[Haflah mose'qeyah] concert
قائد فرقة موسيقية
['qaaed fer'qah mose'qeyah] conductor
مسرحية موسيقية
[Masraḥeyah mose'qeya] musical
موسيقى music n [mu:si:qa:]
عازف موسيقى
['aazef mose'qaa] musician
مركز موسيقى
[Markaz mose'qa] stereo
مؤلف موسيقى
[Moaalef mosee'qy] composer
موسيقى تصويرية
[Mose'qa taṣweereyah] soundtrack
موسيقى شعبية
[Mose'qa sha'abeyah] folk music
أين يمكننا الاستماع إلى موسيقى حية؟
[ayna yamken-ana al-istima'a ela mose'qa ḥay-a?] Where can we hear live music?
موصل bus conductor, sweater n [mu:sˤil]
موضة fashion (نمط) n [mu:dˤa]
غير مواكب للموضة
[Ghayr mowakeb lel-moḍah] unfashionable
مواكب للموضة
[Mowakeb lel-moḍah] fashionable
موضع job *(position)* n [mawdˤiʕ]
موضع لحفظ الأطعمة
[Mawḍe'a lehafḍh al-aṭ'aemah] pantry
موضعي topical adj [mawdˤiʕij]
موضوع subject, theme n [mawdˤu:ʕ]
موضوع مقالة أو حديث
[Mawḍoo'a ma'qaalah aw hadeeth] topic
موضوعي impersonal, objective adj [mawdˤu:ʕij]
موطن n [mawtˤin]
موطن أصلي
[Mawṭen aṣley] homeland
موطن ضعف
[Mawṭen ḍa'af] shortcoming
موظف employee n [muwazˤzˤaf]
موظف بنك
[mowaḍhaf bank] banker
موظف حكومة
[mowaḍhaf hokomah] civil servant
موعد appointment, rendezvous n [mawʕid]
فات موعد استحقاقه
[Fat maw'aed esteḥ'qa'qh] overdue
موعد الانتهاء

[Maw'aed al-entehaa] deadline
أود في تحديد موعد
[awid fee taḥdeed maw'aid] I'd like to make an appointment
لدي موعد مع.....؟
[la-daya maw-'aid m'aa...] I have an appointment with...
هل تحدد لك موعدًا؟
[hal taḥa-dada laka maw'aid?] Do you have an appointment?
موعظة sermon *n* [mawʕizʕa]
موقد stove *n* [mawqid]
موقد يعمل بالغاز
[Maw'qed ya'amal bel-ghaz] gas stove
موقد يعمل بالغاز للمعسكرات
[Maw'qed ya'amal bel-ghaz lel-mo'askarat] portable gas cylinder
مَوْقِد stove *n* [mu:qid]
موقع site *n* [mawqiʕ]
موقع البناء
[Maw'qe'a al-benaa] construction site
موقع المعسكر
[Maw'qe'a al-mo'askar] campsite
موقع المَقْطُورَة
[Maw'qe'a al-ma'qṭorah] trailer park
موقع الويب
[Maw'qe'a al-weeb] Web site
موقف attitude *n* [mawqif]
موقف سيارات
[Maw'qaf sayarat] parking
موقف أوتوبيس
[Maw'qaf otobees] bus stop
موقف انتظار
[Maw'qaf enteḍhar] parking lot
أين يوجد موقف التاكسي؟
[ayna maw'qif al-taxi?] Where is the taxi stand?
هل معك نقود فكه لعداد موقف الانتظار؟
[Hal ma'ak ne'qood fakaḥ le'adad maw'qaf al-ente ḍhar?] Do you have change for the parking meter?
موكب convoy, procession *n* [mawkib]
موّل finance *v* [mawwala]
مولد generator *n* [muwalid]

مولدافي Moldovan *n* ◁ Moldovan *adj* [mu:lda:fij]
مولدافيا Moldova *n* [mu:lda:fja:]
مولود born *n* [mawlu:d]
مومياء mummy *(body)* *n* [mu:mja:ʔ]
موناكو Monaco *n* [mu:na:ku:]
موهبة talent *n* [mawhiba]
موهوب gifted, talented *adj* [mawhu:b]
ميانمار Myanmar *n* [mija:nma:r]
مياه water *n* [mijja:hu]
زجاجة مياه ساخنة
[Zojajat meyah sakhenah] hot-water bottle
مياه البحر
[Meyah al-baḥr] sea water
مياه الشرب
[Meyah al-shorb] drinking water
مياه بيضاء
[Meyah bayḍaa] cataract *(eye)*
مياه فوارة
[Meyah fawarah] sparkling water
مياه معدنية
[Meyah ma'adaneyah] mineral water
زجاجة من المياه المعدنية الفوارة
[zujaja min al-meaa al-ma'adan-iya al-fawara] a bottle of sparkling mineral water
كيف يعمل سخان المياه؟
[kayfa ya'amal sikhaan al-meaah?] How does the water heater work?
لا توجد مياه ساخنة
[La tojad meyah sakhena] There's no hot water
هل يشمل السعر توفير المياه الساخنة؟
[hal yash-mil al-si'ar taw-feer al-me-yah al-sakhina?] Is hot water included in the price?
ميدالية medal *n* [mi:da:lijja]
ميدان square *n* [majda:n]
ميراث inheritance *n* [mi:jra:θ]
ميرنجو meringue *n* [mi:rinʒu:]
مَيّز distinguish *v* [majjaza]
ميزان scale *(measure)*, scale *(tiny n* [mi:za:n] *piece)*
كفتي الميزان
[Kafatay al-meezan] scales
ميزانية balance sheet, budget *n* [mi:za:nijja]

ميزة advantage *n* [mi:za]

ميعاد *n* [mi:ʕa:d]

ما ميعاد استيقاظك؟

[ma me-'aad iste'qa-ḍhak?] What time do you get up?

ميقاتي timer *n* [mi:qa:tij]

ميكانيكي mechanical *adj* [mi:ka:ni:kij]

◃ mechanic *n*

ميكانيكي السيارات

[Mekaneekey al-sayarat] auto mechanic

هل يمكن أن ترسل لي ميكانيكي؟

[hal yamken an tarsil lee meka-neeky?] Could you send a mechanic?

ميكروسكوب microscope *n* [mi:kuru:sku:b]

ميكروفون microphone, mike *n* [mi:kuru:fu:n]

هل يوجد ميكروفون؟

[hal yujad mekro-fon?] Does it have a microphone?

ميكروويف *n* [majkuru:wi:f]

فرن الميكروويف

[Forn al-maykroweef] microwave oven

مَيل tendency *n* [majl]

مَيْل جِنسي

[Mayl jensey] sexuality

مِيل mile *n* [mi:l]

ميلاد birth *n* [mi:la:d]

عشية عيد الميلاد

['aasheyat 'aeed al-meelad] Christmas Eve

عيد الميلاد المجيد

['aeed al-meelad al-majeed] Christmas

عيد ميلاد

['aeed al-meelad] birthday

بعد الميلاد

[Ba'ad al-meelad] AD

شجرة عيد الميلاد

[Shajarat 'aeed al-meelad] Christmas tree

شهادة ميلاد

[Shahadat meelad] birth certificate

قبل الميلاد

['qabl al-meelad] BC

محل الميلاد

[Mahal al-meelad] birthplace

ميناء harbor *n* [mi:na:ʔ]

ميني *adj* [mi:ni:]

ميني باص

[Meny baas] minibus

ميوسلي *n* [miju:sli:]

حبوب الميوسلي

[Ḥoboob al-meyosley] muesli

ميونيز mayonnaise *n* [maju:ni:z]

ن

نا [na:] us *pron*

نائب [na:ʔibb] acting, representative *adj*

نائب الرئيس

[Naeb al-raaes] assistant principal

نائم [na:ʔim] asleep *adj*

ناتج [na:tiʒ] outcome *n*

نَاجٍ [na:ʒin] survivor *n*

ناجح [na:ʒiħ] successful *adj*

غير ناجح

[ghayr najeḥ] unsuccessful

ناحية [na:ħija] aspect *n*

نادر [na:dir] rare *(uncommon)* , rare *adj* *(undercooked)*

نادرا [na:diran] rarely, scarcely *adv*

نادرا ما

[Naderan ma] seldom

نادل [na:dil] waiter *n*

نادلة [na:dila] waitress *n*

نادي [na:di:] club *(group)* *n*

نادي الجولف

[Nady al-jolf] golf club *(society)*

نادي الشباب

[Nadey shabab] youth club

نادي ليلي

[Nadey layley] nightclub

هل يوجد نادي جيدة؟

[Hal yojad nady jayedah] Where is there a good club?

نار [na:ru] fire *n*

إشعال النار

[Esh'aal al-naar] bonfire

وَقْف إطلاق النار

[Wa'qf eṭlaa'q al-naar] cease-fire

ناري [na:rijjat] *adj*

ألعاب نارية

[Al-'aab nareyah] fireworks

ناس [na:s] people *npl*

ناسَب [nasaba] fit *vt*

ناسخ [na:six] *n*

ناسخ الاسطوانة

[Nasekh al-esṭewanah] CD burner

ناسخ لاسطوانات دى في دي

[Nasekh le-sṭewanat D V D] DVD burner

ناشر [na:ʃir] publisher *n*

ناضج [na:dˤiʒ] mature, ripe *adj*

غير ناضج

[Ghayr naḍej] immature

ناطق [na:tˤiq] *adj*

ناطق بلغتين

[Naṭe'q be-loghatayn] bilingual

ناعم [na:ʕim] soft *adj*

نافذة [na:fiða] window *n*

عتبة النافذة

['aatabat al-nafedhah] windowsill

أريد مقعد بجوار النافذة

[areed ma'q'aad be-jewar al-nafedha] I'd like a window seat

النافذة لا تُفتح

[al-nafidhah la tuftaḥ] The window won't open

لا يمكنني فتح النافذة

[la yam-kinuni faitḥ al-nafitha] I can't open the window

لقد كسرت النافذة

[la'qad kasarto al-nafe-tha] I've broken the window

هل يمكن أن أغلق النافذة؟

[hal yamken an aghli'q al-nafidha?] May I close the window?

هل يمكن أن أفتح النافذة؟

[hal yamken an aftaḥ al-nafidha?] May I open

the window?

useful *adj* [na:fiʕ] **نافع**

fountain *n* [na:fu:ra] **نافورة**

critic *n* [na:qid] **نَاقِد**

debate, discuss *v* [na:qaʃa] **ناقش**

incomplete, nude *adj* [na:qisˤ] **ناقص**

contradict *v* [na:qadˤa] **ناقض**

adj [na:qil] **ناقل**

ناقل للعدوى

[Na'qel lel-'aadwa] contagious

ناقل السرعات لا يعمل

[na'qil al-ṣur'aat la ya'amal] The transmission isn't working

n [na:qila] **ناقلة**

ناقلة بترول

[Na'qelat berool] tanker

adj [na:min] **نام**

بَلَد نامٍ

[Baladen namen] developing country

sleep *v* [na:ma] **نام**

nylon *n* [na:jlu:n] **نايلون**

plant *n* [naba:t] **نبات**

نبات رشاد

[Nabat rashad] cress

نبات الجاودار

[Nabat al-jawdar] rye

نبات اللفت

[Nabat al-left] turnip

نبات الهندباء البرية

[Nabat al-hendbaa al-bareyah] dandelion

نبات ذو وبر شائك

[Nabat dho wabar shaek] nettle

نبات يزرع في حاوية

[Nabat yozra'a fee ḥaweyah] potted plant

vegan, *n* ◃ vegetarian *adj* [naba:tij] **نباتي** vegetarian

حياة نباتية

[Hayah Nabateyah] vegetation

هل يوجد أي أطباق نباتية؟

[hal yujad ay aṭbaa'q nabat-iya?] Do you have any vegan dishes?

bark *v* [nabaħa] **نبح**

legumes *npl* [nabadˤa:tun] **نبضات**

beat, pulse *n* [nabdˤa] **نبضة**

alert *v* [nabbaha] **نَبَّه**

n [nabi:ð] **نبيذ**

نبيذ أحمر

[nabeedh aḥmar] red wine

دورق من النبيذ الأحمر

[dawra'q min al-nabeedh al-aḥmar] a carafe of red wine

زجاجة من النبيذ الأبيض

[zujaja min al-nabeedh al-abyaḍ] a bottle of white wine

قائمة النبيذ من فضلك

['qaemat al-nabeedh min faḍlak] The wine list, please

هل يمكن أن ترشح لي نوع جيد من النبيذ الأبيض؟

[hal yamken an tura-shiḥ lee naw'a jayid min al-nabeedh al-abyaḍ?] Can you recommend a good white wine?

adj [nabi:l] **نبيل**

رَجُل نبيل

[Rajol nabeel] gentleman

نبيل المحتد

[Nabeel al-moḥtad] gentle

rotten *adj* [natin] **نتن**

stink *v* [natina] **نتِن**

n [nutu:ʔ] **نتوء**

نتوء صغير

[Netoa ṣagheer] wart

result, sequel *n* [nati:ʒa] **نتيجة**

spray *v* [naθara] **نثر**

success *n* [naʒa:ħ] **نجاح**

carpenter *n* [naʒʒa:r] **نجار**

carpentry *n* [niʒʒa:ra] **نجارة**

succeed *v* [naʒaħa] **نجح**

star *(person)* *n* [naʒm] **نجم**

نجم سينمائي

[Najm senemaaey] movie star

نجم ذو ذنب

[Najm dho dhanab] comet

v [naʒama] **نَجم**

يَنْجُم عن

[Yanjam 'an] result

star *(sky)* *n* [naʒma] **نجمة**

copper *n* [nuħa:s] **نحاس**

نحاس أصفر

[Nahas aṣfar] brass

n [naħt] **نحت**

فن النحت

[Fan al-naḥt] sculpture

carve *vt* [naħata] **نحت**

bee *n* [naħla] **نحلة**

نحلة ضخمة

[Naḥlah ḍakhmah] bumblebee

grammatical *adj* [naħwij] **نحوي**

slim, thin *adj* [naħi:f] **نحيف**

n [nuxa:ʕu] **نخاع**

نخاع العظم

[Nokhaa'a al-'aḍhm] marrow

bran *n* [nuxa:la] **نخالة**

palm *(tree)* *n* [naxla] **نخلة**

n [nida:ʔ] **نداء**

جهاز النداء

[Jehaaz al-nedaa] pager

جهاز النداء الآلي

[Jehaz al-nedaa al-aaley] beeper

نداء استغاثة

[Nedaa esteghathah] wake-up call

moisture *n* [nada:wa] **نداوة**

moan *v* [nadaba] **ندب**

scar, seam *n* [nadba] **ندبة**

remorse *n* [nadam] **ندم**

regret *n* [nadima] **ندَم**

damp, soggy *adj* [nadij] **ندي**

daffodil *n* [narʒis] **نرجس**

dice *n* [nard] **نرْد**

Norwegian *adj* [narwi:ʒij] **نرويجي**

Norwegian *(person)* *n*

اللغة النرويجية

[Al-loghah al-narwejeyah] *(language)* Norwegian

trend *n* [nazʕa] **نزعة**

bleed *vi* [nazafa] **نزف**

get off, go down *v* [nazala] **نزل**

يَنْزِل في مكان

[Yanzel fee makaan] put up

يَنْزِلُ البَرَد

[Yanzel al-barad] hail

catarrh *n* [nazla] **نَزْلَة**

outing, promenade *n* [nuzha] **نزهة**

نزهة في سيارة

[Nozhah fee sayarah] drive

نزهة في الهواء الطلق

[Nozhah fee al-hawaa al-ṭal'q] picnic

n [nuzu:l] **نزول**

...ما هي المحطة النزول للذهاب إلى

[ma heya muḥaṭat al-nizool lel-thehaab ela...?] Which stop is it for...?

من فضلك أريد النزول الآن

[min faḍlak areed al-nizool al-aan] Please let me off

من فضلك أخبرني عندما يأتي موعد النزول

[Men faḍlek akhberney 'aendama yaatey maw'aed al-nozool] Please tell me when to get off

n [nazi:f] **نزيف**

نزيف الأنف

[Nazeef al-anf] nosebleed

lodger *n* [nazi:l] **نِزِيل**

n [nisa:ʔ] **نساء**

طبيب أمراض نساء

[Ṭabeeb amraḍ nesaa] gynecologist

adj [nisa:ʔij] **نسائي**

قميص نوم نسائي

['qamees noom nesaaey] nightie

proportion, ratio *n* [nisba] **نسبة**

نسبة مئوية

[Nesbah meaweyah] percentage

proportional *adj* [nisbij] **نسبي**

comparatively *adv* [nisbijjan] **نسبياً**

relatively *adv* [nisbijan] **نسبيًا**

n [nasʒ] **نسج**

أنسجة صوفية

[Ansejah ṣoofeyah] woolens

copy *(reproduction)* *n* [nasx] **نسخ**

أين يمكنني الحصول على بعض النسخ؟

[Ayn yomken al-ḥoṣool ala ba'aḍ al-nosakh?] Where can I get some photocopying done?

copy *v* [nasaxa] **نسخ**

هل يمكنك نسخ هذا من أجلي؟
[hal yamken -aka nasikh hadha min ajlee?]
Could you copy this for me?
نسخة copy (*written text*) , version *n* [nusxa]
نسخة ضوئية
[niskha ḍaw-iyaa] photocopy
نسخة احتياطية
[Noskhah eḥteyaṭeyah] backup
نسخة مطابقة
[Noskhah moṭe'qah] replica
نسر vulture *n* [nasr]
نسل breed *n* [nasl]
نسى forget *v* [nasa:]
نسيان *n* [nisja:nuhu]
لا يمكن نسيانه
[La yomken nesyanh] unforgettable
نسيج textile *n* [nasi:ʒ]
نسيج مضلع
[Naseej moḍala'a] representative
نَسيج الجِسْم
[Naseej al-jesm] tissue
نسيم breeze *n* [nasi:m]
نشا starch *n* [naʃa:]
نشا الذرة
[Nesha al-zorah] cornstarch
نشّابة breadbox, rolling pin *n* [naʃʃa:ba]
نِشَارة sawdust *n* [niʃa:ra]
نشاط activity *n* [naʃa:tˤ]
نَشَّال pickpocket *n* [naʃʃa:l]
نشج sob *v* [naʃaʒa]
نشر press *n* [naʃr]
حقوق الطبع والنشر
[Ho'qoo'q al-ṭab'a wal-nashr] copyright
نشر publish *v* [naʃara]
نشرة brochure *n* [naʃra]
نشرة دعائية
[Nashrah de'aeyah] prospectus
نشرة مطبوعة
[Nashrah maṭbo'aah] print
نَشّط revive *v* [naʃʃtˤa]
نشوء evolution *n* [nuʃwuʔ]
نشوب outbreak *n* [nuʃu:b]
نشوي ecstasy *n* [naʃawij]

نشيد anthem *n* [naʃi:d]
نشيد وطني
[Nasheed waṭney] national anthem
نشيط active *adj* [naʃi:tˤ]
نص text *n* [nasˤsˤ]
يَضع نصا
[Yaḍa'a naṣan] text
نُصُب *n* [nusˤub]
نُصُب تذكاري
[Noṣob tedhkarey] memorial
نصح advise *v* [nasˤaħa]
نصر victory *n* [nasˤr]
نصف half *n* [nisˤf]
نصف إقامة
[Neṣf e'qamah] modified American plan
نصف ساعة
[Neṣf saa'aah] half hour
نصف دائرة
[Neṣf daaeyrah] semicircle
نصف السعر
[Neṣf al-se'ar] half-price
نِصْف الوقت
[Nesf al-wa'qt] half-time
نصفي half *adj* [nisˤfaj]
نصفيا half *adv* [nisˤfijja:]
نصل blade *n* [nasˤl]
نصّي *adj* [nasˤsˤij]
رسالة نصية
[Resalah naṣeyah] text message
نصيب group, quota *n* [nasˤi:b]
نصيحة advice *n* [nasˤi:ħa]
نضارة flush *n* [nadˤdˤa:ra]
نضج grow up *v* [nadˤaʒa]
نضد bench *n* [nadˤad]
نطاق *n* [nitˤa:q]
نطاق زمني
[Neṭa'q zamaney] time zone
نطاق واسع
[Neṭ'q wase'a] broadband
نطق *n* [nutˤqin]
متعسر النطق
[Mota'aer alnoṭ'q] dyslexic
نطق pronounce *v* [natˤaqa]

كيف تنطق هذه الكلمة؟

[kayfa tanṭu'q hathy al-kalema?] How do you pronounce it?

pronunciation *n* [nutˤq] **نُطق**

optician *n* [nazˤzˤa:ra:ti:] **نظاراتي**

glasses, specs, spectacles *n* [nazˤzˤa:ra] **نظارة**

نظارة واقية

[naḍharah wa'qeyah] goggles

هل يمكن تصليح نظارتي؟

[hal yamken taşleeḥ naḍharaty] Can you repair my glasses?

hygiene *n* [nazˤa:fa] **نظافة**

عاملة النظافة

['aamelat al-nadhafah] cleaning lady

system *n* [nizˤa:m] **نظام**

نظام غذائي

[Neḍhaam ghedhey] diet

نظام شمسي

[neḍham shamsey] solar system

systematic *adj* [nizˤa:mij] **نظامي**

n [nazˤr] **نظر**

قريب النظر

['qareeb al- naḍhar] nearsighted

قصير النظر

['qaşeer al-naḍhar] nearsighted

أعاني من طول النظر

[o-'aany min bu'ad al-naḍhar] I'm farsighted

أعاني من قصر النظر

[o-'aany min 'quşr al-naḍhar] I'm nearsighted

look *vi* [nazˤara] **نظر**

ينظر إلى

[yanḍhor ela] look at

look *n* [nazˤra] **نظرة**

abstract *adj* [nazˤarij] **نظري**

theory *n* [nazˤarijja] **نظرية**

clean *vt* [nazˤzˤafa] **نظّف**

organize *v* [nazˤzˤama] **نظّم**

clean, neat *adj* [nazˤi:f] **نظيف**

نظيف تماما

[naḍheef tamaman] spotless

هل يمكنني الحصول على كوب نظيف من فضلك؟

[hal yamken -any al-ḥuşool 'aala koob naḍheef min faḍlak?] Can I have a clean glass, please?

هل يمكنني الحصول على ملعقة نظيفة من فضلك؟

[hal yamken -any al-ḥuşool 'aala mil-'aa'qa naḍheefa min faḍlak?] Could I have a clean spoon, please?

ostrich *n* [naʕa:ma] **نعامة**

sheep *n* [naʕʒa] **نعجة**

doze *v* [naʕasa] **نعس**

drowsy, sleepy *adj* [naʕsa:n] **نعسان**

yes! *excl* [niʕma] **نعم**

mint *(herb/sweet)*, peppermint *n* [naʕna:ʕ] **نعناع**

smooth, velvet *n* [nuʕu:ma] **نعومة**

obituary *n* [naʕj] **نَعْي**

bliss *n* [naʕi:m] **نعيم**

note *(music)* *n* [naɣama] **نغمة**

نغمة الرنين

[Naghamat al-raneen] ringtone

نغمة الاتصال

[Naghamat al-eteşal] dial tone

نغمة مميزة

[Naghamaah momayazah] key *(music/computer)*

valuables *npl* [nafa:ʔisun] **نَفَائِس**

dump, garbage *n* [nufa:ja] **نفاية**

adj [nafx] **نفخ**

آلة نفخ موسيقية

[Aalat nafkh mose'qeyah] woodwind

قابل للنفخ

['qabel lel-nafkh] inflatable

pump up *v* [nafaxa] **نفخ**

carry out *v* [naffaða] **نَفّذ**

breath *n* [nafs] **نفس**

أنفسكم

[Anfosokom] yourselves

ضبط النفس

[Ḍabṭ al-nafs] self-control, self-discipline

علم النفس

['aelm al nafs] psychology

ثقة بالنفس

[The'qah bel-nafs] confidence *(self-assurance)*

افعلها بنفسك

[Ef'alhaa be-nafsek] do-it-yourself

متميز بضبط النفس
[Motameyez beḍṭ al-nafs] self-contained
نفسك
[Nafsek] yourself
لقد جرحت نفسها
[la'qad jara-ḥat naf-saha] She's hurt herself
نفساني *adj* [nafsa:nij]
طبيب نفساني
[Ṭabeeb nafsaaney] psychiatrist
نفسي psychiatric *adj* [nafsij]
عالم نفسي
['aaalem nafsey] psychologist
نفض dust *vt* [nafadˤa]
نفط oil (زيت) *n* [naftˤ]
جهاز حفر آبار النفط
[Gehaz ḥafr abar al-nafṭ] oil rig
نفق tunnel, underpass *n* [nafaq]
نفقات expenses *npl* [nafaqa:tun]
نَفَقة expenditure *n* [nafaqa]
نفي deport *v* [nafa:]
نفيس precious *n* ◁ valuable *adj* [nafi:s]
نقابة *n* [niqa:ba]
نقابة العمال
[Ne'qabat al-'aomal] labor union
نقالة stretcher *n* [naqqa:la]
نقانق *n* [naqa:niq]
نقانق ساخنة
[Na'qane'q sakhenah] hot dog
نَقْد cash, criticism *n* [naqd]
نقدي *adj* [naqdijjat]
ليس معي أية أموال نقدية
[laysa ma'ay ayat amwaal na'q-diya] I don't have any cash
نقر click *v* [naqara]
نَقْر percussion *n* [naqr]
نقرة click *n* [naqra]
نقش inscription *n* [naqʃ]
نقش engrave *v* [naqaʃa]
نقص flaw, lack *n* [naqsˤ]
نقطة dot, point, period *(punctuation)* *n* [nuqtˤa]
مجموع النقاط
[Majmoo'a al-nekaṭ] score *(of music)*
نقطة الاستشراف
[No'qṭat al-esteshraf] standpoint
نقع soak *v* [naqaʕa]
نقل transportation *n* [naql]
قابل للنقل
['qabel lel-na'ql] removable
نقل عام
[Na'ql 'aam] public transportation
نقل الدم
[Na'ql al-dam] blood transfusion
نقل take away, transport *v* [naqala]
نقود *n* [nuqu:d]
حافظة نقود
[ḥafedhat ne'qood] coin purse
أين يمكنني تغيير بعض النقود؟
[ayna yamken-any taghyeer ba'aḍ al-ni'qood?] Where can I exchange some money?
هل لديك فكّة أصغر من النقود؟
[Hal ladayk fakah aṣghar men alno'qood?] Do you have any small change?
هل يمكن إعطائي فكّة من النقود تبلغ...؟
[Hal yomken e'aṭaey fakah men alno'qood tablogh...?] Could you give me change for...?
هل يمكن أن أسترد نقودي مرة أخرى؟
[hal yamken an asta-rid ni-'qoody marra okhra?] Can I have my money back?
نقي pure *adj* [naqij]
نكبة catastrophe *n* [nakba]
نكتة joke *n* [nukta]
نكهة flavor, zest *(lemon-peel)*, zest *n* [nakha] *(excitement)*
نمر panther *n* [namir]
نمر مخطط
[Namer mokhaṭaṭ] tiger
نمر منقط
[Nemr men'qaṭ] leopard
نمساوي Austrian *n* ◁ Austrian *adj* [namsa:wij]
نمش freckles *n* [namʃ]
نمط pattern *n* [namatˤ]
نمطي *adj* [namatˤij]
شكل نمطي
[Shakl namaṭey] stereotype
نملة ant *n* [namla]
نمو growth *n* [numuww]

n [namu:ðaʒ] **نموذج**

نموذج طلبية

[Namodhaj ṭalabeyah] order form

typical *adj* [namu:ðaʒij] **نموذجي**

grow *v* [nama:] **نَمى**

gossip *n* [nami:ma] **نَميمة**

final *n* ◃ final *adj* [niha:ʔij] **نهائي**

لا نهائي

[La nehaaey] endless

مباراة شبه نهائية

[Mobarah shebh nehaeyah] semifinal

n [nha:r] **نهار**

فترة النهار

[Fatrat al-nehaar] daytime

end, finish *n* [niha:ja] **نهاية**

إلى النهاية

[Ela al-nehayah] terminally

river *n* [nahr] **نهر**

فرس النهر

[Faras al-nahr] hippopotamus

أيمكن السباحة في النهر؟

[a-yamkun al-sebaḥa fee al-naher?] Can you swim in the river?

هل يوجد أي رحلات بالمراكب في النهر؟

[hal yujad ay reḥlaat bil-markab fee al-nahir?] Are there any boat trips on the river?

get up, stand up *v* [nahadˤa] **نهض**

fit, spell *(magic)* *n* [nawba] **نوبة**

نوبة صرع

[Nawbat ṣar'a] epileptic seizure

نوبة غضب

[Nawbat ghaḍab] tantrum

نوبة مرضية

[Nawbah maraḍeyah] seizure

light *n* [nu:r] **نور**

النور لا يُضاء

[al-noor la yo-ḍaa] The light doesn't work

هل يمكن أن أشغل النور؟

[hal yamken an osha-ghel al-noor?] May I turn on the light?

هل يمكن أن أطفئ النور؟

[hal yamken an aṭfee al-noor?] May I turn off the light?

n [nawras] **نورس**

نورس البحر

[Nawras al-baḥr] seagull

kind, type, gender *n* [nawʕ] **نوع**

ما نوع الساندويتشات الموجودة؟

[ma naw'a al-sandweshaat al-maw-jooda?] What kinds of sandwiches do you have?

هل قمت من قبل بقص شعري من نوع شعري

[hal 'qumt min 'qabil be-'qaṣ sha'ar min naw'a sha'ary?] Have you cut my type of hair before?

adj [nawʕij] **نوعي**

مدرسة نوعية

[Madrasah naw'aeyah] elementary school

November *n* [nu:fumbar] **نوفمبر**

sleep *n* [nawm] **نوم**

غرفة النوم

[Ghorfat al-noom] bedroom

ثياب النوم

[Theyab al-noom] nightclothes

وَقْت النوم

[Wa'qt al-nawm] bedtime

لا أستطيع النوم

[la asṫa-ṭee'a al-nawm] I can't sleep

لا استطيع النوم بسبب الضوضاء

[la asṫa-ṭee'a al-nawm besa-bab al-ḍawḍaa] I can't sleep for the noise

n [nawma] **نومة**

نومة خفيفة

[Nomah khafeefa] snooze

n [nu:nijja] **نونية**

نونية للأطفال

[Noneyah lel-aṭfaal] potty

nuclear *adj* [nawawij] **نووي**

Nepal *n* [ni:ba:l] **نيبال**

intention *n* [nijja] **نية**

nitrogen *n* [ni:tru:ʒi:n] **نيتروجين**

Nigerian *n* [ni:ʒi:rij] **نيجيري**

Nigeria *n* [ni:ʒi:rja:] **نيجيريا**

n [ni:ka:ra:ʒwa:] **نيكاراجاو**

من نيكاراجاو

[Men nekarajwa] Nicaraguan

Nicaraguan *n* [ni:ka:ra:ʒa:wi:] **نيكاراجاوي**

Nicaragua *n* [ni:ka:ra:ʒwa:] **نيكاراجوا**

نيكوتين [ni:ku:ti:n] *n* nicotine

نيوزلندا [nju:zilanda:] *n* New Zealand

نيوزلندي [nju:zilandi:] *n* New Zealander

نيون [niju:n] *n*

غاز النيون

[Ghaz al-neywon] neon

ه

هائل gross, huge, tremendous *adj* [ha:ʔil]

مسبب لدمار هائل

[Mosabeb ledamar haael] devastating

هاتف phone *n* [ha:tif]

دفتر الهاتف

[Daftar al-hatef] phonebook

هاتف عمومي

[Hatef ‘aomoomy] payphone

هاتف جوال

[Hatef jawal] cell phone

هاتف ذكي

[Hatef zaky] smartphone

هاتف مرئي

[Hatef mareay] videophone

أريد بعض العملات المعدنية من أجل الهاتف من فضلك

[areed ba'aḍ al-'aimlaat al-ma'a-danya min ajil al-haatif min faḍlak] I'd like some coins for the phone, please

هل يمكن أن أستخدم هاتفك؟

[hal yamken an asta-khdim ha-tifak?] May I use your phone?

هناك مشكلة في الهاتف

[hunaka mushkila fee al-haatif] I'm having trouble with the phone

هاتفي *adj* [ha:tifij]

اتصال هاتفي

[Eteșal hatefey] phone call

هاجر emigrate *v* [ha:ʒara]

هاجس *n* [ha:ʒis]

هاجس داخلي

[Hajes dakheley] premonition

هاجم attack *vt* [ha:ʒama]

يهاجم بقصد السرقة

[Yohajem be'qașd al-sare'qah] mug

هادئ quiet *adj* [ha:diʔ]

أفضل أن تكون الغرفة هادئة

[ofaḍel an takoon al-ghurfa hade-a] I'd like a quiet room

هل يوجد شواطئ هادئ قريب من هنا؟

[hal ju:ʒadu ʃawa:tˤiʔa ha:diʔi qari:bun min huna:] Is there a quiet beach near here?

هام important, significant *adj* [ha:mm]

غير هام

[Ghayr ham] unimportant

هام جداً

[Ham jedan] momentous

هامبرجر hamburger *n* [ha:mbarʒar]

هامش margin *n* [ha:miʃ]

هاوِ amateur *n* [ha:win]

هايتي Haiti *n* [ha:jti:]

هبّ blow *vi* [habba]

هبّ yield *v* [haba]

هباء *n* [haba:ʔ]

هباء جوي

[Habaa jawey] aerosol

هبة gift *n* [hiba]

هبط land *vi* [hsbstˤa]

هبوط landing *n* [hubu:tˤ]

هبوط اضطراري

[Hoboot eḍterary] emergency landing

هبوط الطائرة

[Hoboot al-țaerah] touchdown

هتف yell *v* [hatafa]

هجر abandon *v* [haʒara]

هجرة migration, immigration *n* [hiʒra]

هجوم attack *n* [huʒu:m]

هجوم إرهابي

[Hojoom ‘erhaby] terrorist attack

هجوم للسرقة

[Hojoom lel-sare'qah] mugging
لقد تعرضت لهجوم
[la'qad ta-'aaraḍto lel-hijoom] I've been attacked
mongrel *n* [haʒi:n] هجين
bangs *(hair)* *n* [huda:b] هُداب
n [huda:l] هُدَال
نبات الهُدَال
[Nabat al-hoddal] mistletoe
threaten *v* [haddada] هَدَد
aim, goal, target *n* [hadaf] هدف
الهدف في لعبة الجولف
[Al-hadaf fy le'abat al-jolf] tee
demolish, pull down *v* [hadama] هدم
truce *n* [hudna] هدنة
present *(gift)* *n* [hadijja] هدية
قسيمة هدية
['qaseemat hadeyah] gift certificate
أنا أبحث عن هدية لزوجتي
[ana abḥath 'aan hadiya le-zawjatee] I'm looking for a present for my wife
that, this *adj* [haða:] هذا
rave *n* [haðaja:n] هذيان
nonsense, trash *n* [hura:ʔ] هراء
club *(weapon)* *n* [hara:wa] هراوة
run away *v* [haraba] هرب
يَهْرُب مسرعا
[Yahrab mosre'aan] fly away
smuggle *v* [harraba] هَرَّب
n [hira] هرة
هرة صغيرة
[Herah ṣagheerah] kitten
squash *v* [harrisa] هرس
pyramid *n* [haram] هرم
hormone *n* [hurmu:n] هرمون
n [hirmu:ni:ka:] هرمونيكا
آلة الهرمونيكا الموسيقية
[Alat al-harmoneeka al-mose'qeyah] harmonica
escape *n* [huru:b] هروب
jogging *n* [harwala] هَرْوَلة
shake *v* [hazza] هز
يهز كتفيه
[Yahoz katefayh] shrug

v [hazaʔabi] هزأ
يَهزأ ب
[Yah-zaa be] mock
n [haza] هزة
هزة الجماع
[Hezat al-jemaa'a] orgasm
comic *n* [hazlijja] هزلي
سلسلة رسوم هزلية
[Selselat resoom hazaleyah] comic strip
كتاب هزلي
[Ketab hazaley] comic book
ممثل هزلي
[Momthel hazaley] comedian
defeat, beat *(outdo)* *v* [hazima] هزم
skimpy *adj* [hazi:l] هزيل
هزيل الجسم
[Hazeel al-jesm] skinny
defeat *n* [hazi:munt] هزيمة
n [hista:mi:n] هستامين
مضاد للهستامين
[Moḍad lel-hesʈameen] antihistamine
crisp, crispy *adj* [haʃʃ] هش
smash *vt* [haʃʃama] هَشّم
digestion *n* [hadˤm] هضم
digest *v* [hadˤama] هضم
slip *(mistake)* *n* [hafwa] هفوة
n [hala:mu] هلام
هلام الفاكهة
[Holam al-fakehah] marmalade
matter *v* [hamma] هم
لا يهم
[la yahim] It doesn't matter
barbaric *adj* [hamaʒij] همجي
whisper *v* [hamasa] همس
here *adv* [huna:] هنا
congratulate *v* [hannaʔa] هنّأ
there *adv* [huna:ka] هناك
إنه هناك
[inaho honaka] It's over there
n [hind] هند
ساكن الهند الغربية
[Saken al-hend al-gharbeyah] West Indian
n [hindaba:ʔi] هندباء

نبات الهندباء البرية
[Nabat al-hendbaa al-bareyah] dandelion
engineering *n* [handasa] **هندسة**
tidy up *v* [handama] **هَنْدَم**
Hindu *n* ◃ Hindu *adj* [hindu:sij] **هندوسي**
Hinduism *n* [hindu:sijja] **هندوسية**
Indian *n* ◃ Indian *adj* [hindij] **هندي**
المحيط الهندي
[Almoḥeeṭ alhendey] Indian Ocean
air *n* [hawa:ʔ] **هواء**
طاحونة هواء
[ṭaḥoonat hawaa] windmill
في الهواء الطلق
[Fe al-hawaa al-ṭal'q] outdoors
مُكيف الهواء
[Mokaeyaf al-hawaa] air-conditioned
antenna *adj* [hawa:ʔij] **هوائي**
hobby *n* [hiwa:ja] **هواية**
mania *n* [hawas] **هَوَس**
n [hu:ki:] **هوكي**
لعبة الهوكي على الجليد
[Lo'abat alhookey 'ala aljaleed] hockey
لعبة الهوكي
[Lo'abat alhookey] field hockey
Holland, Netherlands *n* [hu:landa:] **هولندا**
Dutch *n* ◃ Dutch *adj* [hu:landij] **هولندي**
رَجُل هولندي
[Rajol holandey] Dutchman
Dutchwoman *n* [hu:landijja] **هولندية**
wind *(coil around)* *v* [hawa:] **هَوى**
n [huwijja] **هوية**
غير محدد الهوية
[Ghayr mohadad al-haweyah] unidentified
personality *n* [hawijja] **هَوية**
identity *n* [huwijja] **هَويّة**
lock *(door)* *n* [huwajs] **هويس**
set *v* [hajjaʔa] **هيئ**
board *(meeting)* *n* [hajʔa] **هيئة**
هيئة المحلفون
[Hayaat moḥalefeen] jury
prestige *n* [hajba] **هيبة**
hippie *n* [hi:biz] **هِيبِزْ**
hydrogen *n* [hi:dru:ʒi:n] **هيدروجين**
heroin *n* [hi:rwi:n] **هيروين**
structure *n* [hajkal] **هيكل**
هيكل عظمي
[Haykal aḍhmey] skeleton
helicopter *n* [hi:liku:btir] **هيلكوبتر**

و

و [wa] and *conj*
واثق [wa:θiq] confident *adj*
غير واثق
[Ghayr wathe'q] uncertain
واثق بنفسه
[Wathe'q benafseh] self-assured
واجب [wa:ʒib] duty *n*
واجب منزلى
[Wajeb manzeley] homework
واجه [wa:ʒaha] face *v*
واجهة [wa:ʒiha] front *n*
واحة [wa:ħa] oasis *n*
واحد [wa:ħid] one *number* ◃ ace *n*
وادي [wa:di:] valley *n*
واسع [wa:siʕ] broad *adj*
واسع الأفق
[Wase'a al-ofo'q] broad-minded
واسع الحيلة
[Wase'a al-ḥeelah] shifty
واشي [wa:ʃi:] police informant *(informer)* *n*
واضح [wa:dˤiħ] clear, definite *adj*
غير واضح
[Ghayr waḍeḥ] unclear
بشكل واضح
[Beshakl waḍeḥ] obviously
من الواضح
[Men al-waḍeḥ] apparently
واع [wa:ʕin] conscious *adj*
واعد [wa:ʕada] promise *v*
واعَد [wa:ʕada] promising *adj*
واعِد [wa:ʕid] hopeful *adj*
وَافِد [wa:fid] immigrant, newcomer *n*
وافق [wa:faqa] approve *v*
وَافِل [wa:fil] waffle *n*
واقع [wa:qiʕ] reality *n*

تلفزيون الواقع
[Telefezyon al-wa'qe'a] reality TV
في الواقع
[Fee al-wa'qe'a] actually
واقعي [wa:qiʕij] real, realistic, virtual *adj*
غير واقعي
[Ghayer wa'qe'aey] unrealistic
واقي [wa:qij] *n*
نظارة واقية
[naḍharah wa'qeyah] goggles
واقي الشمس
[Wa'qey al-shams] sunscreen
والد [wa:lidajni] parent, father *n*
أحد الوالدين
[Aḥad al-waledayn] single parent
والِد أو والدة
[Waled aw waledah] parent *n*
◃ parents *npl*
واهِن [wa:hin] frail *adj*
واين [wa:jn] *n*
خمر هاوس واين
[Khamr hawees wayen] house wine
وباء [waba:ʔ] epidemic, pest *n*
وَبّخ [wabbaxa] tell off *v*
وتد [watad] peg *n*
وتد الخيمة
[Watad al-kheemah] tent peg
وتر [watar] tendon *n*
وَتّر [wattara] strain *v*
وثائقي [waθa:ʔiqij] *adj*
فيلم وثائقي
[Feel wathaae'qey] documentary
وثب [waθaba] leap *v*
وثِق [waθiqa] *v*
يَثِق ب

[Yathe'q be] trust

وثيق *adj* [waθi:q]

على نحو وثيق

['aala naḥwen wathee'q] nearly

وثيق الصلة

[Wathee'q al-ṣelah] relevant

وجبة meal *n* [waʒba]

متجر الوجبات السريعة

[Matjar al-wajabat al-sarey'aa] snack bar

وجبة خفيفة

[Wajbah khafeefah] snack

وجبات سريعة

[Wajabat sarey'aa] takeout

وَجْبَة الطعام

[Wajbat al-ṭa'aam] dinner

كانت الوجبة شهية

[kanat il-wajba sha-heyah] The meal was delicious

وجد exist *v* [waʒada]

وجِد find *v* [waʒada]

وجع *n* [waʒaʕ]

وجع الأسنان

[Waja'a al-asnaan] toothache

وجنة *n* [waʒna]

عظم الوجنة

[aḍhm al-wajnah] cheekbone

وجه face *n* [waʒh]

على وجه الحصر

['ala wajh al-ḥaṣr] exclusively

تدليك الوجه

[Tadleek al-wajh] facial

وجّه direct *vt* [waʒʒaha]

وجهة *n* [wiʒha]

وجهة نظر

[Wejhat naḍhar] viewpoint

وجهي facial *adj* [waʒhij]

وحّد combine, unite *v* [waħħada]

وحدة unit, loneliness *n* [waħda]

وحدة إضاءة كشافة

[Weḥdah eḍafeyah kashafah] floodlight

وحدة العناية المركزة

[Weḥdat al-'aenayah al-morkazah] intensive care unit

وحدة كاملة

[Weḥdah kamelah] whole

وحشي brutal *adj* [waħʃij]

وحل *n* [waħil]

أرض وحلة

[Arḍ waḥelah] swamp

وحيد alone *adj* [waħi:d]

وخز jab *n* [waxz]

وداعا goodbye! *excl* [wada:ʕan]

ودود friendly *adj* [wadu:d]

ودي *adj* [widij]

غير ودي

[Ghayr wedey] unfriendly

وراء beyond *prep* [wara:ʔa]

إلى الوراء

[Ela al-waraa] back

وراثة *n* [wira:θa]

علم الوراثة

[A'elm al-weratha] genetics

وراثي hereditary *adj* [wira:θij]

ورِث inherit *v* [wariθa]

وردة rose *n* [warda]

وردي pink *adj* [wardij]

ورشة *n* [warʃatu]

ورشة العمل

[Warshat al-'aamal] workshop

هل يمكن أن توصلني إلى ورشة السيارات؟

[hal yamken an tuwa-ṣilny ela warshat al-sayaraat?] Could you give me a ride to the repair shop?

ورطة stalemate *n* [wartˤa]

ورق *n* [waraq]

أوراق اعتماد

[Awra'q e'atemaad] credentials

أوراق الشجر

[Awra'q al-shajar] leaves

ورق السنفرة

[Wara'q al-sanfarah] sandpaper

ورق الغار

[Wara'q alghaar] bay leaf

ورق التغليف

[Wara'q al-taghleef] wrapping paper

ورق المرحاض

[Wara'q al-merḥaḍ] toilet paper
ورق شفاف
[Wara'q shafaf] tracing paper
ورق فضي
[Wara'q feḍey] tinfoil
ورق مسودة
[Wara'q mosawadah] scrap paper
ورق مقوى
[Wara'q mo'qawa] cardboard
لا يوجد ورق تواليت
[la yujad wara'q toilet] There's no toilet paper
ورقة paper *n* [waraqa]
ورقة عشب
[Wara'qat 'aoshb] spire
ورقة عمل
[Wara'qat 'aamal] spreadsheet
ورقة كتابة
[Wara'qat ketabah] writing paper
ورقة مالية
[Wara'qah maleyah] bill
ورقة ملاحظات
[Wara'qat molaḥadhaat] notepaper
ورقة نبات
[Wara'qat nabat] leaf
ورم lump, tumor *n* [waram]
ورنيش varnish *n* [warni:ʃu]
ورنيش الأحذية
[Warneesh al-aḥḍheyah] shoe polish
ورنيش اللَك
[Warneesh al-llak] lacquer
وريث heir, successor *n* [wari:θ]
وريثة heiress *n* [wari:θa]
وريد vein *n* [wari:d]
وزارة ministry *(government)* *n* [wiza:ra]
وَزَرة baseboard *n* [wizra]
وزع distribute, give out *v* [wazzaʕa]
وزن weight *n* [wazn]
وزن زائد للأمتعة
[Wazn zaed lel-amte'aah] excess baggage
وَزْن الأمتعة المسموح به
[Wazn al-amte'aah al-masmooh beh] baggage allowance
وزِن weigh *v* [wazana]

وزير minister *(government)* *n* [wazi:r]
وَسائِل means *npl* [wasa:ʔilun]
وسادة pillow *n* [wisa:da]
وِسَادة هوائية
[Wesadah hwaaeyah] air bag
غطاء الوسادة
[gheṭaa al-wesadah] pillowcase
وسادة رقيقة
[Wesadah ra'qee'qah] pad
من فضلك أريد وسادة إضافية
[min faḍlak areed wesada eḍa-fiya] Please bring me an extra pillow
وسطٌ center *n* [wasatˤ]
العصور الوسطى
[Al-'aoṣoor al-woṣṭa] Middle Ages
الشرق الأوسط
[Al-shar'q al-awṣaṭ] Middle East
...كيف يمكن أن أذهب إلى وسط
[kayfa yamkin an athhab ela wasaṭ...?] How do I get to the center of...?
وسطَ among *prep* [wasatˤa]
وَسَطْ middle *n* [wasatˤ]
وَسَطُ المدينة
[Wasaṭ al-madeenah] downtown area
وِسْكي whiskey *n* [wiski:]
وَسَم mark *(make sign)* *v* [wasama]
وسيلة *n* [wasi:la]
هل هناك وسيلة مواصلات إلى... تسمح بصعود الكراسي المتحركة؟
[hal hunaka waseelat muwa-ṣalaat ela...tasmaḥ beṣi-'aood al-karasi al-mutaḥarika?] Is there wheelchair-friendly transportation available to...?
وسيم handsome, pretty *adj* [wasi:m]
وِشاح scarf, ribbon *n* [wiʃa:ħ]
وِشاح غطاء الرأس
[Weshaḥ gheṭaa al-raas] headscarf
وَشْم tattoo *n* [waʃm]
وِصاية custody *n* [wisˤa:ja]
وصف describe *v* [wasˤafa]
يصف علاجا
[Yaṣef 'aelagan] prescribe
وَصف description *n* [wasˤf]

وصفة *n* [wasˤfa]

وصفة طبية

[Waṣfah ṭebeyah] prescription

وصفة طهي

[Waṣfat ṭahey] recipe

أين يمكنني إيجاد هذه الوصفة؟

[ayna yamken-any ejad hadhe al-waṣfa?] Where can I have this prescription filled?

وصل arrive *v* [wasˤala]

يَصل بين

[yaṣel bayn] link

...كيف يمكن أن أصل إلى

[kayfa yamkin an aṣal ela...?] How do I get to...?

...متى يصل إلى

[mata yaṣil ela...?] When does it arrive in...?

وصّل conduct *vt* [wasˤala]

وَصْل receipt *n* [wasˤl]

وصلة junction, joint *(junction)* *n* [wasˤla]

وصلة بطارية السيارة

[Waṣlat baṭareyah al-sayarah] jumper cables

وَصْلَة تلفزيونية

[Wṣlah telefezyoneyah] cable television

وَصْلَة تمديد

[Waṣlat tamdeed] extension cord

وصول access, arrival *n* [wusˤu:l]

سهل الوصول

[Sahl al-woṣool] accessible

بعلم الوصول

[Be-'aelm al-woṣool] certified mail

وَصِيّ warden *n* [wasˤij]

وَصْية will *(document)* *n* [wasˤijja]

وصيفة *n* [wasˤi:fa]

وصيفة العروس

[Waṣeefat al-'aroos] bridesmaid

وضع situation, placement *n* [wadˤʕ]

أجازة وضع

[Ajazat wad'a] maternity leave

وضع علامات الترقيم

[Wad'a 'alamaat al-tar'qeem] punctuation

وضع put *v* [wadˤaʕa]

يَضع على الأرض

[Yaḍa'a ala al-arḍ] ground

يَضع تحت الاختبار

[Yaḍa'a taḥt al-ekhtebar] try out

يَضع في

[Yaḍa'a fee] place

لقد وضعت بعض الأشياء في الخزينة

[la'qad waḍa'ato ba'aḍ al-ash-ya fe al-khazeena] I have some things in the safe

وضوح visibility *n* [wudˤu:ħ]

وَضِيع vile *adj* [wadˤi:ʕ]

وطن *n* [watˤan]

حنين إلى الوطن

[Ḥaneem ela al-waṭan] homesick

وطني patriotic *adj* [watˤanij]

الانتماء الوطني

[Al-entemaa alwaṭaney] citizenship

وظف employ *v* [wazˤzˤafa]

وظيفة employment, profession, job *n* [wazˤi:fa]

تليفون مزود بوظيفة الرد الآلي

[Telephone mozawad be-waḍheefat al-rad al-aaley] answering machine

وَظيفة فى فترة الأجازة

[waḍheefah fee fatrat al-ajaazah] vacation job

وِعاء bowl *n* [wiʕa:ʔ]

وَعِر bumpy *adj* [waʕir]

وعي *n* [waʕj]

فاقد الوعي

[Fa'qed al-wa'aey] unconscious

وَعى consciousness *n* [waʕa:]

وَفّر save up *v* [waffara]

وَفْرة plenty *n* [wafra]

وِفقاًلـ according to *adv* [wifqan-li]

وفى repay *v* [wafa:]

وقاحة nerve *(boldness)* *n* [waqa:ħa]

وقاية prevention *n* [wiqa:ja]

وقت time *n* [waqt]

في أي وقت

[Fee ay wa'qt] ever

من وقت لآخر

[Men wa'qt le-aakhar] occasionally

وَقْت إضافي

[Wa'qt eḍafey] overtime

وَقْت الإغلاق

[Wa'qt al-eghlaa'q] closing time

وَقْت العشاء
[Wa'qt al-'aashaa] dinnertime
وَقْت الغداء
[Wa'qt al-ghadhaa] lunchtime
وَقْت الذروة
[Wa'qt al-dhorwah] rush hour
وَقْت الطعام
[Wa'qt al-ṭa'aaam] mealtime
وَقْت اللعب
[Wa'qt al-la'aeb] playtime
وَقْت النوم
[Wa'qt al-nawm] bedtime
وَقْت بدل الضائع
[Wa'qt badal ḍaye'a] injury time-out
وَقْت فراغ
[Wa'qt faragh] spare time
أعتقد أن ساعتي متقدمة عن الوقت الصحيح
[a'ata'qid anna sa'aaty muta-'qadema] I think my watch is fast
أتمنى أن نستطيع معاودة العمل سويًا في وقت قريب
[ata-mana an nasṭa-ṭee'a mo'aawadat al-'aamal sa-waian fee wa'qt 'qareeb] I hope we can work together again soon
أنا غير مشغول وقت الغذاء
[Ana ghayr mashghool waqt al-ghadaa] I'm free for lunch
تأخرنا قليلًا عن الوقت المحدد
[ta-akharna 'qale-lan 'aan al-wa'qt al-muḥadad] We're slightly behind schedule
في أقرب وقت ممكن
[fee a'qrab wa'qt mumkin] as soon as possible
...في أي وقت سوف نصل إلى؟
[Fee ay wa'qt sawfa naṣel ela?...] What time do we get to...?
كم الوقت من فضلك؟
[kam al-wa'qt min faḍlak?] What time is it, please?
نقضي وقتا سعيدا
[na'qḍy wa'qtan sa'aedan] We're having a nice time
rude *adj* [waqiħu] **وقح**
sassy *adj* [waqiħ] **وَقِح**
occur, fall *v* [waqaʕa] **وقع**
يقع في غرامها
[Ya'qah fee ghrameha] fall for
stand *v* [waqafa] **وقف**
قف هنا من فضلك
['qif hona min faḍlak] Stop here, please
n [waqf] **وَقْف**
وَقْف إطلاق النار
[Wa'qf eṭlaa'q al-naar] cease-fire
pause *n* [waqfa] **وَقْفَةٌ**
n [waqwa:q] **وقواق**
طائر الوقواق
[Ṭaaer al-wa'qwa'q] cuckoo
fuel *n* [waqunwdu] **وقود**
halt *n* [wuqu:f] **وقوف**
agency *n* [wika:la] **وكالة**
وكالة سفريات
[Wakalat safareyat] travel agency
agent, attorney *n* [waki:l] **وكيل**
وكيل سفريات
[Wakeel safareyat] travel agent
وكيل أخبار
[Wakeel akhbaar] newsdealer
n [wila:da] **ولادة**
ولادة الحيوان
[Weladat al-ḥayawaan] litter *(offspring)*
state *n* [wila:ja] **ولاية**
الولايات المتحدة
[Al-welayat al-motḥedah al-amreekeyah] United States
ولاية جورجيا
[Welayat jorjeya] Georgia *(US state)*
boy, child *n* [walad] **ولد**
passion *n* [walaʕ] **وَلَع**
flash, blink *vi* [w:madˤa] **ومض**
flash, flashlight *n* [wami:dˤ] **وميض**
crane *(for lifting)* *n* [winʃ] **وِنْش**
blaze *n* [wahaʒ] **وهج**
illusion *n* [wahm] **وهم**
whiskey *n* [wi:ski:] **ويسكي**
ويسكي الشعير المجفف
[Weskey al-she'aeer al-mojafaf] malt whiskey
سأتناول ويسكي

[sa-ata-nawal wisky] I'll have a whiskey

ويسكي بالصودا

[wesky bil-ṣoda] a whiskey and soda

ويلز Wales *n* [wi:lzu]

ويلزي Welsh *n* ◃ Welsh *adj* [wi:lzij]

يائس hopeless *adj* [jaːʔis]

ياباني Japanese *n* ◃ Japanese *adj* [jaːbaːniː] *(person)*

اللغة اليابانية

[Al-lghah al-yabaneyah] *(language)* Japanese

ياردة yard *(measurement)* *n* [jaːrda]

يأس despair *n* [jaʔs]

سِن اليأس

[Sen al-yaas] menopause

ياقوت *v* [jaːquːtun]

ياقوت أزرق

[Ya'qoot azra'q] sapphire

يانسون aniseed *n* [jaːnsuːn]

يانصيب lottery *n* [jaːnasˤiːb]

بيع باليانصيب

[Bay'a bel-yanaṣeeb] raffle

يئوس desperate *adj* [jaʔuːs]

يَتْيم orphan *n* [jatiːm]

يَجعل *v* [jaʒʕaluhu]

يَجعله أسوأ

[Tej'aalah aswaa] worsen

يحاكِي mimic *v* [ħaːkaː]

يَحتمِل bear *n* [juħtamalu]

يحول move *n* [juħawwilu]

يُخِب *v* [juħibu]

يُخِب الفرس

[Yokheb al-faras] canter

يخت yacht *n* [jaxt]

يُخطِط *v* ◃ plan *n* [juxatˤtˤitˤu]

يُخَطِّط بدون تَفاصيل

[Yokhaṭeṭ bedon tafaṣeel] sketch

يد hand *n* [jadd]

خط اليد

[Khaṭ al-yad] handwriting

كرة اليد

[Korat al-yad] handball

يدوي *v* [jadawijjun]

غير يدوي

[Ghayr yadawey] hands-free

يَدوي handmade *adj* [jadawij]

يَربوع gerbil *n* [jarbuːʕ]

يَرشو bribe *n* [jarʃuː]

يرقان jaundice *n* [jaraqaːn]

يرقانة slug, caterpillar *n* [jaraqaːna]

يَرَقْة maggot *n* [jaraqa]

يَرَقْة دودية

[Yara'qah doodeyah] grub

يَرْهن mortgage *n* [jarhanu]

يَزْجُر call off *n* [jazʒuru]

يُزيت oil *n* [juzajjitu]

يسار left *n* [jasaːr]

اتجه نحو اليسار

[Etajeh naḥw al-yasaar] Turn left

يساراً left *adv* [jasaːran]

يساري left *adj* [jasaːrij]

يستحك *v* [jastaħikkuhu]

يستحكه جلده

[yasťaḥekah jaldah] itch

يَسمَح ب *v* [jasmaħu bidduxuːli]

يَسمَح بالدخول

[Yasmaḥ bel-dokhool] admit *(allow in)*

يسمع hear *v* [jasmaʕu]

أنا لا أسمع

[ana la asma'a] I'm deaf

يسوع Jesus *n* [jasuːʕ]

يشتهر *v* [ʔeʃtahara]

ما هو الطبق الذي يشتهر به المكان؟

[ma howa al-ṭaba'q al-lathy yashta-her behe al-makan?] What is the house specialty?

يُصَادِر confiscate *n* [jusˤaːdiru]

clasp *n* [jusˤa:fiħu] **يُصافح**

cast *n* [jasˤubu] **يَصُبّ**

issue *n* [jasˤduru] **يَصْدُر**

sacrifice *n* [judˤaħħi:] **يُضَحي**

fool *v* [jundˤallilu] **يُضَلِل**

bandage *n* [judˤammidu] **يُضَمد**

dragonfly *n* [jaʕsu:b] **يَعْسُوب**

hold up *v* [junʕatˤtˤilu] **يُعَطِل**

v [qa:ma] **يقم**

لا تقم بتحريكه

[la ta'qum be-taḥ-rekehe] Don't move him

certainty *n* [jaqi:n] **يقين**

undoubtedly *adv* [jaqi:nan] **يَقْيناً**

dove *n* [jama:ma] **يمامة**

right *(not left)* *adj* [jami:n] **يمين**

على اليمين

[Ala al-yameen] right-hand

الحنث باليمين

[Al-ḥanth bel-yameen] perjury

اتجه نحو اليمين

[Etajeh anḥw al-yameen] Turn right

January *n* [jana:jiru] **يناير**

v [janbaɣi:] **ينبغي**

إن... لا يعمل كما ينبغي

[enna... la ya'amal kama yanbaghy] The... doesn't work properly

كم الكمية التي ينبغي على تناولها؟

[kam al-kamiyah al-laty yan-baghy 'ala tana-welaha?] How much should I take?

كم الكمية التي ينبغي علي إعطائها؟

[kam al-kamiyah al-laty yan-baghy 'aalaya e'aṭa-eha?] How much should I give?

expire *v* [janqadˤi:] **ينتهي**

nag *v* [janiqqu] **ينق**

calm down *n* [juhaddiʔu] **يَهْدَأ**

Jew #? هل توجد أطباق مباح *n* [jahu:di:] **يهودي**

أكلها في الشريعة اليهودية؟ = Do you have kosher dishes?

yoga *n* [ju:ʒa:] **يُوجَا**

deposit *n* [judiʕu] **يُوْدِع**

uranium *n* [ju:ra:nju:mi] **يورانيوم**

euro *n* [ju:ru:] **يورو**

أريد كارت تليفون بخمس وعشرين يورو

[areed kart talefon be-khams wa-'aishreen yoro] I'd like a twenty-five-euro phone card

mandarin *(fruit)*, tangerine *n* [ju:sufij] **يوسفي**

July *n* [ju:lju:] **يوليو**

day *n* [jawm] **يوم**

يوم الراحة

[Yawm al-raḥah] Sabbath

يوم الثلاثاء

[Yawm al-tholathaa] Tuesday

يوم الخميس

[jawmul xami:si] Thursday

يوم في الأسبوع

[Yawm fee al-osboo'a] weekday

أريد تذكرة تزلج ليوم واحد

[areed tadhkera tazaluj le-yawm waḥid] I'd like a ski pass for a day

أي الأيام تكون اليوم؟

[ay al-ayaam howa al- yawm?] What day is it today?

!لا نريد أن نرى أي شخص آخر غيرنا طوال اليوم

[la nureed an nara ay shakhṣ akhar ghyrana ṭewaal al-yawm!] We'd like to see nobody but ourselves all day!

!يا له من يوم جميل

[ya laho min yawm jameel] What a beautiful day!

two weeks *n* [jawma:ni] **يومان**

daily *adj* [jawmij] **يَوْمي**

daily *adv* [jawmijjaan] **يومياً**

datebook *(appointments)* *n* [jawmijja:t] **يوميات**

Greek *(person)* *n* ◃ Greek *adj* [ju:na:nij] **يوناني**

اللغة اليونانية

[Al-loghah al-yonaneyah] *(language)* Greek

June *n* [ju:nju:] **يونيو**